CB018575

AVENTURAS DE UMA LÍNGUA ERRANTE

J. GUINSBURG

AVENTURAS DE UMA LÍNGUA ERRANTE

ENSAIOS DE LITERATURA E TEATRO ÍDICHE

Apresentação:
Peter Pál Pelbart

COLEÇÃO PERSPECTIVAS
Direção J. Guinsburg (*in memoriam*)

Coordenação de texto Luiz Henrique Soares e Elen Durando
Revisão de Texto Margarida Goldsztajn
Capa e projeto gráfico Sergio Kon
Produção Ricardo W. Neves e Sergio Kon

CIP-Brasil. Catalogação na Publicação
Sindicato Nacional dos Editores de Livros, RJ

G982a
Guinsburg, J. (Jacó), 1921-2018
Aventuras de uma língua errante : ensaios de literatura e teatro ídiche / J. Guinsburg. - 2. ed., rev. - São Paulo : Perspectiva, 2022.
528 p. ; 23 cm. (Perspectivas)

Inclui índice
glossário
ISBN 978 65 5505 100-1

1. Língua iídiche. 2. Literatura iídiche - História e crítica. 3. Teatro iídiche - História e crítica. I. Título. II. Série.

22-76054 CDD: 439.1
CDU: 811.16

Meri Gleice Rodrigues de Souza - Bibliotecária - CRB-7/6439
08/02/2022 14/02/2022

A publicação deste livro em sua primeira edição contou com o estímulo cultural e com apoio da Associação Universitária de Cultura Judaica, sob a presidência do sr. Leon Feffer.

2ª EDIÇÃO REVISTA

EDITORA PERSPECTIVA LTDA.

Rua Augusta, 2445, cj. 1
01413-100 São Paulo SP Brasil
Tel: (11) 3885-8388
www.editoraperspectiva.com.br
2021

Para Gita e Ruth

À memória de meus pais,
Zisce e Udl Guinsburg,

e de meus sogros,
Ítzkhak e Ete Kukavka

SUMÁRIO

Apresentação à Segunda Edição [por Peter Pál Pelbart] XIII

Agradecimentos XXI
Nota de Edição XXIII
A Intenção XXV

Considerações e Desconsiderações XXVII

AVENTURAS DE UMA LÍNGUA ERRANTE

Uma Língua-Passaporte 3
O Problema da Periodização da Literatura Ídiche 15
Origens da Literatura Ídiche 17

1. O PERÍODO DOS MENESTRÉIS 18
2. O PERÍODO DAS MORALIDADES 22
3. ORIGENS DO TEATRO POPULAR ÍDICHE 30

O *Schpilman* 31
O *Leitz* 31
O *Marschalik* 32
O *Badkhan* 33
O *Purim-Schpil* e Sua Evolução 33

4. O *SCHTETL* 38
5. HASSIDISMO E HASCALÁ. 54
6. O PERÍODO MODERNO 72
De Mendele a Peretz. 74
Elos de uma Corrente 83
De Kasrílevke a Nova York: Scholem Aleikhem. 83
A Paz Seja Convosco 91
I.L. Peretz: A Escritura do Moderno 97
Da Taverna ao Teatro Literário 115
Os Bróder Zíng[u]er. 115
A Estreia do Ator Ídiche: Israel Gródner em Duas Versões 117
Abraão Goldfaden – O Fundador do Teatro Judeu Moderno . . 120
O Olhar do Outro – Um Singular Drama Hebreu. 127
Scholem Aleikhem no Teatro 132
O Drama Poético: Peretz. 134
Um Interregno Teatral. 135
Os Ideólogos do Nacionalismo da Galut 139
Simon Dubnov: O Autonomismo Cultural 139
Haim Jitlóvski: O Territorialismo Idichista 142
Ber Bórokhov: O Sionismo Marxista e Idichista. 145
A Conferência de Czernovitz. 149

7. A GERAÇÃO PÓS-PERETZIANA 152

Raisen 155
Pínski 158
Nomberg 160
Asch 160
Peretz Hírschbein 162

Elos de uma Corrente: Scholem Asch 165

Um Teatro Entre Dois Mundos 173

Sch. An-Ski 173
Um *Dibuk* nas Asas do Absoluto 185

8. AMÉRICA, O NOVO ESPAÇO DO ÍDICHE 190

A Poesia Proletária 191
Imprensa e Teatro 198
A Renovação da Lírica Ídiche 202
Os Iung[u]e 207
Outros Iung[u]e 217
In Zikh 225
Lêivick, o Poeta da Consciência Judaica Moderna 227
Um Panorama Entre as Duas Guerras 233
O Mameloschn em Crise 234

Elos de uma Corrente 237

Do Herói Bandido ao Santo Herói – Opatóschu 237
A Linguagem da Modernidade na Poesia Ídiche 244

O Novo Teatro Ídiche na América 259

Di Fraie Iídische Folksbine 259
Iídischer Kunst Teater 261
Dos Naie Iídischer Kunst Teater 265
O Artef 270

9. A Literatura Ídiche na União Soviética: À Sombra do Stalinismo .. 278

Uma Cena Soviética: O Teatro Ídiche de Estado 313

10. A POLÔNIA ENTRE AS DUAS GUERRAS: UMA EXPLOSÃO CULTURAL DO ÍDICHE 338

Varsóvia 339

Vilna 368

Polônia, Um Palco do Teatro Ídiche 387

Vilner Trupe 387

O Vikt... 396

Iung Teater...................................... 404

Kleinkunst 408

11. ROMÊNIA 410

12. OUTROS CENTROS 430

França 431

América do Sul – Argentina, Brasil........................ 433

13. A LITERATURA ÍDICHE EM ISRAEL....................... 454

14. UM ÚLTIMO ELO? ISAAC BASHEVIS SINGER............. 466

Glossário 481

Índice Remissivo................................... 483

APRESENTAÇÃO À SEGUNDA EDIÇÃO

Eis como Franz Kafka apresentou o ídiche para um público judeu burguês de Praga, de antemão pouco simpatizante do idioma, em 1912: a "mais jovem língua europeia", que "não tem gramática", é cambiante, instável, confusa, cheia de vocábulos estrangeiros incorporados despreocupadamente e por curiosidade. No entanto, eles "conservam a vivacidade e a pressa com que foram tomados de empréstimo". Ademais, está tão próximo do alemão em que nasceu que se for traduzido para essa língua, fica esvaziado. Enfim, só se pode compreender o ídiche "sentindo-o", e com o coração. "Estarão então [as senhoras e os senhores] em condições de experimentar o que é a verdadeira unidade do ídiche, e o experimentarão de modo tão violento que terão medo, não mais do ídiche, mas de vocês mesmos. Não seriam capazes de suportar este medo se o ídiche não lhes comunicasse imediatamente uma confiança em vocês mesmos que pode desafiar o medo e mostrar-se mais forte que ele. Usufruam dele como puderem."[1] Língua de desterrados que, como Kafka, fizeram da desterritorialização seu próprio território.

É com as seguintes palavras que o filósofo Gilles Deleuze e seu parceiro Félix Guattari se referem aos traços que Kafka sorveu do ídiche na elaboração de sua própria escritura: estar *em* sua própria língua como estrangeiro; desterritorializar a língua; tornar-se o nômade e o imigrado e o cigano de sua própria língua; encontrar seu próprio ponto de subdesenvolvimento, seu próprio patoá, seu próprio terceiro mundo, seu próprio deserto[2].

A partir de tais características, os autores se permitem definir o que qualificam como uma *literatura menor* em oposição à literatura maior, a dos mestres,

1 F. Kafka, Rede über die jiddische Sprache (Discurso Sobre a Língua Ídiche), apresentado em 18 de fevereiro de 1912 em Praga.

2 G. Deleuze e Félix Guattari, *Kafka, Por uma Literatura Menor*, Rio de Janeiro: Imago, 1977.

exemplar, canônica. Não necessariamente é uma literatura feita por minorias, embora seja esse o caso para a língua ídiche. Uma literatura menor se define, entre outras coisas, pelo fato de que "tudo adquire um valor coletivo": "o que o escritor sozinho diz, já constitui uma ação comum, e o que ele diz ou faz, é necessariamente político"[3]. É que a consciência coletiva ou nacional está "sempre inativa na vida exterior e sempre em vias de desagregação", como o nota Kafka com lucidez, de modo que

> é a literatura que se encontra encarregada positivamente desse papel e dessa função de enunciação coletiva, e mesmo revolucionária; é a literatura que produz uma solidariedade ativa, apesar do ceticismo; e se o escritor está à margem ou afastado de sua frágil comunidade, essa situação o coloca ainda mais em condição de exprimir uma outra comunidade potencial, de forjar os meios de uma outra consciência e de uma outra sensibilidade.

Em resumo, como o diz ainda Kafka: "A literatura tem menos a ver com a história literária do que com o povo."[4]

Não me foi possível evitar essas associações ao embarcar recentemente na viagem fascinante a que nos convidou Jacó Guinsburg há mais de 25 anos atrás com seu *Aventuras de uma Língua Errante*. A erudição estonteante, a capacidade de restituir a cada autor sua vivacidade própria, a cada obra sua singularidade, a cada corrente sua perspectiva original, e cada movimento ao seu contexto histórico mais amplo, fazem dessa obra monumental uma oportunidade de mergulhar num pluriverso de uma riqueza inebriante. Mas a marca maior deste livro está em detectar as relações sempre complexas e reversíveis entre os indivíduos que escrevem na "língua errante" e as desventuras e aspirações do "povo errante".

Ao comentar a obra de Scholem Aleichem, um dos maiores expoentes dessa literatura, Jacó Guinsburg nota que ali estamos diante "de um modo de ver, de sentir, de pensar e relatar como se todo aquele mundo falasse por uma só boca e escrevesse com uma só pena. É um impressionante fenômeno em que a criação individual se transmuta na representação coletiva, a palavra poética no *gestus* social"[5].

Há uma grande ternura que atravessa estas páginas – é ela, talvez, que permite acolher com tamanho respeito a pluralidade de tendências, inflexões, idiossincrasias, incongruências tão típicas da história judaica – não a oficial,

3 Idem, p 27.
4 F Kafka, *Journal*, 25 de dezembro de 1911, p. 181.
5 Infra, p. 92.

mas esta, subterrânea, cotidiana, popular, em constante movimento e contorcionismo. Aliás, é o próprio autor que utiliza esse termo ao comentar como os escritores de língua ídiche próximos ao populismo russo fazem do povo seu tema e herói por excelência: "Se porventura criticam, satirizam e apontam seus males e deformações, fazem-no sempre com malcontida ternura e empatia, que beira às vezes, até nos mais circunspectos e cáusticos, um sentimentalismo reprimido ou às avessas."[6] Obviamente, não é o caso aqui. Seja como for, ao lado de todo o aparato crítico que domina com tamanha versatilidade, em momento algum o autor se coloca na postura de um juiz neutro, isento, distante. Não é o frio tribunal inocentando ou banindo conforme regras universais da crítica, mas a escuta aguda capaz de ouvir as palpitações desse povo "menor", subalterno, oprimido, perseguido, enxotado, quando não brutalmente massacrado. Portanto, um povo às voltas com o desafio incessante de sobreviver material e espiritualmente. Não espanta que os contos, os romances, os vários gêneros de poesia, o teatro em suas modalidades as mais diversas tal como aparecem no livro tenham sido parte indissociável das estratégias coletivas de sobrevivência. Nenhuma das inflexões doutrinárias ou literárias analisadas com tamanha argúcia pelo autor, seja as do século XVIII, quando a massa judaica vivia nas aldeias das províncias agrárias do Leste europeu, tais como a iluminista (*Hascalá*), a piedosa (hassidismo), seja as do século XIX num contexto mais urbano, como a proletária, a francamente comunista, a sionista e tantas outras, na Polônia ou na União Soviética, nos Estados Unidos ou na Palestina, são menosprezadas. Ao contrário, elas são acolhidas, repito, com uma espécie de carinho intelectual e estético. Mas nada de idealizações: Jacó Guinsburg não adere à romantização idílica da vida na aldeia (*schtetl*). Contudo, tampouco poupa os historiadores ou especialistas com seus juízos depreciativos em relação, por exemplo, às correntes hassídicas e beatas, ou um pretenso olhar emancipado com seu desprezo pela vida estagnada e parasitária do *schtetl* pré-capitalista. Como o escreve o autor:

> a "cidadezinha" parecia dormitar à beira do tempo e da história, no aconchego de uma unidade quase primitiva [...]. Mas, para além da mediocridade material e dela separada por sacrossantas barreiras, achava-se o único "fim" que, aos olhos do judeu do *schtetl*, social e psicologicamente alheio ao utilitarismo ocidental, justificava "este" mundo: a esfera edênica da beatitude sabática, o "outro" mundo. Céu de sublimação, tecido com sonhos e anseios milenares, ofertava ele generosamente suas certezas tanto

6 Infra, p 74.

> ao erudito, que conhecia os mistérios da *Torá* e investigava os desígnios divinos, como ao humilde trabalhador, que mal sabia repetir um salmo e percorria apenas as estradas da prece sincera. Era aí, neste reino, que o mísero judeu do cotidiano, abandonando essa sua existência surrada e puída como o seu gabardo, trocava de "alma", revestia-se dos paramentos da "infinita devoção", ingressava na santa congregação dos eleitos, colocava-se diretamente em face do Trono de Glória, colhendo sua luz com os olhos da fé.
>
> Neste mundo "intoxicado de Deus", nada mais separava a criatura de seu Criador.[7]

Dificilmente se poderia descrever com mais delicadeza essa passagem da transcendência ritual à imanência mística, que desemboca numa relação pessoal do mais simples dos judeus com seu Deus, e que mais tarde daria origem ao privilégio do Eu-Tu tal como o postularia o existencialismo de Buber.

Se não cabe a um tribunal da História ou da Razão avaliar a justeza expressiva das correntes que deram vida às comunidades judaicas é também porque através dos próprios escritores, poetas, dramaturgos, atores, aparece a dimensão cáustica e crítica do modo de vida da comunidade, de suas perversões internas, injustiças, dogmatismos, imobilismos, superstições. Basta jogar com as múltiplas perspectivas e apreender as faíscas produzidas por suas colisões. Saudável perspectivismo, que desfaz a imagem monolítica que um nacionalismo fundamentalista faz questão de cultivar. Ou, em outros termos, espécie de dialogismo em que o autor deixa as múltiplas vozes se enfrentarem sem se impor – quase dostoievskiana ou bakhtinianamente…

Há, porém, uma lacuna que dificilmente escapa à sensibilidade de nossos dias. Refiro-me à ausência praticamente absoluta de mulheres escritoras em ídiche. O próprio autor lembra que a língua ídiche era falada sobretudo pelas mulheres. Foi cozinhando, lavando, cuidando da casa e das crianças, que as mulheres exploraram as possibilidades do ídiche e o enriqueceram. Não por outra razão esse "jargão" é chamado de mamaloschen – língua materna. E nos centros urbanos, muitas delas passaram a trabalhar nas fábricas como operárias, exercendo ali uma militância política em ídiche. No entanto, quem ocupou o proscênio foram majoritariamente escritores homens. Onde foi parar a voz poética das mulheres, tão necessária à existência social e espiritual delas, como o mostra o exemplo das poetas negras? ("Os patriarcas brancos nos disseram: penso, logo existo. A mãe negra dentro de nós – a poeta – sussurra em nossos sonhos: eu sinto, portanto eu posso ser livre" – Audre Lorde.) A perspectiva feminina

7 Infra, p. 41-42.

terá sido ofuscada pelo patriarcalismo dominante à época? Ou simplesmente foi ignorada pelos arquivos da história? No contrapé de um tal apagamento, temos registros recentes de uma leva de descobertas e traduções de autoras em ídiche8. Em todo caso, o talento de Kádia Molodóvski, por exemplo, foi exaltado por Jacó Guinsburg, e seu poema de 1946 "Deus da Misericórdia" e é um dos mais belos incluídos no livro:

> Deus da Misericórdia,
> escolhe outro povo,
> elege.
> Nós estamos cansados de morrer e sermos mortos,
> já não temos mais preces,
> escolhe outro povo,
> elege,
> não temos mais sangue
> para sermos vítima.
> Um deserto se tornou nossa casa
> e a terra nos é avara em sepulturas.
> Não há mais Lamentações para nós,
> não há mais canto de pesar
> [...][9]

Nesse esforço hercúleo em percorrer e dar a ver a vitalidade da literatura e do teatro ídiche, perguntamo-nos qual o sentido, hoje, de tal empreitada. Não se trata, é claro, de um capricho historicista ou arquivista do autor, como a de um admirador de aves extintas que tivesse prazer em mostrar os espécimes empalados. Num momento em que alguns Estados, na sua escalada fascista, desprezam ou tentam destruir os modos de vida minoritários e suas línguas, convém citar I.L. Peretz na Conferência de Czernovitz, ocorrida em 1908, em que se tentou definir o estatuto do ídiche:

> Se, vindos de diferentes países e Estados, aqui nos reunimos para proclamar que o nosso ídiche é uma língua igual a todas as outras línguas, devemos agradecer o fato a um quarto momento sociopolítico mundial [neste processo de libertação]. O Estado ao qual se ofereciam em sacrifício povos pequenos e fracos, como outrora eram oferecidas crianças pequenas a Moloch, o Estado, que devido aos interesses das classes dominantes dentre os povos precisava

8 https://www.nytimes.com/2022/02/06/books/yiddish-women-novels-fiction.html
9. Infra, p. 363-364

> tudo nivelar, igualar: um exército, uma língua, uma escola, uma polícia e um direito de polícia – o Estado perde o seu brilho. A fumaça, que ondeava tão densa e gorda sobre o altar, torna-se cada vez mais rala e dispersa. O "povo" e não o Estado, é a palavra moderna! A nação e não a pátria! Uma cultura peculiar e não fronteiras com caçadores guardando a vida peculiar dos povos [...] E povos fracos e oprimidos despertam e lutam por sua língua, por sua singularidade, contra o Estado, e nós, os mais fracos de todos, cerramos fileiras! [...] E declaramos ao mundo: Nós somos um povo judeu e o ídiche é a nossa língua e é nessa língua que desejamos viver e criar nossos bens culturais e doravante jamais sacrificá-los aos falsos interesses do "Estado", que é unicamente o protetor dos povos governantes e dominadores e o sanguessuga dos fracos e oprimidos!.[10]

Peretz mal podia prever a que ponto sua diatribe contra o Estado continuaria pertinente ao longo do século XX, e até o dia de hoje. Nazismo, stalinismo, ditaduras latino-americanas dos anos 1970, teocracias islâmicas, para nem falar dos neofascismos atuais, da Hungria ou Polônia até a extrema-direita brasileira, chilena ou israelense.

É com esse pano de fundo que caberia dar destaque ao amplo movimento de ressurgência de línguas indígenas até há pouco silenciadas, ou mesmo tidas por extintas em nosso país. Ora, como não sentir a que ponto a ideia de língua errante a que se refere Jacó Guinsburg transborda a esfera do mundo judaico, e em sua dimensão ética e política, a saber, relativa à vida do "povo", – e não do Estado nem da pátria – irriga nossa mais candente atualidade? Há hoje no Brasil 274 línguas indígenas, muitas em risco de extinção. E cada língua que desaparece, como se sabe, é um mundo que se perde. Não seria o gesto ético primeiro "salvar" os mundos que correm perigo? Dada a vulnerabilidade dessas populações e de suas línguas frente à brutalidade dos Estados, do neocolonialismo ou do fascismo, das tentações genocidas que nos rodeiam, como não redobrar nossa solicitude em relação a elas? Não é algo dessa ordem, "salvar" mundos em extinção, que Jacó Guinsburg realiza e por meio disso nos inspira com sua aposta? "Ainda hoje, depois de despovoado pela emigração, de triturado pelas máquinas e pelos tanques e soterrado sob as cinzas dos crematórios, esse mundo ressurge, vivo e gesticulante, a língua desatada por impressionante oralidade [...]."[11]

10 Infra, p 150.
11 Infra, p. 92.

Diante de populações com cultura predominantemente oral, sejam indígenas, quilombolas ou comunidades iorubás, etnólogos passaram a utilizar o termo "oralitura" para designar práticas de transcrição que por vezes configuram algo como uma protoliteratura. É uma tática a mais de proteção das línguas e da vida dos povos originários diante da sanha assassina do Estado brasileiro.

"Não matarás", eis um mandamento que deveria ser entendido num sentido mais amplo: não matarás um povo, não matarás um mundo, não matarás uma sensibilidade, não matarás uma língua, não matarás um modo de vida.

No caso do flagelo antissemita, quantas vozes poéticas se levantaram na língua ídiche! Eis apenas uma das inúmeras descrições inspiradas do autor, a respeito de Hirsch Glilck: "O estertor dos trucidados e a prece por seu martírio compõem-se na vibração da revolta que se arma e freme à espreita da besta homicida. O verso do poeta não grita de angústia sufocada, mas de cólera incontida. Seu clamor é o dos guerrilheiros das florestas e dos resistentes dos guetos."[12]

Contudo, a poesia ídiche não se elevou apenas contra o antissemitismo. Expulsas as massas judias das províncias agrárias em direção aos centros urbanos do Leste europeu, vozes poéticas levantaram-se contra a exploração capitalista que atingia os operários judeus e não judeus. Mais tarde, o mesmo ocorreu contra a tirania stalinista; e igualmente do outro lado do Atlântico, contra o racismo que tinha por alvo os negros estadounidenses. Veja-se o poema de Iehoasch Shloime Bloomgardem (1870-1927) intitulado "Linchamento", tal como traduzido por Guinsburg:

> Ó pai de minha alma
> onde posso eu te encontrar?
> Profanador,
> contempla tua obra:
> Uma pele negra de sangue rajada,
> um rosto de ébano de olhos brancos
> uma língua vermelha inchada
> entre os dentes reluzentes
>
> Ó pai de minha alma,
> [...]
> aquele que te chama, que te atrai e que te dilacera,
> tornou-se carne,
> tornou-se pele negra,
> lábios grossos e grenha carapinha
> e tu enterraste tuas unhas em suas costas,

12 Infra, p. 378.

> cravaste em seu peito tuas facas,
> tu cuspiste sobre ele, agonizante,
> tu o deixaste pendente
> no galho de uma árvore.[13]

A solidariedade comunitária se amplia, assim, em direção aos sofredores de outras comunidades. É o movimento que, segundo o autor, vai do particular ao universal:

> dando expressão ao "específico" dos traços e da paisagem comunitários e ao "peculiar" à mentalidade e à alma de Israel, carreiam também da experiência multifária e dolorosa de um velho povo uma gama imensa de vivências e conjunturas humanas que, colocando os homens em suas diferentes situações, colocam muitas vezes agudamente a situação do homem.[14]

É de se perguntar, porém, como continuar sustentando a singularidade judaica quando o universo no qual ela fazia sentido transformou-se em cinzas e a sua poesia foi dilacerada pelo contexto convertido em fumaça e poeira de crematório, segundo as palavras do autor. Como se, despida dessa especificidade, o judeu revelasse a sua condição humana, "tal como exposta na voragem devoradora da historicidade coletiva e na negatividade da solidão kafkiana."[15]

PETER PÁL PELBART

13 Infra, p. 202-203.
14 Infra, p. 99.
15 Infra, p. 386.

AGRADECIMENTOS

Como sempre acontece em livros desta natureza, a coleta de elementos bibliográficos e dados de informação acaba tendo um custo para alguns amigos e sua boa vontade. Neste caso particular, contei com a valiosa ajuda de:

Nachman Falbel, que me proporcionou livros, textos reprografados e subsídios sobre a vida cultural dos imigrantes judeus no Brasil, em especial, e na Argentina também, campos de pesquisa em que vem prestando uma contribuição pioneira e fecunda;

Patrícia Finzi, cujo espírito de colaboração e generosidade me deram acesso a publicações fundamentais e dados atualizados sobre o mundo judeu-ídiche do Prata, permitindo-me ter uma visão mais precisa da história dessas coletividades;

Eliahu Toker, que não só fez par com Patrícia no atendimento ao meu SOS, como me proveu de preciosos esclarecimentos histórico-críticos acerca dos escritores de língua ídiche e do processo literário judaico na Argentina;

Sílvio Band, cujo interesse pelo ídiche se traduz inclusive na qualidade de sua biblioteca onde até a *Khaliastre* tem lugar...;

Julia Elena Sagaceta, do Instituto de Artes del Espetacolo, da Universidade de Buenos Aires, que me proporcionou fontes documentais sobre o Iídischer Folks Teater (IFT);

Hella Moritz, que me enviou materiais do Yídisher Visnsháftlekher Institut (Yivo) de Nova York;

Ruth Solon, leitora atenta deste trabalho;

A todos eles quero manifestar a minha gratidão, que se estende também ao CNPq, pelo apoio prestado.

NOTA DE EDIÇÃO

Todos os textos de poesia, prosa e teatro ou de natureza crítica e documental, que aparecem transcritos em português neste livro, foram por mim traduzidos, excetuando-se, é claro, aqueles cujos tradutores são nomeados nas remessas de pé de página.

Quanto à bibliografia, limitei-me a registrar em nota apenas aquela parcela cuja menção se fazia obrigatória, por se tratar de citação textual ou crédito crítico, histórico ou biográfico de outrem. Deixo, pois, de apresentar um arrolamento exaustivo de minhas fontes, mesmo porque efetuá-lo importaria, além do mais, em refazer um longo percurso pessoal de minha relação com o universo do ídiche.

Vale observar ainda que o português oferece grandes dificuldades para vocalizar e transliterar algumas formas consonantais características da língua ídiche. Assim, optei por seguir os critérios de correspondência que adotei em recente tradução do livro de Benjamin Harschav[1], entre os quais destaco:

> *sch* como *ch* de chuva;
> *tsch* como *tch* de tchau;
> *tz* como *zz* de pizza; e
> *kh* como a consoante *h* pronunciado à maneira de *jota*, espanhol.

Adotou-se aqui uma acentuação nos nomes que permitisse ao leitor pronunciá-los da forma mais aproximada da vocalização original.

Por fim, devo apontar que, para não usar o "y" e facilitar a pronúncia, preferi grafar *ídiche*, em vez de *yídish* ou *iídiche*, como aparece em alguns dicionários.

1. *O Significado do Ídiche*, São Paulo: Perspectiva, 1994.

A INTENÇÃO

Este livro não pretende ser, de modo algum, uma história da literatura e do teatro de língua ídiche. Embora seu ponto de partida seja o texto que me serviu para defender o doutorado, nem então e nem agora houve de minha parte o propósito de desenvolver, segundo padrões acadêmicos de estrito rigor científico e documental, um trabalho monográfico, quer sobre o conjunto integrado, quer sobre as partes componentes, dispondo em pautas cronológicas, sócio-históricas e crítico-estéticas a produção literária e teatral que o ídiche teria conhecido nos espaços geopolíticos, culturais e linguísticos onde viveram as comunidades e os indivíduos geradores do fenômeno abrangido pela denominação geral de Aschkenaz.

Na verdade, o leitor terá à sua frente um roteiro de minha viagem pessoal, com idas e vindas ao longo dos anos e de minha atividade crítica, pelos territórios do ídiche e de suas criações, pontuada principalmente em seus autores e atores. Sim, trata-se aqui de um conjunto de ensaios, escritos, muitos deles, em épocas diferentes, porém, na maior parte, suscitados pelo desafio em que se constituiu para mim a ideia de publicar o texto de minha tese universitária.

Isto não significa que eu não tenha tido a pretensão de compor pela disposição sequenciada na cronologia, pelos encaixes dos recortes e pelo enlace dos temas e de suas intercorrências uma visão compreensiva, ao menos como perspectiva, dos processos e das realizações exponenciais do ídiche, na literatura e no teatro. Se de fato o meu destinatário, o leitor de língua portuguesa, registrar esse efeito, independentemente das inevitáveis omissões e do julgamento que fizer de cada um dos segmentos, ficará atendido o que de mais ambicioso eu poderia almejar numa obra deste gênero.

Pela própria natureza da proposta fui levado a utilizar-me de duas vias para dar conta de meu projeto e cercar os aspectos que me atraíam. Uma, digamos, vertical, diacrônica, voltada para o estabelecimento de quadros de conjunto de época, tendências, estilos e os vários parâmetros contextuais. Outra horizontal, sincrônica, tentando iluminar conjugações coletivas ou expressões individuais, "elos de uma corrente", de reconhecida relevância ou por mim assim julgadas. Isso pode explicar o sumário a que obedece a distribuição dos estudos, bem como o título deste volume: *Aventuras de uma Língua Errante*: *Ensaios de Literatura e Teatro Ídiche*.

CONSIDERAÇÕES E DESCONSIDERAÇÕES

As normas críticas ocidentais, desde que passaram a determinar em nome da "modernidade" a visão e os crivos da historiografia literária do ídiche, tida como um epifenômeno do processo histórico do povo e de sua autoconsciência coletiva, levaram a fixar na chamada tríade "clássica", Mendele Mokher Sforim, Scholem Aleikhem e I.L. Peretz, o momento inaugural e nodal da transformação qualitativa e, segundo tais normas, da qualificação estética desta "nova" expressão nas letras do universo judeu-asquenazita. Nada mais justo e correto. Esse fato, entretanto, não deveria ser instituído como uma oposição de valor absoluto, com solução de continuidade, entre os dois momentos em causa, o que antecedeu e o que sucedeu ao aparecimento dos três "pais" fundadores do modo "moderno" da literatura ídiche.

Não se trata apenas de uma questão histórica. A tendência a desconsiderar, sob o ângulo do estatuto literário-estético, a longa gestação e algumas de suas mais significativas manifestações nos vários gêneros da arte escrita em fala popular tomou corpo não só em função do que lhe aportaram em termos linguísticos e formais o gênio poético e a ação idiossincrática da personalidade de cada um dos três autores seminais. Ela tem várias origens. Uma é o descompasso entre a produção literária manuscrita e a que chegou a ser impressa na época da Ilustração judaica, na medida em que escritores empenhados nesta causa começaram a articular em seus textos criativos os elementos de uma nova linguagem literária e foram, sob quase todos os pontos de vista, os precursores da emersão hodierna da literatura ídiche, mas tiveram sua contribuição afogada na circulação autógrafa; outra provém do juízo de valor que pesava sobre a "criada" da "nobre" senhora, isto é, da relação entre o "jargão" e o hebraico; a terceira vem do bilinguismo ídiche-hebraico da totalidade dos escritores ídiches e da idealização que faziam das potencialidades expressivas do discurso hebraico como instrumento culto e congenial ao povo judeu e a seu espírito; e, por último, tem-se a ideologização das virtudes estéticas da língua sagrada, assim como de outros idiomas, sobretudo ocidentais.

Mais recentemente, sob o impacto das escolas críticas modernas no mundo anglo-saxão e europeu e do desejo de instalar critérios rigorosos de validação e avaliação, fugindo à prática apologética e aos excessos historicistas, culturalistas e sociologizantes, a pesquisa sobretudo acadêmica começou a perguntar-se até que ponto se poderia falar efetivamente, com referência à velha literatura ídiche e às obras da Hascalá ("Ilustração" judaica), de uma produção artística continuada e consciente, isto é, de uma tradição assumida de letras cultas, e não de uma sucessão "desordenada" de obras, ao azar de vicissitudes extraliterárias e sem intenção específica.

Mesmo considerando que a historicidade da literatura ídiche e o mito do avô Mendele ("Vendedor de Livros", Mokher Sforim) foram inventados por Scholem Aleikhem, a fim de dar ordem, ancestralidade e paradigmas aglutinadores à produção literária em jargão, e que estes elementos – fundantes da autoconsciência estético-cultural dessas letras – somados à atitude não eufórica, senão negativa, de Mendele e Peretz, com respeito à herança recebida, comprovariam a existência de um hiato entre o *antes* e o *depois*, mesmo tendo-se tudo isso em vista, não se pode deixar de levar em conta dois fatos que se apresentam ao longo do processo formativo, sem atribuir-lhes todavia um caráter e um valor genéticos. A norma culta hebraica sempre esteve presente no ídiche por força de seu papel linguístico e escritural na dialética das produções cultural-religiosas das comunidades judaicas asquenazitas, o que introduziu em seus estádios mais embrionários e nos seus escritos mais populares os *modii*, os *topoi* e as convenções literárias e estilísticas vigentes na textualização das letras hebraicas do período correlato e de suas relações contextuais; e estes moldes foram recebidos e convalidados não só pelos autores da produção popular e religiosa ou pelos escritores da literatura da Hascalá, mas também por Mendele, Scholem Aleikhem e Peretz.

Com esta pragmática literária, foram cultivados em ídiche e mesclados, em maior ou menor proporção no curso de sua evolução e, principalmente, no de sua "modernização" iluminista, os vários gêneros laicos comuns às literaturas europeias. O romance, por exemplo, aparece no início do século XIX, ou seja, no preciso momento de seu florescimento na Europa. A literatura dramática da Comédia Ilustrada surge nas pegadas da *comédie larmoyante* e do drama burguês de Diderot e de Lessing. O relato filosófico e satírico à la Voltaire ou a narrativa pedagógica e sentimental à la Rousseau são cultivados pelos *maskilim* quase contemporaneamente. Mesmo se se considerar a novelística romântica de folhetim e o romance realista tal como é praticado antes ou à época de Mendele, ver-se-á que ambos acompanharam de perto, quanto aos modos de estruturação e aos estilemas, mas não mimeticamente – pois as adaptaram com êxito a seu novo universo e imaginário específico – o que estava sendo produzido na ficção romanesca germânica, eslava e francesa. Muitos outros exemplos poderiam ser pinçados ao longo do processo de introjeção e assimilação dos padrões formais e artísticos ocidentais no discurso literário ídiche, que neste seu novo patamar não é, pois, pura invenção do trio clássico.

Assim, se I.L. Peretz julgou que a rigor podia pôr toda a literatura ídiche dentro de uma valise (é claro que fazendo uma escolha tão criteriosa quanto pessoal), deixou num velho baú muitas páginas de indiscutível valor não só histórico, mas também artístico, como são o *Bove Bukh*, de Elihau ha-Bakhur, o *Maisse Bukh* (O Livro de Histórias), a *Tzenerene*, a contística popular e hassídica, da qual ele próprio se valeu e que incluía a arte narrativa de um rabi Nákhman de Brátzlav, para mencionar alguns dos guardados mais vetustos, afora exemplares mais recentes da produção maskílica.

De fato, se se deslocar o enfoque crítico, deixando-se de privilegiar as estratégias da estrita razão poética e das matrizes retóricas como operadores exclusivos da esteticidade do discurso literário, a produção popular e culta pré-mendeliana das letras ídiches tornar-se-á a fonte e o grande interlocutor dialógico da nova ficção, sem que isso invalide o papel da ironia dramática, por exemplo[2], como o modo em que desembocaram o humor da marginalidade judaica, a situação trágica do povo ao albor do maskilismo, a sua expressão nas formas dialogais e dramáticas no âmbito da narrativa romanesca ilustrada e nos gêneros propriamente dramatúrgicos afins à sátira, isto é, a farsa e a comédia. Neste sentido, dever-se-ia inverter a colocação e considerar que a dialética da continuidade tornou possível a eclosão "clássica", na proporção em que ela própria carreava em seu bojo, no plano da língua falada e da linguagem literária, os termos fundantes das matrizes artísticas. Se isso for verdadeiro para as letras, há de sê-lo também para a cena. Pois é nos mesmos elementos que se forjam não só a expressão dramatúrgica escrita, como os modos mais característicos do que serão os gestos e as falas teatrais ídiche-judaicos no seu processamento histórico-estilístico nos palcos da Dispersão.

2. Nos termos estabelecidos por Dan Miron, *A Traveler Disguised: A Study in the Rise of Modern Yiddish Fiction in the Nineteenth Century*, Nova York: Schocken, 1973.

AVENTURAS DE UMA LÍNGUA ERRANTE

UMA LÍNGUA-PASSAPORTE

O ídiche (ou iídiche, formas aportuguesadas de *yídisch*) originou-se, ao que tudo indica, nas áreas fronteiriças franco-germânicas, às margens do Reno, por volta do século X. Aí, judeus vindos principalmente da Itália e de outros países românicos adotaram o idioma local, ou seja, o alto-alemão em sua passagem do período antigo para o médio. Misturando-se desde logo com elementos do *láaz*[1] correlativos judaicos em francês e italiano[2] arcaicos, com a terminologia litúrgica, ritual, comercial e institucional do hebraico-aramaico, isto é, o chamado *laschón-kídesch* (em ídiche, *lóschn-kôidesch*, "língua sagrada"), com palavras hebraico-aramaicas[3] ligadas à atividade diária e eufemismos destinados a ocultar ao não judeu o significado dos termos, começaram a desenvolver o *jüdisch-deutsch*, isto é, o "judeu-alemão", nome que se alterou para *iídisch-taitsch* ("ídiche-alemão", sendo que o termo *taitsch* também veio a significar "interpretação"), de onde derivou o vocábulo "iídiche".

Linguagem do cotidiano e sobretudo das mulheres, que não aprendiam o idioma sagrado, o *iídisch-taitsch*, em sua época arcaica (protoídiche, 1000 a

1. *Láaz* (ou, como pretende M. Weinreich, *loêz*, literalmente, no primeiro caso, "língua estrangeira", "não hebraica" e, no segundo, língua de um "povo estrangeiro") é a designação que se estendeu às glosas e glossários em vernáculos, sobretudo românicos, escritos com caracteres hebraicos, de que se serviam os comentadores judeus da Idade Média e que constituíram o início do processo de adaptação do alfabeto hebraico ao ídiche (vocalização, ditongos etc.).
2. O francês e o italiano antigos desempenharam também papel relevante entre os constituintes do ídiche. Seus vestígios persistem em palavras como: *alker* = *alcove*; *almer* = *armoire*; *bentschen* = *benés*; *pultzel* = *pucelle*; *davenen* = *diviniser*; *prisant* = *présent*. E em nomes próprios, como: *Schnoier* = *Sênior*; *Bunem* = *Bonhomme*; *Toltze* = *Dolce*; *Faivel* ou *Faivusch* = *Fabius* ou *Vivus*; *Ientl* = *Gentile*; *Schprintze* = *Esperanza*; *Beile* = *Belle*.
3. Hebraísmos como *din* ("julgamento"), *koscher* (em hebraico, *kascher*, "ritualmente puro"), *iontev* (em hebraico, *iom tov*, "dia de festa"), *gan éiden* (em hebraico, *gan éden*, "jardim do Éden", "paraíso"), *Toire* (em hebraico, *Torá*, "Lei", "ensinamento"), bem como aramaísmos, isto é, os dois constituintes linguísticos semíticos do que é efetivamente a chamada "língua sagrada", figuram certamente entre os primeiros componentes do ídiche. Posteriormente, com o hassidismo em particular, a participação dos hebraísmos e dos aramaísmos do discurso religioso aumentou consideravelmente no vocabulário ídiche.

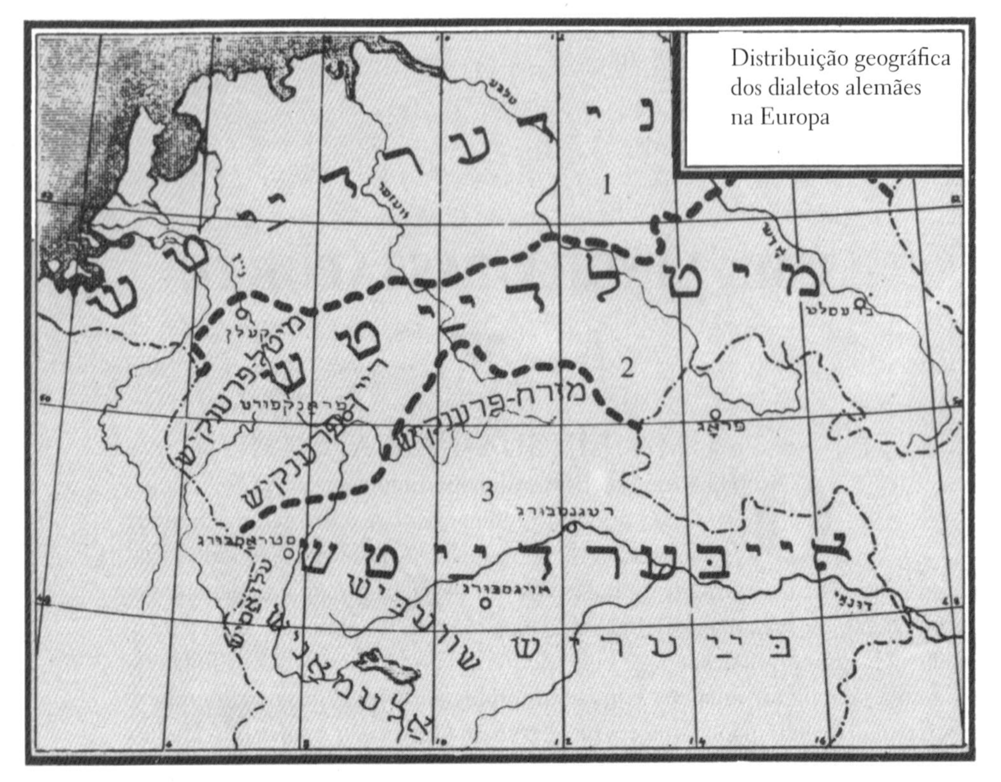

- 1. *Baixo alemão – área superior do mapa;*
  2. *Médio alemão – área central do mapa;*
  3. *Alto alemão – área inferior do mapa.*

1250), não se diferenciou muito do médio-alto-alemão, embora, com os deslocamentos devidos às chacinas cometidas pelos cruzados, passasse a reunir também contribuições de diferentes dialetos alemães[4], o que veio acentuar as suas características de jargão específico da *Judengasse* ("rua dos judeus"), do gueto (velho-ídiche, 1250 a 1500). Em virtude das perseguições sofridas no curso do Medievo, sucessivas ondas de judeus asquenazitas (do hebraico, *Aschkenaz*, "Alemanha" e regiões adjacentes) emigraram em massa para o leste da Europa[5], a começar pela Polônia, e também para outras áreas, como o Norte da Itália, a Boêmia, a Morávia, a Eslováquia, bem como para os Bálcãs e a Palestina,

4. Este ponto de vista é discutido por uma das grandes autoridades nos estudos contemporâneos do ídiche, Khone Schmeruk, o qual sustenta que a mescla com os vários modos de alemão falado nas cidades é bem anterior, sendo quase inicial na formação do ídiche.
5. O movimento emigratório não teria sido maciço, segundo a tese de Arthur Koestler, em *A Décima Terceira Tribo*, pois os judeus desta região seriam descendentes de populações kazares – um reino que existiu no sul da Rússia, na alta Idade Média – convertidas aos judaísmo e que teriam adotado o ídiche.

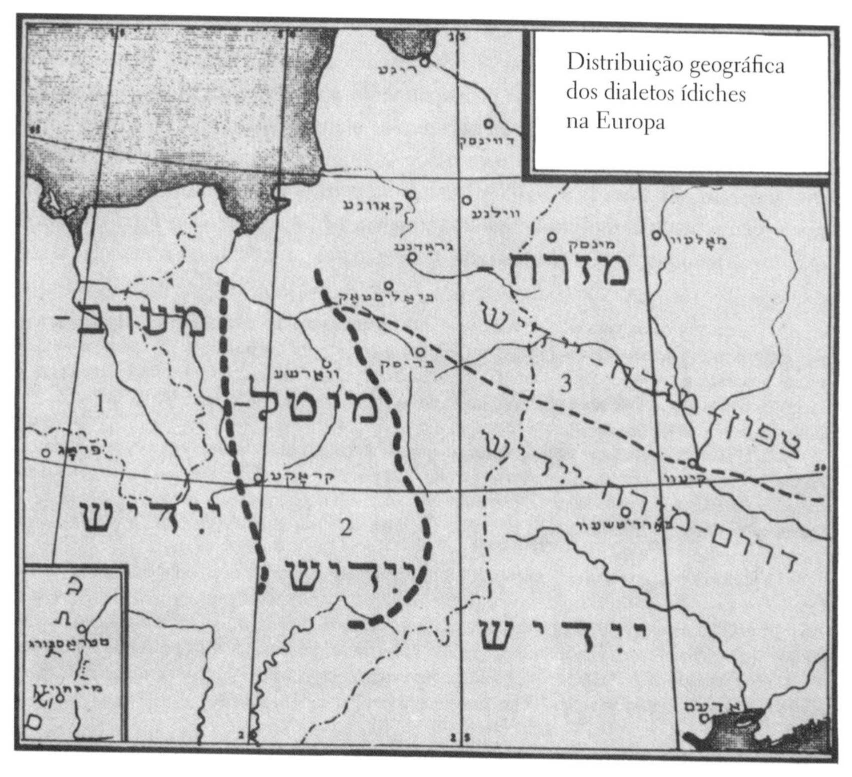

- *Da esquerda para a direita:*
  1. Ídiche Ocidental; 2. Ídiche Central; 3. Ídiche Oriental.

levando seu dialeto como meio de comunicação intragrupal, portanto já de uso generalizado para "todos" os fins da vida coletiva.

Assim se expandiu o âmbito territorial do *iídisch-taitsch*, que se dividiu durante o seu período médio (médio-ídiche, 1500 a 1750) em dois ramos, quanto à evolução linguística. No Oeste, em que o centro principal foi a Alemanha até o século XIX, permaneceu mais ligado às formas iniciais, sobretudo na Alsácia e na Suíça, enquanto no Leste sua peculiaridade se aprofundou. Adaptando-se ao novo contexto e assimilando numerosos étimos e padrões linguísticos eslavos[6], foi cristalizando estruturas ainda mais inusitadas e próprias, que o conduziram

6. Os eslavismos, além de contribuírem ponderavelmente para o atual léxico – devendo-se-lhes palavras como *nébekh* ("coitado"), *pamêlakh* ("devagar"), *kásche* ("papa"), *táke* ("de fato"), *malevos* ("não importa o quê"), *abí* ("contanto que"), *nu* ("bem", "então"), *krétschme* ("estalagem") – geraram algumas das construções linguísticas mais típicas do ídiche: diminutivos em *ker*, como *líbinker* ("queridinho"), *áltischker* ("velhinho"); em *niu*, como, por exemplo, *táteniu* ("paizinho"), *bóbeniu* ("avozinha"); outros sufixos que se compõem com radicais alemães e/ou eslavos, como as desinências em *nik*: *schlimázlnik* ("sujo", "desmazelado"), de *schlim* (alemão) + *mazal* (hebraico) + *nik* (eslavo).

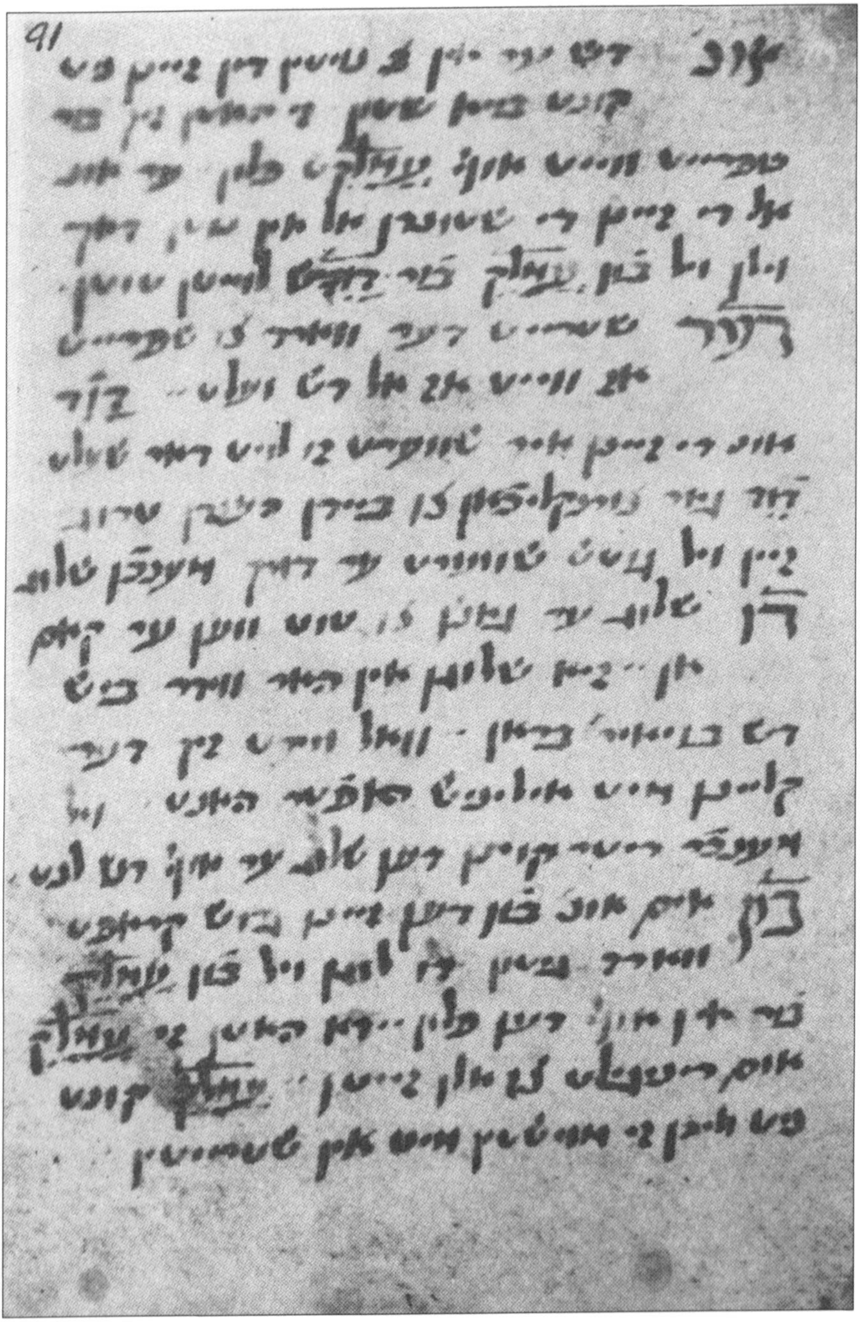

▪ Schmuel Bukh *(Livro de Samuel), página de um manuscrito.*
(Biblioteca Nacional, Paris.)

[illegible] מן · צו [illegible] איר אויף הויף מן פרייאן · קינג ארטס איז דר גרעסט
קינג איט הובי שטרקן ריטר · [illegible] קייסר [illegible] איין ביין גמיטר ׃
[illegible] דז [illegible] דר ריטר האט [illegible] · [illegible] דיא איר האט טון בגערן · אונ [illegible]
[illegible] פירעט [illegible] גיבעט · דז [illegible] איר גבעט ניט קנט [illegible] · דז הוב ער [illegible]
צו רידן אז [illegible] אידר [illegible] · אונ שפראך איך [illegible] איך דען ריין איט [illegible]
היל [illegible] אונ נית ניט לנג ביי[illegible] · [illegible] יונג פרויא איט דען [illegible] ריטן ׃
דז ריטר [illegible] הערט [illegible] · דז [illegible] יונג [illegible] דר [illegible] גאב ער
[illegible] בש־ד · [illegible] איר [illegible] ברענגן [illegible] יונג [illegible] · איך [illegible]
[illegible] אונ דיר · [illegible] איר ניט [illegible] איך איין יונג [illegible]
[illegible] · [illegible] פון [illegible] ׃
ריטר [illegible] הובן [illegible] איך [illegible] בגערן · אונ [illegible] איך [illegible]
[illegible] · [illegible] איר דז ניט [illegible] · איר [illegible] איין [illegible] · [illegible]
[illegible] הערן · [illegible] איר [illegible] אונטר האט [illegible] דז [illegible]
[illegible] · [illegible] איר איך ריטר [illegible] דז [illegible] אז הידר [illegible] ׃
איך האב [illegible] · דז איר [illegible] צו [illegible] ליבן אונטר [illegible] איר
[illegible] · איר קענט [illegible] ניט אויף [illegible]
[illegible] איר [illegible] פון [illegible] אונטר [illegible] · [illegible] איך האט [illegible]
[illegible] איר [illegible] · [illegible] איר [illegible] איר [illegible]
פיר [illegible] ׃
דז איך [illegible] צו [illegible] · איט איין הערליין אונ פרו[illegible] איך
איין ליבה הערציגה אונטר איט ניט [illegible] · [illegible] הוף אויף [illegible] · דו הוב
איך פון דען [illegible] · [illegible] · דז איך האב
[illegible] · איין [illegible] איז [illegible] ׃
דו האב איך [illegible] פון דר [illegible] · [illegible] · דו האב איך איין ליבה
אונטר טון [illegible] דו האט [illegible] איר טון [illegible] · [illegible] איר [illegible]
[illegible] · [illegible] פון איינר אונטר [illegible] · דו האב איך איר [illegible] איין איין
[illegible] · [illegible] אונ איין [illegible] פאטר [illegible] ׃
דו איין [illegible] פ־ [illegible] · דו איז [illegible] טוט גבליבן · אונ איז דר [illegible]
[illegible] · [illegible] איך [illegible] טוט ליבן · דז אין איר איין [illegible] · זי
המס

▪ A Corte do Rei Artur. *Praga. Publicado entre 1652 e 1679. (Biblioteca Bodleiana, Oxford.)*

ao estádio do ídiche-moderno (de 1750 em diante) e definiram a sua feição de idioma autônomo, distinto de tudo o que lhe deu origem.

Até a segunda metade do século XIX, entretanto, o *mameloschn*, a "língua da mamãe ou materna", na dupla implicação do termo, era visto como um "jargão", mesmo por aqueles que o empregavam não apenas para a comunicação diária. Deixado ao sabor da "fala", sem qualquer disciplina gramatical mais definida de "língua", demonstrava, no plano vocabular e no caráter aberto de sua estrutura, larga capacidade criativa e forte permeabilidade às influências locais. Por isso mesmo tendia a regionalizar-se com grande facilidade, tendo desenvolvido, já no século XVIII, três grupos dialetais distinguíveis no quadro da Europa Oriental: o do Norte, centrado na Bielorrússia, na Lituânia e na Letônia; o do Centro, que abrangia a Polônia e a Galícia Ocidental; e o do Sul, falado na Galícia Oriental, na Ucrânia e na Romênia.

Foi somente com o movimento da Hascalá na Rússia, em sua fase populista, que esta situação começou a modificar-se. Ao contrário de Mendelssohn e de seus sequazes centro-europeus, que julgaram indispensável, para o bom êxito de seus ideais de modernização do judeu e da integração deste nas "luzes" ocidentais, eliminar como barbarismo linguístico o "patuá" do gueto, o desprezível "jargão" como o apodaram, e o seu efeito *soi-disant* nefasto sobre o "nobre" espírito do povo da Bíblia, muitos *maskilim* ("ilustrados") do Leste foram desde cedo levados a uma via oposta. Embora tampouco ocultassem a sua recusa programática à fala popular, proclamando e cultivando as virtudes do hebraico e do idioma oficial do país, por razões propagandísticas e, mais tarde, ideológico-políticas, uma vez que o ídiche era o veículo de entendimento coletivo, puseram-se a escrever em "jargão". Na trilha aberta, foram seguidos quase imediatamente por socialistas, populistas e "nacionalistas da Galut", que viram no ídiche o idioma autóctone da nação, etnia ou minoria judaica nos Estados da Europa Oriental ou, para dizê-lo com o manifesto da Conferência Para a Língua Ídiche de Czernovitz[7] em 1908, "uma língua nacional do povo judeu". Era o signo de uma vasta produção literária em ídiche e um vivo idichismo que, por seu turno, somando-se ao incremento dos modernos meios de comunicação, aceleraram os processos de consolidação e normatização linguísticos, a cujo serviço foram colocados os recursos da ciência moderna. Este desenvolvimento prosseguiu com vigor até a Segunda Guerra Mundial, quando foram arrancadas do solo europeu as raízes mais fundas do ídiche.

Em que pese a diferença, as correntes emigratórias, crescentes a partir da segunda metade do século XIX, constituíram na América importantes centros onde o ídiche foi largamente usado e cultivado. Nos Estados Unidos sobretudo, mas

7. Ver infra, p.149.

caberia mencionar também o Canadá e a Argentina, a África do Sul e a Austrália, os recém-vindos continuaram a servir-se dele como principal veículo de comunicação grupal interna e começaram a adaptá-lo e aculturá-lo, à medida que se adaptavam e se aculturavam, passando a empregar o inglês ou o espanhol como segunda língua, para não dizer, terceira. Afluiu assim, mais uma vez, para um terreno idiomático tão fértil para esse tipo de processo, uma significativa variedade de elementos de polinização, enxerto e transplante linguísticos, na forma de americanismos [anglicismos][8] e espanholismos que expandiram o dicionário lexical do *mameloschn* e puseram-se a interagir com seus modos de construir. A preservação e o desenvolvimento do ídiche no novo contexto foram não menos favorecidos pelo rápido surgimento de uma imprensa de grande circulação e de um complexo ramificado de instituições religiosas, educacionais, associativas, sindicais, culturais e políticas, em que os locutores do ídiche podiam revitalizar sua relação orgânica com o idioma de origem e infundir seiva renovadora à criação artística e literária.

Foi também nesse novo ambiente que os esforços encetados pelo Yídisher Visnsháftlekher Institut (Yivo) de Vilna encontraram uma acolhida significativa, sendo coadjuvados e transpostos para um organismo congênere, sediado em Nova York, que também se dedicou aos estudos sistemáticos sobre a língua ídiche e a sua frutificação cultural. Nele, principalmente após a destruição dos grandes centros da vida judaica na Europa Oriental, inclusive a Jerusalém lituana (Vilna), prosseguiram os trabalhos de normalização idiomática, na linha do Yivo europeu, que, em 1936, recomendara a adoção do dialeto setentrional como base da reforma da prosódia ídiche e, em 1937, publicara sua ortografia unificada. Dois linguistas notabilizaram-se particularmente nestas pesquisas filológicas, literárias e sócioantropológicas no núcleo americano, Max Weinreich (1894-1969) e Uriel Weinreich (1925-1967). O primeiro já trazia em seu currículo, além da inovadora concepção da fala judeu-asquenazita como produto de fusão linguística, uma larga folha de trabalhos realizados nos quadros da instituição em Vilna, tendo sido o seu diretor científico antes de refugiar-se em Nova York, e o segundo distinguiu-se desde muito jovem como estudioso do ídiche, matéria que ministrou na Universidade de Columbia, assim como a das ciências da linguagem. Através de ambos, pai e filho, as disciplinas do ídiche começaram a ingressar nos estudos universitários regulares dos Estados Unidos. Em nossos dias, ao lado das israelenses, algumas das principais universidades da Europa e das Américas integraram o ídiche em seu programa curricular.

8. *Olraitnik* ("novo-rico", "bem-sucedido") = *all right* (inglês) + *nik* (eslavo); *apreiter* ("maquinista", "telefonista") = *operator*; *schop* ("oficina", "fábrica") = *shop*; *bizneslait* ("gente, pessoas de negócio", "negociantes") = *business* (inglês) + *lait* (ídiche, do alemão *leute*); *remnitze* ("resto") = *remnant* – são alguns exemplos, tomados ao acaso.

O fato é digno de menção. Pois, independentemente da imensa valia das investigações científicas efetuadas nos quadros acadêmicos, a transferência para esse outro âmbito adquire quase um caráter se não simbólico pelo menos sintomático. Com efeito, em toda parte onde subsiste o interesse pelo ídiche e onde grupos de falantes ou leitores idichistas se dispuseram a apoiar, de um ou de outro modo, as tentativas de fazê-lo sobreviver, foi preciso, pelo menos nos últimos quarenta anos, recorrer a esse abrigo institucionalizado – o que é paradoxal em se tratando de uma fala da rua, da *iídische gass* (rua judaica) – para, de alguma forma, manter o tronco vivo numa redoma ou numa estufa.

Em Israel, onde, afora grupos religiosos, parte da população, em especial a de cepa asquenazita, conserva ou até adquiriu certa familiaridade com o ídiche, a solução encontrada não tem sido diferente, nem após a chegada das levas de judeus soviéticos, que em sua maioria utilizam o russo como língua materna. Na ex-União Soviética, dizem, houve um redespertar do interesse pelo ídiche. Mas em que termos? – pode-se perguntar. Não consta que tenha voltado a ser o instrumento linguístico das massas de *ievreis*, nem sequer que haja resistido na longínqua Birobidjan, mas, sim, que é motivo de pesquisas e de resgates acadêmicos e literários, principalmente em russo. Mesmo a onda de nostalgia e de revaloração que varreu o judaísmo do Ocidente asquenazita, gerando numerosos e atualizados estudos de toda ordem e traduções em uma amplitude jamais conhecida – e isso para não falar do extraordinário impacto causado pela obra de Bashevis Singer – não foi de molde, creio, a revigorar algumas das condições sociocomunicacionais e antropológicas indispensáveis para que o ídiche, além de veículo idiomático de certos agrupamentos sectários, por grandes que sejam, levados a ele por razões exclusivamente religiosas, possa explorar, com plenitude, as fantásticas capacidades comunicativas, expressivas e criativas que desenvolveu intrinsecamente.

Este rápido escorço diacrônico do ídiche põe em relevo algumas questões que talvez mereçam ser repensadas em outro plano. Por exemplo, o aparecimento e o desenvolvimento do ídiche tem sido vinculado, pela visão historicista, não apenas estreita porém organicamente, à mulher e às camadas mais humildes e menos letradas do mundo europeu-central e europeu-oriental, isto é, do universo asquenazita. Nada mais certo. Pois os dois grupos de falantes, na medida em que não aprendiam e/ou não cultivavam o *lóschn-kôidesch*, tiveram um papel primordial no processo de constituição do dialeto judeu-alemão e no uso preferencial deste como linguagem do cotidiano do grupo. Mas, ainda assim, é preciso não esquecer que, em conjunto com eles, todos os demais estratos da população do gueto asquenazita, em quase todas as circunstâncias da vida, usaram desde logo o mesmo veículo idiomático. Ou seja, com exceção dos momentos em que se entregavam à proferição das preces e dos textos do culto ou à leitura e/ou à redação dos escritos religiosos, das obras de natureza ética, filosófica, narrativa e poética (o verso profano hebraico, ainda que existente, era pouco difundido, a não ser quando assumia a forma de *piut*, isto é, de hino cultual, ou era inserido no devocionário), o judeu, *talmid-khókhem*, rabino ou homem comum, falava indistintamente o "jargão". E, o que é mais importante, falava-o dentro de casa e fora, na tenda do artífice ou do comerciante, nos encontros e nas relações sociais de todos os níveis, nas antecâmaras rabínicas, nas cortes de julgamentos, nas sinagogas e nas casas de estudo, nos *heiders* (escolas primárias) e nas *ieschíves* (seminários rabínicos), quer dizer, não só na rua como nos próprios focos de conservação e criação do judaísmo daquelas épocas. Isto significa que todo o processo de vida espiritual e material foi perpassado e entretecido no ídiche. Ele permeava o sistema todo pelo qual o menino no *heider* era alfabetizado e introduzido na *Torá*.

Nele se desenrolava o ininterrupto diálogo e debate que, desde a adolescência e a mocidade na *ieschíve*, até o fim de sua vida, o filho de Israel, nos estudos individuais e nas argumentações em grupo, travava com a biblioteca que o consagrava, o *Tanakh* e a *Mischnâ*, o *Talmud* e os *midraschim*, as *responsa* e as ordenações legais, o sermonário e os livros místicos, para cumprir, à risca, os mandamentos e as *mítzves* (deveres), na letra e no espírito. Mas o vernáculo das *Platea Judaeorum* não foi apenas oralizado pela voz de seus habitantes, como, muito cedo, grafado em caracteres hebraicos[9] – portanto naqueles em que o judeu era alfabetizado, isto é, era letrado. A documentação subsistente data dos primórdios do dialeto e indica esta textualização num copioso repositório bibliográfico de largo espectro. Toda espécie de escritos, desde os de correspondência até os de caráter comercial, exegético, homilético, cronístico, romanesco e poético, encontrou expressão e respaldo neste verbo, a ponto de se poder falar de uma literatura ídiche muito antes de ter esse idioma recebido qualquer direito de cidadania culta. Assim, dever-se-ia concluir que o *iídisch-taitsch* assumiu logo, com o hebraico e o aramaico, a função de esteio oral-escritural do universo cultural construído na esfera de Aschkenaz. Ele se torna componente estrutural desta sociedade.

Esta natureza e esta função imprimiram-se naturalmente na própria arquitetura da língua. Mas a evolução e a definição das características do ídiche não podem ser vistas apenas *ante rem* no processo. Cumpre considerar algumas

9. Vale notar que este fato foi fundamental para a imediata estruturação específica do ídiche, que teria no impacto do elemento eslavo o outro fator determinante de sua morfologia característica.

peculiaridades sócio-históricas da vida judaica para vislumbrar algo do jogo linguístico que de pronto se estabeleceu, e que influíram nos rumos que o novo jargão tomaria. Quando da formação do ídiche, os seus criadores já constituíam um grupo marcadamente polilinguístico, pelo menos desde o fim do Primeiro Exílio, uma vez que, conservando o hebraico, passaram a utilizar-se crescentemente do aramaico, que permaneceu como canal de comunicação até o ascenso do árabe. Por isso mesmo desenvolveram, como atesta a própria literatura talmúdica, uma sensível capacidade de mixagem integrativa que lhes permitiu incorporar, no ramo asquenazita, o ídiche e, no sefardita mais tarde, o ladino, como um terceiro idioma qualificador e operador de sua identidade coletiva, afora os vários dialetos judio-árabes e independentemente das numerosas línguas contextuais em que se exprimiam por força de suas dispersões.

Mas como é que funcionava especificamente no gueto ou no *schtetl* (cidadezinha) asquenazita a interação destas três vozes? O hebraico era a língua da *Torá* e da *Mischná*. O hebraico-aramaico e o aramaico-hebraico, a do *Talmud de Jerusalém* e a do *Talmud da Babilônia*, respectivamente. Ambos servindo de base para o que se denominou *lóschn-kôidesch*, uma composição semítica variável, essencialmente hebraica, das duas fontes e que forma o vigamento da inflexão prosódica asquenazita do hebraico, sendo como tal largamente empregado na veiculação e geração da literatura hermenêutica e religiosa em geral, bem como na prosa e na poesia laicas, o que acabou convertendo-o no principal repertório de que se valeram a renovação literária da Hascalá e seus desdobramentos na Modernidade. Todavia, no contexto original da *Judengasse*, tanto o hebraico quanto o aramaico só eram atualizados na leitura ou na escritura, nos comentários, nas preces e nas prédicas, como elocução dos textos, isto é, em última análise, constituíam fonte de citações de maior ou menor extensão, na medida em que eram sempre operados, mesmo quando compunham o todo da obra interpretada ou do texto redigido, a partir de um engaste ou de uma mixagem linguísticos. Pergunta-se, então: No que eram engastados? No suporte do colóquio e do *taitsch* (interpretação) do discurso ídiche corrente. Tal fenômeno parece ter repercutido profundamente nesta economia trilingual e não deveria ser relegado a um plano secundário para a compreensão da morfologia e da sintaxe do ídiche.

Não se pretende aqui, como seria o caso num estudo mais aprofundado, analisar em termos técnicos os instigantes problemas que o ídiche propõe à lupa do estudioso. Estes aspectos têm sido objeto de numerosos trabalhos dedicados aos idiomas dos judeus e, no que tange ao ídiche em particular, de linguistas especializados no tema, bem como em línguas germânicas.

É, todavia, de consenso geral entre estes cientistas da linguagem, sejam quais forem suas escolas ou linhas metodológicas, que os modos sintagmáticos e paradigmáticos do *mameloschn* são de uma flexibilidade e de uma capacidade

בּער ווען פון ווייטע וועגן
קומט דער ווינטער אָן מיט רעגן,
און קײַן שנײ איז ניט צו זעהן.
ווי קײַן שנײ וואָקט ניט געווען —

ווײַזט זיך צינגל פײַל פון בויגן,
פון דער נאַכט אַרויסגעפלויגן:
ניט געזעהן און ניט געהערט,
אויפן פריצ׳ס גוטן פערד.

און ער טראָגט זיך גיכער, זיכער,
ווי דער ווילדער ווינט און וויכער,
מיטן רינגל דורכן באַרג,
דורכן מאַרק און אויפן באַרג.

טפּרו! דער פערד בּלײַבּט שטעהן. און צינגל
טוט אַ נעם דעם כּשוף-רינגל,
טוט אים זיבּן מאָל אַ דרעה
און עס פאָלט אַרויס אַ שנײ.

- *Excerto do poema de Mâni Leib:* Ingl Tzingl Khvat *(O Menino Tzingl Khvat), ilustrado por El Lissitzky. Rússia, 1918-1919.*

de absorção espantosas. Também é opinião firmada que seu poder de engendramento lexical, sem perda de padrões peculiares e inerentes, parece superior ao de muitas línguas hoje dominantes e consideradas modernas por sua dinâmica interna. Não será por outro motivo, por exemplo, que o ídiche conheceu, como poucas línguas, uma ampliação e atualização incessantes de seu dicionário vocabular em função do contexto vivido[10].

Em outras palavras, percebe-se que aquele "desprezível" linguajar das judiarias do Centro e Leste europeus conseguiu, na sua tipicidade aparentemente menor e enguetizada, tomar um feitio que é quase o de uma "língua-passaporte", preservando no seu curso pelas épocas e pelos continentes a aptidão de continuar a ser ele próprio em meio de tantos outros – uma *língua franca* no próprio âmbito de seu isolamento, uma língua realizada e atualizada por seus locutores no mundo inteiro e com a internalização desta presença. Na verdade, trata-se de uma curiosa dialética linguística em que o fechamento resultou em abertura, o caracteristicamente nacional no caracteristicamente internacional, o arcaizante no modernizante.

Nessas condições, poder-se-ia pensar que os esforços de normalização e normatização que foram empreendidos a partir dos modelos clássicos das filologias europeias, embora trouxessem, por certo, grandes contribuições para o estabelecimento gramatical do ídiche e para a codificação de sua norma culta, partiam de pressupostos positivistas, nacionalistas e, de certo modo, redutores das potencialidades deste idioma. Pois, ao classificar, categorizar e definir, no intento de "normalizá-lo", estava-se comprimindo em alguma medida o espectro de suas possibilidades em conceitos historicistas, ancorados num passado-princípio, quando a natureza e a dinâmica do ídiche o situariam preponderantemente no universo dos processamentos linguísticos da aldeia global em devir, como sugerem novas pesquisas apoiadas no moderno instrumental das ciências da linguagem.

Por paradoxal que possa parecer, o ídiche é um dos exemplares mais inusitados de uma língua estruturalmente moderna, a tal ponto que nem sequer a destruição da maioria de seus falantes no Holocausto e, portanto, de sua base fundante, a sociedade e a cultura asquenazita, logrou aniquilá-lo por completo. E vemo-lo hoje tentando articular-se a partir de seus destroços, por novos meios e em novos meios, como os vasos partidos da redenção final na versão luriana, retomada por W. Benjamin – metáfora que nos pode servir talvez de símbolo para o que estamos agora pretendendo fazer aqui.

10. Sob este ângulo, um fato digno de menção, ao lado da copiosa terminologia das pautas científicas modernas que foram transplantadas para o ídiche, desde as intervenções iluministas até a atualidade, são os internacionalismos que nele vieram a ser integrados, como é o caso de *politik, telegraf, teolog[u]ie, atom-bombe, muzik, matematik, aritmetik, simetrie, magnet, militer, ek[u]ivalent, pantzer-auto* ("carro-blindado"), *khemie, etektron*, entre tantos outros.

O PROBLEMA DA PERIODIZAÇÃO DA LITERATURA ÍDICHE

A pesquisa moderna, em função da documentação disponível, que é muito escassa em certos itens, e de sua concentração temático-cronológica, tem classificado a literatura ídiche antiga em *dois ciclos* fundamentais, que não se excluem mutuamente e cujo âmbito também abrange, sem distinções muito precisas, os primórdios das manifestações da dramaturgia e do teatro no idioma popular. É verdade que o primeiro deles, o do chamado trovador judeu, proposto principalmente por Max Erik e calcado nas relações com a épica do *schpilman* (menestrel) alemão, vem sendo atualmente contestado por críticos e historiadores como Khone Schmeruk[1]. Ainda assim, é o que oferece, pelo menos em termos didáticos, a nomeação mais caracterizadora do material então produzido. Por isso mesmo, falar-se-á aqui, com respeito a esses desenvolvimentos, no Período dos Menestréis, iniciado em momento impreciso após o século XII e encerrado *grosso modo* no século XVI, e no Período das Moralidades, que vai da segunda metade do século XVI até o século XVIII.

Segue-se, no século XVIII, como uma espécie de fase intermediária e no entanto matriz da florescência posterior, a criação hassídica e, quase simultaneamente, em polo oposto, a da Hascalá, que se estende até meados do século XIX, assinalando o começo da modernidade nas letras hebraicas, os primeiros esforços mais específicos para o emprego literário-artístico do "jargão", inclusive como veículo de dramaturgia. É, pois, em relação direta com o Iluminismo judaico e como sua resultante natural que se enceta a era propriamente moderna da literatura ídiche, ao mesmo tempo em que surge em cena, nessa língua, um teatro dramático judeu, de base profissional e conforme aos padrões correntes nos países da Europa.

1. Este autor argumenta que a vinculação estabelecida por Erik, com base no Manuscrito de Cambridge da G[u]enizá do Cairo, decorre de uma "atribuição" indevida, sem provas conclusivas. Ver "Tzi Ken der Keimbridjer Manuskript Schtitzn di Schpilman Teorie in der Iídischer Literatur", *Di Gôldene Keit*, n. 100, 1979, p. 251-271.

Dos anos de 1860 em diante, a arte literária e teatral em ídiche desenvolve-se de maneira prodigiosa, sempre marcada pela busca da artisticidade do padrão ocidental. Chega quase a surpreender o que, na esteira de seu impulso "clássico", ela conseguiu produzir, sobretudo se se consideram os percalços políticos e limitações de toda a sorte que a cercaram, dado o quadro de vida do povo judeu na época. Seria difícil, numa síntese ensaística como a aqui intentada, subdividir as sucessivas florações deste surto cultural e de seus discursos, embora eles tenham obedecido, afora à ordem das gerações e aos ditames de sua sócio-história, à das tendências e escolas que dominaram o cenário estético do Ocidente, até a Segunda Guerra Mundial.

A catástrofe que se abateu sobre o judaísmo com o ascenso e as conquistas hitlerianas, especialmente nos países do Leste europeu, por certo, atingiram em profundidade os focos mais pulsantes da criação judaica em geral e, em particular, os do ídiche. Sua produção, que, a despeito do ambiente de crise permanente em que se processara nas décadas de 1920 e 1930, mostrava notável vigor e mesmo originalidade (ela seria consagrada muitos anos depois por um Prêmio Nobel), sofreu então um golpe quase mortal.

Mas não se pode dizer que o Holocausto haja sepultado o estro artístico ídiche. Ainda que as suas raízes nos espaços tradicionais estejam talvez irreparavelmente afetadas e que o Estado de Israel haja revitalizado o hebraico ou que os demais contextos judaicos expressivos formados pelas imigrações asquenazitas do Leste europeu tenham-se aculturado em outros meios linguísticos, sem lhe oferecer novas perspectivas de transplantações ou de enxertos salvadores, numerosas obras e realizações continuaram a evidenciar a subsistência de sua potência fecundante nas letras e no palco. São outros tantos elos de uma herança, de um testemunho e quiçá de uma obstinação que dão prosseguimento, por enquanto, àquela "corrente de ouro" invocada por I.L. Peretz e transformada por ele, em sua famosa peça, no *leitmotiv* de uma expressão cultural viva, a do ídiche e do judeu de Aschkenaz.

א

ORIGENS DA LITERATURA ÍDICHE

O dialeto judeu-alemão serviu desde o início de veículo literário. Pois já na Idade Média passou a mediar a complexa vinculação do judeu com o hebraico e o aramaico, as línguas da religião e da erudição, além de atender aos estratos menos versados, que não conseguiam entender os termos mais difíceis nas preces, nos livros sagrados e nas ordenações talmúdicas ou rabínicas. Para acudi-los nessas deficiências, para ajudar no ensino religioso aos meninos e para prover os elementos vivos do comércio verbal de todas as camadas da comunidade, sem excetuar as necessidades do saber, escreveram-se com notação hebraica – a fim de evitar os "caracteres impuros" da "língua eclesiástica" ou "dos padres", o latim – glossários, traduções de textos litúrgicos e escriturais, glosas bíblicas e canções piedosas para os dias festivos (*g[u]étlekhe líder*).

Paralelamente a essa produção, ligada às fontes tradicional-religiosas que gerariam também numerosas obras de caráter edificante, desenvolveu-se toda uma literatura profana e, a despeito de ulteriores ou contemporâneas fixações escritas, de natureza fundamentalmente oral, haurida nas relações interculturais com o ambiente não judeu, sobretudo alemão, francês e italiano, e decerto reelaborada em função da contemporaneidade da existência comunitária no contexto dado. Trata-se não só da criação popular-folclórica, isto é, do vasto acervo de cantigas de ninar, receitas mágicas e terápicas, lendas e histórias, anedotas e máximas, mas da gesta ídiche, um gênero que por largo tempo deu vazão às demandas populares no plano da imaginação e do entretenimento, entrelaçando-se, por outro lado, de um modo direto, aos processos de dramatização e carnavalização da experiência individual e coletiva que engendram a encenação ritual-religiosa e lúdico-teatral.

1

O PERÍODO DOS MENESTRÉIS

Conhecido também como "o período das matronas" ou o da "literatura cavaleiresca", foi produto do *Spielmann* judeu. Nas sinagogas, nos mercados, nas tavernas e nas casas de família, ele se apresentava como menestrel (*schpilman*), ou então *zíng[u]er* (cantor, em ídiche), ou como histrião (*leitz*), unindo às vezes as duas funções, o que, numa evolução posterior, levaria ao *marschalik* (mestre de cerimônias) e ao *badkhan* (animador de festas). Seu público abrangia não apenas a camada mais popular e menos enclausurada nos sacrários textuais da cultura tradicional. Se o judeu de poucas letras se deixava enovelar nas tramas do imaginário profano e tecia as sagas do *schpilman*, delas tampouco escapava o letrado, o *talmid-khakhám*, cujo trato diuturno com a hermenêutica e a dialética rabínicas, mesmo em suas transfigurações místicas, não encontrava fonte tão viva da maravilha e do mito. Mas as mulheres eram particularmente afeitas a tais composições épicas[1]. Discriminadas na congregação sinagogal dos iguais, cerceadas em seu acesso aos céus da teologia, esfera privativa de uma dogmática masculina selada pela biblioteca da

1. "Eu, Elias Levita, o escritor, / a serviço de todas as mulheres judias / venho agora com a minha palavra ponderada / – vale a pena refletir a respeito. / Eu sei, e podeis crer em mim. / Muitas das mulheres permitem-se / até ter queixa / de mim, porque eu as deixo de fora, / elas acham que não me apraz / os livros *ivri-taitsch* [ídiche] imprimir / que elas gostam de ler de bom grado / no sábado e nos feriados, para ficarem / deliciadas com o que forem / no livro encontrar para [seu] agrado." [...] "Ikh, Eli Levi, der schraiber, / tzu dinst ale iídische vaiber, / kum itzt mit main vort dem badakhtn / – es loint sikh deroif tzu fartrakhtn. / Ikh veis un ir meigt mir gloibn. / Assakh fun di froien der-loibn / sikh gor oif tzu hobn faribel / oif mir vos ikh hiper zei iber, / zei meinen, az mir is nicht nikhe / tzu drukn di ivri-taitsch-bikher, / vos leinen viln zei g[u]ern / in schábes un iomtev, tzu vern / der freid fun dem vos zei veln / g[u]efinen in bukh tzum g[u]efeln." [...] Nestes versos de abertura do famoso *Bovo Bukh*, evidencia-se o público a que se destina esta obra, tão característica do gênero e da época. Na realidade, as mulheres foram o principal sustentáculo da produção literária em "jargão" até o período moderno, tendo marcado profundamente, e não só como leitoras, "o caráter e o semblante dessa literatura", afirma Schmuel Níg[u]er no ensaio sobre "Di Iídische Literatur un di Lezerin" (A Literatura ídiche e a Leitora), *Bleter G[u]eschíkhte fun der Iídischer Literatur* (Folhas da História da Literatura Ídiche), Nova York: Der Niger Bukh Komitet, 1959.

▪ *Velha e nova sinagoga em Furth, século XVIII (?).*

Lei judaica, enveredavam com sofreguidão pelo universo estranho e fantástico que, nas récitas por elas organizadas, o canto e a declamação dos jograis lhes abriam, na trilha de um Dietrich de Bern (Verona), na representação épica de Teodorico, rei dos ostrogodos[2], ou de um Hildebrando, herói de um duelo entre pai e filho, que termina com a morte do filho[3].

Assim, num primeiro momento, talvez já no século XIII, predominou nessa literatura um temário de origem cristã, tomado dos romances de cavalaria alemães, como o de Wirnt von Grafenberg, que desenvolveu o *épos* arturiano no *Wigalois*, e de outras sagas europeias. Numa segunda etapa, surgiram em cena os antigos heróis bíblicos, destacando-se os feitos da casa davídica, como os relatados no *Schmuel Bukh* (Livro de Samuel). Por fim, sucede no contexto da Itália renascentista um terceiro momento, que não é produto de um desenvolvimento linear do *schpilman* judeu, mas conjuga a maneira e a técnica deste bardo popular asquenazita com a tradição italiana do romance de *stanze*. Recontando em *ivri-taitsch* as aventuras do sábio e devoto cavaleiro Bovo d'Antona ou Bevis de Hampton, o poeta, linguista e gramático Elihau ha-Bakhur, ou Elias Levita Aschkenázi (1468-1549), compôs em oitava-rima, por volta de 1507, em Pádua, o *Bovo Bukh*, primeira obra de envergadura literária em jargão. Não obstante as recentes ressalvas quanto à sua real pertinência ao ciclo do *schpilman*, a maioria dos pesquisadores dos primórdios da literatura ídiche veem nela o exemplar mais típico do repertório trovadoresco e, de qualquer modo, o mais difundido. Impresso em 1541 e reimpresso durante séculos, nomeadamente sob a

2. Ele aparece em *Hildebrandslied*, *Nibelungenliede*, principalmente, em *Das Buch von Bern*.
3. Personagem dos *Nibelungenlied* e da balada heroica *Hildebrandslied*.

forma de brochura em prosa e sob o título de *Bove* ou *Bobe Maisse* (História de Bove), tomou-se tão popular que a expressão *bove-maisse*, cujo primeiro termo se confundiu com *bobe* (avó ou vovó), veio a significar não só uma história da vovozinha, do arco-da-velha, mas também da carochinha. Igual sorte não bafejou *Paris un Viene*, obra do mesmo gênero e do mesmo autor, mais rematada em sua costura poética e indubitavelmente mais pessoal no tratamento dado à matéria ficcional, porém menos espontânea e amadurecida – mesmo à luz do recém-descoberto exemplar de uma segunda edição do texto original, com a íntegra do poema, isto é, com as 25 páginas que faltavam[4].

Além de poesia épica, o período produziu ainda versos líricos e satíricos. Basicamente, duas coletâneas os consignam, a de Menákhem Oldendorf (n. 1450-?) e a de Aizik Valikh, cerca de cem anos depois. Os poemas aí coligidos dividem-se, quanto ao teor, em piedosos e tradicionais, isto é, *g[u]etlekhe líder*, bíblicos, edificantes, polêmico-moralistas, festivos, e os mundanos, onde aparecem transposições do folclore alemão, meditações sobre a vida, pasquinadas e paródias, sátiras, motivos históricos e de ofícios.

Mas as duas antologias, principalmente a de Valikh, apresentam grande interesse sob mais um aspecto: o do repertório dramático do teatro ídiche antigo. Embora seja duvidoso que jamais tenha sido objeto de representação teatral, a *Vikoakh Tzvíschn Iêitzer Hóre un Iêitzer Tov* (Disputa entre a Má e a Boa Inclinação), registrada por Oldendorf, constitui quer um bom espécime ídiche de um gênero de moralidade bastante cultivado nas letras hebraicas, quer uma evidência de quão cedo as formas dialogais começaram a desenvolver-se literariamente na língua popular. E na outra coletânea, porém, que se encontra a descrição, em 31 estrofes, de *Ein Schpil fun Toib Ieklain un Mit Zainem Vaib Kendlain un Mit Zainen Tzvei Zindlekh Fain* (Uma Peça [*ou ludus, play*] do Surdo Ieklain e Com Sua Mulher Kendlain e Com Seus Belos Filhotes), uma espécie de farsa ou tema farsesco destinado ao Purim (festa da rainha Ester) cuja representação como tal, ou como interlúdio para o bobo e sua mulher, é confirmada por um autor anônimo do século XVI. Valikh também traz o texto de *Ein Schpil Es un Trink Lústike Bokhírim* (Uma Peça [de] Comes e Bebes [da] Alegre Rapaziada) no qual já aparecem o *paiatz* ou *lôifer* (palhaço ou corredor), o rei "carnavalesco" (do Purim) e seu séquito, havendo também danças e canções – elementos que, em conjunto com os prólogos, as paródias, a linguagem vulgar e os temas sem relação com o motivo central, compunham a estrutura convencional do *Purim-Schpil* (Peça de Purim) e se mantiveram mesmo em seus estádios mais avançados, como o do *Akhaschvêrosch-Schpil* (Peça de Assuero) e nas ampliações temáticas posteriores.

4. L. Fuks, "Opg[u]efunen a Gantzn Ekzemplar fun 'Paris un Viene'", *Di Goldene Keit*, n. 126, 1995. O autor do artigo mantém suas dúvidas sobre a autoria do poema, que a tradição crítica tem atribuído, quase *a una voce*, a Elias Levita.

2

O PERÍODO DAS MORALIDADES

Entre os fatores que condicionaram a passagem a um novo estádio literário, encontram-se, por certo, não só as mudanças sociais na Alemanha, onde se processa a substituição da cultura feudal pela burguesa reformada, como o papel que passa a desempenhar o centro judaico da Polônia, cujo grande momento se situa no século XVI e cujo espírito está inteiramente imbuído de fé e de tradição. Um terceiro elemento é a preocupação dos rabinos das comunidades de Aschkenaz, em geral, com um gênero de literatura bebido em fontes alheias. Parecia-lhes que sua voga entre as mulheres, sobretudo, poderia provocar efeitos corruptores, desviando-as dos valores ético-religiosos judaicos, e com elas as novas gerações. Em vista disso, procuraram meios de lhes dar acesso à crença, aos ensinamentos da moral e aos costumes da gente de Israel. Daí a transposição para o ídiche de livros bíblicos e de rezas, bem como as paráfrases de obras sacras. Mas o *mussar*, o acento moralizante, reina igualmente nas várias modalidades do relato e em outras manifestações literárias, expressando o traço mais peculiar de seu caráter.

Esta produção, em que o *Heldenepos* (épica de heróis) germânico cede diante do *mussar seifer* (livro de moralidades) hebraico e a prosa se impõe ao verso, é divulgada, não como obra recitada pelo menestrel, mas como livro ou fascículo de leitura distribuído pelo *pakentrég[u]er* (carregador de pacotes), o mascate do livro, que o desenvolvimento da tipografia converteu no "escritor e servidor de todas as mulheres devotas". Dentre os textos que ele manda imprimir em caracteres quadrados, *meschkat*, ou de *vaibertaitsch* (escrita de mulheres), distinguem-se três espécies de livros, para usar a classificação de N.B. Mínkov[1]: o auxiliar, isto é, glossários e traduções destinados ao ensino; o de preces, ou seja, ordenações litúrgicas para que as mulheres possam acompanhar os serviços sinagogais; e o livro popular, a saber, obras religioso-didáticas e/ou didático-beletrísticas, para a leitura em geral.

1. Ver "Alt-Iídische Literatur", *Alg[u]emeine Entziklopédie*, v. III, Iídn, Nova York: Central Yiddish Culture Organization, 1948.

No domínio da liturgia em ídiche, vale mencionar a tradução do *Sidur*, o ritual hebraico, por Iossef ben Ikar, em 1554, e as preces compostas para mulheres e, o que é mais importante, muitas vezes por mulheres. Entre essas devotas poetisas, a autora de *Tkhínes* (Súplicas), Sara bas Tovim, da cidade ucraniana de Satanov, foi uma das mais populares. Sua figura envolveu-se de lenda, mas duas coletâneas de seus versos elegíacos subsistem, *Schéker ha-Khêin* (A Falsidade da Beleza) e *Schlôische Schaárim* (Os Três Portais), e são mostras de comovida lírica religiosa.

Contudo, uma das expressões mais significativas do período está no relato pietista-folclórico tal como é coligido no *Maisse Bukh* (Livro de Histórias). É provável que derive de compilações anteriores com semelhanças na estruturação, mas a edição de Basileia, de 1602, realizada por Iaakov ben Abraão Polak, é considerada por um dos principais estudiosos do assunto, J. Meitlis, a *editio princeps*, embora nas sucessivas impressões ulteriores (dezoito entre 1602 e 1763, por exemplo) este verdadeiro *best-seller* ídiche apresente acréscimos e variações de monta. Tributário de um sem-número de fontes da narrativa popular, seu *corpus* atual é agrupado, quanto à origem, em três partes principais: a. relatos provenientes do fundo talmúdico, midráschico e, mais tardiamente, da literatura hebraica medieval; b. o chamado ciclo do Danúbio, com as legendas das santidades e dos milagres de rabi Samuel, de Iehudá ha-Hassid, seu filho, e de outros nomes do pietismo judeu no Medievo alemão, ou seja, do hassidismo asquenazita, somando-se-lhe as histórias sobre os grandes mestres do judaísmo medieval, como rabi Schlomo Itzkhaki (Raschi) e Mosche ben Maimon, ou Maimônides (Rambam); c. um conjunto de contos de base contextual judaica ou judaizados pela narração. Se a primeira série liga-se, no principal, à textualidade da *agadá* e a segunda à transmissão oral, a terceira traz sensíveis contribuições do contador popular ídiche. No todo, porém, cabe salientar o papel do antologista-editor. A redação dada por ele aos textos estabelece uma unidade escritural e um *status* estilístico que revelam um pulso de fino narrador-escritor. É um tratamento que, mantendo-se fiel ao propósito essencialmente devocional e edificante, exemplar e didático, do variegado material, não deixa de piscar um olho para o lúdico e o secular, sob a forma da anedota das tentações e paixões humanas, como se vê em "A Conversa Entre Dois Espíritos":

> Uma história. Isto aconteceu com um judeu devoto, que certa vez, na véspera de Rosch Haschaná, deu, a título de boa ação, um ducado a um pobre, pois precisamente aquele ano fora de grande escassez. Sua mulher ficou por isso com muita raiva dele, de modo que o homem sentiu simplesmente medo de voltar para casa. Assim, foi pernoitar no cemitério. No meio da noite, ouviu

dois espíritos de moças falarem entre si: "Venha, vamos pairar sobre os mundos e ouvir 'por detrás das cortinas de Deus', bendito seja, que ano vai ser este." A outra respondeu: "Eu não posso ir com você, porque estou enterrada numa mortalha de caniços; vá você e depois você me conta tudo o que ouviu." O espírito foi sozinho e pouco depois voltou dizendo para a amiga: "Ouvi dizer que aquele que semear seu grão antes da metade de Heschvan [outono], terá tudo destruído pelo granizo." Quando ouviu isto, o devoto semeou o seu grão na segunda metade de Heschvan. O granizo acabou com todas as colheitas que as pessoas haviam plantado na primeira metade de Heschvan, e a colheita do piedoso judeu, plantada na segunda metade, foi salva.

No ano seguinte, o devoto voltou mais uma vez a pernoitar no cemitério, na esperança de ouvir de novo o que os espíritos falam entre si. De repente, ouve um dos espíritos dizer ao outro: "Venha, vamos sair para escutar o que vai acontecer este ano no mundo." Responde-lhe o espírito da outra moça: "Eu já disse uma vez que não me posso mover do lugar, porque estou presa numa mortalha de caniços; vá sozinha e depois você me conta o que ouviu." Em resumo, ela foi sozinha e pouco depois voltou e contou: "Ouvi que aquele que semear o seu grão este ano na segunda metade de Heschvan terá a colheita destruída pelo granizo." O devoto foi então para casa e semeou todos os seus grãos na primeira metade de Heschvan. O granizo devastou todas as colheitas que as pessoas haviam plantado na segunda metade de Heschvan, mas não trouxe prejuízo nenhum ao piedoso judeu, porque ele plantara suas sementes na primeira metade do outono. Admirou-se sua mulher e perguntou-lhe: "Querido esposo, como é possível que todo mundo tenha perdido suas colheitas e você não? Isto não é coisa tão simples." Ele lhe contou então a história toda que lhe havia acontecido, como prestara ouvidos ao que os dois espíritos tinham conversado e que uma das duas defuntas não podia mover-se do lugar, pois fora enterrada numa mortalha de caniços.

Pouco tempo depois aconteceu que a mulher do devoto brigou com a mãe da moça que estava enterrada na mortalha de caniços, como ocorre entre as mulheres. A esposa do devoto pôs-se a censurar a outra com as seguintes palavras: "Veja se você dá uma espiada na sua filha que está enterrada numa mortalha de caniços."

No terceiro ano, o piedoso judeu dirigiu-se de novo ao cemitério a fim de ouvir o que os dois espíritos conversavam. Mais uma

> vez diz a jovem defunta para a outra: "Venha, vamos ouvir o que vai acontecer este ano." Responde-lhe a amiga: "Deixa disso. O segredo se tornou conhecido e pessoas escutaram a nossa conversa."[2]

A passagem talmúdica aqui recontada deixa apenas entrever a riqueza de elementos que deliciou gerações de leitores (e sobretudo leitoras) ídiches e consagrou o *Maisse Bukh* no imaginário popular. Mas tampouco a crítica especializada, em suas modernas reavaliações, alimenta qualquer dúvida sobre o lugar especial deste livro de histórias na produção literária judaica: "O grande acontecimento da arte narrativa ídiche nos séculos XVII e XVIII é o *Maisse Bukh*... É mais do que uma obra: é toda uma escola literária, e até o fim do século XVIII constitui o celeiro da prosa ficcional ídiche, no qual se abasteceram tanto o livro popular impresso quanto a criação popular oral", diz Max Erik, em sua *G[u]eschíkhte fun der Iídischer Literatur* (História da Literatura Ídiche), obra fundamental para o estudo deste período. E que é assim "até o século XX", confirma-o um ficcionista como I. Bashevis Singer, que também vai abeberar-se, e copiosamente, nesta fonte.

Na messe das "moralidades", ao lado do *Maisse Bukh*, outro texto cuja menção se impõe, pela acolhida dada a suas páginas exortativas por gerações de leitores, é o *Tzeno U-Reno* (Saia e Veja) ou o *Tzenerene* na pronúncia ídiche, publicado por volta de 1600, de rabi Iaakov ben Ítzkhak Aschkenázi (1550-1628). Paráfrase agádica do *Pentateuco*, utiliza lendas, admonições, parábolas e descrições do céu e do inferno, para acentuar as linhas sugeridas pelas passagens bíblicas. Por combinar de maneira feliz o elemento estético-narrativo com o ético-religioso, a imaginação criativa com o intuito didático, esta obra tornou-se uma verdadeira "*Bíblia* das mulheres", como foi chamada, e durante trezentos anos conheceu sucessivas edições, tendo deixado seu rastro em toda a literatura ídiche.

Além do *Maisse Bukh* e do *Tzenerene*, outras composições edificantes fizeram época. São obras em que o elemento metafórico-ficcional tem uma função menos orgânica e surge mais caracterizadamente como ilustração do didatismo ético-religioso. Entre elas, figuram os primeiros livros de *mussar* publicados em ídiche, que são traduções do hebraico, como é o caso do *Sefer ha-Gan* (Livro do Jardim), de um original do século XV, do *Sefer ha-Irá* (Livro do Respeito), do rabi Jonas G[u]erondi ha-Hassid (o Piedoso, século XIII), e do famoso *Sefer Midot* (Livro dos Princípios), o mais representativo do gênero, no século XVI, atribuído por alguns ao cabalista Iom Tov Lipmann. Mais tarde, dentre as "moralidades" escritas em ídiche, destacam-se *Brandschpigl* (Espelho Ardente, fim do século XVI), de Moisés Altschúler; *Lev Tov* (Bom Coração, 1620), de rabi Ítzkhak ben Eliakim, e *Simkhat ha-Néfesch* (Alegrias da Alma, 1707), de Elkhanan Hendel.

2. J. Meitlis (ed.), *Maisse Bukh*, Buenos Aires: Ateneo Literário en el Yivo, 1959, p. 77-79.

Estas três obras são espécies de enciclopédias edificantes, sendo que nas duas primeiras prevalecem os fins práticos e na última a compilação literária.

Cumpre observar ainda que a literatura ídiche, no período em exame, não está limitada ao *mussar*. Envolve igualmente valioso conjunto de crônicas de época, descrições de viagens, bem como poesias líricas de tipo trovadoresco e outras de natureza didática e histórica. Um gênero também cultivado foi o das memórias, entre as quais a crítica moderna distinguiu as de Glückel de Hameln (1646-1724). Mulher sagaz e observadora aguda dos acontecimentos, para não se entregar à melancolia e à depressão pela morte do primeiro marido e como um legado aos filhos, pôs-se a escrever, aos 46 anos de idade, um relato de suas recordações e experiências. A vivacidade do estilo, apoiada numa memória precisa e numa familiaridade invulgar com os *midraschim*, os textos talmúdicos, os livros de ética e o devocionário feminino das *tkhínes* converteram tais registros, em que a inclinação piedosa não embota o espirito atilado, não apenas numa crônica autobiográfica e de família, mas também numa pintura notável da vida, dos costumes e da cultura das judiarias alemãs de seu tempo, como se lê nas seguintes passagens:

> Inicio este quinto livro, queridos filhos, com o coração confrangido, pois tenciono contar-vos, do começo ao fim, a doença e a morte de nosso querido pai. À noite do dia 19 de Tevet de 1689, vosso pai foi à cidade ultimar uns negócios com um comerciante. Perto da casa deste, tropeçou e caiu em cima de uma pedra pontiaguda. Machucou-se tão gravemente que todos nós ficamos alarmados. Veio para casa muito mal. Logo de início não soubemos (ai, meu Deus!) a verdadeira natureza do ferimento. Ele sofrera muito de uma hérnia e, ao tropeçar, feriu-se exatamente no lugar da ruptura, o que revolveu gravemente suas entranhas. Ao raiar do dia eu lhe disse: – Louvado seja Deus! A noite passou e agora vou mandar chamar um médico e um operador de hérnias. Mas ele não quis e pediu para chamar o sefardita Abraão López, médico e barbeiro-cirurgião. Mandei buscá-lo imediatamente. Isto foi na quarta-feira bem cedo. O doutor López aplicou o remédio pensando que iria curá-lo em pouco tempo [...]. Na quinta-feira chamei outro operador de hérnias e mais dois médicos. Um deles era o doutor Fonseca. Ele me disse: – É bem pouco o que posso dizer ou fazer. Infelizmente as vísceras estão emaranhadas e ele não poderá evacuar. Quanto a mim, já sabia qual a minha sorte. Tinha-a diante dos olhos. Mais tarde vieram outros médicos e operadores. Mas não puderam fazer nada. Pelo fim do *schábes*

> (sábado) não ficou mais ninguém, exceto o doutor López. Não havia nada a fazer. Diante disso eu disse a meu marido: – Meu amor, devo abraçá-lo? Estou impura. – Pois eu estava no período em que não ousava tocá-lo. Ele me disse: – Deus o proíbe, minha filha. Mas eu não irei antes de tua purificação. – Mas, ai de mim! Já era muito tarde. [...] Que devo escrever, meus caros filhos, acerca de todas as nossas amarguras? Eu, que sempre permanecera em tão alto conceito diante de seus olhos, via-me agora abandonada com oito dos meus doze filhos e dentre eles a minha filha Ester, noiva: Queira Deus ter pena de nós e ser o Pai de meus filhos, Ele que é o Pai dos órfãos! [...] Domingo, 24 de Tevet, 5449 [16 de janeiro de 1689], ele foi enterrado com todas as honras. A comunidade inteira foi abalada pela mágoa e pesar desse súbito golpe. Com meus filhos reunidos em torno de mim, fiquei sentada no chão durante os sete dias de pranto. Deve ter sido um triste espetáculo ver-me assim com meus doze filhos órfãos. Logo indicamos dez homens para as orações diárias na casa dos prantos. Incumbimos homens doutos de ensinarem a *Torá*, dia e noite, durante o ano todo. Por falta disso, ninguém me pode censurar. E as crianças recitaram regularmente o *kádisch* pelo pai falecido. E não houve homem ou mulher que não viesse diariamente confortar-nos em nosso desespero[3].

De extraordinário interesse literário, linguístico, sociocultural e histórico é, pois, este texto que subsistiu somente em algumas cópias manuscritas até o fim do século XIX, quando o original ídiche, com uma análise introdutória em alemão, foi publicado pelo renomado pesquisador David Kaufmann sob o título de *Memoiren Glückel von Hameln* (Budapeste, 1896). Seguiram-se, em nosso século, traduções para o hebraico, o alemão e o inglês, bem como o exame da obra por diversos estudos acadêmicos. Em ídiche moderno, porém, as *Zikhróines* (Memórias) da cronista de Hameln e do mundo do velho ídiche ocidental só vieram a circular em 1967, graças ao trabalho de S. Rojânski no Yivo argentino e de seu empenho de preservar as obras que construíram os marcos da literatura de Aschkenaz.

3. Carlos Ortiz; J. Guinsburg (orgs.), Minhas Alegrias e Tristezas, *Antologia Judaica*, São Paulo: Rampa, 1948.

3

ORIGENS DO TEATRO POPULAR ÍDICHE

O *SCHPILMAN*

Misto de jogral, cantor, bufão e músico, sua arte ia frequentemente muito além do recitativo e do cantar trovadorescos. Para atender a seu público, em que predominavam os estratos mais populares, procurava traduzir gestualmente, com o apoio na pantomima, e musicalmente, segundo padrões melódicos específicos, os estados de espírito e os conteúdos configurados no poema épico. O *schpilman* também exigia, no exercício de sua profissão de entretenedor, habilidades de *leitz*, isto é, a arte do comediante e do mimo, do palhaço e do malabarista, do cançonetista e do *klézmer* ("instrumentista"), de modo que as diversas denominações se recobrem umas às outras.

O *LEITZ*

Como as outras designações para animadores de festas e executantes de variedades, o *leitz* tampouco representa um gênero bem definido. A denominação, entretanto, está presa a um desempenho de algum modo provocador de riso, pois o significado hebraico da palavra é "escarnecedor" e, por isso mesmo, ela passou a nomear toda espécie de ações de escárnio ou diversão jocosa, particularmente as empreendidas pelo ator cômico e farsesco, assim como pelo cantor e músico profanos. Sua presença na vida dos guetos deve ser anterior ao século XIII, época em que aparece pela primeira vez uma notícia a seu respeito nos *Baalei Assufot* (Mestres das Assembleias) de rabi Eliahu ben Iaakov Lattes de Carcassona.

▪ *Cena de* Purim-Schpil.

O *MARSCHALIK*

Nem sempre o *marschalik* esteve identificado com o *leitz* e o *lustikmákher* (alegrador, animador), como sucedeu a partir do século XVII. Do *marschalik* alemão, um tipo de "superintendente" de herdades, divertimentos, procissões, bodas ou cerimônias, derivou por certo a função de sua réplica judia, surgida no fim da Idade Média, numa época em que nos casamentos alemães dominava a figura do *Schpruchsprecher* (locutor ou recitador de máximas). Como este, o *marschalik* foi, nos primeiros tempos, essencialmente um mestre de cerimônias nupciais, segundo I. Lifschitz[1]. Nesta qualidade, ou seja, como festeiro, ter-se-ia ligado ao trabalho do *schpilman*, vindo a assumir, com

1. V. Badkhónim un Leitzim, Dr. I. Schátzki (ed.), *Arkhiv fun der G[u]eschíkhte fun Yidischn Teater un Drame*, Vilna/Nova York: Yivo, 1930.

a evolução do *Purim-Schpil* (Peça de Purim), um papel de contrarregra e direção nas peças, funcionando como deus *ex machina* da ação, introduzindo os atores no tablado e levando-os para fora com trejeitos e gestos histriônicos[2]. Seja como for, sua função continuou estreitamente ligada aos festejos matrimoniais e supõe-se que o declínio de sua presença seja consequência não só das frequentes prescrições rabínicas antissuntuárias pelas quais os casamentos deixaram de ser acontecimentos públicos e se converteram em assuntos apenas de família, dispensando o concurso de um mestre de cerimônias, mas também das condições da vida judaica no século XVII, que deram o lugar do *marschalik*, enquanto animador, ao *badkhan*, em grande parte.

O *BADKHAN*

Embora os guetos alemães também tenham conhecido a figura do *badkhan* (do aramaico *badakh*, alegrar), sua tradição parece que se firmou principalmente na Europa Oriental, durante o século XVII. Aí, após as atrocidades dos cossacos de Chmelnítzki, deixou de haver ambiente para a histrionice, a canção picante e o escárnio grosso do puro *lustikmákher*. As aflições e tristezas do povo, que promoveram o ascetismo religioso e o moralismo, o *mussar*, da época, requeriam um consolo de outro gênero. Foi então que o *badkhan*, mais na qualidade de *diseur*, declamador, do que de cantor, trouxe às festas judias suas rimas semi-improvisadas, sentimentais ou humorísticas, colhidas muitas vezes em fontes talmúdicas (e isto exige certa instrução), destinadas a reconfortar e edificar mais do que a simplesmente divertir. É verdade que, mesmo então, punha com frequência a máscara cômica, a ponto de não mais se diferenciar do *leitz* e sobretudo do *marschalik*, com quem acabou praticamente por se confundir nas funções de mestre de cerimônias, tornando-se quase sinônimo um do outro. Todavia, ainda nessa evolução, não perdeu a característica de poeta popular mais do que de ator. Como tal, e na condição de intérprete de canções, vinculou-se no século XIX aos inícios da nova poesia e teatro em língua ídiche.

O *PURIM-SCHPIL* E SUA EVOLUÇÃO

Independentemente do que se poderia chamar de proto-história da arte dramática judaica em geral, cujos filamentos levam à festa da rainha

2. Ver Nathan Ausubel, Festeiros Judeus Tradicionais, *Conhecimento Judaico*, Rio de Janeiro: Editora Tradição, 1964, Biblioteca de Cultura Judaica.

Ester (Purim) na época talmúdica, às celebrações religiosas (*Seder* pascal, Primícias, Cabanas) e à literatura dos antigos hebreus (*Jó*, *Cântico dos Cânticos*), bem como aos ritos e mitos de fundo semítico comum, duas fases caracterizam, conforme I. Schátzki, a evolução desse teatro e seu repertório:

A primeira, um período de cronologia incerta, que termina na Alemanha no século XV, mas nos países eslavos se estende até o fim do século XVIII, e que abrange não só a atuação do *leitz* e do *marschalik* no interior das casas de família e em ocasiões especiais (casamentos etc.) como a evolução do monólogo dramático para o dialogal nas breves cenas cômicas que compunham a maior parte de seu repertório.

A segunda, a etapa que começou sem dúvida no fim do século XV e se prolongou até o advento do teatro moderno. Nela surge a peça de Purim como um todo encenado enquanto tal para uma plateia que, de início, não ia além de uma família para cada função, ou, melhor, da capacidade de um aposento domiciliar, mas que, ulteriormente, se vai ampliando e acaba levando o *schpil* aos locais públicos com entrada paga. O desenvolvimento desse gênero de texto e espetáculo acompanhou, ainda mais de perto do que na fase anterior, o curso do teatro alemão e fez-se sob a influência sucessiva do *Fastnachtspiel* (*ludus* da noite de carnaval) e dos dramas bíblicos da Reforma, de um lado e, de outro, sob o impacto concomitante quer dos Englische Komödianten[3], quer da *Commedia dell'Arte* italiana. A partir do século XVII, intervieram também, somando-se à tradição burguesa e "municipal" (isto é, citadina) do repertório anterior, elementos do drama burguês didático-racionalista.

No conjunto, essa fase assistiu a uma ampliação temática e estrutural do teatro ídiche antigo. Mas o preço não foi só a perda da simplicidade descosida e vulgar, como também da espontaneidade popular. À medida que as peças se complicavam, cresceram as pretensões moralistas e começaram a ressoar os suspiros do sentimentalismo, modificando a impostação deste teatro, que, de carnavalesco e apimentado, nos termos de Bákhtin, passou a ser cada vez mais "sério", sem alcançar todavia eminência artística. Contudo, por seu vínculo com uma festividade tradicional e pelo que lhe restou da seiva primitiva e das antigas formas, pôde subsistir como *Purim-Schpil* até as vésperas da Segunda Guerra Mundial, no Leste europeu, e mesmo posteriormente, em Israel.

3. Companhias errantes de "Comediantes Ingleses" cujas récitas obtiveram grande êxito na Alemanha no início do século XVII, gerando a dramaturgia e o teatro do Haupt– und Staatsaktion (Ação ou Auto Principal e de Estado), e marcando a figura "clownesca" do Pickleherring e do Hanswurst.

A comemoração do feito de Ester, que, conforme relata a *Meg[u]ilá de Ester* a ela consagrada, salvou os judeus, sob o domínio persa, do extermínio maquinado por um áulico do rei dos reis, chamado Haman, suscitou já na época talmúdica uma espécie de pantomima, de que fala o tratado do *Sanedrin*. Entretanto, sua elaboração num gênero de espetáculo teatral ocorreu fundamentalmente no quadro de vida em Aschkenaz. A mais antiga referência ao termo *Purim-Schpil* parece provir de um judeu polonês que compôs, por volta de 1555, em Veneza, um poema ídiche sobre os incidentes narrados na *Meg[u]ilá de Ester*.

Esta e outras obras em verso, que nos séculos XV e XVI abordam o tema em questão, eram consideradas, segundo tudo indica, *Purim-Schpil*. De todo modo, é certo que a expressão foi aplicada, de início, a um monólogo em versos que parafraseava trechos do livro bíblico de Ester ou parodiava composições litúrgicas ou sagradas, e que na festa de Purim era recitado para divertir um auditório, por um intérprete às vezes paramentado teatralmente. No começo do século XVI, o número dos que atuavam neste "jogo" aumentou e o travejamento dramatúrgico dos textos também cresceu. Surge então um tipo de *Purim-Schpil* que leva à farsa elementos do cotidiano judaico e de conhecidas histórias humorísticas. Frouxamente estruturadas, mesmo em seus estádios mais tardios, entrecortadas a todo momento por motivos e improvisos sem vinculação com o tema e a ação centrais, entremeadas de danças e canções não menos descosidas e desordenadas, tais peças distinguiam-se pela linguagem paródica, tosca e desabusada.

Discípulos dos seminários rabínicos (*ieshíve bokhírim*) e, mais tarde, grupos de aprendizes, artífices, mendigos e vadios, bem como entretenedores profissionais, representavam-nas revestidos de máscaras, cabeleiras com chifres de bode e indumentárias bastante rudimentares. Uma figura-chave do ponto de vista teatral, devido às várias funções que desempenhava dentro e fora de cena, era o *lôifer*, o *paiatz* ou o *schraiber* ("escritor"), uma espécie de narrador, diretor, contrarregra e arauto, que introduzia (a seu cargo estava sempre o prólogo), conduzia e concluía a apresentação, como o heraldo das *Staatsaktionen*. Às vezes, o bando de celebrantes, mais do que comediantes, tinha à sua frente um rabino de Purim, ou seja, a versão judaica do rei do Carnaval. O público era quase sempre o de uma família reunida na refeição festiva. Em todo *Purim-Schpil*, como parte integrante de seus padrões característicos, já no século XVI, a função abria-se com a bênção aos espectadores, resumo da ação e introdução dos atores, encerrando-se com a bênção de despedida e solicitação de recompensa generosa: "Hoje é Purim, / Amanhã, não é mais. / Dê-nos um dinheiro / E nos acompanhe até a porta."

No século XVII, começaram a aparecer, com o temário bíblico, textos de *Purim-Schpil* mais elaborados em sua construção dramática. Por razões óbvias, e também a exemplo das *Staatsaktionen*, cuja mistura peculiar de comédia e tragédia encontrava alimento adequado nos motivos de Assuero (o monarca persa) e Ester, a *meg[u]ilá* foi uma das fontes preferidas dessa dramaturgia ídiche. Mas, ao contrário de seus precedentes alemães, ela não se inspirou exclusivamente no livro bíblico, servindo-se em ampla medida de material lendário (agádico) sobre o "milagre" de Purim, entretecido em diferentes *midraschim* (interpretações parabólicas da Escritura) talmúdicos e medievais. Assim, o ciclo de peças que recebeu o nome de *Akhaschvêrosch-Schpil* (Peças de Assuero) se apresenta com uma feição inteiramente judaica, pelo menos quanto ao conteúdo. O primeiro manuscrito que se conhece desse tipo de *schpil é* de 1697, embora o texto ali transcrito seja de origem anterior – no dizer dos estudiosos do assunto – à época da cópia subsistente. Nas diversas versões do *Akhaschvêrosch-Schpil*, o caráter central é Mardoqueu (Mordekhai). Mas o revestimento cômico com que se apresenta nas composições mais antigas e que assume inclusive uma figuração própria, a do príncipe Mondrisch, vai desaparecendo nas ulteriores e a personagem se reveste cada vez mais da máscara grave.

Mekhíres Iossef ou *Iossef-Schpil* (A Venda de José), *Akeides-Ítzkhok* (O Sacrifício de Isaac), *Itzíes Mitzraim* (O Êxodo do Egito), *Moische Rabeinus Leibn un Toit* (Vida e Morte de Moisés, Nosso Mestre), *Schlôime ha-Mélekhs Míschpet* (O Julgamento do Rei Salomão) são alguns não só dos títulos como dos motivos do novo repertório. Com ele, o *Purim-Schpil*, que principiara com um reduzido texto e uns poucos intérpretes, chegou às suas derradeiras metamorfoses. Tornou-se um complexo tecido dramático, a desenvolver-se através de milhares de versos e cuja representação requeria largo elenco, elaborado acompanhamento musical e um local público de espetáculos. Seu vínculo com a tradição de Purim permaneceu, porém, seja pelas convenções embutidas em sua estrutura, seja pela época determinada de sua encenação, que é sempre a do festejo religioso do feito da rainha Ester.

4

O SCHTETL

O século XIX encontrou, no mundo ídiche da Europa Oriental, o mais denso agrupamento judaico do globo e, sem dúvida, o mais característico do Velho Continente. De fato, enquanto seus irmãos no Ocidente se jungiam, já em parte culturalmente assimilados, ao carro triunfal da revolução burguesa e sacrificavam na ara das igualdades civis e políticas sua identidade grupal, o judeu do Leste continuava recluso na noite medieval do gueto, integrado em suas formas retrógradas de viver e de pensar. Porém, como observou agudamente Heine – ele que foi o próprio símbolo do judeu ocidentalizado e já marginalizado – em 1822, "apesar do bárbaro gorro de pele que lhe cobre a cabeça, apesar das ideias ainda mais bárbaras que habitam esse cérebro, [...] em seu isolamento fez-se pleno e inteiro o seu caráter [...] o homem em seu interior não se transformou num composto qualquer de sentimentos quaisquer"[1]. Era essencialmente o judeu do *schtetl*, com sua fisionomia inconfundível.

O *schtetl*, isto é, cada uma das inúmeras aldeias e povoados que se espalhavam pela *Pale*[2], abrigava uma comunidade segregada, mas não emparedada em certos bairros[3] dos grandes centros, como no Oeste europeu. Localidade rural, ilhota quase exclusivamente judaica em meio ao mar eslavo, era a base de uma sociedade *sui generis*, misto de classe social, minoria nacional e congregação religiosa. Composta em sua esmagadora maioria de pequenos mercadores, artesãos,

1. Sobre a Polônia, *Reisebilder*.
2. Literalmente, "o cercado". Denominação do conjunto de distritos em que os judeus gozavam de permissão de residência no tempo do império tsarista.
3. A palavra "gueto", que em geral os designa, proviria, segundo uns, do hebraico *g[u]et* ("separação", "divórcio") ou, segundo outros, do alemão *gitter* ("barreira"), ou ainda do italiano *borghetto* ("pequeno bairro") e *gietto* ("fundição de canhões" em Veneza, junto ao primitivo bairro judeu). A mesma noção de um setor isolado em meio a uma aglomeração urbana subsiste nas denominações de *vicus Judeaorum*, *Judenstrasse*, *Judengasse*, *Judiaria*, *Juiverie* e *Carriera* que os bairros judeus assumiram em diferentes épocas e países europeus. Ver Louis Wirth, *The Ghetto*, Chicago: The University of Chicago Press, 1956.

▪ *Diante de casa: o* schtetl.

estalajadeiros, contratadores de impostos e arrendatários de terras, situava-se, com respeito ao meio circundante, "entre o nobre e o aldeão"[4] e vinculava-se interiormente, não só pelo tronco e pelas tradições de Israel, como também por um passado local de vários séculos, por uma língua própria, uma cultura específica e a clara consciência de um destino comum.

Nesse agrupamento, embora existissem ricos e pobres, privilégios e injustiças sociais, as desigualdades de classe eram relativamente pouco acentuadas e seus antagonismos quase só afloravam nas querelas congregacionais ou nos movimentos religiosos. Não porque reinasse uma ordem capaz de dirimir de algum modo tais diferenças e conflitos. Se a noção de "povo eleito", de cujo favor todos, sem exceção, desfrutavam, e as circunstâncias da Diáspora, que impunham a todos a mesma situação de fato, davam aos filhos de Israel a igualdade

4. Heinrich Heine, op. cit.

perante a lei e determinavam a democracia no seio da sinagoga, não é menos certo que o selo da fortuna, da linhagem (o requestado *ikhus*) da posição e do saber concedia vantagens efetivas aos seus detentores.

Nos templos, centros da vida coletiva, a distribuição dos assentos, com maior ou menor proximidade da Arca, refletia uma graduação, uma hierarquia, em que os *balebatim* (donos de casa, burgueses) e os *talmídim-khakhúmim* ocupavam o cimo. Unidos por uma espécie de aliança, firmada sobretudo pelo matrimônio e baseada de um modo geral na troca do dinheiro pela estirpe ou pelo saber – visto que se tratava de uma sociedade centrada em valores que dependiam do conhecimento e da exegese dos livros sagrados – os dois grupos detinham em conjunto a direção política e espiritual da comunidade. Sob o seu ascendente, os artífices, os carregadores, os aguadeiros, os bufarinheiros, os cocheiros e a massa dos desprotegidos da sorte constituíam, na base, uma arraia-miúda, sem a menor estruturação de classe. Pouco afeitos ao estudo da Lei e muitas vezes analfabetos, viam-se relegados ao grau de fiéis de segunda categoria cuja voz quase não se fazia ouvir nos conselhos e concílios comunitários. Entretanto, tudo isso não bastava para criar fronteiras muito rígidas e contradições demasiado explosivas. Pois, de um lado, nesse *schtetl* essencialmente pré-capitalista, nem as camadas superiores concentravam suficientes meios de produção, nem as inferiores vendiam suficiente força de trabalho e, de outro, dadas as proibições econômicas e jurídicas que pesavam sobre os judeus e a instabilidade de sua posição no país, não havia raiz territorial e agrícola ou atividade militar e política que assegurasse privilégios duradouros e criasse coletivamente distinções intransponíveis. Ademais, sobrepairando a tudo, o pogrom e a perseguição comprimiam e acondicionavam as tendências díspares, descrevendo um círculo discriminador em torno de todos, lançando o ricaço e o pobretão no mesmo barco. Alienado, marginalizado e periodicamente brutalizado, esse agrupamento encontrava no perigo externo um fator de trégua interna e, nessa eterna defensiva, cimentava seus frágeis redutos, opondo-se em bloco ao mundo não judeu, os góim, que assumia o significado demoníaco da violência, do sacrilégio, da cega opressão, que consubstanciava a "ameaça do Punho contra a Palavra"[5].

Assim, rodeada de muralhas por dentro e por fora, inatingida pelas forças desagregadoras dos novos tempos, a "cidadezinha" parecia dormitar à beira do tempo e da história, no aconchego de uma unidade quase primitiva. Pequeno-burguesa,

5. Irving Howe; Eliezer Greenberg, *A Treasury of Yiddish Stories*, Londres: The Viking, 1954.

com o ritmo trôpego das vidas miúdas que se arrastam pelos velhos e batidos caminhos da província, entalada numa economia escassamente rendosa, sem qualquer vibração, o seu dia a dia era árduo e mesquinho. Mas, para além da mediocridade material e dela separada por sacrossantas barreiras, achava-se o único "fim" que, aos olhos do judeu do *schtetl*, social e psicologicamente alheio ao utilitarismo ocidental, justificava "este" mundo: a esfera edênica da beatitude sabática, o "outro" mundo. Céu de sublimação, tecido com sonhos e anseios milenares, ofertava ele generosamente suas certezas tanto ao erudito, que conhecia os mistérios da *Torá* e investigava os desígnios divinos, como ao humilde trabalhador, que mal sabia repetir um salmo e percorria apenas as estradas da prece sincera. Era aí, neste reino, que o mísero judeu do cotidiano, abandonando essa sua existência surrada e puída como o seu gabardo, trocava de "alma", revestia-se dos paramentos da "infinita devoção", ingressava na santa congregação dos eleitos, colocava-se diretamente em face do Trono de Glória, colhendo sua luz com os olhos da fé.

Neste mundo "intoxicado de Deus", nada mais separava a criatura de seu Criador. Desapareciam os limites entre o terreno e o celestial, a "infinita distância" de que falavam os teólogos desfazia-se convertida em "infinita proximidade". O homem, pela operação interior que o engolfava em Deus e levava este da transcendência ritual à imanência mística, retornava ao seu "lugar", como no relato hassídico em que os discípulos perguntam ao rabi:

> – Por que é que Deus é chamado Lugar? Ele é certamente o "Lugar do Universo", mas deveriam então chamá-lo assim, e não apenas "Lugar".
>
> Ele respondeu:
>
> – O homem deve entrar em Deus, de modo que Deus possa envolvê-lo e tornar-se seu Lugar[6].

Não se poderia pretender, é claro, que toda a vida religiosa da "cidadezinha" se desenrolasse em nível do ato de fé pessoal, da experiência autêntica, que pressupõe essa vontade de fundir-se com a Divindade, de submergir nos abismos de Seu espaço.

Ao contrário, boa parte dos fiéis, membros que eram de uma cidade e não de uma confraria mística ou ascética, apenas rendia aos céus o seu quinhão diário de cerimônias e práticas exangues, rotineiras, incrustando-se no ressequido receituário da casuística legalista e do dogmatismo religioso, contra os quais o hassidismo terçava lanças com e pelo fervor.

É certo, porém, que a religiosidade popular, fortemente marcada em seu conjunto pela devoção hassídica – em cuja ação eminentemente social os "místicos

6. Martin Buber, *Histórias do Rabi*, 2. ed.,São Paulo: Perspectiva, 1995, p. 167.

que alcançaram sua meta espiritual [...] se voltaram para o povo com seu conhecimento místico, seu 'cabalismo convertido' em *éthos*"[7] – se processava com a intensidade da vivência e era perpassado pela Presença viva e palpitante. Para o homem do *schtetl*, o espírito divino, a *Schekhiná*, através das fagulhas decaídas no ato da Gênese, compartilhava de seu exílio, estava no mundo, era uma realidade existencial que animava os seres e as coisas, não como uma força difusa num despersonalizado panteísmo, porém como um *Tu* onipresente, que o constituía em *Eu* e sobretudo em Seu interlocutor.

Com efeito, a sua relação característica com Deus – e que por certo se vinculava estreitamente com o próprio modo de ser dessa sociedade dominada por valores religiosos, manifestando-se essencialmente por meio deles, mas pobre, reduzida à humilde sinagoga de aldeia, sem maior arquitetura ou outras formas de plasticizar esteticamente o "culto" – era a intimidade dialógica.

Todavia, se algumas individualidades excepcionais, rabis e cabalistas, a estabeleciam em termos que podiam implicar um *Eu-Tu* transcendentes, protagonistas de um diálogo em que o Verbo se faz ação criadora, gênese, como o interpreta modernamente o existencialismo religioso de Buber, o povo o desenvolvia na linha menos ambiciosa, mais plebeia, do simples trato verbal, da conversa familiar, popularesca, de um *Eu* e um *Tu* que cavaqueiam com intimidade sobre as agruras da vida. Na verdade, o *Tu* no caso convertia-se na possibilidade de tutear o Senhor Deus, quase na de lhe dar uma amistosa palmada no ombro e lhe dizer: "Eh, Paizinho, Tu me entendes."

Assim, esse divino interlocutor surgia como uma espécie de *alter ego*, um "outro eu" do judeu do *schtetl*. Partícipe de suas misérias e de sua Diáspora, que também O degradavam e O alienavam, estava ao alcance de seu suspiro e de sua queixa, mesmo quando, no colóquio dos infortúnios, a reclamação dizia respeito a Ele próprio e envolvia Sua ordem, como na famosa oração de Levi Ítzkhak de Berdítchev, figura proeminente do hassidismo, que se dirigia ao Todo-poderoso com a seguinte demanda:

> Bom dia, a Ti, Senhor do Universo,
> eu, Levi Ítzkhak, filho de Sara de Berdítchev,
> vim a Ti com um pleito contra Ti,
> Em favor de Teu povo Israel.
> O que queres de Teu povo Israel?
> Por que afliges o Teu povo Israel?
> À menor coisa, dizes:
> – Falai com os filhos de Israel.

7. Gershom Scholem, *As Grandes Correntes da Mística Judaica*, 3. ed.,São Paulo: Perspectiva, 1995, p. 378-379.

À menor coisa, Te voltas para os filhos de Israel.
À menor coisa, dizes:
– Contai aos filhos de Israel.
Pai Nosso! Há tantas nações do mundo,
persas, babilônios, edomitas.
Os russos, o que dizem eles?
Que o seu imperador é o imperador.
Os alemães, o que dizem eles?
Que o seu império é o império.
E os ingleses, o que dizem eles?
Que o seu império é o império.
E eu, Levi Ítzkhak, filho de Sara de Berdítchev, digo:
– Glorificado e santificado seja o Teu grande Nome!
E eu, Levi Ítzkhak, filho de Sara de Berdítchev, digo:
– Daqui não me moverei,
deste lugar não arredarei,
é preciso que isso tenha um fim,
o exílio tem que acabar!
Glorificado e santificado seja o Teu grande Nome.

Já nesta prece, que data do fim do século XVIII, é possível captar certa recusa, um gesto de impaciência, em face da ordem de coisas configurada no decreto do exílio. Embora não ocorra ainda qualquer afrouxamento na *religio*, na ligação ou pacto em que se esteia a comunhão existente entre o povo eleito e a divindade que o elegeu, continuando a erguer-se intata essa Cidade de Deus, essa Jerusalém quase intangível ao acontecer histórico, pode-se dizer, com Peretz, em "O Pássaro Exótico", que algo começa a bater "no coração da pedra". De fato, a voz do devoto rabi, e que traduz um impulso profundo do próprio movimento hassídico, expressa-se aqui como uma "vontade", um "eu" pleno que, na própria crista da fé e na da liberdade decorrente da "semelhança", se apresenta com "direitos" ao supremo Eu deste universo. A partir da relação dialógica, questiona-o, reivindica, exige dele, quer arrastá-lo ao "juízo" de Sua própria consciência, perante a qual contesta uma de suas "insondáveis" determinações. Em vez de se lhe submeter passivamente, de ir-lhe ortodoxamente à deriva, tenta suspender esse "destino", pôr-lhe cobro mediante uma iniciativa "fervorosa", que é por certo a de alguém dotado de "poder", com voz e força "comovedora" – como o beato hassídico imaginava o seu rabi – mas que é, não obstante, um "ato" humano, na medida mesma em que procura influir nos "altos mundos" e visa precisamente a cortar o fio do drama escatológico de culpa e expiação que persegue o judeu através dos séculos e o exila do "século". Vozes secretas formam, pois, um coro invisível ao rasto desse gesto: carente em sua existência, alienada em sua subjetividade, reduzida a objeto de outrem, à passividade, a "vítima-testemunha" aspira a reintegrar-se no devir, na historicidade, a fazer-se novamente sujeito de sua própria história e manifesta-o nessa asserção da vontade humana em face da imposição divina.

Na verdade, esse século XVIII tão decisivo para o Ocidente também representa importante marco na vida do *schtetl*. Se é difícil determinar até que ponto ele entra com os seus ingredientes racionalistas e burgueses na obscura alquimia social do gueto do Oriente europeu, é certo que, em seu transcurso, não só amadurece "nos recônditos do espírito judeu e no Santo dos Santos da doutrina mística da Cabala"[8] a crise que se produzira com o aparecimento da Hascalá, como também irrompe e se alastra, qual fogo de estio, o movimento hassídico. Última centelha religiosa do judaísmo tradicional, essa surpreendente pregação de Israel Baal Schem Tov, o rabi do Bom Nome, constitui provavelmente, sob certos aspectos, a primeira fagulha deflagradora do judaísmo moderno. Com efeito, ao contrário do que pretendia a historiografia iluminista, com as notórias incompreensões de um Graetz, por exemplo, o hassidismo não foi apenas um ardor obscurantista de beatos ignorantes, explorados em sua crendice por curandeiros e taumaturgos. Tampouco é possível encará-lo, como desejou a escola positivista de Dubnov ou a do marxismo dogmático, tão só como o protesto das massas asfixiadas pela ortodoxia rabínica e pela opressão econômica e política do meio gentílico, ou como uma sublimação e um *ersatz* psicológico da esperança escatológica, tão desastrosamente frustrada pelos falsos messias do século anterior. Ele foi tudo isso, e mais ainda.

Ao calor de seu "entusiasmo", que "trazia o céu para a terra e encarnava os mais altos mistérios em simples e às vezes grosseiros símbolos"[9], processou-se uma transmutação de valores e "fins" tradicionalmente constitutivos do judeu. Dentro dos quadros consagrados, dos "espaços" e "tempos" qualitativos, privilegiados, de um mito religioso, começou esse pietismo a abolir as diferenças essenciais "entre espaços sagrados e profanos, entre templos sagrados e profanos, entre ações sagradas e profanas, entre palavras sagradas e profanas"[10], e a refundir a visão consagrada do mundo e do homem. Iluminou-os de tal forma com a

8. Gershom Scholem, apud Simon Halkin, *La Littérature hébraïque moderne: Ses tendances, ses valeurs*, Paris: PUF, 1958.
9. Simon Dubnov, *G[u]eschíkhte fun Hassidism*, Buenos Aires: Alvéltlhekhn Iídischer Kultur Kongress, 1957.
10. Martin Buber, Le Hassidisme et l'homme d'Occident, *Mélanges de Philosophie et Littérature Juives*. O artigo foi publicado em tradução portuguesa,.J. Guinsburg; Nachman Falbel (eds.), Aspectos do Hassidismo, São Paulo: Centro de Estudos Judaicos da USP, 1971.

sua "euforia", com a sua exaltação da natureza como dádiva divina e da personalidade humana como individuação da essência energética e vital de Deus, que tornou "para o homem" um universo que era até então exclusivamente "para Deus": "Se eu amo o Senhor", diz o Baal Schem Tov, "que necessidade tenho eu de um mundo vindouro?"

Embora retivesse e até fortalecesse a fé no advento de um Messias, o hassidismo desenterrou a redenção do fim dos tempos, para convertê-la em ato "aqui-agora". Pois o Ser Infinito, que é uma presença ubíqua, também habita a "impureza do cotidiano" e encontrá-lo aí, e ouvir "o seu cântico sem voz" em cada ato, em cada momento, em cada lugar, é o que "reúne" o homem à Divindade, à sua fonte primeira, e o resgata do exílio, da alienação, santificando-o neste mundo. Para isso, porém, ele não prescinde de um guia capaz de conduzi-lo da contaminação à pureza e de iniciá-lo na "via" pela qual "a força corruptora" se transmuda em impulso para a ação redentora: é o rabi. Dada a interação entre a esfera terrena e a celeste, que é básica na crença hassídica, e cujo alicerce é a "simpatia do Todo" de que fala Cassirer, o santo mestre, com a sua individualidade depurada pelo exercício místico, exerce função-chave, intercomunicadora. Pela atuação mediadora e exemplar do *tzadik*, o "parteiro" da libertação interior do "discípulo", realiza-se a catarse das potências demoníacas, exorcizadas sobretudo no êxtase jubiloso. Mas a relação do fiel com esse rabi não é formal e hierática, como o era *em princípio* a do rabino com a sua congregação. O laço é fortemente pessoal e afetivo, independendo da letra morta das prescrições livrescas. É a *Torá* viva, como Peretz a descreve em "Entre Duas Montanhas":

> E sobre a planície banhada de luz passeavam os grupos de *hassidim*... Seus gabardos de cetim, mesmo os de qualidade inferior, refulgiam como espelhos. Gabardos, velhos e rotos e gabardos novos, todos refulgiam. E a luz que palpitava nas plantas desprendia-se delas para agarrar-se aos trajes brilhantes e festivos, bailando em redor dos *hassidim* com entusiasmo e amor... E todos os grupos de *hassidim* voltaram para o balcão do rabi os olhares sequiosos e maravilhados... E os olhares sequiosos, pude ver claramente, sorviam a luz do balcão e do rosto do rabi... E quanto mais luz absorviam, mais alto cantavam... Mais alto... Cada vez mais alto... Com crescente enlevo e beatitude.[11]

Ao contrário da outra, esta *Torá* não é feita de "dogmas de ferro, leis de cobre... para eruditos, para alguns privilegiados". Encontra-se ao alcance do "todo", do

11. Ver J. Guinsburg (org.), *Contos de I.L. Peretz*, São Paulo: Perspectiva, 3. ed, 2001, p. 173.

povo. Qualquer criatura, douta ou não, portanto o homem "simples", o "pobre de espírito", o "judeu do salmo", a quem a ortodoxia sonegava o "direito" tanto à terra como ao céu, está apta a conhecê-la e a participar da comunhão dos "eleitos", porque tal conhecimento não nasce do saber e do intelecto, porém da devoção e do sentimento.

Esse democrático franqueamento da salvação, do reino do céu, pelo fervor do coração, pela alegria extática, deu nova "alma" ao judeu do *schtetl*. Assegurada sua projeção no mundo ideal, sentiu-se ele mais seguro de sua "posição" no mundo real. Sua voz exultou no coro dos *hassidim*, com novo senso do valor de sua vida e de sua pessoa, pois, como edifica rabi Azriel, em *O Dibuk*:

> Qualquer lugar, onde o homem erga o seu olhar para o céu, é um Santo dos Santos. Todo ser criado por Deus à Sua própria imagem é um Sumo Sacerdote [...] Toda palavra que o homem profere de coração é o Nome do Senhor.[12]

Realçado, santificado, o homem, pela imanência divina no que ele tem de humano, torna-se como que um ponto de convergência do universo hassídico e o tzadikismo, ao enquadrá-lo sob este ângulo, desloca-se, de certa maneira, do teocêntrico para o antropocêntrico, aproximando a objetiva sociocultural do indivíduo e passando a focalizá-lo em primeiro plano. Assim, no plano histórico, não é só pela racional e laica "declaração de direitos" da Hascalá, mas também, e quiçá principalmente, pela exaltação emocional e religiosa, orgiasticamente celebrada no festim hassídico, que se manifesta "o ativo despertar das massas judias para uma nova compreensão dos esplendores da existência humana sobre a terra"[13], o que constitui, graças à sua ênfase na dignidade da pessoa, o primeiro passo para o reingresso do judeu, como homem, no tempo atual, na modernidade.

Mas o hassidismo é apenas um prenúncio desse retorno do além-túmulo para "este" mundo. Com ele se enceta, ainda envolta no xale ritual, difusa na cantilena da prece, mesclada à celebração religiosa, a renovação do senso do "terreno" e da "realidade", a ressurreição do homem de "carne e osso" no judeu do *schtetl*. O momento crucial desse renascimento, em que a sua fisionomia começa de

12. Sch. An-Ski, *O Dibuk*, 3. ed., São Paulo: Perspectiva, 1988, p. 112.
13. Simon Halkin, op. cit.

fato a emergir do "rebanho" de fiéis e a desenhar-se com autonomia em face da comunidade tradicional, é o da Hascalá.

Inspirado pelas ideias e pelos ideais da Ilustração europeia, promovido por comerciantes e intelectuais vinculados às atividades econômicas e às aspirações sociais da burguesia ascendente, esse movimento, que se cristaliza na Alemanha a partir de meados do século XVIII, mas cujas raízes estão em toda a Diáspora ocidental, propugna por reformas radicais na vida judaica. As luzes da Hascalá, que têm em Mendelssohn sua grande figura e em Natan, o Sábio, a personagem criada por Lessing, seu modelo exemplar, pelo menos na primeira fase, apresentam-se em essência como um humanismo racionalista que pretende libertar o judeu das trevas da "superstição e do atraso" medievais e derrubar os muros do gueto, de sua segregação e exclusão do mundo. Ele se propõe modernizar seus costumes e seu espírito, ilustrá-lo, secularizá-lo, torná-lo "útil" à sociedade, enfim "civilizá-lo", para que possa legitimamente reivindicar seu lugar natural no concerto das consciências livres e contratantes do pacto social.

Trata-se, na verdade, de prepará-lo para a emancipação política e para a igualdade dos direitos civis, objetivo básico das forças propulsoras da Hascalá, que desejam ser admitidas *de jure* lá onde já participam *de facto*. Para tanto, importa-lhes sobretudo transformar o "judeu" no "homem" e/ou no "cidadão", o que constitui a mola do esforço pedagógico desenvolvido por seu Iluminismo.

No decurso dessa ação, e em virtude do próprio fim "real" visado e dos meios empregados para alcançá-lo, o judaísmo defrontou-se sem dúvida com grave crise. Pois, desfibrado em seu modo tradicional de existência pela renúncia à identidade nacional-religiosa, viu-se reduzido a uma confissão reformada, a uma crença "mosaica" cujo cerne era a "legislação revelada dos mandamentos" (Mendelssohn) e um deísmo esclarecido, condizente com o espírito bem-pensante e admissível no Estado "moderno" (a Prússia, por exemplo...). A empresa racionalista implicou mesmo, em certos momentos da luta emancipadora, a aquisição do famoso bilhete heiniano de "ingresso na cultura europeia" pelo batismo, isto é, não só a transmutação de valores, mas também a perda da própria substância peculiar. Mas cumpre não exagerar as críticas à Hascalá, como é de praxe desde Peretz Smolênskin e do surgimento das correntes que a superaram historicamente, buscando soluções mais orgânicas e positivas. Os efeitos negativos da campanha das Luzes, entre os quais está aquele que Sartre conceituou em nossos dias como "o judeu inautêntico"[14], não foram obra somente da Ilustração judaica e da camada que ela representava, pois poderosos fatores externos, ligados ao mecanismo da sociedade burguesa no século XIX, contribuíram igualmente, decompondo formas

14. O judeu que "pensa tornar-se um 'homem', nada mais que um homem, um homem como todos os outros, ingerindo todos os pensamentos do homem e adquirindo um ponto de vista humano sobre o universo", que "se cultiva a fim de destruir em si o judeu", em suma que "procura fazer-se reconhecer como homem pelos outros homens [...]", *Reflexões Sobre o Racismo*, São Paulo: Difel, 1960.

▪ *Casas e lojas na localidade ucraniana de Mizjanov, 1927.*

típicas, "autênticas", de vida e cultura e tornando, por exemplo, em certos países, em dado momento, irresistíveis as tendências à assimilação. Se o movimento ilustrado teve seu papel em tudo isso, é certo também que seu trabalho trouxe benefícios efetivos, "progressos", em todos os setores de sua atividade.

Com efeito, sua empresa didática, na qual empenhou tanto zelo, resultou em autêntica renascença judaica. O pensamento sacudiu de si a poeira de séculos de casuística e teologia. As letras conheceram vigoroso surto: nasceu então a nova poesia e prosa de ficção hebraica, para não falar da ídiche, que apareceu formalmente em cena no período posterior ao da Hascalá, quando esta utiliza a língua do povo, o "jargão" ídiche, como instrumento da propaganda iluminista no âmbito do *schtetl*. O interesse pelas ciências naturais e pelos idiomas profanos, os do "país", foi amplamente veiculado. Houve forte ação em favor do ensino humanístico e técnico, a fim de deslocar o judeu de suas ocupações habituais, tidas como parasitárias e cercadas de prevenção, e distribuí-lo nas profissões "úteis".

Concomitantemente, conjugando e vitalizando esses esforços, o que refloresceu mesmo foi a confiança no ser humano, em sua qualidade racional e no poder criador dessa faculdade. Assim, a Hascalá se fez, no dizer de Halkin[15],

15. S. Halkin, op. cit.

o arauto do primado da razão, da capacidade natural que tem o homem de pensar por conta própria, apresentando-a como o recurso mais eficaz de que o judeu pode dispor a fim de criar para si uma vida melhor neste mundo. Pregando-lhe a adoração da Inteligência e da Sabedoria, que são os deuses supremos da nova religião da Razão, ela abre ao humilhado e ofendido, ao pária do gueto, as promessas de um progresso humano infinito, as benesses do paraíso terrestre racionalista e, pela graça desse otimismo progressista, põe-lhe em mãos o fio de seu futuro, responsabilizando-o, enquanto indivíduo, não só por sua própria sorte, mas ainda pelo destino que está reservado à coletividade.

No Oeste, embora percorrendo um caminho por vezes longo, tais reformas e os seus valores encontraram pronta e viva acolhida. A aculturação, para não abordar aqui os processos econômicos e sociais, vinha-se realizando, há muito, na França, na Holanda, na Inglaterra, na Alemanha etc. A época moderna, com a Revolução Francesa, trouxe a possibilidade de formalizá-la, de legalizá-la por um estatuto político. (O qual, por sua vez, sem dúvida, acelerou o que já estava em curso.) Para o judeu ocidental, a visão do "novo" homem é interna, orgânica; é uma representação de sua consciência coletiva e da dialética social desta.

Todavia, as Luzes judaicas tiveram de caminhar em sentido inverso ao da luz natural, do Ocidente para o Oriente. Pois no Leste europeu é que se localizava a concentração maciça de judeus, o *schtetl*. E o que viram aí? Nos miseráveis aglomerados enterrados num mundo feudal, onde o camponês era a besta de carga e o judeu, o bode expiatório? O que distinguiram nesse meio turvo, retrógrado, povoado pelos fantasmas da crendice e do obscurantismo?

Certamente não foi o "homem inteiro" que o olhar genialmente penetrante de Heine percebeu, talvez por afinidade romântica com o medieval, mas sim "o bárbaro gorro de pele". Os *maskilim*, os agentes da Ilustração mendelssohniana, não podiam a princípio ver outra coisa senão aquilo que Solomon Maimon, este extraordinário aventureiro da inteligência, viu com respeito a si próprio: "Imaginai só um sujeito da Lituânia polonesa com uma barba toleravelmente espessa, com roupas esfarrapadas e sujas, cuja linguagem é uma mistura de hebraico, ídiche, polonês e russo "[16]. Pois a Hascalá vinha de fora: examinava aquele universo, de um lado paralisado na rigidez ritual dos 613 mandamentos (*mitzvot*) do ortodoxo *misnág[u]ed* (adversário do hassidismo) e, de outro, convulsionado na orgia mística do entusiasmo do *hassid*, a partir de um ponto de vista externo, objetivo; queria converter as tortuosidades e os escaninhos, os mistérios e os duendes, as maravilhas e os tetragramas, as rezas e os amuletos cabalísticos, a desrazão em objeto de razão; propunha-se a escrutar suas sombras inescrutáveis à luz natural do entendimento claro e distinto,

16. Solomon Maimon, *An Autobiography*, Nova York: Schoken, 1947.

a criticar as suas "virtudes" com base em princípios abstratos. Ficou, pois, fora, pelo menos como visão. Não pôde entrar "realmente", pelo menos enquanto puro Iluminismo.

De outra parte, era inevitável que sua presença provocasse violenta reação do que era congênito, inerente ao *schtetl*: rabinismo e, mais ainda, hassidismo. Ambos se uniram para expulsar aquele olhar intruso, incômodo, que os constituía em objeto para outrem, causando-lhes mal-estar, não apenas por seus sarcasmos, pela sátira e paródia causticantes que lhes deformavam as feições vivas em contrafações caricatas, mecânicas, e que foi a arma predileta da polêmica racionalista, mas pelo espelho que lhes erguia, pela consciência crítica que assim suscitava. Nele, a imagem do *schtetl* se oferece cruelmente desvestida. Sem o encanto de sua beatitude popularesca, apresenta-se corroída, esquálida, degradada. Ela se faz Cabtzánsk, a cidade dos pobretões de Mendele, e o seu povo, "um bando de gente, empunhando bordões com sacolas às costas, como autênticos mendigos"[17]. Mas particularmente impiedoso é o que se espelha aí do mundo religioso. O ridículo nada poupa, lança-lhe vitríolo até dissolvê-lo no burlesco e na estilização fabular-grotesca, como na *Metamorfose da Alma*, em que:

> De um homem faz-se um animal e de um animal de novo um homem. Cada metamorfose resulta em um duplo quadro. O animal, em que o homem é metamorfoseado, é o símbolo e o reflexo do caráter humano. O *hassid* que bebe cachaça feito água, é transformado em sapo, o sapo coaxante torna-se um *hazan*, o chantre – um lúcio: este peixe demuda-se em coletor de impostos, "que devora como o lúcio devora seus irmãos"; o contratador de taxas é convertido em coruja que perscruta a escuridão, a coruja em cabalista; do cabalista surge uma toupeira, da toupeira um coveiro, do coveiro um cachorro, do cachorro um fanático, "que acomete todo mundo como um cão danado". O zelote dá origem a uma raposa, a alma da raposa transmigra para um rabi hassídico, o rabi transforma-se em burro, o burro em médico charlatão, o médico ignorante se converte em peru e o peru, por sua vez, no arrogante com fumaças de nobreza, "que se enfuna qual um peru".[18]

Nessa tela típica da crítica ilustrada, que só conhece uma cor, o preto, e uma disposição, a negação, para descrever a vida judaica da época, a sociedade do

17. J. Guinsburg e S. Rinski (ed.), Os Flagelados, *Joias do Conto Ídiche*, São Paulo: Rampa, 1948.
18. I. Erter, *maskil* do século XIX. Ver infra, em "Hassidismo e Hascalá" e também Israel Tzinberg in *Die G[u]eschíkhte fun der Literatur Bai Iídn* (História da Literatura Entre os Judeus), Nova York: Farlag Morris S. Sklarsky, 1943, t. VIII.

schtetl fica portanto reduzida a um cadáver malcheiroso, sobre o qual corveja toda sorte de aves de presa, de exploradores do povo, em especial "os vasos sagrados", rabinos, rabis e seus fâmulos. É claro que esta redução destrói realidades palpáveis daquela existência e valores ainda plenamente subsistentes. Mas é claro também que ela põe a nu e salienta preocupações e problemas que começam a vincar, senão a encarquilhar, a face do *schtetl*.

De fato, não só a ortodoxia, de há muito ressecada e cujo rigorismo asfixiava cada vez mais o corpo social, como o próprio hassidismo haviam perdido o viço, entrando em decadência. Juntamente com a "cidadezinha", que era o seu substrato, e à medida que a economia capitalista se infiltrava na estrutura agrária e feudal do Leste europeu, o tzadikismo se esvazia de conteúdo, sua euforia refrescante se apaga em práticas exangues e formais, sua mensagem popular e "democrática" torna-se quase inaudível sob o peso das dinastias de "santos homens" que se instauram em caráter hereditário e tiram partido, em proveito próprio, da crendice e do sofrimento das massas. Metamorfoseado numa espécie de clero, defende com unhas e dentes um tradicionalismo desvirtuado e, com ele, os seus privilégios. Mas a estrada de ferro, a imprensa, o telégrafo e a indústria rondam cada vez mais de perto seu reduto. Por dentro e por fora, as novas forças investem contra o isolamento, contra o gueto espiritual e material. O *schtetl* e o seu modo de vida estavam condenados: a história assomava à sua porta.

No entanto, cumpre reafirmar: foi a Hascalá o agente do diabo. No desejo de aparar a barba do judeu, de vestir-lhe uma fatiota "berlinense" e de pôr-lhe Rousseau debaixo do braço, fez-se seu tentador. Buscando-o nos interstícios da vida social e econômica, apresentou-lhe um espelho – convexo, sem dúvida... – e disse-lhe: "Veja como você é disforme. É preciso mudar." E quando o homem do *schtetl* atentou e "viu", seu mundo estava desfeito. A Divina Presença o abandonara e, com ela, sua graça. Assim, depois de comer da Árvore do Conhecimento, ele praticou o ato reflexo e se viu na infinita solidão de um cotidiano hostil e brutal, submetido a um "processo" absurdo, kafkiano. É verdade que algum tempo depois o espelho mudou...

5

HASSIDISMO E HASCALÁ

Na segunda metade do século XVIII, na Europa Oriental e na Alemanha quase simultaneamente, desencadeiam-se dois movimentos de sentidos opostos, um místico-religioso e outro racionalista-secular, um ideologicamente avançado e inovador, em termos ocidentais, e outro tradicionalista, senão retrógrado à primeira vista, mas ambos destinados a atuar de maneira revolucionária sobre o *statu quo* judaico: o pietismo hassídico e a Hascalá.

O hassidismo, cujo cenário foi o Leste europeu, desenvolveu-se principalmente em ídiche. Mas não só usou a língua popular como a enriqueceu extraordinariamente, quer no plano idiomático, quer no literário, preparando-a de certo modo para a exploração artística moderna. Pois, além de provê-la de numerosas palavras e modismos mais refinados e nobres, capazes de expressar as práticas e os *topoi* sectários bem como suas fervorosas elaborações espirituais, deu-lhe uma rica literatura de preces, parábolas e canções, mas sobretudo de ditos e relatos de e sobre os rabis e seus discípulos, que condensam as maravilhas e os ensinamentos do mestre hassídico mais na figura poética, na ponta arguta, na sugestão do exemplo, do que na lição conceitual, na exposição discursiva.

Os rabis não escreviam essas histórias mas improvisavam-nas diante de seus *hassidim*, que as transmitiam oralmente. Entretanto, o núcleo original, quando existia, caía imediatamente na corrente anônima da criação popular, recebendo acréscimos de toda ordem e das mais diversas proveniências, de modo que o relato hassídico retrabalhou com o seu entusiasmo religioso uma ampla gama de materiais, desde os da tradição judaica até os do mundo cultural eslavo. De outra parte, em algumas das coletâneas mais expressivas do ponto de vista literário, o selo da autoria individual não se apagou, principalmente porque desde cedo a transmissão escrita acompanhou a oral. Discípulos fervorosos anotaram, e em certos casos publicaram, os ensinamentos dos mestres. Assim, já no primeiro quartel do século XIX, circulavam largamente coletâneas como *Schivkhei*

▪ *Quadro de Isidor Kaufman:* Iom Kipur *(Dia da Expiação).*

ha-Bescht (Louvores ao Bescht) e, mais tarde, *Maasei Tzadikim* (Histórias dos Justos), *Kahal Hassidim* (Assembleia de Devotos) e muitas outras.

Nessa literatura, salientaram-se os contos e as máximas do fundador do movimento, rabi Israel, dito o Baal Schem Tov (Mestre do Bom Nome) ou o Bescht (1700-1760), as parábolas e historietas do Mag[u]id (Pregador) de Mesritsch (falecido em 1772) as poesias religiosas de Levi Ítzkhak de Berdítchev (1740-1809) e especialmente os relatos improvisados do neto do Baal Schem Tov, o rabi Nákhman de Brátzlav (1772-1810), um *conteur* de invulgar talento, a cujo respeito um dos mais acatados críticos da literatura ídiche, Schmuel Níg[u]er, afirma:

> Com todo o seu caráter framentário e todas as suas imperfeições técnicas[1], algumas das histórias de rabi Nákhman são tão profundas quanto ao conteúdo, tão estranhamente belas, tão fantasticamente

1. Caberia discutir se tais defeitos não são na realidade vezos estéticos da "boa literatura"...

▪ *A sinagoga do Baal Schem Tov em Medjiboj.*

> peculiares, que não têm par em toda a nossa literatura; constituem uma tentativa genial de criar uma unidade a partir de coisas tão contrárias como são as claras histórias populares e as escuras e enredadas visões cabalistas[2].

Transcritas por rabi Natan de Nemírov, dedicado seguidor do mestre narrador, são contadas com aparente simplicidade formal, ao fluxo espontâneo de uma criação oral ao vivo. O leitor não é solicitado desde logo a embrenhar-se na dialética demonstrativa dos relatos rabínicos, mas é enovelado, com singular originalidade e poder de sugestão, num universo sutil de situações humanas e indagações espirituais. São produtos de uma arte imaginativa e requintada, cuja consciência poética se encontra mesmo formulada numa das máximas do rabi Nákhman de Brátzlav, que poderia servir de epígrafe à sua obra: "O mundo

2. Reb Nákhman Bratzlaver, *Bleter G[u]eschíkhte fun der Yídischer Literatur*, Nova York: Der Niger Bukh Komitet, 1959.

acha que histórias são um remédio para dormir; eu digo que elas despertam as pessoas do sono". Um exemplo desse dom é o "Relato dos Sete Mendigos", considerado uma obra-prima da narrativa popular ídiche, que começa assim:

> História. Havia uma vez um rei. E o rei tinha um filho único, a quem resolveu entregar o reino, ainda em vida.
>
> Por isso deu um grande baile.
>
> E quando o rei dá um baile todo mundo fica alegre. E quanto mais naquele dia em que ele entregava ao filho o reino, ainda em vida. Era sem dúvida uma grande alegria.
>
> E lá estavam todos os senhores do reino, todos os duques e condes: e todos eles se alegraram muito no baile. E o país também sentiu grande júbilo pelo fato de o rei renunciar ao reino ainda em vida. Isto era uma coisa que honrava muito um rei.
>
> E tudo lá era alegria. Havia toda sorte de coisas para causar alegria: orquestras e comédias e o equivalente. Tudo o que serve só para festas – tudo isso havia nesse baile.
>
> Quando todos já estavam muito alegres, o rei levantou-se e disse ao filho:
>
> – Como eu sei ver nas estrelas e prevejo que um dia vais descer do trono, cuida para que não sintas tristeza quando isso acontecer, mas somente alegria. E se então estiveres alegre, eu também hei de estar. Mas se estiveres triste, também hei de estar alegre. Pois se fores um tipo de pessoa que não é capaz de se manter de maneira a estar sempre alegre, nem sequer ao descer do trono, não és digno de ser rei. É só isso: se então estiveres alegre, hei de me sentir tremendamente alegre.

Enquanto o hassidismo renovava as forças vitais e as bases populares da vida sociorreligiosa judaica na Europa Oriental, dando-lhe a vibração emocional e o voo imaginativo de um novo ânimo e sentido para o mundo[3], surgiu a proposta intelectualista da Hascalá. Inspirada nas ideias que o Iluminismo europeu

3. Posteriormente, por volta do fim do século XIX, uma das manifestações da nova consciência nacional e social do judaísmo na Europa Oriental seria precisamente a revalorização do movimento hassídico. Não só I.L. Peretz, Iehuda Steinberg, M.I. Berditchévski, numa espécie de reação neoromântica ao realismo de Mendele, infundiram novo alento à ficção ídiche e hebraica com seus relatos derivados do riquíssimo acervo folclórico do hassidismo, como o pensamento de Hilel Zêitlin e o energeticismo iconoclasta e antitradicionalista de Berditchévski iriam inspirar-se no sopro dionisíaco do ensinamento-ação dos *tzadikim*, graças, é claro, aos ventos que sopravam do Ocidente, onde Nietzsche e o irracionalismo reagiam contra o homem socrático e positivista, ao mesmo tempo em que, no mundo russo, Soloviev e Dostoiévski desenvolviam a mística da chamada "alma russa". ►

semeou nos meios cuja atuação econômica e aspirações sociais os alistavam no movimento ascendente da ordem capitalista e os inscreviam na sociedade burguesa em expansão, essa corrente, que veio à luz primeiro na comunidade judaica alemã, mas cujas fontes dimanavam de toda a Diáspora ocidental, apresentou-se como um humanismo racionalista que pretendia libertar o judeu das trevas da "superstição e atraso" medievais. Ela se propunha modernizar seus costumes e seu espírito, ilustrá-lo, secularizá-lo, torná-lo "útil" à sociedade humana, enfim "civilizá-lo", para que pudesse legitimamente reivindicar a emancipação política e a igualdade de direitos civis. Nessas condições, devia integrar-se à cultura do país em que vivia, despojando-se de todos os estigmas degradantes do gueto, inclusive o seu dialeto, um "jargão" sem valor como língua cultural, na opinião de Moisés Mendelssohn (1729-1786). Para ele, o ídiche não passava de uma mistura mecânica de hebraico com alemão. "Temo muito, escreve a um conhecido, que esse jargão haja contribuído, e não pouco, para a barbarização moral do povo simples e espero que o fato de meus irmãos terem começado a utilizar nos últimos tempos o idioma alemão surta ótimos efeitos mas nunca uma mistura das línguas!", conclui enfaticamente Mendelssohn[4], que, no entanto, continuou a utilizá-la, seja na forma falada seja na forma escrita.

As Luzes berlinenses cultivaram o hebraico, tido como "linguagem nobre", e cada vez mais o alemão, à medida que tomava corpo o processo nelas encarnado. Um dos principais instrumentos nesse sentido foi a notável tradução comentada que Mendelssohn fez do *Pentateuco* para o alemão. O *Biur* (Explicação), como veio a ser conhecida a obra, não perseguia apenas objetivos literários e exegéticos. Impresso em caracteres hebraicos, propunha-se, entende I. Tzínberg, "facilitar aos judeus alemães a possibilidade de entrar em contato com a beleza poética clássica do texto bíblico e com as 'explicações' das peculiaridades gramaticais do idioma hebreu; despertar na juventude judaica o desejo de se afastar do retorcido *pilpul* e da ressecada escolástica, voltando à *Bíblia* e ao estilo bíblico" e, por fim,

> apagar da vida judaica o dialeto ídiche, expulsar da sinagoga e do recesso da família as velhas traduções da *Escritura*, como, por

▷ Sob esse influxo, muitos voltaram ao *schtibl* (casinhola, capelinha de adeptos) e à roda coribântica dos *hassidim*. Porém, mesmo os que estavam longe de fazê-lo por seus vínculos com a razão crítica e as "causas" científicas, mesmo eles foram levados a encarar com outros olhos, menos ofuscados pela dogmática ilustrada, pelo mundo histórico e espiritual dos *tzadikim* e seus beatos. Um exemplo disso surge em Simon Dubnov. Sua monografia hebraica, escrita entre 1888 e 1893, *Toldot ha-Hassidut* (História do Hassidismo) encetou uma verdadeira revisão da história e da historiosofia do movimento fundado pelo Bescht. Sucederam-se trabalhos sob os mais variados aspectos do fenômeno, surgindo efetivamente toda uma hassidografia.

4. Apud Israel Tzínberg, *Die G[u]eschíkhte fun der Literatur Bai Iídn* (História da Literatura Entre os Judeus), tomo I, v. VII, p. 55, Nova York: Morris S. Sklarsky, 1943.

> exemplo, a de Yekutiel Blitz, que, ao ver de Mendelssohn, estavam escritas numa linguagem corrompida e terrivelmente amputada, cuja leitura "provoca náuseas a quem quer que esteja habituado a falar uma língua pura e verdadeira"[5].

De fato, por esta e por razões de outra ordem, não menos importantes nas transformações ocorridas então no âmbito comunitário, as novas gerações passaram a exprimir-se cada vez mais tão somente em vernáculo teuto, mesmo quando permaneceram nos quadros do judaísmo alemão, pois um grande contingente deixou-se arrastar por uma onda de conversões ao cristianismo que acompanhou de perto a plena assimilação cultural, servindo de exemplo o sucedido com os filhos e com os netos do próprio Mendelssohn.

Assim, o uso do ídiche na Alemanha e, por vias similares, em todo o Ocidente entrou em declínio, embora não se extinguisse inteiramente. O "jargão" continuou sendo falado no sul da Alemanha até meados do século XIX; no norte e no oeste, até bem mais tarde; na Posnânia, ainda circulava no último quartel do século XIX; na Alsácia, na Suíça e na Holanda sobreviveu mesmo em pleno século XX. À persistência local deve-se acrescentar o reforço representado pela vinda de judeus do Leste, falantes do ídiche, que infundiram, sobretudo em grandes centros urbanos, novo alento à cultura e à criação judaicas do ídiche em Aschkenaz ocidental.

Ao lado de traduções, como a de *Robinson Crusoé* (1724), de crônicas históricas, como a *Baschraibung fun der Farenderung oder Oifrur in Frankraikh* (Descrição da Transformação ou Revolução na França), de Abraão Schpaiers, devem-se destacar, entre as derradeiras manifestações literárias do ramo ocidental do ídiche, precisamente duas comédias ilustradas: *Reb Hénokh oder Vos Tut me Damit?* (O Sr. Hénokh ou o Que Fazer Com Isso?), de Ítzkhak Euchel (1758-1804), e *Laikhtsin un Fremelei* (Leviandade e Carolice), de A. Wolfsohn (1754-1834). Em ambas, registros do choque entre a velha e a nova geração na segunda metade do século XVIII, os "pais", os antiquados e carolas, falam "jargão", enquanto os jovens, levianos e falsamente "modernos", utilizam o alemão. Embora ambos os lados não sejam poupados, a crítica incide com maior peso sobre o modo de vida expresso em ídiche, que se torna pincel de uma autocaricatura. Na verdade, as duas obras estão engajadas na polêmica racionalista e seus autores, colaboradores do periódico hebraico *Ha-Meassef* (O Colhedor), figuram entre os partidários mais ferrenhos da Hascalá. Por isso mesmo, não deixa de ser curioso que, tendo recorrido parodicamente à fala dos guetos para satirizá-la e, com ela, as formas "degradadas" de vida judaica que a veiculavam, acabaram, mau grado deles mesmos, por certo, concorrendo para o desenvolvimento não só da dramaturgia ídiche, mas do corpo literário do menosprezado "jargão".

5. Ibidem.

De fato, dentre os numerosos textos dessa fase "envergonhada" da criação na língua do vulgo, parcial ou totalmente esquecidos, que a investigação literária do século XX pôde recuperar e reavaliar, o de Euchel ou Aichel, em ídiche, ocupa um lugar à parte. Pois, segundo o entendimento de pesquisadores como N. Schtif, Max Erik e Z. Raisen, trata-se nada menos do que da "primeira comédia moderna da literatura ídiche". Raisen convida mesmo o teatro judeu a encená-la, "a reproduzir um pedaço da vida judaica num dos mais interessantes momentos de transição da história judaica, pintada por um verdadeiro artista, talvez o único dessa época"[6].

De outra parte, é preciso ter em conta que tanto a peça de Euchel quanto a de Wolfsohn ligam-se não apenas à sátira ilustrada, mas também, pelo tom e pelo traço da caricatura que fazem, à tradição farsesca do *Purim-Schpil*. Mas no caso de *Laikhtsin un Fremelei* a vinculação chega a ser explícita, pois a comédia foi publicada pela primeira vez em 1796, num volume do qual consta mais uma peça, *Di Schtoltze Vaschti* (A Orgulhosa Vaschti), de F. Gotter, e que apresenta o título de *Lustschpile Tzur Unterhaltung baim Purim Feste* (Comédias Para o Entretenimento na Festa de Purim)[7].

Vê-se, nessa perspectiva em que está em cena não só o teatro como a arte das letras, que o início do discurso do moderno na produção literária em jargão não prescindiu inteiramente de uma relação com a cultura popular, ainda que adotasse programaticamente o código culto europeu. Assim, não é de admirar que, em sua esteira e na da crítica iluminista ao obscurantismo, os *maskilim* da Europa Oriental levassem o combate ao hassidismo para o terreno do ídiche. A fim de ter acesso às massas e difundir entre elas as ideias da ilustração cultural e da reforma religiosa, puseram-se a escrever no idioma do povo. Daí resultou uma escritura que não se restringiu ao ataque parodístico às instituições e aos costumes, mas que teve precisamente neste gênero, em forma de conto satírico e sobretudo de comédia, as obras mais representativas, cujo feitio teatralizante, marcado pela ironia dramática, levaram a uma das principais matrizes do novo discurso ficcional ídiche, que seria inaugurado por Mendele, segundo a importante tese de Dan Miron[8].

6. Ver "Di Manuskriptn un Drukn fun Itzik Aichels *Reb Hénokh*" (Os Manuscritos e Publicações do *Reb Hénokh* de I. Aichel), estudo crítico que acompanha a edição da peça em Dr. I. Schátzki (ed.), *Arkhiv fun der G[u]eschíkhte fun Yidischn Teater un Drame*, Vilna/Nova York: Yivo, 1930.
7. A propósito desta peça, cabe assinalar mais um fato: segundo I. Schátzki, foi a primeira da literatura ídiche a ser objeto de uma resenha crítica em jornal alemão, *Schlesischen Provinzialblätter*. O autor da apreciação diz, entre outras coisas, que "o herói da peça, rabi Iossef, é um Tartufo judeu". A análise moderna reconheceu inteiramente a filiação molieresca da comédia de Wolfsohn. Ver "Vegn Ahren Wolfsohns Piesse", *Arkhiv*...
8. *A Traveler Disguised: A Study in the Rise of Modern Yiddish Fiction in the Nineteenth Century*, Nova York: Schocken, 1973.

Contudo, além da beletrística e da poesia, autores ligados à Hascalá, entre o fim do século XVIII e a primeira metade do XIX, desenvolveram em ídiche trabalhos de divulgação científica e publicismo, tradução e pedagogia, muitas vezes em termos que denotavam forte absorção da biblioteca edificante do *mussar*. Moisés Marcuse, médico judeu-alemão que viveu na Polônia e que personificou de certa maneira a passagem do Iluminismo para o Leste, deixou no *Seifer Refúes* (Livro dos Remédios, 1789) um importante documento literário sobre as condições socioeconômicas subjacentes ao estado sanitário da população judaica. A problemática social preocupou também Moisés Iler, em seu *Lebn Mitl* (Meio de Vida), mescla de "moralidade" e investigação crítica ilustrada. O didatismo da Hascalá, que tem em Mêndel Lefin (1749-1826) um dos principais precursores, inclusive da utilização literária do idioma popular, assume ainda feições especificamente pedagógicas em diferentes escritos acerca da educação ou destinados ao ensino. Também é o caso do *Schraiblerer oder Brivschteler* (Mestre de Redação ou Provedor de Cartas), cujos modelos epistolares são ensejos explorados com talento do bem escrever para ministrar lições de ciência e técnica, para pregar moral e orientar as pessoas nos mais variados assuntos da vida cotidiana.

Instruir é o que se propõe a literatura da Hascalá em todas as suas manifestações em ídiche, mesmo nas de criação ficcional. Nestas, porém, a sátira sobrepõe-se à instrução, já pela própria natureza da linguagem e de sua qualificação estilística. São em geral obras de combate, redigidas por autores cujo principal meio de expressão, pelo menos o mais valorizado por eles, é o hebraico. Tal é o caso do escritor anônimo que compôs, sob o influxo do *Tartufe* de Molière e da comédia de Wolfsohn, a peça *Di G[u]enárte Velt* (O Mundo Enganoso), publicada por volta de 1816. No mesmo rol deve-se incluir Iossef Perl (1774-1839), com a versão ídiche de seu panfleto anti-hassídico *Megalé Temirin* (Revelador de Segredos). Transpondo livremente sua obra, o autor utiliza uma mistura de hebraico e de ídiche, que não é uma coisa nem outra. Procura parodiar a linguagem dos relatos hassídicos sobre as maravilhas e os milagres dos *tzadikim*, tal como aparecem nos *Schivkhei ha-Bescht* e nos contos de rabi Nákhman, mas de tal maneira que os verdadeiros propósitos não se evidenciem à primeira vista, parecendo antes tratar-se de uma piedosa correspondência entre devotos de um santo rabi. Por exemplo, na oitava carta, "De Reb Zelik Letitschver Para Reb Zainvl Verkhievker", os dois correspondentes-personagens, lê-se a certa altura:

> Creia-me [escreve reb Zainvl] vou-lhe dizer, ontem tivemos um prazer sem limite e sem fim. Maior do que todos os prazeres *deste* e do *outro* mundo foi o prazer que tivemos ontem.
>
> A lua brilhava com uma claridade fora do comum e todos nós nos pusemos a andar, o rabi, bendito seja, à frente e nós atrás dele.

> Todos estávamos inebriados, tínhamos tomado um golezinho, nas *schalesides* ["três refeições" sabáticas], e assim fizemos a bênção da lua. E depois voltamos para casa do rabi e lá é que cantamos mesmo. Você devia ver o rabi, bendito seja, em casa, andando de um lado para o outro, com o seu longo cachimbo e um belo chambre lançado sobre os ombros, e quando lhe deu vontade, nos disse algo que nos deixou gordos e repimpados. E isso durou assim até a meia-noite. Você pode crer em mim. Mesmo que me dessem todas as riquezas do mundo inteiro e de todo o mundo vindouro, de todos os rabis e de todos os sábios que existem no mundo, eu não os teria trocado pelo prazer que tive.[9]

Essa forma de sátira, que utiliza uma aparente identidade com o alvo do ataque, para macaqueá-lo tanto mais eficazmente, será também empregada, mais tarde, com outros fins, por Dick e Mendele. Mas essa narrativa epistolar e as *Gdôiles fun Rabi Volf me-Tscharniostra* (Grandezas do Rabi Volf de Tscharniostra)[10] não devem ser consideradas sob o prisma do puro panfleto parodístico, pois se aproximam bastante do padrão romanesco, havendo mesmo quem veja no *Megalé Temirin* o primeiro romance hebraico e, dada a sua reescritura em "jargão" pelo próprio autor, o primeiro romance ídiche também, o que se confirmaria pela forma dada ao segundo texto[11].

Se Mêndel Lefin foi de alguma maneira o mestre iluminista de I. Perl, este por sua vez inspirou Ítzkhak Ber Levinson (1788-1860), chamado o Mendelssohn russo. Seu diálogo satírico *Di Éfker Velt* (O Mundo Dissoluto) só veio a ser impresso em 1888 por Scholem Aleikhem. No entanto, durante os sessenta anos em que correu de mão em mão, o texto conheceu larga difusão. A razão está menos na arte do escrito do que na contundência de sua crítica, como transparece na seguinte fala da personagem principal, reb Faitl, com o Forasteiro:

> FORASTEIRO: O que faz, por exemplo, o povo no Sábado e nos Dias Festivos?
>
> REB FAITL: Os fanáticos, os *hassidim*, bebem cachaça e dançam na casa do rabi. E lá onde não há rabi, eles dançam no *schtibl* e nas Casas de Estudo. E a gente mais simples fica tagarelando por aí. Então é hora de trapacear, todos os golpes são então tramados, todas as baixezas, todas as coisas torpes! Talvez os judeus de tipo

9. Trecho de *Megalé Temirin*, capítulo 9.
10. Os dois textos, descobertos nos arquivos de Iossef Perl, em nosso século, circularam apenas em cópia manuscrita, se bem que o original hebraico do *Megalé Temirin* tenha sido editado em 1816.
11. Schmuel Níg[u]er, Maskilische Dertzêilung[u]en, *Dertzeiler un Romanistn*, Nova York: Cyco, 1946.

> antiquado ou alguns ignorantões fiquem ainda em casa, espichados na cama, de nariz para cima; come-se melancia, descasca-se colza, leem-se os *Schivkhei Baal Schem Tov*, recitam-se talvez salmos também, boceja-se e cantarolam-se toadas dos Dias Terríveis.[12]

Um segundo grupo, e talvez mais significativo do ponto de vista literário, pode ser formado com aqueles que se dedicaram de preferência às letras em "jargão". Embora não menos empenhados na causa ilustrada, começaram a despojar-se de sua retórica e a flexibilizar o discurso artístico ídiche com uma linguagem em tom menor, porém mais sensível ao quadro contextual e pontual na sua caracterização, o que deu a esses escritores um viés deveras realista e pitoresco. Foram suas composições que começaram a mobilizar, para a operação ficcional, as ricas potencialidades referenciais e expressivas da fala popular e sua capacidade de utilizar os elementos de aglutinação e fusão linguísticos, preparando com isso o advento da fase moderna da literatura ídiche, da qual foram sem dúvida precursores diretos.

Nesse processo renovador, a avaliação crítica e histórica vem ressaltando a obra de Isroel Áksenfeld (1787-1868), um *hassid*, quando jovem, de rabi Nákhman de Brátzlav, e mais tarde ardoroso partidário das reformas iluministas. Primeiro romancista ídiche na acepção da palavra, com *Dos Schterntíkhl oder Schábes Hanuke in Mezjibizj* (O Lenço de Cabeça ou o Sábado de Hanuká em Mezjibizj), autor de uma sucessão de narrativas de largo alento, além de quatro peças, entre as quais *Der Érschter Iídischer Rekrut* (O Primeiro Recruta Judeu)[13] e *Der Ôitzer oder Di G[u]enárte Velt* (O Tesouro ou O Mundo Falaz), escreveu milhares de páginas das quais restou muito pouco, apesar dos ingentes esforços que envidou para publicá-las. Embora contasse com a permissão da censura imperial, suas tentativas malograram repetidamente por falta de recursos e pela forte pressão de grupos hassídicos junto aos dois únicos impressores autorizados a editar livros judaicos na Rússia. Só em 1861 conseguiu imprimir no exterior, em Leipzig, às suas próprias custas, ao que parece, *Dos Schterntíkhl* e *Der Érschter Iídischer Rekrut*. Na edição alemã de sua peça aparece o seguinte subtítulo: "Ein Komisch-tragischer Roman in jüdisch-deutschen Jargon" (Um Romance Tragicômico em Jargão Judeu-Alemão). A remessa não é apenas curiosa mas indicativa. De fato, a narrativa é a principal forma de expressão deste escritor, mesmo quando adota a linguagem do teatro. Nela reside a essência de sua contribuição criativa para as letras ídiches. Retomando a seu modo o que ouvira e aprendera da arte de

12. *Di Éfker Velt*, Buenos Aires: Ateneo Literário en el Yivo, 1968.
13. Abordagem pioneira do fornecimento obrigatório de adolescentes judeus para o exército tsarista de Nicolau I, realizado às custas das famílias mais pobres pela conivência e corrupção dos dirigentes comunitários. O tema se tornou clássico na literatura ídiche, tendo atraído alguns dos principais escritores judeus do século XIX.

contar histórias de rabi Nákhman, imprimiu-lhe nova inflexão. Mas não é aí que se concentra o principal valor de seu trabalho. Com Áksenfeld, o relato ídiche desce do céu para a terra, literalmente. Conhecedor profundo do *schtetl*, a sua produção é, antes de mais nada, a de um etnógrafo a registrar, com cuidado quase científico, o traçado peculiar da paisagem humana, seus tipos, hábitos e relações, sem esconder sua palmatória opinativa sobre o que via e descrevia. "Naturalista" *avant la lettre*, apesar do forte acento didático-iluminista, compôs verdadeiros "documentos" e "retratos" da vida judaica de seu tempo. Eis um desses "flagrantes" diante do objeto, no seu engaste de folclore e história social:

> Quem tem experiência de nossa Polônia russa sabe o que é um pequeno *schtetl*. Uma cidadezinha feita de algumas casinholas. Aqui, a cada duas semanas, no domingo, há uma feira. Os judeus negociam com aguardente, cereais, aniagem para sacos ou pez. Em geral, há sempre alguém pretendendo ser um santo rabi [14].
>
> Uma cidade assim quer dizer algumas centenas de habitações construídas (uma casa significa uma habitação), uma fileira de lojas, de alvenaria. Aqui há um sujeito que virou, de repente, grande ricaço, alguns lojistas endinheirados, alguns que bancam colheitas, cambistas, os que negociam com lebres, com linho, com mel e com fornecimentos. Grandes cambistas que negociam, uma parte deles, com o dinheiro do ricaço, meio a meio, e outra parte com o dinheiro dos ricos rendeiros dos arredores. Numa cidade assim há sempre um nobre terratenente (o "senhor") com sua corte. A ele pertencem a cidade e umas dez aldeias (isto se chama "chave"[15]). Alguém com prestígio na corte detém a arrendação da cobrança de impostos da cidade ou mesmo da "chave" inteira. Numa cidade assim há um sujeito influente que consegue tudo do capitão-delegado. Numa cidade assim há um criador de casos que vive em demanda com a cidade e a comunidade nos tribunais e até mesmo na capital da província. Numa cidade assim o nobre (o senhor) empenha-se para que um santo rabi – um *tzadik* hassídico – vá viver nela, porque, sendo alvo de peregrinação de muitos judeus, vende-se aguardente, cerveja e hidromel. Tudo isto pertence ao nobre senhor da cidade – e ele tem assim mais receita. Numa cidade assim há um taverneiro, um relojoeiro e um doutor, um antigo *hazan* e um atual *hazan*, um corretor, um louco e uma esposa abandonada, bedéis da comunidade e um garção. Numa cidade assim há uma "irmandade

14. *Guter Iíd* (literalmente, "Bom Judeu"), como era chamado o taumaturgo hassídico.
15. *Schlisl*, território de um *tzadik*; por extensão "feudo".

> dos alfaiates", uma santa irmandade funerária, uma irmandade talmúdica e uma irmandade de ajuda mútua. Numa cidade assim há uma sinagoga e uma casa de estudos e, às vezes, além disso, uma casa de orações ou um *schtibl* hassídico. Se alguém escorregar com uma palavra, se chamar a cidade de cidadezinha – ele é um caluniador e um maluco.[16]

Todavia, o mais talentoso e elegante dos prosadores de língua ídiche dessa fase talvez seja Salomão Éting[u]er (1803-1856), um médico que escreveu fábulas e epigramas em versos, bem como *Sérkele oder Die Iórtzait nokh a Bruder* (Sérkele ou O Aniversário da Morte de um Irmão), além de duas outras peças inacabadas: *Der Féter fun Amérike* (O Tio da América) e *Di Frêilekhe Iung[u]elait* (A Alegre Rapaziada). Esta produção, como a da maioria dos escritores da Hascalá no Leste europeu, só foi devidamente impressa e avaliada em nosso século. A publicação e o estabelecimento crítico dos textos deveram-se à consciência da organicidade retrospectiva que o processo sociopolítico, a pesquisa histórico-literária, o debate científico e ideológico, bem como a multiplicação da bibliografia infundiram no universo do ídiche. No entanto, a peça a que se ligou o nome de Éting[u]er foi bem conhecida no século XIX, tendo-se difundido em transcrições manuscritas e inclusive numa edição de 1861.

Trata-se, sem dúvida, de uma comédia de costumes calcada no padrão ocidental do drama burguês, nos termos da tragicomédia sentimental de Diderot e de Lessing e dos desdobramentos desta como melodrama, forma que dominava então os palcos europeus. No caminho das Luzes, Éting[u]er, que havia recebido uma educação judaica tradicional, fez a sua formação laica sobretudo em alemão – língua oficial da Galícia no império dos Habsburgos – cuja literatura e teatro cultivou com ardor. Contudo, nas suas construções dramáticas, pode-se encontrar também indícios não só de Molière e da "peça bem-feita" de Scribe, como das comédias ilustradas de Euchel e Wolfsohn.

E é justamente na comparação com os seus dois predecessores *maskilim* que é possível detectar a diferença. Pois, ainda que não deixe de moralizar e ensinar, move-se num espaço menos rarefeito e com figuras menos esquemáticas. O debate de ideias e a teatralização de seus portadores são efetuados através de uma lente mais realista, que generaliza menos, e, apesar de carregada de sentimentalizações edificantes e de estereotipações grandiloquentes, apura a psicologia das personagens. A caracterização individual também se exprime na linguagem que, muito embora impregne de elementos teutos, isto é, "cultos", a fala ídiche (*daitschmerisch*) de David "Bom-Coração", o irmão-vítima

16. Isroel Áksenfeld, *Dos Schterntíkhl*, capítulo 1.

da heroína-vilã, Sérkele, sabe articular o coloquial do cotidiano e dos estratos populares, inclusive com mesclas de localismos poloneses e dialetais na elocução de caracteres menores, como o estalajadeiro. A eficácia teatral do procedimento, que nada tem de original, é indubitável e transparece, mesmo na ausência de níveis linguísticos correspondentes, nessa tradução do trecho inicial do último ato de *Sérkele*:

FORASTEIRO (*sentado diante da porta da estalagem, no banco, em roupas de viagem, de estilo alemão*): Estou morto de cansaço. Foi uma viagem daquelas! Dia e noite, por terra e água, sem ao menos o direito de descansar em algum lugar, até que por fim, louvado seja Deus o Onipotente, estou de novo, após seis anos de andanças, em minha terra natal. Tudo aqui parece tão mudado e melhorado, eu poderia mesmo dizer tão bonito. Vejo as ruas – as casas, tão limpas – tão belas e encantadoras. Deus meu! Mas corresponde o interior a esses exteriores? Estranho. Realmente, é bastante estranho que, depois de tantos anos de provação, depois de sofrer tanta saudade do bem-querer do meu coração, eu não consiga obter nenhuma notícia dela. (*Permanece sentado por um momento em silêncio, imerso em pensamentos.*) Meu bem! Como terá você passado durante todo esse tempo de minha ausência de casa? Será que a sua saúde se manteve tal qual a minha fortuna? Minha menina de alma tão pura! Como será que você é agora? O delicado botão terá se transformado na tão esperada arvorezinha? Será que você atendeu ao desejo de seu pai, que a ama acima de tudo, será que você se parece com a minha santa e nunca esquecida esposa, Raquel? Ou... (*Permanece sentado, triste e pensativo. Ele se recompõe.*) Não, não, pro diabo com esses pensamentos infernais. Ó, Criador todo-poderoso, Tu que sempre me amparaste em minhas provações, Pai de todas as criaturas! Tira de mim todas as tuas bênçãos, a minha saúde, a minha vida, tudo, mas não esta querida e formosa criança! (*Silencia por um instante.*)

SCHMELKE (*chegando da cidade, de bengala em punho, e a ponto de entrar na estalagem. Para de repente quando avista o Forasteiro*): Oh, oh, oh Deusch! Deusch no schéu me mandou um hóschpede. (*Tira o chapéu e curva-se profundamente diante do Forasteiro. Fala em polonês:*) Nósch, humildemente, schaudamos o nobre cavaleiro. O que manda o schenhor?[17]

17. Na impossibilidade de exprimir em português a variante lituana do ídiche na fala do dono da estalagem e o seu efeito cômico, carregou-se o s, trocando-o por *sch*.

FORASTEIRO (*não dá pela presença de reb Schmelke. Continua falando consigo próprio*): Na verdade, que felicidade seria essa sem a minha menina?

SCHMELKE (*para si mesmo*): Aha! Um alemão!

FORASTEIRO (*percebe a presença de reb Schmelke*): Por acaso, o senhor é o dono desta hospedaria?

SCHMELKE (*aproxima-se do Forasteiro e inclina-se tão profundamente quanto antes. Fica parado no mesmo lugar e fala com grande rapidez*): Schim, meu bom schenhor! Voscha Eschelência é inteiramente e totalmente bem-vinda. O que apraz a voscha eschelência ordenar? Um belo, encantador, bem pintado e iluminado aposento, um magnífico eschtábulo, feno freschco, uma comida e bebida maravilhoschas, voscha eschelência pode pedir qualquer coischa, un fino e curtido hidromel, um delischioso copo de vinho, tudo do maisch nobre, feito eschpecialmente para voscha eschelência! Neschte meschmo momento elesch vão trazer à voscha schenhoria um copo de chá, um café, um copo de ponche forte, um licor, um queijo schuischo, um arenque marinado, um aschado húngaro, um peixe defumado, tudo tudo voscha eschelência pode obter do gordo Schmelke Troinksch, e por algumas moedasch, feito eschpecialmente para voscha eschelência! Apenasch para o agrado de voscha eschelência!

FORASTEIRO (*para si mesmo*): Estou muito satisfeito que este homem não me tenha reconhecido. (*Em voz alta para Schmelke*): O senhor cometeu um engano, meu caro reb Schmelke, eu sou um judeu.

SCHMELKE (*põe imediatamente o chapéu na cabeça*): Um judeu! (*Para si mesmo*): Osch pesadelosch de minha cabeça schobre a cabeça dele, eu juraria que ele é um nobre polonesch! (*Senta-se junto ao Forasteiro e lhe aperta a mão*) Scholem aleikhem! De onde vem o schenhor? Pra onde vai?

Vê-se que Éting[u]er, ao contrário de Áksenfeld, mostra domínio instrumental da linguagem dramática e de suas armações a ponto de manejá-la nos dois níveis em que ela serve de imediato para fixar uma situação cênica de diferença social e de contexto de época, o culto e o popular.

Na verdade, embora imersa no didatismo iluminista, sua pena é menos tendenciosa do que a de outros partidários da Hascalá e a sua crítica dirige-se antes à natureza humana e à sociedade que à especificidade religiosa e comunitária dos judeus. Talvez seja possível ilustrar esta postura observando-se que *Sérkele* exprime de maneira substantiva aspectos da existência judaica no início

▪ Heder, *escola primária no sistema de educação tradicional. Podólia, século* XIX.

do século XIX e encarna um momento de transição histórica e grupal. Pintada menos como reflexo de algo que já mudou e mais como vítima de algo que deve mudar, surge, a despeito de seu poder de iniciativa, como paciente das circunstâncias que enredam a sua vida e a fazem viciosa. Em função delas, e não de uma malignidade visceral, é que se definem o seu egoísmo e suas insidiosas maquinações. Sérkele é, parece dizer o autor, principalmente o que o meio atrasado, obscurantista, desenvolveu nela[18]. Em vista de tais elementos, o traço cômico que era o mais acentuado no início da carreira teatral[19] do texto de Éting[u]er foi cedendo lugar ao acento dramático que prevaleceu nas encenações da modernidade.

O quilate de Áksenfeld e Éting[u]er não é, por certo, apanágio de todos os nomes que devem ser lembrados dentre os *avant-couriers* iluministas da maturidade

18. A peça foi representada no Brasil pela notável atriz do teatro ídiche polonês, Ida Kaminska, em 1965.
19. A comédia foi levada em 1862 pelos alunos da Escola Rabínica de Jitomir, por iniciativa da esposa do seu diretor, o *maskil* Haim Slonimski. O papel principal coube a Abraão Goldfaden que viria a ser, uma década depois, o fundador do teatro ídiche moderno.

literária do ídiche. Mas sob a influência deles e de I.L. Levinsohn, Abraão Baer Gottlober (1811-1899) começou a escrever no idioma do vulgo, somando, à sua ensaística racionalista em hebraico, uma comédia *Der Déktukh* (A Toalha de Mesa) e numerosas canções em ídiche, cheias de humor e crítica, que gozaram de uma divulgação inatingida por suas estrofes hebraicas. Nesse aspecto, ultrapassou em popularidade, e muito, os seus dois amigos, Áksenfeld e Éting[u]er.

Nenhum desses autores, porém, alcançou a difusão de Aizik Meier Dick (1814-1893), um narrador prolífico, que por volta de 1850, e principalmente após a Guerra da Crimeia, pôs-se a compor em "jargão" romances históricos e sentimentais, novelas realistas e edificantes, mas acima de tudo adaptações de relatos populares. Calcula-se que tenha produzido de trezentos a quatrocentos livros, muitos dos quais se perderam, embora todos tenham sido impressos, fato que tem particular importância se se levar em conta o que ocorreu, como já se apontou, com a obra de quase todos os escritores dessa época, devido à censura, à falta de meios e às perseguições de que foram vítimas. Com A.M. Dick o panorama se modifica inteiramente, não só porque ele logra imprimir os seus escritos, mas principalmente porque consegue agrupar à sua volta um numeroso contingente quer de leitoras, ainda sustentáculo básico das letras ídiches, quer de um número crescente de leitores, que já em 1861 haviam absorvido mais de cem mil exemplares de suas narrativas, total impressionante para aquele tempo e num âmbito tão restrito quanto o judaico, e que se multiplicou várias vezes nas décadas subsequentes, lembrando as cifras da moderna indústria cultural.

Essa popularidade foi produto não somente de um Iluminismo moderado, que procurou ensinar condutas éticas e ampliar as perspectivas intelectuais do homem comum, que pregou a tolerância e o amor para com todos, o abandono dos usos medievais e o respeito à *Torá*. Na verdade, Dick pôde também sensibilizar seu leitor para conteúdos de tal ordem, porque soube ganhar-lhe a confiança. As informações e máximas que lhe comunicava, sob a forma de narrativas e histórias, eram apresentadas em livros que lembravam graficamente o velho *mussar seifer* e o *maisse bukh*, com títulos amiúde hebraicos e frontispícios a sugerir os dos antigos devocionários. De outra parte, sua linguagem vinha permeada de elementos tradicionais, expressões hebraicas, historietas midráschicas, aforismos talmúdicos e ensinamentos edificantes, de modo que soava familiar ao judeu simples e devoto. Este também não se chocava, ao contrário do que acontecia com outras obras dos *maskilim*, com uma sátira vitriólica aos valores e costumes, que se transmutava aqui em humor conselheiral, crítico mas benevolente. Foi assim que Dick, convertendo o homem do povo em leitor de um gênero considerado até então mais próprio das mulheres, isto é, a leitura de ficção, calçou o caminho pelo qual passaria a nova literatura ídiche, preparando-lhe um público ledor.

6

O PERÍODO MODERNO

Em meados do século XIX, começam a repercutir cada vez mais fortemente no Leste europeu os processos socioeconômicos e culturais em curso nos países mais avançados do Ocidente. Suas correntes políticas e ideológicas infiltram-se com força crescente na portentosa e aparentemente inexpugnável fortaleza da reação e do obscurantismo europeus, o "santo" império tsarista. Não só os poloneses, com sucessivas revoltas que inflamam os espíritos liberais e democráticos da época, mas os próprios russos e os demais grupos étnicos encerrados no que se chamou "a prisão dos povos" começam a dar mostras de crescente inquietação social e nacional, lançando ou aprofundando as bases de uma consciência específica e de reivindicações nos vários domínios da vida material, da organização política e das configurações espirituais. E as respectivas literaturas, marchando às vezes lado a lado com o renascimento linguístico de cada uma dessas etnias, são em geral não só um dos berços como um dos principais porta-vozes desse movimento. Sob o impacto do romantismo, elas se põem a descobrir a "alma" e o "passado" de sua comunidade, mas, em muitos casos, quase simultaneamente, sobretudo àquela altura do século, empenham-se também na pesquisa "realista" de condições e modos objetivos de existência, moldando-os cada vez mais com "retratos" carregados de denúncia e protesto. É o que sucede com a produção literária russa e a de vários povos do Estado tsarista.

Os judeus, por sua situação, por sua herança e individualidade cultural, por sua singular experiência histórica, estavam particularmente dotados para que tais vibrações os sensibilizassem. Foi o que aconteceu com a literatura judaica em geral. Mas, se no caso das letras hebraicas o novo dinamismo se coloca na linha de continuidade de um processo de renovação desencadeado já no século anterior, a questão muda inteiramente de figura no âmbito do ídiche. Aqui se trata do nascimento, para a escritura artístico-literária, de uma nova língua nacional. Mais do que isso: o novo instrumento de expressão literária surgia sob o signo de uma nova percepção da sociedade judaica, principalmente a do

▪ *Escola ídiche em Kharkov. Na lousa, lê-se o* slogan: *"Quem não trabalha não come". União Soviética,* 1922.

schtetl, e de seus fautores, bem como das forças que começavam a impor sua transformação. Não é pois de admirar que a ideologia do populismo, na acepção russa, e do socialismo arrebate desde logo muitos escritores de língua ídiche nessa fase e que o povo se torne o tema e o herói por excelência de seus escritos. Se porventura criticam, satirizam e apontam seus males e deformações, fazem-no sempre com malcontida ternura e empatia, que beira às vezes, até nos mais circunspectos e cáusticos, um sentimentalismo reprimido ou às avessas.

DE MENDELE A PERETZ

O primeiro nome dessa geração de "populistas" é Mendele Mokher Sforim ("Mendele, o Vendedor de Livros"), pseudônimo literário de Scholem Iaakov Abramóvitch (1836-1917), considerado o marco fundador do período moderno da literatura ídiche. Autor bilíngue, tido como renovador da linguagem literária hebraica, escreveu, todavia, as suas maiores obras em "jargão" e depois as traduziu, ele próprio, para o idioma bíblico.

Mendele engajou-se na Hascalá, convencido da necessidade de uma reforma radical das formas de vida judaica e da importância da difusão dos ideais iluministas. Assim, sua primeira atividade literária consiste na tradução e divulgação de textos sobre as ciências naturais em hebraico. A marca deste trabalho será sensível na visão e na produção artística de Mendele. Pois a ficção narrativa, onde ingressa, em 1868, com a novela hebraica *Ha-Avot ve-ha-Banim* (Pais e Filhos), continua sendo para ele como que um campo de atuação científica. Sob a influência da "escola natural" russa de Gógol e Turguêniev, em especial, e das correntes realistas ocidentais, considera-se um pesquisador em história natural, empenhado em estudar e mapear o *habitat* social e humano do judeu na Europa Oriental.

Mendele, porém, não se propõe apenas traçar objetivamente a imagem coletiva. Deseja modificá-la, uma vez que o "quadro" obtido lhe parece evidenciar graves deformidades. Despertar e iluminar a massa de judeus estagnada e ignara, transformar seu arcaico modo de vida e reformar a sociedade do *schtetl* são alguns dos "fins" visados por sua recriação romanesca do universo em foco. Por isso, sob o influxo particularmente de I.M. Lifschitz, um paladino do ídiche e do idichismo, volta-se para a língua do povo, em cujo contexto se desenvolve a segunda e principal fase de sua escritura criativa.

Já em 1863 havia submetido a Alexandre Zederbaum, editor do *Kol Mevasser* (Voz do Arauto), suplemento ídiche do periódico hebraico *Ha-Melitz* (O Intérprete), uma sátira à corrupção política e à hipocrisia religiosa entre os dirigentes da organização comunal judaica, isto é, os cabeças das *kehíles*. *Dos Kleine Mêntschele* (O Homenzinho Pequenino, KM., n. 45, 1863 – n. 6, 1864), publicado em folhetim, suscitou a eclosão na prosa romanesca ídiche de Mendele, o Vendedor de Livros, que vai registrando observações e documentando aspectos da vida dos indivíduos e das feições grupais no curso de suas andanças pelas Cidades da Ignorância (Glupsk), da Pobreza (Cabtzánsk) e da Vadiagem (Tuneiadévki). De fato, pode-se dizer que o ato inaugural da literatura ídiche moderna enuncia-se nestas palavras:

> Com licença, meus senhores, imaginem Mendele Mokher Sforim, quer dizer, a mim mesmo, tal como estou aqui parado, nesse tempo outonal, eu com a minha carroça, algures em um caminho, muito pensativo, e não saio do lugar. Pensarão talvez que minha carroça atolou na lama e que eu estou pensando como arrancá-la dali... Não! Isto aconteceu de fato agora neste ano de 4296, que pode ser inscrito na crônica como uma maravilha com o seu

> outono seco e muito bonito. Lá fora era literalmente verão: quente e claro. Reses pastavam nos campos, dos quais exalava o odor do cereal verde recém-brotado. Árvores traziam sobre si uma camiseta verde-amarelada, em alguns lugares horrivelmente desbotada, rasgada, cortada, cheia de buracos escancarados, mas mesmo assim não tinham ainda a intenção de se despirem e ficarem inteiramente nuas para dormirem o seu habitual e pesado sono durante todo o inverno. No ar voavam por toda parte longos fios brancos de teias de aranha. Sinal de bom e belo tempo, muito embora o calendário previsse nebulosos dias turvos e chuvas muito frias. Ele, que me perdoe, não acertou, ele disse, como de costume, uma grande mentira... Mas não é disso que quero falar.[1]

Contudo, o efetivo início da série de escritos em "jargão" situa-se em 1869, quando aparece *Di Takse* (A Taxa, o tributo sobre a carne *kascher*, ritualmente pura) onde profliga os chefes comunitários que manipulavam o referido imposto para encher os bolsos às custas dos pobres e dos crentes[2]. Seguem-se: *Di Klatsche* (A Égua, 1873), uma espécie de continuação de *Di Takse* e uma alegoria da história judaica e do judaísmo como bode expiatório do mundo; *Físchke der Krumer* (Físchke, o Manco, 1868-1888), onde um mundo de mendigos, vadios e ladrões encarna as misérias que marginalizam o povo e o convertem em malta menosprezada e maltratada, largada por Deus à própria sorte; *Massoes Beniúmin ha-Schlischí* (Aventuras de Benjamin III, 1878)[3], uma sátira ao quixotismo e irrealismo, à vacuidade e insensatez da vida na cidadezinha-gueto, que põe em cena a versão judia do Cavaleiro da Triste Figura e de Sancho Pança nas personagens de Benjamin, embarcando nas viagens de seu famoso homônimo de Tudela e outros itinerantes medievais, e seu vizinho e companheiro de andanças, Sênderl. À mesma fase pertencem ainda: *Dos Vintschfíng[u]erl* (O Anel Mágico, 1888, escrito em primeira versão em 1870 e reescrito na década de 80), a narrativa mais longa de Mendele e tida como a sua melhor criação; aí, como na novela autobiográfica *Schlôime Reb Haims* (Salomão, Filho do Sr. Haim), torna-se palpável o segundo vetor que, ao lado do crítico-racionalista e

1. *Dos Kleine Mêntschele*, capítulo 1.
2. Esta obra utiliza a forma dramática, dividindo-se em atos e cenas, mas seu caráter épico é pronunciado e o próprio autor a denomina história. Bem mais tarde, por volta de 1880, sob a influência do teatro ídiche que Goldfaden levara a Odessa, Mendele escreveu outra peça, *Der Prisiv* (O Recrutamento, 1884). Quis contribuir com esse texto para a constituição de um repertório dramático de nível literário, mas a interdição de 1883 impediria, na época, a representação da obra na Rússia.
3. Sob o título de *As Viagens de Benjamin III*, e em tradução de Paula Beiguelman, este relato foi editado no Brasil em 1944, constituindo a primeira publicação em língua portuguesa de uma obra de Mendele.

satírico-reformista, se movimenta na intimidade da veia mendeliana: o lírico-emotivo, o profundo amor e mesmo a compassiva compreensão dos valores autênticos e das formas de existência que sua pena, supostamente um bisturi, tantas vezes dissecou tão impiedosamente.

A terceira etapa da atividade literária de Mendele caracteriza-se pelo retorno ao idioma bíblico. Além de traduzir grande parte de suas realizações em ídiche, produz também originais em hebraico. Mas a esta altura, em que pese ao valor estilístico dos novos livros, já havia composto a parte mais significativa de sua obra – painel romanesco e documento histórico únicos da vida do *schtetl* e do judaísmo leste-europeu no século XIX.

Se a aventura de Abraão Goldfaden (1840-1908), ao criar praticamente do nada um teatro em língua ídiche, pouco fica a dever ao espírito inovador de Mendele na arte da ficção narrativa e merece um capítulo à parte, isto não deve lançar à sombra a contribuição que Goldfaden deu à poesia. De fato, esteve entre os pioneiros da nova lírica ídiche. Desdenhado pela maioria dos poetas hebreus, o "jargão" era todavia, veículo da expressão do estro popular e do *badkhan*, o animador de festas, que fazia improvisos, mímicas e números poéticos. Continuando essa tradição, Berl Bróder (1815 ou 1817 [?]-1868 ou 1880 [?]), o iniciador do gênero que recebeu a denominação de "Bróder Zíng[u]er", Velvl Zbarjer (1812 ou 1826 [?]-1883) e sobretudo Eliakum Zunser (1836-1913) foram bardos dos mais populares. Suas canções, como "Die Sokhe" (O Arado), uma exaltação ao trabalho agrícola: "No arado / a bênção do fado, / a vida de quem é feliz, / nada me falta daquilo que quis..." e "Schivas Tzion", uma invocação pelo "Retorno a Sion", ambas de Zunser, gravaram-se na memória coletiva e constituíram, em muitos casos, a via de transição para a arte mais refinada e mais intelectualizada da fase ulterior do verso ídiche.

Contudo, o inovador lírico deste período é Mikhel Gordon (1823-1890), um poeta da Hascalá, de cujos ideais se desenganou, como tantos outros intelectuais judeus de então, sob o impacto da reação política após o assassinato de Alexandre II da Rússia e da onda de pogroms em 1880. Por efeito dos mesmos acontecimentos e sofrendo um golpe análogo em seu ideário, S.S. Frug (1860-1916), que começou escrevendo versos ilustrados em russo, fez-se porta-voz, em ídiche, da angústia e do protesto judaicos, levando-os à expressão siônica e nacionalista de seus *Líder un G[u]edánken* (Canções e Reflexões), bem como de suas estrofes hebraicas. São versos que repudiam a espera passiva "No Cemitério", onde "Há um povo inteiro / de frontes cobertas de cinza, / um povo de vivos que dorme", e conclamam: "Ó povo de alma dolorida, / desperta de teu sono surdo! / Sê teu próprio Messias! / Sê teu próprio Redentor!". Enquanto Frug reagia à situação de sua comunidade com elegias e sátiras, Mark Warschávski (1848-1907) respondia com humor e canções que enalteciam o velho modo de vida escarnecido pela Hascalá. Suas poesias, para as quais improvisava melodias, foram publicadas por insistência de Scholem Aleikhem em 1897, compreendendo versos nupciais, letras para música de dança, cantigas de ninar, entre as quais "Dos Lid fun Alef-Beis" (A Canção do Abecê) se tornou conhecidíssima sob o título de "Oifn Pripetschek" (Sobre o Fogareiro), das palavras de seu primeiro verso: *Oifn pripetschek brent a faierl / Un in schtib is heiss / Un der rebe lernt kleine kinderlekh / Dem alef-beis*..., cuja tradução literal é: "Sobre o fogareiro arde um foguinho / E em casa está quente / E o *rebe* ensina às criancinhas / O abecê..."

Um fator para o desenvolvimento da poesia ídiche foi a imprensa que, nessa época, tomou enorme incremento e influenciou os vários gêneros literários, oferecendo aos autores uma nova e ampla audiência e mesmo uma paga, por magra que fosse. Na ficção novelesca, esta presença, que vem a ser, de maneira cada vez mais ponderável, a do público, suscitou uma evolução ditada certamente pelo ingresso do judeu comum no círculo dos leitores-consumidores. Suas preferências tiveram de ser levadas em conta.

Em consequência, o relato moralizante ao estilo de Dick é complementado, no folhetim e no fascículo, pelo romance sentimental, cujos principais expoentes são, nas décadas de 1870 e 1880, Iânkev Díneson (1856-1919) e o mais popular de todos, , ou seja, Nakhum Meier Schaikévitch (1849-1905). Abrandando mais do que Dick a invectiva e o tom implacável da narrativa iluminista, que logra talvez a sua máxima popularidade e repercussão com *Dos Pôilische Iungl* (O Rapaz Polonês, 1867; publicado no *Kol Mevasser*) de I.I. Linétzki (1839-1915), os dois romancistas reduzem ao mínimo a pregação edificante, embora não a eliminem, e intensificam o jogo emotivo por meio de recursos folhetinescos e melodramáticos, como os do sofrimento da inocência e da bondade e o aparente triunfo da vilania, desencadeando torrentes de lágrimas nos leitores compadecidos. O grande êxito de Díneson, um autor com preocupações intelectuais e literárias, ligado a A.M. Dick e mais tarde a I.L. Peretz, foi *Der Schvártzer Ing[u]ermôntschik* (O Mocinho Moreno, 1877). A delicadeza sentimental, a coerência da perdição trágica, o amor pelos hábitos e tipos populares colocam, apesar de tudo, esta obra e outras, como *Hérschele*, por exemplo, do mesmo autor, em pronunciado contraste com o romantismo descabelado e digestivo de Schomer, cuja copiosa produção, povoada de Cinderelas judias e milionários disfarçados de mendigos, era uma verdadeira caixa de surpresas e aventuras incessantes e excitantes. Lido avidamente, não só por criadas e aprendizes, como afirmavam os seus críticos, mas também pelas camadas mais humildes do povo, foi um romancista das multidões, pois soube reconhecer suas necessidades em matéria de entretenimento e alimento imaginativo, provendo-as ao nível do maravilhoso devidamente combinado com a ilusão de realidade. Conquistou assim para o livro ídiche um vasto setor social que mal sabia lê-lo e cujos gostos outros iriam apurar. Um dos que o fizeram foi Mordekhai Spector (1858-1925), que aprendeu com Schomer a arte de seduzir o leitor mais simples, mas se recusou a enleá-lo numa rede romanesca de fantásticas intrigas e quiproquós sem qualquer base na realidade. Ao contrário, era nela e nos problemas judaicos de seu tempo que ia buscar os temas de seus livros. Suas personagens, saídas da observação perspicaz da vida familial e comunal, debatiam assuntos correntes, em fala coloquial. Uma de suas obras mais difundidas foi *Der Iídischer Muzjik* (O Camponês Judeu, 1884), onde propugna, com o movimento do *Hibat Tzion* (Amor a Sion), o retorno do judeu ao trabalho produtivo e ao solo de Israel.

Mas caberia a outrem criar a obra capaz de falar do povo para o povo. Na verdade, o caminho aberto por Mendele, de um lado, e pelos narradores populares, desde Dick, de outro, seria largamente explorado e sintetizado por um dos críticos mais acerbos de Schomer, Scholem Rabinóvitch (1859-1916), ou, como se tornou universalmente conhecido, Scholem Aleikhem ("A Paz Seja Convosco"). Escritor essencialmente realista, tendo fortes afinidades com o "avô" da literatura ídiche, Mendele, a ponto de ser considerado por ele e pela avaliação contemporânea como seu "neto" literário, tendeu como este para as caracterizações coletivas e típicas. Mas o modo como as focalizou é bem diverso. Apesar do gosto pela linguagem da paródia e da imitação farsesca, esquematiza bem menos os conjuntos e as figuras, cujas feições sociais e psicológicas se tornam, em suas mãos, mais pulsantes e palpáveis. Também não os trata com a causticidade satírica de Mendele, que parece estar sempre brandindo uma palmatória pedagógica. É com humor e afetividade, com emoção lírica e empatia dramática, que Scholem Aleikhem pinta o mundo judeu da Europa Oriental, principalmente a sociedade do *schtetl* ao umbral da modernidade.

Kasrílevke e Iehúpetz, os protótipos da cidadezinha e da grande cidade judio-russa, são os dois principais palcos em que, monologando ou dialogando, mas sempre gesticulando, os caracteres scholem-aleikhemianos vivem a tragicomédia de suas existências. Rabinos e eruditos, mestres-escolas e alunos do *heder*, mulheres desbocadas e crianças travessas e sonhadoras, espertalhões piedosos e ingênuos incréus, animais judaizados e objetos humanizados formam um variadíssimo elenco de figuras e signos característicos que o notável comediógrafo põe em cena não apenas em suas peças como ainda em seus relatos. Mas, curiosamente, esta rica tipologia gira, em essência, em torno de uma personagem única, ou melhor, é o desdobramento em numerosos papéis de um só e verdadeiro herói coletivo: o *kasrílevker* anônimo. É sua fisionomia coletiva e sua aventura social, a estática e a dinâmica de sua existência e subsistência, que motiva uma parte fundamental da obra de Scholem Aleikhem, levando-a do *schtetl* ao cenário da metrópole americana.

Além de numerosos contos, reunidos depois em coletâneas como *Máisses far Iídische Kinder* (Histórias Para Crianças Judias), *Aiznban G[u]eschíkhtes* (Histórias de Trem de Ferro), *Alt un Nai Kasrílevke* (Nova e Velha Kasrílevke), de peças como *Tzezait und Tzeschpreit* (Dispersos e Espalhados), *Stempêniu*, *Dos Groisse G[u]evins* (A Sorte Grande), *Es Iz Schver Tzu Zain a Iíd* (É Difícil Ser Judeu) e de vários romances como *Stempêniu*, *Iósséle Solovei*, *Sender Blank*, *Blóndjende Schtern* (Estrelas Errantes), três criações novelísticas assinalam cardialmente essa trajetória: *Menákhem Mendl, o luftmentsch* ("homem que vive no e do ar") que, nas suas cartas à esposa, Scheine-Scheindl (evidentemente o seu oposto: prática e realista), expõe toda a inconsistência socioeconômica e o quixotismo psicológico do judeu de Kasrílevke, mas também a extraordinária capacidade de reerguer-se dos reveses e refazer as esperanças quiméricas que são o fundamento de sua existência; *Tévie der Mílkhiker* (Tévye, o Leiteiro[4]), de onde procede o argumento de *Um Violinista no Telhado*, que é, outro par dialético de Menákhem Mendl, toda a substancialidade e profundeza, sabedoria e originalidade popular do *kasrílevker*, cristalizando – espécie de rei Lear judeu – a tragédia humana e social do judaísmo tradicional sob o impacto das transformações modernas e da poluição de seu *habitat* espiritual; *Motl Peissi dem Khazns* (Motl Peissi, Filho do Cantor Litúrgico), uma epopeia chaplinesca da vida infantil em Kasrílevke e registro das vicissitudes da emigração e da aventura americana do judeu leste-europeu.

Ao lado de Mendele e de Scholem Aleikhem, Ítzkhak Leibusch Peretz (1852-1915) é o terceiro componente da chamada tríade "clássica" em que se assentou a literatura ídiche moderna. Dos três, ele é provavelmente o espírito mais irrequieto, mais indagador e mais "avançado". Influenciado por Heine, Tchékhov e Górki, pelas tendências do *fin-de-siècle* europeu e pelas correntes do renascentismo hebreu, sua pena impregnou o processo literário ídiche e judaico de novas preocupações éticas e estéticas. Romântico, simbolista e impressionista, deu-lhe alma e refinamentos artísticos. *Maskil* e crítico, aprofundou-lhe a consciência filosófica. Socialista e nacional-culturalista, empenhou-o no debate ideológico e na luta política. No conjunto, descartou-se de vez do didatismo ilustrado, que ainda presidia o emprego literário do "jargão", e intelectualizou o "populismo" de suas letras, ressaltando nele as configurações nacionais e etnoculturais ao mesmo tempo que as universais e humanas.

Assim, foi dos primeiros a perceber a verdadeira dimensão do hassidismo, não só no plano histórico-religioso. Nas histórias reunidas sob o título de *Hassidisch* (Contos Hassídicos, 1908?), procurou, estetizando os ideais desse movimento pietista e popular, resgatar seus valores e reinjetar na atualidade, por via artístico-literária, suas potencialidades energético-vitais e suas lições ético-sociais.

4. Trad. bras., São Paulo: Perspectiva, 2012.

Com os relatos hassídicos e os *Folkstímlekhe G[u]eschíkhtes* (Contos Populares, 1909), ambos tomados de fonte folclórica, a arte do conto ídiche chega a uma de suas realizações mais expressivas. Concisão verbal, técnica do subtexto, riqueza conotativa e concreção simbólica são alguns dos elementos com que o estilo de Peretz trabalha a lenda popular e tenta desnudar suas essências numa linguagem altamente original.

Não menos refinadas, sob o ângulo do tratamento ficcional, são as criações que dedicou ao protesto social e à pregação socialista. Denunciou em histórias magistrais, ainda hoje perfeitamente legíveis, preconceitos e incompreensões, como os que, envoltos em tradições e costumes, consagrados, oprimiam e degradavam a mulher na sociedade patriarcal judaica. Condições de vida e de classe mobilizaram igualmente seu talento para os *Bílder fun a Provintz Raize* (Quadros de uma Viagem à Província, 1891), e os famosos *Ióntev Blétlekh* (Folhas Festivas, de 1894 a 1896), onde, entre outras coisas, publicou os primeiros retratos do nascente proletariado judeu.

O compromisso social, todavia, não o impediu também de ser crítico em relação a seu objeto e de permeá-lo de um sutil ceticismo, como o que impregna "Bôntzie Schvaig" (Bôntzie, o Silencioso[5]), uma de suas histórias que provocou vivos debates na época e que continua interrogando o leitor de hoje, de maneira não menos intrigante, a ponto de ter merecido sua inclusão nas principais coletâneas de contos internacionais e também no *Mar de Histórias*, editado por Paulo Rónai e Aurélio Buarque de Holanda, no Brasil.

Na verdade, Peretz mostrou dúvidas não só com respeito ao "pão com manteiga" da reivindicação de Bôntzie. Sua descrença envolveu também, por vezes, tanto ideais quanto anseios que lhe eram caros. Um de seus contos marcadamente simbolistas, "O Raio de Luz"[6], fala de uma centelha divina exilada no mundo terreno, segundo o relato agádico e cabalístico, e do inútil esforço humano para alcançá-la, no espírito daquele desencantado fim de século. O mesmo tom melancólico e pessimista quanto ao sentido do mundo e ao destino do homem forma, em outros contos, uma atmosfera não só romântica como crepuscular condizente com o "decadentismo" ocidental.

Mas é preciso dizer que os componentes "decadentistas" não moldam a face principal da obra peretziana. Seu romantismo está longe de radicalizar a subjetivação poético-simbolista do mundo, nem há traços nele de um "inefável" platônico a ser motivo de uma busca sinestésica ou por correspondências eletivas. Peretz está demasiado impregnado da centralidade de uma razão divina e ética, tão característica do judaísmo, e demasiado imune a um puro esteticismo

5. Ver J. Guinsburg (org.), *Contos de I.L. Peretz*, 3. ed., São Paulo: Perspectiva, 2001, p. 393.
6. Ibidem, p. 327.

de uma razão estética ou de um hedonismo epicurista ou agnóstico. Ao contrário, alimenta ou julga-se no dever – quase um imperativo categórico – de alimentar a crença na possibilidade de existir e, mais ainda, de realizar-se uma ordem justa no universo, uma era messiânica cujos valores seriam semelhantes, não na forma mas na essência, aos que a cultura do povo judeu, herói de uma autêntica epopeia moral, ao ver de Peretz, desenvolveu através dos séculos, em suas manifestações mais significativas, como o profetismo ou o hassidismo. Daí o *épos* ficcional deste *éthos* moral que Peretz procurou celebrar ou, antes, revelar nos seus *Contos Populares* e *Contos Hassídicos*.

De outra parte, a revalorização das elaborações peculiares do povo e de seu espírito coletivo não foi apanágio tão somente de Peretz. Fazia parte de um processo mais amplo de conscientização social e nacional judaica, de que compartilhava com entusiasmo a literatura ídiche, como testemunha o interesse concomitante de seus principais expoentes pelos produtos da criatividade popular. M. Spector, por exemplo, publicou em seu anuário *Hoizfraint* (Amigo do Lar) cerca de mil provérbios reunidos por I. Berenstein (1836-1908), número este aumentado mais tarde, na edição em livro (1908), para quatro mil. Os relatos folclóricos e, por estímulo de Peretz, os hassídicos especialmente foram alvo de várias compilações, bem como de estudos científicos. Entre os que se entregaram a tais trabalhos, vale destacar o nome de Sch. An-Ski (Schlôime Zainvl Rappoport, 1863-1920), pela enorme contribuição às pesquisas de etnografia judaica e à coleta de seu acervo, assim como pela expressão que lhes deu em sua obra de escritor[7].

7. A seu respeito, ver infra, p. 173-185.

ELOS DE UMA CORRENTE

DE KASRÍLEVKE A NOVA YORK: SCHOLEM ALEIKHEM

Para que romances, quando a vida é um romance?

SCHOLEM ALEIKHEM

Scholem Rabinóvitch, que se tornou famoso como Scholem Aleikhem, seu nome literário, veio à luz em 1859, em Pereiaslav, cidade da província russa de Poltava. Quase que em seguida ao seu nascimento, seus pais se transferiram para a cidadezinha de Voronka, lugar onde passou os "melhores" anos de sua infância. Voronka era um *schtetl*, como tantos outros espalhados pelas planícies da Europa Oriental, pouco envolvido com o grande mundo, estancado em sua tipicidade, abrigando uma população judaica não menos marcada por seus padrões tradicionais e pelo imobilismo de suas formas de existência. Isto se devia naturalmente, em boa parte, às condições reinantes na Rússia tsarista, onde a vida judaica se mantinha num atoleiro quase medieval, em agudo contraste com a dos judeus radicados nos países do Oeste europeu, que já nesta época haviam deixado o gueto, quer em termos sociopolíticos, quer culturais. Voronka, porém, desconhecia tal fato. Nem as técnicas, nem as máquinas, nem os meios de comunicação que estavam abalando as formas de vida do Ocidente haviam chegado lá e sua estratificada sociedade continuava intocada em seu modo de ser. Mas, por isso mesmo, alguns de seus traços marcantes ficaram inscritos para sempre na textualidade literária da criação ídiche sob o pseudônimo de Kasrílevke, a cidade dos velhos judeus com coração de criança.

Em Voronka, a família Rabinóvitch era tida como rica. Ainda assim, mal se distinguia das demais: uma existência atribulada, a luta constante pelo pão de cada dia eram o cotidiano da vida judaica no *schtetl*. A mãe de Scholem Aleikhem, como outras tantas *iídische mames* (mães judias), era uma mulher

▪ *Um sapateiro. Kreschenetsz, 1914-1916.*

ativa e prática, assoberbada pelos problemas domésticos, com uma ninhada de filhos e às voltas com um armazém de onde provinha efetivamente o sustento do lar. O pai, um homem silencioso, melancólico, com muitos negócios, meio *hassid* e meio *maskil*, versado nos estudos judaicos e leitor apaixonado dos romances hebraicos de Mapu, não era uma presença dominante na dinâmica da casa. A educação que o menino recebeu era do tipo tradicional, isto é, aquela que judeus marcadamente iguais às personagens de seus futuros livros lhe poderiam proporcionar. Era aquela formação que fazia das crianças velhos precoces e na qual o fardo das provações se abatia sobre a alegria ingênua e traquina da infância. O próprio Scholem Aleikhem descreve como sobre suas costas de menino recaía o peso desse sombrio ambiente, onde o riso não tinha lugar, e do arcaico sistema do *heder*, onde a irrequieta expansão dos garotos era reprimida pela vara implacável do *melámed* (mestre-escola) e por um ânimo tão soturno quanto os negros gabardos que vestiam.

Ainda assim, seriam anos que não lhe pesariam na lembrança. Pelo contrário. Invocá-los-ia como um reino distante das travessuras e dos sonhos de criança. Neles, a natureza imaginativa e fabuladora, manifesta desde muito cedo no pequeno Scholem, pôde encantar-se no mundo das lendas e das histórias, cujos "tesouros" lhe foram revelados por seu amigo Schmulik. Mas, se as tramas da fantasia o conduziam para bem longe das agruras do cotidiano, não eram elas as únicas que o seduziam. Já então o seu olhar, agudo e vivaz, comprazia-se com as feições da realidade e seus traços engraçados, que gostava de imitar e caricaturar. O gosto pelo onírico e pelo lúdico jamais o abandonou, mesmo após a família, arruinada, ter voltado a Pereiaslav, na busca de *parnússe* (ganha-pão). A casa tornou-se mais triste, os pais mais enrugados e acabrunhados, o pão mais negro e escasso. Pouco depois o menino perde a mãe, e o pai, cumprindo sem demora o preceito, casa-se novamente. Assim, introduz-se na vida da família uma nova personagem, a madrasta – uma *ídene* (judia) de Berdítchev – que iria satisfazer em tudo o modelo clássico e amargurar devidamente a vida do enteado. E, para completar o quadro, a ronda da penúria não cessava.

Como já se fez notar, o pai de Scholem Aleikhem não primava por fazer valer sua vontade no governo da casa, que esteve submetida, sucessivamente, à primeira esposa e à segunda. Este perfil talvez tenha contribuído de algum modo para que as figuras masculinas do universo ficcional do escritor apresentassem em geral um semblante suave, quase feminino, enquanto as mulheres têm quase sempre uma personalidade autoritária, se não máscula. É verdade que não se pode atribuir este traçado apenas a uma repercussão psicológica no processo criativo do novelista, pois a sociedade do *schtetl* era marcada por um padrão desta ordem, na medida em que os varões se dedicavam preferencialmente aos estudos sagrados, deixando às esposas os encargos profanos.

Como toda generalização é perigosa e não poucas vezes injusta, no caso do sr. Rabinóvitch o seu procedimento também não se pautou somente pela ausência ou fraqueza. Na verdade, esse pai que pouco fazia pelo filho e apenas lhe tributava, de quando em vez, um elogio pela inteligência, teve um momento de exceção honrosa e de importância capital para a vida de Scholem Aleikhem. Influenciado por amigos, que souberam ver no garoto uma qualificação particular para o estudo, resolveu fazê-lo frequentar um ginásio russo. Se a decisão por si já era problemática para um judeu na Rússia de então, quer pela ousadia que representava em relação ao conservantismo judaico, quer pelo esforço que implicava para vencer a discriminação gentílica, no caso ela envolvia uma dificuldade a mais, e não de pouca monta, pois esbarrou com a feroz oposição da madrasta. Parece, porém, que pelo menos desta vez aquele homem tomou-se de brios e reagiu às invectivas da mulher.

Foi assim que Scholem Aleikhem entrou em contato com um mundo diferente do seu, abrindo-se-lhe os horizontes da cultura laica europeia. Na escola demonstrou ser um estudante dotado e foi várias vezes premiado, apesar da origem judaica. Isto lhe amenizou também o convívio familiar, mesmo porque o pai o resguardava de tudo o que pudesse perturbá-lo nos estudos.

Na condição de estudante externo, pois os judeus não eram admitidos como alunos internos das escolas oficiais russas, decorreram os últimos anos da adolescência de Scholem Rabinóvitch. Não obstante a dura realidade material que lhe riscava fundo o espírito, a sua formação prosseguiu com tranquilidade.

Entretanto, nem tudo é paz na alma desse jovem estudante que está a ponto de terminar seu curso. Um suspirar de anseios e expectativas começa a inquietá-lo. Mas, sonhador e sentimental, vive na intimidade lírica o assomo de sua mocidade. É um suave romântico em quem o "despertar da primavera" não se exibe nos arrebatamentos despudorados dos impulsos. Nem por isso Eros não o assalta. Scholem apaixona-se pela filha do *hazan* da cidade. Mas o coração põe e a vida dispõe. A mulher de seus sonhos é, na realidade, uma boa e prática moça judia que troca bem depressa as belas divagações do etéreo ginasiano pela carteira mais ou menos provida de um vendedor qualquer. O nosso escritor sentiu-se terrivelmente traído e sua dor foi tanto maior quanto era acrescida da dificuldade de exteriorizá-la, da necessidade inerente à sua natureza de beber o fel até a última gota. Tão profundo foi o seu abalo que chegou a ser acometido de uma crise nervosa. De qualquer modo, esta também lhe serviu de descarga catártica, ao que parece, pois logo a seguir tomou algumas decisões que marcaram a trajetória de sua existência...

Scholem abandona a casa paterna, quer tornar-se independente. Pretende ganhar a subsistência lecionando a língua russa, cujo conhecimento correto constituía ponto de honra para toda família judaica mais abastada. É na condição de professor que o nosso herói chega a uma pequena cidade ucraniana. Traz no bolso uma carta de recomendação, no estômago a costumeira rarefação e na cabeça a não menos costumeira divagação. O destinatário da carta era um certo magnata local que, honrando as melhores tradições de hospitalidade, nem sequer permitiu que o forasteiro transpusesse a soleira da porta. Sem alternativa, o rapaz volta à estalagem onde se hospedara na véspera. O desencanto, a revolta e a fome acompanham-no. E é justamente então, tal qual nas velhas histórias de sua infância, que aparece um salvador. É que o filho de um outro potentado local, tendo sabido que um professor de russo se achava na cidade, veio procurá-lo para lhe oferecer o cargo de mestre de sua irmã.

Foi no desempenho dessa função que Scholem Aleikhem conheceu um bom momento. O dono da casa, o pai de sua aluna, era um homem dominador, um verdadeiro patriarca e senhor dos seus. No entanto, seus horizontes eram relativamente mais amplos quando comparados aos de outros judeus da época na mesma posição social. O jovem professor sentiu-se atraído pelo calor daquela atmosfera familiar, clima que nunca encontrara no lar paterno. Porém os motivos que concorriam para torná-lo feliz não paravam aí. Havia, por exemplo, uma natureza que se embelezava diariamente a seus olhos, sobretudo quando partilhava as suas sensações com a jovem aluna. E o escritor, encantado com tanta felicidade, aspirava com êxtase o ar campestre e lançava-o em torrentes de tinta que transformavam o branco do papel em novelas de enredos românticos, lidas pelo mestre à discípula. Os dois mal suspeitavam, ou pelo menos assim faziam de conta, que a contínua convivência fizera florir algo em seus corações, cuja coloração era mais viva do que a da simples amizade. Passeavam longamente, comentando os escritos do preceptor, planejando e sorvendo a largos tragos o prazer quase animal de sentir-se jovem, de ter no corpo uma alma não calejada e a promessa de um futuro por horizonte.

Porém, esse importante "porém" do destino, aconteceu que a pupila de Scholem tinha uma "tia", na verdade uma prima de seu pai. Ela morava em Berdítchev. Um dia, *mume* Toibe resolveu visitar o parente. Há muito que não se viam e o ar puro do campo sempre faz bem. Mulher viva e observadora, pôs reparo em tudo o que podia haver de novo e diferente no solar do fazendeiro. E, vendo o parzinho tão entretido nas "aulas", sentiu-se de pronto assaltada por uma dúvida, que se converteu rapidamente em certeza. De fato, desconfiara e logo assentara que o jovem preceptor ensinara à filha do rico Loiev a pronunciar com muita ênfase, não só em russo como em ídiche, a palavra "amor". E tão alvoroçada ficou com a descoberta que não pôde guardá-la para si exclusivamente, mesmo porque simpatizara com o rapaz e gostaria de ajudar o humilde professor a conquistar a sua princesa. Assim, ao partir de volta para a sua cidade, julgou que devia comunicar ao primo o segredo surpreendido.

O velho Loiev não gostou nada da história. Não porque tivesse alguma objeção particular ao preceptor de sua filha, embora ele não passasse de um pé-rapado. Mas um romance às escondidas, em sua casa, era algo que não podia admitir. Um pobretão, vá lá! Mas uma escolha feita pela própria moça, sem o seu conhecimento e consentimento? Alguém que não tivesse sido dado por ele, o pai? Nunca! E foi assim que numa bela manhã, descendo para o desjejum, Scholem não encontrou vivalma. De Loiev, a mulher, o filho, a filha bem-amada, nem sinal. A casa estava deserta. Apenas comida na mesa e um envelope com dinheiro: o montante dos salários acumulados. À porta um trenó aparelhado e o cocheiro com ordem para levá-lo à estação de trem. Catástrofe! Só então o nosso inocente herói, humilhado e ofendido, tomou pulso de seus sentimentos. Suas emoções se desataram e o desespero da paixão fez-se uma caudal de cartas, devidamente interceptadas e não respondidas...

Mais uma vez a vida desfazia impiedosamente o seu pequeno castelo. Scholem, porém, não era um tipo que assimilasse as experiências e procurasse adaptar a sua visão às lições da realidade. Pelo contrário, cada golpe que recebia, cada desengano que sofria, tinha por consequência apenas a consolidação de seu próprio mundo. Fato este que contribuiu de maneira poderosa para que mais tarde a impossibilidade de ver a vida judaica através de um prisma róseo jamais o levasse a uma desilusão completa, a uma forma de desengano que desencadeasse uma projeção satírica ácida e negativa. Se seu humorismo se tornou um espelho côncavo, nunca se transformou em reflexo absolutamente grotesco, sempre conservou uma modulação amena.

A centelha de luz que a criação scholem-aleikhemiana sempre acaba resgatando no fundo escuro do trágico, graças a um renitente toque de comicidade às vezes quase infantil, constitui, sem dúvida, uma pincelada de otimismo no contexto de uma dramaticidade profunda de situações humanas e judaicas. Se não é lícito relacionar este traço estilístico com as vicissitudes pessoais do autor, sem incidir em psicologismo e biografismo literário ingênuos, não se pode deixar de constatar um certo paralelismo entre algumas experiências por ele vividas e algo do que sucede nas suas invenções ficcionais. Assim, no seu caso de amor pela discípula, o seu desencanto tampouco pôde ser total, uma vez que, depois de penar quatro anos, conseguiu receber a amada como esposa.

Neste interregno, Scholem tentou trocar seu modo precário de ganhar a vida por uma situação mais segura e rendosa, que o habilitasse aos olhos do velho Loiev a tornar-se um chefe de família. Por ter feito os estudos tradicionais judaicos e haver completado o ginásio russo, pôde postular uma nomeação de rabino oficial, posto que conseguiu ao ser indicado para a pequena cidade de Lubny. No exercício de suas funções, procurou melhorar as condições de existência da população mais pobre, tendo de defrontar-se com a resistência dos membros mais ricos da comunidade. Seu trabalho nesse *schtetl* permitiu-lhe também, em acréscimo ao que vinha acumulando desde muito cedo, observar e colecionar um rico conjunto de tipos e costumes característicos do universo judaico daquelas paragens.

Após o casamento, abandonou o cargo de rabino e foi trabalhar com um advogado, em Bielotzerkov, e na célebre Brodsky, uma firma cujo nome ficou registrado na crônica ídiche, não só por sua envergadura econômica, como pela inserção ficcional que obteve na obra de Scholem Aleikhem. Este, porém, não permaneceu por muito tempo na empresa. Pouco tempo depois, atendendo à insistência do sogro, volta a residir na casa de Loiev e, com o falecimento deste, vê-se de súbito na chefia da família e na posse de uma rica herança que o transforma em abastado negociante. Transfere-se em seguida para a cidade de Kiev, onde divide o tempo entre as especulações da Bolsa e o culto da literatura. Já em 1883 publicara os seus primeiros trabalhos em ídiche sob o nome literário de Scholem Aleikhem. Faz-se notar também pelo apoio que presta à cultura judaica e à ídiche em particular, protegendo com o seu dinheiro os escritores, fazendo publicar uma antologia da produção literária em "jargão", onde figuram vários textos inéditos até então, além de trabalhos de sua própria autoria. A divulgação dessa coletânea, denominada *Iídische Folksbibliotek* (Biblioteca Popular Judaica) tornou palpável o vigor e a produtividade da jovem literatura. Nova também era a atitude para com seus autores que, pela primeira vez, receberam compensação não apenas poética, posto que suas colaborações eram pagas.

Em Kiev, a Iehúpetz dos *kasrílevkers*, Scholem Aleikhem é tomado pela febre dos negócios. Especula. Ganha dinheiro. Perde dinheiro. Gira no redemoinho da vida de Menákhem Mendl. Finalmente perde toda a fortuna e todas as ilusões sobre suas qualidades de financista. O duro golpe para o homem de negócios foi uma felicidade para o escritor. Realmente o que prendia Scholem Aleikhem ao mundo das especulações não era apenas a ânsia de ficar mais rico. Nesse gênero de aposta, mesmo quando o jogador não persegue outro Eldorado, a fantasia é sempre a espora de sua aventura. O que não dizer então em se tratando de alguém, como Scholem Aleikhem, que tinha na miragem e nas combinações extravagantes o alimento vital. Sua busca do fabuloso era um jogo contumaz com a fábula. Desta forma, quando foi violentamente expulso pela bancarrota financeira da voragem especulativa na Bolsa, a queda, por dolorosa que tenha sido, não deixou de ser também um empurrão para a senda de sua real vocação.

Os anos de Kiev, além de fornecer ao escritor uma imagem especial da vida do intermediário judeu, improdutivo e parasitário, que se desgastava na febre da grande cidade à procura de riquezas mirabolantes, permitiram-lhe contrapô-la às visões que trouxera da infância e da juventude, da vida parada, da miséria tranquila dos judeus que habitavam as pequenas Voronka/Kasrílevke.

Contudo, antes de colocar a render suas vivências na Bolsa do imaginário, onde a cotação de seus títulos jamais despencaria, Scholem Aleikhem teve de haver-se com o realismo grosseiro de seus credores que pretendiam nada menos do que fazê-lo pagar as dívidas na cadeia. Não lhe restou outra escapatória senão fugir mui realisticamente também para o exterior. Mais uma vez, graças a uma intervenção providencial, livra-se dos apuros, pois ninguém menos do que a própria sogra vem em seu socorro, pagando os débitos com parte da herança que o marido lhe deixara. O nosso especulador retorna então do estrangeiro e completa sua obra liquidando a parte restante num último lance na Bolsa de Odessa. Finalmente, com os bolsos vazios e livre de todo o lastro material, pôde levantar voo para as alturas de seu espírito criativo.

Desde muito cedo o estro da invenção ficcional foi generoso com Scholem Aleikhem. Dotado de grande facilidade, o seu problema nunca consistiu em saber como começar e sim como parar. Escreveu intensamente. O conjunto de suas obras forma quase setenta volumes, onde predominam os contos, as novelas e os romances. Ainda que as suas composições dramáticas sejam em pequeno número, seu gênio poderia ser definido como essencialmente teatral, pois a forma dialógica perpassa seus escritos.

A esta pena dialogante deveu também seu êxito na imprensa. Suas colaborações apareciam nos principais diários e periódicos judaicos da Rússia, da Polônia e dos Estados Unidos. Unidas às *tournées* de conferências, no país e no exterior, elas se tornaram a sua principal fonte de subsistência e popularizaram consideravelmente o nome do escritor, tanto mais quanto Scholem Aleikhem, que sempre fora tentado pela arte dos comediantes, punha a render no seu estrado de palestrante um talento de humorista não menos hilariante oralmente do que por escrito. Suas palestras davam o que pensar aos intelectuais, mas sobretudo faziam o povo rir.

Este riso devia-se por certo ao gênio chistoso do orador e ao efeito impagável de seu discurso jocoso. Mas a linguagem da paródia, dos hebraísmos e eslavismos contrafeitos como idichismos trazia também algo mais para o público de Scholem Aleikhem, além da máscara elocutiva para as armações cômicas das *gags*, dos lapsos e das situações ridículas. De fato, o encontro lúdico com a fala do burlesco ídiche convertia-se no encontro crítico do homem do *schtetl* consigo mesmo. Ele se reconhecia como tal. E, na medida em que semelhante identificação ocorria, também era convalidada a visão que o retrato propunha.

A obra de Scholem Aleikhem se constituiu, pois, numa das mais idiossincráticas e abrangentes que a criação literária ídiche produziu sobre a vida judaica do Leste europeu e sobre a sociedade do *schtetl* no limiar da modernidade. Daí o seu evidente significado social e as expressões políticas que logo assumiu, embora seu autor jamais tivesse assumido, no plano da arte, um compromisso deste naipe e muito menos partidário. É claro que tinha opiniões sobre os problemas e as opções de sua gente, não sendo indiferente ao sionismo, assim como apoiava a luta democrática e progressista russa, como se patenteia em *O Dilúvio*, romance em que focaliza os acontecimentos revolucionários do ano de 1905. Isto não quer dizer, porém, como pretenderam certos críticos, que fosse um escritor engajado, exceto nas causas de sua pena de contador de histórias, que, estas sim, eram as da voz do povo...

Ao deflagrar-se a guerra de 1914, Scholem Aleikhem encontrava-se na Alemanha, onde se viu ameaçado de internamento por ser súdito russo. Com grande dificuldade, conseguiu passar para o território da Dinamarca, de onde viajou, com a família, para os Estados Unidos. Praticamente estava emigrando, coisa que não conseguira em 1906, quando de sua ida à América com tal objetivo e de onde voltara decepcionado. Em Nova York continuou a desenvolver as aventuras de *Motl Peissi*, compôs em 1915 uma de suas peças mais conhecidas, *Dos Groisse G[u]evins* (A Sorte Grande), e retomou a elaboração de seu livro de memórias iniciado em 1913, *Funem Iárid* (De Volta da Feira). Mas este retrospecto romanesco de sua própria vida em que manipula magistralmente a si mesmo como personagem dele mesmo, sem perder o fio narrativo e uma certa distância histórica, estava condenado a permanecer inconcluso. Na primavera de 1916, mais precisamente no dia 13 de maio, faleceu.

Scholem Aleikhem foi acompanhado à última morada pelo maior cortejo que já se vira até então nas ruas de Nova York. Centenas de milhares de judeus foram dar seu adeus àquele que inscrevera na literatura ídiche e judaica os seus perfis e o de seus modos de existência leste-europeus. Uma chave da personalidade deste criador de personas talvez esteja naquilo que ele mesmo escreveu como seu epitáfio: "E justamente quando o público ria, se deleitava e se regozijava, ele (o autor) – e isto só Deus sabe – sofria em segredo, para que ninguém visse."

A PAZ SEJA CONVOSCO

Na literatura judaica, assim como em quaisquer outras, poucos escritores conheceram a popularidade de Scholem Aleikhem ("A Paz Seja Convosco"), cuja voga e aceitação – no mundo judeu, desde a saída dos primeiros contos nas últimas décadas do século XIX, e para além das fronteiras do ídiche, cada vez mais à medida que se difundiam seus livros – só encontra paralelo no destino literário de um Cervantes, de um Dickens, de um Mark Twain ou de um Gógol. E é com eles, aliás, que sua obra se relaciona, quer pelo poder de identificar uma coletividade que nela se reencontra e se reconhece, quer pela magia artística que universaliza, através do humor, do grotesco, do tragicômico, do psicologicamente mais sutil e típico de um grupo, expondo-o em traços incisivos e irrecusáveis. E, como eles, soube converter essa aguda observação e crítica de uma sociedade e de uma época em personagens tão definitivas e definidoras, em situações tão características que o tempo e o lugar não conseguem mineralizá-las; mas, ao contrário, as renovam, porque se defrontam com um universo artístico inteiramente constituído, cuja validade estética assegura não só a sobrevivência de sua simbologia e de sua força comunicativa, como a sua reimpregnação humana, revalorização social e reinterpretação literária.

Entretanto, e novamente como no caso daqueles gigantes da criação, todas as analogias terminam aí, nos limites dos aspectos mais gerais. Isto porque o seu vigor e perenidade nascem exatamente dos fatores que os distinguem da massa da produção beletrística e os transformam em momentos particulares do processo de autoconsciência histórica e cultural de um grupo. É o que sucede também com Scholem Aleikhem. Sua obra apresenta-se ferreteada pela vida judaica da Europa Oriental. Não se trata de uma integração procurada, ajeitada e no fim de contas meramente literária, cindida por uma vala profunda entre sujeito e objeto, entre autor e tema, mas de um modo de ver, de sentir, de pensar e relatar como se todo aquele mundo falasse por uma só boca e escrevesse com uma só pena. É um impressionante fenômeno em que a criação individual se transmuta na representação coletiva, a palavra poética no *gestus* social.

Na ficção ídiche, outros o superaram talvez quanto ao apuro estilístico, ao requinte psicológico, às preocupações filosóficas, à análise das circunstâncias socioeconômicas ou à participação política. Mas ninguém como ele conseguiu captar e fixar – em flagrantes nos quais a comicidade das palavras é a máscara de situações e problemas aflitivos – o retrato coletivo das pequenas cidades judaicas, com a sua humanidade oprimida e sofredora, oculta nos gabardos do atraso e da resignação, refugiada na espessa escuridão da ortodoxia religiosa ou na atmosfera fantasmagórica do misticismo hassídico, com as suas maravilhas cabalísticas e rabis milagreiros, mas ao mesmo tempo pitoresca, colorida, cheia de tipos e histórias saborosas, onde o folclore, o provérbio e o modismo campeiam livremente. Como se acabasse de chegar da sinagoga ou do banho público, da praça ou da feira, da festa ou da estalagem, acompanhado de sua gente, o extraordinário cenógrafo do *schtetl* instala-os em seus contos e novelas, em seus monólogos e comédias, e pede-lhes que continuem a desfiar seus casos. Eles próprios se inserem de corpo inteiro, como personagens, na ficção e no teatro, constituindo-se em imenso afresco de uma sociedade. Ainda hoje, depois de despovoado pela emigração, de triturado pelas máquinas e pelos tanques e soterrado sob as cinzas dos crematórios, esse mundo ressurge, vivo e gesticulante, a língua desatada por impressionante oralidade, com toda a galeria de homens barbudos e sonhadores, de mulheres realistas e palradoras, de crianças ávidas de infância, sob o condão do feiticeiro de sua eternização. Com seu sorriso benevolente, em que a poesia da ingenuidade se alterna com o humor da marginalidade e a filosofia da tristeza, reanima suas existências humildes nas vielas das Kasrílevkes imaginárias, porém mais duradouras do que as pedras de seus modelos reais. Na sua imensa compreensão, consola-lhes as mágoas de humilhados e ofendidos, fá-los rir de si próprios e de sua desgraçada conjuntura, estende-lhes o seu cordial, largo e humano *scholem aleikhem*, a paz seja convosco!

Esta acolhedora saudação não significa, porém, cegueira diante do espetáculo que lhe oferece o seu povo. Se o descreve com carinho e bonomia, também não lhe poupa a crítica. Embora não chegue ao sarcasmo de um Mendele ou à ironia desdenhosa de um Peretz, que com ele formam o trio magno das letras ídiches, desnuda e aponta o caráter obsoleto das formas de vida desses guetos, seu trágico desarmamento perante as tormentas das modernas transformações sociais e políticas que lhes solapam os próprios alicerces. Em face da caudal irresistível que a economia capitalista, a estrada de ferro, o telégrafo e o jornal começam então a introduzir nos vilórios medievais, com suas comunidades esquecidas e sonolentas, o que pode oferecer o judeu de Kasrílevke senão o fatalismo forte, estoico, belo, mas indefeso de um Tévye, o Leiteiro? Ou a irrealidade econômica, a alienação social de um Menákhem Mendl, o protótipo do *luftmentsch*, o símbolo pungente, na sua pureza e na sua imaginação desenfreada, do *status* de uma pequena burguesia rural, sem preparo nem profissão, inopinadamente atirada ao mar bravo da cidade grande, delirando com sensacionais operações financeiras, golpes de Bolsa, sociedades anônimas, e na verdade vivendo a miséria de um cotidiano sem base nem perspectiva, que lhe denega tudo exceto a quimera? E se nesse processo algum *kasrílevker* enriquece, surge então o inevitável e inviável novo-rico de Iehúpetz (Kiev), com suas fumaças de grande financista, com as casas coruscando de mau gosto e as filhas que só falam russo ou francês, tocam piano, senão pianola, e só se casam com um *g[u]ekontzitent*, "formado" ou doutor.

Mas considerar a obra de Scholem Aleikhem, esta crônica incomparável de *el ingenioso* judeu do *schtetl* e de suas andanças primeiras pelas terras da modernidade, tão somente sob o prisma do desmascaramento social, por mais gritante que seja, seria empobrecê-la demasiado. Na verdade, seu realismo crítico, que se vale da ironia militante, da caricatura pedagógica, para mostrar absurdos e ridículos, jamais é impiedoso, intransigente. Contém sempre certa indulgência, uma compaixão para com os disparates da comédia humana tomada em si, o que ameniza a causticidade de suas flechas, tornando-as portadoras, não só de zombaria letal, como também de humor lenitivo, de chiste cristalino, cujo efeito burlesco resulta, quando muito, na autoexposição catártica, na purgação

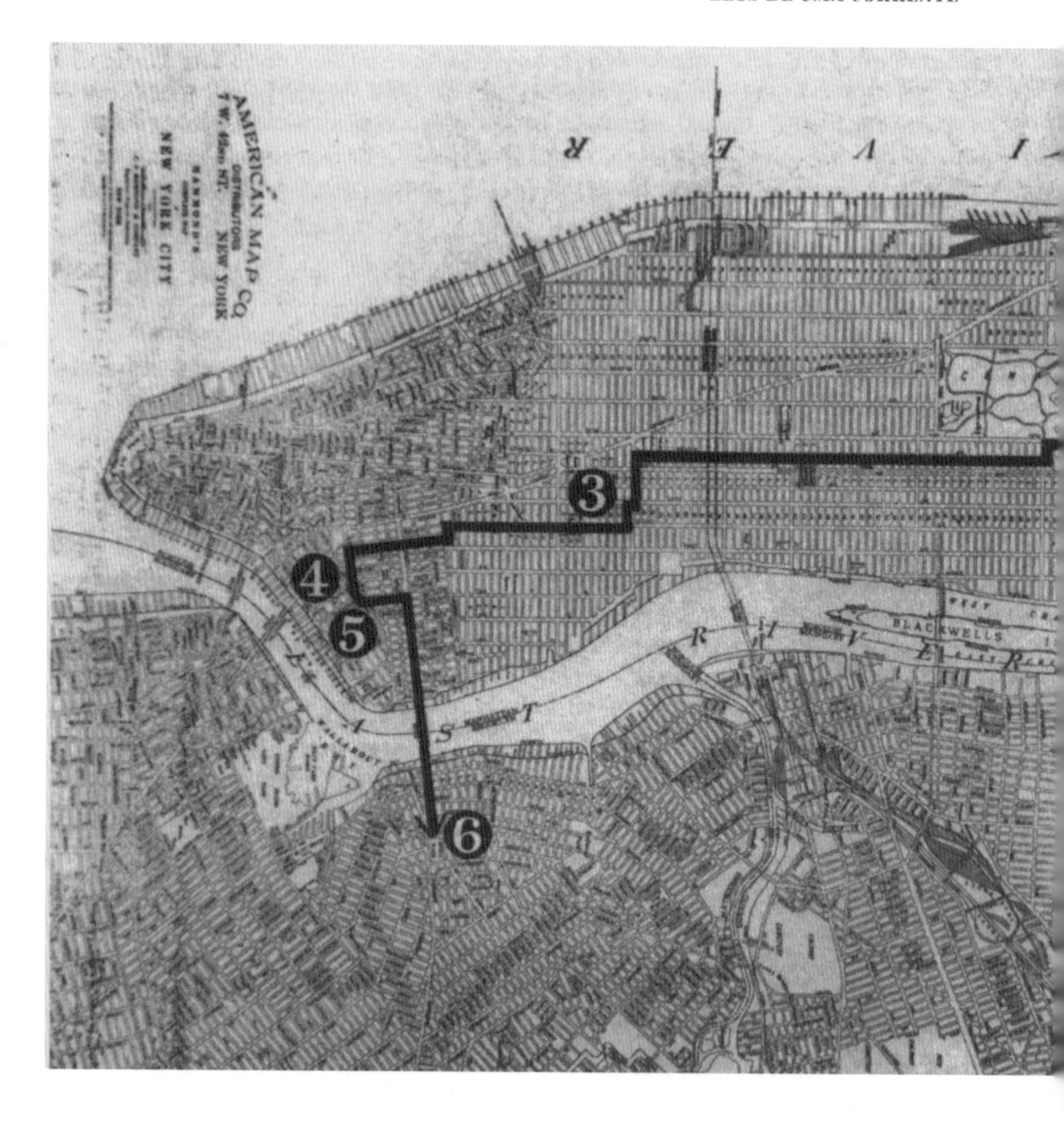
AMERICAN MAP CO.
NEW YORK
NEW YORK CITY
BLACKWELLS
3
4
5
6

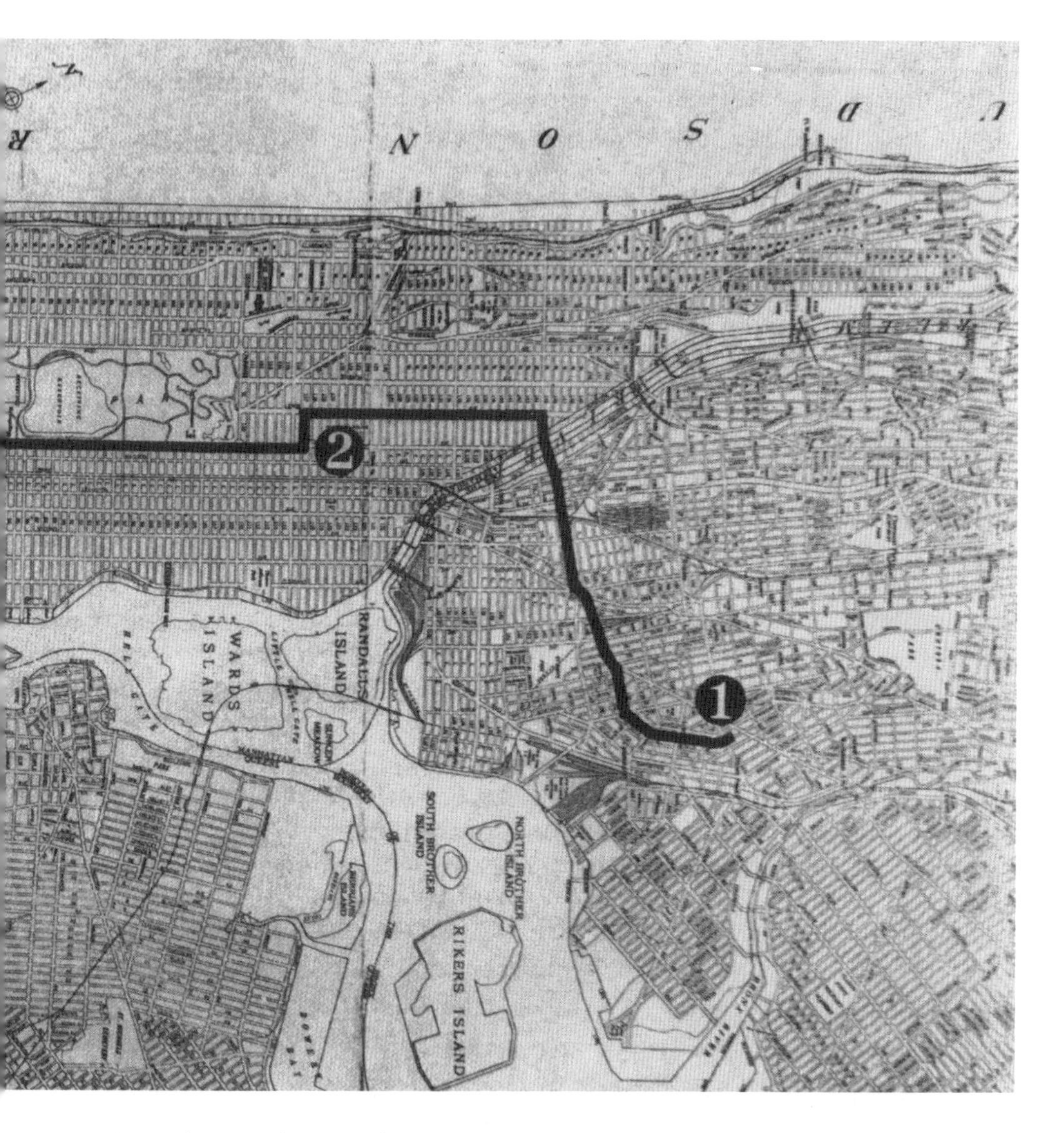

- *Mapa do trajeto do préstito fúnebre de Scholem Aleikhem.*

1. *Casa da família Rabinóvitch, no número 968 da rua Kelly, Bronx.*
2. *Ohab Zadek, na rua 116 entre avenida Lenox e a Quinta Avenida.*
3. *Os escritórios da United Hebrew Charities e da* kehilá *de Nova York na rua 22 com a Segunda Avenida.*
4. *A Educacional Alliance, em East Broadway.*
5. HIAS, *em East Broadway.*
6. *O cortejo passando pela Williamsburg Bridge até o cemitério Har Nebo no Brooklyn.*

▪ *O préstito saindo da Educacional Alliance (no alto) e na rua Kelly (embaixo).*

autocrítica, conforme a conhecida receita de Scholem Aleikhem: "Rir faz bem. Os médicos mandam rir!"

Esta risonha terapêutica de males às vezes incuráveis resulta, sem dúvida, de uma identificação com o espetáculo à sua volta que dosa a razão do entendimento com a empatia do sentimento. Daí a complacência e a ternura com que o aprecia. É um apiedar-se do eu-próprio, indistinto do nós-próprios, que pode eventualmente suscitar formas de expressão ainda mais sutis. A veia humorística afila-se então em nervura poética. O processo de autocompadecimento suaviza-se ainda mais, transfere-se para um novo domínio, onde elabora um segundo elemento peculiarmente scholem-aleikhemiano: o fio "surreal" que urde, não o sardônico *rictus* do humor gogoliano, porém um lirismo chagalliano, onírico, um manso delírio de purezas e inocências, nostalgia de um "paraíso perdido".

É assim que, pelo "riso entre lágrimas", o mestre cenógrafo vai representando as modalidades judaicas de seu tempo, primeiro em sua face estancada e, em seguida, em seu movimento de translação e radicação sob outros céus, como diz Resnick. Ele as encarna num caleidoscópio de figuras que, hoje ainda, desvanecida a realidade do mundo que as inspirou, inspiram um mundo real, imperecível, em que se inclui também o seu criador, tão personagem quanto suas personagens, autêntico "herói cultural".

I.L. PERETZ: A ESCRITURA DO MODERNO

Peretz ouviu bater, sob um velho gabarão,
um jovem coração.

SCHMUEL NÍG[U]ER

A obra de I.L. Peretz coloca de chofre a quem quer que a leia no coração de uma literatura ainda hoje em grande parte desconhecida: a ídiche, isto é, aquele ramo das letras judaicas que se expressou na língua formada à base do alto-médio alemão, do hebraico, das línguas eslavas e outras, e que serviu de instrumento verbal próprio às comunidades israelitas do Centro e do Leste da Europa. Foi nesse idioma, bem como em hebraico, que se manifestou o vigoroso surto renascentista que, principalmente a partir da segunda metade do século XIX, subverteu o judaísmo tradicional, dando-lhe sua feição moderna. Assim, em ligação com o multifacetado emergir da nova consciência, verificou-se a emancipação literária do ídiche que se consubstanciou em três autores exponenciais, hoje os "clássicos" destas letras: Mendele, Scholem Aleikhem e Peretz.

Entretanto, nem este trio principal, nem a rica plêiade posterior despertou maior atenção do *grand monde* da cultura europeia. Pertencentes a um pequeno grupo étnico assediado por preconceitos e ódios milenares, desdenhado em seus valores mais específicos, e cuja condição de minoria nacional era mesmo negada, empenhados numa tarefa de renovação social cujos imperativos gravavam por vezes pesadamente o artista, compromissado desde o instante em que tomava da pena com a "situação" e o "destino" de sua grei, desenvolveram quase sempre uma obra voltada para "dentro" do grupo, carregada de seus particularismos.

Ora, numa época em que, mesmo nas mais avançadas democracias, o etnocentrismo, para não falar do imperialismo cultural com suas "russificações" e "germanizações" à ponta de baioneta, era de praxe; numa Europa em que cada uma das grandes civilizações se julgava o umbigo do mundo e tapava seu delicado nariz *fin-de-siècle* a tudo o que fosse demasiado típico e cheirasse a localismo, esta produção tão peculiar, tão entranhadamente judio-oriental e inclusive provinciana, da "cidadezinha", só podia suscitar a suspeita de estreiteza bairrista, senão de obstinado obscurantismo. Daí por que, em vida de seus três "clássicos", não lhe foi concedida maior relevância, ficando relegada, quando já se lhe registrava a presença, à margem "dialetal" dos compêndios e seleções de literatura. Só os russos e os poloneses traduziam algumas de suas páginas antes da Primeira Grande Guerra e, se houve tímidas tentativas de divulgá-la entre os leitores alemães, tais fatos se explicam mais pela localização dos centros da vida intelectual e artística judaica do que por um interesse efetivo do meio circundante.

Na verdade, só a partir da década de 1920, depois que os romances de Asch e o drama de Sch. An-Ski, *O Dibuk*, lograram repercussão internacional, é que surgiu maior curiosidade em torno das letras ídiches e as obras de alguns de seus expoentes começaram realmente a transpor suas fronteiras idiomáticas. É claro que, para tanto, também contribuíram, e grandemente, fatores extraliterários: não só as grandes emigrações judaicas da Europa Oriental impuseram importantes ampliações e abriram novos centros de propagação, como, nesse ínterim, toda a óptica cultural sofreu profundas mudanças e seu campo de compreensão e valoração, apesar do totalitarismo, foi-se alargando crescentemente. Seja como for, o fato é que hoje *O Violinista no Telhado*, isto é, o argumento de *Tévye, o Leiteiro*, de Scholem Aleikhem, é um êxito no mundo todo e este escritor, bem como Peretz, é traduzido para quase todas as línguas vivas. Mas não só eles. Nas programações editoriais anglo-americanas, alemãs, francesas, espanholas, não é difícil deparar com os nomes de Pínski, Bérg[u]elson, Opatóschu, para não falar em Asch e sobretudo Bashevis. Mesmo no Brasil, onde essa divulgação é bem mais recente, tudo o que foi vertido teve a melhor das acolhidas, tendo sido inclusive, repetidas vezes, adaptado para o rádio e a tevê. É o caso de "O Surdo", de Bérg[u]elson, do "Cântico dos Cânticos", de Scholem Aleikhem, de "Bôntzie, o Silencioso", de I.L. Peretz, entre vários outros.

A esta altura cabe, porém, indagar o que tais autores, ao atravessar os limites de seu auditório natural, levam ao leitor de outros idiomas. Revelam-lhe algum Shakespeare, Cervantes ou Tolstói ignorados? Trata-se, porventura, de promotores de tendências que surpreendam por sua novidade e transtornem as perspectivas da história e da estética literárias? Ficaria decepcionado quem os abordasse com semelhante esperança. Embora alguns, como Mendele, Scholem Aleikhem e Peretz, por exemplo, representem forças criadoras das mais genuínas, momentos únicos da expressividade artística, com uma visão e um estilo inconfundíveis, que, em ambientes mais amplos e em culturas de maior irradiação, teriam conquistado facilmente a ressonância de um Dickens, de um Maupassant ou de um Machado de Assis, é inegável que as letras ídiches, no conjunto, não podem pretender para os seus valores uma transcendência imediatamente universal. E se, apesar de tudo, tal alcance existe, ou, melhor, está vindo à existência graças ao alargamento atual do universo das significações humanas e estéticas, ele se deve não aos seus elementos mais gerais e sim aos mais particulares.

Com efeito, os melhores autores ídiches, ainda que consubstanciem, com suas obras, profundas inovações artísticas na literatura em que surgiram e ainda que visem inevitavelmente aos grandes temas do homem, caracterizam-se sobretudo, como já observamos, por sua visceral identificação com o grupo, com suas aspirações e seus problemas, com a sorte coletiva. E aí que cumpre procurar sua originalidade, mais do que nas novas concepções que reflitam ou exprimam, mais do que na crescente captação ou reelaboração dos movimentos filosóficos, políticos, sociais ou estéticos do mundo moderno. Porém, dando expressão ao "específico" dos traços e da paisagem comunitários e ao "peculiar" à mentalidade e à alma de Israel, carreiam também da experiência multifária e dolorosa de um velho povo uma gama imensa de vivências e conjunturas humanas que, colocando os homens em suas diferentes situações, colocam muitas vezes agudamente a situação do homem. Assim, se os tipos e os temas, para não mencionar certos processos de criação, ferreteiam suas obras, apesar da individuação artística, é certo que por trás do típico, no que ele tem de exterioridade álgida, estereotipada, reencontram o humano na sua intimidade essencial através da multiplicidade de suas manifestações, da linguagem polivalente da obra de arte realizada, do seu impacto emocional e da sua comunicação racional, oferecendo ao leitor de toda parte a possibilidade de visualizar-se num mundo literário aparentemente tão estranho, de redescobrir aí a sua própria imagem, de captar a voz de seus próprios sentimentos e perceber o próprio ser. E, nesse caminho que leva do formalmente judeu ao essencialmente humano, nenhum guia conduzirá melhor do que I.L. Peretz, o mestre que vazou todo o labor nestas duas constantes e que imprimiu ao conjunto da literatura ídiche, em que exerceu influência decisiva, idêntica força direcional.

A obra de Peretz, mais do que qualquer outro escritor contemporâneo seu, reflete a intensa transformação que se processava então na sociedade judaica e em toda a Europa Oriental. Seu espírito inquieto, seu estilo rápido e nervoso, cuja vibração moderna sugere tudo menos a cadência medieval do gueto ou da cidadezinha, as múltiplas influências de autores e pensadores ocidentais, as sucessivas fases de sua obra que nunca se contentou em ser igual a si mesma e em tornar a percorrer as estradas já batidas, tudo isso denota uma personalidade sensível a uma época de transição.

Na verdade, quando Peretz deu a público seus primeiros poemas e contos, o processo de concentração e transferência da massa semirrural judaica, no Oriente europeu, já encetara os primeiros passos. A estrutura feudal e agrária, à qual o homem do *schtetl* se ligava enquanto camada intermediária entre o camponês e o nobre proprietário, começava a desconjuntar-se à marcha das locomotivas e dos motores fabris. E no bricabraque de anacronismos e decadência via-se também o *schtetl*, na sua forma atrofiada, degenerada, de Cabtzánsk, ou cidades de pobretões, de Mendele. Aí, não só a multiplicação demográfica estava em forte desproporção com os meios de subsistência, como o caráter alienado de sua economia destruía-lhes o poder de desenvolvimento. Com efeito, misto de categoria econômica, grupo étnico e congregação religiosa, a cidadezinha, por ação desses mesmos fatores, viu-se impedida de evoluir local e normalmente como a raiz de uma burguesia nacional dos países em que se situava, ficando condenada a uma existência vegetativa, improdutiva e mesmo parasitária nos interstícios de uma estrutura já por si decadente, a cujo destino estava indissoluvelmente ligada. A única alternativa era a emigração. Assim foi que, a partir da segunda metade do século XIX, as populações dos vilarejos judeus da Europa Oriental, constituídas de pequenos comerciantes e artífices, lançaram-se em ritmo crescente em direção aos grandes centros urbanos. E nas metrópoles, passando muitas vezes pelas dolorosas vicissitudes que uma vasta literatura, à Zola, descreve fartamente, essa massa de pequenos burgueses e artesões tentava integrar-se no rude maquinismo da sociedade industrial em formação.

Evidentemente, esse fenômeno não dizia respeito apenas aos judeus. Sua ação era visível, em maior ou menor grau, em todo o império tsarista. Como consequência de sua dinâmica, dos desajustamentos que provocava, dos horizontes que desvendava, dos golpes que assestava na fossilizada hierarquia agrofeudal, surgiram focos de inquietação social que, trabalhados pelas ideologias democráticas e socialistas vindas do Ocidente, traduziam-se em movimentos políticos e em agitação revolucionária.

Por outro lado, pela própria composição e origem, a burocracia imperial rejeitava *in limine* toda e qualquer sugestão reformista, sobretudo após o interregno liberal de Alexandre II. Sob pressão das castas dominantes, sem a menor visão do problema que a história lhe propunha, tentou sufocar os mais tímidos reclamos de reformulação e redistribuição estruturais. Concedia sempre o mínimo, quando este mínimo já era insuficiente. E, para tanto, recorria a toda sorte de expedientes políticos, entre os quais figurava, como de grande efeito, o antissemitismo. Este tinha sem dúvida raízes profundas. Decorria de toda a história das relações judio-cristãs, da própria situação intermediária que os judeus ocupavam na vida econômica e na escala social e, mais recentemente, do processo competitivo que colocava contra eles as camadas da nascente burguesia russa. Mas a transformação do antissemitismo em instrumento político foi em grande parte obra deliberada do governo tsarista que procurava, por esse meio, derivativos para a sua incapacidade de enfrentar os problemas do país e uma válvula de escape para a carga de insatisfações acumuladas. Os bandos dos Cem Negros, as acusações de crime ritual, a abundante literatura panfletária, que aliás deu para abastecer o próprio nazismo, eram comprovadamente de inspiração oficial. Tratava-se de mobilizar a popularidade do ódio e do preconceito.

A onda de pogroms assim desencadeada, juntamente com as barreiras opostas à fixação de judeus nas principais cidades russas, canalizou principalmente para o exterior o fluxo migratório. Os grandes centros e capitais da Europa e, mais ainda, do além-mar luziam naquela escura noite de miséria e privações como uma promessa de pão e liberdade. Centenas de milhares de criaturas, na sua esmagadora maioria desprovidas de outros recursos ou qualificações profissionais, atiravam-se à aventura americana.

Tal situação calou naturalmente fundo no quadro intelectual da época. O programa liberal da Hascalá, dos racionalistas que pretendiam levar as "luzes" ao homem do *schtetl*, parecia superado. Na verdade, apesar de seus inegáveis êxitos na modernização da mentalidade e dos costumes, apesar de seu papel decisivo na renovação espiritual e literária, era palpável o seu malogro social e político. A tentativa de, pela renúncia à especificidade concreta, integrar o judeu na condição abstrata de cidadão tropeçava a cada momento com as condições reais e particulares, mesmo nos países onde essa troca fora pronta e entusiasticamente aceita, engendrando ampla tendência assimilatória. O *Kulturkampf* de Bismarck e as primeiras sementes de um nacional-socialismo na Alemanha, Drummont e o mito da conspiração judaica na França e o populismo cristão e antissemita de Lüger na Áustria testemunhavam que o problema não estava apenas em aparar a barba, envergar trajes europeus, adquirir "boas maneiras" e tornar-se respeitável senhor ou doutor. Mais grave, porém, era a questão no contexto tsarista. Aí, não só a solução da respeitabilidade burguesa excluía pura e simplesmente a compacta massa do *schtetl*, que não tinha a menor possibilidade de alcançá-la, como a tão decantada integração judaica era brutalmente repelida pelos principais parceiros da projetada sociedade de boas vontades bem-pensantes: as perseguições e as medidas de cerceamento, sob Alexandre III, eram neste sentido decisivas e selavam a sorte da Hascalá ou, pelo menos, da parte vital e imediata de seu programa. Por outro lado, este sofria um gradual esvaziamento, na proporção em que o próprio imperativo socioeconômico, desarraigando, transladando e misturando populações e tradições, instalara-se na escola da modernização, dispensando os préstimos do voluntariado ilustrado. Assim, desde o momento em que o centro nervoso da vida judaica deixava de pulsar exclusivamente no corpo da religião, em que a laicização avançava irresistivelmente sob o impulso de novas condições históricas, em que a figura do judeu se revestia, por força, da aparência do homem de uma civilização de massas, era inevitável que começasse a perder significação e necessidade a luta contra o hassidismo, isto é, contra o obscurantismo beato e a exploração da crendice popular, que fora um dos principais objetivos da campanha racionalista. O pátio dos milagres deixava de ser uma praça-forte, e a luz da razão, uma posição de ataque. Na verdade, uma enxurrada desabava sobre ambos, levando de cambulhada o gabardo hassídico e o redingote ilustrado, o gorro de pele e o chapéu-coco.

Se um e outro se viram arrastados pelas águas dos novos tempos, nem por isso afundaram de vez: ficaram boiando. O hassidismo, cada vez mais unido à ortodoxia contra a qual tanto combatera, nos remansos do conservantismo social e político; a Hascalá, nos privilégios de uma minoria "tolerada", ou seja, do grupo de grandes industriais e comerciantes, de profissionais liberais e membros da *intelligentsia*, que gozavam de direitos especiais na Rússia dos tsares e que se consideravam a si mesmos a elite judaica. Aliás, foi neste meio, muitas vezes russificado até a medula, ávido de aceitação e reconhecimento, que nasceu um desdém, não apenas pelo gueto, mas pela tipicidade judaica; e esse sentimento, em que entrava todo o conflito de uma ambiguidade de situação, levou, não raro, muito além do limite de qualquer crítica, convertendo-se em apostasia das origens e descambando para o antissemitismo judeu, tal como se manifestou, por exemplo, numa sequela ulterior porém bastante ilustrativa, na visão profundamente distorcida, pura negatividade, que um Mandelschtam, um Pasternak e em parte um Bábel tiveram do homem do *schtetl* e dos valores do judaísmo.

Mas cumpre dizer que este é apenas o reverso da medalha. Pois foi em boa parte da mesma fonte que partiu a contracorrente, a reação positiva em que se empenhou o setor mais ponderável da intelectualidade judaica na Europa Oriental. Em suas fileiras, formavam não só os que, em todos os momentos, mesmo advogando transformações radicais, se sentiam vinculados ao destino de Israel, como ainda os que, já tendo muitas vezes ingressado como escritores, políticos, cientistas e pensadores na estrada do grande mundo, não trepidaram em renunciar a tudo por uma causa aparentemente menor, atendendo ao chamado que vinha do fundo de uma servidão, de uma degradação seculares. Assim, se não é infrequente ver, nesses anos, o discípulo da *ieschivá* talmúdica, egresso das mais escuras vielas do gueto espiritual, converter-se em agitador de massas e pregar os mais avançados evangelhos filosóficos e políticos, tampouco é incomum o espetáculo do "desencantado" que "retorna" ao seio da congregação em meio à aguda crise de consciência e até religiosa. Seja como for, uma coisa parece comum a todos eles, quaisquer que sejam suas tendências: a ideia de que urgia "agir". O malogro da Ilustração já era visível, mas era visível também que de nada adiantaria criticá-la apenas no plano teórico e genérico. Repensar o problema judeu, àquela altura, significava propor-lhe uma filosofia da ação, um instrumento muito mais do que uma interpretação da história. Daí o pendor, tão característico da época, para a ideologia. Só esta permitia atuar sobre a realidade, seja sob a forma de ciência dos processos em curso, seja sob a de consciência dos fins em mira, visando-a mediante um projeto, como se diria hoje. Para um povo que era, havia tantos séculos, joguete das vantagens ou circunstâncias alheias, esse ativismo era a própria possibilidade de reassumir a sua vontade nacional, de abandonar a sua inércia de objeto e tornar-se também sujeito da ação histórica, isto é, de conquistar o seu direito à existência e à liberdade. Foi, portanto, sob o prisma da ideologia que a nova época reelaborou a experiência da Hascalá, transmutando-a em termos de nacionalismo e socialismo ou mesmo de socialismo nacional.

Ao impacto das novas condições e das novas aspirações, os velhos sonhos messiânicos de retorno à Terra de Israel ressuscitaram em roupagens ocidentais. Mito de redenção gerado no cativeiro da Babilônia e reavivado pelas vicissitudes ulteriores de um povo que se considerava eleito para cumprir historicamente uma missão divina, meta transcendental em torno da qual se polarizou a sobrevivência judaica e para a qual ela se projetou ativa ou passivamente, havia dado uma razão de ser à Diáspora e acalentado a esperança das gerações. Desde a queda do Segundo Templo, inspirara periodicamente grandes movimentos de massas e de ideias, unindo por um mesmo fio condutor a pregação de rabi Akiva no século II d.C. e a de Moisés Hess no século XIX. Mas agora animava-o não somente a visão escatológica ou utópica. Ao messianismo religioso, ainda latente, ao romantismo profético, ainda tão próximo, somaram-se a descrença nas benesses da Emancipação, a revolta contra o desamparo e o aviltamento diante da violência antissemita, bem como o apelo das revoluções nacionais na Europa, em 1848, e que, por uma propagação em onda, começou a agitar os menores e mais estagnados grupos e minorias étnicas. Em suma, cada século tinha um Messias à sua imagem.

Peretz Smolênskin, com seu *Povo Eterno*, Leon Pínsker, com sua *Autoemancipação*, Ahad Haam, com seu sionismo espiritual, são alguns dos principais marcos do grande movimento que, de início, se cristalizará nas campanhas de "retorno a Sion" e de "amor a Sion" e que, pouco depois, graças à prédica decisiva de Herzl e à atividade de homens como Sókolov e Ussíschkin, resultará no sionismo político.

Do outro lado da barricada encontramos não só a ala radical do socialismo, que subordina a solução do problema judeu ao das classes, como aqueles que, sem abandonar suas posições no campo social, querem também encarar a questão nacional. Em geral, rejeitando o sionismo e o hebraico, reivindicam o ídiche e os direitos minoritários para os judeus, no quadro de uma sociedade democrática e socialista. Esta concepção, derivada em parte do positivismo histórico de Dubnov e do seu conceito de nação, teve em Haim Jitlóvski, o teórico do Partido Social-Revolucionário russo, um de seus principais promotores. O autor dos *Pensamentos Sobre o Destino Histórico dos Judeus* desenvolveu as bases do autonomismo, ideia que foi retomada pela social-democracia judaica e se constituiu na essência programática de seu partido, o Bund (Liga Geral dos Trabalhadores Judeus da Lituânia, Polônia e Rússia).

Entretanto, afora o populismo de Dubnov, que preconiza a autonomia cultural e não política, a alternativa de maior alcance que se apresenta, em face das duas tendências maiores, também se fundamenta numa tentativa de síntese, mas desta vez entre sionismo e marxismo. Ber Bórokhov é o seu ideólogo e seus trabalhos, sobretudo a *Nossa Plataforma*, foram o ponto de partida da corrente do Poalei Tzion (Trabalhadores de Sion) que, subsequentemente, contribuiu de maneira vital para a formação do Estado judeu e ainda hoje é uma das principais correntes de seu cenário político.

Trata-se, como se vê, de um entrechoque de doutrinas e tendências, de grupos e facções que porfiam em imprimir novo rumo à vida judaica, dando direção e poder de atuação aos anseios de libertação nacional e social. É a efervescência de um despertar coletivo em que a *intelligentsia*, tão frequente e injustamente acusada de acomodação e hesitação, deu, na verdade, o melhor de seus esforços para interpretar o sentido das novas condições e enfrentar o seu desafio com novas ideologias e novas formas literárias. E, em meio delas, Peretz forma entre os mais sensíveis e artisticamente mais bem-dotados. Por isso mesmo, sua obra multiforme, sob todos os aspectos personalíssima, é uma concha acústica em que continuam ressoando as vozes mais íntimas do espírito de uma época.

Ítzkhak Leibusch Peretz nasceu em Zamostch, Polônia, em 1852. O sobrenome sugere uma origem sefaradita, espanhola. Dizem alguns de seus biógrafos que o fato pode estar de algum modo relacionado com a tradição anti-hassídica e de respeito pela cultura secular que reinava na família, pois é conhecida a amplitude e o brilho de inteligência que foi o apanágio do judaísmo ibérico em seus melhores dias. Seja como for, o pai de Peretz, um exportador de madeiras, muito piedoso, permitiu-lhe aprender polonês, russo, alemão, ao lado do usual currículo bíblico e talmúdico do *heder* e da *ieschivá*.

Mas, desde cedo, Peretz revoltou-se contra as limitações da cultura religiosa, com suas doses maciças de procedimentos ritual e legais. Inteligência aguda, já então se sentia atraído por horizontes mais largos e procurou outras fontes para satisfazer sua curiosidade de saber. Foi assim que descobriu Maimônides. Como se sabe, a obra filosófica deste grande aristotélico medieval era tida, nos meios beatos, como perigosa para a fé por seu racionalismo e como sendo capaz de conduzir ao ateísmo. E Peretz enfronhou-se de tal forma no *Guia dos Perplexos* que seus condiscípulos o apelidaram "Leibusch, o apóstata". Entretanto, não ficou nisso sua sede de conhecimentos. Buscou a Cabala, cujos mistérios não o deslumbraram, e o pensamento e a poesia do Medievo hebraico e da Hascalá, os quais o incitaram a procurar as luzes da cultura ocidental. Graças a um acaso, encontrou-as numa grande biblioteca particular em vários idiomas, entre os quais o francês, língua que aprendeu por si só. Devorou a partir daí tudo o que se lhe ofereceu em matéria de ciência, filosofia e literatura.

Casado, segundo o hábito tradicional, pela vontade dos pais, também neste caso não se dobrou às imposições do velho ramerrão. Após vários anos de um matrimônio sem amor, cheio de dificuldades e conflitos, separou-se da esposa com quem tinha dois filhos. Pouco depois, enamorou-se de Hélène Ringelheim, casando-se com ela. Nesse interregno, habilitou-se à prática da advocacia no foro de Zamostch, foi aprovado no exame requerido e exerceu-a com bastante êxito durante um decênio.

As primeiras tentativas literárias de Peretz foram versos poloneses e hebraicos. Nunca publicou o que escreveu na língua de Mickiewicz. Quanto ao hebraico, foi neste idioma que estreou em 1875-1876, nas páginas do jornal *Ha-Schákhar*. As poesias nele estampadas e outras foram reunidas em seu primeiro livro, uma coletânea aparecida em 1878. Só dez anos mais tarde é que se apresentou como autor ídiche, com a balada "Monisch". A obra, que chamou a atenção pelo tom inusitado de sua linguagem e pelo vigor de seus temas, colocou Peretz no quadro da recém-surgida literatura.

No mesmo ano, Peretz transferiu-se para Varsóvia, depois que lhe cassaram a licença para advogar. Nesta cidade, trabalhou por algum tempo na banca de um causídico, seu parente, sendo a seguir convidado a participar de uma expedição estatística que o economista e filantropo Ian Bliach, um converso ao cristianismo, organizara para investigar as condições dos judeus na província e provar que estes eram úteis ao país. Se a prova não convenceu, a julgar pelo que continuaram a dizer deles os meios bem-pensantes e mal-pensantes, o retrato literário que Peretz delineou, nos *Quadros de uma Viagem à Província*, subsiste ainda hoje como uma terrível imagem de miséria e abandono. Tanto esta série como o restante de sua obra foram escritas na capital polonesa que Peretz, desde então e crescentemente, converteu no centro nervoso da nova literatura ídiche.

Nos anos subsequentes, tornou-se uma das vozes mais frequentes na imprensa judaica da Europa e da América. Em ídiche e hebraico, mas principalmente em ídiche, produziu uma imensa variedade de escritos de toda ordem: contos, poemas, peças de teatro, divulgação científica, comentários políticos, crítica literária, ensaios, traduções e adaptações. Visava sobretudo a educar o povo, cultural e politicamente.

De fato, se na "Biblioteca Judaica" (1890), que editou com seu amigo, o escritor Díneson, buscava antes o efeito simplesmente pedagógico, já nas *Folhas Festivas* (1894), onde se reunia a colaboração dos jovens, o *leitmotiv* era socialista. Descrevendo as condições de vida e de trabalho da massa judia, tentava dar-lhe consciência de sua situação e da necessidade de modificá-la. Daí a enorme popularidade que alcançaram tais publicações, estando ligadas, assim como seu mentor espiritual, aos primórdios do movimento socialista e democrático no meio judeu. Peretz, entretanto, não se preocupava apenas com a justiça social. Considerava que, se "todos os caminhos levavam ao homem, cada povo tem o seu caminho". Queria recuperar esta trajetória própria de Israel, restituir-lhe a inteireza da condição judaica em todas as suas manifestações, inclusive a nacional.

Essa amplitude de interesses não impede que a sua principal atividade seja a artística. Na verdade, mais do que a do crítico que se empenhou duramente em renovar e elevar esteticamente as letras judaicas, mais do que a do patrono dos grupos de jovens autores que se congregavam à sua volta, mais do que a do infatigável defensor dos direitos do "jargão", o ídiche, como a língua do povo, a sua influência é a do criador literário.

Como contista, os *Contos Hassídicos* e a coletânea que é considerada sua obra-prima, os *Contos Populares*, constituem uma presença ainda hoje viva na ficção ídiche e hebraica. Na poesia, "Monisch", "Reb Iossl", "As Três Costureiras", "Não Penses Que..." e tantas outras ainda suscitam, de sob as cinzas de um mundo hoje desfeito, as imagens do novo verso, menos retórico, mais autêntico e pessoal, que o estro de Peretz forjou para si e para as novas gerações de poetas. No teatro, *Noite no Mercado Velho* e *A Corrente de Ouro* ainda põem em cena, no seu simbolismo, os primeiros passos válidos de um novo repertório e dessa primavera do teatro judeu que ocorrerá poucos anos depois; Peretz é o arauto desse desejo de varrer do palco ídiche o *kitsch* melodramático e operístico e revitalizar artisticamente a forma dramática, assim como as suas peças o são da dramaticidade de um período em que o dilema de renovar-se ou desaparecer coloca-se cruamente, como jamais talvez em sua história, para um povo várias vezes milenar.

Esta permanência artística, entretanto, também é a de uma personalidade marcante. Pois, por trás de seu *status* atual, do fundo dos milhares de páginas impressas, ainda hoje respiram não só a emoção ou a sensibilidade diante do belo ou do sublime, como a posição diante do injusto e do ultrajante. A dignidade de sua obra é a de seu caráter. Por isso mesmo, não foi porque a rigidez mortal a expurgasse dos traços menores que sua máscara se tornou a de um "herói cultural". Ele o foi na realidade, como o disse a imensa multidão que, em 1915, lhe rendeu a derradeira homenagem do presente e a primeira do futuro.

Peretz pode ser considerado o verdadeiro modernizador da literatura ídiche. Não só porque, através de sua pena, ela ecoou conscientemente o tema social e socialista ou porque se abriu às estéticas literárias da Europa. Romântico, realista, simbolista, impressionista, admirador de Heine, Hamsun, Ibsen, Tchékhov, Górki e tantos outros, poloneses, franceses, alemães, foi sobretudo o homem que instituiu o indivíduo, a subjetividade, a emoção pessoal, a análise psicológica e mesmo intimista, numa literatura que até então não fora muito além do tipo, do esboço coletivo, da análise de costumes, da redução do real ao objetivo, ao externo. "Eu nunca pinto [escreve ele] uma personagem a não ser o seu reflexo em meu espírito; e esse reflexo se lhe assemelha raramente, quero dizer, a seu aspecto exterior. O desenho e as tinturas psicológicas me ocultam formas e cores materiais."

Esta era uma novidade considerável para uma literatura criada ou pelo menos registrada como tal cerca de três décadas antes, em 1864, e cujos dois maiores expoentes, então em pleno viço produtivo, eram Mendele Mokher Sforim e Scholem Aleikhem, o "avô" e o "neto".

Mendele, que convertera o linguajar popular numa efetiva linguagem literária, era um arguto observador da realidade social, preocupado em retratar para ensinar. Colocado no ponto de vista de seu pseudônimo, uma de suas grandes criações, costumava atentar para a gente de Glupsk (uma das várias designações coletivas que inventou para os agrupamentos judaicos leste-europeus), observar todas as suas ações, como é de praxe entre os pesquisadores da natureza, que examinam a natureza de todos os seres vivos e falam sobre os "vermes", os répteis e todas as espécies de feras e animais. E enfronhando-se na natureza das criaturas de Glupsk, em seu modo de vida, em suas maneiras de ser e de agir, punha-se depois a descrevê-las, a apresentar-lhes um "belo" quadro de si mesmas..., como ele próprio escreve na sua autobiografia que tem a curiosa forma de um depoimento de Mendele sobre o autor deste panorama. Tratava-se, pois, de um levantamento, de uma tentativa de classificação e confronto, como a do naturalista, o que já por si, e dentro dos conceitos então reinantes, supunha o projeto de impessoalidade, afastamento, desengajamento do eu, a fim de obter um quadro de conjunto tão imparcial e verdadeiro quanto possível. Assim, o primado pertencia naturalmente ao ver e não ao sentir, à configuração objetiva e não à desfiguração subjetiva, à precisão e não à emoção. Mas na pele de Mendele, o Vendedor de Livros, estava Scholem Abramóvitch, o sagaz *maskil*, o ilustrado racionalista, que não só observava o espetáculo de sua gente, mas que o enxergava com os olhos de seu tempo, isto é, do século XIX. E o que via lhe causava pena, mas sobretudo asco e revolta, pois em essência aquele modo de vida lhe parecia degradado, desnaturado, abjeto mesmo, digno da mais impiedosa crítica e de reformulação total. "Eu fiz o meu [diz ele], escrevi o que é preciso, o que é verdade, como é de meu costume, para desvendar feridas ocultas, dar uma picada, acertar no ponto, para que o pus possa extravasar. Uma picada dói, e bastante, mas por isso mesmo a ferida sara mais depressa do que se a gente a esconde e finge não saber de nada." E foi a serviço dessa cura que colocou a sátira, a caricatura mordente, a distorção mecânica de traços de modo a torná-los visíveis. Era o meio de enfrentar o que considerava uma existência absolutamente inane e parasitária, sem a menor perspectiva de futuro, a não ser que sofresse profunda mudança em todos os sentidos e sobretudo nos costumes. Não que os romances de Mendele, *Físchke, o Manco*, *A Taxa*, *As Viagens de Benjamin III* etc., desabassem, como simples moralidades ou romances de tese, sob o peso dessa preocupação orientadora e pedagógica. Mendele era demasiado artista para permiti-lo e seu universo ficcional demasiado autônomo para alicerçar-se apenas na sabedoria ou na clarividência de Scholem Abramóvitch. Apesar disso, no fundo, o romancista nunca conseguiu baixar totalmente o dedo de pregador, uma certa maneira de falar de cátedra que, aliás, combinava muito bem com o seu escrever escoimado, de tensão clássica, onde a clareza era a lei.

Além de Mendele, já desempenhava papel relevante no cenário das letras ídiches Scholem Rabinóvitch, Scholem Aleikhem. Mais uma vez estamos em presença de um pseudônimo. É verdade que agora não se trata mais do "Vendedor de Livros" que vem e vai embora, do observador, da testemunha até certo ponto de fora. Como diz a própria expressão *scholem aleikhem*, que era o cumprimento usual em ídiche e em hebraico, o que está em mira é um contato mais vivo, mais íntimo. Mais do que o depoimento, a busca agora é de diálogo, de conversa. E não há dúvida de que Scholem Aleikhem, o mediador não projetado, mas introjetado, desata, entre um sorriso e uma lágrima, a oralidade viva daquele mundo, o verbo de seu ser. Por seu intermédio, este põe-se a falar na mais saborosa e gesticulante galeria, ou, melhor, feira que a ficção judaica jamais conheceu. É um prodigioso tablado em que um encenador de gênio, oculto nos bastidores de um nome, exibe toda uma sociedade, como se sem querer, conversando, ela subisse à cena, falasse de suas mazelas, dos vizinhos, dos diz-que-diz-que, e, depois, sem dar por isso, descesse, para continuar a comentar, a discutir, a brigar, a contar na esquina, mais adiante: é Kasrílevke, o *schtetl* na plena coloração de seus tipos, de seu linguajar, de seus modismos, de seu folclore. Porém, mais do que nunca, o romancista trabalha com a panorâmica, procura – e consegue neste caso admiravelmente – abranger largos conjuntos, só que dessa vez o ângulo é interno. O realismo perde, por empatia, certo excesso de linhas contundentes, de objetividade ferina, que lhe dá o ar agressivo de lição. Assim como a descrição se converte em narrativa, ou, antes, em autonarrativa, e a classificação em representação, a sátira cáustica se faz humor condescendente. O engraçado ou o triste prevalecem sobre o ridículo e o lancinante. Mesmo nos momentos mais dolorosos, e Scholem Aleikhem não ignora a situação dramática em que vive um Tévye, o Leiteiro, há sempre uma derivação poética para o sonho – a nota chagalliana, surreal de Scholem Aleikhem – ou a saída paradoxal da piada de situação, como da história do rabi de Kasrílevke que, indo pedir a um ricaço uma contribuição para o asilo dos velhos, recebeu uma bofetada, ao que retrucou: "Isto o senhor dá para mim, e o que é que o senhor dá para o asilo?" Nessas condições, a crítica se torna uma espécie de autocrítica, com todas as sutis atenuantes que esta comporta, desfazendo-se daquele tom de superioridade, de escárnio, de quem pretende ministrar uma lição. Isso não impede, é claro, que Scholem Aleikhem também aponte vezos e aberrações na sociedade que apresenta, mas a sua visão não é puramente negativa. Em Menákhem Mendl, por exemplo, que se poderia considerar a encarnação, e por isso mesmo mais tipo do que personagem, de todos os aspectos deformantes da vida no *schtetl* de então, ainda assim a luz projetada é simpática, pedindo mais compreensão do que condenação. O autor, isto é, o mediador, identifica-se em certa medida com aquele quixotismo desenfreado, com aquelas fantasias mirabolantes de quem só pode sobreviver no mundo real erigindo sobre as suas mesquinharias um fabuloso império irreal, e ri gostosamente, com todos os moradores de Kasrílevke e Iehúpetz, da tragicomédia do gueto. E talvez julgue que precisamente aí reside o poder de reação e superação desta criatura economicamente improdutiva e socialmente alienada que é o homem da "cidadezinha" em meio à decomposição de sua *pólis*. Menákhem Mendl não pode soçobrar porque o seu barco é o da esperança infundada, mas sempre renovada.

Vê-se, pois, que existem nítidas diferenças entre Mendele e Scholem Aleikhem. No entanto, apesar de tudo quanto os separa, o parentesco entre eles não é menos nítido, seja pelos afrescos coletivos que pintam, seja pelo realismo desses quadros, seja por uma espécie de populismo temático e estilístico que os leva a inserir como "ele", Mendele, ou "ele", Scholem Aleikhem, o foco criador do mundo artístico que propõem.

Bem outra é a perspectiva de Peretz. Não só ousa visualizar francamente a sua obra a partir do "eu", se não físico, pelo menos narrador, como reivindica os seus direitos.

Não que Peretz fosse infenso aos simbolismos coletivos, ao painel social, ao retrato de costumes. Se o tratamento semificcional de seus *Quadros de uma Viagem à Província* se opõe a semelhante tese, os relatos da vida do povo e das classes trabalhadoras, "No Cortiço", "Paz Doméstica", "O Mensageiro" e "Bôntzie, o Silencioso"[1] desmentem-na categoricamente. E nem se conceberia que fosse de outro modo num autor tão preocupado com as condições materiais de existência, quer no seu grupo em particular, quer na sociedade em geral. Entretanto, ele não permitiu que sua voz fosse encoberta pelo clamor da multidão, não queria que se dissesse apenas "nós protestamos" por uma determinação coletiva, mas "eu protesto" por uma opção individual e moral.

E é da escolha que falam alguns de seus mais significativos *Contos Hassídicos* e *Contos Populares*. "Entre Duas Montanhas", "À Cabeceira do Moribundo", "Prodígios no Mar" e "Olhos Baixos"[2] são outros tantos relatos dessa eleição em que a criatura humana se escolhe como ser moral. Não se trata apenas de distinguir entre o bem e o mal ou de aceitar o que a praxe social consagra como valores distintivos. Aqui, o caminho passa pelo fundo do coração de cada indivíduo e pelo inferno deste mundo. Só no contraditório fervedouro de sua condição terrena é que o homem pode efetuar uma verdadeira escolha, por um verdadeiro ato de vontade criador de verdadeiros valores. Só aí é que ele, por sua própria ação, assume a sua circunstância e faz-se realmente humano. E na medida em que assim procede, o que implica uma força de atuação pouco compatível com a mediania de grande parte dos mortais, infunde alcance transcendental ao seu agir, torna-o em exemplo e "fim" para outrem cujas potencialidades despertam. Assim, faz-se super-homem como o desbravador que, executando

1. Ver J. Guinsburg (org.), *Contos de I.L. Peretz*, 3. ed., São Paulo: Perspectiva, 2001.
2. Ibidem.

o seu próprio projeto, abre a picada para o além, criando a possibilidade de igual ascenso para os seus companheiros. Uma das essências do hassidismo é esta para Peretz. Abandonando os caminhos repisados do costume e do ritual, o hassidismo estabelece, pela altitude moral e humana ("E Talvez Mais Alto..."), pela força moralmente criadora da individualidade privilegiada, a democracia das almas, no êxtase e na alegria.

Esta colocação do "eu", entretanto, não se reduz ao mero desejo de esteticizar os motivos ético-sociais que regeram o grande movimento religioso que, nos séculos XVIII e XIX, avassalou a massa judaica na Europa Oriental. A pregação do Baal Schem Tov, o fundador desse pietismo místico, tinha um grande atrativo para a geração de Peretz e, sobretudo, para a que lhe sucedeu imediatamente. O fenômeno Martin Buber, o filósofo que erigiu sobre os ensinamentos dos *tzadikim* toda uma concepção de existencialismo religioso, não é tão isolado quanto se poderia pensar à primeira vista. Na realidade, assim como a Ilustração viu na beatice hassídica a própria encarnação do obscurantismo, o fim do século a redescobriu e a revalorizou como fonte de uma nova atitude em face da vida e das coisas: em lugar de submissão aos velhos pergaminhos, à ordem inamovível de um tradicionalismo que subtraía à maioria dos fiéis os prazeres deste e do outro mundo, propunha ele um ativismo místico e moral que permitia a cada devoto em cada momento, por um ato "aqui-agora", influir no seu destino pessoal e mesmo no advento do Messias. Neste poder de mudar pela vontade de mudar, os novos tempos reconheceram, vestido de bata pietista, sob a crosta da crendice e da superstição, um anseio que era caro ao seu historicismo e ao seu progressismo. E Peretz foi, sem dúvida, um dos promotores desse reconhecimento. Num movimento que pareceu a muitos simples fuga diante da realidade, puro *dépaysement* romântico, neo-hassidismo, foi buscar na fonte popular, no folclore, os temas de uma revalidação dos ensinamentos e da ação dos *tzadikim*, os santos rabis. Entretanto, por grande que tenha sido o fascínio dessa expatriação no reino do original ou do ideal, e não há por que não supor esta tentação num autor como Peretz, o passado em si, o lendário e o mítico enquanto puros distanciamentos não constituíram o principal impulso dessa busca que, por isso mesmo, não se esgotava no motivo artístico. Nos contos da série popular e hassídica a visada era deliberada e não incidentalmente a atualidade. Tratava-se de atualizar, de converter em ponto de vista atuante sobre os debates e as decisões em curso, as significações de um profundo movimento social, especificamente judeu, que era ao mesmo tempo um exemplo da criatividade do indivíduo e do projeto ético na história.

Mas a temática do "eu", em Peretz, também abrange outros aspectos. Não seria ele filho de uma época naturalista e positivista, se não se preocupasse, e muito, com a psicologia do ego. É, porém, curioso ver que, mesmo então, nunca se interessa em acompanhar apenas os processos mentais de suas personagens. Num conto como "O Batlan Louco", onde se faz uma sutil caracterização dos mecanismos dos desvarios, a pergunta central envolve, num grau nada inferior, a alienação social e moral ao lado da psicológica. Com efeito, neste longo monólogo quase todo interiorizado, a personagem do *batlan* é construída com vistas tanto ao seu psiquismo quanto ao seu simbolismo. A indagação de seu delírio – "Quem sou eu?", qual o meu conteúdo concreto, eu que sou o febricitar de uma condição de vida, eu que sou a expressão de uma nulidade? – ultrapassa, sem sair dele, o momento individual. Algo de semelhante acontece em "Os Cabalistas". O relato agudo da experiência mística, do processo de ascese, é carregado de um potencial alusivo que, de um lado, fala da alma romântica, de seu desejo de sentir e vivenciar a si mesma, de sua subjetividade que recusa a direção externa dos sentidos, o "além" do objeto, para extasiar-se na "pura melodia interna" sem palavras e, de outro, por um movimento de ironia não menos romântico, da própria vacuidade dessa existência de jejuns e macerações cabalísticas, cuja busca de altitude e pureza se faz sob o signo não da vida mas da morte.

Esse duplo desenvolvimento pode, aliás, ser estendido a vários outros aspectos do contista, se não ao conjunto de sua obra. Veja-se, por exemplo, a maneira como nela se propõe o tema do amor, que não poderia evidentemente faltar a uma pena de romântico. Tanto quanto a captação de um sentimento, ele surge como a reivindicação de um direito, sobretudo o da mulher, como crítica de uma situação concreta. Em "Casada", a narrativa das primeiras emoções de um coração adolescente também o é das últimas, da impossibilidade do amor numa sociedade sujeita a um férreo patriarcalismo em que o casamento era mero assunto do capricho ou das conveniências paternas. Mas não somente na frustração é que a análise amorosa vem ladeada de um alcance menos individual, de uma "moralidade" social. Na satisfação, também: a "Paz Doméstica" não se insurge menos contra a mesma ordem de coisas que, quando não sufoca o livre jogo das afinidades, tenta impor-lhes a hierarquia de suas convenções e o princípio da desigualdade entre os sexos.

Na verdade, a história em Peretz nunca é de todo gratuita, mesmo nos momentos de maior pessimismo, quando parece descrer de tudo ("O Raio de Luz"). Então, abandona curiosamente a vestimenta típica, o meio judeu. Descaracteriza os seus contos numa atmosfera muito ampla e num simbolismo quase poético. Porém, ainda que não faça questão de ser imediatamente apreensível, tampouco se fecha em si mesmo ou em alguma sorte de hermetismo. Por cerrado e pessoal que seja nestas oportunidades, busca sempre uma concreção simbólica e de algum modo inteligível, pois o mundo para ele, apesar de tudo, continua tendo sentido.

Deste ponto de vista, Peretz é bem um homem do *fin-de-siècle*. Se não lhe falta, pós-romântico que é, a sensibilidade crepuscular, o latejamento noturno, a névoa do *spleen*, no fundo de seu ponto de fuga, por intangível que se afigure, subsiste algo para o qual é possível tender. Nele não se efetua, como em Kafka, a secção, a cisão entre o homem e o além em dois absolutos incomunicáveis. Há uma sutil emanação que se filtra do cimo das altitudes e que confere ao ser humano, à existência, um certo nexo, uma certa orientação, extremamente amplos, extremamente vagos, com uma margem de liberdade e portanto de opção infinitas na escala humana, mas que, ainda assim, permitem uma organização, uma perspectiva, em função de valores e "fins" do indivíduo e na sociedade.

E é a partir daí que se efetua a ação inversa na arte de Peretz. A subjetividade, não podendo entregar-se ao absoluto do nada, não podendo chegar à negação total, é impelida por sua própria força em direção contrária. E, à medida que percorre tal trajetória, torna-se sensível aos clamores vindos de fora, tanto mais audíveis quanto procedem de um mundo humilhado e tiranizado, que demanda a solidariedade não apenas da razão, como do sentimento. Surge então, pelo desejo de dá-la, pelo *engagement* no grupo, a tensão realista.

Assim, apesar de seu forte cunho romântico, o universo estético de Peretz é perpassado por atrações opostas que, se não o dividem, lhe impõem um constante movimento. Entre romantismo e realismo, entre a aspiração celestial e a impossibilidade de escapar ao terreno, entre o cabalista e o racionalista, entre o *hassid* e o *misnág[u]ed*, entre o entusiasmo e a ironia, entre a poesia e a sabedoria, desenvolve-se a dialética desta obra. Ela é talvez, mais do que qualquer outra, a encarnação de uma época na qual, em meio ao crescente desmoronamento das formas e dos valores tradicionais que amarravam estreitamente o indivíduo ao coletivo, às suas normas e padrões, emerge dos escombros da integração comunal do *schtetl* a face pessoal, discreta e solitária do judeu como homem. Porém, acima de tudo, ela expressa uma personalidade artística que, tentando ecoar as mais profundas aspirações de seu povo, timbrou em manter-se fiel a si própria. Peretz foi o "eu" e o "nós" da nova literatura ídiche nos novos tempos.

DA TAVERNA AO TEATRO LITERÁRIO

OS BRÓDER ZÍNG[U]ER

Em meados do século XIX, uma nova forma de divertimento começou a ser oferecida aos frequentadores das adegas e casas de pasto judias. Era uma espécie de *café-concert* bastante rudimentar, em que artistas profissionais, em geral ligados à tradição do *badkhan* ou do *meschorer* (corista, auxiliar do *hazan*), entretinham o público com canções, mímicas e variedades. Na parte musical, além de simples toadas líricas, recorriam ainda a poemas mais elaborados, que exigiam maiores recursos de interpretação emocional e dramática, do ponto de vista vocal. No mais, punham em cena figuras características, algumas provenientes da tipologia cômica do *Purim-Schpil*, desenvolvendo-as a seguir, monologicamente, em *sketches* ou pequenas peças. Em geral, a ação começava com as seguintes palavras-chave sobre a personagem e a situação, "Eu sou um pobre guarda-noturno", aguadeiro, pastor ou lenhador, sendo a sua vida e agruras encarnadas, daí por diante, com gestos e expressões captadas em protótipos reais, que davam imediato sentido e comunicabilidade ao quadro.

Embora jamais chegasse a cristalizar-se num padrão rígido, este gênero de "variedades" definiu-se e popularizou-se mais particularmente em Brody, um centro comercial extremamente ativo da Galícia. Daí adveio o nome que passou a designar os executantes e a modalidade, ou seja, Bróder Zíng[u]er (Cantores de Brody).

O primeiro a receber tal designação foi Berl Margulies, que se apresentava nas estalagens locais, com números de canto e monólogos, tornando-se conhecido como Berl Bróder (Berinho de Brody, 1815/1817 [?]-1868/1880 [?]). Em sua produção, quase toda ela inspirada em tipos e motivos sociais, tiveram um especial destaque "Dos Lid fun a Greber" (A Canção de um Mineiro) e "Dos Lid fun a Vekhter" (A Canção de um Guarda). Outro expoente do gênero foi Iaakovka Dubínski, que tinha particular talento para fazer papéis de criança e, mesmo em sua velhice, arrancava aplausos de sua rude clientela, ao pôr-se a gaguejar feito um aluno do *heder* explicando ao *melámed* uma peraltice cometida ou porque não pudera vir à escola. Mas talvez tenha sido em Velvl Zbarjer (1812 ou 1826 [?]-1883) e na aura que se teceu à volta de sua figura de *performer* e improvisador que a arte dos Bróder Zíng[u]er alcançou um de seus momentos mais expressivos. Poeta particularmente dotado, cuja existência boêmia e errante é a de uma espécie de François Villon ídiche a exibir de tasca em tasca a sua veia lírica e crítica, "ele nunca deliberava muito a respeito de sua canção", escreve A. Lítvin[1].

> Quer as palavras, quer a melodia, quase sempre as inventava na hora, sem nenhum preparo. E quanto mais vinho corria, mais forte, mais emotivamente jorrava de seu peito a canção. No entanto, o tema da canção nunca era acidental. Cada tema era uma questão dolorosa da vida judaica ou geral. Sua canção era ou sátira afiada e mordaz ou profunda elegia [...] Suas composições eram habitualmente muito longas e, ainda assim, os ouvintes escutavam o poeta com tensa atenção, virtualmente o endeusavam, tal a força que emanava seja de seu talento seja de sua pessoa[2].

Populares eram não só as raízes da arte desses entretenedores, como também, o mais das vezes, as simpatias que ela externava. Os Bróder Zíng[u]er satirizavam os ricos que exploravam os pobres e os *tzadikim* que se aproveitavam da crendice de seus *hassidim*. Amiúde tematizavam em suas recitações a dura existência do poviléu, artífices, mão-de-obra, domésticos e trabalhadores de vários tipos, que tinham a seu cargo os labores mais pesados e os menos estimados. É o caso do carregador, na criação de Zbarjer. Quando a canção principia, a humilde personagem lamenta-se por ter de transportar um pesado fardo, estando doente, debilitado e amarrado em encargos, dos pés à cabeça... Mas todo mundo lhe diz:

> Ei,
> você deve estar louco ou com os sentidos embotados,
> você não está amarrado, eu não vejo cordas nem cadeias,
> e onde está a pesada carga de que você tanto se queixa?
> – Ouçam então, – responde ele – vou deixar isto bem claro.
> Sobre minhas pobres costas carrego sessenta anos.

1. Pseudônimo de Schmuel Hurvitz (1862-1943), jornalista e folclorista, que reuniu em *Ídische Neschómes* (Corações Judeus) um precioso material sobre a produção popular, as figuras e a vida no mundo judeu da Europa Oriental.
2. *Lexikon fun Ídischn Teater*, Nova York: The Hebrew Actors Union of America, 1931, v. 1.

Carrego solidão e necessidades sobre minha cabeça,
e minha grande preocupação é como ganhar o meu pão.
Em meu pobre coração carrego mulher e filhos.
Também carrego uma velha e triste ferida de amor.
Estou velho, mas o amor ainda atormenta a minha vida.
Do que mais, meus amigos, pode um pobre homem se queixar?
Sobre minha nuca carrego pesadas leis,
as leis dos monarcas... Ah! elas também são pesadas, e como!
Um pesado cadeado sobre minha boca prende meu queixo,
ouço, mas não me atrevo a falar; nenhuma palavra consegue irromper!

Nas décadas de 1860 e 1870, os Bróder Zíng[u]er levaram seus números aos principais centros judaicos da Europa Oriental. Pela própria natureza de suas apresentações, constituíram-se num dos pontos de partida do processo que suscitaria o teatro ídiche moderno. Foram estes conjuntos que lhe forneceram, quando se cristalizou, os primeiros elencos, e um Bróder Zíng[u]er, Israel Gródner (1841-1881), é tido como o intérprete pelo qual começa a existir propriamente o ator judeu. Tais origens, que são em parte as do próprio Goldfaden como homem de teatro, na medida em que seus passos iniciais no palco estão inteiramente orientados pelo gênero de espetáculo e pelo tipo de plateia desses conjuntos, para cujo repertório já contribuía largamente com as suas canções, influíram também no caráter das peças dessa fase do teatro ídiche, que era marcadamente musical e operístico.

A ESTREIA DO ATOR ÍDICHE: ISRAEL GRÓDNER EM DUAS VERSÕES

A figura emergente do comediante judeu e o clima em que sua atuação começou a transformar-se em teatro ídiche podem ser entrevistos num artigo publicado em 1923 por Reuven Vaissman e num excerto das memórias de Goldfaden, ambos verdadeiras daguerreotipagens de época, que Zálmen Zylbercwaig estampou em seu *Lexikon* e que serão aqui reproduzidas.

Na primeira, Vaissman colocou a seu leitor o seguinte quadro:

> Entre os cançonetistas ídiches em 1873 em Odessa, sobressaíram-se os Bróder Zíng[u]er Kofke, Taner e Israel Gródner ou "Srolik Papirosnik". Este não só possuía uma bela voz de tenor, como seus gestos e mímicas eram de um autêntico ator, de uma natureza jamais vista até então entre nós, judeus. E o que dizer quando entoava

uma cópia hassídica com gesticulação e trejeitos hassídicos, aí o pessoal na adega ficava simplesmente embasbacado... Estes [os três citados] eram os "astros", pois já então estava desenvolvido o "sistema de *stars*": cada cantor principal tinha um "assistente" e o trabalho deste consistia em: 1. anunciar o nome da canção; 2. cantar ele próprio previamente a melodia *d'entrée* ao número; 3. cantar em conjunto e estalar os dedos em alegre acompanhamento; e 4. após o canto, passar o prato... O público que frequentava as casas de vinho não era de "primeira classe"[...] De início, mostrava uma atitude de respeito com o cantor, considerando-o um artista pela graça de Deus; mais tarde porém tornava-se muito íntimo e com frequência muito grosseiro – principalmente "quando o bom coração do rei está no vinho"[...] Isso deixou Srolik, quer dizer, Israel Gródner, muito aborrecido, humilhado. Começou então a matutar um plano de como safar-se desse charco na adega. Numa certa noite apareceu de repente um rapazote hassídico, envergando uma longa *kapote*, com duas *peies* muito compridas, e pôs-se a discutir com o "assistente", censurando-o por não ser ele devoto e por não usar a barba prescrita. O público, a princípio, não atinou com o significado daquilo e permaneceu sentado como que petrificado. Só quando o rapazola começou a cantar a toada do "Hassid Com o Alemão", as pessoas reconheceram a voz de Gródner e explodiram palmas e uma gritaria: – Bravo! Hurra! Um verdadeiro "triatro"! – bradavam todos. – Um verdadeiro ator! O menosprezo pela adega elaborou no espírito de Gródner um plano para apresentar uma récita de canções e em 1873 realizou-se pela primeira vez [?] na história judaica (Sala Caruso, na rua Richilievska), com verdadeiros cenários e costumes, uma récita judia com artistas judeus, em língua ídiche. O programa compunha-se dos seguintes números: "Dos Rendl" (O Ducado), de A. Goldfaden, cantado por Gródner e um coro de seis homens da grande sinagoga de Odessa; os sete apresentaram-se "trajados" de fraques pretos, camisas brancas engomadas com gravatinhas brancas e cartolas nas mãos; "Dos Lid fun Matzêiveschleg[u]er" (A Canção dos Flageladores de Pedras Tumulares), cantada por Gródner e seu assistente, com o tablado convertido em *schtibl* hassídico: Gródner, seu assistente e coro em trajes de *hassidim*, apareciam todos em contenda um com o outro e cada um deles berrava: "O teu rabi é um zé-ninguém; o meu, sim, é um grande milagreiro, poderoso e temível". Em dado momento, Gródner

> passou a perguntar a cada um deles: "Quem é o teu rabi?" e constatou-se que todos eram *hassidim* do mesmo rabi. "Se é assim, vou lhes contar os prodígios de nosso *tzadik*" [disse Gródner]. A música começou a tocar, todos se puseram a bater palmas para acompanhar, deram-se os braços e dançaram um *freilekhs* (toada alegre) hassídico. O sucesso foi extraordinário. A segunda parte compreendeu diversas canções sérias e cômicas [...] Tudo em cena e com indumentária. Depois disso Gródner deu várias récitas; em seguida viajou para Iássi, Romênia, onde não mais cantou em adegas, mas de fato no palco, no Jardim de Verão de Schimen Mark.

De sua parte, Goldfaden conta:

> Israel Gródner nasceu na Lituânia. Todo mundo sabe que os *lítvakes* (judeus lituanos) dispõem, por natureza, de magníficas habilidades para interpretar. De um modo geral, têm afiadas cabeças talmúdicas, porque receberam a instrução básica nas *ieschíves*. O nosso ator constituiu, porém, uma exceção entre seus conterrâneos, pois, como ele mesmo me relatou, enquanto criança não frequentou mais do que um *heder*. E na época já tinha a inteligência de roubar um excelente cachimbo do pai e fugir de casa. Por isso mal conhecia hebraico e não sabia assinar o próprio nome. Vagou por muito tempo ao léu até que se tornou cigarreiro. De sua ulterior biografia de juventude, tal como ele ma narrou, será melhor se passarmos por ela em silêncio a fim de não perdermos o apetite com suas aptidões. Quando vim a conhecê-lo, ele possuía uma bela voz de barítono, dotes para a dança e sua profissão era a de viajar pelo mundo cantando toadas como era então a moda. Israel Gródner tinha, porém, afora as aptidões artísticas, grande espírito de iniciativa. Possuía energia e coragem, qualidades com que se distinguem todos os *lítvakes*. No tempo em que todos os cançonetistas só viajavam pelas pequenas cidades e cantavam em casas comuns, numa cozinha ou numa taberna, Israel Gródner já costumava visitar grandes cidades, ali descobrir um local espaçoso, montar um estrado, dispor assentos numerados e, por meio de pequenos cartazes, que traziam um breve mas ressoante conteúdo: Israel Gródner canta as melhores canções dos conhecidos poetas populares, Eliakum Zunser, Velvl Zbarjer, I.I. Linétzki e as minhas etc. E todos os números ele os apresentava "em costume" e, ao fim de cada canção, mesmo quando esta era

> séria, não deixava de juntar um dançado. Se a cançoneta demandava duas pessoas, como, por exemplo, "Dem Erev Iom Kipur" [A Véspera do Dia da Expiação], onde um *hassid* canta uma estrofe para o *daitsch* [alemão = judeu ocidentalizado] e este para o *hassid*, e ambos teimam um com o outro sobre os ritos judaicos, Gródner costumava arrumar algum moço, ensinar-lhe a estrofe do "alemão", enquanto ele próprio se apresentava como o *hassid* (por se tratar de um papel cômico), e os dois ficavam no estrado cantando a discussão de um com o outro. Prático como era, Gródner há muito percebera que nos números sérios o público pegava no sono, e que, para animá-lo, o *hassid* e o "alemão" precisavam descompor bastante um ao outro, amaldiçoar-se mutuamente com as piores pragas que pudessem vir à boca e depois estapear-se... e quando o pessoal havia rido à saciedade e explodido em palmas e bravos!, o *hassid* e o "alemão" se reconciliavam e tudo terminava numa alegre dançarola. O "alemão" bailava uma dança hassídica e o *hassid*, uma profana *kamarinskáia*... e o público ficava encantado e satisfeito. Alguns desses numerozinhos já tinham títulos como: "Der Tabákmakher" [O Preparador de Tabaco], "Dos Odesser Vaibl" [A Mulherzinha de Odessa], "Der Álter Tate" [O Velho Pai] e assim por diante...

E deste modo o pai do teatro ídiche preparava a cena para a sua própria *entrée*...

ABRAÃO GOLDFADEN – O FUNDADOR DO TEATRO JUDEU MODERNO

Quase ao mesmo tempo em que Mendele Mokher Sforim estabelecia os padrões da nova prosa de ficção e da literatura ídiche em geral, Abraão Goldfaden (1840-1908) fundava o teatro dramático na língua do povo. Com dois Bróder Zíng[u]er, Israel Gródner e Sokher Goldstein (1859-1887), montou em 1876, na cidade romena de Iássi, o primeiro espetáculo profissional de teatro ídiche. A "peça" era como um cenário de *Commedia dell'Arte*, onde os atores desenvolviam peripécias farsescas entremeadas de cançonetas. Afora a diretriz da ação, as coplas e o tipo a ser encarnado ou o que dizer a seu respeito, nada mais era determinado. As falas ficavam ao sabor do improviso. Ainda assim, Goldfaden alcançou com essa apresentação e as que se lhe seguiram o alvo por ele visado: divertir o auditório, prendendo-o não só pela execução de números musicais e mímicos, como pela intensificação dramática que resultaria da inserção destes elementos num quadro unido por intriga e diálogo. O público começou a afluir aos locais, um gênero de casa de vinhos (adega) ou restaurante ao ar livre, onde tais novidades estavam sendo exibidas. O teatro ídiche profissional conquistava os seus primeiros espectadores.

Daí por diante o processo desenvolveu-se com muita rapidez. Goldfaden teve logo a ideia de apresentar textos mais completos, comédias inteiras. Sua originalidade não estava por certo na inexistência de precedente literário em ídiche ou no desconhecimento do que o teatro europeu tinha a oferecer. Por sua formação na escola rabínica governamental de Jitomir, onde a cultura ocidental integrava o programa de estudos, por suas ligações com A.B. Gottlober, Linétzki e outros autores iluministas, por suas estadas em Odessa, Viena, Lemberg e cidades alemãs, pudera familiarizar-se com o repertório teatral europeu. Mesmo no terreno judaico, não só tomara parte numa representação de *Sérkele*, de Salomão Éting[u]er, nos seus tempos de estudante, como, antes mesmo de ingressar definitivamente na vida da ribalta, publicara numa coletânea – *Di Iúdene, Farschídene G[u]edíkhte und Teater in Prost Iídisch fun Avrom Goldfaden* [*der Mekháber fun dem Iúdele*] (A Judia, Diversas Poesias e Teatro em Ídiche Vulgar de Abraão Goldfaden [o Autor de O Judeu]), Odessa, 1869 – o esboço dramático *Tzvei Schkhêines* (Duas Vizinhas) e a comédia de costumes em cinco atos *Di Mume Sossie* (A Tia Sossie), textos que, juntamente com os das canções, conquistaram o público judeu. Mas agora tratava-se de escrever diretamente para o palco, tendo em vista uma plateia. O gosto era do freguês e o objetivo era, principalmente, servir-lhe lautos e digestivos pratos teatrais. Para tanto, Goldfaden recrutou novos elementos entre os Bróder Zíng[u]er e os rapazes dos coros sinagogais, instruindo-os sobre o modo de atuar no tablado. Não hesitou tampouco em utilizar mulheres para papéis femininos, e não homens, como as "Variedades" populares e ele próprio vinham fazendo. Com tais "elencos", em que era autor, diretor, cenógrafo, ator e empresário, começou a levar ao palco sucessivas peças, quase sempre com elementos musicais, que lhe saíam da pena.

A dramaturgia de Goldfaden pode ser agrupada em duas fases distintas. A primeira compreende sobretudo comédias, entre as quais duas de maior êxito em todo o seu repertório: *Schmendrik* (1877) e *Der Fanátiker oder Di Tzvei Kúni Lémels* (O Fanático ou os Dois Kúni Lémels, 1880). Essas peças cômicas, que expõem os disparates da vida do gueto e pregam a Ilustração, mantiveram-se em cartaz, na ribalta ídiche, por decênios a fio, e ainda na década de 1960 foram representadas, em adaptação, ao público israelense, sendo que a primeira serviu inclusive de tema para um filme.

Schmendrik é uma comédia satírica cuja figura central, um simplório, de boa índole, pronto a aceitar as boas e más situações, veio a ser proverbial e seu título ingressou no giro folclórico como designação de um certo tipo de pessoa. Como em outras peças do mesmo período, Goldfaden trabalha aqui a caricatura social e psicológica com traços claros e inequívocos. A ação se desenvolve sem grandes complicações, apesar dos quiproquós e confusões, como a famosa cena da troca das noivas; as personagens são bastante simples em sua psicologia e os conflitos entre o velho e o novo modo de ver se colocam em termos amenos, pois a geração antiga é movida por bons intuitos, mesmo em suas faltas, e os jovens, embora prefiram seguir os ditames do coração, não contestam inteiramente os valores de seus pais. Tudo se resolve por uma compreensão mais aprofundada das coisas, pela tolerância que acaba prevalecendo sobre a estreiteza das concepções e convenções retrógradas, mesmo porque o bem termina sempre sobrepondo-se e recompensa todo padecimento indevido.

Di Tzvei Kúni Lémels investe contra a prosápia hassídica em que a linhagem tudo decide, sem qualquer consideração pela personalidade e pelos valores do indivíduo. Trata-se de uma comédia de erros, que lembra *Les Précieuses ridicules*, de Molière, mas cuja fonte foi, segundo tudo indica, um conto alemão denominado "Nathan Schlemihl" associado por Goldfaden ao folclore ídiche do *schlemil*, "o coitado, o caipora, o errado". Mais uma vez, o direito às opções pessoais no casamento, isto é, as reivindicações do amor são defendidas em face das imposições do tradicionalismo religioso que dominava a vida judaica. E mais uma vez as confusões se desfazem e as coisas se encerram satisfatoriamente, para o maior gáudio do público.

Outra produção pertencente ao mesmo ciclo é *Di Kischufmákherin* (A Feiticeira) ou *Koldúnie*, uma opereta tramada com tipos característicos, que conservou até hoje o seu frescor e encanto teatral. Trata-se de uma espécie de conto de fadas sobre uma donzela indefesa, Mírele, cuja perversa madrasta recorre aos préstimos de uma velha tida por feiticeira, a fim de escorraçá-la da casa paterna. Mas um jovial e esperto bufannheiro ambulante, Hotzmakh, desfaz o enredo e põe a nu a verdade.

Nesta peça, Goldfaden revela, de novo, a acuidade de seu olhar quando procura distinguir o elemento típico e significativamente colorido na galeria humana do universo tradicional judeu: Bobe Iakhne, a bruxa, e sobretudo Hotzmakh, apesar da carga farsesca e do caráter esquemático, desenham-se de pronto como figuras vibráteis e marcantes, que cativam o espectador pela estranha composição de traços verossímeis e projeções imaginativas.

Um outro aspecto importante deste texto é que, nele, o nosso autor começa a demonstrar desembaraço na escritura dramática e na pintura teatral de maior envergadura. Assim, no segundo ato, cria a caleidoscópica policromia de um dia de feira numa "cidadezinha" da Europa Oriental, com o rumor de seus pregões e o tumulto de sua multidão. Um açougueiro exalta as qualidades de suas mercancias. Uma vendedora de panquecas entoa um solo em que fala de seus bolinhos e de como é difícil a vida de uma feirante. Compradores cantam, vociferam e dançam.

E é em meio a tal bulício que Hotzmakh surge pela primeira vez em cena, espalhando em derredor a melodiosa parlapatice de seus truques de venda. Pouco depois, a pobre Mírele vem fazer compras para a família. Mas a plateia está informada de que a madrasta lhe tirou a bolsa, a fim de que a infeliz moça, desesperada com a perda, fugisse de casa, induzida pela feiticeira cuja cumplicidade estava de antemão assegurada. É o que sucede quando Mírele dá pelo sumiço do dinheiro e, na sua aflição, apoia-se na pérfida amizade que a bruxa lhe estende. Por fim a insídia é vencida, graças às "luzes" do sagaz bufarinheiro, instrumento da investida goldfadeniana contra a maldade, a ignorância e a superstição, nos termos de seu "maskilismo".

Na dramaturgia de Goldfaden, a segunda fase, que por sua vez pode ser dividida em dois grupos de peças, começa na década de 1880. A forte reação da *intelligentsia* judaica contra um repertório que parecia não levar nada "a sério", nem ter outras preocupações "de arte", exceto a de divertir o espectador, bem como a pesada atmosfera de reação política, cultural e religiosa e de pogroms de inspiração governamental contra a população israelita, que se instaurara na Rússia após o assassinato de Alexandre II pela Narodnaia Volia (Vontade do Povo, grupo revolucionário terrorista) e o ascenso do retrógrado Alexandre III ao trono imperial, são os fatores que basicamente precipitam a evolução do teatro de Goldfaden. Na verdade, esta já se prenunciava, do ponto de vista da estrutura dramática, numa comédia denominada *Di Kaprizne Kale oder Kabtzensohn et Húng[u]erman* (A Noiva Caprichosa ou Filho de Pobretão e Morto de Fome [se se traduzir o significado dos nomes das personagens], 1877) onde defendia a sabedoria da idade provecta contra os desvarios românticos da juventude. Aí, ao contrário do que ocorria em outras peças anteriores, o desfecho era trágico ou, como o próprio autor o considerou, melodramático. Assim, não é de admirar que, ao acentuar-se em Goldfaden o senso de responsabilidade social em face da tempestade que se abatia sobre o seu público, e ao mesmo tempo ante o desejo de revidar à crítica "mais exigente" com uma demonstração de capacidade literária, tivesse ele se encaminhado para a forma de escritura teatral que se lhe afigurava mais condizente com tais ambições, ou seja, o drama.

Dr. Almasado é um texto onde verbera os excessos do "maskilismo" e da absorção apressada de costumes e formas de pensamento alheios. Trata-se de uma opereta, encenada em 1882, cuja ação se desenrola em Palermo do século XIV. Contra esse fundo, Goldfaden projeta a figura de um abnegado médico judeu que salva a comunidade da ameaça da expulsão coletiva. Aqui, ao invés da estereotipia quase caricaturesca com que em geral representa a vida judaica e seus tipos humanos, temos, pela primeira vez, uma personagem com postura heroica. É verdade que, novamente, tudo acaba em cantigas e nas alegres comemorações de um casamento – um bom pretexto para reinstalar no palco o "teatro" ao sabor do grosso da plateia.

Efetivamente o registro elevado de um perfil "nobre" da individualidade identificadora do povo manifesta-se um pouco antes na dramaturgia de Goldfaden, uma vez que *Schulâmis* (Sulamita), uma opereta, foi escrita em 1880. Calcada no romance hebraico de A. Mapu, *Ahavat Tzion* (Amor a Sion), e numa lenda talmúdica, é o mais popular dos dramas musicais de Goldfaden. Evocações emotivas de cenas bíblicas em moldura pastoral, cortejos de levitas, lamentos e cantares jubilosos compõem uma sucessão melódica de quadros destinados a ofuscar a vista e que, na realidade, projetam feericamente toda uma utopia nacional.

Nada festivo, porém, é o ambiente de *Bar Kokhba* (1882), a única peça em que Goldfaden leva o elemento trágico às últimas consequências. O comandante da derradeira e desesperada revolta hebreia contra o jugo romano sela o seu próprio destino e o de seu povo, ao manchar as mãos com o sangue de um inocente. Por este ato, despe-se da verdadeira veste messiânica e afasta a esperança da redenção, como se lê na penúltima cena:

(*O espectro de Eleazar aparece no lado direito da torre.*)

ESPECTRO (*canta*): Ai, assim diz Deus agora!

BAR KOKHBA (*amedrontado*): O quê? Mártir de novo?... Um novo juramento?

ESPECTRO: Não te conheço mais! Não és mais meu filho!

BAR KOKHBA (*abatido*): Ó, tu, terrível profeta.

ESPECTRO: Por teus pecados, por teus pecados...

BAR KOKHBA (*transtornado*): Perdido, diz ele, está tudo? Não há salvação?

ESPECTRO: Aí. A luz de Sion agoniza agora.

BAR KOKHBA (*tomado de pavor*): O quê? A luz de Sion agoniza agora comigo?

ESPECTRO: Apaga-se para sempre... Não mais brilhará, meu filho! Por teus pecados, por teus pecados...

BAR KOKHBA (*com ódio*): Por meus pecados? Por meus pecados? Some, espectro pavoroso! Desaparece! Crava punhais em meu corpo, mas

> essas palavras eu não quero ouvir! Enquanto fluir em minhas veias cálido sangue, Sion há de vencer!...[3]

Mas a nostalgia siônica do dramaturgo começa a engajar-se numa nova aspiração nacional. *Meschíakhs Tzaitn* (Tempos de Messias, 1891) é um drama em seis atos que se desloca largamente pelo espaço geográfico, indo de uma aldeia da Ucrânia, através de Nova York, até a Palestina. Trata-se de uma tessitura que leva o seu herói desenganado, como o judaísmo liberal russo, das esperanças depositadas na integração ao país de nascimento a procurar na perspectiva da emigração aos Estados Unidos a solução de seus problemas. Mas, mesmo no país da liberdade, o que o espera é de novo o desapontamento quanto aos anelos de uma verdadeira redenção pessoal e coletiva. Por isso, juntamente com os ideais de Goldfaden, que se tornam os do movimento Hibat Tzion (Amor a Sion), o protagonista vai buscar a reabilitação judaica no amanho da terra de seus antepassados. Pois os tempos são os do advento do Messias.

A última peça de Goldfaden, estreada poucos dias antes de sua morte (1908), é *Ben Ami*, inspirada no romance de George Eliot, *Daniel Deronda*. Unindo o tema siônico antigo com o sionismo moderno, Goldfaden transforma o herói do romance inglês num barão vienense, que se inteira de sua origem judaica. A revelação o leva, depois de assistir a um pogrom em Odessa e salvar a sua futura esposa, defendendo-a das garras da turba enfurecida, a buscar a Terra da Promissão, onde pretende educar a juventude para o trabalho no solo e para a defesa da causa nacional judaica.

Goldfaden não foi um dramaturgo muito original nas ideias e nas construções de seus textos. Tomou-as onde pôde, no que aliás seguiu uma tradição de ilustres predecessores no palco universal, sobretudo a dos autores que também foram atores e encenadores. Mas, se a sua obra não se elevou à altura de um Lope de Vega, Shakespeare, Molière, para citar alguns cimos, nem por isso deixou de ter como eles o senso instintivo do teatro. Notável na sua aptidão de criar um papel ou uma peça segundo as habilidades de um ou vários atores, sabia como ninguém em seu tempo, no teatro judeu, falar cenicamente à plateia, cativá-la e principalmente entretê-la, seja no riso seja nas lágrimas.

No seu caso, aquilo que dizia não tinha talvez tanta importância, mesmo nos seus textos mais ambiciosos, quanto a maneira como o fazia. Escreveu

3. *Bar Kokhba*, quadro 13, cena 4.

comédias, operetas, *vaudevilles*, dramas, ao todo cerca de sessenta peças, muitas das quais sem a menor valia literária. Contudo, não só erigiu com elas praticamente sobre o vazio, ou, se se quiser, sobre as poucas pranchas do café-concerto, um palco de vibrante e rica existência cênica, fazendo jus ao título que gostava de ostentar, ou seja, o de "fundador do teatro ídiche", como vários de suas personagens-tipos fixaram-se para sempre na ribalta judia.

Schmendrik, Kúni Lémel, Bobe Iakhne e seu adversário Hotzmakh continuaram vivos na metamorfose da cena e na imaginação do povo, tendo em alguns casos adquirido o estatuto linguístico de substantivos comuns, estando dicionarizados como tais, tanta é a frequência com que passaram a ser empregados na fala coloquial.

Como diretor-empresário, a carreira de Goldfaden se estende principalmente entre 1876 e 1896. Nesses vinte anos, não há dúvida de que a etapa mais criativa e próspera é a que tem por cenário a Romênia, sobretudo durante a guerra russo-turca, e depois a Rússia, de 1879 a 1883, quando é expedido o decreto que proíbe os espetáculos em língua ídiche em todo o império do tsar.

Apesar das artimanhas que são rapidamente postas em prática a fim de burlar a proibição, como, por exemplo, a apresentação das peças numa algaravia ídiche-alemã, o *daitschmerisch*, o golpe atinge profundamente o trabalho de Goldfaden. Daí por diante, vagando entre Lemberg, na Áustria-Hungria, as cidades romenas, Paris, Londres e Nova York, não consegue recuperar o equilíbrio e reimprimir o mesmo ritmo à sua iniciativa. É como se o tivessem cortado de sua base natural. Inadaptado, entre vários malogros e escassos sucessos, vê-se reduzido a uma situação quase de miséria, ao mesmo tempo em que sua atividade de produtor de espetáculos é progressivamente cerceada.

O início do século XX vai encontrá-lo marginalizado no teatro judeu. E isso, paradoxalmente, num momento em que atores, em boa parte por ele formados, como Iaakov Adler, Sigmund Mogulesko, David Késsler, e aproveitando-se largamente de seu repertório, desenvolvem, nos Estados Unidos mormente, um novo centro teatral ídiche, muitas vezes rude e desregrado, mas, de outro lado, fervilhante e rendoso, na medida em que se torna uma das diversões preferidas de uma vasta massa de imigrantes convertidos em seus *patriotn* (fãs).

As causas do desencontro entre Goldfaden e todo esse processo do teatro ídiche são numerosas, sendo preciso salientar que a culpa não cabe somente aos "vilões" da peça, àqueles "discípulos" (já então os "astros" da ribalta judio-americana) que, por espírito de competição, intrigas e inveja, ou em função de mesquinhos interesses comerciais, barraram no novo palco o ingresso do "mestre". A personalidade deste, sua atuação despótica no tempo em que reinava inconteste, bem como suas pretensões ao reconhecimento irrestrito e subserviente também contribuíram com boa dose para a "ingratidão" de que foi vítima.

Seja como for, só às vésperas da morte logrou o "fundador do teatro ídiche", como constava de seu cartão de visita, ouvir de novo aquele grato rumor que motiva e realimenta a quem trabalha para a cena teatral: os aplausos do público a uma peça que lhe é apresentada. Embora *Ben Ami* não consigne o que de melhor produziu o seu autor, alcançou, após uma estreia quase de fiasco, sucessivas representações de crescente agrado, pelo menos na ocasião, permitindo que Goldfaden, após tantas expectativas frustradas, recebesse uma última reafirmação, ao vivo, em palco aberto, de sua veia criativa e do imenso crédito que insofismavelmente lhe era devido pela arte teatral judaica e pela ídiche em particular.

O OLHAR DO OUTRO – UM SINGULAR DRAMA HEBREU

Este é o texto da mais antiga crítica, que se conhece, sobre um espetáculo de teatro ídiche na América. Transcrevê-la não satisfaz apenas uma curiosidade. É certo que tal aspecto não deve ser excluído, mesmo porque a própria resenha da representação do *Bar Kokhba*, de Goldfaden, o obriga. Estampada em inglês, nas páginas de um grande órgão de imprensa, o *New York Sun* de 22 de fevereiro de 1885, tem uma conotação de registro bizarro, apesar de escrita em tom bastante objetivo. É como se o articulista tivesse encontrado uma *avis rara*, que deveria estar em outro planeta ou numa estranha coleção de empalhados, a esvoaçar, absurdamente existente, ante as barbas do respeitável cidadão e *habitué* nova-iorquino dos teatros do fim do século. Entretanto, o objetivo aqui é menos o de documentar uma curiosa postura cultural e um tipo de mentalidade do que o de mostrar a plateia e o palco judeus, no tempo de Goldfaden, num autêntico retrato de época.

Nesse flagrante, uma crônica vivaz, cheia de sabor e até de perspicácia, salta das linhas mesmas de uma crítica, se não incompreensível hoje, pelo menos envelhecida. Se a primeira pinta de maneira sensível as condições teatrais e a fisionomia de um público, a segunda converte-se, para a leitura atual, num espécime de museu, que só atrai a atenção por seus critérios e equívocos curiosos. Com efeito, confusões engraçadas, como a que apresenta o ídiche, um idioma de base alemã, por um hebraico moderno (designação fora de nexo, ainda que signifique "língua dos hebreus"), somam-se a preconcepções culturais, como a que fala num gênio da língua, que seria também o do povo hebreu, avesso em sua natureza à expressão teatral e por isso mesmo incapaz de produzir a ação e os diálogos de um Shakespeare ou as eriçadas *pointes* e os lances do *boulevard* franco-italiano...

Diante de tal distância do universo focalizado, é natural que o resenhador deixe entrever sua surpresa com o que lhe foi dado assistir. O fato de o espetáculo ter tido o poder de prendê-lo lhe causa certa perplexidade e a sensação de uma descoberta, como se depreende de sua recomendação a todos os "estudiosos de teatro" para que não deixem de ver o "achado".

UM SINGULAR DRAMA HEBREU

UMA ASSISTÊNCIA TÃO INTERESSANTE QUANTO A PEÇA NO BOWERY

O pequeno teatro ao qual os hebreus de Nova York acorrem

O estranho enredo e a curiosa apresentação de *Bar Kokhba*

No Bowery, não longe da Hester Street, e algumas portas abaixo da Grand, há um teatro em miniatura que tem tido uma história movimentada. Devotado sempre aos mais baratos e crus entretenimentos, tem sido, alternadamente, museu, casa de bichos, aquário, teatro de variedades e salão de cerveja. Ostenta presentemente o título de "Oriental" e é a singular morada do que resta do verdadeiro drama hebreu nos Estados Unidos. Quatro representações são dadas cada semana, nas noites de segunda, quarta, sexta e sábado. Nas terças e quintas-feiras, os atores estudam seus papéis e trabalham assiduamente nos ensaios e no desenvolvimento de indumentárias e decorações necessárias às várias peças. Os preços do ingresso ao "Oriental" vão de 25 *cents* até um dólar. Penetras não são tolerados.

Há na cidade de Nova York 37 mil poloneses, incluindo-se como tais os filhos de pais poloneses. Quatro quintos dos 37 mil poloneses são hebreus. Os restantes são na maioria católicos e têm uma igreja na Stanton Street, 43. O número de hebreus na cidade de Nova York, embora jamais oficialmente apurado, é provavelmente não inferior a 70 mil. Quarenta por cento da população hebraica vem, portanto, da Polônia. As províncias de onde essa gente emigrou são as de Minsk e Vilna, na Rússia; Posen e Bromberg, na Alemanha; Galícia, na Áustria. Chegando a Nova York, entretanto, eles não se apresentam como provenientes de qualquer dessas regiões, mas como oriundos da Polônia em geral. Como a Polônia não tem tido, neste século, existência nacional, e como a vaga designação de Polônia impede que se obtenham totais completos relativos a qualquer dos três países entre os quais ela se divide, muito transtorno adveio daí para os Comissários de Imigração, como consequência. Os poloneses – cristãos assim como hebreus – são patrioticamente persistentes onde quer que a questão da pátria esteja em jogo, e depois de muita discussão forçaram os Comissários a aquiescer com seus pontos de vista na matéria e a reconhecer, formalmente, a existência independente de uma nação que foi extinta em 1795.

Os hebreus poloneses são muito unidos e têm um bairro próprio. Fica quase diretamente a leste daquela parte de Bowery onde se acha o "Oriental", e é assim limitado: ao sul pela Division Street, ao norte pela Grand, ao oeste pela Eldridge, e ao leste pela Norfolk Street. Dentro deste restrito território residem quase dez mil pessoas. É o lote de terreno mais densamente povoado do Continente, medindo como mede apenas um quarto de milha em cada lado. Do "Oriental" até a Eldridge Street a distância é somente de três quarteirões, e estes são atravessados em noites de função teatral por hebreus poloneses com suas famílias, em busca de diversão.

O "Oriental", de fora, não é uma estrutura muito impressionante; nem é por dentro particularmente suntuoso em suas instalações. A entrada principal é um curto saguão, flanqueado, de um lado, por uma banca de maçãs e, de outro, por uma mesa de um vendedor de balas. À esquerda há um bar, onde se vendem as assim chamadas bebidas leves – jinjibirra, soda e salsaparrilha. O auditório é longo e estreito; o palco é fundo e largo. O pavimento principal é quase plano e cadeiras comuns, presas em fileiras por ripas de pinho, são os substitutos dos assentos estofados de plateia. Não há nenhum ornato em tudo quanto o estabelecimento apresenta, exceto o programa, que é impresso em caracteres assírios quadrados.

Não faz muito houve uma noite de gala no "Oriental". Assinalou a primeira encenação nesta cidade e, segundo se diz, neste país também, da ópera histórica de Goldfaden, *Bar Kokhba, ou a Derradeira Hora de Sion*. É uma peça clássica do repertório hebraico e mereceria a consideração de todo estudioso profundo e arguto da arte dramática. O local da peça é situado em Better (Betar) e Cesareia, na Síria. A época é a do imperador romano Adriano. São decorridos sessenta anos após a destruição de Jerusalém e a vã revolta final contra o poder romano é iminente. A primeira cena é no Tabernáculo, em Better. A luminária da expiação está acesa. O recinto encontra-se repleto de fiéis, e as colgaduras e cortinas são concebidas de modo a serem corretas, cronologicamente. De uma tribuna armada, enfeitada de panos e resplandecente de joias, Bar Kokhba e o velho Eleazar dirigem-se, cada um por sua vez, a seus partidários. O primeiro é um jovem herói judeu, ávido de renome militar. O segundo é um alto dignitário de venerável aspecto, que é ortodoxo pelo fato de crer unicamente na eficácia da prece para a segurança do povo, ao passo que Bar Kokhba é heterodoxo, esperando, através do uso de meios pagãos de guerra, sobrepujar os inimigos de Sion.

Bar Kokhba ama Dina, filha de Eleazar. O povo toma o partido de Bar Kokhba. Eleazar lamenta a degenerescência de sua gente, e com alguns outros homens de idade canta uma espécie de réquiem.

A cena então muda, e agora Popus, um bufarinheiro samaritano, aparece em cena. Ele propõe casamento a Dina; ela o rejeita. Ele entoa uma canção cômica que expressa a sua capacidade de fazer o mal, e depois vai diretamente ao governador romano e profere acusações contra Dina e o pai dela. Os dois são convocados a Cesareia e são condenados por traição ao Estado. Eleazar é exilado, Dina é vendida como escrava e Bar Kokhba, o enamorado de Dina, está a ponto de ser preso, quando salta ao mar e parte montado no dorso de um peixe!

Segue-se então um recital das desventuras de Dina, da corajosa luta armada de Bar Kokhba, e dos truques e subterfúgios do bufarinheiro itinerante, Popus, a fim de separar os dois. Dina é finalmente afogada e o pai dela volta do exílio para encontrar o último remanescente do poder de seu povo derrubado. A heterodoxia, argumenta ele, foi a causa produtora das aflições deles, e assim em lamentos expira. Então Popus apunhala o infeliz Bar Kokhba, feito prisioneiro, ao mesmo tempo em que a soldadesca romana, enfurecida com o espetáculo do valente chefe hebreu morto por outras mãos que não as deles, subjuga Popus e o mata. A cortina cai sobre um massacre geral e uma conflagração típica da derradeira hora de Sion.

Bar Kokhba é, de fato, composto de um prólogo e seis atos, mas, em deferência a uma peculiar demanda de alguns da assistência, que queriam receber "o pleno valor de seu dinheiro", é dividido de outra maneira no programa: num prólogo e quinze cenas. Nove das cenas, entretanto, são fictícias.

A língua empregada pelos atores em *Bar Kokhba* é apresentada como hebraico, mas não é. Trata-se de um russo híbrido, misturado com polonês, massúrico e velho hebraico, e parecendo-se às vezes ao alemão na forma. Trojânski publicou em Cracóvia em 1846 um dicionário desse moderno hebraico ao mesmo tempo em que existe uma gramática padronizada da língua, composta por Kopszynsky em Varsóvia. Não é muito usada, entretanto, e é, provavelmente, melhor conhecida pelos poloneses em Paris do que por seus compatriotas na Polônia mesmo.

Os hebreus nunca desenvolveram um drama nacional em sua literatura e, quando alguém assiste a uma peça como *Bar Kokhba*, não precisa buscar muito longe a causa. Uma raça antes meditativa do que agressiva, sempre subjetiva, retraída, discriminativa, sem humor inerente e raramente governada pela paixão, não fornece solo frutífero para dramaturgos. O velho hebraico, assim como o novo, era essencialmente uma língua de narrativa e descrição. Seus sábios podiam escrever salmos ou poemas, mas nunca peças.

Bar Kokhba não é, de acordo com os cânones modernos, uma peça bem construída. Seu desenvolvimento depende de condições e não de personagens. Não tem ingenuidade, e nela se diz muito mais do que se faz. Algumas das falas são quase intermináveis no comprimento e falta-lhe aquele brilhante e nervoso diálogo que se eriça em todas as peças francesas e italianas. Mas subjacente à narrativa inteira, e vivificando mesmo as passagens mais insípidas, encontra-se a música, uma melodiosa monódia que se infla às vezes, em coro de lacrimosa e terna lamentação. É singular, eloquente, tocante, cheio de coração e sentimento, mas nunca irada. É tão idealizada, na realidade, que eleva tanto a peça quanto os intérpretes, e cria uma ilusão mais forte do que seria possível com os mais destros arranjos de materiais dramáticos comuns.

O desempenho da companhia é antes forçado do que descontraído. O sr. Silberman no papel do herói, o sr. Karp no do velho hebreu ortodoxo e a sra. Silberman como Serafina, a mulher do governador romano, se ajustam a seus vários caracteres. A sra. Chaimovich, Dina, é uma típica judia eslava. Tem uma voz doce, bem modulada, que usa com habilidade e delicadeza. Mas é uma atriz um pouco dura. O sr. Chaimovich, o cômico do elenco, representa a personagem do bufarinheiro ambulante, Popus. Ele é vivaz, bem-treinado e de um método admirável, mas não parece possuir poder de elaboração e tem pouco conhecimento de palco. Seu modo de cantar é o que se podia chamar, no tablado de variedade, nítido.

Bar Kokhba é de ponta a ponta uma história casta. Mesmo as cenas de amor, das quais há poucas, carecem de amorosidade.

A assistência do "Oriental", segundo declara a gerência, tem sido uniformemente grande. Na quarta-feira, o pequeno teatro estava literalmente apinhado até as portas. Manifestações de aprovação não são encorajadas, e qualquer tentativa de aplaudir é vigorosamente vaiada. Simpático suspense é o que melhor descreve o sentimento dominante dos presentes. O mais ligeiro barulho produz ofensa geral. A música, liberalmente entremeada através da peça, é uma sucessão de endechas cantadas em brandas cadências com solos, e mesmo de vez em quando em coros de lamentações. Estas são antes queixosas do que de protesto e parecem proporcionar alívio às personagens quando seus pesares são demasiado opressivos. O ritmo é fácil e parece estranho que este fundo de melodias não tenha sido utilizado em outra parte.

O público é ele próprio quase tão digno de estudo quanto a peça. As feições têm quase uniformemente uma aparência eslava. A peça na noite de quarta-feira terminou cinco para a meia-noite, mas a assistência parecia pouco propensa a sair, mesmo então, do teatro. Havia uma exigência no ar. Queriam mais. Um homem com ar erudito estacou à porta e fez o único comentário audível sobre os intérpretes. *Hem gdolim*, disse ele. Isto é hebraico clássico, e pode ser livremente traduzido em inglês de Bowery: "*They are great*" (Eles São Grandes)[4].

SCHOLEM ALEIKHEM NO TEATRO

Abrangendo, além de textos escritos especificamente para o teatro, um bom número de contos narrados na primeira pessoa em forma de monólogos ou de relatos que são pouco mais do que diálogos curtos, e ainda várias adaptações de romances e novelas que celebrizaram o autor de *Tévie*, o repertório scholem-aleikhemiano foi e continua sendo uma presença constante na ribalta judaica, em ídiche e hebraico. Isto se deve não só aos elementos pitorescos e folclóricos com que é aí moldada a paisagem social e humana da vida dos judeus na Europa Oriental, permitindo caracterizações extremamente expressivas do ponto de vista plástico e constituindo-se num material cênico maravilhoso, sobretudo para a *mise-en-scène* moderna. Mas o alto teor teatral dessa "cenografia do *schtetl*" também nasce de uma qualidade que reponta da obra de Scholem Aleikhem em geral.

4. Dr. I. Schátzki (ed.), *Arkhiv fun der G[u]eschíkhte fun Yidischn Teater un Drame*, Vilna/Nova York: Yivo, 1930.

É um modo de formar em que o discurso ficcional configura ambientes e personagens, não por via analítica e descritiva a "fixar" estaticamente imagens, mas pelo processo dinâmico da oralidade dialógica. São "falas" que, entretecendo-se, tecem os "quadros". Delas é que se projetam, mesmo na escritura basicamente narrativa, já como "interagentes", a galeria de tipos e o desenho das situações em que se encontram. Porém as criações de Scholem Aleikhem, ao mesmo tempo em que "se" falam, "se" gestualizam, na medida em que o fluxo verbal tem aí um sócio, quase paritário, na movimentação gestual, o que coloca sem grande esforço este universo no âmbito do *gestus* teatral. Mais ainda, todo ele impregnado de um humor que emana, não de uma redução simplesmente cômica aos automatismos farsescos, mas, muito ao contrário, de uma ironia gerada precisamente por aquela sensibilidade, aquele "sentimento do contrário", de que fala Pirandello na "Essência do Humorismo", compõe-se pelo movimento pendular entre a comicidade do que aparece e a tragicidade do que subjaz, estabelecendo relações e ações que, em última análise, são essencialmente dramáticas, seja nas afinidades formais e estruturais, seja nas contradições das "realidades" evocadas como máscaras tragicômicas.

Assim, não é de admirar que o teatro ídiche, nas suas diferentes etapas, tendências e concretizações, amador ou profissional, comercial ou puramente artístico, político ou simplesmente lúdico, tenha encontrado na obra narrativa e na dramaturgia de Scholem Aleikhem um manancial constante. O teatro sem maiores ambições estéticas sempre recorreu a ele porque divertia: o público ria e chorava, e voltava incessantemente para tornar a rir e chorar. O teatro de arte, de influência naturalista ou stanislavskiana, descobriu nele um maravilhoso analista da psicologia e do modo de vida popular: o grupo de Peretz Hírschbein e, mais tarde, o de Morris Schwartz volta e meia recorriam a seus textos. O teatro diretorial, como o de Alekséi Granóvski, também foi escolher as suas máscaras grotescas nas criações scholem-aleikhemianas, cujos temas e personagens submeteu, com grande êxito, aos processos de estilização cênica. O teatro proletário viu nas peças do autor de *Menákhem Mendl* e *Dos Groisse G[u]evins* (A Sorte Grande) os retratos das condições de existência e das condições socioeconômicas da sociedade judaica, captado por um pensamento progressista. O teatro de tendência nacionalista achou no repertório de Scholem Aleikhem a crítica das deformidades e anomalias que a Diáspora imprimia no modo de subsistência da nação.

Ainda hoje, as potencialidades cênicas desta obra são exploradas, em Israel e em outros centros judaicos, não só por elencos que necessitam de algo "sem erro" em suas programações ou que fazem do velho modo de vida do *schtetl*, com suas mazelas e comédias de erros, um cavalo de batalha infalível nas suas andanças teatrais, como por aqueles que buscam na herança consagrada elementos para novas formas de linguagem no teatro.

O DRAMA POÉTICO: PERETZ

Simbolista também foi a criação dramática de Peretz. Basicamente sua abordagem teatral era poética, não só na composição como na visão. Suas três peças mais importantes, escritas entre 1907 e 1908, são em versos e já os próprios títulos indicam a busca de expressão simbólica.

Di Gôldene Keit (A Corrente de Ouro), calcada num drama hebraico anterior, que Peretz publicara em 1903, *Khurbn Beis Tzádik* (Ruína da Casa do Tzadik), tem por tema o conflito e a continuidade das gerações e gira em torno de um rabi hassídico (*tzadik*) que, defrontando-se com a degradação da espiritualidade e dos valores da tradição, quer prolongar o sábado num *schabat* eterno, libertando assim, pelo poder de sua vontade, o mundo e os judeus da pequenez e da angústia do cotidiano, de suas misérias e de sua grosseira materialidade. Tanto o título quanto a obra se tornaram proverbiais nas letras e nas artes judaicas, muito embora a peça jamais tivesse alcançado maior êxito no palco. Estreada em 1906 pelo elenco de Éster Rokhl Kaminska, em Varsóvia, foi apresentada por outros grupos em diferentes ocasiões, mas nunca propiciou o que havia sido a expectativa do autor e de seus sucessivos esforços de aprimorá-la em ídiche e também numa versão hebraica.

Bainakht Oifn Altn Mark (Noite no Mercado Velho), considerada sua obra teatral mais expressiva, "um raro espécime de peça simbolista-universalista", na apreciação de Max Reinhardt, é *stricto sensu* uma tentativa de compor numa síntese poético-dramática todo o panorama da história do judaísmo polonês. Trata-se de um teatro dentro do teatro. De estilo operístico, as personagens, em sua maioria caracteres pejados de simbolismos, desfilam rapidamente pela cena, à exceção do *badkhan*. Nesta sucessão, representam-se os quadros da vida judaica, numa espécie de fantasmagoria carregada de grotesco e de crítica acerba em que as fronteiras entre o real e o irreal desaparecem. O tom pessimista da obra suscitou fortes ataques, mas também a sua densa carga metafórica e significativa trouxe não menos numerosas interpretações. Levada pelo Teatro Ídiche de Estado, de Moscou, por A. Granóvski, com Schlôime Míkhoels no papel do *badkhan*, foi uma das realizações marcantes do estilo deste teatro, figurando como tal entre as criações que lograram articular no palco ídiche a linguagem da vanguarda teatral soviética dos anos 1920. Apesar de montada em outras versões cênicas, jamais atingiu o nível que lhe foi dado pelo grupo moscovita, embora nessa *mise-en-scène* o texto tivesse sido reduzido ao mínimo, em função da "teatralidade" de um "carnaval trágico".

Em *In Polisch Oif der Keit* (Agrilhoado na Antecâmara da Sinagoga), o terceiro desses dramas, toda forma de existência tradicional, com sua negação da pureza do amor e da poesia, é exposta à flagelação no vestíbulo da sinagoga.

Novamente as personagens são reduções simbólicas, desprovidas de nomes próprios. Por isso mesmo e por sua força crítica, o texto interessou os grupos da militância política e estética da época do Outubro Teatral, tendo sido objeto de diferentes encenações, entre as quais a do Teatro Judeu de Estado da Rússia Branca, na linha sintética e construtivista de seu congênere moscovita. Nos Estados Unidos e onde quer que se tenha levado o bom teatro ídiche, essa peça sempre constou do repertório dramático.

Peretz também escreveu diversos textos em um ato, de caráter realista, tais como *Schvésters* (Irmãs), *Frimorgn* (Manhã), *A Kvóres Nakht* (Uma Noite no Cemitério). São peças realistas que alimentaram na década de 1920 os numerosos grupos de amadores na Europa Oriental e foram muitas vezes montadas pelo teatro profissional ídiche e hebraico.

UM INTERREGNO TEATRAL

Durante os quase vinte anos (1883-1904) em que vigorou a proibição de levar peças em ídiche, o teatro judeu no império tsarista, ainda que não totalmente extinto, sobreviveu em condições das mais precárias, numa espécie de clandestinidade. Dos elencos de Goldfaden, nem todos os atores puderam ou quiseram emigrar. Um número apreciável permaneceu em terras russas. A eles se juntavam naturalmente novos elementos, à medida que perambulavam de cidade em cidade, à procura de oportunidades de se apresentar. Tudo dependia do capricho das autoridades locais e, mesmo quando obtinham a tão almejada permissão, nem sempre estavam a salvo de uma surpresa desagradável. Pois, oficialmente, as peças eram levadas em alemão. Assim, os intérpretes punham todo empenho em trocar os *os* do ídiche pelos *as* tedescos e em proferir com potência bismarckiana os textos. Mas o resultado era em geral lastimável – uma mixórdia prosódica, sintática e vocabular cuja artificialidade era desde logo perceptível, mesmo quando não suscitava equívocos cômicos ou disparates absurdos, e que foi qualificado de *daitschmerisch*, expressão carregada em seu sufixo de uma inflexão trocista e pejorativa. É claro que nessas condições os comediantes devessem temer sempre o pior. E de fato, em numerosas ocasiões, apanhados em flagrante pecado, viram-se forçados a baixar o pano em meio da função e sair correndo.

Os anos mais difíceis foram os do fim de 1880 e quase todo decênio de 1890. Neste período, quando um elenco conseguia um espetáculo de teatro ídiche, era como se tivesse passado um contrabando e os atores sentiam-se quais verdadeiros contraventores. Não obstante, em fins do século, o número de tais apresentações mais ou menos mascaradas cresceu bastante, possibilitando inclusive a atividade de vários grupos profissionais. Dentre eles, o mais importante foi, na época, a trupe de Spivakoski e Fischson, que contava 65 pessoas, com os figurantes e sem os músicos. A companhia encenava o velho repertório de Goldfaden, cujas peças mais populares continuavam sendo, entre as comédias, *Schmendrik* e *Kúni Lémel* e, entre os dramas musicais, *Sulamita* e *Bar Kokhba*.

Por volta de 1900, veio dos Estados Unidos o ator Sam Adler. Em Odessa, encontrou a trupe de Spivakoski-Fischson. Trazia novos textos e o acervo dramatúrgico do grupo viu-se de súbito enriquecido. Mas a companhia não logrou autorização para exibir-se em Odessa e partiu em excursão pela província.

Outras peças de procedência americana começaram a chegar através dos elencos judeus da Romênia e da Galícia, ao mesmo tempo em que se enfraquecia o guante da interdição imperial e os vários conjuntos puderam permanecer mais demoradamente nas cidades, sobretudo em algumas grandes cidades com maciça concentração judaica. Com isso o teatro ídiche conseguiu tomar certo alento, revitalizando-se. Um dos primeiros sintomas de tal evolução foi, a par de uma intensificação da atividade teatral, o movimento em favor de uma dramaturgia de melhor nível.

Essa reivindicação também foi atendida, a princípio, com a produção de autores radicados na América. Aos poucos, o chamado texto "sério", com envolvimentos literários e tendências críticas, na esfera do pensamento e da sociedade, isto é, o drama em geral e mais particularmente o de inspiração naturalista, começou a fazer-se notar no palco ídiche, ao lado da comédia e acima de tudo do melodrama e da opereta, que era então o seu *plat de résistance* de maior consumo. Os intérpretes de mais envergadura passaram a apresentar de vez em quando, em suas récitas, as criações dramáticas de Gordin, e Jacob Adler, que se tornara um dos principais astros da Broadway e do teatro judeu da América, ao vir visitar o seu país de origem, trouxe, junto com novos textos de Gordin, outros de Kobrin e Líbin. Era um conjunto de peças que ele e seus rivais, no cenário judio-ianque, como David Késsler, haviam levado com grande êxito, revelando os valores de uma nova dramaturgia e as possibilidades de um "teatro melhor" junto ao grande público.

Na Rússia, porém, esse repertório não teve grande repercussão entre a massa de espectadores que continuava a lamber os dedos com os "musicais" da velha safra ou de importação recente. Os círculos que se mobilizaram à sua volta eram restritos e sua influência, a curto prazo, foi quase insignificante no que tange à composição dos textos das companhias profissionais, mesmo porque grande parte dos setores intelectuais ou cultos, embora pertencentes ao circuito dos frequentadores de teatro, satisfazia o seu interesse com as produções do palco russo, polonês ou ocidental, sem dispensar maior atenção à atividade teatral ídiche.

Ainda assim, em função não apenas da existência de uma larga população de fala ídiche, mas também da crescente força da expressão intelectual e artística neste idioma, multiplicam-se os indícios de um trabalho cênico renovador. Essa faina começa a plasmar-se, não como corrente estética ou linguagem dramática determinada, pois é eclética em suas filiações e realizações, mas como tendência geral. De fato, sua manifestação está quer nos textos de Scholem Aleikhem e Peretz, ladeados por todo um grupo de jovens autores que se põem a criar nas cercanias desse período, quer nos espetáculos de um incipiente movimento filodramático, que deverá cobrar fôlego mais tarde, quer nas apresentações de alguns novos conjuntos de atores profissionais que surgem nos tablados judeus da Europa Oriental por volta do início do século. Entre eles, vale salientar o de Éster Rokhl Kaminska (1870-1925), a "Duse ídiche". Talento inato, mas desprovida de formação específica, tendo realizado a sua aprendizagem no velho estilo, isto é, na prática das representações, ela foi uma figura bastante típica dessa fase de transição.

No início de sua carreira, cedendo a uma atração que a fez abandonar a tradição doméstica da mulher judia pela árdua existência quase marginal de uma comediante numa sociedade ainda preconceituosa, habilitou-se primeiro a converter o ídiche em *daitschmerisch* e a fazer a mala às pressas, condições necessárias, além das artísticas, para que pudesse levar a vida de atriz e atuar na língua do povo. Representou então heroínas de Goldfaden e do *schund* (peças baratas, de efeitos fáceis). Mas foi principalmente quando passou a encarnar as personagens de Gordin que revelou a sua veia de intérprete dramática. Graças a criações deste autor, como *Mírele Efros*, e a outros papéis que foram aparecendo como produtos de uma dramaturgia mais ambiciosa em termos de arte, Ester-Rokhl se tornou tão popular que veio a ser cognominada "mãe do teatro ídiche".

De certo modo, o título faz jus ao desempenho desta atriz, não apenas no palco. Com efeito, de um lado, aí se traduz um traço de seu jogo interpretativo, cálido e suave, nos papéis em que primou, retratando com singeleza e autenticidade tipos do universo feminino judaico. Mas, de outro lado, a qualificação também exprime o papel histórico desta artista no palco ídiche do Leste europeu. Casada com Avrom Ítzkhok Kaminski, organizador do primeiro conjunto estável de teatro judeu em Varsóvia, mãe de Ida Kaminska, que desde criança atuou com ela e que deu continuidade ao impulso recebido, tornando-se uma das intérpretes polarizadoras do movimento teatral judio-polonês entre as duas guerras e posteriormente, Éster Rokhl, em suas andanças, levou ao seu público das pequenas e grandes cidades o entretenimento do velho repertório, mas também a problemática da nova dramaturgia. Foi uma dessas "estrelas errantes" – de que conta a obra de Scholem Aleikhem com o mesmo nome, dedicada aos atores judeus – tendo iluminado com suas criações cênicas a árdua passagem do palco e da plateia judaica para o moderno teatro ídiche.

OS IDEÓLOGOS DO NACIONALISMO DA GALUT

SIMON DUBNOV
O AUTONOMISMO CULTURAL

Depois de Graetz, o próximo ponto de confluência da moderna pesquisa e filosofia da história do judaísmo é a obra de síntese que, sob a égide da sociologia positivista e da ideologia nacionalista, Simon Márcovitch Dubnov realizou. Nascido em Miecislau, em 1860, foi criado pelo avô num ambiente de devoção religiosa. Até aos treze anos estudou o currículo judaico tradicional, frequentando em seguida uma escola secular russa. Nestes anos de juventude, em que se aprofundou na literatura da Hascalá, levou uma vida de pobreza e solidão em várias cidades da Rússia como estudante "externo" ou livre, enquanto procurava obter acesso a um curso superior. Em 1880 chegou a São Petersburgo onde, malograda a sua tentativa de ingressar na universidade local, dedicou-se ao ensino particular e ao periodismo.

Seus artigos apareceram primeiro na imprensa judaica em língua russa, sobretudo nas colunas do *Voskhod*. Embora colaborasse também como crítico literário, campo em que se distinguiu por seu certeiro julgamento quanto às aptidões do então desconhecido Scholem Aleikhem e, em geral, por suas análises sagazes do surto renovador a que sua época assistiu nas letras judaicas, Dubnov desde o início demonstrou claro interesse pelas questões de história. Após as considerações sobre os "Momentos Culminantes da História do Pensamento Judeu", com que estreou em 1881 no *Rússki-Iêvrei*, escreveu uma série de artigos sobre "Sabatai Tzvi e o Pseudomessianismo no Século XVII". Suas investigações neste terreno, que o levaram sucessivamente ao estudo da seita mística de Iaakov Frank e, principalmente, do movimento pietista de Israel Baal Schem Tov, fizeram época e lançaram nova luz sobre o papel destas correntes heterodoxas. De fato, encarados pela historiografia "ilustrada" como simples manifestação de obscurantismo e ignorância, tais fenômenos de massa começaram a ser por

▪ *Grupo sionista em uma fazenda-escola agrícola, Romênia, 1933.*

ele enfocados, cada vez mais, como fatores significativos e ponderáveis do processo sócio-histórico judaico, o que tornou particularmente a sua monografia hebraica, escrita entre 1888 e 1893, *Toldot ha-Hassidut* (História do Hassidismo), uma contribuição básica para a bibliografia do assunto.

Mas os interesses de Dubnov já então iam muito além dos limites de um dado período ou aspecto nos anais de seu povo. Assim, ao mesmo tempo em que os trabalhos acerca das eclosões místicas nos séculos XVII e XVIII atraíam sua atenção sobre o conjunto da história dos judeus na Europa Oriental, preocupou--se também com a *Participação Judaica na Revolução Francesa*, livro publicado em 1889, que seria um dos pontos de partida de suas ulteriores e notáveis análises da sócio-história do judaísmo na época contemporânea.

Por outro lado, à medida que se encaminhava para sínteses mais amplas do passado nacional, como a *História Judaica* em dois tomos, a *Breve História dos Judeus Para a Juventude* e a primeira parte de sua história geral dos judeus, o pensamento de Dubnov em matéria doutrinária sofria sensível evolução. O volume sobre Graetz (1892), historiador cujo trabalho estabelece o cimo e os limites da pesquisa ilustrada na historiografia judio-alemã, e o *Estudo Filosófico-Histórico* (1893) indicavam claramente que o seu autor superara a visão "maskilista" que o havia orientado na década anterior. Não só abandonava na teoria histórica a ideia de que os judeus constituíssem uma ordem confessional, como queria a Hascalá, e passava a considerá-los um grupo histórico-cultural, um povo, independentemente dos atributos de raça, território, Estado e língua, mas estabelecia outrossim no plano ideológico os fundamentos de seu "autonomismo espiritual". Esta concepção que se cristalizou nas *Cartas ao Velho e Novo Judaísmo* (1897-1906) sustentava que, sendo a individualidade nacional judaica de caráter intelectual, suas aspirações à autoconservação estariam menos ligadas a uma independência política e territorial do que social e cultural. Daí, embora reconhecendo a importância de uma coletividade na Terra de Israel, sua reivindicação de um *status* minoritário e autônomo para as concentrações populacionais judaicas na Diáspora, reivindicação que seria defendida não só pelo partido populista diretamente inspirado por Dubnov, como incorporada programaticamente, com mesclas e variações, pela corrente socialista do Bund.

Dubnov viveu de 1890 a 1903 em Odessa e nos três anos subsequentes em Riga, desenvolvendo atividades não apenas literárias e científicas. Pois, convencido de que à consciência histórica e política do povo estava reservada função decisiva na moldagem do futuro coletivo, empenhou-se em popularizar os conhecimentos de história judaica por todos os meios, assim como foi um interlocutor constante nos principais debates ideológicos, políticos e educacionais de seu tempo. Convidado a lecionar em várias instituições de altos estudos, volta em 1906 à capital russa. Com alguns intervalos, em cujo transcurso recolheu rica documentação histórica, aí permaneceu até 1921, quando o Ministério dos Assuntos Judaicos da Lituânia lhe ofereceu uma cátedra na Universidade de Kovno. Mas influências antissemitas impediram a nomeação efetiva e Dubnov transferiu-se, em 1922, para a Alemanha, onde residiu por onze anos. Além de professar em cursos especializados e em universidades, como Heidelberg, devotou-se sobretudo à redação de sua *Velt G[u]eschíkhte fun Iídischn Folk* (História Mundial do Povo Judeu) em dez volumes, uma realização que englobou muitos de seus trabalhos anteriores e que representou por certo a sua principal obra. Aplicação sistemática de sua filosofia e metodologia da história, o objeto de sua pesquisa, "o indivíduo nacional, sua constituição, seu crescimento e sua luta pela existência", é submetido aí a um exame pluridimensional a partir de quatro aspectos fundamentais: visada sociológica, lei dos grandes centros autônomos, caráter "espiritual" do povo e vontade coletiva de subsistência expressa sob a forma de disciplina nacional (consciente ou inconsciente, religiosa ou laica). Com estes quatro pontos de mira, Dubnov urde uma rede espaciotemporal de estruturas e valores dominantes, de centros hegemônicos e periféricos do organismo judaico, periodizado segundo um processo que vai do Oriente para o Ocidente, e abrange tanto o corpo quanto o espírito da nação, não apenas enquanto paciente mas também enquanto agente de seu curso histórico. Em 1933, com o ascenso de Hitler, Dubnov precisou abandonar a Alemanha e refugiou-se em Riga, onde em 1941 um policial letão embriagado o abateu em plena via pública. Enterrado em vala comum, anonimamente, o maior historiador judeu depois de Graetz teve a sorte trágica da numerosa comunidade cuja cultura indubitavelmente consubstanciou e cuja especificidade quis resguardar.

HAIM JITLÓVSKI
O TERRITORIALISMO IDICHISTA

A síntese de socialismo e nacionalismo, as duas tendências que de início polarizam antiteticamente o processo do "*risorgimento* judaico", teve em Haim Jitlóvski importante elaborador ideológico e protagonista político. Nascido em Ustáchi, Vitebsk, em 1865, filho de um *maskil* devotado ao culto da "cultura" e da "inteligência", foi educado no espírito "ilustrado" e frequentou escola secundária russa. Posteriormente estudou filosofia em Berlim e Berna e formou-se defendendo uma tese sobre *Abraão ibn Daud e o Início do Período Aristotélico na Filosofia Religiosa Judaica*.

Muito cedo, na trilha da juventude estudantil e intelectual de sua época, ligou-se ao movimento libertário da Narodnaia Volia (Vontade do Povo). Como o seu amigo de infância Sch. An-Ski, o futuro autor de *O Dibuk*, "foi ao povo", sob a influência das ideias de Tchernitchévski e Lávrov, os teóricos de maior expressão do chamado "populismo" russo. Contudo, já em 1885, talvez por obra da revalorização das qualidades específicas da cultura e da "alma" popular que o referido movimento suscitou e talvez por obra do federalismo bakuninista que fecundou alguns dos socialismos nacionais nos grupos revolucionários ucranianos e outros, mas sem dúvida sob o impacto da *Autoemancipação* de L. Pínsker e da fermentação nacionalista judaica, "palestinófila", isto é, do Hibat Tzion ou não, Jitlóvski propunha à comissão executiva da Narodnaia Volia a organização de um agrupamento, Teschuát Israel (Salvação de Israel), que lutasse por um socialismo judeu, baseado na autogestão comunitária e no trabalho da terra. Se o projeto foi rejeitado, sob a alegação de se tratar de "separatismo", o seu autor não renunciou à proposição ideológica que assim se esboçava. Em 1887, publicava em russo os seus *Pensamentos Sobre o Destino Histórico dos Judeus*. Aí, além de esposar a tese da missão socialista da grei de Israel, ponto de vista que abandonará mais tarde, considera-a na sua própria retrovisão, em 1940, sobre o "Nacionalismo na Galut" – "um povo à parte, que deverá acertar as suas contas com outros povos, de povo para povo, e o ídiche... a língua nacional deste povo".

Forçado a sair da Rússia em 1888, devido à militância nas fileiras socialistas, participou ativamente das discussões doutrinárias e políticas que se desenvolviam então entre estudantes e exilados russos no Ocidente e que precederam e acompanharam o surto revolucionário no império dos Romanov. Neste quadro, contribuiu para plasmar o importante Partido Socialista-Revolucionário, do qual foi um dos fundadores e um dos principais teóricos. Os postulados que vieram a nortear este movimento político, volta ao campo, luta pelo terror e ação do proletariado, e que em parte, herdados aliás dos *narodniki*, se opunham ao programa da social-democracia marxista, tachada de "dogmática", foram expostos e defendidos por Jitlóvski na obra intitulada *Socialismo e Luta Pela Liberdade* (1898).

Ao mesmo tempo em que desempenhava este papel na campanha geral do socialismo russo e cuidava de propagá-lo também no meio judeu, o tradutor de *O Manifesto Comunista*, de Marx, para o ídiche, não descurava dos problemas específicos judaicos. Com efeito, datam deste período ensaios como "A Iíd Tzu Iídn" (Um Judeu Para Judeus) que, em oposição ao assimilacionismo liberal-burguês, ao cosmopolitismo socialista e ao nacionalismo dos Hovevei Tzion (Amantes de Sion), reivindica a "igualdade dos direitos nacionais judaicos, não apenas em matéria civil e política". A partir daí, nos anos de 1896-1897, Jitlóvski e outros militantes do socialismo judeu preocuparam-se vivamente com o problema nacional e deste interesse resultaram alguns pontos essenciais do que veio a ser a ideologia socialista e judaica do Bund. Na verdade, como sustenta em sua revisão critica das concepções de Dubnov, cabe-lhe, ao lado de outros membros da redação do *Iídischer Árbaiter* (O Trabalhador Judeu), a primazia do chamado "nacionalismo da Galut" que, nas mãos de Dubnov, se converteu no programa autonomista e dos direitos de minoria. Jitlóvski, por seu turno, julgando insuficiente a autogestão e a autonomia cultural para assegurar a continuidade material da nação, evoluiu para um territorialismo social-revolucionário, na Diáspora ou na Palestina, baseado na comuna agrícola e numa cultura judaica laicizada, em língua ídiche.

O empenho com que se bateu pelo idioma então falado pelas massas judaicas da Europa Oriental converteu-o no grande paladino teórico do "idichismo", bandeira linguística e literária que congregou, em face do "hebraísmo" sionista, largos círculos da *intelligentsia* e do operariado judeus de esquerda, nas primeiras décadas do atual século. Esta campanha exprimiu-se em numerosos escritos, entre os quais cumpre mencionar, pela repercussão alcançada, a brochura *Por Que Precisamente o Ídiche?*, onde surge o argumento de que somente a língua popular (e não o hebraico ou o russo, como pretendiam os seus adversários) pode constituir um dique aos processos assimilatórios em curso e preservar a identidade coletiva do grupo, e o ensaio "O Povo Judeu e o Ídiche", que estabelece o paralelismo do destino da nação e de sua desdenhada forma de comunicação linguística, ambos objetos de uma negação cultural e nacional. Jitlóvski

- *Folheto a favor de Dreyfus e seus defensores, Sceaux. O folheto procura ressaltar que os* dreyfusards *procedem de partidos da direita e do centro e não só da esquerda, e a divisa "Viva o Exército" aparece com destaque.*

não foi só um dos promotores da famosa Conferência de Czernovitz, em 1908, que proclamou o ídiche como uma língua nacional do povo judeu, mas ainda marcou a evolução e elevação do que era chamado pejorativamente de "jargão" a um idioma "literário" de pleno direito, por uma notável contribuição de escritor, que abrangeu problemas filosóficos, políticos e de literatura. Deste amplo acervo fazem parte títulos como *Socialismo e Questão Nacional*; *A Filosofia: O Que Ela É e Como Se Desenvolveu*; *Socialismo e Moral*; *O Judeu e o Judaísmo* e várias *raccolti* de estudos e artigos reunidos nos *G[u]ezámlte Schriftn* (Escritos Reunidos).

"Reflexão" tanto quanto "posição" enformam esta obra que, traçando o roteiro político-ideológico e intelectual-literário de um pensador e revolucionário, traça também o perfil espiritual de um judeu que, enquanto tal, é também cidadão do mundo. Pois Haim Jitlóvski, mesmo em Nova York, onde, após o malogro da Revolução Russa de 1905 e com o fito de coletar ajuda e divulgar a causa socialista, se estabeleceu em 1908 e onde permaneceu até 1943, quando morreu, jamais abandonou "a espada e a pena", no dizer de um de seus biógrafos. Pelas páginas de órgãos como *Dos Naie Lebn* (A Vida Nova) e da imprensa em geral, judaica ou não, em congressos e conferências, em comícios e reuniões, tomou incessantemente partido nos problemas e acontecimentos de sua época. Muitos foram os objetos de seus pronunciamentos e de sua militância "contra" ou "a favor", mas sem dúvida se colocou sempre, coerentemente, "contra" a opressão, a miséria e a ignorância, e "a favor" da liberdade, da igualdade e do progresso social, político e cultural, seja para o homem em geral, seja para o judeu em particular – os dois focos maiores de suas preocupações.

BER BÓROKHOV
O SIONISMO MARXISTA E IDICHISTA

No campo judeu, o internacionalismo marxista e o nacionalismo sionista pareciam, no início do século XX, duas perspectivas ideológicas inconciliáveis entre si, na medida em que a primeira reduzia, em essência, a realidade da nação à realidade da classe, enquanto a segunda procedia de modo exatamente inverso. Em consequência, o sionismo, mesmo em suas versões socialistas do tipo Hess e Sirkin, era considerado uma daquelas propostas enganosas com que os capitalistas tentavam desviar as massas da luta por seus legítimos interesses, tanto mais quanto os marxistas não reconheciam a existência de um problema especificamente judeu, afora o antissemitismo, mal cujo debelamento viria como efeito natural da vitória do proletariado e da instauração da sociedade socialista; por outro lado, o chamado "socialismo científico" era aos olhos dos sionistas um novo atalho pelo qual o cosmopolitismo assimilacionista atentava contra a subsistência peculiar de um grupo nacional-cultural que demonstrara particular apego à sua condição específica, uma capacidade inusitada de preservá-la através de um longo curso histórico de árduas provações, e que os demais povos e Estados haviam sucessivamente, não importa o regime social, tido por um corpo estranho em seu meio. Contudo, as influências do chamado "nacionalismo da Diáspora" no movimento socialista judeu e a formulação do programa culturalista do Bund, bem como as tendências pronunciadamente socialistas de uma ala crescente do sionismo já indicavam que o pensamento social e político judaico na Europa Oriental, por sua própria dinâmica e mais ainda pela dinâmica dos fatores objetivos na vida coletiva que o ditavam, seria levado a intentar uma síntese que expressasse a teoria do sionismo em termos do materialismo dialético. Foi o que fez Bórokhov, num brilhante *tour de force* intelectual que, unindo *O Capital* de Marx ao *Estado Judeu* de Herzl, estabeleceu os fundamentos da ideologia dos Poalei Tzion (Trabalhadores de Sion) e do futuro trabalhismo de Israel.

Bórokhov nasceu em 1881, na aldeia ucraniana de Zolotonoscha, sendo criado em Poltava, cidade em que viviam em residência forçada numerosos revolucionários russos e onde surgira um dos primeiros núcleos do movimento Hibat Tzion. O pai de Bórokhov, professor de hebraico, homem "ilustrado", foi membro ativo do grupo, mas pouco se ocupou da educação judaica do filho, que não recebeu qualquer ensinamento mais aprofundado em matéria de judaísmo. Bórokhov estudou em ginásio russo. Foi aí que iniciou suas atividades políticas, às quais, uma vez concluído o curso secundário, se consagrou inteiramente. Já reunia enorme bagagem cultural, formada por ampla leitura em vários idiomas e por influência de dois escritores, um russo, o "populista" Vladímir Korolenko, e outro judeu, o *maskil* e sionista Z. Rabinóvitch, de quem se fizera amigo pessoal. Desde muito cedo seu agudo espírito analítico foi capaz de pensar por vias próprias, de modo que, depois de militar por um ano nas células clandestinas da social-democracia russa, viu-se expulso de suas fileiras por um "desvio" bastante inusitado, senão desconhecido na época: o "sionista". De fato, interessado já então também no problema nacional judeu, adotara, neste domínio, alguns pontos de vista que se chocavam com a linha reinante no marxismo russo. Bórokhov, porém, não retrocedeu de sua "heresia", continuando a discutir e desenvolver suas teses.

Por entre as tendências e as facções da corrente do nacionalismo judaico de esquerda, Bórokhov encaminhou-se para uma posição definidamente sionista e, aos 24 anos, aderiu à Organização Sionista Mundial, de cujo Sexto Congresso participou. Foi também esta a época em que se precipitou a cristalização ideológica que procurava. A trabalhos como *O Caráter da Razão Judia*, publicado em 1902, somaram-se: em 1904, *O Problema de Sion e o Território*, sua primeira tentativa de chegar a uma teoria do sionismo; em 1905, *A Luta de Classes e a Questão Nacional*, onde estuda, à luz do marxismo e da dialética entre as forças produtivas e as condições de produção, os fatores determinantes dos organismos coletivos e do problema nacional; e, em 1906-1907, *Nossa Plataforma*, seu mais importante trabalho teórico.

Escrito em russo e publicado inicialmente na imprensa, como os ensaios anteriores, este livro resultou da conferência de Poltava, em 1906, que, convocada principalmente por inspiração de Bórokhov, fundou o Partido Social Democrático Judeu Poalei Tzion. Destinada a expor os princípios programáticos da nova organização, *Nossa Plataforma* oferecia batalha polêmica às facções meramente territorialistas, autonomistas e culturalistas do socialismo judeu da Galut, ao mesmo tempo em que formulava, aplicando conclusões firmadas em *A Luta de Classes e a Questão Nacional*, os conceitos básicos do chamado "borokhovismo".

O sionismo, na concepção de Bórokhov, seria "uma necessidade histórico-econômica do povo de Israel", na medida em que, nas condições da vida judaica na Diáspora, seu processamento econômico estaria acometido de grave anomalia decorrente da falta de base territorial, que relegaria o trabalho judeu às indústrias secundárias e à criação de capital variável, e o expulsaria cada vez mais do setor fundamental, da indústria de base, e da criação de capital fixo. Assim, o proletariado judeu estaria em busca não só de um local de trabalho, mas também de um fundamento territorial que permitisse condições de produção favoráveis ao desenvolvimento de uma verdadeira burguesia judaica e de uma luta de classes efetiva. Este local de trabalho e base estratégica encontrar-se-iam apenas em Eretz Israel (Terra de Israel). Isto porque os processos que provocam a emigração das massas judaicas para outros países onde conseguem melhorar os meios de subsistência, mas não normalizar sua vida econômica, desencadeiam, em cada onda emigratória, uma corrente específica, de caráter nacional, dirigida ao único lugar onde ela, enquanto *imigração*, pode assumir o caráter de "concentração imanente", territorial: Sion. Daí a tese central de Bórokhov: "o sionismo não constitui apenas um ideal histórico, mas também uma necessidade diária das amplas massas judias". Por seu intermédio, estas são levadas a realizar tanto os pré-requisitos quanto a própria libertação nacional e social do povo.

A contribuição intelectual de Bórokhov não se restringiu ao campo do pensamento socioeconômico e ideológico-político. Forçado a abandonar a Rússia em 1907, por estar sob a mira da polícia tsarista, que já o havia prendido uma vez em 1906, foi para Liège e depois para Viena. Nos vários anos que ali permaneceu até o início da Primeira Guerra Mundial, além dos assuntos da corrente que liderava e de estudos como *A Emigração e a Política Emigracional*,

O Movimento Operário Judeu em Cifras e muitos artigos sobre diferentes temas, ocupou-se de pesquisas de filologia e literatura ídiches. O idioma da maior parte da população judaica da Europa Oriental, e que Bórokhov passara a empregar em seus escritos, foi objeto de vários trabalhos seus de grande interesse para o campo abordado. Entre eles, destacam-se *Di Oifgaben fun der Iídischer Filológ[u]ie* (As Tarefas da Filologia ídiche, 1913) e sobretudo *Di Bibliotek fun Iídischn Filolog* (A Biblioteca do Filólogo Ídiche, 1913), que registrou uma bibliografia de cerca de quinhentos títulos de obras impressas e algumas manuscritas e que veio a ser uma das bases das investigações linguísticas posteriores.

Nos Estados Unidos, para onde se dirigiu em 1914, desenvolveu intensa atividade política e jornalística na vida pública judio-americana, combatendo as tendências cosmopolitas e antissionistas lá reinantes e tentando promover a organização do judaísmo daquelas plagas. Continuou também as suas investigações filosóficas, econômicas e filológicas e projetou mesmo uma obra de grande envergadura, uma história da literatura ídiche cuja publicação chegou a iniciar. Entretanto, homem eminentemente político, tão logo soube dos acontecimentos de março de 1917 em São Petersburgo, resolveu retornar à Rússia. Deteve-se por algum tempo em Estocolmo, onde tomou parte de um encontro socialista e redigiu um memorando com as exigências do movimento operário judeu quanto à paz. A seguir, foi para Kiev, tendo tido então destacada participação no Terceiro Congresso dos Poalei Tzion e no Congresso dos Povos, realizados na capital ucraniana. Pouco depois, em novembro de 1917, adoeceu gravemente, falecendo algumas semanas mais tarde. Um de seus últimos escritos, *Virtualismo e Filosofia Religiosa*, uma espécie de resposta a um livro de Lunatchárski sobre socialismo e religião, foi escrito em russo e publicado em Moscou, postumamente, em 1920. Uma edição de sua obra escolhida, em ídiche, apareceu em 1928, em dois tomos, havendo outras em hebraico e diferentes livros ou ensaios, em tradução para vários idiomas.

A CONFERÊNCIA DE CZERNOVITZ

A realização do conclave resultou sobretudo da iniciativa de Natan Birnbaum (1864-1937), um dos pioneiros do sionismo. Já em 1883, ainda universitário em Viena, fundara a associação estudantil Kadima (Avante), a primeira a ter como critério de admissão o reconhecimento do princípio da nacionalidade judaica e do ressurgimento nacional em terra própria. Com a bandeira da "autoemancipação", conceito desenvolvido por Leon Pínsker num livro assim intitulado, Birnbaum publicou uma revista do mesmo nome (*Selbstemanzipation*, 1884-1893) e pregou um ideário inspirado em Smolênskin, Lilienblum, Pínsker, Ahad Haam e no seu chamado ao Hibat Tzion (Amor a Sion), até unir-se entusiasticamente ao movimento lançado por Herzl. Dissentindo porém da tese de que era impossível uma vida nacional fora de Israel e de que todos os esforços deviam concentrar-se na restauração da antiga pátria, desligou-se da militância sionista e voltou a atenção para os judeus da Europa Oriental, que, a seu ver, constituíam autenticamente um povo, com identidade cultural específica e pulsante. Isso o levou à concepção de um nacionalismo diaspórico centrado no ídiche, uma língua natural das comunidades asquenazitas, que devia ser convertida em idioma geral dos judeus, abandonando-se o projeto, forçado, a seu ver, de reativar e reconstruir o hebraico. Com esta posição, que coincidia com a de outros paladinos de um estatuto nacional judaico na Galut, compreende-se o seu empenho em convocar um encontro das várias correntes de opinião e firmar uma posição conjunta. Birnbaum, durante uma visita aos Estados Unidos em 1908, obteve o apoio, para a sua proposta, não só de Haim Jitlóvski, como de Dovid Pínski, Jacob Gordin e A.M. Evalenko, que compuseram uma comissão organizadora em cujo nome foram expedidos os convites aos participantes: intelectuais, literatos, jornalistas e dirigentes políticos.

A conferência teve lugar em Czernovitz, na Bucovina, então parte do Império Austro-Húngaro. De 30 de agosto a 4 de setembro de 1908, reuniram-se ali setenta delegados, que representavam um amplo leque de posturas ideológicas e políticas judaicas, do hebraísmo sionista ao idichismo socialista, e incluíam escritores como I.L. Peretz, Scholem Asch, A. Raisen, H.D. Nomberg e M.L.

Hálpern, filólogos como N. Prilútzki, M. Mieses e líderes partidários como Éster (Míriam Frumkin) do Bund e L. Khazanóvitch do Poalei Tzion. O temário que seria posto em discussão incluía os seguintes pontos: ortografia ídiche; gramática ídiche; neologismos e estrangeirismos; necessidade de um dicionário da língua ídiche; a juventude judaica e o ídiche; a imprensa judaica e o ídiche; o teatro ídiche: o palco e o intérprete; a situação econômica dos escritores e dos atores de língua ídiche; bem como o reconhecimento do idioma ídiche.

Birnbaum abriu os trabalhos historiando a condição cultural do ídiche e a maneira como foi visto pelos meios intelectuais judaicos, cujo desdém em face do "jargão" não impedia que este mantivesse o seu papel de idioma do povo e que, numa nova era, a revisão de sua importância na cultura se impusesse à *intelligentsia*. A intervenção de Peretz, por seu turno, encareceu a realização da conferência, considerando-a – depois do hassidismo como religião popular, da emancipação das mulheres e da emersão do proletariado judeu – a quarta etapa, coroadora, de um percurso resgatante da nação:

> Se, vindos de diferentes países e Estados, aqui nos reunimos para proclamar que o nosso ídiche é uma língua igual a todas as outras línguas, devemos agradecer o fato a um quarto momento sociopolítico mundial [neste processo de libertação]. O Estado ao qual se ofereciam em sacrifício povos pequenos e fracos, como outrora eram oferecidas crianças pequenas a Moloch, o Estado, que devido aos interesses das classes dominantes dentre os povos precisava tudo nivelar, igualar: um exército, uma língua, uma escola, uma polícia e um direito de polícia – o Estado perde o seu brilho. A fumaça, que ondeava tão densa e gorda sobre o altar, torna-se cada vez mais rala e dispersa. O "povo" e não o Estado, é a palavra moderna! A nação e não a pátria! Uma cultura peculiar e não fronteiras com caçadores guardando a vida peculiar dos povos [...] E povos fracos e oprimidos despertam e lutam por sua língua, por sua singularidade, contra o Estado, e nós, os mais fracos de todos, cerramos fileiras! [...] E declaramos ao mundo: Nós somos um povo judeu e o ídiche é a nossa língua e é nessa língua que desejamos viver e criar nossos bens culturais e doravante jamais sacrificá-los aos falsos interesses do "Estado", que é unicamente o protetor dos povos governantes e dominadores e o sanguessuga dos fracos e oprimidos![1]

No desenrolar das sessões, Scholem Asch defendeu a necessidade de traduzir a *Bíblia* para o ídiche (empreendimento que Iehoásch haveria de levar a cabo, e de forma magistral), Éster exigiu que se fizesse o mesmo com as obras-primas da literatura europeia (o surto cultural do ídiche entre as duas guerras realizá-lo-ia

1. "I.L. Peretz Efenung-rede", *Di Erschte Iídische Schprakh-Konferentz* (A Primeira Conferência da Língua Ídiche), Vilna, 1931.

numa escala assombrosa) e Peretz propôs que se estabelecesse uma organização capaz de dar seguimento aos trabalhos da conferência, implementando suas recomendações (ideia que viria a materializar-se até certo ponto no Yivo).

A sugestão de Peretz foi combatida pelos representantes da corrente hebraizante, que se recusavam a reconhecer na fala popular uma língua da cultura judaica. Outro tipo de contestação veio da esquerda, de parte dos que não concordavam em erigir uma instituição passível de servir, a pretexto da comunidade linguística e cultural, de biombo para ocultar a luta de classes no âmbito judeu.

De todo modo, a questão central continuava sendo a do reconhecimento do ídiche como língua nacional do povo judeu, tese da qual Jitlóvski era o campeão e que ele sustentou vivamente perante a conferência. Na mesma linha, o linguista M. Mieses apresentou, além de seu discurso, um longo e cerrado escrito que resultava num verdadeiro manifesto em favor do ídiche, onde argumentava que "o hebraico é a nossa língua nacional do passado e o ídiche é a nossa língua nacional do presente".

Chegado o momento de deliberar sobre a matéria, cinco projetos de resolução tentaram encaminhá-la. O primeiro, de Peretz, dizia: "A conferência reconhece o ídiche como *uma* língua nacional judaica e conclama à unidade dos judeus no seio de uma cultura ídiche em língua ídiche." O segundo, de J. Kréppel, procurava destacar mais do que o primeiro o papel do hebraico: "Por esta resolução, a conferência não pretende minimizar a importância e o valor do hebraico para o povo judeu." Em contraposição, a delegada do Bund formulava assim a sua proposta de resolução: "A conferência reconhece o ídiche como *a única* língua nacional do povo judeu. O hebraico só tem importância histórica e pensar que se pode revivificar esta língua é uma utopia." A busca de um compromisso inspirava o texto do representante do Poalei Tzion: "O ídiche é uma língua nacional do povo judeu e, nos países onde vivem numerosas massas judaicas, conclamamos à igualdade cultural e política do ídiche." A redação que conseguiu conciliar, pelo menos formalmente, as expressões das diferenças de posição surgiram da associação de Jitlóvski com Asch e Nomberg e seus termos são os seguintes: "A primeira conferência pelo ídiche reconhece o ídiche como *uma* língua nacional do povo judeu e exige sua igualdade política e cultural".

Evidentemente, a resolução adotada não atendia a nenhum dos pontos de vista em confronto e nem tampouco às colocações de compromisso, como a de Peretz, que manifestou a sua discordância e propôs a reformulação do texto já aprovado. O próprio escritor, aliás, acabou aceitando o seu teor, depois de ver rejeitados os termos da nova redação que pretendeu imprimir-lhe. De todo modo, não resta dúvida de que, com todas as reservas que lhes foram opostas, a conferência como tal e os documentos aí produzidos tiveram uma importância que ia além de uma mera proclamação formal[2].

2. Com respeito ao tema, é também de grande interesse o livro de Régine Robin, *L'amour du yiddish: écriture juive et sentiment de la langue* (1830-1930), Paris: Sorbier, 1984.

7

A GERAÇÃO PÓS-PERETZIANA

A declaração de Czernovitz, considerando o ídiche como uma das línguas nacionais do povo judeu, traduzia não apenas um dado histórico-social ou uma aspiração ideológico-política, mas uma pujante e impositiva realidade linguístico-cultural. Pois, no período compreendido entre o fim do século XIX e a Primeira Guerra Mundial, a expansão demográfica asquenazita na Europa Oriental e a criação de novos centros de vida judaica por massas de imigrantes de lá provindos foram acompanhadas, apesar das profundas diferenças estruturais entre os vários contextos sociais, de desenvolvimentos paralelos – e todos eles não menos significativos – dos meios de comunicação que empregavam o ídiche. A imprensa periódica nesta língua contava, se se considerar não apenas o império tsarista, cinquenta órgãos, alguns dos quais, como o *Haint* (Hoje) e o *Moment* de Varsóvia, tinham uma circulação de cem mil exemplares por dia. Nos Estados Unidos, o *Forvertz* (Avante), o *Mórg[u]en Jurnal* (Jornal da Manhã) e outros tiravam cotidianamente, em 1914, 760 mil exemplares e, em 1916, só os diários nova-iorquinos em língua ídiche imprimiam 646 mil jornais que, em vista de cada exemplar ser lido em média por três leitores, atingiam cerca de dois milhões de judeus. As edições de livros e os espetáculos de teatro também mobilizavam um público bastante numeroso. Em consequência, em termos de difusão e repercussão em seu contexto natural, o ídiche conheceu então em todas as suas manifestações uma amplitude ímpar.

Mendele, Scholem Aleikhem e Peretz, mas em particular os dois últimos, encontram-se, nos anos de 1890, no ápice de seu vigor criativo. Além de suas obras e das dos escritores seus contemporâneos, que participaram com eles do esforço de capacitação linguística e qualificação artística do "jargão" como linguagem literária, entra então em cena uma geração de jovens. Ela surge principalmente sob a égide de I.L. Peretz, em quem reconhece o seu guia.

Embora diferenciado internamente, desde o início, quanto a temperamento, tendências e interesses, o grupo apresenta um diapasão comum: a identificação com o idioma das massas e o desejo de instaurar nele, segundo o ensinamento peretziano, uma nova literatura, centrada especificamente – pelo menos em sua fase inaugural – no quadro judaico do Leste europeu e apta a refletir, do ponto de vista temático e estilístico, os conflitos e as classes da sociedade local, seus processos de proletarização e emigração, a crescente pressão que sofria como minoria étnica e seu anseio cada vez maior por soluções sociais e nacionais. Além disso, a celebração do *schtetl* como foco de uma cultura original e uma existência dignificante (e não degradante e miserável, como pretendia a maioria dos autores mais velhos), constituiu uma outra característica dessa geração.

Trata-se de uma verdadeira romantização da cidadezinha e de sua floração humana, que se revela por duas propensões distintas e complementares: de um lado, a acentuação lírica e, de outro, épica (com uma resultante curiosa, a intensificação dramática, quer em termos de tom, quer de obra). De todo modo, o típico e o tipo, que de certa forma subsistem mesmo em Peretz, são abandonados em função de moldagens mais humanas em suas dimensões, mais nuançadas em seus sentimentos e mais dinâmicas em suas ações. Em lugar da passividade emocional e social de personagens compósitas, estáticas, por mais frenéticos que fossem seus movimentos, destinadas a "comportar-se" de certa maneira, os jovens trazem das "atmosferas" tchekhovianas feixes vibrantes de percepções que refinam mas agitam suas figuras, mesmo as decadentes, convertendo-as em "heróis" da sensibilidade e da espiritualidade humanas, em luta contra a tentativa de desfiguração urbana e desumanização industrial, ou então buscam no "fundo" gorkiano, na "ralé", os "heróis" rudes, mas palpitantes, que acionam com suas paixões e apetites (aparece então na literatura ídiche o motivo erótico e o amor carnal) os músculos de um vigoroso realismo (carregado de elementos românticos, impressionistas e naturalistas) que expressa, sobretudo na ficção narrativa, a reivindicação social e a militância socialista. O mesmo impulso, estimulado sem dúvida pela literatura do *risorgimento* hebreu, gera também uma produção novelística que se inspira não só no passado judeu em geral, como principalmente na crônica e nas figuras do próprio judaísmo da Europa Oriental.

Epicizando os "líderes" dos movimentos messiânicos, os "mártires" das perseguições e os "rabis" do hassidismo, a geração de Asch complementa historicamente o quadro de pertinência e "direitos" locais, que suas narrativas, poesias ou peças estabelecem no plano da atualidade, dando raízes históricas e culturais asquenazitas ao seu romantismo nacionalista, mais "galútico" que sionista.

Entre os jovens, Avrom Raisen (1876-1953) e Dovid Pínski (1872-1959) são os primeiros que Peretz introduz no cenário das letras ídiches. Segue-se uma plêiade brilhante de autores, que engloba H.D. Nomberg (1874-1927), Scholem

Asch (1880-1957), Peretz Hírschbein (1880-1948), I.M. Váissenberg (1881-1938)[1] e Iôine Rosenfeld (1880-1944)[2].

RAISEN

Raisen foi poeta, contista e jornalista, tendo desfrutado de grande popularidade entre as camadas proletárias e os meios socialistas judaicos do Leste europeu. Seus contos impregnados de lirismo focalizam o *schtetl* e sua gente, sem padronizá-los. Suas personagens são tomadas na intimidade de pequenos sonhos e tensões do cotidiano que traduzem sua marginalização na vida social da "cidadezinha", devido à mudança dos tempos. Mas todos eles conservam, na pobreza e no "estranhamento", dignidade e orgulho, bem como uma delicadeza de sentimentos (*edelkeit*) que os ensimesma nos dramas de suas existências. É, porém, na poesia que sua força lírica adquire a expressão mais sensível. Os motivos folclóricos parecem ser uma fonte maior de seu verso e da singeleza que o compõe nos esquemas rítmicos despojados, de uma métrica de quatro tempos. De outra parte, a rejeição da retórica grandiosa, o pendor pela humildade anti-heroica e o destaque das "vidas miúdas" do *klein mêntschele* na usura do cotidiano, que percorrem as várias centenas de pequenas poesias escritas por Raisen e que denotam a sua relação congenial com o espírito *folk*, também ressumam destilada ironia romântica e crítica social, apontando para a outra face do poeta, a do cultivado intelectual de formação europeia, leitor de Shelley, Leopardi e Baudelaire, que se abeberou em Púschkin, Nekrássov e no *Buch der Lieder*, de Heine. Raisen, entretanto, não aceita imitá-los, nem os acompanha nas grandes modulações da poética do "eu". O seu poetar é o do "nós", de um "nós" sempre tangido em tom menor, mesmo no protesto contra as condições de vida e as injustiças da ordem reinante na sociedade. Veja-se, como exemplo: "Dos G[u]ezind Zalbeakht" (Uma Família de Oito):

Uma família de oito,
cama, apenas duas,
e quando vem a noite,
vai-se dormir onde?
Três com o pai,
três com a mãe,
pernas e braços,
um só enredado.

1. Sobre Váissenberg, ver infra, p. 345.
2. Sobre Rosenfeld, ver infra, p. 347.

E quando vem a noite,
deitar-se é preciso.
Então a mãe põe-se
a rogar: antes a morte.
E seu grito é sincero – não há que espantar-se –
a cova é muito estreita
mas lá se dorme sozinho.

e "O Mercado do Mundo", na empática tradução de Cecília Meireles:

O que tinha levei
ao mercado do mundo:
o amor, a paz, a verdade
e a felicidade do mundo.

"Não vendo! Tomai, tomai:
eu dou a todo mundo
o amor, a paz, a verdade
e a felicidade do mundo".

O que eu tinha ninguém quis
no mercado do mundo;
o riso acolheu meu grito,
de forma alguma o mundo.

"Já se viu um traficante
oferecer amor ao mundo?
Que vale um belo sentimento
no mercado do mundo?

"Não sabes nada! Vai, vai
para outro lado do mundo:
serás sempre uma criança
no mercado do mundo!"

Sim, eu sei o que se vende
no mercado do mundo:
vende-se o suor e o sangue,
o sangue do pobre mundo[3].

3. *Poesia de Israel*, Rio de Janeiro: Civilização Brasileira, 1962, p. 29

Os poemas de Raisen, de tom elegíaco e pessimista, captam a tragicidade da vida judaica na Diáspora, mas não lhe concede o amparo de qualquer sentido religioso ou histórico. São registros do estado de ânimo coletivo, em suas notas mais íntimas. Musicadas, muitas de suas estrofes foram incorporadas ao cancioneiro popular, como foi o caso de "Mai Ko Maschma Lon der Regn" (O Que Vem a Dizer a Chuva), a melancólica meditação de um estudante talmúdico:

O que vem a dizer a chuva?
O que me deixa ela ouvir?
Seus pingos contra a vidraça
rolam como tristes lágrimas.
E minhas botas já estão furadas
e a rua é uma lameira;
logo virá também o inverno
e eu não tenho um casaco quente...

O que vem a dizer a velinha?
O que me deixa ela ouvir?

A emigração para a América também repercutiu na obra de Raisen. Contos e poesias registram-na. Mas, não obstante o fato de ele próprio haver passado pela experiência, tendo-se fixado em Nova York em 1912, suas captações do novo mundo estão embebidas em tintas do *schtetl* e da vida judaica na Europa Oriental sem que isso o leve a encantá-los. A este propósito e de como Raisen se sentia no contexto americano, é bastante ilustrativa uma história contada por Moische Nadir[4] a respeito de uma noite de homenagem ao poeta:

> Juntei algum dinheiro e comprei-lhe um relógio de ouro. Eu só queria estar certo de que se fosse preciso. Ele teria algo para empenhar. Raisen, num *smoking* preto, com a corrente de ouro do relógio cintilando fora do bolso, não tem paciência com a "homenagem" nem dinheiro para o aluguel de seu quarto. O senhorio, uma sueca, está atrás dele para receber. Os discursos estão à solta – vapor, fumaça, palavras falsas e sinceras. Alguns íntimos permanecem. Scholem Asch teve uma terrível dor de dente com todos os elogios feitos a Raisen, e também precisou ir embora. O que restou? O próprio, com um enorme buquê de flores nas mãos, e eu. Olhamos um para o outro e para as flores. O que fazer? Eu

4. Sobre Moische Nadir, ver infra, p. 220-221.

jogo o buquê sobre meus ombros... Vagueamos uma boa meia hora sem saber o que fazer. Passamos diante do monumento a Colombo na avenida Cinquenta e Nove e Raisen diz: "Sabe de uma coisa, Nadir? Ponha o festão *nele*. É *sua* América". Subi até o topo e coloquei a coroa de Raisen na cabeça de Colombo. Mas Colombo me ignorou e não disse nada[5].

PÍNSKI

Dovid Pínski, personalidade muito mais enérgica do que Raisen, não se contentou em documentar e transcrever esteticamente a realidade, empenhando-se em transmutá-la pela ação criativa de sua escritura. Escritor naturalista, começou por observar com bastante objetividade as *tranches de vie* judaicas, mas ao mesmo tempo a dramaticidade de seus quadros não lhe sensibilizaram menos a pena, que, indo além da crítica e do protesto inerentes à denúncia naturalista, não hesitou em levar as tensões e os conflitos até as condensações heroicas e emblemáticas e as elaborações projetivas dos sonhos e dos ideais, em termos simbolistas. Na forma de contos, romances e dramas, tematizou problemas psicológicos, sociais e nacionais do mundo judeu moderno, mas também as visões da espiritualidade judaica e as lições de sua história. Identificando-se desde logo com os explorados, os desprivilegiados e os simples de espirito, não se limitou a pintá-los com simpatia e a ressaltar a profunda humanidade dessas criaturas esquecidas por Deus e pelos homens. Injetou-lhes fogo nas veias, fê-las batalhar por uma ordem de coisas melhor e mais justa. Os servis mendigos de Mendele, os *luftmentschen* de Scholem Aleikhem e mesmo os silenciosos Bôntzies de Peretz, conformados com a própria sorte, fatalistas, convertem-se, não em massa passiva e anônima, mesmo que proletária, mas em lutadores com uma causa própria e em indivíduos com um rosto próprio. Mas Pínski, que foi militante do Bund, pregou a resistência não só em face da exploração social. Com não menos fereza, levanta-se contra a opressão nacional. Concita à defesa armada diante dos pogroms e das perseguições tsaristas. Mais ainda, não se satisfaz com vagas declarações de solidariedade, internacionalismo e cosmopolitismo. Considera que os judeus, como um organismo histórico e social vivo, devem assumir a sua condição de uma comunidade com definições nacionais específicas e lutar pela libertação política de sua existência coletiva, que incluiria também os valores e a causa de uma sociedade humana

5. Apud Irwing Howe, *World of our Fathers*, Nova York/Londres: Harcourt Bruce Javanovich, 1976, p. 428.

mais justa. Assim, reunindo socialismo e sionismo, toma posição entre os fundadores do movimento Poalei Tzion.

O temperamento enérgico e dinâmico de Pínski também encontrou um campo consentâneo nos motivos do amor e da paixão. Aborda com ousadia e originalidade o erotismo e a embriaguez dos sentidos, numa literatura em que o amor começava com o casamento e este se processava à inteira revelia dos futuros pares, em que as relações carnais pertenciam a um domínio ainda cercado por velhos tabus religiosos. Contudo, além de servir de peça no combate aos preconceitos de um moralismo rançoso, que tiraniza os instintos naturais, ou de ensejo para o estudo artístico-literário da psicologia amorosa e sexual, o tema é investido, em Pínski, de uma função altamente simbolizadora. Por seu intermédio, ele celebra as energias vitais que latejam no ser humano e chama o judeu, como indivíduo e grupo, a lhes dar ouvido, libertando-as para uma nova existência, vigorosa e atuante.

Numerosos contos, três romances de largo fôlego, mais de sete dezenas de peças deram concreção ficcional e literária às motivações deste ideário. Se se juntarem a tal produção os escritos de poesia, a ensaística, os artigos de crítica de teatro e literatura, bem como as traduções, ter-se-á a variedade de gêneros pelos quais transitou o escritor em quem vários críticos viram "o quarto clássico" da moderna literatura ídiche. E o motivo certamente não é a extensão do *corpus* gerado por seu labor. "Pode-se considerá-lo", diz, por exemplo, N.B. Mínkov[6], "como o criador de uma nova mentalidade artística em nossas letras, como uma geração por si só. Depois dele é que vem a trina estrela: Raisen, Asch e Nomberg".

Dentre os livros que marcaram o perfil desta obra, deve-se destacar a coletânea de *Dertzêilung[e]n* (Relatos, dois volumes reunidos em 1910), a crônica romanesca de uma família *Dos Hois fun Noakh Edon* (A Casa de Noé Edon, 1913), os romances *Arnold Levenberg* (1920) e *Ven Vegn Tzeg[u]eien Zikh* (Quando os Caminhos Divergem, 1950), as peças *Di Muter* (A Mãe, 1901), *Família Tzvi* (1905), *Der Ôitzer* (O Tesouro, 1906, a mais conhecida de suas criações dramáticas), *Der Êibiker Iíd* (O Judeu Eterno, 1906), *Gabri un Zaine Váiber* (Gabri e Suas Mulheres, 1908), *Iankl der Schmid* (Jacó, o Ferreiro, 1910), *Bergschtáig[u]ers* (Escaladores de Montanhas, 1913), *Der Schtúmer Moschíakh* (O Messias Mudo, 1912), *Der Koiakh vos Boit* (A Força Que Constrói, 1934), *Schábse Tzvi un Sore* (Sabatai Tzvi e Sara, 1936), *Rabi Akiva un Bar Kokhba* (1939). Esta produção, largamente traduzida, alcançou também, na medida em que foi texto teatral, a consagração da cena internacional em montagens alemãs de Reinhardt, do Guild Theater, dos Provincetown Players americanos e do Habima hebraico, afora as inúmeras apresentações no teatro ídiche.

6. "Dovid Pínski", *Di Gôldene Keit*, n. 12, 1952.

NOMBERG

Hersch Dovid Nomberg também pertenceu ao grupo liderado por Peretz. Começou a escrever em hebraico e ídiche, mas a partir de 1910 cultivou somente o ídiche. Suas novelas, como *Numa Ieschivá Polonesa*, *O Rabi e Seu Filho*, *O Neto do Rabi*, têm muito de autobiográfico, enfocando frustrações de intelectuais vindos do gueto, incapazes de se adaptar à vida agitada das grandes cidades. São solitários, inaptos ao convívio coletivo, sempre desencantados. Em *Flíg[u]elman* (*Homem Com Asas*, 1905), eles encontram uma caracterização marcante que deu notoriedade ao seu autor. Drama de um homem que viveu imerso nos livros, que tudo leu, que conhece tudo, mas que não sabe como sair desta existência livresca e enfrentar o mundo da realidade, sua figura central conquistou o *status* de uma personagem-símbolo e como tal, desenhado na sua apatia de criatura que nada quer, na sua alienação de autêntico morto-vivo, assinalou na ficção ídiche as primeiras pegadas mais incisivas da modernidade, algo como uma captação pré-kafkiana de um caráter kafkiano. Apesar da relevância desta obra e de narrativas suas, Nomberg, nos últimos anos de vida, abandonou a literatura, dedicando-se exclusivamente ao jornalismo e à política, o que talvez seja, se se pensar em *Flíg[u]elman*, uma opção consequente para os angustiosos dilemas que sua visão de escritor propunha...

ASCH

Scholem Asch, um dos mais talentosos discípulos de Peretz e o prosador ídiche mais lido internacionalmente até a ascensão de I. Bashevis Singer depois da Segunda Guerra Mundial, foi em tudo o oposto de Nomberg. Isso é visível já em *Dos Schtetl* (A Cidadezinha), o livro que assinala a verdadeira *entrée* artística de Asch. Em suas mãos, o vilarejo se transforma basicamente: de um lado, Asch alarga-lhe as fronteiras, com ímpeto romântico, a ponto de abranger o mundo judeu e não judeu e, de outro, firma-o no solo nativo, não como algo exótico ou anômalo, mas como um fruto natural. *Dos Schtetl* (1904) é uma saga, a primeira, da radicação e da integração da "cidadezinha" judaica no seu *habitat* da Europa Oriental.

Este pulso universalizante, varrendo à sua passagem o exclusivismo provinciano da tipicidade judaica, conduziu a numerosa e multifacetada produção de Asch à eminência que alcançou. O sopro épico, a riqueza de colorido, o poder narrativo pintaram uma série de telas ou, pode-se mesmo dizer, um só e grandioso afresco, em que o vulto do judeu se projeta no tempo e no espaço de sua existência coletiva. E, apesar de notórias falhas de psicologia, dos desmazelos de um estilo onde tudo jorra, de lapsos sensíveis na construção, nada disso consegue empanar definitivamente o brilho dessa representação. De *Moisés* (1951) e *O Profeta* (1955), através de diferentes fases e cenários da história judaica, até o *East River* (1946) nova-iorquino, correu, com vitalidade nunca arrefecida, a pena romântica de um dos mais inspirados, se não o maior romancista da literatura ídiche na primeira metade do século XX.

Asch foi uma personalidade marcante em muitos sentidos. Impulsivo e arrojado, não hesitou em expor chagas profundas e dolorosas da sociedade judaica no Leste europeu, como em *Got fun Nekóme* (Deus da Vingança, 1907) e no romance *Mótke Gánev* (Motke, o Ladrão, 1917), suscitando controvérsias sucessivas, que culminaram no "escândalo" de *Der Man fun Natzéret* (O Homem de Nazaré ou O Nazareno, 1943). Essa notável criação, possivelmente a obra-prima de Asch, segundo o crítico Schmuel Níg[u]er[7], publicada primeiro em versão inglesa e só mais tarde na língua original, pertence legitimamente à literatura ídiche, como o seu autor sempre pretendeu. Ela flui certamente da mesma fonte de onde vieram *Kídusch ha-Schem* (A Santificação do Nome ou O Martírio da Fé, 1919), *Di Kischufmákherin fun Kastilie* (A Feiticeira de Castela, 1921), *Der Tílim Iíd* (O Judeu dos Salmos, 1924, traduzido em português como *Salvação*), ou seja, a do heroísmo sacrificial judaico. Este foi um tema ao qual Asch voltou repetidamente em suas narrativas históricas, opondo o poder físico não judeu à elevação moral judaica, o triunfo temporário do punho na imposição material da violência às vitórias mais duradouras do espírito no ato do supremo sacrifício por seus valores. Assim como discerniu na donzela judia a santidade da Virgem em *Di Kischufmákherin fun Kastilie* e em *Maria* (1949) a devoção da mãe judia, encontrou no rabi Ioschúa ben Iossef de Nazaré as profundezas da piedade e da misericórdia hassídicas do rabi salmista, Ikhiel, de *O Judeu dos Salmos*, e na paixão de Jesus o testemunho de que no martírio pela Santificação do Nome o judeu é imorredouro. Asch viu *O Nazareno*, e mesmo *O Apóstolo* (1943), como uma das grandes encarnações do "judeu sabático", herói ético-místico, messiânico, da epopeia da espiritualidade redentora do homem, a ideia moral "judio-cristã".

Mas em suas produções realistas Asch tampouco renuncia à abnegação e à grandeza humanas, não permitindo que seus protagonistas rastejem apenas nas determinações materiais e na vida incolor de uma civilização de massas. *Di Muter* (A Mãe, 1919), *Mary*, *Toit Urteil* (Sentença de Morte, 1924), *Haim Léderers Tzurikum* (A Volta de Haim Léderer, 1927), a trilogia *Farn Mabl* (Antes do Dilúvio: São Petersburgo, Varsóvia, Moscou, 1929-1931) são alguns de seus romances voltados para a atualidade, onde retrata aspectos psicossociais do

7. *Dertzeilers un Romanistn*, Nova York: Tsiko Bikher, 1946.

judeu hodierno, mas sempre através de uma figuração maior (numa personagem central, pelo menos) e com algum rasgo heroico-sublime e dramático.

Na verdade, toda a obra de Asch está carregada de dramaticidade. Não é pois de admirar que o drama o tenha atraído constantemente como meio de expressão. Um de seus primeiros êxitos internacionais, ainda antes da guerra de 1914, foi *Got fun Nekóme* (Deus da Vingança), peça encenada em alemão em 1907 por Max Reinhardt e interpretada por Rudolf Schildkraut, tendo sido levada também em ídiche, em polonês, em russo, em inglês, em francês, em italiano e em espanhol. Além desta, escreveu outros textos para teatro, como *Koiln* (Carvão), *Meschíakhs Tzaitn* (Tempos de Messias), *Mitn Schtrom* (Com a Corrente), *Schábse Tzvi* (Sabatai Tzvi), *Der Landsman* (O Conterrâneo), e adaptou para o palco vários de seus romances (*Tio Moisés, O Judeu dos Salmos, Motke, o Ladrão*). Algumas dessas peças marcaram época no repertório cênico ídiche e hebraico, sobretudo entre as duas guerras[8].

PERETZ HÍRSCHBEIN

Mas o principal expoente desse grupo na dramaturgia e no teatro ídiche foi seguramente Peretz Hírschbein. Mais jovem que os outros autores citados neste conjunto, chegou a Varsóvia em 1904 e, por um ano, frequentou o círculo literário de Peretz, onde entrou em contato com Raisen, Asch, Nomberg, Dínenson. Havia escrito, ainda em Vilna, onde estreara com poesias e relatos, duas peças, *Míriam* e *O Intelectual*, sendo encorajado por Peretz a prosseguir neste caminho.

Embora a perspectiva de levar as peças à cena fosse então quase inexistente, a revogação, em 1904, do decreto que proibia os espetáculos em língua ídiche tornou-se a seu modo estimulante. Assim, produziu, em 1905, *Oif Iener Zait Taikh* (Do Outro Lado do Rio), *Di Erd* (A Terra) e, em 1907, *Tkias Kaf* (O Contrato), *Oifn Schaidveg* (Na Encruzilhada). Ao mesmo tempo interessou-se pela atividade teatral em si e, em 1908, incitado por Bialik e por outros intelectuais judeus que desejavam ver no palco ídiche um repertório de nível, organizou em Odessa, com intérpretes amadores e profissionais, a Hírschbein Trupe. Propondo-se promover um teatro de arte de base literária, durante dois anos este grupo excursionou pelas principais cidades judaicas do império russo, inclusive Varsóvia, apresentando peças de Peretz, Asch, Pínski, Gordin, Scholem Aleikhem e do próprio Hírschbein. As representações tiveram boa acolhida crítica, também na imprensa russa, que detectou a filiação stanislavskiana do elenco e de

8. Sobre Asch, ver infra, p. 165-171.

seu estilo, e as plateias judias mais identificadas com a *intelligentsia* prestigiaram-nos. Ainda assim, dificuldades financeiras acabaram por provocar em 1910 a dissolução da companhia, que não só deu relevo ao talento de Iânkev Ben Ami como ator e de Dovid Herman como diretor, mas também exerceu considerável influência sobre a evolução do teatro judeu. À proposta da Hírschbein Trupe liga-se a formação de dois dos principais focos cênicos subsequentes no movimento de renovação estética da ribalta em ídiche: o Grupo de Vilna e o Teatro Ídiche de Arte, de Nova York (Morris Schwartz).

Nos Estados Unidos, foi importante a atuação do próprio Hírschbein, que veio para a América em 1911. Aí escreveu *Di Puste Kretschme* (A Estalagem Desolada, 1914), *A Farvórfn Vinkl* (Um Recanto Perdido, 1914) e, durante a guerra, *A Lebn far a Lebn* (Vida Por Vida), *Grine Félder* (Campos Verdes, 1923) e *In Schotn fun Doires* (À Sombra de Gerações), dramas que Morris Schwartz encenou com amplo sucesso.

Na obra de Hírschbein, os relatos de viagem e a narração, em contos ou romances, ocupam um lugar considerável. Duas de suas criações romanescas se destacam pela amplitude: *Oif Roite Félder* (Sobre Rubros Campos, 1935), que trata das colônias coletivas judaicas na Crimeia soviética, e *Bovl* (Babilônia, 1942), onde analisa a desintegração dos costumes e valores judaicos tradicionais no mundo fantasmagórico da megalópole nova-iorquina.

Todo esse trabalho criativo desenvolve-se com versatilidade não apenas de gêneros. Hírschbein começou sob a tutela de Peretz, Bialik e Asch, e tentou chegar a uma síntese entre naturalismo e simbolismo, mas terminou como neorrealista. Seu realismo, contudo, guardou inflexão idílica e elementos impressionistas-simbolistas. No drama, emprega com notável propriedade o diálogo natural, ao mesmo tempo em que plasma personagens vivas com grande economia verbal. Seus quadros de viagem são dos mais sensíveis que a literatura ídiche conhece. No conjunto, ocupa posição proeminente na geração pós-peretziana, pertencendo ao rol dos que não se desvincularam do mundo tradicional judaico, embora absorvessem inovações e formas artísticas russas e ocidentais, e não renunciaram à própria personalidade e ao seu mundo interior, embora os submetessem continuamente à prova do grande mundo.

ELOS DE UMA CORRENTE
SCHOLEM ASCH

Em Scholem Asch, a literatura de ficção em língua ídiche teve um de seus maiores valores. Escritor de excepcional fecundidade incursionou por quase todos os gêneros literários e pelos mais variados aspectos do temário judaico. Daí resultou um conjunto de romances – seu campo preferido – novelas, contos, dramas e ensaios, que constitui quase uma suma artística da trajetória de Israel através das épocas e dos lugares e que, por outro lado, é um testemunho de um momento particularmente criativo do estro judaico em seu moderno renascimento nacional e cultural.

Essa obra multíplice, que traz o selo de um talento vigoroso, às vezes mal contido por ditames formais, rompeu desde cedo as fronteiras idiomáticas do ídiche e, largamente traduzida e encenada, conquistou o reconhecimento internacional. O triunfo de Asch significou, sem dúvida, o triunfo da jovem literatura ídiche que, por seu intermédio, começou a emergir de sua obscura província "dialetal" e a reivindicar, inclusive para os seus clássicos, foros de cidadania nessa república tão pouco democrática como era até há não muito tempo a república das letras sob a tutela dos numes ocidentais.

Scholem Asch nasceu em Kutno, Polônia, 1880. Educado segundo o sistema então vigente, baseado fundamentalmente no *heder* e na *ieschivá*, impregnou-se desde a infância de elementos bíblicos, talmúdicos e cabalísticos. Aos dezesseis anos, descobriu por acaso uma tradução alemã dos *Salmos*, escrita em caracteres hebraicos. Dado o parentesco linguístico entre o alemão e o ídiche, pôde iniciar-se no idioma de Goethe. Como sucedeu em seu tempo e antes a tantos outros filhos do gueto, foi este o caminho pelo qual obteve ingresso no espírito europeu e nas suas grandes obras literárias. Os estímulos daí provenientes e mais os de seu temperamento irrequieto levaram-no a abandonar a casa paterna, onde se sentia deslocado, e a cidade natal. Para ganhar o sustento, começou a lecionar hebraico e a escrever cartas por encomenda, o que lhe permitiu, segundo sua própria expressão, "espiar os cantinhos secretos da vida". Com menos de vinte anos, dirigiu-se para Varsóvia, na época um dos grandes centros da efervescência intelectual e criação artística judaicas, no Oriente europeu. Na capital polonesa, ligou-se ao círculo de jovens escritores que se agrupavam em torno de I.L. Peretz, já então mestre indiscutível das letras ídiches. Sob a sua égide, encetou a carreira literária.

Asch estreou em 1903, com a coletânea intitulada *Tempos Difíceis*. Contos imersos num clima sombrio e melancólico, não pressagiavam *Dos Schtetl* (A Cidadezinha), primeiro relato seu de maior repercussão e cujo tom idílico e primaveril contrastava agudamente com a tristeza incolor e miúda das narrativas anteriores. Era uma explosão de energia e juventude, onde vinha à tona pela primeira vez o assim chamado "elemento sabático" de Asch, isto é, a afirmativa solene e festiva em face da vida, a visão positiva do judeu como indivíduo e coletividade, a celebração de seus valores espirituais e de sua ação histórica.

A *Cidadezinha*, esta pintura romântico-realista do *schtetl*, das gerações de judeus aí radicadas, de seu modo de vida e de sua unidade orgânica com aquele solo, não constituiu apenas uma inesperada revelação da pujança artística de Scholem Asch, mas também do "impulso vital" de uma nova época na literatura judaica. Encarnava o espírito dos jovens que se dispunham a transformar pela base as formas de existência de seu povo e que, ao alvorecer do século XX, começaram a exigir, ao invés de lamúrias, pessimismo e sarcasmo, uma atitude mais ativa, menos distante e conformista em face dos problemas sociais, políticos e culturais. Ultrapassando o criticismo ilustrado da Hascalá e o seu programa de reformas liberais e pedagógicas, já então nitidamente gorado, lançaram-se à ação efetiva: socialismo e sionismo saíram do campo das especulações acadêmicas e estruturaram-se em correntes cada vez mais definidas e poderosas. Ora, esse inquieto despertar, essa vontade de rasgar perspectivas e conquistar valores, não se coadunava com o sombrio realismo da fase anterior, em que, no dizer de um crítico, "quase toda a literatura ídiche e hebraica [...] era uma literatura de negação e diminuição", envolta na atmosfera pesada do gueto decadente, com seus eternos espectros humanos perambulando na miséria e na ignorância de séculos de degradação. As novas tendências, que importavam num deslocamento sensível do tônus psicológico, reclamavam obras com mais sangue nas veias coletivas e individuais, a exaltação física e espiritual do judeu, de sua pertinência à vida. A *Cidadezinha* respondeu a tais aspirações e, por isso mesmo, embora não fossem poucas as suas falhas de construção e de linguagem, tornou-se um marco da nova era nas letras ídiches.

Com este romance, Asch iniciou a escalada que o conduziria a uma posição dominante entre os ficcionistas judeus de nossa época. No curso de meio século de criação, abordou com igual mestria o romance histórico (*Kídusch ha-Schem* (A Santificação do Nome), *A Feiticeira de Castela, O Judeu dos Salmos, O Nazareno, O Apóstolo, Maria, O Profeta, Moisés*), a novela psicológica (*A Volta de Haim Léderer, Sentença de Morte*), os retratos sociais e de emigração (*Motke, o Ladrão, Schlôime ha-Nog[u]ed, Tio Moisés, Mary, A Mãe*), os *épos* da vida contemporânea (*Antes do Dilúvio, A Guerra Prossegue, A Canção do Vale* e outros), os relatos bíblicos e numerosos contos e histórias curtas. É um imenso painel literário, pintado com um fôlego e uma riqueza que surpreendem, e no qual um criador extremamente dotado fixou em prosa de ficção ídiche um quadro multifacetado das vicissitudes da vida e do espírito do judaísmo.

ו

Asch, porém, foi uma das personalidades mais discutidas e até negadas do mundo judaico. Periodicamente, em todas as fases de sua carreira, a figura e a obra do autor de *O Nazareno* atraíram o fogo, por vezes acirradíssimo, da polêmica. Os "escândalos" de Asch tornaram-se proverbiais.

Já antes da Primeira Guerra Mundial, *Deus da Vingança* suscitou enorme celeuma. A peça abordava cruamente o problema da prostituição no ambiente judeu e foi objeto de rudes ataques, sob a alegação de que levava lenha à fogueira antissemita. De outra feita, Asch condenou, em jornais poloneses, a prática da circuncisão, o que provocou uma onda indignada de protestos. Mais tarde, após o conflito de 1914, voltou a estarrecer a opinião pública judaica: numa palestra proferida em Tel Aviv, o então principal autor vivo de língua ídiche declarou-se contrário ao cultivo desse idioma utilizado pela numerosa população judia que, na época, ainda se concentrava na Europa Oriental. Asch viu-se, de novo, no pelourinho.

Mas foi a publicação de *O Nazareno* que desencadeou o maior desses "escândalos". A imprensa judaica serviu de arena a uma acesa controvérsia. Zelotas modernos quiseram negar inteiramente o judaísmo do autor, lançando-lhe a pecha de apóstata... Em contrapartida, Asch foi vivamente defendido, com esta ou aquela reserva, pelas correntes liberais e livres-pensadoras que atribuíram as características da novela às tendências românticas e místicas de Asch e sustentaram o seu sentido judaico. A discussão acalorou-se ainda mais com o aparecimento de *O Apóstolo* e *Maria*, romances que pareciam assinalar uma franca adesão ao cristianismo.

O próprio Asch, porém, negou reiteradamente o fato, reafirmando sempre com ênfase sua fidelidade às tradições de seu povo e, ao fim da vida, fixou-se em

Israel, cuja reimplantação na Terra Prometida merecera de sua parte contínua atenção (A *Canção do Vale* etc.) e onde, segundo suas palavras, veio encontrar finalmente "a paz espiritual".

É difícil dizer até que ponto tais palavras correspondem à realidade, pelo menos enquanto desfecho para as inquietações e os conflitos que distinguiram a personalidade artística e o pensamento do autor de *Antes do Dilúvio*. Talvez não passem de um fecho aceitável à guisa de epitáfio preparado pelo próprio Asch. Uma coisa, porém, é certa. Elas revelam o que foi, até esses derradeiros anos, a sua existência de escritor: uma busca e uma luta incessantes.

A ideia de que Asch é um romancista fácil, que escreveu sua vasta obra ao acaso de uma veia e uma imaginação românticas de jorro abundante, é muito difundida, mesmo entre os críticos. Trata-se, entretanto, de meia verdade. Nela se englobam juízos parciais e impressões superficiais, que se apegaram e se arrastaram à cola de um longo trabalho em que o achado e o procurado, o inspirado e o premeditado se equivalem.

Com efeito, um ficcionista que concebeu e erigiu um edifício romanesco como o de *Antes do Dilúvio* ou de *O Nazareno*, que dispõe, a seu talante das grandes massas de composições históricas e coletivas e dos destaques individuais nos enfoques psicológicos, das técnicas contrapontísticas e harmônicas, que utilizou os efeitos de cor, a suntuosidade pictórica de *Kídusch ha-Schem* ou de *A Feiticeira de Castela* e do traçado severo, despojado, de *Sentença de Morte* ou de *A Volta de Haim Léderer*, não pode ser encarado meramente como um instintivo. E mais do que isso: um autor que transitou por tantas fases, que sofreu tantas transformações, que cultivou tantas formas diferentes de expressão, não pode, embora romântico de cepa que jamais renuncia a si mesmo, ser analisado como um simples transcritor dos automatismos e dos caprichos de seu estro particular. Há muito suor e muito ata envolvidos.

Na verdade, o caminho literário de Asch é o de um desenvolvimento progressivo, de um domínio cada vez maior de sua arte e de seus meios. E não só por causa do amadurecimento e da experiência. Ao lado desses fatores, cabe discernir também a busca deliberada de novos recursos. Sem que tenha as preocupações críticas ou estéticas dos grandes inovadores do romance moderno, Asch empenha-se, a seu modo, em armar a sua pena de um maior poder de captação e representação. Seja por influência das amplas leituras europeias ou da vida decorrida em grande parte na Europa Ocidental e nos Estados Unidos, é visível seu esforço neste sentido, sobretudo entre a metade da década de 1920 e o fim da Segunda Guerra Mundial. O relato simples e a bem-aventurança lírica são abandonados. A construção e a análise tornam-se elaboradas e complexas. Os quadros – servidos por uma rara capacidade de contar histórias, como a de um Jorge Amado, e um estilo que fascina mesmo nos desregramentos – adquirem planos de fundo cada vez mais pronunciados, quer nos desdobramentos sociais e psicológicos, quer nas implicações históricas e filosóficas. Ao contrário do que ocorria antes, quando o *páthos* e o pincel colorístico mal disfarçavam a linearidade da narrativa e a tipicidade das personagens, o relato aschiano faz--se tridimensional e, em certos momentos mesmo, abre-se com uma dimensão para o infinito, para o mistério, mormente quando tenta sondar o nexo de Deus nos homens e o dos homens em Deus. Sob tais aspectos, e na medida em que dá conta de suas efabulações com uma perícia, uma ousadia e uma largueza que o convertem num ponto eminente em toda a ficção judaica, Asch supera criticamente as formas herdadas (em especial, as dos "clássicos" da literatura ídiche do período anterior) e contribui decisivamente para renovar a arte narrativa judaica na primeira metade do século XX.

Para este seu papel, concorrem não apenas o fato de ter-se formado no círculo da "prosa artística" de Peretz e nos anos em que se acelerava o processo de modernização estrutural das letras judaicas, ou de ser ele o primeiro romancista ídiche que nutriu a ambição de apresentar-se, enquanto autor de língua ídiche, no plano literário internacional, tentando abordar os temas específicos, sociais ou históricos, com a amplitude de quem não escreve para a sua "cidadezinha". Semelhantes motivos talvez hajam influído com maior ou menor intensidade em certas etapas de sua carreira, mas não parecem determinantes. Os impulsos primordiais são, queremos crer, intrínsecos. Residem na lógica interna da personalidade artística de Asch e de sua linguagem.

Com efeito, lírico ou épico, paisagista da sociedade ou retratista da alma individual, Asch é antes de tudo um romântico, e na mais ampla acepção do termo, pois nutre, inclusive, o romantismo de pretender ser também realista. E de certo modo, desde que visto apenas em primeiro plano, ele o é, principalmente quando focaliza o que lhe é contemporâneo. Mas ainda aqui é carregado por indagações que, através dos conflitos e desajustes de suas *dramatis personae*, de suas posições e reações em face dos acontecimentos e do meio, referem tudo às inquietações que lhe dividem o ser e o impelem pelo espaço geográfico ou pelo tempo histórico em busca de "respostas". Não é à toa que nenhum de seus heróis principais é inteiriço, nem está inteiramente resolvido, exceto quando salta para a esfera intangível do mítico, religioso ou não, e adquire a completeza do que está acima ou fora do fluxo do devir, à altura e no halo simbólico do transcendente; na condição terrena, cotidiana, no âmbito de seus desejos e necessidades "deste mundo", sente-se acossado, incompleto, frustrado no âmago de sua alma, nas suas aspirações mais elevadas, as únicas que podem realizá-lo totalmente. As tensões dessas personagens são basicamente as mesmas que percorrem todo trabalho criativo de seu autor e engendram, em nível artístico, o seu anseio sempre renovado de novos horizontes. Portanto, no impulso romântico de um talento vigoroso, que toma, à discrição, de tudo o que o cerca para satisfazer as suas procuras, é que reside o nervo da irrequieta expansão temática e expressiva de Asch.

Mas, em essência, o que procura ele? O "real", o perfeito, a "paz", a resposta plena. Porém, como todos os que pertencem à sua estirpe estética, sabe que a unidade entre o divino e o humano está desfeita. E a sua consciência secular e ciente de sua secularidade, cindida e ciente de sua cisão, moderna e ciente de sua modernidade, é habitada pela nostalgia e pela utopia do que vem antes do "começo" e depois do "fim". Asch, entretanto, cujos anelos místicos e românticos também se abeberam no manancial judaico do cabalismo, não renuncia à velha empreitada. Tenta descobrir, em meio do terreno, as centelhas decaídas da fonte divina e, por vezes, julga vislumbrá-las. São os grandes momentos, as realidades que lhe parecem essenciais, constitutivas, na vida de seu povo e de suas tradições e no ser humano. Engalana-se então com os mais suntuosos estofos e tintas de seu bazar de artista, para o fugaz, porém sublime relance do além, do duradouro. É o instante da ação redentora do justo dos *Salmos*, do martírio pela fé, da consubstanciação ética do espírito divino como sentido do homem na terra e da missão messiânica de seus profetas e apóstolos, do sacrifício da abnegação da *mater* eterna que vela sobre a vida, do amor entre duas criaturas como via de ascenso a uma esfera mais pura de existência. Desses lampejos é que se ilumina, e no que ela tem de melhor, a obra de Asch.

O romantismo de Asch é, como se verifica, daqueles que se traduzem na busca não apenas da emoção pessoal, do lírico, mas também da qualidade nacional, do grande "sujeito" épico. Há nele nitidamente a vocação do bardo a querer celebrar os feitos de sua grei. Por outro lado, temperamento sensível ao seu tempo, reage prontamente às trágicas condições da vida judaica na era concentracionária. Mas sua resposta não se limita ao retrato e ao protesto. Sua índole o induz a lançar o problema em termos artísticos cada vez mais largos, à medida que o drama de seu povo se amplia. Daí a crescente preocupação de Asch com o significado e o destino históricos do judaísmo. Seus romances históricos, que se multiplicaram na derradeira fase de sua vida, não nascem apenas da necessidade de vazar em regiões exóticas suas inquietações pessoais e artísticas. Asch procura, na verdade, uma explicação "real" para o papel, ou, melhor, para a "missão" de Israel na história humana. Pois a não ser assim, para algum desígnio especial, como se poderia entender que o judeu persista em meio a tantas e tão terríveis provações?

Asch pediu à história que lhe revelasse o segredo dessa sobrevivência. Simultaneamente desejava saber qual a reação dos perseguidores de Israel diante da obstinada resistência da vítima. Essas duas indagações, centradas na dialética, carrasco-vítima, corporificam-se em *Kídusch ha-Schem* e em A *Feiticeira de Castela*. No primeiro, Asch buscou no judeu do sábado a chave para a permanência do judeu de todos os dias. O judeu sabático mantém-se totalmente voltado para o divino. E, por seu intermédio, perpetua-se o espírito de Israel. Seu segredo consiste mais em saber morrer pela Santificação do Nome do que em viver por Ele. E o mundo, estarrecido ante a contradição existente entre o judeu sabático e o cotidiano, hesita em considerá-lo divino ou diabólico. Sente-se inclinado a torturá-lo, para determinar a sua essência.

E foi para determinar essa essência que o próprio Asch cedeu cada vez mais ao impulso místico de sua personalidade. O cabalista que sempre latejara em sua alma queria descobrir a "pedra filosofal" do ser e da vocação de seu povo, a força que o conduzira através das épocas e dos países, que o reerguia no próprio momento em que sua queda parecia definitiva. Asch a encontrou na mensagem ética de que este povo seria portador e testemunho, na ideia "judaico-cristã", cuja realização total e unidade em Deus só ocorreria quando se reunissem esses "dois polos do mundo que são atraídos um pelo outro": o judaísmo e o cristianismo.

UM TEATRO ENTRE DOIS MUNDOS

SCH. AN-SKI

Schlôime Zainvl Rappoport, o autor de *O Dibuk*, conhecido no mundo literário judeu e russo sob o pseudônimo de Sch. An-Ski, nasceu na cidade de Vitebsk, em 1863. Filho de família de poucos recursos – o pai era um modestíssimo representante comercial e a mãe cuidava de uma taverna – cresceu entre camponeses e gente do povo.

Recebeu a educação judaica tradicional, primeiro no *heder*, escola primária de primeiras letras hebraicas, onde as crianças também aprendiam as práticas e os preceitos religiosos, se iniciavam na *Torá* com os comentários de Raschi (rabi Salomão ben Isaac, 1040-1105), e depois na *ieschivá*, uma espécie de seminário de estudos mais avançados, que giravam em torno do vasto *corpus* da legislação talmúdica e da exegese rabínica, principalmente.

Foi nesse contexto que, à semelhança do que ocorria na época com numerosos jovens judeus da Europa Oriental, os olhos de An-Ski começaram a abrir-se para as "luzes" da Hascalá que se filtravam crescentemente para dentro das ruelas do *schtetl* e dos guetos judaicos. Os racionalistas hebreus, com sua polêmica voltairiana ou ilustrada contra o medievalismo e o obscurantismo das formas dominantes na vida judaica de então e o seu avassalamento aos dogmas da ortodoxia religiosa, foram portadores de um ideário filosófico, social e político inspirado na Revolução Francesa e nos movimentos de reforma e democratização desencadeados em sua esteira. Secularizar-se, ilustrar-se, profissionalizar-se, europeizar-se, integrar-se na cultura e nos valores dos povos em cujo seio o judeu vivia, dignificar e renovar o modo de existência do indivíduo e da coletividade israelita, era a pregação e a bandeira de luta dos *maskilim*, nas pegadas do modelo liberal e burguês que lhes vinha do Ocidente, bem como de seus êmulos eslavos e russos.

Assim, ainda adolescente pôs-se a ler os escritores da Hascalá, em obras hebraicas sobretudo (os racionalistas judeus preferiam veicular suas ideias na

▪ *Luba Kádison como Lea em* O Dibuk, *de Sch. An-Ski. Romênia, 1931.*

"língua culta" e apenas começavam a recorrer ao "bárbaro jargão", o ídiche). M.L. Lilienblum (1843-1910), uma das figuras de proa do "maskilismo", marcou particularmente este período de formação espiritual de An-Ski com a narrativa autobiográfica *Hat'ot Neurim* (Pecados da Juventude), pintura magistral de uma vida de lutador social e do árduo itinerário por ele percorrido na formulação de seu pensamento e na propagação de seus ideais. Mas o impulso que este e outros escritos "iluministas" imprimiram ao jovem não chegou a satisfazer-se apenas com os "esclarecimentos" e o saber da Ilustração judaica. Como tantos outros *ieschíve-bokhírim*, foi tomado pela sede de conhecimentos que arrebatou todos aqueles filhos do gueto, da geração de An-Ski em especial, levando-os a transpor as fronteiras de sua comunidade e de sua cultura específicas, rumo a horizontes que lhes pareciam mais amplos...

> Separados, devido às disciplinas tradicionais do ensino judaico, da língua, literatura e ciência russas, eles iam procurá-las como a um fruto proibido, na maioria das vezes às escondidas, sem que os pais soubessem. Estudavam a língua russa sem qualquer método, de maneira primitiva, simplesmente decorando frases inteiras dos livros de literatura, compreendiam mal o conteúdo ou o deformavam, pronunciando de tal modo as palavras que os russos "de verdade" só conseguiam compreendê-los com grande dificuldade. Liam assim Púschkin, estudavam as concepções de Pissárev, discutiam-nas sob todas as formas possíveis, entusiasmavam-se com os ingênuos romances radicais de Scheller-Mikháilov (1838-1900), travavam acirradas polêmicas para determinar quem era maior: este último ou Dostoiévski? Tudo o que logravam entender convertia-se em algo que procuravam introduzir imediatamente na vida, pelo qual rompiam os laços de família que os prendiam ao "velho mundo" e se punham a construir a vida de uma nova maneira,

conta Victor Tchérnov, em seu livro sobre *Os Militantes Judeus no Partido Socialista-Revolucionário*[1], ao caracterizar o meio e o movimento em que An-Ski se vira envolvido nestes primeiros passos para fora de seu ambiente de origem. E Tchérnov prossegue o seu relato com as palavras do próprio An-Ski:

> – Nós vivíamos, compreende-se, numa comuna – conta com um sorriso Semion Akimóvitch [nome e patronímico russos de Sch.

1. O autor foi um dos principais líderes dessa corrente partidária, que teve nele um de seus fundadores e, após a Revolução de Fevereiro de 1917, um de seus representantes no ministério de Kerênski.

> An-Ski] – isto queria dizer: nós todos passávamos fome igualmente [...] Nenhum de nós dispunha de uma fonte permanente de sustento. De vez em quando alguém conseguia umas aulas, um serviço qualquer, um par de rublos de uma caixa de ajuda a estudantes. Ficávamos meses a fio nos alimentando unicamente de pão e chá; às vezes nem isto havia. Nossa atitude para com a nossa pobreza era não apenas de desdém filosófico, mas também de orgulhoso entusiasmo.
>
> Tudo isso fazia parte do espírito daquela época. Semion Akimóvitch me transmitiu o que lhe narrara pessoalmente o conhecido membro do Comitê Executivo da Narodnaia Volia, Lev Hartman, sobre os tempos de sua mocidade:
>
> – Houve dias em que nós todos, os seis que morávamos juntos num cômodo, tínhamos somente dois pares de sapatos. Quatro ficavam em casa esperando pelos sapatos do companheiro que devia voltar da cidade; os dois pares serviam a todos os seis.

Tal era a atmosfera que o jovem egresso da *ieschivá* respirava, na sua busca apaixonada de educação e progresso. Aos dezessete anos começou a aprender a língua russa, à qual estava pouco afeito até então, e a tomar contato mais estreito com a notável produção intelectual e literária que medrara neste idioma. An-Ski não tardou a cair sob a influência do pensamento radical. A crítica de Hertzen, Bielínski, Tchernitchévski, Pissárev calou em seu espírito, atraindo sua atenção para as condições de existência do povo russo e as injustiças reinantes na sociedade em geral. Empolgado pelas tendências vigentes nos círculos *narodniki* (populistas), também "foi ao povo", isto é, participou do movimento que, no fim dos anos 1870 e início da década de 1880, levou às aldeias e aos povoados do império tsarista parte ponderável da jovem *intelligentsia* revolucionária, com o objetivo de promover a instrução, despertar a consciência e agitar os problemas das massas camponesas, preparando-as para uma ação política que instaurasse novas relações em todos os planos da vida coletiva, com base num tipo de socialismo agrário russo.

Em função dessa militância, pôs-se a peregrinar por localidades e ocupações. Aprendeu os ofícios de alfaiate e encadernador, trabalhou em fábricas, foi mineiro no Don e mestre-escola em vilarejos da Lituânia, Rússia Branca e Ucrânia. No curso dessa vida errante, conviveu com o mundo gorkiano de vagabundos, carregadores, camponeses, operários e artesãos – com toda a arraia-miúda de oprimidos e espoliados pela autocracia imperial.

Ao mesmo tempo, mantinha contatos com elementos da intelectualidade "populista", correspondendo-se com Gleb Uspênski, que o chamou em 1882 a

São Petersburgo e o introduziu na imprensa ligada aos *narodniki*, para a qual passou a escrever.

An-Ski estreou na literatura de ficção com *A História de uma Família*. Composta originalmente em ídiche e vertida para o russo pelo próprio autor, ela apareceu em 1884, no periódico judeu-russo *Voskhod*. A este relato, que alguns críticos colocam entre os melhores de sua lavra, seguiram-se *Na Taverna*, *No Pátio Senhoril*, *Em Nova Terra*, *Ovelhas*. Publicadas em jornais de língua russa, são narrativas que lembram, pelo halo de simpatia e bondade com que envolvem as figuras do povo, a literatura "populista" de Gleb Uspênski e Vladímir Korolenko. Trata-se de um *éthos* característico ao qual se acrescenta ainda, como um segundo traço peculiar, o realce dado a uma qualidade ética que seria inerente ao homem do povo e continuamente manifesta em sua existência. Assim, não é de admirar que nas obras de An-Ski desse tempo se possa notar, ao lado da descrição realista dos ambientes, o fino cinzelamento das personagens populares, quase sempre iluminadas por um lampejo de poesia.

Em 1892, An-Ski viu-se sob a mira da polícia tsarista e, para escapar-lhe, partiu para a Suíça, indo a seguir para a Alemanha. Em 1894, transferiu-se para Paris, onde exerceu o cargo de secretário do famoso teórico do populismo russo, P. Lávrov (1823-1900), até a morte deste revolucionário atuante, amigo de Marx e Engels, mas eclético em suas concepções filosóficas e sociológicas. Na capital francesa ainda, trabalhou na Escola Internacional em companhia de outros intelectuais russos ligados ao movimento democrático e socialista. O processo revolucionário entrava então, na Rússia, na fase ascensional que culminou na explosão de 1905, e An-Ski, ligado ao Partido Socialista-Revolucionário, regressou à terra natal, onde desenvolveu intensa atividade política e jornalística.

Nesses primeiros anos do século XX também voltou a acentuar-se o interesse de An-Ski pela gente e pela cultura às quais pertencia por nascimento. É verdade que jamais se marginalizara inteiramente. Mas o foco principal de sua atenção estava situado fora, no "grande mundo". Como intelectual e militante de esquerda, absorvera-se nos problemas e nas lutas da nação russa como um conjunto, ainda que multinacional. Agora, porém, depois dessa longa dedicação quase exclusiva ao mundo não judeu, sobretudo após o Caso Dreyfus, começava a tornar-se cada vez mais sensível ao chamado das forças renascentistas que agitavam principalmente o judaísmo da Europa Oriental. Era a época em que principiavam a conjugar-se e a assumir feições mais definidas os esforços de renovação cultural e artística e os de libertação nacional e de reestruturação sócio-política. E An-Ski, sob a influência de I.L. Peretz, um dos três "clássicos" da moderna literatura ídiche, e sobretudo de Haim Jitlóvski, amigo de infância de Zainvl, seu companheiro de lides políticas e pensador cuja contribuição foi marcante na ideologia do socialismo revolucionário russo e do "nacionalismo da Galut" judeu, An-Ski encetou a sua viagem de retorno à literatura judaica ou, mais especificamente, à ídiche.

Dedicou então sua pena ao jovem socialismo israelita, escrevendo numerosas canções de luta revolucionária, entre as quais "No Salgado Mar das Lágrimas Humanas" e "O Juramento", a chamada "Marselhesa" judaica e hino oficial do Bund (Liga Geral dos Trabalhadores Judeus da Lituânia, Polônia e Rússia). Desse período datam igualmente alguns de seus melhores trabalhos de ficção narrativa, quer em ídiche, quer em russo. Em 1904, iniciou a publicação, no *Voskhod*, dos *Pioneiros*, uma série de relatos sobre o Iluminismo judaico, a Hascalá, os tipos que o encarnaram, bem como os conflitos sociais que provocou. Além de uma peça em um ato, *Pai e Filho*, escreveu o romance *Na Nova Torrente*, uma narrativa sobre a revolução de 1905, e o poema *O Asmodeu*.

O surto do antissemitismo programado e protegido pelos círculos governamentais e a série de violentos pogroms que estes promoveram após a frustrada rebelião de 1905 pronunciaram ainda mais o interesse de An-Ski pelo universo judeu e suas manifestações específicas no contexto do Leste europeu. E isso se traduziu, entre outras coisas, num labor de grande envergadura no campo da etnografia e do folclore de Israel, sobretudo nas terras de Aschkenaz.

Desde cedo, An-Ski sentiu-se atraído pelos produtos da cultura popular. Na infância e na juventude, ouvira e guardara um rico repertório de histórias correntes entre a gente do povo. Mais tarde, em suas andanças, recolheu e anotou no ambiente eslavo farto material desta natureza. E, em consonância com seu engajamento no movimento dos *narodniki*, empreendeu uma síntese do caráter das criações folclorísticas russas e de suas próprias conclusões acerca do emprego deste acervo na literatura devotada à educação das massas, escrevendo o *Estudo Sobre a Literatura Popular*. Ainda em língua russa, com base nos mesmos materiais, compôs dois livros que tiveram repercussão na época, sobretudo no meio "populista": *O Povo e o Livro* e *O Povo e o Rei*, valendo-lhe este último um processo por crime de lesa-majestade.

Durante sua permanência no Ocidente europeu, estudou igualmente o folclore francês e chegou a esboçar um amplo trabalho sobre *Folclore Sociopolítico Comparado*, no qual delinearia suas concepções sobre o tema epigrafado e apresentaria, à luz de um enfoque próprio, relações até então relegadas a segundo plano pela análise acadêmica. Mas as atividades políticas, literárias e jornalísticas impediram-no de levar a cabo o projeto. Isso, porém, não arrefeceu o seu interesse por esse campo de estudo e, ao concentrar novamente a atenção na vida judaica, sentiu-se desde logo atraído por seu folclore, um riquíssimo domínio da experiência e da expressão coletivas do povo judeu. Tratava-se de um setor quase inexplorado na época, sobretudo no que concernia ao espaço cultural dos asquenazitas da Europa Oriental, embora remontem a 1896-1898 e à iniciativa de um rabino alemão, dr. Max Grunwald, "os exemplos pioneiros do estudo das formas populares e da história cultural judaica contemporânea", no dizer de Dov Noy[2]. Seja como for, neste caso específico, as primeiras investigações produziram frutos imediatos e An-Ski publicou vários estudos sobre o assunto na *Ievrêiskaia Entziklopédia*, no *Ievrêiski Mir* e em outros veículos, como revistas e coletâneas.

Num desses trabalhos, estampados em 1908 em *Perejitaie* (O Vivido), um conjunto de ensaios em russo, An-Ski aborda o caráter de "A Criação Popular Judaica" e, curiosamente, parece antecipar as formulações que serão basilares na obra, hoje clássica, de Yehezkel Kaufmann sobre a religião de Israel[3]. Diz An-Ski:

> Na criação judaica, não apenas na criação poética popular, mas também na do legado nacional antigo (na forma em que chegou até nós), faltam quase todos os motivos básicos da criação popular de outros povos civilizados [...] À poesia nacional e popular judaica são inteiramente estranhos motivos como a idealização da força física, o entusiasmo pelos azares da guerra, a celebração do heroísmo e das vitórias cavaleirescas – em geral lhe é estranha toda mesura diante da força física [...] O povo judeu, que trouxe ao mundo a ideia do monoteísmo, *adotou este culto na abertura da vida nacional, ainda antes que o povo lograsse criar para si deuses nacionais, uma cosmovisão paga e uma lenda pagã* [...][4] A segunda razão do fenômeno acima mencionado é a forma excepcional e singular da vida nacional do povo judeu durante os últimos dois mil anos. Tendo perdido a sua terra, a vida estatal independente, perseguido e desarmado, o povo judeu não possuía chão para uma poesia heroica e, menos ainda, motivo para entusiasmar-se com as vitórias e proezas de conquistadores, heróis e cavaleiros de outros povos.

Ele, entretanto, não se contentou em aflorar os temas do folclore na pura discussão teórica ou especulativa. Nessa época, as pesquisas de campo em matéria de etnografia judaica careciam não só de um labor sistemático na coleta de

2. *Studies in Jewish Folklore: Proceedings of a Regional Conference of the Association for Jewish Studies Held at the Spertus College of Judaica*, Chicago, May 1-3, 1977, Cambridge: Association for Jewish Studies, 1980

3. "[...] a religião israelita foi uma criação original do povo de Israel. Era absolutamente diferente de tudo o que o mundo pagão sempre conheceu; sua visão monoteísta de mundo não tinha antecedentes no paganismo [...] Era a ideia fundamental de uma cultura nacional e instruía todo o aspecto daquela cultura desde seu exato começo." *A Religião de Israel*, São Paulo: Perspectiva, 1989, p. 6.

4. Grifo nosso.

elementos, mas até de bases e métodos seguros de investigação científica. Com tais objetivos, An-Ski organizou, em 1912, a Expedição Etnográfica Judaica, que durante três anos percorreu a Ucrânia, recolhendo da própria fonte popular, para um registro de ciência, os tesouros da criação cultural judaica e do *éthos* asquenazita, num de seus centros mais densos e característicos. Relata Abrão Bechman, o fotógrafo oficial da missão:

> Onde quer que tenhamos chegado, coletamos os tesouros históricos: anotamos contos, lendas, ditos, encantamentos, remédios e histórias a nós contadas por homens e mulheres; documentamos relatos sobre demônios *dibukim* e *nischt gute* [não bons], canções, parábolas, expressões e maneiras de falar; gravamos velhas melodias [*nigúnim*] num fonógrafo, bem como rezas e cantigas populares; fotografamos sinagogas antigas, lugares históricos, pedras tumulares, *schtiblekh* [casinholas-oratórios] de *tzadikim* e cenas rituais; e coletamos ou compramos antiguidades judaicas, documentos, *pinkassim* [livros de registro], artigos religiosos, joias e outros objetos antigos, de museu[5].

Como resultado desse levantamento, An-Ski e seus colaboradores publicaram, em 1915, parte do "Programa Etnográfico Judaico". Este trabalho, que se tornou um importante ponto de partida para a ciência do folclore judaico, particularmente em sua província leste-europeia, compreende 2.307 perguntas que envolvem todos os aspectos da existência grupal e de suas produções peculiares, costumes, crenças, tradições, modismos etc. Por outro lado, o acervo reunido permitiu concretizar, em 1916, uma instituição que já estava prevista no plano inicial de An-Ski, o Museu Etnográfico Judaico, cuja rica coleção foi recolhida, durante o período soviético, ao Museu Estatal de Etnografia dos Povos da URSS, de Leningrado.

É ainda na mesma época e no arrastão da mesma pesquisa folclorística que se originou a obra máxima de An-Ski no terreno da criação artística: *Entre Dois Mundos: O Dibuk, uma Lenda Dramática*, como rezavam o título e o subtítulo iniciais.

> A ideia de *O Dibuk* me ocorreu em 1911, por ocasião de uma viagem à Volínia e à Podólia. Em Iarmolinetz, não havia onde alojar-se; por causa de uma feira ou não sei que outra causa, as duas ou

5. "The Jewish Ethnographical Expedition", no catálogo da exposição *Tracing An-Sky: Jewish Collections from the State Ethnographic Museum in St. Petersburg* [1992-1994], Mariëlle Beukers et al., Zwolle: Wannders, 1992.

três estalagens estavam lotadas: não foi possível conseguir quarto para Engel[6], nem para mim.

Aconselharam-nos a pernoitar em casa de um ricaço da cidade que tinha uma grande mansão. Era um *hassid* que ia uma vez por mês visitar seu rabi e nada fazia sem consultá-lo. O homem era pai de uma filha única, de dezesseis a dezoito anos, simpática, esbelta, com um rosto longo e pálido e dois olhos profundos cor de cereja preta. Moça muito recatada, com os olhos sempre baixos e pensativos. Não falava quase. Só consegui tirar dela algumas palavras, pronunciadas tão docemente que mal foi possível ouvi-las. Mas nas refeições do *schábes*, enquanto um jovem discípulo da *besmedresch*, de olhos azuis sonhadores e longos cachos laterais (*peies*) comia como convidado sabático[7], a jovem mudou inteiramente, ficou outra como se houvesse se revestido de uma nova pele. Permanecia sempre em pé, trazendo os pratos da cozinha e os depondo diante de cada conviva. Mas, cada vez que ela chegava perto do rapaz, notei que os olhos de ambos se alçavam com um ímpeto ignorado pelos comensais vizinhos e, possivelmente, ignorados deles próprios. Eu compreendi que suas almas jovens e puras palpitavam com um oculto magnetismo.

Na última noite de *schábes*, luzes acesas, bebendo chá, o pai, cheio de alegria, me falou de seus negócios e de um casamento que estava contratando para a filha: um moço muito bem-dotado, sério, filho único de um judeu de grande linhagem e muito rico. Não sei por que, no mesmo instante, me veio a ideia de que uma tragédia iria ocorrer naquela casa.

Desde esse dia, a toda hora eu tomava a pensar nas possíveis formas dessa tragédia. No decorrer de minha viagem pelas cidadezinhas vizinhas, aquelas imagens se empanaram, depois voltaram, como em sonho. Uma noite, meu espírito povoou-se de uma dezena de histórias de *dibukim* e lendas reunidas no caminho. Eu desejava criar algo cuja origem estivesse no folclore, mas com base na vida real de hoje. Na manhã seguinte, escrevi um primeiro esboço, eu não sabia bem do quê.[8]

6. Colaborador de An-Ski na Expedição Etnográfica Judaica, Joel Engel compôs a música de *O Dibuk* para a encenação de Vakhtângov.
7. Era costume entre os judeus piedosos ter convidados eventuais ou regulares à mesa sabática, mormente jovens discípulos dos seminários talmúdicos e das casas de estudo.
8. Samuel Leib Zitron, *Tzu der G[u]eschíkhte fun Dibuk*.

- *Cartaz da Vilner Trupe com lista de repertório e elenco.*

Mas foi com a explosão da conflagração de 1914, no ambiente de desolação e morte, não só para as forças em luta, como para a escorraçada e martirizada população judaica nas áreas de combate, que An-Ski encontrou a atmosfera e a inspiração, perseguição e misticismo fundindo-se no mesmo sopro, para recobrar o impulso e tematizar dramaticamente as projeções que vinham em seu bojo. Conta ele:

> Nas regiões sinistradas, eu via ao meu redor sombras de homens, de semblante misterioso, que pairavam em mundos desconhecidos por nós. Certa vez, à hora crepuscular da prece vespertina, entrei num *besmedresch*. Vocês se lembram do primeiro ato de meu *dibuk*! É uma cópia exata daquele *besmedresch* da Galícia que vi numa noite de inverno. Desde então, a ideia do *dibuk* amadureceu cada vez mais em mim. Em Tárnov, enquanto a cidade era bombardeada pela grande Berta[9] dos alemães, coloquei sobre o papel o primeiro ato. Escrevi o segundo algumas semanas depois, na Galícia. Em Kiev, chamado pelo comitê de ajuda judaica, li os dois atos para o engenheiro M.N. Sirkin, que gostou muito do tema, mas não pôde me dar uma opinião definida. Escrevi em Moscou os dois outros atos[10].

Esta peça, destinada a ser um dos maiores êxitos do teatro ídiche e hebraico, teve um caminho difícil para chegar à cena. Durante vários anos, é verdade que sob as injunções de uma conjuntura de guerra e das atividades de An-Ski em função desta situação, o manuscrito foi mostrado aqui e ali, sem maiores resultados. O autor leu-o diversas vezes a grupos de intelectuais judeus que, em geral, reagiram friamente. E, embora Stanislávski houvesse demonstrado interesse pela versão russa[11], sugerindo inclusive a introdução de uma figura de mensageiro, o diretor do Teatro de Arte de Moscou não pôde encená-la. Na realidade, An-Ski não chegou a ver o *Dibuk* em cena. As primeiras apresentações verificaram-se alguns meses após a sua morte. Em dezembro de 1920, a Vilner Trupe (Trupe de Vilna) estreou o texto em ídiche e, em janeiro de 1922, o Habima (Palco), sob a direção do armênio Vakhtângov, representou a versão hebraica, realizada em 1918, pelo poeta H.N. Bialik.

Nos últimos anos de vida, transcorridos sob o signo da hecatombe de 1914, An-Ski dedicou-se ao trabalho de auxílio às vítimas da conflagração. Na qualidade

9. Nome dado, durante a Primeira Guerra Mundial, a uma peça de artilharia pesada alemã, de longo alcance.
10. S.L. Zitron, op. cit.
11. An-Ski, supõe-se, escreveu a peça em ídiche e, logo em seguida, redigiu uma versão russa.

de delegado da Confederação das Cidades Russas, percorreu as áreas próximas às linhas de frente, organizando a ajuda aos deslocados de guerra. Testemunha da terrível situação que as operações bélicas e a brutalidade do antissemitismo tsarista impuseram, particularmente aos habitantes judeus daqueles rincões, transformando-os em massa martirizada de refugiados, sentiu-se tomado por um sentimento de solidariedade e protesto que marcou fundo a obra em três volumes, *Destruição da Polônia, Galícia e Bucovina*, onde narra as cenas de crueldade e desamparo humanos que lhe foi dado assistir. Em 1917 participou ativamente dos acontecimentos revolucionários, sendo eleito deputado social--revolucionário à Primeira Assembleia Constituinte russa. Quando se verifica o choque entre socialistas de vários matizes e bolcheviques, e mais especialmente após a queda do governo de Kerênski, vendo-se ameaçado de prisão pelo novo poder, An-Ski se refugia, em 1918, em Vilna, logo depois em Otvosk e, quando esta é ocupada pelas forças soviéticas, parte para Varsóvia. Aí, cria uma sociedade etnográfica judaica, pouco antes de vir a falecer, a 8 de novembro de 1920.

Um dos maiores desejos do escritor era, além de ver *O Dibuk* no palco, efetuar a edição de suas obras completas em ídiche. Entretanto, também isso só se concretizou após a sua morte. Os *Escritos Reunidos de Sch. An-Ski* compreendem quinze volumes de narrativas, artigos políticos, poesias, histórias hassídicas e estudos de folclore, bem como umas poucas peças: *Dia e Noite*, um drama hassídico inacabado (ao qual Álter Katzisne deu remate); *Pai e Filho*, *Alojamento Clandestino*, *Avô*, retratos de vida em plano puramente realista; e, por fim, *Entre Dois Mundos* ou *O Dibuk*.

Certa vez Sch. An-Ski escreveu a seu próprio respeito: "Não tenho mulher, nem filhos, nem lar e nem mesmo uma casa ou móveis que sejam meus [...] A única coisa que me une fortemente a esses conceitos é – o povo." E pode-se dizer que o povo em geral e particularmente o judeu foram o fio condutor e o sentido da existência de Sch. Zainvl Rapaport, seja na sua expressão política, seja na científica, seja na literária. Em *O Dibuk* esse *leitmotiv* de uma vida e de uma atuação encontrou um lugar por excelência. Não apenas porque, como pretende Odette Aslan, a peça se liga "estreitamente ao resto de sua obra, à sua tentativa de compreensão da arraia-miúda judia, às suas pesquisas folclorísticas, à sua 'enciclopédia de demonologia popular' (no poema *Asmodeu*), à sua vontade de salvar as últimas migalhas de uma sociedade que ia desaparecer"[12], mas também porque, precisamente, enquanto obra de ação dramática, é o *épos* magistral de um modo de ser do judeu como grupo histórico e de seu *éthos* em determinada fase – talvez só encontrando paralelo no que Agnon plasmou em

12. Odette Aslan, Le Dibbouk d'An-Ski et la réalisation de Vakhtângov, em Claudine Amiard Chevrel; Denis Bablet et al., *Les Voies de la création théâtrale. 7, Mises en scène années 20 et 30*, Paris: Éditions du CNRS, 1979.

Hakhnassát Kalá (O Dote da Noiva) – e, mais do que isso, o terrível ajuste de contas crítico e o juízo final trágico com este universo do judaísmo tradicional e com a sociedade que o alentou.

UM *DIBUK* NAS ASAS DO ABSOLUTO

Todo extático é o clima desta peça, misto de drama amoroso e mistério religioso. Trata-se do amor entre dois jovens, no ambiente tradicional e hassídico da vida judaica no *schtetl* da Europa Oriental. A união de Lea e Hanã, decidida desde o nascimento por um pacto firmado entre os pais, ardentemente desejada por ambos os jovens, selada por assim dizer pelas bênçãos dos céus, é obstada por Sender, pai de Lea. No orgulho e na vaidade da riqueza que amealhara ulteriormente, ele busca para a filha um partido condigno, isto é, segundo a escala de valores daquela sociedade, um noivo que pela estirpe, pelo saber talmúdico ou pela fortuna estivesse à sua altura. Ao encontrar aparentemente o que procura e contratar o casamento de Lea, sem consultá-la, como era o costume, Sender quebra o compromisso assumido com seu antigo condiscípulo e amigo, o falecido Níssin ben Rivca, pai de Hanã. Do destino contrariado emana o conflito trágico. Pois Hanã tenta influir na marcha das coisas, "obter dois barris de ducados [...] para aquele que só sabe contar ducados", por meios proibidos, do ponto de vista da ortodoxia rabínica, por vias cabalísticas, e morre nos abismos de sua tentativa, apossando-se, porém, como alma errante (*dibuk*), do corpo de sua amada, no momento em que são celebradas as núpcias de Lea com o noivo imposto por Sender.

Lea é, então, conduzida à presença de um poderoso *tzadik*, de um Eu com "forças junto aos altos mundos", que consegue exorcismar o espírito aninhado na donzela e expulsá-lo de seu último refúgio terreno. Mas ninguém poderia separar o que devia estar unido. O desafio ao *fatum* ou à vontade do Alto tinha de ser tragicamente expiado, e o *dibuk* abandona o corpo da amada para voltar à sua alma. Lea reúne-se, "para a eternidade", a seu noivo predestinado.

Escrita originalmente em duas versões, uma ídiche e outra russa, a peça foi submetida a Stanislávski, que a apreciou muito e quis inclusive montá-la, com a direção de Sulerjítzki. Entretanto, dadas as dificuldades que seus atores tiveram para penetrar no "interior" do drama judeu e em consonância com o seu ideário estético e teatral que exigia a revivescência "autêntica", a mais "natural" possível, não só no nível do desempenho das ações individuais da personagem, mas também no dos elementos e da tessitura da atmosfera e do "meio", o grande encenador russo abandonou seu intento inicial, julgando que uma obra tão entranhada na existência de um grupo nacional só poderia ser captada, em seu cerne e em suas inflexões mais orgânicas, por atores e diretores saídos do mesmo contexto etnocultural. Destarte, somente intérpretes judeus, nutridos no solo da tipicidade ídiche e hassídica, seriam capazes de reencarnar no palco, "representar" com maior identificação e "verdade" artística o modo de vida e o espírito das tradições dramaticamente inscritas em *O Dibuk*. Aliás, não foi por outra razão que, mais tarde, quando procurado pelo então recém-formado grupo teatral do Habima, recomendou a peça de An-Ski como um item de repertório que iria ao encontro das aspirações artístico-nacionais da companhia e indicou para dirigi-la um dos mais talentosos encenadores formados sob a sua égide, Vakhtângov, que tinha a vantagem de ser armênio, isto é, oriental, portanto um *régisseur* (denominação russa para diretor teatral) mais sensível por afinidade de raiz – na perspectiva de Stanislávski – à atmosfera e ao universo humano de *O Dibuk*,

Contudo, a estreia do drama deu-se em ídiche, ocorrendo em 1920. Coube ao que seria mais tarde, e em boa parte fruto desta montagem, a famosa Vilner Trupe apresentá-la, sob a direção de Dovid Herman, no Teatro Eliseu de Varsóvia. An-Ski não chegou a ver em cena o texto que ele próprio tornara a traduzir da versão hebraica de Bialik para o ídiche (parece que perdera durante a guerra o primeiro original), a fim de ser montado pelo jovem elenco, pois entrementes veio a falecer. O êxito foi estrondoso e pode-se dizer literalmente que o evento marcou época no movimento teatral judeu, na medida em que assinalava de forma inequívoca não só o aparecimento de uma obra excepcional de dramaturgia e de um estilo atualizado de trabalho teatral no palco ídiche, como o advento de um novo período na evolução da cena judaica, que se poderia chamar de propriamente moderno.

Um ano depois dessa estreia, Morris Schwartz encenou a peça no seu Teatro Ídiche de Arte, de Nova York, e já em 1922 Vakhtângov produzia, na versão hebraica realizada em 1918 por H.N. Bialik, com os comediantes do Habima de Moscou, música de Joel Engel e cenografia de Natan Altman, o espetáculo que se tornaria um capítulo à parte na história do teatro contemporâneo e de suas realizações de vanguarda.

Mas *O Dibuk* não foi visto apenas em ídiche e hebraico. Se a Vilner Trupe e, mais ainda, o Habima atraíram numerosos espectadores não judeus em toda a Europa e América, o drama de An-Ski conheceu também muitas encenações profissionais em outras línguas. Em 1925-1926, o público nova-iorquino pôde assistir, na Neighborhood Playhouse, a peça em inglês, dirigida por David Vardi, antigo membro do elenco do Habima. A apresentação foi considerada pela crítica americana como um ponto alto daquela temporada, tendo sido levada, em *tournée*, às principais cidades dos Estados Unidos. Em 1930, no palco do Théâtre Montparnasse, Gaston Baty ofereceu uma nova variante de *O Dibuk*, montando-o em francês com Marguerite Jamois no papel de Lea – desempenho que mereceu uma apreciação altamente favorável de Artaud, que tinha especial interesse pelo drama de An-Ski. De todo modo, o espetáculo concebido por Baty obteve sucesso, como registra Nina Gourfinkel, no prefácio à sua tradução do texto, citando extratos da imprensa da época, um dos quais se expressa assim: "[Nesta peça] importada de Moscou, Gaston Baty encontrou uma das mais felizes manifestações de seus talentos cênicos e nos permitiu aplaudir uma das obras dramáticas mais originais destes últimos vinte anos" (*Le Quotidien*, 21 dez. 1930). Transposto também para o polonês, o sueco, o búlgaro, o ucraniano, o sérvio, o espanhol e outros idiomas, *O Dibuk* foi encenado em todas estas línguas. Sua primeira publicação em português verificou-se em 1952[13], sendo montada em 1963 pela Associação da Caixa Econômica Federal de São Paulo em conjunto com o grupo cênico do Instituto Cultural Israelita Brasileiro de São Paulo, sob a direção de Graça Mello. Uma nova montagem desta tradução ocorreu em 1990, pelo elenco do Teatro Israelita de Comédia do Rio de Janeiro, dirigida por Felipe Wagner, que pôde manter a peça em cartaz por toda uma temporada.

Afora as representações pelo teatro profissional e por diferentes grupos universitários americanos, *O Dibuk* já foi exibido na televisão de vários países, inclusive no Brasil, pela TV Globo, em duas ocasiões, despertando, mesmo nesse novo meio de comunicação, um interesse invulgar. Serviu de tema para um filme ídiche, produzido na Polônia, em 1937, rodado por Michel Waszynsky, e outro hebraico, realizado em 1968 por Shraga Friedman. Inspirou ainda uma ópera a Ludovico Rocco cuja criação foi apresentada no Scala de Milão, e outra a Michael White, encenada em Seattle, em 1963. George Gershwin considerou também seriamente a possibilidade de musicar o fascinante poema dramático de An-Ski. O jovem músico brasileiro Eduardo Seincman compôs, em 1988, *A Dança do Dibuk*, uma sonata para marimba, vibrafone e *glockenspiel*.

No palco, todavia, além de mais de mil apresentações até 1978 pelo Habima e de incontáveis encenações por parte de grupos amadores ídiches, *O Dibuk* vem sendo objeto, nos últimos anos, de sucessivas remontagens. André Villiers encenou a peça em Paris, em abril de 1977; Joseph Chaikin, em Nova York em dezembro de 1977; e Bruce Myers, no Centre Pompidou de Paris, depois em Avignon e outras cidades europeias, conseguiu atrair o interesse de numeroso auditório para *Um Dibuk Para Duas Pessoas*, texto que foi mostrado à plateia paulistana por Iacov Hillel.

É este contínuo ressurgir para a vida no palco, perante públicos tão diversificados e há mais de meio século, que suscita a indagação sobre o sentido que uma peça tão singular, à primeira vista tão exoticamente remota ao homem e às preocupações da atualidade, pode ter hoje em dia. O mundo que An-Ski

13. Trad. bras., 3. ed., São Paulo: Perspectiva, 1988.

quis preservar, como etnógrafo apaixonado pelo universo do judeu da Europa Oriental e de suas tradições, desapareceu. Tornou-se cinzas do Holocausto. Dele restou pouquíssima coisa que ainda lateja. Talvez o rico legado da literatura ídiche, que continuou a criar através da pena de um Bashevis Singer, ou da fé religiosa de alguns grupos hassídicos ou neo-hassídicos, que procuram preservar a integridade de seu judaísmo. Mas não é deles que *O Dibuk* fala, assim como não é especificamente da sociologia nem da história do *schtetl*. Tampouco se poderá procurar a sua potência vital no interesse que o mundo de nossos dias dedica às forças psíquicas, à esfera do subconsciente e aos mergulhos nos psiquismos profundos, que a temática dibukiana de possessão endemoninhada, invocação das potências artaudianas do transcendente e de uma metafísica da reencarnação, enseja. Será necessário voltar novamente – creio eu – à pura leitura poética e trágica para compreender como este pássaro de fogo do *daimon* dramático logra renascer cada vez de sua mortalha histórica e elevar-se diante de nós, espectadores possuídos por seu sopro misterioso de teatralidade, nas asas do absoluto...

8

AMÉRICA, O NOVO ESPAÇO DO ÍDICHE

A geração pós-peretziana se liga, já em boa parte, à história do ídiche nos Estados Unidos. Mas o processo de instauração desse novo foco de criação literária começa por volta de 1880[1], quando os pogroms tsaristas e outros fatores, socioeconômicos e políticos, desencadeiam a emigração em massa dos judeus da Europa Oriental. Muitos de seus intelectuais, escritores e artistas, por razões das mais diversas, os acompanharam nessa busca de um Novo Mundo.

A POESIA PROLETÁRIA

Foi sobretudo na poesia que se expressaram primeiro as vicissitudes da adaptação ao novo ambiente. Aí, afora a liberdade de falar, de escrever, de representar, de reunir-se e de protestar, os recém-vindos depararam-se também com salários de fome, cortiços como moradia, condições inumanas de trabalho nos *sweatshops*, as "oficinas de suor", e tuberculose. Se a opressão política tsarista agrilhoava a livre expressão da personalidade humana, aqui a tirania da engrenagem industrial a triturava na exploração econômica. O protesto explodiu em estrofes panfletárias de jovens poetas que falavam da miséria e da angústia das massas, estrofes que foram cantadas e recitadas nos *sweatshops*, nas reuniões em adegas, nos piquetes de greve e nas celas das prisões. Destes poetas agitadores, os mais talentosos foram David Edelstadt (1866-1892), Iossef Bovschóver (1873-1915), Morris Rosenfeld (1862-1923), Morris Vintchévski (1856-1932) e Abraão Liessin (1872-1938).

1. O primeiro livro em ídiche na América data de 1877. Seu título é *Isroel der Álter* (Israel, o Velho), de Iaakov Tzvi Sobel, e reúne uma coletânea iluminista de versos em hebraico e "jargão". Ver Bernard Górin, Die Iídiche Literatur in Amerike, *Ikuf-Almanak*, 1967).

▪ *Moças com suas máquinas de costura em uma oficina de roupas.*

Filho de um *kantonist*[2] que serviu durante 25 anos no exército do tsar, Edelstadt teve por idioma materno o russo. Somente na América, para onde emigrou muito moço, em 1882, é que aprendeu o ídiche, com o fito especial de escrever na língua do povo. Esta foi, aliás, a exigência que lhe fez o periódico social-anarquista *Árbaiter Fraint* (Amigo do Trabalhador), editado em Londres por Morris Vintchévski, ao aceitar um poema em russo de Edelstadt. O jovem anarquista não faltou ao imperativo ideológico, visto que em 1890 seria um dos fundadores e primeiro redator do hebdomadário *Di Fraie Árbaiter Schtime* (A Voz Operária Livre) e, em 1899, publicaria o seu texto de estreia no verso ídiche, "In der Émes" (Na Verdade). Bakúnin, Kropótkin, Johann Most e influências tolstoianas misturavam-se no credo anarco-libertário de sua poesia. Considerava que era dever do poeta expor o mundo atual em toda a sua crua nudez, desmascará-lo e ao mesmo tempo revelar as esplêndidas promissões de uma época "sem governantes nem lágrimas", como diz um de seus versos. Esta era uma causa pela qual, a seu ver, valia a pena lutar e morrer. E muitos o fizeram realmente, no movimento revolucionário judeu, tendo nos lábios estrofes suas, como "In Kampf" (Na Luta): "Despertai, ó irmãos! Com a lança e o facho, / acorrei todos às fileiras do combate!", e "Main Tzavoe" (Meu Testamento):

2. Nome dado aos soldados judeus que eram recrutados à força quando ainda meninos e deviam permanecer para o resto da vida na caserna, por decreto de Nicolau I.

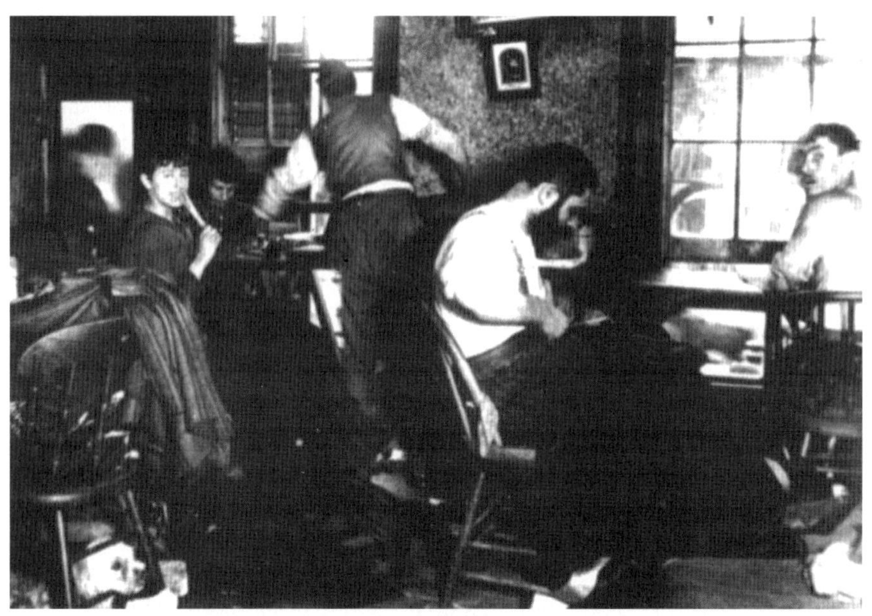

▪ *Uma malharia em Ludlow Street, Nova York.*

Ó meus bons camaradas! Quando eu morrer,
à minha cova trazei nossa bandeira, a bandeira
vermelha, a bandeira da liberdade,
tinta do sangue de tantos trabalhadores!

Cantai por mim sob o rubro estandarte,
cantai meu canto de liberdade, canto de liberdade
que tem o som dos grilhões
de todos os oprimidos, cristãos e judeus.

Ouvirei, mesmo do fundo de minha cova,
meu livre canto, canto de vento e tempestade,
e lá verterei sempre meu pranto,
por todos os oprimidos, cristãos e judeus.

Quando eu ouvir o estrondo das armas,
derradeiro combate de sangue e de dor,
de meu túmulo cantarei para o povo,
cantarei para fortalecer o seu coração.

Dentre as numerosas elegias que prantearam a morte de Edelstadt, prematuramente ceifado pela tuberculose, uma das mais inspiradas foi a de um rapaz de dezenove anos, que de pronto surgiu como sucessor do vate do anarquismo judeu na América. Iossef Bovschóver levou à frente o estandarte radical, até que mergulhou na insanidade, seis anos depois. Seus versos, embebidos em ácida crítica social, são pregoeiros de um apocalipse ateu, em que sacerdotes e plutocratas, reis e verdugos seriam justiçados finalmente. Paladino dos oprimidos e espoliados de toda a humanidade, quase não aborda temas especificamente judeus, embora escreva em ídiche, língua em que também deu vazão a uma poesia de caráter mais pessoal. Numa espécie de contraponto aos cantos de protesto e combate, faz-se ouvir em Bovschóver o registro lírico das vivências do eu. Desgarramento boêmio, desespero e desilusão inteiram, nesta banda, as expressões de um romantismo que se inspira, em boa parte, em Shelley, Heine e Whitman, mas que, desde o seu primeiro brado de "Uma Vítima do Capital" (1892), está prometido à "Revolução":

> Cometa orgulhoso eu venho, como o sol ao levante,
> eu venho do furacão selvagem carregado pelo raio e pelo vento.
>
> Eu venho dos vulcões nebulosos, como lava cor de sangue,
> eu venho qual borrasca do norte que desperta os oceanos.
>
> Eu venho porque nasci sob o reino de um grande deserto,
> onde os senhores alimentaram e depois despertaram minha cólera.
>
> Eu venho
> pois ninguém pode matar o grão de vida no peito humano,
> eu venho, pois à liberdade ninguém forja grilhão eterno.

Ao período inicial, de predomínio ideológico libertário e anarquista entre os imigrantes judeus ligados ao movimento radical nos Estados Unidos, segue-se, com o desenvolvimento do sindicalismo e de uma liderança operária mais interessada em conquistas imediatas e por meios legais, uma crescente influência das concepções socialistas no meio trabalhista judeu. A fundação do diário *Forvertz* em 1897 é um marco decisivo nessa evolução. É nas suas páginas que Morris Vintchévski, Morris Rosenfeld, Abraão Liessin vão exercer a sua "missão".

Vintchévski, que desenvolveu seu apostolado não apenas nas letras, sendo chamado o *zeide* (avô) do Socialismo Judeu, foi o pioneiro da lírica proletária, precedendo todos os demais com os versos sentimentais e patéticos das *Lôndoner Silhueten* (Silhuetas Londrinas). Contudo, possui a virtude de converter preceitos doutrinários em figurações poéticas vivas, em imagens sensíveis de uma humanidade sofredora de espoliados e injustiçados cujos semblantes se apresentam à vista do leitor. Com a mesma concretitude visual, hasteia os pendões e lança as hostes da liberdade, judeus irmanados com cristãos, ao assalto contra os inimigos do "gênero humano":

Desfraldai as rubras bandeiras!
Soai o clarim da arrancada,
despertai os míseros mortos-vivos,
e dizei-lhes: Irmãos, vede, aqui estamos nós,
e lá o sangrento inimigo!

[Um Canto de Luta]

Vintchévski jamais abandonou política e literariamente este combate, em que se engajara desde muito moço, em 1877, e o compromisso que assumira consigo mesmo, de consagrar a ele a sua vida:

Há anos, muitos anos, quando prisioneiro
eu pagava o preço da liberdade
quando os amigos, o amor e a ventura
na sepultura haviam me esquecido,
fiz então um inviolável juramento,
de lutar pela verdade e pelo direito,
sacrificar a juventude e o conforto,
a paz dos dias e o langor das noites,
enquanto no mundo feito masmorra
as cadeias acorrentarem o homem,
enquanto a desgraça e o pranto em cortejo
seguirem o trabalhador, do berço à cova.
Sim, há anos, muitos anos, eu encerrado
em escura solidão fiz este juramento
e por única testemunha tive a noite.

[*Di Schvue* (O Juramento)]

É indubitável porém que nessa barricada poética a figura mais relevante, pela qualidade literária e pela repercussão de sua obra, foi Morris Rosenfeld, o poeta-alfaiate. A vida do *shop* e do East Side nova-iorquino encontra nele pungente expressão lírica. Seus versos comunicam, mais do que ideários e lemas, experiências dolorosas e emoções pessoalizadas. "Der Trérn Milioner" (O Milionário das Lágrimas), "Oifn Buzem fun Iam" (No Seio do Mar), "Der Svetschop" são poesias, nas quais o suspiro do trabalhador exaurido, o lamento da criatura maltratada e o clamor do escravo oprimido se fazem os sentimentos de alguém que foi apanhado, ele próprio, pelas rodas do maquinismo. "Main Íng[u]ele" ("Meu Menininho"[3]) é uma de suas composições mais conhecidas. Traduções

3. Este poema foi vertido por Paula Beiguelman em 1950 e retrabalhado por mim na presente versão.

feitas para muitos idiomas, inclusive para o português, apareceram em publicações anarquistas e socialistas da época, fazendo ecoar internacionalmente o grito de dor do proletário judeu, na voz de seu poeta e de estrofes como estas:

Eu tenho um menininho,
filhinho encantador!
Se o avisto, me parece,
que do mundo sou senhor.

Mas raro, muito raro,
desperto vejo o meu lindo,
pois só à noite o encontro,
e sempre está dormindo.

Cedo me impele o trabalho
e tarde ele me faz voltar;
estranha me é minha própria carne,
do meu próprio filho, o olhar.

Volto para casa amargurado,
na escuridão que me alcança –
minha pálida esposa me conta
com que graça brinca a criança.

Quão doce e esperto pergunta:
"Ó, mamãe, quando virá
para me trazer um *penny*
o meu bom e querido papá".

Eu ouço e me apresso – é preciso –
sim, sim, tem que acontecer!
O amor paterno se inflama
meu filho há de me ver!

Estou à beira de sua caminha,
vejo e ouço, psiu! Será?
Um sonho move os beicinhos:
"Cadê o papai? Onde está?"

Beijo os olhinhos azuis.
Eles se abrem – ó meu filhinho!
Eles me veem, me fitam,
e logo se fecham de mansinho.

"Aqui está teu papá, meu querido,

um *penny* para ti, toma lá!"
Um sonho move os beicinhos:
"Cadê o meu papai? Onde está?"

Sufoca-me a dor e a angústia,
amargurado, fico ali a pensar:
"Quando acordares um dia, meu filho,
não mais hás de me encontrar".

Além do pequerrucho que sonha com o pai, mas raramente o vê, da jovem que se apressa de manhãzinha para chegar em tempo ao *shop* e perambula à noite pelas ruas a fim de ganhar o pão com a venda do próprio corpo, de homens e mulheres fisicamente desgastados e espiritualmente alquebrados por uma faina incessante, Morris Rosenfeld também viu as aflições de um povo que, sem eira nem beira, pária das nações, não sabe o que vem a ser o descanso, afugentado como é de toda a parte, e cuja existência coletiva é uma sombria tragédia sem um momento de felicidade ou de encanto. Mas o errante sonha com os antigos esplendores de Sion e o poeta ouve a voz que lhe ordena despertar o povo com a mensagem da boa nova. Assim, a sua poesia volta-se não só para a causa social mas também para a nacional, e se as *Canções do Trabalho e da Liberdade* repercutiram mundo afora, as *Canções Populares e Nacionais*[4] calaram no despertar da autoconsciência judaica, como nesta "Goles March" (Marcha da Galut):

Mit dem vanderschtok in hant,
on a heim un on a land;
on a goiel, on a fraind,
on a morgn, on a haint.

Com o bordão do errante na mão,
sem um lar e sem uma pátria;
sem um redentor, sem um amigo,
sem um amanhã, sem um hoje.

Com Abraão Liessin, a poesia social ídiche nos Estados Unidos impregnou-se dos valores da herança tradicional: ele recriou em versos a atmosfera das festas judaicas, reinterpretou o sentido de muitos relatos bíblicos, reinvocou o espírito

4. Os dois títulos se referem a edições americanas de seus poemas que apareceram originalmente em *Di Glocke* (O Sino, 1888), *Di Blumen Kette* (O Ramalhete, 1890) e seu *Líder Bukh* (Livro de Canções, 1897) traduzido pelo *scholar* americano Leo Wiener para o inglês, sob o título *Songs from the Ghetto* (Canções do Gueto), e que deram a Rosenfeld fama internacional na época.

dos mártires pela Santificação do Nome, pois o poeta acreditava que Israel devia participar da festa da libertação dos povos, como povo, e não como um punhado desintegrado de indivíduos. Seu socialismo estava marcado pelo pensamento social e ético dos profetas e sua visão do futuro era em parte a visão messiânica da redenção. Foi um dos pioneiros do trabalhismo sionista e do socialismo religioso. Por outro lado, sob o ascendente de Púschkin e Nekrássov, Heine e Poe, Bialik e Whitman, cultivou uma arte poética apurada na dicção e nas metáforas, contida no som e na emoção, onde há lugar para a sensibilidade tonal e meditativa de um "Noturno da Primavera":

> Embebida em êxtases de perfume,
> silenciada por poderes necromânticos,
> cai a noite na primavera,
> sobre as árvores e sobre as flores.

As estrofes de suas baladas e *líder* assinalaram, vistos na perspectiva de hoje, um passo importante no verso ídiche em geral rumo a uma lírica mais refinada esteticamente, mais exigente quanto a seus critérios artísticos.

IMPRENSA E TEATRO

O veículo destes poetas era a imprensa ídiche, que conheceu naqueles anos notável avanço técnico e cultural. Já no outro meio de comunicação popular que atingia particularmente a massa judia nos Estados Unidos, ou seja, o teatro, o processo evolutivo não foi tão rápido, pelo menos no que diz respeito à qualidade do texto dramático e ao nível do espetáculo. É verdade que a primeira fase do teatro judeu-americano, iniciado em 1882 com operetas de Goldfaden encenadas por Bóris Tomaschévski (1863-1933), em Nova York, reuniu, graças à proibição de 1883 na Rússia, alguns dos mais dotados intérpretes que jamais pisaram o palco ídiche, como Iaakov Adler (1855-1926), David Késsler (1860-1920) e Sigmund Mogulesko (1858-1914). Mas o repertório que então apresentavam era composto unicamente de um extravagante conjunto de desgrenhados melodramas, operetas, *tzait bílder* (quadros de época), comédias e *vaudevilles*, que Moische Hurvitz, o "Professor" (1844), e seu rival, Iossef Lateiner (1853-1935), produziam em série, pilhando, remendando e adaptando tudo o que lhes caía sob as mãos e que se prestasse ao tablado. Ambos tinham, é verdade, grande domínio dos artifícios de cena e sabiam como satisfazer as imposições dos empresários, que eram ao mesmo tempo os "astros", os diretores e os donos dos teatros, pois manipulavam ou, como se dizia no linguajar dos bastidores, "coziam" (*bakn*=cozer no forno) com um receituário flexível, inescrupuloso e certeiro a encomenda teatral de um público rude, sequioso de emoção e ilusão entretenedoras. Se assim surgiam por vezes em peças como *Judá, o Galileu*, *Amor de Mãe*, *Monte Cristo*, *Milionário ou Mendigo*, *A Cigana*, de Hurvitz, ou *O Judeu Eterno*, *A Pérola de Varsóvia*, *Mamon*: *Deus da Riqueza*, *O Coração Judeu*, de Lateiner, efeitos surpreendentes por sua "teatralidade", nem por isso se poderia encontrar na produção dos dois dramaturgos qualquer expressão de uma arte mais refinada. Contudo, nem Schomer, que começara a dramatizar seus popularíssimos romances por sugestão de Goldfaden e que fora chamado aos Estados Unidos a fim de prover de novos textos a máquina voraz do *schund* judio-americano, nem o próprio Goldfaden, durante a sua primeira estada na América, conseguiram arrebatar-lhes o cetro no gênero e a preferência da bilheteria.

Coube a Jacob Gordin (1853-1909) chamar a atenção dos atores e da plateia para o escasso valor das obras então apresentadas e a grossa artificialidade na forma de representá-las. Ele o fez a partir de 1891, quando por motivos políticos teve de sair da Rússia e emigrou para os Estados Unidos onde, a fim de sustentar a família, passou a escrever em ídiche (antes só se exprimia em russo) e iniciou a carreira de autor dramático. Tradutor de Ibsen, Strindberg, Tolstói e Górki, seguiu-lhes as pegadas no modo de construir as peças, ao mesmo tempo em que derivou argumentos e enredos de outros mestres, como Eurípides, Calderón de la Barca, Schiller, Gútzkov, Hauptmann. Seu primeiro êxito foi em 1892, quando Iaakov Adler levou ao palco *Der Iídischer Kenig Liar* (O Rei Lear Judeu), um drama que abordou uma questão já sensível nos lares dos imigrantes – o choque de gerações entre os pais ligados aos valores da tradição judaica e os filhos americanizados. Com *Mírele Efros* (1898), um rei Lear feminino, Gordin comoveu o público através de um trágico destino de mãe; em *Safo* (1899) apresentou o problema da mulher emancipada, pronta a atender aos chamados do amor, sem medir as consequências: e em *Got, Mentsch und Taivl*[5] (Deus, o Homem e o Diabo, 1900), sua obra mais importante, colocou o problema da natureza maniqueísta do homem, dividido entre o bem e o mal, exposto como Jó a todas as maquinações de Satã e pronto como Fausto a vender a alma, mas

5. Evelyn Tornton Beck, *Kafka and the Yiddish Theater: Its Impact on His Work*, Madison: University of Wisconsin Press, 1971. Após minucioso estudo comparativo entre o texto de *Deus, o Homem e o Diabo* e "O Julgamento", relato de Kafka, a autora afirma que "estes numerosos paralelos em tema, caráter, ação e técnica mostram que a peça de Gordin forneceu importante fonte para a história de Kafka (p. 97)." Todavia, a tese por ela sustentada em *Kafka and the Yiddischer Theater* vai além e tenta provar que as peças ídiches vistas pelo autor de *O Processo* entre 1910 e 1912 (quando proferiu a famosa frase segundo a qual descobrira que entendia muito mais ídiche do que imaginava) e que lhe suscitaram interesse, como registram os seus *Diários*, teriam contribuído sensivelmente para certos traços da obra de Kafka, como a ironia cômica, e para a transformação estilística que esta sofreu, por volta da mesma época, isto é, a partir de "O Julgamento".

THE WORKMANS PAPER. די DIE ARBEITER ZEITUNG.

אַרבּייטער צייטונג

NEW YORK, MAY 5th 1893. No. 18 (171) Vol. II. פּרייז 3 סענט

▪ Die Árbeiter Zeitung *(O Jornal dos Operários), de Nova York. Exemplar de 5 de maio de 1893.*

não para todo o sempre, pois o dramaturgo acredita, como seu mestre Tolstói, que a riqueza, a corrupção, a crueldade e o crime não podem destruir o fundamento ético da consciência e esta sempre retoma de algum modo o seu norte, devolvendo a criatura humana ao seu ser essencial ou, como se exprime o Coro dos Anjos Jovens, na abertura do prólogo à peça: "Morrer morre tudo que é e que vive, / somente a vida é imortal." Gordin foi um autor prolífico. Ao todo teria escrito ou adaptado cerca de setenta peças, entre as quais *Di Schkhíte* (A Matança, 1899), *Der Vílder Mentsch* (O Homem Selvagem), *Di Kroitzer Sonate* (A Sonata a Kreutzer, 1902), *Elischa ben Abuia* (1906), *Die Issôime* (A Órfã, 1903).

A novidade que esta dramaturgia apresentava não residia apenas na nobreza literária de suas filiações. Gordin, com efeito, foi levado, por propensão ou concessão, a conciliar o tratamento artístico do texto e os padrões reinantes na ribalta judia. Assim, a peripécia melodramática, com súbita inversão da fortuna da personagem sem causa estrutural adequada, permaneceu entre os componentes de sua máquina teatral. Desta ordem também são os desenlaces felizes para situações basicamente trágicas e o emprego de condimentos humorísticos superficiais ou supérfluos. No entanto, seus dramas têm a virtude de apresentar, através de caracteres e situações em boa parte verossímeis, problemas morais e sociais candentes. Daí também resultaram mudanças no estilo de interpretação,

Das Abend-Blatt. The Evening Paper.
אבענד-בלאטט
VOL. II No. 478 NEW YORK & PHILADELPHIA, SATURDAY, MAY 2, 1896. PRICE ONE CENT.

▪ Das Abend-Blatt *(A Folha da Tarde). Exemplar de 2 de maio de 1896.*

que se tornou mais natural, de modo a permitir a configuração de conflitos, vontades e emoções de homens e não de meros bonecos da convenção teatral e de sua afetada declamação.

Esta reforma foi a viga mestra da chamada época de ouro do teatro ídiche-americano. Surgem então, ao lado de Gordin, e sob a sua égide, os nomes de Leon Kobrin (1873-1946) e Zálman Líbin (1872-1955), ambos representantes de um realismo que se desfaz das preocupações moralizantes do drama burguês haurido em Dumas Filho, Augier etc. ou místico-existenciais de tipo tolstoiano e adquire forte acento naturalista.

Contista de um sem-número de relatos publicados na imprensa ídiche, onde fixa os *Gueto Dramen* (Dramas do Gueto, título de uma de suas coletâneas), autor de romances e novelas como A *Lítvisch Schtetl* (Uma Cidadezinha Lituana), *Imigrantn* (Imigrantes), *Ore di Bord* (Ore, o Barbudo), Kobrin guindou-se ao palco dramático com *Mine* (1898), levada no teatro de Iaakov Adler em 1899. *East Side Gueto* (O Gueto do East Side), *Der Farlôirener Gan Éidn* (O Paraíso Perdido, 1902), *Tzvei Schvéster* (Duas Irmãs, 1904), *Sonim* (Inimigos, 1912) são alguns dos principais textos com que, na trilha de Gordin, procurou prover a cena judaica de um repertório mais significativo. Mas foi sem dúvida *Iankl Boile oder der Natur Mentsch* (Iankl Boile ou o Homem Primitivo, 1913) que firmou a presença de Kobrin no repertório teatral. Drama de um rude rapaz judeu de aldeia cujo espírito simples se vê dividido entre a paixão por uma jovem cristã e a promessa que fizera ao pai, no leito de morte deste, de não se casar fora de sua religião, a peça, que obteve grande sucesso, consagrava uma escritura dramatúrgica direta, sem artifícios nem lances de efeito na armação das situações e na caracterização das personagens. Menos interessado na representação do debate de ideias do que na expressão de impulsos e comportamentos humanos, seus quadros de vida reservam pouca margem para conflitos propriamente intelectuais. Embora imbuídos de críticas às vezes contundentes às condições de existência no contexto judaico, desenvolvem-nas principalmente através da pintura dramática dos reclamos naturais, das imposições do meio, dos choques de adaptação e dos dilemas morais, no indivíduo, em particular.

Líbin, por seu turno, transfixa em seus textos narrativos e dramáticos a árdua forma de vida dos imigrantes nos *sweatshops* e nos pardieiros do East Side, mas infunde nessas telas sombrias de miséria e alienação humanas elementos líricos e de humor que atenuam sua crueza e lhes dão um toque tragicômico. *G[u]ebrókhene Hértzer oder Liebe un Flikht* (Corações Partidos ou Amor e Dever, 1903) é uma peça que alcançou grande repercussão entre os espectadores da época, tendo sido, mais tarde, adaptada para um filme de Morris Schwartz.

A RENOVAÇÃO DA LÍRICA ÍDICHE

Não obstante tais dramaturgos, a força principal da produção literária ídiche-americana não se situava na dramaturgia. Pois esta nada podia apresentar que ombreasse, por exemplo, com a poesia de um Iehoásch ou, como se chamava de fato, Iehoásch Schlôime Bloomgarden (1870-1927). Com ele, remata-se de certo modo uma tendência que já se esboça em Liessin. Se a sensibilidade ética e social não se embota, permanecendo palpitante, ela assume uma nova feição:

Ó pai de minha alma
onde posso eu te encontrar?
Profanador,
contempla tua obra:
Uma pele negra de sangue rajada,
um rosto de ébano de olhos brancos
uma língua vermelha inchada
entre os dentes reluzentes

Ó pai de minha alma,

mestre de todos os corpos
onde posso eu te encontrar?
Profanador!
Aquele que estremece nas malhas azuis
de teus crepúsculos sagrados,
aquele que se enevoa em teus soluços noturnos
e durante o dia em teu canto,
aquele que palpita na semente
de teus desejos jamais nascidos,
aquele que te chama, que te atrai e que te dilacera,
tornou-se carne,
tornou-se pele negra,
lábios grossos e grenha carapinha
e tu enterraste tuas unhas em suas costas,
cravaste em seu peito tuas facas,
tu cuspiste sobre ele, agonizante,
tu o deixaste pendente
no galho de uma árvore.

[Linchamento]

Na verdade, a criação poética ídiche nos Estados Unidos deixa de ser mera caudatária das panfletagens de correntes políticas e ideológicas, tornando-se, assumidamente, a concreção estética do imaginário do sujeito artístico individual e de suas experiências. Diante da sociedade, do homem e da natureza, Iehoásch não padroniza a sua reação na tipicidade das categorias, das correntes ou das classificações intelectuais. Mas ao sabor do eu, convertendo tudo o que o mundo de fora lhe apresenta no seu mundo interior, medita e indaga, melhor ainda, cisma:

Quem poderá romper os muros?
Eu só.
Eu direi a Palavra, uma outra Palavra,
e as pedras hão de saltar.
E quem me confiará a Palavra?
Eu só.
Durante os dias de prece e espera,
durante as noites de pranto.

[Quem?]

- *Manifestação sindicalista, com a palavra de ordem a união faz a força, em cartazes não só em ídiche e inglês como em várias línguas, em função da origem múltipla dos trabalhadores nova-iorquinos e para ressaltar o caráter internacionalista da causa operária.*

- *(à direita) Mascates e clientes em Hester Street, 1899, Nova York.*

Sua alma funde-se com a natureza ou, antes, infunde-se na paisagem, nas árvores, nos astros, que suspiram, gemem, relutam, raivecem, riem e choram. O fenômeno inanimado anima-se. Não só o espírito está na matéria, como, ao bom modo do panteísmo romântico, a matéria está no espírito. O amor, por exemplo, não é apenas translúcida emoção da alma, mas igualmente turvada paixão do corpo. Nele, idealidade e animalidade se mesclam inextrincavelmente. Éden e Geena, o amor implica o ódio, a confiança mas também a dúvida suspicaz, a renúncia e o ciúme, o conflito entre razão e sentimento. Onde quer que surja, surge com ele o contraditório. Mas precisamente por isso é uma das manifestações intensas do que há de mais eterno e absoluto no universo, a força divina que em tudo opera e a tudo permeia – criação e destruição, vida e morte.

A obra poética de Iehoásch – que encontrou também inspiração longe das vivências da grei, como nos seus versos de temas japoneses e chineses – não é menos profundamente renovadora e original em outro campo de sua predileção: o temário histórico-judaico. Aí, colhendo em fontes bíblicas, talmúdicas, medievais e hassídicas, revive lendas, dramatiza episódios, mas, como Peretz, que foi o mestre de sua juventude, sempre buscando a dimensão interior, humana e sensível das figurações místicas e lendárias, através de uma captação lírica que, todavia, não reduz tudo a estados d'alma, porém se condensa também em pensamento reflexivo nucleador da reação anímica e da expressão poética. Suas romanças e baladas estão por isso povoadas de fantasmas e assombrações. São individualizações poético-históricas que as experiências históricas do judaísmo, sobretudo os seus tormentos e o poder de os sobreviver, suscitam na mente do poeta.

Compreende-se, pois, que a linguagem em Iehoásch não fique à mercê da inspiração momentânea, como se poderia esperar de um romântico, mas seja produto de uma pesquisa. Ela deve configurar com tensa precisão a ideia poética, de modo a tornar-se por si vibrátil e musical e a irradiar por conotação as sugestões que o poema encerra, sejam elas do espírito, da vivência, da história e da cultura. Um exemplo disso é a maneira como realizou a sua notável tradução da *Bíblia* na qual trabalhou trinta anos e que é comparada, por muitos, à de Lutero para o alemão e à de King James para o inglês. Além de empenhar-se na transposição exata, sem recurso à paráfrase ou à interpretação, para o quê mobilizou os mais variados extratos linguísticos do ídiche, desde o medieval e da época da *Tzenerene*[6], procurou recriar a música e o ritmo, a poesia interior de cada livro bíblico.

Na esteira de Iehoásch e da tendência para emancipar a criação poética dos estritos compromissos didático-sociais do século XIX, H. Rosenblatt (1878-1956)

6. Ver supra, p. 26.

e Iossef Rôlnick (1879-1955) também pertencem ao rol dos que pavimentaram o caminho que levaria, após 1905, ao ascendente impressionista e simbolista no verso ídiche-americano.

Rosenblatt, que começou no realismo do *sweatshop* e na lírica proletária de Rosenfeld, foi evoluindo sob a influência de Raisen e principalmente de Iehoásch, mas também de Poe e Wilde, para uma poesia em que a busca de "palavras radiantes" e de expressão pessoal se torna o fulcro da atividade poética. Nesta trajetória, trouxe para o ídiche o Oeste americano, em *Grandpa Timothy McGee*, e em *Saskatchewan* celebra o último chefe de uma tribo livre de peles-vermelhas. Contudo, o seu estro foi amadurecendo lentamente e só chegou ao melhor de sua produção em idade avançada, como ficou evidente em *In Schenstn Tog fun Harbst* (No Mais Belo Dia do Outono), publicado dois anos antes de sua morte.

Rôlnick, por sua vez, também tentou, em seus primeiros tempos de vida americana, seguir os padrões da poesia engajada, mas logo tomou um rumo intimista, embora trabalhasse em *sweatshop* e jamais saísse da pobreza. Num de seus poemas diz ele:

> Não sou rico.
> Tenho uma só roupa pra vestir
> em casa, na sinagoga e no trabalho.
> Vou com ela mercadejar nos dias de mercado
> e rezar a Deus nos dias de festa.
> A poeira de verão, a lameira do outono,
> a imundície da goteira caem sobre ela – e não há sabão que lhe possa tirar as manchas.

Embora a sua obra não tenha permanecido neste plano, abrindo-se numa perspectiva lírica mais ampla para o mundo e, nos versos que dedica ao poeta persa Hafiz, alegorize melodicamente seu pessimismo metafísico, nada disso minora o seu tom individualista de cantor do isolamento e da solidão que nutre simpatias pelos movimentos de rebelião, mas para quem no mundo só existem duas pessoas: "Eu, que falo, e o outro, que ouve".

OS IUNG[U]E

Não seriam, porém, estes poetas, imersos sempre nas delicadas penumbras de seus estados d'alma, absortos em motivos pessoais e na tarefa de compô-los com as suaves tonalidades por eles requeridos, que iriam imprimir uma nova direção estética às letras ídiche-americanas. A revolta contra o domínio naturalista e o engajamento social foi, na realidade, obra quase exclusiva de um grupo de *iung[u]e* (jovens), como eles próprios se denominavam.

Quase todos os seus componentes nasceram na década de 1880 e chegaram aos Estados Unidos após 1905. Traziam na bagagem as frustrações da malograda Revolução Russa e a amarga experiência dos pogroms com que a tirania tsarista tentara desviar a onda do crescente descontentamento popular. Por outro lado, haviam respirado a atmosfera da efervescência nacional judaica e do florescimento literário que dela resultara principalmente no círculo idichista de Peretz, ao mesmo tempo em que tinham absorvido elementos da elaboração intelectual e artística russa, alemã e ocidental, que se tornavam cada vez mais ponderáveis, nas condições da vida cultural judaica e de sua *intelligentsia*.

Na América, para onde afluíram em busca de pão, de liberdade ou de um Novo Mundo, o que os agrupou primordialmente não foi nem a ideologia nem a política (embora quase todos tivessem militância ou posição definida em ambas), mas sim as letras e a arte. Para cultivá-las é que começaram a reunir-se, após estafantes jornadas de trabalho em oficinas e lojas nova-iorquinas. Com assombrosa energia, ainda encontravam forças para dedicar as reduzidas horas de folga ao labor de criação e à discussão artística, despendendo os magros *cents* restantes para publicar coletâneas de contos ou poemas ou revistas como *Iug[u]end* (Juventude, 1907), *Literatur* (1910) e *Schriftn* (Escritos, 1912-1926).

Os Iung[u]e propuseram-se fundamentalmente esteticizar a literatura ídiche. Diante do naturalismo e do politicismo, do sentimentalismo e do moralismo, do chauvinismo e do cosmopolitismo, da tendenciosidade e do didatismo reinantes, propugnavam por uma arte que fosse em primeiro lugar a expressão radical da subjetividade e da sensibilidade do indivíduo, voltada para a imaginação e a forma mais do que para o conteúdo discursivo. A palavra e a composição de palavras deviam comunicar impressões, comprazer a vista e o ouvido com efeitos visuais e tonais, ou criar símbolos e metáforas irradiantes para os sentidos da alma, e não expor conceitos ou querer elucidar didaticamente problemas. Em suma, era a bandeira da arte desengajada no sentido estrito, do puro esteticismo impressionista e simbolista que surgia no âmbito de uma literatura onde até então, por circunstâncias não só sociopolíticas como etnoculturais, reinara como lei quase sagrada a ideia do compromisso estrito do escritor com o povo. Diz R. Aizland, um dos integrantes e teóricos dos Iung[u]e:

> Quando nós aparecemos, a literatura ídiche estava a serviço de ideias e movimentos, sociais e nacionais. Os poetas eram altamente respeitados, mas sua poesia, como toda servidora, era desdenhada. Nós proclamamos sua libertação e seu direito à independência. Sustentamos que a poesia não deve estar presa a ideias, pois ela

> existe em função de si mesma. A nova tendência na poesia ídiche é no sentido da vida, da vida cotidiana do indivíduo, com seus pesares e suas alegrias, e todas as suas experiências. Daí por que o poeta moderno procura antes de tudo ser verdadeiro consigo mesmo. Daí por que ele se preocupa tão pouco com as aflições do mundo e o sofrimento nacional, com ideias sublimes e problemas sociais. Porque ele sabe que, antes de tudo e com mais força do que qualquer outra coisa, ele está interessado em seu próprio eu e nos mil pequenos acontecimentos que o cercam.

Assim, as teorias e as práticas artísticas dos jovens vanguardistas, os primeiros das letras ídiches, soaram como um atrevimento que beirava a loucura e provocaram grande oposição do *establishment* da época. Contudo, a contribuição dos Iung[u]e para a renovação das letras judaicas foi extraordinária. Procurando tirar o estro ídiche do provincianismo estético e do regionalismo literário da "cidadezinha", enriqueceram a língua com sonoros e fulgentes neologismos, a arte poética com técnicas e procedimentos inovadores e o fundo de literatura disponível no vernáculo do povo com magníficas traduções de textos não só ocidentais como também japoneses, chineses, persas, egípcios e árabes, mas principalmente com obras originais, de mérito inegável.

Dentre os que encarnaram mais caracteristicamente a linguagem, as formas estilísticas e as concepções do grupo, vale destacar:

David Ignatoff (1885-1953), uma das figuras mais dinâmicas do conjunto, foi o seu líder. Vindo para a América em 1906, depois de ter militado no movimento revolucionário na Rússia e de ter sido preso por isso, tornou-se operário fabril. Mas o seu principal interesse estava nas letras. Após sucessivas tentativas goradas para publicar escritos de sua lavra, experiência que era compartilhada por outros jovens autores imigrantes, reuniu à sua volta alguns destes escritores, formando o círculo dos Iung[u]e e dando-os a público na primeira antologia do grupo, que se chamou *Iung[u]end* (Juventude). Editor desta e de outras coletâneas daqueles moços então quase totalmente desconhecidos e desprovidos de qualquer apoio, conseguiu materializá-las graças ao seu feitio enérgico e à sua capacidade de movimentação social.

Curiosamente, ou talvez por isso mesmo, este homem dotado de grande poder de atuação e chefia, era um *hassid* no fundo do seu coração, que considerava a "realidade um sonho maravilhoso e o sonho uma realidade mística". Unindo tal atração, marcada por um espírito profundamente embebido em judaísmo, com as experimentações de uma arte de pura filtragem estética e a ação de um homem deste mundo empenhado na realização de uma ordem mais justa na sociedade, Ignatoff sentiu-se impelido a levar a força do poético para além do poema. Embora fizesse versos de feição peculiar, foi sobretudo no romance que encontrou um meio adequado de receber e moldar os seus intensos fascínios e profundos anseios. Em obras como *Vúnder Maisses fun Altn Prag* (Histórias Maravilhosas de Praga Antiga) vai buscar o seu material no fabuloso veio da épica hassídica e das lendas medievais judaicas: "Eu tomo um punhado de folhas secas dos livros sagrados e diante do sopro de meu alento levanta-se o pó, a sujeira cai por terra, restando apenas sementes. Escolho algumas, transplanto-as, aqueço-as com meus olhares, até que começam a medrar e dar frutos", diz ele na epígrafe a seus relatos das aventuras de Berl Práguer (*Vúnder Maisses*...). Mas o interesse de Ignatoff nunca é folclorístico. O que o incita sempre é a incursão do espírito, através da arte, nos recônditos do mistério e do simbolismo esotérico, na busca sempiterna da "luz", da pureza, do *schabat* do mundo. Em *Dos Gôldene Íng[u]ele* (O Menino de Ouro), uma de suas melhores parábolas desta procura, a visão da essência radiante do universo se faz objeto do "itinerário" de toda uma vida, em que o esplendor vislumbrado na mocidade, longamente perseguido subsequentemente, é redescoberto em sua plenitude pelo olho interno, depois que o olho externo, ofuscado pelo sol, fica cego. Mesmo em suas narrações de cunho realista, como *In Kesselgrub* (No Caldeirão, 1918) e na trilogia *Oif Vaite Vegn* (Em Caminhos Distantes), Ignatoff tem a pena atraída, por sobre os cortiços e as misérias das habitações coletivas, para um horizonte de idealidade mística: "Através das ruas imundas, com seu ar poluído, ainda sopra uma lufada de pureza divina, e a decadência da alma é constantemente detida por um ideal de regeneração pessoal e nacional."[7]

Mâni Leib (Brahínski, 1883-1953), o "Cavaleiro da Flor Azul", como ele próprio se designava, sapateiro e poeta ou, antes, poeta e sapateiro ("Eu não sou um sapateiro que escreve, graças a Deus, mas um poeta que faz sapatos", esclarece ele), teceu sua andança neorromântica e simbolista com sensações refinadas, cores iridescentes e tons mágicos:

Eu sou a videira selvagem!
Subo o muro em teu quintal
e chego, rubro e selvagem,
à tua janela, afinal.

Deitar-me no teu soalho,
arfar no frufru do teu vestido,
empalidecer aos teus olhos
por tua palavra ferido.

7. É como Sol Liptzin o considera em *The Maturing of Yiddish Literature*, Nova York: Jonathan David, 1970.

E refletir a luz de tuas lâmpadas,
verde aranha outonal, trepadeira.
Finar-me pensativo com as lâmpadas,
feito cinza na chama da lareira.

Deitar-me pálido, morto,
em tuas vidraças, na neve,
na neve, de neve coberto,
chorar para ti, lá na neve[8].

Seu lirismo, que tangeu cantigas para divertir crianças e entristecer adultos, revelou estranhas belezas na banal fatia de pão preto e pitada de sal branco. *Baladn* (1918), *Líder* (Canções), *Iídische un Slávische Motivn* (Motivos Judeus e Eslavos), *Der Fremder* (O Estranho), *Der Schloss* (O Castelo), *Kinderlíder* (Canções Infantis), *In a Vínterdike Nakht* (Numa Noite de Inverno), *Vúnder Íber Vúnder* (Maravilhas Sobre Maravilhas, 1930), além das duas *raccolti* póstumas, *Líder un Baladn* (Canções e Baladas, 1955) e *Sonetn* (1961), são alguns dos títulos de um estro que, fazendo valer no texto a exigência de uma linguagem despojada de adjetivação bombástica e de jornalismo panfletário, segundo o princípio da "escolha verbal estrita" preconizado pelos Iung[u]e, realiza uma poesia de tons suaves em delicadas articulações melódicas. Isto, graças a um ídiche filtrado de excessiva guturalização hebraica e eslava e alfombrado em surdos efeitos de assonância e aliterações a operar a alquimia das correspondências poéticas e a estabelecer seus harmônicos como vínculos estruturais entre tema e conotações. A obra de Mâni Leib, com seus versos condensados, de grande riqueza rítmica, se alça musicalmente e, especialmente nas baladas, transfigura o corriqueiro e o cotidiano, envolvendo-o em melancolia e mistério, não pelo embaçamento perturbador do verbo, mas por sua clareza e serenidade:

Vem, serena Clareza,
com o corte de tua lâmina nua
atravessa os negros emaranhados de minh'alma
até que meu mundo,
livre de pesados, soturnos grilhões,
brilhe como o sol
irrompendo na soleira de minha porta.

Neste altar, o poeta-sapateiro pôde oferendar à sua Musa, "a beleza", a quem jurara servir com "vontade pura e duradoura... até a morte", a expressão de

8. *Quatro Mil Anos de Poesia*, São Paulo: Perspectiva, 1969. Tradução de Paula Beiguelman.

um esteticismo que plasmou uma lírica de acordes inusitados e momentos da mais alta realização poética em ídiche.

> Agora minha nostalgia de ouro se ilumina.
> Mais quente ficou meu sangue, meu olhar mais aberto.
> Agora, agora, ardam mais rubras, ainda mais rubras.
> Minhas rosas rubras – minhas rubras feridas.

Zischa Lândau (1889-1937), pintor de paredes e poeta, encarnou, com sua poesia sensual e idiossincrática, um talento dos mais iconoclastas neste grupo de iconoclastas. De ascendência rabínica, desafiou tradições e nomes consagrados. Considerava-se em parte palhaço e em parte poeta. Do entusiasmo e da audácia à depressão amarga e à grotesca reflexão sobre a morte, suas estrofes reúnem refinamentos e delicadezas de sentimentos e ásperas explosões:

> Claro que sei, hoje é domingo
> e amanhã já é segunda,
> o verão vem depois da primavera,
> o nosso sistema não presta,
> em Nova York mora Opatóschu
> o orgulho da França é Jaurés.
>
> Sei também de muitos segredos profundos:
> o duque de Abruzzi não é duque nenhum. É nosso igual
> e passeia muitas vezes pela rua
> nos dias bonitos, com o paletó no braço.
>
> Também sei: Darwin acertou,
> Copérnico tinha razão,
> melhor que tudo, porém, eu sei:
> Eu
> estou
> perdido.
>
> [*Avade Veis Ikh* (Claro Que Sei)]

Ele cantou galos e rouxinóis, cavaleiros e damas, bailarinas e fadas, exaltando o terror, o desespero e as aventuras exóticas, mas, em outros momentos, alguns dos quais estão entre os melhores de sua obra, entregou-se à quietude contemplativa junto a uma lareira acesa, à captação silenciosa do cismar da alma, ao seguimento singelo das atividades rotineiras. Na verdade, as "contradições são a lógica de meu ser, minha necessidade, meu hábito", admite ele mesmo. Assim, pôde levar o sarcasmo a um grotesco impiedoso, como nas quatro comédias *Es Iz Górnischt G[u]eschen* (Não Aconteceu Nada), em que as criaturas e as relações humanas são convertidas em fantoches e desmascaradas através das máscaras de Pierrô, Arlequim e Colombina; mas, de outro lado, sem nenhuma restrição irônica e com uma elocução poética igualmente adequada, embora em registro oposto, soube doar-se, numa tessitura de delicadezas líricas, às enlevadas santidades de *Di Strikóver Rébetzn* (A Mulher do Rabino de Strikov), versos em que evoca a paz e a piedade do mundo tradicional judaico. Entre a crítica agressiva e a terna celebração correm, pois, os *Líder fun Zischa Lândau* (Os Poemas de Zischa Lândau). Tradutor de Sologub, Eichendorff, Uhland, Platen, verteu também com particular felicidade velhas baladas inglesas e o "Atta Troll", de Heine.

Se a composição poética é motivação e vibração musicais para Lândau e Mâni Leib, ela se transforma em plasmação e ressonância pictóricas para Reuven Aizland (1884-1937), chapeleiro e poeta. Configurar com pinceladas verbais o momento que foge, a cena que se desfaz no turbilhão fenomenal dos eventos, a emoção que se esvai, é a tentativa que o fascina. Na concreção do instante subjetivo, na captura do evanescente existir na impressão das coisas, encontra um universo de "visões" poéticas. São cenas do cotidiano, objetos e fatos banais que, sem perder a forma, o caráter e a aparência comum, se "transfiguram", se revestem de uma singular qualidade que, deixando-os tais como são e mantendo-os onde estão, os coloca além, num estranhamento que os converte em "duplos" de si próprios. O mesmo halo envolve as suas "Naturezas Mortas" e tudo o que o seu amor vê nos poemas que escreveu *Fun Main Zúmer* (De Meu Verão):

> Como seios frescos e cheios, escondendo sua chama,
> dormem os cachos pesados junto às peras
> trigueiras, longas, másculas.
> Femininamente frívolas, ternamente rubescentes,
> duas maçãs se encolhem contra uma fria
> laranja cheia de sabedoria, resplendente.
> Tolas como ídolos, duas bananas destoam.
> Com avidez como a moça em seu primeiro beijo,
> se aparta de sua haste, toda rubra, a cereja.
>
> [Natureza Morta]

São transparências em que se reflete, por entre a sucessão especular de vistas e suas confusas "aparências", o próprio interior da multidão reverberante de elementos corriqueiros, e nas quais o poeta procura refúgio ante o pesadelo que o persegue, o da máquina e da civilização de massa.

Moische Leib Hálpern (1886-1932) é uma das personalidades mais originais do grupo. Garçom, pintor de cartazes, passador de calças numa tinturaria, dos primeiros a aderir ao partido comunista americano, em cujo jornal ídiche *Di Fraihait* (Liberdade) colaborou desde 1921, e dos primeiros a romper com ele, quatro anos mais tarde, em reação às tentativas de enquadrá-lo na "linha", foi acima de tudo um revoltado não só em face de uma sociedade dominada pela injustiça e que o condenava às maiores privações, mas também um revoltado em face de si próprio e de sua própria revolta. "Ajuda-me, ó Deus, a escarrar no mundo, e em você e em mim mesmo", é a prece convulsa de seu espírito, que pervaga, em mil ecos, a sua obra. Na verdade, unindo a crítica social ao desespero existencial, a razão satírica dos "clássicos" da literatura ídiche à sensibilidade contestatória do modernismo, os seus poemas são às vezes varridos por uma fúria demoníaca que destroça tudo à sua passagem e converte os estilhaços, com suas imagens grotescas, em calcinantes imprecações niilistas. Lobo que dilacera sua própria carne, palhaço que expõe cruelmente sua própria angústia, leva a ironia romântica à sua consequência radical, negando-lhe os reinos da evasão imaginativa, o *dépaysement* no ficcional estético e, ao contrário de outros Iung[u]e, não crê nem nos poetas nem na arte nem na beleza nem num sentido ou valor último para este mundo. Chama a si mesmo de Moische Leib o *tákhschit* (joia; ironicamente: o biltre, o patife) e é à preciosidade canalha que reduz a sublime figura do vate que o ideal simbolista cultivara em tantas visões extáticas. Ao filho, Hálpern recomenda, à guisa de uma vontade testamentária:

Meu filho e herdeiro, eu te juro, que assim
como ninguém perturba os mortos em seu repouso,
assim também quando você tiver crescido
eu te deixarei inteiramente só.
Você quer ser um agiota voraz ou um vendedor de *beiguel*?
Seja-o, meu filho. Quer ser um assassino, um incendiado ou um
[jogador?
Seja-o, meu filho.
Mas uma coisa devo dizer-te, filho meu:

Se algum dia a ambição te levar a querer
fazer algum tipo de grandiosa exibição e escrever sobre luares e a lua
ou algum poema da *Bíblia*, envenenando o mundo,
então, meu querido
então eu cortarei, como um mísero e esfarelado
bolo de mendigo num casamento,
todos os laços que agora nos unem

Quanto à beleza, ele afirma: "Por mais que lute para ver apenas o que é belo, vejo somente o que é repulsivo, um pedaço de carniça apodrecida". O radioso miradouro da arte, onde o artista deveria vislumbrar as diáfanas harmonias ainda que de uma promessa distante, é na realidade "Une Charogne" (Uma Carniça):

> Lembra-te do objeto que vimos, minh'alma,
> está manhã tão doce de estio:
> na curva do caminho uma infame carcaça
> num leito semeado de seixos [...]

De Baudelaire, vinham "as moscas que enxameavam esse pútrido ventre", os miasmas da decomposição humana na grande cidade, mas o poeta judeu, roído até a medula pela miséria material e a exaustão espiritual na voragem americana, não pode acompanhar Baudelaire, quando ele conclui:

> Então, ó minha beleza!, diz à vermina
> que te comerá de beijos,
> que eu guardei a forma e a essência divina
> de meus amores decompostos!

Hálpern, na sua *malaise* extrema de alienado e oprimido que olhou no fundo do poço de seu sofrimento e não pode suportar passivamente o que viu, não aceita os lenitivos da arte, com suas miragens apolíneas ou mesmo dionisíacas. Quer vê-la explodir, não apenas no revoltante do grotesco e do disforme, mas na revolta que dispara os projéteis de sua ira:

> O mais bruto ignorante, o grosseirão da rua, não faz um *tzimes* de seus pesares. Tampouco os transfere para o pergaminho nem os cobre com a cobertura da *Torá*. Quando sua raiva atinge o ponto de ebulição, não tem vergonha de mostrar que pedras podem voar como pássaros. Mas quando o artista é tomado de raiva, ele corre para casa e põe-se a remexer palavras até que fica doente consigo mesmo. Eu gostaria de acreditar que aqueles artistas que ainda conservam alguma humanidade devem carregar a sua arte como se ela fosse um furúnculo debaixo do braço. E tudo o que desejam é ver-se livre dela.

Tal é este Iung[u]e que, entre ruidosas proclamações de individualismo e profundas simpatias pela causa coletiva dos oprimidos e explorados, entre um vigoroso sensualismo e um ceticismo decadente, entre o amor à vida e a consciência de que tudo nela é vão, escreveu os versos da recusa radical do rejeitado deste e de qualquer outro universo, que se arremete pendularmente contra as paredes de seu *huis clos*. Levando tudo ao último extremo, não recuou diante da justaposição do fantástico quase surrealista ao vulgar ultranaturalismo, como *In Niu York* (1919) e em *Di Gôldene Pave* (O Pavão de Ouro, 1924), cujo estilo violento, grosso e desenfreado mal oculta o desespero íntimo de quem olhou, nos olhos do mundo, os escaninhos dos embustes sociais, das imposturas morais, das debilidades humanas e dos impasses da existência, num universo absurdo:

> Moische Leib postou-se
> no meio da noite para pensar o mundo.
> Ele atenta para o seu próprio pensar –
> alguém lhe sussurra no ouvido
> que tudo é reto e tudo é torto
> e que o mundo gira em redor de tudo em redor.
> Moische Leib belisca uma palha com as unhas
> e sorri.
> Por quê?
> Assim à toa.
> Beliscando assim uma palha na noite,
> ele dá outra vez uma pensada.
> Ele pensa – ele ouve de novo – que alguém lhe sussurra dentro
> [do ouvido
> que nada é reto e nada é torto
> e que o mundo gira em redor de nada em redor.
> Moische Leib belisca uma palha com as unhas
> e sorri.
> Por quê?
> Assim à toa.
>
> [*Glat Azoi* (Assim à Toa)]

Hálpern traduz bem o alcance e as limitações do movimento dos Iung[u]e, pelo menos no contexto específico da literatura ídiche da época. Pois, se a ênfase no individualismo esteticista aguçou notavelmente o espírito crítico, o grau de exigência artística em relação à obra literária e a autoconsciência de cada escritor como criador, ao mesmo tempo a valorização romântica da boemia e da originalidade excêntrica minou a passagem entre vanguarda e retaguarda, desvinculou a produção desses "moços" dos problemas da vida coletiva que, ao ver de seus opositores, demandavam esforços conjuntos para objetivos comuns. Da mesma maneira, o interesse pelas correntes da poética ocidental, levado a um ideário extremo, se, de uma parte, introduziu uma visão nova e moderna na escritura de arte em "jargão", mostrando que o ídiche era uma língua capaz de absorver e dar representação às formas mais sutis, requintadas e audaciosas da invenção literária e seus discursos, de outra, enfraqueceu os laços com o espírito e a linguagem dos "clássicos" das letras ídiches e, mesmo, com Peretz e seus discípulos. Os próprios "moços" não escondiam o fato e o proclamaram repetidamente. Aizland, por exemplo, diz em suas memórias:

> Profundamente mais interessantes eram para nós os poetas estrangeiros que estávamos então encontrando pela primeira vez; aprendemos sobretudo dos modernos russos e alemães, poloneses e franceses. Baudelaire, Verlaine e Rimbaud, que podíamos ler apenas em tradução, tornaram-se o nosso pão de cada dia, assim como Sologub, Briússov, Blok, Liliencron, Dehmel, Rilke e Hofmannsthal. Com Theodor Storm e Stefan George nos familiarizamos mais tarde.

Em busca da Flor Azul, no caso romântico-simbolista, os Iung[u]e esqueceram-se ou, assim o quiseram os seus críticos, "escaparam" das duras realidades da imigração e do mundo judeu em geral, pelo menos no nível de uma expressão direta, tal como lhes era cobrado... trocando-as pelo real inefável do universo do homem.

OUTROS IUNG[U]E

Contudo, não só a maioria dos membros do grupo voltariam, em fase posterior, a integrar a sua linguagem num temário e numa visão mais vinculados ao judaísmo, como muitos dos "jovens" que se sentavam com eles nos cafés literários, debatiam as suas ideias e publicavam em seus periódicos, jamais se converteram totalmente ao credo da arte pela arte. Para tanto, talvez tenha pesado menos uma diferença explícita na posição estética do que o maior pendor pessoal – em face dos relatos poetizados de Ignatoff e da refinada prosa poética de outros Iung[u]e – para uma escritura marcadamente épica, isto é, mais interessada na caracterização, se não mimética, ao menos representativa de temas de base psicológica, social e histórica, na narração e na poesia. É o caso de Aizik Rabói, I.I. Schwartz, I. Opatóschu, B. Lápin, dentre os principais.

Aizik Rabói (1882-1944), lavrador, operário, boêmio e escritor noturno, um discípulo de D. Ignatoff, que chegou aos Estados Unidos em 1904, ocupa um lugar à parte na ficção ídiche por uma dupla contribuição: introduziu a figura do lavrador judeu e o motivo do amor ao solo, ao mesmo tempo em que integrou neles de tal modo a paisagem rural na nova pátria que é possível considerá-lo legitimamente como o primeiro autor "americano" a criar em língua ídiche.

Mr. Goldenbarg (1913) pinta a vida agrícola em Dakota, onde o herói da história, que tem paixão pelo trabalho no campo, consegue um lote de terra virgem e, para espanto e inveja de seus inamistosos vizinhos cristãos, estabelece uma das mais prósperas lavouras da redondeza; mas a sua ventura é empanada porque, pai apenas de uma filha, não conta com ninguém que venha um dia tomar a direção de sua granja e dar continuidade ao seu ideal. Suas esperanças se concentram num empregado judeu, que poderia tornar-se seu genro e sucessor, mas Isaac, o referido jovem, embora enamorado da filha do patrão, almeja emigrar para a Terra de Israel e por isso abandona Goldenbarg que, sem um amanhã para o seu sonho, vê-lo transformado em vã miragem e é presa de solidão e desengano. *Der Pass fun Iam* (A Costa do Mar, 1918) mostra judeus de ocupações urbanas que se lançam a um empreendimento agrícola, para o qual estão inteiramente despreparados, e que, apesar das dificuldades de ajustamento ao campo, acabam sustentando a prova. *Bessaraber Iídn* (Judeus da Bessarábia, 1928) é um nostálgico retrospecto ficcional da vida rural judaica nas férteis terras onde Rabói cresceu. Mas é sem dúvida em *Der Iídischer Cowboy* (O Cowboy Judeu, 1942) que o autor de *Dos Vilde Land* (A Terra Selvagem) e de *Êig[u]ene Erd* (Terra Própria) alcança um de seus melhores momentos literários. Mais uma vez é um homônimo do próprio Rabói, Isaac, que ocupa o foco central da narrativa. Empregado num próspero rancho de Dakota, o protagonista, que buscava uma vida produtiva e de dignidade humana, no trato da terra e na intimidade com a natureza, encontra tudo exceto o que sonhara, pelo menos no nível dos homens. Testemunha a crueldade, a duplicidade e a avareza de seu patrão; a luta que a mulher deste – criatura solitária, que os anos começam a vincar – trava entre a paixão demoníaca e a nobreza de espírito; a injustiça e violência que o branco comete contra o índio, degradado em sua condição humana e despojado dos mínimos meios de subsistência; as terríveis contingências da pobreza que escravizam Ellen, a moça de serviço, vendida pelos pais em troca de um par de cavalos; e, enfim, o preconceito que cerca o judeu a todo momento e que coloca qualquer de seus atos sob a vigilância discriminante de todos. Ao cabo, tudo isso explode na briga de Isaac com o seu patrão, que o faz ouvir o inevitável "judeu sujo" e é quase estrangulado pelo empregado. Mas também aqui o herói insiste em seu ideal, não volta ao *sweatshop* e tenta radicar-se em outra fazenda, em Connecticut.

Pode-se ver que, na obra deste narrador bessarabiano, o abismo hostil, o hiato de vida sem nexo, é sempre a existência citadina e sobretudo nova-iorquina, com a exploração do homem pelo homem e a condenação do explorado a condições sub-humanas de subsistência. Tudo o que diz respeito ao campo acaba de certo modo redimido, envolvido no traço idílico que, de alguma maneira, une os animais da planície da Bessarábia à *prairie* americana. Mas este elemento, que é tanto a saudade de um passado idealizado quanto a idealização de um futuro ansiado, não constitui a nota exclusiva, embora seja uma das dominantes na elaboração ficcional de Aizik Rabói. Nela, como companheira e contraparte de um romantismo tolstoiano, que assume uma discreta feição psicológica de memória e expectativa, a crítica social é uma presença constante, sem jamais chegar a arroubos de comício. Na verdade, no conjunto, trata-se de uma escritura criativa em que o *páthos* aparece sempre dosado pelo humor, gerando um discurso sugestivo cujo trançado termina revestindo certo esquematismo, na construção e na ideologia, de um encanto narrativo que subtrai à captação imediata do leitor as simplificações de feitura e pensamento.

I.I. Schwartz (1885-1971) deu fôlego épico à poesia ídiche-americana. No quase whitmanesco *Kentucky* (1925) deste tradutor de Bialik, Tchernikhóvski, Milton e Whitman, imagens e ritmos de brancos, negros e índios, judeus e cristãos invocam o *melting pot*, o cadinho onde se forjava um Novo Mundo. É um hino aos homens e aos campos da América, mais particularmente ao primeiro judeu cujo trabalho ajudou a assentar os pilares da sociedade kentuckiana. Ao celebrá-lo, o poeta ouve, como o seu mestre em *Leaves of Grass*, "a América cantando" e, neste concerto, a voz do hebreu unindo os antigos salmos de David às melodias de Dixie, num sonho de realização humana. Mais transparentemente autobiográfica é *Iung[u]e Iorn* (Anos de Juventude, 1952), a narrativa poética em que I.I. Schwartz fornece uma vista do ambiente de sua infância e mocidade, até a partida para Nova York. Um quadro banhado de judaísmo tradicional, sobre cuja herança a nova literatura ídiche e hebraica passa a falar à juventude e à sua inquieta busca de redenção pessoal e nacional. Partindo para o Ocidente, ainda que em sua alma Bialik e Herzl lhe acenem com a luz do Oriente, o poeta leva consigo a recomendação paterna: *Blaib a iíd!* ("Permaneça judeu!"). Com estas palavras encerram-se os *Iung[u]e Iorn*. Abre-se então o novo patamar de vida. Em suas perspectivas, já descritas em *Kentucky*, desdobra-se a aventura do imigrante nas vastidões geossociais americanas:

> Ampla, aberta e livre espalma-se a terra,
> avançando para remotos horizontes.
> A gleba rubra e arenosa distende-se
> longínqua, alheia e solitária
> De muito longe vem um judeu,
> pacote ao ombro, cajado na mão,
> ele entra pela terra que se estende, nova e livre.

As primeiras histórias de Iossef Opatóschu (1887-1954) eram ásperos flagrantes dos extratos mais baixos do East Side, com sua moral duvidosa, e do "submundo" judeu na Polônia antes da Primeira Guerra Mundial, *A Roman fun a Ferd Gánev* (Um

Romance de um Ladrão de Cavalos, 1912). Tratava-se de relatos vigorosos que, na incisão enérgica, punham em relevo os valores vitais dessas "ralés". Nesta senda, do conto conciso, da frase curta e tensa, da personagem fortemente delineada, escreveu mais de um milhar de esboços e histórias que focalizam o "fundo" social, motivos proletários e particularmente aspectos da vida americana, com judeus e negros no primeiro plano. Opatóschu trazia, porém, no seu naturalismo, uma forte carga não só de romantismo social, mas também nacional, do tipo peretziano, que se revelaria de maneira mais palpável nas suas narrativas de maior envergadura. *In Pôilische Vélder* (Nas Florestas Polonesas, 1921) e *1863*, romances históricos sobre os judeus da Polônia do século XIX, assinalaram o aparecimento de um novo pulso épico comparável ao de Asch e que, subsequentemente, em *A Tog in Regensburg* (Um Dia em Regensburgo, 1933), escrito em ídiche medieval, lidaria com as experiências do judaísmo nos guetos alemães da Idade Média, em *Pundikta Retivta* (A Estalagem), com a Palestina sob a ocupação romana, e em *Rabi Akiva* (1948) e *Bar Kokhba* (1955, edição póstuma), os dois volumes de *Der Létzter Oifschtand* (O Último Levante), com a derradeira tentativa judaica de libertar-se do domínio de Roma. Se Opatóschu ultrapassou assim, de muito, os limites da proposta dos Iung[u]e, a contribuição poética de Berl Lápin (1889-1952) lhe foi mais fiel. Ela residiu antes na escolha precisa da palavra e na montagem refinada do verso que nas novidades temáticas ou nas aventuras estéticas de sua obra. Todavia, jamais pôde fugir aos reclamos de uma acentuada consciência social, que o impedia de identificar-se de maneira duradoura e plena com as correntes do purismo artístico. Ainda assim, a distinção entre arte e propaganda, que os Iung[u]e cultivaram com tanto alarde, fixou-se na poesia de Lápin, orientando os elementos sociopolíticos que a movem para uma expressão equilibrada e requintada do ponto de vista formal, como no poema "O Espelho":

> Estranha sensação de, num espelho, à noite,
> mirar-se, como em velha água parada;
> ao teu redor, tudo estremece em sombras
> e cresce a inquietude exacerbada.
> E parece que uma alma transformaste
> em prisioneira do aço enfeitiçado;
> ela não voltará tão pura quanto
> antes de haver no espelho se mirado...[9]

Na coletânea de figuras talentosas e singulares que compuseram a geração dos "Jovens" e as sucessivas rodas de café e capelas literárias formadas à sua volta, uma das mais idiossincráticas foi, sem dúvida, Moische Nadir, um dos pseudônimos

9. *Quatro Mil Anos de Poesia*, São Paulo: Perspectiva, 1969. Tradução de Paula Beiguelman.

mais populares entre os leitores da imprensa judio-americana e das letras ídiches. Nascido na Galícia, Ítzkhak Reiss (1885-1943) emigrou aos quatorze anos para os Estados Unidos onde se processou a sua versátil carreira literária. Sua obra, em que comparecem o verso, o conto, a reportagem, o teatro e a tradução e que inclui uma militância de quase vinte anos no jornal comunista *Di Fraihait* (A Liberdade)[10], surgiu, no que ela tem de mais original, do suelto jornalístico, ao azar do folhetim satírico, da comédia surrealista e da polêmica ferina. Nela primam a nota de humor, a ironia e o senso do absurdo que impregnam a crítica e a caricatura da sociedade, no plano dos valores e da moral vigentes, de um toque anárquico a cujo serviço está um domínio brilhante da linguagem na fala do povo. Com certeiro poder inventivo, foi espalhando por seus escritos paradoxos, trocadilhos e piadas, que sob o aguilhão de um coloquialismo que não hesita diante do neologismo, da construção anglicizada e do maneirismo de procedimentos, levam tudo e todos a um riso irônico, a um *nonsense*, de um lado, e, de outro, com um toque onírico, a uma "surrealidade" das situações corriqueiras e a um sorriso nostálgico do palhaço poético incompreendido. Sua estreia em livro dá-se com *Vilde Roizn* (Rosas Bravas, 1915), uma reunião de relatos em miniatura como "O Amor Livre":

> No amor livre eu não creio.
> É uma instituição como o casamento legítimo – ademais, com [ideias e pretensões.
> De uma esposa legítima você pode divorciar-se, mas para onde [é que você vai correr do amor livre?
> E as mulheres de rua são como cigarro barato – apetecem apenas [nos primeiros minutos.
> Nós recomendamos de preferência algumas damas que não [apreciam o amor livre.
> Almas virtuosas.
> Muito dedicadas a seus maridos.
> Quantas horas agradáveis eu já passei com essas honradas mães [de família.
> Sem um objetivo predeterminado.
> Sem um programa e – uma ordem do dia.

"Gestos" também pertence a esta série:

10. Levado por seu amigo Moische Leib Hálpern, e juntamente com outros Iung[u]e, como Lêivick, Ignatoff, M. Nadir entusiasmou-se com a perspectiva de uma sociedade socialista no mundo e engajou-se em 1919 nas páginas do órgão ídiche do PC americano, mas ao contrário da maioria dos seus companheiros de letras, foi dos últimos a desligar-se do *Morgn Fraihait*, em 1939, após o pacto germano-soviético.

Eu fiz um ar de uma pessoa jovial e todo mundo acreditou em mim.
Eu fiz um ar de um apaixonado e todo mundo teve pena de mim.
Eu fiz um ar de um desesperado – e as pessoas choraram sobre a
[minha desventura.

Só uma vez eu não fiz ar nenhum
e disse a verdade que eu só faço ares, porque
a minha vida é *tão* terrivelmente vazia (grifar o *tão*,
senhor tipógrafo, obrigado!). Então todo mundo sacudiu
a cabeça e disse:
– Este homem só está fazendo um ar assim!
E ninguém acreditou em mim.

Porém, onde talvez sua arte de narrador chegue a uma maturação mais significativa – que, na verdade, nunca se realizou por completo – é em contos como "Farschlofn a Velt-Untergang" (*O Homem Que Passou Dormindo o Fim do Mundo*):

Vivia com sono. E sempre pronto a tirar uma pestana. Em qualquer lugar. Nos maiores comícios de massa, em todos os concertos, na mais importante reunião, lá estava ele, sentado, dormindo.

Dormia nas mais plausíveis e implausíveis posições. Dormia com as mãos atrás da nuca e os cotovelos no ar. Dormia em pé, apoiado em si próprio para não cair. Dormia no teatro, na rua, na sinagoga. Onde fosse, seus olhos se enchiam de sono.

Seus vizinhos contavam que atravessara, dormindo, sete pavorosos incêndios, e que certa vez, enquanto lavrava um fogo realmente devorador, fora necessário carregá-lo da cama, adormecido como estava, e deitá-lo à beira da calçada. E ali continuou por várias horas até que veio um carro da polícia e o recolheu.

Narravam também a história de como, sob o palio nupcial, enquanto pronunciava a fórmula consagrada, "Tu és para mim...", adormecera na palavra "santificado" e tiveram que lhe martelar a cabeça, horas a fio, com pilões de bronze, a fim de acordá-lo. Então proferiu lentamente a palavra seguinte e dormiu de novo.

Mencionamos tais fatos apenas para que deem fé à seguinte história.

Um dia, foi dormir, e dormiu, dormiu, dormiu. Mas, no sono, pareceu-lhe ouvir um trovão nas ruas e que sua cama estremecia um pouquinho. Afigurou-se-lhe que fora estava chovendo e seu sono tornou-se ainda mais delicioso. Enrolou-se ainda mais no edredom e no prazer de sua quentura.

Quando despertou, deu com um estranho vazio: sua mulher não estava mais ali, a cama tampouco, nem o edredom. Quis olhar pela janela, mas não havia janela para olhar. Quis descer correndo os três andares e gritar: "Socorro!", porém já não havia degraus para descer, nem ar no qual gritar. E quando pretendeu pura e simplesmente cruzar a porta e sair, não havia porta, nem lugar por onde sair. Tudo se evaporara!

Por alguns instantes ficou ali, inteiramente atônito, incapaz de compreender o que acontecera. Mas depois pensou: "Vou dormir." Verificou, porém, já não existir chão em que pudesse deitar-se. E só então levou dois dedos à testa e matutou: "Parece mesmo que passei dormindo o fim do mundo. Que bela mixórdia!"

Sentiu-se deprimido. "Não há mais mundo", refletiu. "O que fazer sem o mundo? Onde trabalhar, como ganhar o pão, justamente agora que a vida está tão cara e a dúzia de ovos custa os olhos da cara e a gente nem sabe se são frescos ou não? Além disso, o que vai acontecer com os cinco dólares que a companhia de gás deveria me devolver? E onde foi parar a minha mulher? Terá desaparecido com o mundo e com os trinta dólares do meu salário que estavam no meu bolso? Mas ela não é das que desaparecem", pensou, com os seus botões.

"E se eu quiser dormir? Onde poderei me esticar, se já não existe mundo? E se me doerem as costelas? E quem vai acabar o monte de serviço na oficina? E se eu tiver vontade de tomar uma cerveja? Onde vou arrumá-la?"

"Puxa!, alguém já viu coisa igual? Um homem vai dormir com o mundo debaixo da cabeça e acorda sem ter absolutamente nada!"

E ele permaneceu ali, em roupa de baixo, sem saber o que fazer. Então pensou: "Pro inferno com isso! É assim então: Não há mais mundo! E daí? Quem é que precisa dele? Se sumiu, sumido está! Seria melhor eu ir pro cinema matar um pouco de tempo!" Mas, para o seu espanto, viu que, juntamente com o mundo, o cinema também levara sumiço.

"Que confusão danada eu armei", matutou, alisando o bigode. "Que confusão danada eu armei, indo dormir! Se eu não dormisse tão pesadamente, censurou-se a si próprio, teria desaparecido com o resto do mundo. Mas agora estou só e infeliz. Onde é que vou arranjar a minha cerveja? Eu gosto de um copo pela manhã.

E minha mulher? Só Deus sabe com quem ela fugiu? Se foi com o passador do andar de cima, vou matá-la, juro!"

"Que horas serão?"

Procurou pelo relógio, mas não conseguiu achá-lo. Com as duas mãos rebuscou o bolso esquerdo e o bolso direito do vazio infinito, mas nada encontrou que pudesse tocar.

"Mal acabei de pagar as prestações do relógio e ele já sumiu!", pensou. "Está certo. Se o mundo se desfez, desfeito está. O que tenho a ver com isso? Afinal de contas, o mundo não é meu! Mas o relógio? O que tem o mundo a ver com o meu relógio? Um relógio novinho em folha. Acabei de pagá-lo! Não tinha sequer um arranhão!"

"E o meu copo de cerveja?"

"Não há nada mais gostoso de manhã do que um bom copo de cerveja. E quem sabe se minha mulher... Eu passei dormindo uma terrível catástrofe. Mereço o pior! Acudam, socorro, socorro! Onde estava a minha cabeça? Por que não fiquei de olho no mundo e na minha mulher? Por que deixei que desaparecessem, quando eram ainda tão jovens?"

E pôs-se a bater a cabeça contra o vazio; mas este era muito macio, de modo que quase não se machucou e continuou vivo para contar a história.

[Da coletânea *Farschlófene Mentschn* (Homens Adormecidos)]

Vilde Vertervald (Selvas de Palavras), *Máisselekh Mit a Moral* (Historietas Com uma Moral), *Maine Hent Hobn Fargóssn dos Dózike Blut* (Minhas Mãos Derramaram Este Sangue, 1926) são algumas das principais produções desse pelotiqueiro da palavra e contestador de padrões. De fato, a renovação modernista da prosa e da poesia ídiches tem em Moische Nadir, se não um autor exemplar, pelo menos um catalisador de alguns de seus impulsos, atrações e afinidades, que às vezes permanecem abafadas numa linguagem de mídia e, outras vezes, afloram na reflexão da fala poética às voltas com a floresta das palavras:

Eu erro ao léu
na floresta das palavras,
na desolada floresta selvagem das palavras –
Erro eu ao léu.
Sozinho na floresta,

na floresta selvagem,
na desolada floresta selvagem –
sozinho!

IN ZIKH

Por outro lado, o vanguardismo modernista foi levado à frente pelo In Zikh (Em Si), uma corrente que surgiu por volta de 1920, encabeçada por Aaron Glantz-Leyeles (1899-1966), Iânkev Glátschtein (1896-1971) e N.B. Mínkov (1893-1958) e aglutinada à volta do *Inzikh, Jurnal far Introspektiver Dikhtung* (Em Si, Revista de Poesia Introspectiva, publicada com interrupções, de 1920 a 1940). Aliando as concepções dos imagistas anglo-americanos sobre a palavra exata, a imagem clara e concentrada e um introspectivismo que exigia a liberdade interior capaz de converter o "eu" num grande prisma refletor do mundo externo, esta corrente intelectualista se opôs ao impressionismo espontaneísta dos Iung[u]e.

Tais concepções punham em xeque não só a poética propugnada pelos Jovens, como a estética então dominante na literatura ídiche, ou seja, a do compromisso nacionalista e/ou socialista. Como consequência, deflagraram-se acirradas batalhas literárias em que os seus integrantes se viram sob pesado fogo cruzado ideológico, do qual a competência teórica e crítica lhes permitiu sair-se galhardamente. Mas, ao longo dos anos, além das profundas mudanças políticas e sociais dentro e fora da vida judaica, o que se fez valer efetivamente e os impôs ao reconhecimento, inclusive dos adversários, foi a qualidade de suas criações poéticas, nomeadamente as de:

Glantz-Leyeles, cuja veia dramática e domínio de formas moldaram obras como *Labirint* (1918), *Iung Harbst* (Jovem Outono, 1922), *Rondós* (1926), *Fabius Lind* (1937), *A Iíd Oifn Iam* (Um Judeu ao Mar, 1947), *Tzum Fus fun Barg* (Ao Pé da Montanha, 1957).

Glátschtein, um poeta de largos recursos na técnica do verso e de rara habilidade no manejo da língua, que abriu um capítulo à parte na arte literária ídiche com as estrofes de *Iânkev Glátschtein* (1921), *Fraie Ferzn* (Versos Livres, 1926), *Kredos* (1929), *Iídischtaitschn* (Interpretações do Ídiche, 1937), *G[u]edénk Líder* (Canções da Lembrança, 1943), *Schtrálndike Iídn* (Judeus Cintilantes, 1946), *Dem Tatns Schotn* (A Sombra de Meu Pai, 1953), *Fun Main Gantzer Mi* (De Toda a Minha Faina, seleção do conjunto da obra, 1965) e *A Iíd fun Lublin* (Um Judeu de Lublin, 1966);

Mínkov, em quem a proposta introspectivista nunca desfaleceu e no qual força emotiva e disciplina intelectual foram constantes de criação poética. Percepção rítmica e tonal pautaram musicalmente suas experiências e efeitos coligidos, não só nas primícias modernistas dos *Líder* (Canções, 1924, livro de estreia) como em *Baim Rand* (À Beira, 1945) onde a imagística da morte e da melancolia já incorpora à maturidade lírica, em jogo associativo de representações e sentimentos de desolação existencial, o impacto do terror e do morticínio nazistas.

Deve-se mencionar ainda que esses três poetas, além de cabeças teóricas do grupo e seus principais porta-vozes, foram também renovadores da crítica literária ídiche. O alcance de sua intervenção ultrapassou os limites das polêmicas de facção e exerceu, pela erudição e metodologia universitárias e pelo rigor poético de suas análises, um papel fertilizador e modernizador na produção ídiche-americana em particular, mas não menos no universo da criação artística na língua de Aschkenaz. Glantz-Leyeles manteve durante anos uma coluna semanal sob o título *Velt un Vort* (que resultou num volume homônimo, *Mundo e Palavra*, 1958) onde passava em revista livros, autores e fatos nas letras judaicas e internacionais. Isto, sem falar de sua militância ensaística e critica na revista do In Zikh. O mesmo se pode dizer de Glátschtein, cuja participação nos três diários ídiches e na coluna "In Tokh G[u]enumen" (No Âmago da Questão) estampada pelo semanário *Iídischer Kempfer* (Combatente Judeu), entre 1945 e 1957, somava mais de seiscentos artigos, sendo alguns desses textos, em termos estilísticos e de argúcia crítica, reais modelos de análise literária. Mínkov foi pesquisador, historiador e crítico, autor de *Eliahu Bôkher* (1950), *Glickl Hâmel* (1952), além dos numerosos ensaios reunidos em livros sobre *Poetas Clássicos Ídiches* (1937), *Seis Críticos Ídiches* (1954), e dos três volumes de *Os Pioneiros da Poesia Ídiche na América* (1956), que constituem obras de referência.

Na avaliação de hoje, tem sido realçada cada vez mais a significação revolucionária da proposta e da obra dos introspectivistas nas letras ídiches. É claro que a contribuição criativa do grupo não se concentra nem se exaure na produção de seus poetas maiores. Nomes como Bernard Lewis (1889-1925), Reuven Ludwig (1895-1926), Jacob Stodólsky (1890-1962) e Aron Kurtz (1891-1964), entre outros, fazem parte de uma lírica em que a intensa subjetivação das vivências é coada pela pesquisa da palavra, mesmo quando marcada por histórias de vida aventurosa, quase byroniana, como a de B. Lewis, ou por "cartazes" de reivindicações proletárias, como os de A. Kurtz. Em outros, as singularidades da "rua judaica" nova-iorquina, as visões da América urbana e as cenas do Arizona falam a linguagem do imagismo que, aliás, pode assumir, sob a influência das vanguardas francesas e americanas, formas altamente requintadas e abstratas. No "Em Si" também aparece o espaço poético da mulher, destacadamente com Celia Dropkin (1888-1956), Esther Schumiátcher (1899-1985) e Ana Margólin, pseudônimo de Rosa Lebensboim (1887-1952). O sentimento de sua condição, que eventualmente une as três poetisas, encontra uma expressão particularmente agônica, com forte carga simbolista, em composições de Ana Margólin, como nesta "Antiquíssima Assassina Noite":

> Antiquíssima assassina noite, mãe negra na necessidade, ajuda-me!
> Seduze-o, enreda-o, engole-o, golpeia-o até a morte!
>
> E eu, que tive as lágrimas por bebida
> e a vergonha como pão,
> beberei desfalecida,
> ávida e longamente,
> como um canto de amor,
> o pranto de sua mulher,
> o silêncio dos filhos,
> o murmúrio dos amigos
> sobre o seu corpo.
> Eu me levantarei como alguém de há muito doente,
> um negro espectro no rubor da manhã,
> curvar-me-ei para todos os quatros cantos do espaço
> e cantarei, cantarei, cantarei à vida
> um louvor à morte.

LÊIVICK, O POETA DA CONSCIÊNCIA JUDAICA MODERNA

Mas a personalidade que, nesta geração e neste movimento literário ídiche-americano, adquiriu representatividade especial por sua obra de poeta e pela síntese que nela efetuou das tendências estéticas dos Iung[u]e, de seu simbolismo, e do vanguardismo modernista do In Zikh, com os ideais ético-artísticos da corrente peretziana e os anseios sociais e nacionais dos setores mais avançados do judaísmo contemporâneo, foi H. Lêivick, pseudônimo de Levi Hálpern (1888-1962).

> Nos caminhos siberianos
> alguém pode ainda achar um botão, um cordão
> de um roto sapato meu
> um cinto de couro, um caco de uma caneca de barro,
> uma folha do livro sagrado.
>
> Nos rios siberianos
> alguém pode achar ainda agora um sinal, uma lasca
> de minha balsa afundada;

na floresta – uma tira de sangue ressecado,
na neve – passos congelados.

Estes versos, "Oif di Vegn Sibírer" (Nos Caminhos Siberianos)[11], são parte da memória votiva do militante socialista (Bund), que foi degredado para a Sibéria, de onde se evadiu, dirigindo-se para a América em 1913. Como outros jovens de sua geração dedicados às letras ídiches, a vida de Lêivick também se dividiu aí entre a proletária e diurna busca do pão de cada dia e a literária e noturna busca das novas formas da arte. Ao contato com os Iung[u]e, que o acolheram de pronto em suas fileiras, passou a publicar nas revistas do grupo e em outros órgãos de imprensa a sua produção poética.

Longe, em algum lugar bem longe,
encontra-se a terra, a proibida.
Prateadas azulam as montanhas
por ninguém jamais pisadas.
Fundo, em algum lugar bem fundo
na terra amassados,
esperam por nós tesouros,
esperam tesouros, encobertos.

Longe, em algum lugar bem longe,
jaz um prisioneiro sozinho,
sobre sua cabeça morre o brilho
do sol que já se pôs
Em algum lugar vagueia alguém
afundado na neve, recoberto
e ele não encontra caminho nenhum
para a terra, a proibida.

"Érg[u]etz Vait" (Em Algum Lugar Bem Longe) é o poema que o próprio autor considerou inaugural de sua obra de poeta, embora não conste de seu primeiro livro, *Hintern Schloss* (Atrás do Ferrolho), que só apareceu em 1918. A coletânea foi saudada por Glantz-Leyeles como um marco na poesia ídiche, por aliar a clareza do realismo à profundeza do simbolismo. Os membros do In Zikh desde logo o incluíram, com Moische Leib Hálpern, em seu círculo de afinidades: "Com duas exceções – Lêivick com sua simplicidade e Hálpern com

11. No primeiro volume de sua obra completa, *Líder* (Canções, 1940), o autor faz anteceder às composições de *Hintern Schloss* dois pequenos conjuntos de poemas, "Érg[u]etz Vait" (Em Algum Lugar Bem Longe) e *Oif di Vegn Sibírer* (Nos Caminhos Siberianos), escritos entre 1914 e 1919.

sua vulgaridade, vivacidade e turbulência – a linguagem dos Iung[u]e não tem cor e está morta", escreve Glátschtein em 1920.

Lêivick, sem dúvida, tinha na lírica do "eu" um latejamento vital de sua poeticidade. Mas, ao contrário de muitos dos Iung[u]e, não quis cingir-se a uma arte que exprimisse somente emoções, anelos e vivências individuais, procurando vibrações mais amplas nos acontecimentos singulares que lhe tocassem a alma e suscitassem o seu registro profundo. Se não faltaram pois em sua lira versos intimistas e pessoais, nela também soava uma sensível consciência social, que carregava responsabilidade pelos sofrimentos humanos e culpa pelo trágico destino do povo judeu. Daí haver buscado continuamente, nos mitos religiosos e nas lendas históricas da grei israelita, elementos capazes de enfeixar em simbolismos poéticos suas preocupações com as brutais realidades do mundo contemporâneo e os anseios judaicos de redenção.

Di Keitn fun Moschíakh (As Cadeias do Messias, 1908), seu primeiro poema dramático, escrito na prisão em Minsk, fora também a primeira manifestação do tema em sua obra. A volta ao assunto dar-se-ia na América, entre 1917 e 1920, quando compôs o mais famoso de seus dramas em versos, *Der Golem* (O Golem), peça que entraria, em tradução hebraica, para o repertório do Habima e se tornaria um marco da moderna dramaturgia ídiche.

O potencial alegórico do mito da criação cabalística de uma espécie de robô judeu é referido, na dramatização de Lêivick, ao quadro apocalíptico da revolução russa e do após-guerra de 1914. A luta do Maharal, o rabi criador do gigante de barro, com a sua criatura, o *golem*, a fim de manter a força bruta material sob o domínio do espírito, obstando o império da violência; o impulso do autômato no sentido de desfazer-se de sua alienada condição; o conflito íntimo do rabi, que hesita entre "o velho caminho da *santidade*, da paciente espera pelo Messias [...] e o novo, o caminho da *heroicidade*, da conquista impaciente do que é próprio"; o trágico dilema entre o desejo de impedir o derramamento de sangue e a necessidade de derramá-lo, são outras tantas contradições, segundo a interpretação de Schmuel Níg[u]er (*H. Lêivick*), em que se debatem os "caminhos da redenção" e que se encarnam não só no rabi e no *golem*. Desenvolvem-nas, também, Tadeusch, figuração do mundo não judeu; Tankhum, o "senhor das ruínas", símbolo do sofrimento de Israel; o Velho Mendigo, o Profeta Elias; o Jovem Mendigo, o Messias, cuja hora ainda não soou; o Homem da Cruz, Jesus; os Mendigos; a hoste de demônios e espíritos subterrâneos. Por seu intermédio, projeta-se a dialética da crise do mundo moderno e da vida judaica. Como salienta Níg[u]er, nesta obra "a atmosfera medieval está impregnada de alento hodierno; o tempo da lenda não é o do poema, que é moderno e não histórico".

De fato, no lendário colosso do folclore judeu, Lêivick incorporou a sua reação diante dos sonhos utópicos e das realidades sangrentas que a Revolução colocara em confronto: estaria ao alcance da força física instaurar uma ordem redentora e ética ou, ao animar-se o Golem revolucionário, estar-se-ia não apressando, como seria o desejo de seu criador, mas justamente retardando o advento do Messias? Uma década depois, de 1930 a 1932, repropôs a indagação messiânica, na *G[u]eúle Komédie: Der Golem Kholmt* (A Comédia da Salvação: O Golem Sonha, 1934), outro drama poético às voltas com dilemas trágicos e cujo nome indica um trajeto dantesco do inferno a um estado de bem-aventurança. Escreve Lêivick, numa nota de introdução ao texto:

> A *Comédia da Salvação* é a segunda parte do poema dramático *O Golem*. A ação é transposta para uma remota distância ["nos tempos do Messias", diz o autor adiante]. O Golem [que recebe o nome de Ióssele, isto é, o diminutivo ídiche de Iossef, José] já não é aqui a figura central. Porém aquele através do qual e no qual os sucessos se espelham e se refletem de volta.
>
> A personagem principal da ação é o vulto do próprio Messias.
>
> Na primeira parte do *Golem*, o Messias era uma figura episódica. Ele se apresentou, apenas por um momento, em companhia do velho profeta Elias, e logo viu-se de novo afugentado para o deserto, pelo Maharal. Este exato momento foi decisivo para o Golem: contagiou-o então profundo anseio pelo Messias e ele tombou em intranquilidade ainda maior. Depois quando, vencido pelo Maharal, o transportaram em barro imóvel para o sótão e lá permaneceu para sempre estendido – aí cresceu dentro dele, nos recessos do eu, cresceu lentamente, no decorrer de centenas de anos, o anseio de despertar da rigidez mortal para uma nova e segunda vida; e junto com o anseio medrou nele o sonho do Messias ben [filho de] David.
>
> O sonho do Golem deve ser entendido não somente como um recurso dramático, mas como um estado que se liga à essência de seu modo de ser. Ele quer deixar de ser Golem. Está deixando de sê-lo. Ele desperta e continua sonhando a seu próprio respeito ou do Messias ben David, em cuja figura o Golem se projeta inteiramente, até à semelhança física. Ele dá um passo – e o Messias ben David se lhe revela.
>
> O sonho se faz verdade – o Messias ben David vem.
>
> No fim dos dias, conta a lenda, o mundo estará sob o domínio dos tiranos Gog e Magog, e sobrevirão os tempos do Messias. Antes há de vir o Messias ben Iossef. Será o precursor. Destruirá Gog e Magog, mas nem por isso o mundo se tranquilizará. O próprio

> Messias ben Iossef tornar-se-á sequioso de poder, de domínio e de luxúria [Lilit, a diaba da concupiscência, consta no quadro de *dramatis personae* como sua acompanhante]. Ele mesmo virá a ser iníquo. Então surgirá o dia do Messias ben David e o Messias ben Iossef perecerá.
>
> Dos acontecimentos participa um homem chamado Armilus. A lenda o denomina Armilus, o Malvado. Ele provém de uma pedra, que tem a aparência de mulher.
>
> No poema, porém, não é cognominado o mau, mas Armilus, o profeta – *o profeta do eterno hoje*.
>
> A palavra *moschíakh* (messias), em hebraico, é composta de quatro letras que designam quatro nomes: Menákhem, Schilo, Ínon e Khanina.
>
> Escolhi para o Messias ben David o nome Khanina. Khanina significa: calma, beleza, graça, compaixão e quietude.
>
> Dvôirele [diminutivo de Dvorá, Débora] provém da antiga família do Maharal. No sótão de sua casa está o Golem deitado e sonha. Deste sótão é que ele desce e segue o Messias ben David, trazendo-o até o limiar da morada de Dvôirele. Seu assoalho – o primeiro assoalho de uma *casa*, que Khanina pisa; a mão de Dvôirele é a primeira mão que se aproxima dele com estremecido amor[12].

No interregno das duas peças sobre o tema da redenção, Lêivick compôs vários dramas realistas, dentre eles *Schmates* (Farrapos, 1928), levado por Morris Schwartz e o Teatro Judeu de Arte de Nova York a partir de 1921, *Shop* (1928), *Keitn* (Cadeias, 1931) e *Hirsch Lekert* (1931), que atraíram ampla atenção. As dificuldades de subsistência, apesar da grande ressonância de sua obra, acabaram minando a saúde do poeta que, atacado de tuberculose, teve de internar-se num sanatório em Denver. Aí permaneceu por quatro anos, de 1932 a 1936, durante os quais completou a *G[u]eúle Komédie*, escreveu os *Líder fun Gan Éidn* (Canções do Éden), os dramas bíblicos *Di Akeide* (O Sacrifício) e *Sdom* (Sodoma), bem como a tragédia do amor martirizado *Abelardo e Heloísa*.

As antevisões apocalípticas do poeta, que lhe inspiraram versos como os de "Der Volf" (O Lobo, 1920), logo se converteriam em terríveis realidades e o nazismo se abateu opressivamente sobre a obra de Lêivick. Admoestação e consolo são as cordas que ele tange então. Não pode mais sonhar com o paraíso e a bondade humana, pois o clamor das vítimas da barbárie o persegue. *In Treblinka Bin Ikh Nit G[u]even* (Em Treblinka Eu Não Estive) é a coletânea, saída em

12. *Ale Verk fun H. Lêivick: Dramátische Poemes* (Todas as Obras de H. Lêivick: Poemas Dramáticos), Nova York: Posy-Shoulson, 1940, p. 192-193.

1945, que reúne as lamentações e penitências do poeta que traz na consciência o peso ou a culpa de não haver partilhado a sorte de sua gente: "Em Treblinka eu não estive, / tampouco em Maidanek, / mas estou no seu umbral [...]" Na obra dramática de Lêivick, o mesmo período levou ao *Ness in Gueto* (Milagre no Gueto, 1944), *Maharam fun Rotenburg* (Maharam de Rotenburgo, 1945) e *Di Khássene in Fernvald* (O Casamento em Fernvald, 1949). Nesta última peça, através do primeiro matrimônio celebrado num campo de refugiados, entre dois sobreviventes, cada um dos quais havia perdido o seu antigo par, o poeta tenta não só desfazer-se da funesta sombra do terror hitleriano que lhe atormenta a imaginação, como simbolizar o início de uma nova vida.

Esta libertação do pesadelo se completa no seu último texto dramático, *In di Teg fun Iov* (Nos Dias de Jó, 1953), onde ele emerge das trevas da dúvida para uma esperança fortalecida, diante do renascimento judaico em Israel após o intento nazista de extermínio. O mundo talvez seja regido, apesar de tudo, por uma lei moral que acerta os desvios e as transgressões. O vislumbre de fé arremata a meditação dramática de Lêivick.

Pouco depois começam as aflições físicas do poeta. À exceção de versos compostos em 1957 em Israel, onde sonha com uma nova vida para o velho povo errante, os seus últimos poemas, *Líder Tzum Êibikn* (Canções ao Eterno, 1959), são dominados por um tom elegíaco. O poeta aceita a tristeza que subjuga o âmago das coisas e submete a revolta de seu coração contra o destino a ele reservado.

Uma voz exclama: "Você deve!"
Eu devo o quê? Responde, ó voz!
Em vez de uma resposta, ouço
a voz outra vez.
Vasculho junto à porta,
atiro-me a cada parede;
procuro, embora quem me chama
de há muito eu conheça.
Eu o conheço desde que vivo
e também a sua voz,
ainda assim me parece que o ouço
pela primeira vez.
Ele clama: "Você deve! Você deve!
Só o bom Deus sabe
se devo estar perdido,
se devo ser redimido.

[A *Kol Ruft Ois* (Uma Voz Exclama)]

Em outro poema, Lêivick diz:

A pele dos desejos
do corpo arrancada;
que faz a alma pura?
Ela conta, ela conta.

Dois vezes dois – quatro,
eu vezes eu – tu,
tu vezes tu – nós,
morte vezes morte – paz.

No leste minha cabeça,
os meus pés no oeste;
eia, toca!, não te percas,
perto vezes perto – longe.

Bate à porta. – Taque, taque.
Está aberta, podes entrar –
luz no último olhar –
morte vezes morte – ser.

[*Tzvei Mol Tzvei Iz Fir* (Dois Vezes Dois, Quatro)]

Poeta da angústia, da dúvida e da revolta, fundiu um temário de inspiração dostoievskiana, de preocupação existencial pela condição humana, com a imagística dos mitos populares, dos relatos bíblicos judaicos e dos *Evangelhos*, criando uma obra em que as experiências vanguardeiras de uma geração literária forjam a expressão de todo um povo, num dos tempos mais trágicos de sua longa história.

UM PANORAMA ENTRE AS DUAS GUERRAS

Não se exaure em Lêivick este período florescente da literatura ídiche nos Estados Unidos. Aí, entre os anos vinte e trinta do século XX desenvolve-se intensa atividade literária em que surgem obras marcantes nos diversos gêneros. O debate critico já antes da Primeira Guerra Mundial começara a receber a contribuição de homens como Haim Jitlóvski, Reuven Brainin (1862-1939), Ber Bórokhov (1881-1917) e tantos outros protagonistas dos intensos confrontos de ideias no mundo judeu, a seu propósito e dos embates intelectuais e políticos em curso no Ocidente. Esta produção sobretudo ensaística continuou a ampliar o acervo com novos estudos de Jitlóvski, em filosofia da história, literatura e política, com os trabalhos de Schmuel Níg[u]er (1878-1955), um dos mais agudos intérpretes da cultura e das letras ídiches, de Alexander Mukdôni (1878-1958), na crítica teatral judaica, para citar alguns dos principais formadores de opinião no mundo ídiche-americano. O teatro contou com a participação de uma rica dramaturgia original e, como realização cênica, conheceu um de seus melhores momentos, pelo menos do ponto de vista qualitativo, nas encenações do Teatro Judeu de Arte de Morris Schwartz, do teatro proletário Artef e de outros grupos. Na criação poética, dramática e romanesca, sucederam-se os escritos não só de autores que haviam pertencido aos Iung[u]e e agora chegavam à maturidade, e de escritores que tinham seguido uma trilha inteiramente pessoal, como Lamed Schapiro (1878-1948), um dos precursores da prosa de "arte" em *Der Tzelm* (A Cruz) e em *In der Toite Schtot* (Na Cidade Morta). Houve também, principalmente nos anos trinta, larga messe propiciada pelos integrantes do In Zikh e pela literatura proletária, bem como a importante produção de vários dos mais destacados nomes das letras ídiches no Leste europeu, os quais, impelidos pelo agravamento do antissemitismo, das condições econômicas e políticas no Velho Continente e da influência nazifascista, procuraram abrigo na América. É o caso de narradores e dramaturgos como Scholem Asch, Peretz Hírschbein, I. Rosenfeld, I.I. Singer (1893-1944) e seu irmão, I. Bashevis Singer (1894-1991), dos poetas Aaron Zêitlin (1898-1973) e Kádia Molodóvski (1894-1975). E foi justamente então que o romance ídiche começou a ser traduzido numa escala mais significativa e os livros de Asch, Pínski, Opatóschu, primeiro, Singer e Isaac Bachevis Singer, depois, arrastando em sua esteira as obras dos "clássicos", passaram a circular entre o público de língua inglesa.

O *MAMELOSCHN* EM CRISE

Não obstante, a sanha hitlerista também atingiu gravemente a cultura ídiche nos Estados Unidos, na medida em que, cortando as nascentes em que ela se revitalizava, acelerou um processo que já estava em curso em seu interior. De fato, a literatura ídiche-americana foi cultivada por escritores nascidos na Europa Oriental. Com o desaparecimento das gerações de imigrantes e a paulatina aculturação ou integração de seus descendentes na nova sociedade, o ídiche, que era no Leste europeu a língua de uma minoria nacional e não de uma massa de imigrantes, teria, apesar de sua capacidade de absorção fusional, de decair como meio linguístico de comunicação específica de um grupo etnocultural e, com ele, forçosamente, a sua produção literária. Mas, enquanto os centros de onde era originário continuaram a enviar novas levas emigratórias, a literatura ídiche pôde compensar em parte as suas perdas. Mesmo quando o acesso maciço aos Estados Unidos foi interditado, as quotas anuais traziam autores e leitores. Além disso, havia a constante influência tonificadora dos núcleos autóctones do ídiche. Ora, a guerra e a mortandade provocada pelo nazismo mudaram tudo isso de maneira abrupta e radical.

Nessas condições, o decênio de 1940 e, mais ainda, o de 1950 começaram a apresentar sinais visíveis de enfraquecimento da vitalidade literária ídiche, mesmo com a entrada, no cenário judaico-americano, de autores como Ítzik Manger (1901-1969), Mélekh Rávitch (1893-1979), Rokhl Korn (1898-1982) ou Haim Grade (1910-1982), que conseguiram escapar ao extermínio. Os versos destes poetas vivem do passado, como, *grosso modo*, toda a atual literatura em ídiche, se se excetuar o tema dos sobreviventes do Holocausto e da vida em Israel. Na verdade, falta-lhe ambiente próprio, o que, aliás, se torna sensível na decadência de sua prosa romanesca, muito mais afetada do que a poesia pela ausência de um verdadeiro "mundo" contextual, para cuja especificidade o importante surto do romance judio-americano em inglês, que resultou na obra de Michael Gold, Malamud, Roth e Bellow, entre tantos outros, não pode constituir, é claro, compensação. Assim, de pouco adianta, sob um ângulo objetivo, o extraordinário poder de resistência do ídiche e a comovedora dedicação de seus fiéis, falantes e cultores, que têm defendido heroicamente o poder de permanência do *mameloschn*[13]. Do ponto de vista sociolinguístico, a não ser que intervenham fatores inteiramente novos, a sorte deste idioma e de suas letras parece selada nos Estados Unidos (e alhures), ainda que lá subsista o mais ativo núcleo cultural do ídiche e este continue a criar e a publicar em ídiche obras de toda a sorte e de alto valor intelectual, literário e artístico.

13. Exemplos desta posição encontram-se no ensaio de Opatóschu que consta de sua coletânea *Iídisch*, no artigo de Schmuel Níg[u]er, "Iídisch, di Schprakh fun a Vânderfolk" (Ídiche, a Língua de um Povo Errante), publicado no primeiro número da revista *Di Gôldene Keit*, e em diversos textos e entrevistas de I. Bashevis Singer, inclusive em sua alocução ao receber o Prêmio Nobel.

ELOS DE UMA CORRENTE

DO HERÓI BANDIDO AO SANTO HERÓI – OPATÓSCHU

Na arte do conto e do romance, Iossef Opatóschu foi, sem dúvida, o nome que mais se destacou no grupo dos Iung[u]e. Operário numa fábrica de sapatos, professor em escolas dominicais de hebraico e judaísmo, entregador de jornais, estudante em curso noturno de engenharia civil, publicou em 1910, três anos após a sua chegada aos Estados Unidos, o relato "Sobre o Outro Lado da Ponte", cuja versão inicial fora redigida ainda no Velho Mundo. O texto apareceu em *Literatur*, uma das revistas dos "Jovens". Membro ativo desse bizarro e fecundo cenáculo, participou de várias de suas coletâneas.

Mas o talento de Opatóschu chamou efetivamente a atenção do leitor ídiche, sobretudo no meio intelectual, com *A Roman fun a Ferd Gánev* (Um Romance de um Ladrão de Cavalos) que data de 1912. Esta *long short-story*, incluída mais tarde no primeiro volume de *Schriftn* (Escritos) deste autor, plasmava vividamente figuras de judeus que, levados à marginalidade social e moral pela miséria opressiva, guardavam não obstante certa solidariedade elementar com a sua gente e um latejamento primitivo para com suas tradições ético-religiosas. Calcada num episódio real que Opatóschu testemunhara na meninice e que o impressionara profundamente, ou seja, o caso de um contrabandista judeu, um fora-da-lei conhecido, que encontrara a morte ao enfrentar uma turba cristã que estava atacando os judeus na praça do mercado, a história causava um forte e duplo efeito, na medida em que, de uma incisiva exposição realista com "retratos falados" do submundo judio-polonês, ela tirava, como seu "duplo" em plano de fundo, uma sugestiva projeção romântica. Do meio da escória, Robin Hood se entremostrava... O herói-bandido de Schiller, numa aparição radical, captava aqui suas energias de combate no imoralismo-moral do *bas-fond*, tornando-se o paladino anônimo da causa do pária social, do

▪ *Tirando água do poço da aldeia.*

anseio de resistência e revide nacional do judeu e dos direitos dos sentidos e da liberdade do homem.

Não será mera generalização, talvez, ver em *Um Romance de um Ladrão de Cavalos* a concreção mais completa de diferentes componentes temáticos e estilísticos que se reapresentam, isolados ou conjugados, ao longo das primeiras histórias de Iossef Opatóschu. Incisivos flagrantes do East Side nova-iorquino ou do mundo judeu na Polônia eram relatos que, pelo corte rápido e enérgico, punham em relevo figuras, modos de subsistência e valores vitais desses ambientes. Em tal contexto, sob a forma principalmente do conto curto, com personagens e situações traçadas em poucas linhas, mas fortemente entalhadas por uma linguagem substantiva e direta, de frases concisas e densas, escreveu, nos anos que se seguiram, mais de um milhar de *esquisses*, quadros e narrações. Compostos em sua quase totalidade para a publicação imediata em jornal, é com uma objetividade quase de reportagem e uma vibração de "atualidade" que focalizam o "fundo" social, motivos proletários e especialmente problemas e cenas da vida americana. Conflitos de classes e embates políticos, choques raciais e religiosos entre judeus e cristãos, entre católicos e protestantes, entre negros e brancos, são objeto não apenas de observação crítica, mas de protesto. "Ativista" por natureza, militante de esquerda, Opatóschu impregna a sua produção ficcional desse período com polêmica ideológico-política e apaixonado

▪ *Um grupo de* fusg[u]eier *(emigrantes que seguiam a pé até os portos de embarque), a caminho dos* EUA, *posa para uma foto em algum lugar na Romênia.*

clamor reivindicatório. Em face do preconceito, da discriminação e da opressão, o autor de *Raça* (1923) – uma das séries desses contos, da qual consta a conhecida história de um "Linchamento" – não oculta o seu ardor de combatente por uma sociedade universalmente justa.

Opatóschu trazia, porém, no bojo de seu realismo extremado, denso de infiltrações naturalistas, um forte envolvimento romântico. De tipo peretziano, pós-simbolista, mais sublimado na expressão emocional e mais substantivado na enunciação discursiva, refletindo, além de tendências estilísticas pessoais, o convívio e a simbiose com os Iung[u]e, fez-se sentir sobretudo na escritura de cunho social e nacional das narrativas de maior alento.

Em 1921, apareceu *In Pôilische Vélder* (Em Florestas Polonesas), um romance cuja envergadura épica impressionou desde logo o leitor ídiche. Sucessivas tiragens nos Estados Unidos e na Europa Oriental, acompanhadas de várias traduções para línguas estrangeiras, mostraram que era uma obra capaz de ocupar um lugar permanente na literatura judaica. O fato foi confirmado pelo apreço constante que, no curso do tempo, o público e a crítica reservaram tanto à parte inicial da obra quanto à segunda, impressa cinco anos depois, em 1926, sob o título de *1863*.

Nestes dois volumes, Opatóschu nos abre, em perspectiva romanesca, uma penetrante e variegada vista histórica da vida judio-polonesa na primeira metade do século XIX, basicamente. A narrativa abrange três ordens principais de motivos: o hassidismo no começo de seu descenso e o esvaziamento dos valores religiosos do judaísmo tradicional; a montante da Hascalá e a secularização do modo de existência do povo; as lutas pela independência da Polônia que culminaram na malograda insurreição de 1863; a participação judaica no movimento patriótico polonês e, nessa moldura, o recontro de diferenças socioculturais inconciliáveis entre os dois grupos.

Tais motivos vão se delineando ou condensando à medida que seus elementos se entramam na trajetória de Mordekhai, a personagem central geradora da ação. Em função dela ou de uma motivação específica é que o múltiplo conjunto de figuras, em geral altamente individualizadas, se constitui e se apresenta na sucessão e na amplitude de suas relações, carregando de sentido vicissitudes pessoais propulsoras das peripécias narrativas e convertendo a evolução de modos de pensar e atuar dos protagonistas em correspondentes significados do processo histórico. Emergindo de uma natureza rousseauniana na transparência imediata de formas singelas e diretas de viver e conviver de judeus e poloneses num distante povoado florestal, Mordekhai começa a perder a inteireza interior e a simplicidade de visão dos homens e das coisas. À proporção que se distancia da naturalidade quase edênica desse mundo de rude vitalidade e se embrenha nas divisões e conflitos, vê e vivência, como *hassid*, a desagregação moral dos beatos e a agonia espiritual do mestre de Kotzk, rabi Mendl; como *maskil* e crítico do obscurantismo místico, os desencontros entre fé e razão, tradição e renovação; e como revolucionário e lutador pelo nacionalismo polonês, o embate entre o idealismo generoso da promessa redentora, sempre inspirada em fundo universalista e humanista, e o pragmatismo mesquinho dos interesses pessoais e dos egoísmos grupais no dia a dia da ação política. No final do romance, o pai de Mordekhai, reb Abraham, tendo-se envolvido na revolta, é condenado à forca pelos cossacos. Ao ser conduzido ao patíbulo, uma dúvida perpassa-lhe a mente. Ia perecer pela pátria polonesa, uma causa que era sua e no entanto não era sua. Estava sacrificando-se pela santificação do Nome de Deus, mas de que Deus, o judeu ou o polonês?

Sobre o corpo do velho judeu ficou pendente a dúvida e, com ela, talvez, também a continuação do romance. De fato, o projetado terceiro tomo do ciclo, para o qual o autor salvara a vida de Mordekhai, o herói do relato, em *1863*, jamais veio a lume. Pode-se pensar, entre outras coisas, que a problematização operada, além de afetar possivelmente o *élan* e o clima épicos, introduzia um verme no próprio sentido do conjunto, pelo menos nos termos em que fora concebido basicamente.

De outra parte, se é certo que, paralelamente às *Florestas Polonesas*, Opatóschu permanece envolvido nos acontecimentos contemporâneos, fixando, por exemplo, nas histórias de *Arum di Hurves* (Em Torno das Ruínas, 1925) os efeitos da conflagração mundial de 1914-1918, da guerra civil na fronteira russa, da pauperização econômica e do antissemitismo desenfreado na Polônia e no Leste europeu; se isso é indubitável, não é menos verdade que, em contrapartida, se faz notar neste autor uma atração crescente por outros espaços e outros tempos do temário judaico. A partir do passado recente, que explorara nas *Florestas Polonesas*, a sua retrospecção de romancista se aprofunda cada vez mais na história do povo hebreu.

Com suas incursões novelísticas na crônica de sua gente, Opatóschu não tem em mira unicamente o recorte tematizado em cada composição particular. Algo bem mais amplo inclui-se em seu projeto. Trata-se, para o ficcionista, de obter, por via criativa e intuitiva, aquilo que, a seu ver, foge à análise acadêmica, presa aos dados e aos documentos, e constitui uma espécie de captação interior do sentido de cada época e de visão integrada do processo multifário da dispersão judaica, que seria a de uma nação internacional. Descrevendo a personalidade judaica em suas várias transformações, julga estar descrevendo ao mesmo tempo uma personalidade universal: "Pois nós, judeus, não somos pessoas de um só país, não somos um povo de uma só terra, nós somos um povo mundial (*a veltfolk*) cuja capital é Israel." Colocada nessa perspectiva, a história judaica torna-se também "a história de quase todos os povos existentes no globo inteiro e em cujo meio os judeus moraram durante séculos e milênios como vizinhos. A nossa história é a história mundial". E para ir-lhe ao encontro, "o romance histórico judeu deve ser a somatória de todas as formas nacionais de cultura e todas as concepções de mundo que refletem um período, mas vistos com olhos judeus e embebidos de substância e alma judaicas"[1].

Assim, num volume publicado em 1933, Opatóschu dedica dois relatos ao universo de Aschkenaz e à cultura ídiche no século XVI. Firmando-se na recusa de enxergá-los somente com as cores exangues com que Graetz e Dubnov os haviam estampado na historiografia judaica, mostra-os em sua policromia de existência e em plenitude de poder criativo. *Um Dia em Regensburgo* invoca, num estilizado ídiche arcaico (ainda isento de componentes eslavos), as formas de vida que animavam os guetos germânicos: de suas vielas, em vez do habitual cortejo de dor e sacrifícios, irrompe, para a celebração das núpcias entre a filha de um dos homens mais ricos da cidade, Schlôime Beláser, com o filho do notável de Worms, Eliahau Margólis, o bando de menestréis e festeiros, de bardos e comediantes populares, metamorfoseando o consagrado cenário do *trauerspiel* judeu em espaço carnavalizado de um *lustspiel* ídiche e pondo a rodopiar aquele mundo

1. As citações que constam no parágrafo são do ensaio autobiográfico de Opatóschu, "Der Veg Fun Main Schafn", publicado pela revista *Di Gôldene Keit*, em 1954, *in memoriam* do escritor que vinha de falecer.

na festa da vida. Neste corte quase bakhtiniano desse dia em Regensburgo, o espírito do orgiástico popular faz parceria com o do épico cavaleiresco, pois uma das potências da ação é a do "artista anônimo que escrevia então, ali, o seu *Schmuel Bukh*, o *épos* ídiche". Como um novo desdobramento desta mesma presença de uma identidade coletiva e de sua dinâmica cultural como manifestação literária e invenção poética, mas em outra época e revestida de outras formas, o segundo relato transfere-se para o estro do *schpilman* judeu na Renascença italiana. *Elia Bokhur* é um tríptico de episódios, no qual a figura do poeta ídiche e gramático hebreu da Renascença, isto é, de Elias Levita, o autor do *Bovo Bukh*, é iluminada: no primeiro, ele aparece em contenda com outro menestrel ídiche, a quem acusa de plagiar suas composições; no segundo, ao receber a encomenda de uma dama judia para escrever um livro de preces rituais, com tradução e acréscimo de baladas e canções na língua profana; e no terceiro, já em idade provecta, como secretário do cardeal de Viterbo, vivendo com a família em ambiente cultural não judeu e tendo perdido o vínculo contextual com o ídiche.

Worms pertence ao mesmo espectro de narrativas de base histórica e também se vale de elementos de linguagem cuidadosamente levantados em fontes documentais a fim de, numa operação da sincronia para a diacronia, recriar o quadro de época. Só que desta vez o narrador conta com incomparável apoio escritural de sua personagem, Glückel de Hameln[2]. A história gira em torno das esperanças messiânicas e do desengano que a abjuração de Sabatai Tzvi, o pseudomessias, provoca nas judiarias alemãs, e culmina com a notável memorialista abrindo os barris de alimentos guardados para a viagem apocalíptica de ascensão (*aliá*) a Jerusalém – e, para o seu espanto e lição, que também é a de seu tempo, encontra-os pululando de vermes...

A resposta de Opatóschu, uma personalidade combativa, à tentativa de aniquilar a existência do povo judeu assumiu a forma imediata de uma série de *short-stories* sobre a resistência e o movimento dos *partisans*, mas concentrou-se principalmente em sua última criação histórico-romanesca. Concluída pouco antes da morte de seu autor, 1954, *Der Létzter Oifschtand* (O Último Levante) põe em tela a derradeira tentativa judaica de sacudir o jugo romano e divide-se em dois volumes independentes, *Rabi Akiva* (1948) e *Bar Kokhba*, publicado postumamente em 1955.

Pode-se dizer que nos próprios títulos dos livros, um relativo ao líder espiritual e outro ao comandante militar da rebelião, já estão nomeadas as delegações simbólicas e o caráter das ações desenvolvidas em cada uma das partes, se se levar em conta o que declarou o romancista mesmo: "Em *Rabi Akiva*, dei o aspecto estático da vida entre os judeus. E o que é principal – o modo judeu

2. Ver supra, p. 27.

de ver a vida, o choque entre o judaísmo com o helenismo vulgar, o conflito entre os judeus e os primeiros judeus-cristãos. No segundo romance – no *Bar Kokhba* – o aspecto dinâmico da vida naquele período, as guerras com Roma." Mas, prossegue ele, o seu intento não fica aí, pois acrescenta: "E nos dois romances esforcei-me por fornecer uma justificativa para os velhos acasos humanos. Se consegui realizá-lo, não sei. Mas os acasos ocupam para mim um lugar tão importante quanto a vida econômica, quanto o social."[3]

Seja como for, o ciclo de *O Último Levante* inspira-se num princípio ativo, segundo o qual a salvação do povo está na resistência, qualquer que seja seu resultado imediato, como fora o ensinamento dos combatentes judeus do Gueto de Varsóvia. Mas este é apenas o espírito geral da obra; ele não chega sequer a formular-se num lema expresso. É o vetor que subjaz às linhas de força que sustentam os sentidos do movimento épico. Pois Opatóschu não trabalha apenas no largo tempo da síntese histórica, mas também, e muito, no tempo pequeno da análise ambiental e tipológica. Com pinceladas incisivas, como é de seu estilo, caracteriza, de início, o mundo judeu na Palestina após a destruição do Segundo Templo pelas legiões de Tito em 70 de nossa era, até a época do imperador Adriano, quando eclode a nova tentativa de libertação nacional. Os diferentes estratos sociais, lavradores e aldeãos, artesãos e mercadores, aristocratas e patrícios, sacerdotes e rabis aparecem nas cores de suas facções políticas e religiosas, nas conceituações de seus discursos ideológicos e teológicos, nas figurações de seus modos de vida e cultura. Mas zelotas, essênios, fariseus e saduceus, eremitas e sectários de todos os matizes, inclusive das nascentes *eclesiae* judio-cristãs, são caracterizados em suas feições particulares. Individualiza-os uma arte de romance que sabe insuflar nas representações ficcionais o alento de possíveis existências reais. Modos de falar, de pensar, de agir, por entre fluxos de emoções e sensações, num trançado de sons, odores e imagens, vão compondo as singularidades das personificações e projetando-as como historicidade – é a Judeia sob o guante romano gestando na opressão econômica e política e na insubmissão cultural e religiosa a derradeira insurreição, sob a lição do rabi Akiva.

No vulto deste tanaíta, que se tornou um nome legendário no seio do judaísmo por seu saber de mestre rabínico da *Mischná*, por sua atuação no preparo da revolta e por haver morrido como mártir supliciado por Roma, Opatóschu concentrou, além das convicções e das ações de que o rabi teria sido o promotor, uma ideia-força supraindividual, a de um messianismo que não se reduz a um só messias e a uma só batalha redentora. De fato, depois de pintá-lo no tumultuário jogo das vontades e das paixões, das ambições e das frustrações de um homem "de carne e sangue", ainda que de personalidade incomum, resgata-o em sua

3. Ver supra, nota 1.

espiritualidade superior, por oposição à figura de Bar Kokhba, encerrado na sua estreiteza material de vistas e desejos. Sob este impulso, mesmo depois de fracassada a tentativa de libertar a Judeia do jugo imperial e pagão, a pregação de rabi Akiva não perde a sua força e o seu nexo, pois a luta prosseguirá e haverá um messias onde houver judeus, como se exprime um dos partidários do suposto redentor, o que converte o tanaíta buscador do messias, isto é, rabi Akiva, no herói espiritual de uma epopeia, que foi a de ontem, mas é a de hoje, do povo judeu.

A LINGUAGEM DA MODERNIDADE NA POESIA ÍDICHE

Deve-se ao grupo In Zikh, em 1919, o primeiro manifesto da literatura ídiche que não se reduz a uma simples declaração programática, mas desenvolve uma exposição em profundidade de razões e propósitos. Já às linhas iniciais desse texto de duas dezenas de páginas, os seus autores nomeiam-se Movimento Introspectivo. Desde logo, porém, recusam-se a uma entrega aleatória e anárquica à subjetividade.

À diferença de outros poetas ídiches que também se valeram ocasionalmente da introspecção para levar à poesia as vivências d'alma e as percepções do mundo nela refletidas, a proposta aqui é de "aprofundá-la... expandi-la", segundo um método e segundo uma filosofia: "O mundo existe e nós somos parte dele. Mas, para nós, o mundo só existe tal como espelhado em nós, tal como *nos* toca [...] Ele se torna uma atualidade apenas *em* e *mediante* nós."

Idealismo radical, que parece reunir Berkeley (*esse est percipi*) e certas formulações extremas do expressionismo, contrabalança-o em parte a consideração de que a poesia (introspectivista, é claro) vem a ser uma introvisão intelectual do eu e por seu intermédio uma captação reflexiva do social internalizado. Verter em linguagem poética a relação orgânica entre um e outro constitui a principal busca do trabalho criativo do poeta, que terá de fazê-lo "de maneira introspectiva e plenamente individual". Isto significa que ele deve "ouvir efetivamente a sua voz interior, observar seu panorama interno – por caleidoscópico, contraditório, obscuro e confuso que possa ser". Aí está a verdade da experiência e do mundo que ela reflete, ou seja, da experiência autêntica. A esta luz, como ressalta uma passagem fundamental do manifesto:

> Para nós, tudo é "pessoal". Guerras e revoluções, pogroms judeus e movimentos operários, a escola ídiche e a Cruz, as eleições para prefeito e a interdição de nossa língua: tudo isto pode nos dizer respeito ou não, assim como uma mulher loira ou a nossa própria

> inquietação pode ou não nos dizer respeito. Se nos diz respeito, escrevemos poesia; se não, mantemo-nos calados. Em ambos os casos, escrevemos acerca de nós mesmos porque todas essas coisas existem apenas na medida em que estão em nós, na medida em que são percebidas *introspectivamente*.

Livre operação do sujeito em e sobre os seus fluxos de consciência, o caos e o labirinto – em que a realidade externa, o mundo se lhe apresentam como objeto da psique e de sua análise – são integrados caleidoscopicamente, por associação e sugestão, em síntese poética.

Como consequência, o problema da forma e da linguagem torna-se central. A questão não se restringe ao abandono de construções e metáforas desgastadas, de palavras e modismos repisados na produção poética ídiche, sobretudo na dos Iung[u]e, principal alvo da contestação do In Zikh. Ritmo, primado dos sons, aliteração, rima assistemática, verso livre, linguagem corrente são as suas armas principais para fazer falar, no poema, pela voz do eu poético, a vida trepidante, o *maelström* vertiginoso e as síncopes rítmicas da metrópole moderna. MAS alucinação e voragem entusiásticas pela magnificência dinâmica da grande cidade, tão a gosto do futurismo e do cubofuturismo, brotam da imagem clara e concentrada, da palavra certa e substantiva, cristalizadas sob a égide dos imagistas anglo-americanos. Recusando-se à *Schtimung*, aos estados d'alma, às belas palavras, ao jogo das adjetivações e dos preciosismos, ao distanciamento entre o falado e o poético, este ideário nega-se também a diferenciar entre poesia do coração e do espírito e, mais ainda, entre poesia nacional e universal. Diz ele:

> Nós somos "poetas judeus" simplesmente porque somos judeus e escrevemos em ídiche. Não importa o que um poeta ídiche escreva em ídiche, isto será *ipso facto* judaico. Não há necessidade de qualquer "tema judaico" particular. Um poeta judeu será judeu quando escreve poesia sobre *vive la France*, sobre o Bezerro de Ouro [...], sobre a calma que vem somente com o sono [...] Em duas coisas somos explicitamente judaicos, de ponta a ponta: em nosso relacionamento com a língua ídiche em geral e com o ídiche como um instrumento poético.

Não há pois razão de reservar-se aos motivos judeus. A *iídischkait* se estabelece por si, pela língua. Levá-la a sério, descartando-se de vez dos preconceitos subsistentes contra ela, cultivar a sua extraordinária flexibilidade estrutural e riqueza lexical, é colocá-la no nível da criação poética universal, que é propriamente a linguagem do poeta.

Nesta visada e na recusa de engajamentos sociais e políticos específicos, o In Zikh não divergia em essência do credo dos "Jovens". Em tudo o mais, porém, na sua proposta intelectualista, em que ecoam ideias não só de Freud (citado explicitamente), mas também de Nietzsche, Croce, T.S. Eliot, ele se opôs ao impressionismo espontaneísta e lírico dos Iung[u]e. Ainda assim, no contexto histórico da literatura judaica e ídiche não se deve tomá-lo como fenômeno isolado na conceituação de seu manifesto. Pois é preciso encará-lo na contemporaneidade de movimentos similares de desafio ao *establishment* literário em diferentes centros de criação ídiche que, sem perfilhar programas do mesmo teor estético, fizeram a presença, por exemplo, do expressionismo judeu, sob os nomes de *Khaliastra* (O Bando) e *Albatroz*, na Polônia, ou da revista *Der Schtrom* (A Torrente), na União Soviética.

Como é óbvio, a resposta aos adeptos do In Zikh não se fez esperar. Schmuel Níg[u]er, por exemplo, escrevendo sobre "arte judaica" no diário nova-iorquino *Der Tog* (O Dia), conceituou que ela só se deveria ser considerada como tal na medida em que apresentasse "conteúdo judeu" peculiar. Na revista do grupo (n. 3, 1920), Glantz-Leyeles levanta a luva, em termos que vale a pena transcrever com alguma extensão:

> O sr. Níg[u]er enveredou por uma estrada arenosa em seus artigos sobre "arte judaica"...
>
> Quando se diz "arte judaica" com ênfase na primeira palavra, eu sei o que é. Sinto então que tiro não só satisfação como estímulo quando observo o surgimento de uma literatura ídiche independente, uma poesia genuína, uma arte real, não obstante todos os impedimentos, não obstante a absoluta falta de um meio adequado, de uma carinhosa incitação e encorajamento.
>
> Mas se me dizem: "arte judaica", com ênfase na segunda palavra, não sei absolutamente o que é. Mais ainda, sinto uma espécie de perigo instintivo em tal ênfase.
>
> Há uma arte russa? Alemã? Inglesa? Francesa?
>
> Apenas na medida em que se enfatiza a *primeira* palavra. Então ela é a soma dos artistas russos, franceses, alemães, ingleses, ou – uma vez que estamos aqui falando primordialmente de literatura – dos escritores. Nesta medida, pode-se e deve-se falar de uma arte literária ídiche, isto é, como uma somatória de escritores ídiches.
>
> Não pretendo ser ingênuo. Sei o que o sr. Níg[u]er quer dizer. Ele fala do conteúdo interno dessa literatura e deseja que a literatura ídiche tenha um conteúdo explícito, inerentemente judaico.

> Mas o que significa isto? Uma ideia? Uma missão? Pretende o sr. Níg[u]er que a literatura ídiche tenha uma função missionária? Por exemplo, algo que pudesse em essência substituir a religião pelo mundo, e especialmente para nós?
>
> Da maneira como o sr. Níg[u]er pensa o conceito de arte judaica, parece que é isso que ele quer dizer, e isso é um erro. Um erro básico, perigoso...
>
> Literatura é *arte*. E a arte tem suas próprias leis [...] A arte é *apenas* uma expressão da vida e não pode ter outra relação com a vida. Ela tem que ser apenas arte.
>
> Literatura não é profecia, nem redenção geral, nem política social, nem política nacional.
>
> Revolução e pogroms podem servir de "tema" para a literatura.
>
> O menor pogrom contra judeus, um judeu brutalmente assassinado, uma mulher humilhada e violentada podem influenciar uma pessoa e um judeu, mudar seu humor e agitar sua alma mais do que dez livros. Tudo isso, a vida real, é muito mais terrível do que "O Reino Judeu" de Lamed Schapiro, e tudo o que está escrito nesse relato. E se tudo isso nada pode mudar, então uma obra de arte certamente tampouco pode mudar algo. "O Reino Judeu" é apenas a expressão artística do impacto que a tragédia judaica exerceu sobre o artista Schapiro. Tal expressão é uma genuína obra de arte e isso é tudo quanto se exige de um livro. Deste ponto de vista, não há de fato obra especificamente judaica. A força do livro está na sua arte. Por ser arte, é de qualquer modo judaico. E também é judaico porque foi escrito por um judeu em ídiche. Não pode nem poderá existir qualquer outra judaicidade.

De qualquer modo, a influência do In Zikh na evolução da poesia ídiche foi marcante, seja porque colocou em debate os problemas da arte poética e introduziu o dado da consciência e do intelecto tanto na teorização quanto na criação, seja porque popularizou o verso livre e o tema universal ou porque se esforçou por unir arte e atualidade e influiu no aceleramento do processo de modernização e metropolização da linguagem poética ídiche.

Este papel foi exercido não só através dos trabalhos críticos do grupo, como pela produção poética de seus expoentes.

Glantz-Leyeles projetou-se desde o início como mentor teórico da nova tendência e pela expressão que lhe deu em seus versos. "Cada poema [declarou ele] deve ser uma descoberta e uma obra de criação [...]" Experimentador incansável, utilizou-se do domínio da língua, da precisão intelectual e do poder de imaginação para realizar pesquisas sobre ritmos, rimas, metros e formas, compondo triolés, baladas, canções, sonetos e estudos. Mas o seu grande tema foi e continuou sendo a América. Ainda em 1963, escreveu: "Aqui sonhei os meus sonhos mais arrojados, aqui entendi melhor o espírito judeu, assim como o homem em meu interior, com sua amplitude e suas restrições."

Nascido na Polônia e criado na cidade de Lodz, Glantz-Leyeles foi em 1905 para Londres, em cuja universidade estudou, e em 1909 emigrou para os Estados Unidos. Em Nova York, frequentou a Universidade de Columbia, prosseguiu em suas atividades políticas judaicas, agora no campo do socialismo territorialista (militara antes no partido sionista socialista), e dedicou-se ao jornalismo e ao ensino. Teve participação intensa no movimento educacional e cultural ídiche, na América, tendo ajudado a criar muitas escolas e instituições com esta finalidade. Membro da redação de *Der Tog*, desde 1914, entre os numerosos tópicos sobre os quais escreveu, dois se destacam: política e crítica literária. Apesar deste desdobramento jornalístico, Glantz-Leyeles conseguiu fugir ao impacto estilístico desse trabalho sobre a sua escritura de poeta.

Suas traduções de poesia são um exercício de rigor, pertinência translinguística e inspiração transcriativa. É o que sobressai de sua versão de *O Corvo*, de Edgard Allan Poe, e dos poemas e textos em prosa que trouxe do russo, do polonês, do alemão e do inglês para o ídiche. Compôs também dois dramas messiânicos, um, *Schlomo Molkho* (1926), sobre o cristão-novo português Diogo Pires que retornou ao judaísmo sob o nome de Schlomo Molkho e com David Reuveni, *soi-disant* representante das Dez Tribos Perdidas, empreendeu a fascinante aventura cabalística e apocalíptica de um pseudomessias cuja tentativa de envolver em sua missão o papa Clemente VII e o imperador Carlos V acabou na fogueira inquisitorial em Mântua (a obra foi encenada em fins de 1941, no gueto de Vilna, com um prólogo do poeta ídiche A. Sútzkever, que assistiu àquela tragédia do destino judaico como parte de uma plateia não menos tragicamente destinada); o outro, *Ascher Lemlin* (1928), trata dos anseios e das visões messiânicas de um judeu às vésperas da Reforma de Lutero e das revoltas camponesas alemãs. Uma terceira peça aborda um tema moderno, a luta entre Stálin e Trótski.

Mas foi na lírica que a sua desenvoltura no manejo do ídiche encontrou a manifestação mais acabada. Se em *Labirint* (1918) e *Iung Harbst* (Jovem Outono, 1922) ainda persistem traços simbolistas e esteticistas e surgem lado a lado composições como

"Niu Iork"

Metal. Granito. Rumor. Bulício. Clangor.
Automóveis. Ônibus. Metrô. Bondes.
Burlesco. Grotesco. Cafés. Cinemas.
Luzes elétricas em guinchante rebuliço...

e

"Schlésser"

Castelos –
Castelos construídos de ferro e granito,
castelos de mármore e malaquita,
castelos de bronze, de aço, de ouro,
castelos e castelos em número infinito...

Em *Rondós und Ândere Líder* (Rondós e Outros Poemas, 1926), a arte do experimentalismo modernista impõe-se, faz-se poesia do espaço urbano e sua arquitetura, em cujos versos o ritmo e a simetria ascendem a uma mística do tempo-espaço e a uma metafísica do homem. É o caso, por exemplo, de "Simetria":

Simetria –
Ritmo em pausa.
Repouso em meio ao movimento.
Movimento no supraespaço.
Simetria.
Numerologia do mistério.
Mistério do ritmo
do outro lado da orla
do tempo e espaço.
Simetria –

Fabius Lind (1937) parece inverter o vetor temático do poeta: a celebração construtivista das geometrias da megalópole cede lugar a uma espécie de diário de espelhos multifacetados de um *eu* refletido dramaticamente nas suas vicissitudes de alienação e solidão como outro eu, a persona nomeada que, na perspectiva de I. Glátschtein, se desdobra não apenas numa série de poemas, "mas num grande documento humano, de metamorfoses, dor, transformação, exaltação e consecução em todo um intervalo de um vivido pedaço de vida em termos do tempo que serpeja" – comentário crítico, em 1937, acerca de "A Imagem de Fabius Lind". Com A *Iíd Oifn Iam* (Um Judeu ao Mar, 1947) e *Tzum Fus fun Barg* (Ao Pé da Montanha, 1957), sua última *raccolta*, Glantz--Leyeles reage, no primeiro, ao impacto da catástrofe do judaísmo na Europa Oriental e reconsagra, no segundo, o sentido e o propósito da vida, a onipresença e o resplendor da ação divina, a crença no destino do povo de Israel e, sobretudo, na destinação superior do homem, como fontes de inspiração de um estro onde ideia e emoção, abstração e concreção, pensamento e sentimento geram a autêntica poesia.

Ao longo do tempo, a arte de Iânkev Glátschtein foi vista, pela crítica judaica, sob dois ângulos distintos, embora complementares em termos da evolução literária do autor e das definições poéticas de sua linguagem. Antes do Holocausto, apontava-se nele principalmente o poeta requintado, cujo talento carreava para a invenção modernista recursos inusitados na técnica do verso e rara habilidade no manejo do repertório linguístico, que encontraram nos prosaísmos e nos folclorismos instrumentos prediletos para renovar, com humor, ironia e agudeza de espírito, o discurso lírico ídiche numa produção ao mesmo tempo individualizada e original. Após a Segunda Guerra Mundial e a catástrofe que varreu o judaísmo europeu, enfatizou-se na obra do poeta não só a mudança ocorrida no seu temário e o papel que passou a exercer aí o *éthos* coletivo do povo, como a sua evocação da consciência historiosófica judaica e a sua resposta ao extermínio, chegando-se a consagrá-lo como um "bardo nacional" ídiche.

Glantz-Leyeles, porém, em artigo escrito em 1956, contesta a dicotomia que se pretendeu estabelecer:

> Está aceito – e a crítica judaica nunca fez tentativa de desvendar deveras a questão, mas ao contrário repetiu e aprofundou continuamente o engano – que Iânkev Glátschtein somente nos anos da madurez da meia-idade, somente sob o impacto da loucura assassina hitlerista tornou-se consciente e imbuído do ponto de vista nacional, e isto tê-lo-ia "salvo".
>
> É um disparate sem pé nem cabeça. Iânkev Glátschtein é um poeta tão autêntico, orgânico e multiforme que seria de fato impossível que não fosse de ponta a ponta judeu. Ele o foi desde o início. Assim também o eram todos os integrantes do In Zikh. A crítica não viu isto, na maior parte. Não quis ver. E talvez não pudesse vê-lo, pois não queria de modo algum acolher a novidade

e a outra maneira que a corrente do In Zikh introduziu em toda a literatura ídiche[4].

Glátschtein nasceu em Lublin e seguiu os estudos tradicionais até os dezesseis anos. Mas o pai, interessado também na cultura ilustrada, proporcionou-lhe educação laica e o iniciou na literatura ídiche moderna. Em 1914, com dezoito anos, emigrou para os Estados Unidos, onde estudou Direito na Universidade de Nova York. Jamais praticou a profissão e, embora inicialmente fosse de opinião de que a poesia não se coadunava com o trabalho jornalístico, terminou por se entregar a ele, como tantos outros escritores judeus americanos, pois era o único meio de ter da pena um ganha-pão. Colaborou no *Mórg[u]en Jurnal* (Jornal da Manhã) e no semanário *Iídischer Kemfer* (Combatente Judeu), tendo estampado nesses órgãos centenas de críticas literárias, resenhas e artigos sobre questões culturais –uma produção ensaística em que mostrou ser igualmente um mestre pelo estilo conciso, pela agudeza intelectual e pela sensibilidade artística.

Iânkev Glátschtein é como o poeta intitulou sua coletânea de estreia (1921). Já a homonímia e a autorreferência do título soam como uma declaração de princípios. De fato, composto em versos livres, com disposições espaciais de paginação e valorações gráficas de caracteres, os textos propõem-se concretizar o projeto da poética introspectivista, da centralidade caleidoscópica do eu à produção da poesia como trabalho da linguagem. A forma de operá-lo, nessa nova economia lírica, pode ser entrevista num poema como "Tirtl-Toibn" (Turtu-Rolas):

Impulsos do pensamento
fúlgidos e céleres
lampejo de sol no fio da lâmina.
De repente: anos de *heder* e uma palavra,
apenas uma palavra: *tirtl-toibn*
turtu-rolas.
E ela não larga mais.
Com a macia dobra do turtu.
Com a carícia da dobra.
Ó, turtu-rolas
tirtl-toibn.
Turtu-turtu
tirtl-toibn.
Anos de *heder*, anos de infância.
E ela canta.

4. "Iânkev Glátschtein Tzu Zékhtzik Ior", *Di Gôldene Keit*, n. 25, 1956.

E persegue.
E embala.
E relembra:
tirtl-toibn,
turtu-turtu
turtu-rolas.

Técnicas e procedimentos do mesmo naipe, com o emprego de jogos e invenções verbais, neologismos e arcaísmos, vozes onomatopaicas e aliterações, efeitos sonoros e assonâncias, rupturas sintáticas e imagística inusitada, serão os materiais de construção que integrarão não apenas esta primeira seleção.

Em *Fraie Ferzn* (Versos Livres, 1926), o segundo livro de Glátschtein, o exercício da inovação, ainda que se faça preferencialmente no campo das experiências do sujeito e de sua contemporaneidade, também começa a voltar-se para o repertório da tradição judaica, como se constata no motivo bíblico de "Avishag" às voltas com a agonia do rei David:

Avishag. Pequena, cálida e jovem Avishag.
Grita rua adentro: o rei David ainda não morreu.
Mas o rei David quer dormir e não o deixam.
Adoniahu com seu bando já gritam: abaixo a coroa de minha
[encanecida cabeça.
A gorda Batscheva me abençoa com vida eterna e guarda minhas
[últimas palavras
com um sorriso astuto.
Dorme, meu rei. A noite é silente. Nós somos todos teus escravos.

Em 1929, Glátschtein deu a público os versos de *Credos* e, em 1937, os de *Iídischtaitschn*, um título que joga com as significações do nome arcaico do ídiche (*iídisch-taitsch*) onde o primeiro elemento quer dizer "ídiche, judeu" e o segundo sugere no jogo entre o som *t* e *d* de *daitsch* o sentido de "alemão", mas concomitantemente "tradução, explicação, interpretação", e que em português poderia ser vertido aproximadamente por *Interpretações do Ídiche*. Em sua análise da linguagem do poeta e de sua evolução, Benjamin e Barbara Harschav observam que: "A interação entre invenção e paródia estilística alcançou culminação virtuosística em peças como *Se Joyce Tivesse Escrito em Ídiche* e, especialmente, no livro *Iídischtaitschn*, que é uma das mais brilhantes realizações da poesia ídiche, e em sua maior parte intraduzível"[5], pois, como se lê em "Oifleiz" ("Dissolução"),

5. *American Yiddish Poetry*, Berkeley:The University of California Press, 1986.

Em triste dissolução enferrujam citações
de mosquitógrafos.
Matilde querida, cante-me um limão de aforismos decantados
e de vidascomoassimvividas.
Trapos de silêncio, crucificada vacuidade.
Eu corro pulsante para o cômico sofistico fim.

A dois volumes de prosa, *Ven Iasch Is G[u]efurn* (Quando Iasch Partiu, 1938) e *Ven Iasch Is G[u]ekomen* (Quando Iasch Voltou, 1940), que narram as impressões de viagem à terra natal, as lembranças e emoções do reencontro e as reações de um judaísmo enfermo, ameaçado de um trágico fim cuja proximidade já é pressentida, seguiram-se as *G[u]edenklíder* (Canções da Lembrança, 1943). Deixando para trás as posições de combate do In Zikh, na medida em que sua campanha estava quase esgotada nas próprias realizações, Glátschtein volta a cruzar as pontes da temática judaica. Já em 1938 "A Gute Nakht, Velt" (Boa Noite, Mundo), uma de suas composições mais conhecidas, assinalava com veemência esse retorno:

Boa noite, vasto mundo.
Grande e fedorento mundo.
Não tu, mas eu é quem bato a porta.
Com a longa bata,
com a flamante estrela amarela,
com o passo altivo.
A meu próprio mando –
eu volto ao gueto.
Apago e piso todos os traços apóstatas.
Chafurdo em seu lixo.
Salve, salve, salve,
corcunda vida judaica.
Anátema, mundo, sobre tuas culturas impuras.
Embora tudo esteja devastado,
eu me espojo em tua poeira,
triste vida judaica.
Porcino alemão, polaco hostil,
Amalek ladrão, terra de emborcar e embuchar.
Frouxa democracia, com tuas frias compressas de simpatias.
Boa noite, mundo de elétrica insolência.
Volto ao meu querosene de sebenta sombra,
ao eterno outubro de miúdas estrelas,
às minhas ruas torcidas de lampiões corcovados...

Mas este reatamento com o passado está longe de ser passadista, pelo menos no tratamento da forma e da linguagem. Reassumir o gueto e revocalizar a especificidade judaica permitiram ao poeta retemperar-se nas fontes da tradição, mas não o levaram a desfazer-se das conquistas renovadoras que são por ele operadas em sínteses peritas de um virtuose da língua e de sua dicção poética. Ainda assim, trata-se de recapturar um paraíso perdido de inteirezas de um modo de ser. É verdade que não nos termos estreitamente tradicionais da estrita observância da Lei. Reconsagrar o judeu sabático é, num poema como "Der Brátzlaver Tzu Zain Soifer" (Nákhman de Brátzlav a Seu Escriba), revalorizar nele seu sentido da vida, que é viver com todos os membros, respirar "o sol como a mosca". Esfera do que está "entre a terra lá embaixo e um temível céu longínquo lá em cima", é aí que a natureza humana, "corpo e carne", vive a sua existência, não só pelos chamados do Bom Impulso, "um belo compadre, um hóspede bem-vindo, que vive da farta pensão, com uma barriguinha cheia de boas ações", como pelos chamados daquele hóspede tão indesejado para os judeus piedosos, que o deixam "morrer de vontade por uma colher de sopa quente", e a quem o coração ansiosamente convida, o Mau Impulso –

> pois isto é força, apetite, desejo,
> poder e perícia.
> E afinal isto é canto,
> e afinal isto é pranto e segredo da tribo.
> E afinal isto é prazer e afinal isto é canção,
> e o membro membro da chama sagrada
> e a luz do que dele e dela se faz um.

A figura do Brátzlaver terá outras encarnações na obra de Glátschtein, mas esta sua meditação pouco ortodoxa não constitui apenas uma interpretação da singularidade da concepção hassídica do neto do Baal Schem, já assinalada em tantos outros, como a afirmação de um mundo e de uma vitalidade de que fazem parte a melodia do ídiche na fala popular, nas canções de seu folclore, e que inclui a sacralidade de seus sons rituais e de seu *lóschn-kôidesch*.

Em *Schtrálndike Iídn* (Judeus Cintilantes, 1946), a visão não é mais a de uma etnia, de uma religião ou de um povo, porém a de um cortejo de enlutados, cada qual com o seu morto, desfilando junto às câmaras do Holocausto. As lamentações do poeta são diálogos com o Senhor. Neles, ou se questiona o privilégio de ser por Ele escolhido para encarnar a sua Lei, na medida em que "sem judeus não haverá um Deus judeu, e se, não o permita Deus!, partirmos do mundo apagar-se-á a luz de Tua pobre tenda, porque desde que Abraão em nuvens Te reconheceu"; ou se confidencia:

Gosto de meu triste Deus,
Meu irmão de andanças.
Gosto de sentar-me com Ele numa pedra
e emudecer fora de si todas as palavras.
Pois quando estamos assim sentados ambos estupefatos,
nossos pensamentos ficam unidos –
no silêncio.
Meu exaurido Deus fuma um cigarro
e traga a primeira baforada.
Acende-se uma estrela, um signo de fogo.
Seus membros almejam dormir,
a noite deita aos nossos pés como uma ovelha...

ou ainda se desvela:

Nós éramos famintos,
espezinhados e enfraquecidos judeus.
Nós não choramos, nem fizemos tumulto.
A terra nos suportou em silêncio.
Agora somos belos, altivos
e cintilantes judeus.
Somos judeus mortos.
Nós nos entrelaçamos,
irmanados, ramificados e tornamo-nos
uma floresta de negras árvores.
O guarda nos açoitou com relâmpagos.
Mas a floresta queimou sem medo,
o fogo começou a galgar e a ascender para o céu,
os galhos cantaram.
E nós cantávamos:
Nós somos a floresta – e a floresta arde,
e Deus passeia conosco
na floresta ardente.

Num dos poemas incluídos em *Dem Tatns Schotn* (A Sombra de Meu Pai, 1953), "Dostoiévski" é invocado como um ébrio de Deus:

Dostoiévski botou Deus
sobre a sua mesa
como se fosse uma garrafa de vodca

e a emborcou.
Ele nauseou e vomitou,
curou o porre
e de novo sentiu-se atraído por Deus
como pela garrafa.
Uma vez, quando Dostoiévski rolava no assoalho
um velho adentrou.
O velho, com um gemido, o levantou,
e o deitou nas duras tábuas da cama,
tirou-lhe as botas dos pés imundos,
lavou-lhe a boca,
penteou-lhe a barba desgrenhada e vomitada,
afagou-lhe a fronte fria de suor.
Dosteiévski abriu os olhos tártaros
e perguntou:
Quem és tu?
O velho desapareceu.
Com passos trôpegos alcançou a mesa.
A garrafa estava vazia.
Ele bebeu o seu Deus até o fundo.
Então pegou a pena na mão
e escreveu sem parar.
Tinha medo de erguer a cabeça
pois sabia
que o velho estava atrás,
vigiando-o,
com sua boa e humana sobriedade.
Então Dostoiévski também o inscreveu em seus livros.

Entretanto, não é este Deus da vivência intoxicada que Glátschtein procura agora, nem o poderoso Jeová que "se espalhou sobre sete céus", mas um Deus que renuncie à sua orgulhosa universalidade e, com o poeta batido pelo grande mundo, se torne "provincial", retornando ao seu perdido rincão de origem. Pelo menos tal é o apelo que ressoa ao fim de "Onheib" (Começo): "Salva-te e vem com os *olim*[6] / retorna ao pequeno país. / Sê de novo o Deus judeu." Só assim, com o seu povo se refazendo e reconquistando a sua identidade, Ele também poderia refazer-se e reconquistá-la.

6. "Os que sobem" para Jerusalém, nome dado aos antigos peregrinos ao Sagrado Templo e aos emigrantes modernos que se dirigem a Israel.

Em Glátschtein, porém, muito mais do que no velho torrão hebreu, este "pedacinho de terra" encontra-se lá onde, como no "Começo", se pode "dar uma volta e dizer palavras familiares, / que serão conversadas em casa". A tragédia da perda dessa imperdível pátria sem terra, desse *iídischland* (país do ídiche e/ou dos judeus), é o tema da lamentação e da celebração em *Di Freid fun Iídischn Vort* (A Alegria da Palavra Ídiche, 1961):

> Ó! Deixem que chegue a mim a alegria da palavra ídiche.
> Deem-me as vinte e quatro horas de todos os dias.
> Atem-me, enredem-me,
> desnudem-me de todas as nulidades.
> Mandem que os corvos me alimentem, ofereçam-me migalhas,
> um teto furado e uma cama dura.
> Mas deem-me as vinte e quatro horas de todos os dias.
> Não deixem que eu esqueça por um só instante
> a palavra ídiche.

Pois, para o poeta, todas as suas experiências e a trajetória de sua geração, do *schtetl* a Nova York, da tradição religiosa à modernidade estética, só encontram língua e linguagem em ídiche: "Como posso falseá-lo? Você não é apenas a minha língua-mãe, é a fala de meu berço, o selo de todos os meus pensamentos." Daí o extático implorar: "Ó! Deixem que chegue a mim a alegria da palavra ídiche."

Aos setenta anos, Glátschtein publica *A Iíd fun Lublin* (Um Judeu de Lublin, 1966). É a sua última coletânea. Duas vertentes destacam-se neste livro. Uma refere-se ao modo de ver a atualidade: recusa quase misantrópica perpassa a reflexão sobre a banalizada, permissiva, violenta e absurda existência contemporânea, em que a arte e a literatura perderam seus valores e ideais nas buscas de uma originalidade a qualquer preço, *soi-disant* vanguardista, e na qual as novas gerações têm o sexo por religião, o *beatnik* por deus e o *rock'n roll* por ofício divino. Mesmo num momento de reflexão sobre o jogo geracional entre o ser e o sofrido devir judaico, diz ele em "Main Êinikl Dor" (Minha Geração Neta):

> Agora eu caminho só.
> Tua alegria te afasta.
> Tua voz entre as montanhas
> escarnece de minha velhice em prece.
> Entre as montanhas cairei
> e me tomarei uma ponte.
> E, geração após geração, hei de anelar
> por teus passos –
> pra frente e pra trás, pra frente e pra trás.

A outra vertente, volta-se para sua cidade natal, Lublin, e o espaço de uma civilização ética, onde judeus ao velho modo, autênticos, respirando a proximidade de Deus, constituem um mundo que o poeta quer relembrar e, mais ainda, reviver:

> Essas coisas mais eu quero lembrar,
> as ruínas menores, separadas,
> que amadureceram em mim.
> As silenciosas desgraças que em mim despontaram,
> como pequenos sóis assustadiços
> e lentamente declinaram,
> enevoados com os anos da própria idade.
> Essas coisas mais eu devo lembrar.
> A descalça trilha de sonho,
> que, num corte jubiloso,
> relampejou através do mapa
> de meu sono nostálgico,
> o silencioso caminho que entrecruzou
> todos os países, todas as ruas, todas as casas,
> em uma só atemorizada, desperta
> rua judaica,
> com suas cálidas pedras,
> com seus bosques mofados e tijolos tu mui ares
> que acolheu meus passos apressados.

A melancólica meditação do poeta só não se torna totalmente elegíaca porque os passos da memória recortam nela uma estria luminosa – o chão do passado. Mas a recorrência está longe de ser épica. São evocações que se sucedem no discurso poético com quase nenhuma costura narrativa. As imagens justapõem-se umas às outras numa cadeia discreta, remetendo antes a uma seleção imaginativa que a uma descrição recriativa. Elas brotam diretamente do eu lírico, *in zikh*, "em si" e dentro de si, na vivência do imaginário. Aí se compõem com fragmentos do que teria sido e anelos do que devia ser a visão ideal do radioso país da inteireza judaica – sonho de poesia, que a potência de linguagem de um mestre do verso ídiche moderno condensou na poesia do sonho do *iidischland* de Iânkev Glátschtein...

O NOVO TEATRO ÍDICHE NA AMÉRICA

DI FRAIE IÍDISCHE FOLKSBINE

Em 1900 surgiu em Nova York o Árbaiter Ring (Círculo Operário), que pretendia organizar os trabalhadores judeus emigrados para a América, estendendo a sua solidariedade de classe, emprestando-lhes conforto e apoio em suas vicissitudes e elevando o seu patamar educacional e cultural. Esta agremiação, que por volta de 1925 contava com 85 mil membros e ainda em 1950 tinha 70 mil associados em setecentas ramificações nos Estados Unidos e no Canadá, por efeito principalmente da ação dos socialistas judeus do Bund, dedicou especial interesse às atividades de cultura e arte. Sob este impulso, propôs-se criar escolas, clubes, revistas, corais e grupos dramáticos amadores, que cultivassem o melhor do pensamento, da literatura e da arte judaicas, atendendo aos anseios que lhe pareciam fermentar em suas bases, sobretudo entre a juventude trabalhadora. Como consequência natural, acabou envolvendo-se não só no esforço de carrear para seus membros um repertório dramatúrgico de qualidade, como também na luta para preservar e elevar o teatro ídiche em geral, inclusive o profissional. Daí nasceu, em 1915, o Folksbine, que em 1976 ainda permanecia fiel à sua plataforma inicial, definida nessa época por um de seus veteranos como sendo a da "pureza" – em relação à língua, à literatura e à dramaturgia ídiches.

O principal objetivo do Folksbine foi o de criar e manter o seu próprio teatro popular, sem fins lucrativos, com base no trabalho de amadores, a fim de apresentar os melhores teatrólogos internacionais e ídiches. Este programa, praticado anos a fio e exibido no palco do Neighborhood Playhouse e de outros teatros nova-iorquinos, converteu o trabalho do Folksbine em referência significativa no cenário teatral americano. A ele estão associados conhecidos encenadores judeus como Leib Kádison e Dovid Herman, fundadores da Vilner Trupe; Benno Schnaider e Nákhman Tzémakh, ambos do Habima; Michael Razúmni, do Teatro de Arte de Moscou; Jacob Rotbaum, famoso diretor polonês que encenou

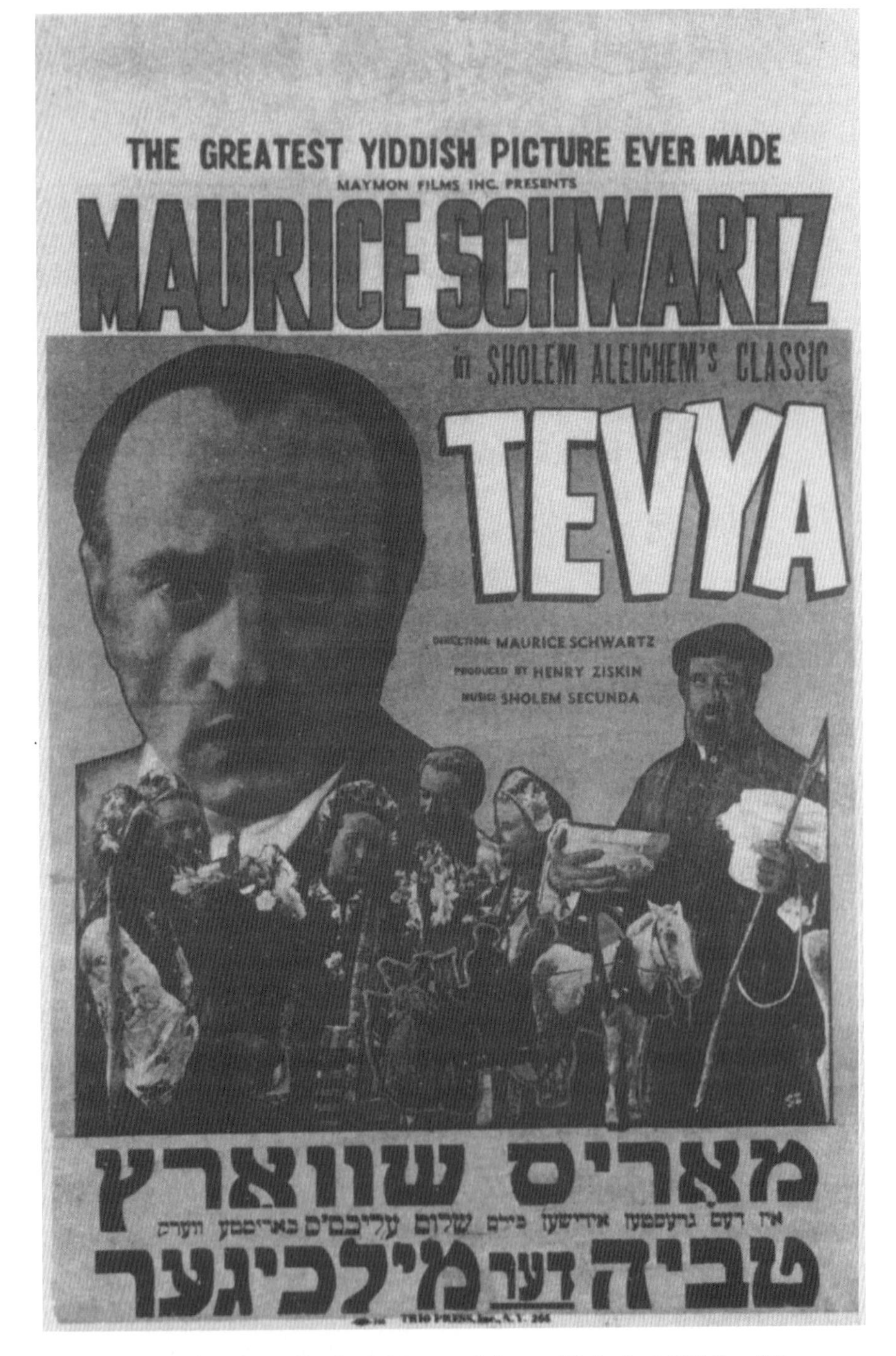

▪ *Cartaz anunciando a película de Maurice Schwartz* Tévie der Mílkhiker *(Tévye, o Leiteiro), de 1939. Esta, assim como o filme mudo* Khave, *de 1919, baseia-se em adaptação para o palco, feita pelo próprio Scholem Aleikhem.*

também no Brasil *O Sonho de Goldfaden*, um dos grandes sucessos do Folksbine. Em seu repertório, as peças de Peretz Hírschbein tiveram representações das mais expressivas do grupo e de seu estilo. Mas muitos outros autores foram levados neste tablado popular. Afora os clássicos da literatura ídiche, Mendele, Scholem Aleikhem e Peretz, ou os dramaturgos de comprovada eficácia teatral como Gordin, Pínski, Asch, cabe citar, dentre numeroso rol, Dostoiévski (numa adaptação de *Crime e Castigo*), Púschkin, Hauptmann, Schnitzler, Strindberg, Feuchtwanger, O'Neill e Upton Sinclair. Embora os métodos e as linhas de trabalho hajam variado conforme as concepções dos diretores, o Folksbine desenvolveu uma ética e disciplina próprias que o caracterizaram. Assim, por exemplo, em seu meio inexistiu a disputa por papéis, sendo as opções do encenador acatadas rigorosamente, muito embora fosse permitido ao ator tentar convencê-lo do contrário mediante o ensaio e a apresentação do desempenho aspirado. A participação de cada elemento não se restringia apenas à interpretação, envolvendo o conjunto das tarefas necessárias à consecução do espetáculo. A cada ano, o grupo elegia os seus diretores e um comitê encarregado da leitura e seleção do repertório. Tudo isso deu origem a uma instituição extremamente estável, mesmo porque o seu patrocinador, o Árbaiter Ring, conservou-a à parte das disputas políticas, e cuja relação com o seu público pôde manter-se, sem maiores abalos, por dezenas de anos.

IÍDISCHER KUNST TEATER

O Iídischer Kunst Teater (IKT, Teatro Ídiche [ou Judeu] de Arte) foi fundado em 1918 por Maurice ou Morris Schwartz (1890-1960) e subsistiu até 1955. Iniciativa particular, não dispondo de maior amparo institucional, exceto a venda de espetáculos para organizações culturais e sindicais judaicas, viu-se sujeito à fortuna comercial de seu repertório. Isto, na medida em que tornava o IKT diretamente dependente da bilheteria, acabou levando-o a dificuldades insuperáveis. Pois, acompanhando o processo de aculturação e integração dos imigrantes judeus, a sua plateia começou a escassear, marcadamente após o início da Segunda Guerra Mundial. Contudo, em sua fase áurea, nos anos de 1920 e 1930, desempenhou um papel imenso na vida teatral e cultural ídiche-americana e, ainda em 1947, Brook Atkinson escrevia em *The New York Times*:

> Enquanto os empresários da Broadway estão-se rendendo à sorte com resignação, Morris Schwartz mantém intato, na Segunda Avenida, o seu Teatro Ídiche de Arte. Desde 1918 o Teatro Ídiche de Arte começou a bater-se por algo digno de respeito. As audiências

> teatrais ídiches vêm minguando desde que foram fixadas as quotas imigratórias há um quarto de século e a segunda geração tem se escoado do centro cênico da Segunda Avenida para a Broadway. Como a Broadway, o distrito teatral é hoje quase a metade do que era antes. Mas nada parece perturbar a continuidade dos empreendimentos anuais do sr. Schwartz. Quando chega o mês de outubro, o sr. Schwartz abre invariavelmente com alguma coisa original; e, a menos que venha a mostrar-se claramente inaceitável, ela continua fazendo as audiências acorrerem até o meio da temporada, quando vai para a estrada. As peças se abrem e se fecham com terrificante alacridade onde tudo é festa ou fome. Mas o sr. Schwartz pega o grosso e o fino e mantém o seu velho pendão esvoaçante.
>
> Algo do teatro tradicional sobrevive sob seus auspícios. Ele dá a seu público histórias, vestimentas coloridas, barbas, uma porção de cenários, música e jogo de cena. Não tem medo do teatro. Se a forma da atuação na Segunda Avenida não é precisamente à grande maneira, não lhe falta animação e latitude, com largos gestos e excitação; e a gente sempre sabe que não está numa biblioteca. Sem ser intoleravelmente flamante, o sr. Schwartz interpreta com afoiteza, usando continuamente as mãos, agitando um eloquente dedo indicador e alçando hirsutas sobrancelhas para projetar espanto.
>
> Na Broadway essa dieta poderia ser considerada demasiado rica. Mas talvez não. O sr. Schwartz dá a suas plateias a ressonância e a autoridade do teatro de atuação. Seja qual for o seu veículo, o Teatro Ídiche de Arte proporciona o calor e a pompa do teatro tradicional[1].

Por perspicaz que seja a apreciação do crítico, vale reparar que ela corresponde aos anos já de descenso da carreira do IKT. Não que os traços apontados inexistissem inicialmente, mas havia outros componentes, de natureza menos tradicional, que é possível distinguir no artigo publicado por Schwartz, no diário ídiche *Forvertz*, em 1918. Diz ele, entre outras coisas, nesse como que manifesto programático:

> A fim de um teatro ser um êxito financeiro, cumpre-lhe ser primeiro um êxito moral. E eu o planejo como um duplo sucesso segundo os seguintes pontos:

1. Apud Nahma Sandrow, *Vagabond Stars*, Nova York: Harper and Row, 1977, p. 270-271.

1. O teatro deve ser uma espécie de lugar sagrado, onde uma atmosfera festiva e artística vá sempre reinar;
2. Uma companhia de jovens artistas que amam a beleza precisa empenhar-se em levar o teatro ídiche à bela realização;
3. Para representar bons dramas, finas comédias e atraentes operetas. E se um melodrama deve ser representado, é necessário que seja interessante e lógico;
4. Toda peça tem de ser encenada como se deve e o autor também deve ter algo a dizer sobre a sua peça. Cumpre ensaiar bastante a fim de que o ator disponha de tempo para aprender o seu papel. E para que toda peça seja objeto de um ensaio geral com indumentária e cenários;
5. A imprensa e o teatro devem caminhar de mãos dadas, e se a imprensa, o público e os sindicatos do pessoal de teatro nos derem o apoio que necessitamos, estou certo de que o Irving Place Theater [casa de espetáculos onde IKT se instalou] será o orgulho dos judeus de Nova York[2].

As palavras de Morris Schwartz não devem ser entendidas como expressão de ideias unicamente pessoais. Na realidade, ele vai ao encontro, em parte pelo menos e a seu modo, do movimento em prol de um teatro melhor, que I.L. Peretz e seu grupo desencadearam por volta de 1907 e cujas aspirações jovens escritores e intelectuais de língua ídiche, ao emigrarem para os Estados Unidos, levaram em sua bagagem. Tratava-se em essência de uma reivindicação em favor do "teatro literário", isto é, voltado sobretudo para a qualidade do texto, muito embora também se entrosasse, àquela altura, com os desejos de elevar o nível da realização dramática em termos de atuação e de cenificação, como consequência dos esforços em curso não só na Rússia e como já se patenteara na tentativa em 1908, da trupe de Hírschbein, de apresentar um repertório "de arte" na cena ídiche. Aliás, os vínculos de Schwartz com essa proposta são explícitos, na medida em que o primeiro reconhecimento do caráter de seu teatro, por parte do público e da crítica, verificou-se com *Farvórfn Vinkl* (Um Recanto Perdido), peça de Peretz Hírschbein, interpretada por I. Ben Ami. Apresentada em novembro de 1918, após seis outros textos de autores como Líbin, Gútzkov, Schiller, foi saudada como "a pedra fundamental do teatro de arte ídiche na América" ou como "a espécie de peça que eleva o teatro a um templo de arte dramática [...] A direção é notável. Ben Ami e Tzílie Adler desempenham-se artisticamente de ponta a ponta". Seja como for, a preocupação com uma

2. Ibidem, p. 162.

dramaturgia de originais ou adaptações literariamente consagradas constituiu-se, de fato, numa das principais características do Teatro Ídiche de Arte, acompanhando-o ao longo de sua trajetória. Mas Morris Schwartz absorveu também elementos das inovações teatrais na ribalta europeia e americana. Seus espetáculos, embora não seguissem uma linha estética muito definida e não visassem de modo algum ao experimentalismo cênico como tal, utilizaram com dosagem própria os efeitos audiovisuais da nova teatralidade. É certo que nem por isso abandonou o psicologismo na interpretação e o naturalismo na encenação – isso para não falar nas reincidências nos chavões e convenções do "teatrão" judaico. Schwartz limitou-se a escoimá-los à sua maneira, a submetê-los a uma certa síntese peculiar e a infundir-lhes, na busca de simbolismos expressivos ou efeitos espetaculares, elementos musicais, coreográficos e jogos de luz.

Não há dúvida de que daí resultou algo como um "estilo" ou, antes, uma certa estilização teatral. Na verdade, mesmo em *Iosche Kalb*, *Der Tílim Iíd* (O Judeu dos Salmos), *Der Dibuk* (O Dibuk), espetáculos que o diretor do IKT trouxe a São Paulo, em suas excursões pela América Latina, nos anos de 1950, ainda era possível distinguir, ao lado de um desempenho marcado pelo vigor do próprio Morris Schwartz, traços de elaborações cênicas de que falam os testemunhos críticos das montagens originais e que a documentação fotográfica disponível parece confirmar. Tal marca estilística revelava-se, particularmente, segundo N. Buchvald, nas peças em que se impunha comunicar a solenidade e a reverência rituais sagradas, a pompa do cerimonial festivo, a elevação do êxtase piedoso, o entusiasmo da melodia e da dança hassídicas, a irradiação popular do casamento judeu. Assim, *O Dibuk* de An-Ski, *Iosche Kalb* de I.I. Singer, *Kídusch ha-Schem* (A Santificação do Nome) de Asch constituiriam cristalizações máximas da *mise-en-scène* de Morris Schwartz e das tendências cênicas do IKT, bem como a sua contribuição específica para o teatro ídiche moderno.

Contudo, foi no plano do repertório que o Kunst Teater nova-iorquino marcou a sua presença. Não só porque, em seus quase quarenta anos de existência, encenou mais de 150 peças (algumas em inglês), desde Shakespeare, Lope de Vega, Molière, Gógol, Ibsen, Tchékhov, R. Rolland, Shaw, Górki, Jacinto Benavente, Strindberg e Toller até Goldfaden, Peretz, Gordin, L. Kobrin, Scholem Aleikhem, mas principalmente porque, nas décadas de 1920-1930, foi o palco que montou a produção dramática de Asch, Hírschbein, O. Dimov, I.I. Singer e dos "Jovens", como Lêivick, M. Nadir, F. Bimko (1890-1965), Aaron Zêitlin, Moische Bróderson (1890-1956), Álter Katzisne (1885-1941) e outros. Os textos desses autores, interpretados por atores dos mais talentosos, como eram o próprio Morris Schwartz, I. Ben Ami, Ludwig Satz, Stela Adler, Muni Vaissenfraind – que haveria de alcançar notável relevância no teatro e cinema americanos, sob o nome de Paul Muni – Iossef Bulow, Bina Abramóvitz, Tzílie

Adler, entre outros, deram ao palco ídiche na América um nível "culto" inatingido anteriormente.

Por isso mesmo, apesar de sua produção e orientação terem sido alvo de numerosas censuras e ressalvas artísticas e ideológicas ao longo de uma carreira constantemente observada pela imprensa e analisada em vários livros, um balanço crítico das realizações de Morris Schwartz não poderá afastar-se muito das conclusões a que chegou o historiador do teatro ídiche na América, David S. Lifson:

1. Schwartz e seu grupo foram parte do movimento geral de reforma do teatro americano.
2. Constituíram uma ponte através da qual peças europeias, estilos de encenação e personalidades foram trazidas para a cena americana;
3. Introduziram o conceito de arte no teatro profissional ídiche.
4. Inseriram o mundo judaico-americano no movimento do teatro de arte.
5. Proporcionaram o laboratório onde se desenvolveram personalidades que enriqueceram o teatro americano.
6. Desenvolveram estilos de montagem, desempenho e tradições no movimento do teatro de arte ídiche.
7. Criaram fontes de inspiração e padrões para futuros grupos proeminentes no teatro americano.
8. Mantiveram vivo um modelo para a padronização da língua ídiche;
9. Schwartz encorajou novos talentos teatrais.
10. Estabeleceu um amplo repertório de peças para o teatro ídiche, tirado do repertório mundial, bem como da dramaturgia judaica.
11. Sustentou, de tempos em tempos, a ideia de teatro de repertório com um *ensemble* interpretativo.
12. E, finalmente, na sua época, ele e o seu teatro atraíram a atenção e o respeito para a arte teatral ídiche da parte de não judeus e judeus igualmente[3].

DOS NAIE IÍDISCHER KUNST TEATER

Schwartz poderia ter-se tornado o sumo-sacerdote da nova arte sagrada, a arte do teatro; mas ele sucumbiu à fraqueza do estrelato dos três grandes do teatro ídiche de então, Adler, Késsler e

3. David S. Lifson, *The Yiddish Theatre in America*, Nova York:Thomas Yoseloff, 1965, p. 385-386.

> Tomaschévski, e assim desmoralizou a nova aventura. Por isso, nós que estávamos dedicados a um novo tipo de teatro, não podíamos ficar contentes. Iânkev Ben Ami nos conduziu à nova arte do teatro, escreve Tzílie Adler em seu livro de memórias[4].

Liderada por Ben Ami e com o apoio de um empresário disposto a bancar os riscos financeiros de uma cena "artística", a dissidência do IKT constituiu-se em companhia autônoma, em 1919. Sua estreia deu-se no mesmo ano com *Di Puste Kretschme* (A Estalagem Desolada) de Hírschbein, no Garden Theatre, que sediaria todos os espetáculos do novo conjunto cênico. Mas a carreira do Novo Teatro de Arte Ídiche seria breve, encerrando-se na segunda temporada, a de 1920-1921.

Chegando à América em 1913, Ben Ami trouxera sobretudo da Rússia e de sua experiência com a Hírschbein Trupe as linhas mestras de seu entendimento para um novo estilo dramático ídiche. Calcado no Teatro de Arte de Moscou, seria de alguma forma a pauta de uma reforma profunda das concepções antiquadas e dos procedimentos convencionais reinantes na ribalta judaica. Como em seu modelo stanislavskiano, um dos aspectos vitais dessa transformação dizia respeito ao estatuto do *ensemble*. Na versão que lhe deu, ao abordar os objetivos e métodos do novo grupo, Ben Ami o formulou nos seguintes termos:

> 1. Nada de astros. Cada ator deve desempenhar o papel compatível com seu talento.
> 2. O diretor deve distribuir os papéis conforme as aptidões do ator.
> 3. Nenhum ator pode recusar um papel, mas pode estudar aquele que prefere e deve ter a oportunidade de mostrar no ensaio o que é capaz de fazer com o papel. O diretor deve ter a decisão final; também lhe cabe decidir se um papel pode ser interpretado alternativamente por mais de um ator.
> 4. O diretor não pode representar na peça que dirige.
> 5. A figura principal numa peça deve interpretar um papel menor na próxima montagem.
> 6. Cada membro da companhia, se não se apresentar numa peça, precisa, se lhe for exigido, atuar como extra, caso tal papel seja necessário.
> 7. Toda publicidade que mencione nomes de atores deve arrolá-los em ordem alfabética e em caracteres do mesmo tamanho.

4. Ibidem, p. 402.

- *Jacob P. Adler em cartaz:* Elischa ben Abuia, *de Jacob Gordin, no Grand Theatre.*

- *Cartaz anunciando as apresentações de David Késsler, durante a última semana de novembro de 1916, no Second Avenue Theatre. Em destaque, a estreia de* Iankl Boile oder Natur Kinder *(Iankl Boile, ou Filhos da Natureza), com Késsler no papel-título.*

8. Quanto ao aspecto geral, artístico e cultural do teatro, deve haver um comitê para determinar políticas; ele há de consistir de dois autores, dois cenógrafos e dois atores. O diretor deve consultar este comitê no tocante aos caminhos artísticos e aos meios da encenação.

Além de Ben Ami e de Tzílie Adler, outros quinze atores integraram o elenco que dispunha também de seus próprios cenógrafos e pessoal técnico-administrativo. No total, a companhia apresentou treze peças, encenando textos de Asch, Hírschbein, Scholem Aleikhem, Pínski, Dimov, Hauptmann, L. Tolstói e Sven Lange, todos eles expressos num ídiche padronizado, no dialeto de Volin, a fim de evitar que uma personagem com acento polonês dialogasse com outra de inflexão lituana e uma terceira de pronúncia galiciana. A direção cênica do conjunto foi confiada a Emanuel Reicher (1849-1924), considerado na época um dos mais experientes e importantes encenadores em atividade no teatro americano. Vinha do Deutsche Freie Bühne, onde trabalhara com Otto Brahm, tendo sido também conselheiro, amigo e ator de Max Reinhardt. Como intérprete, consagrara-se por suas personificações em obras de Ibsen, Hauptmann e Schnitzler. Por acreditar no futuro do teatro nos Estados Unidos, decidiu permanecer na América, depois de excursionar pela Rússia e pelos palcos europeus, havendo colaborado com Neighborhood Playhouse e, mais tarde, iria trabalhar como diretor para o Guild Theatre. Não falava o ídiche, mas sua montagem de *A Estalagem Desolada* foi considerada "uma coordenação quase perfeita de todas as artes do teatro".

Esta peça, longamente ensaiada, firmou desde o início a posição da companhia junto à crítica, que chegou a ver nela "o pico mais alto jamais atingido por qualquer teatro ídiche". Um outro comentarista, W. Lovenberg, escreveu no *Theatre Magazine*, de 1920, que a apresentação do texto de Hírschbein proporcionava o vórtice "de um novo grupo de dramaturgos que produzia literatura ao produzir dramaturgia". Quanto à direção de Reicher, pareceu-lhe "tão sutil que mesmo para aqueles que não entendem a língua há um efeito de naturalidade que é o ápice da grande arte". E o trabalho de Ben Ami impressionou o articulista a ponto de ele dizer que "sua paixão raramente foi igualada em intensidade na ribalta americana. Em todo momento que ele atua, o palco fica sobrecarregado de vitalidade dramática". Outras opiniões na imprensa judaica e americana não foram menos entusiásticas.

Algo semelhante ocorreu com o espetáculo de *Grine Félder* (Verdes Campos), também de Hírschbein. Mas o grande destaque deste sucesso esteve no trabalho de Ben Ami. Não obstante a orientação coletivista do grupo, a força de sua interpretação conferiu-lhe de fato a posição de ator principal, sendo saudado como a descoberta da temporada, a quem "o Teatro de Arte deve principalmente a sua existência [...] um ator que traz a estampa da grandeza"[5]. Foi o que lhe abriu as portas da Broadway e do teatro americano em língua inglesa, ao qual se dedicaria primordialmente nos anos de 1920 e 1930, com um desempenho reconhecido. Entretanto, antes de abandonar a companhia criada sob sua inspiração, coube-lhe assumir a função de encenador, após a saída de Reicher. Intrigas de bastidores relacionadas com a esposa do empresário, que também era atriz e almejava papéis principais, suscitaram divergências e brigas, culminando no afastamento de Ben Ami. Foi substituído por outro grande intérprete judeu, Rudolf Schildkraut. Dos Naie Iídische Kunst Teater ainda conseguiu resistir por mais uma temporada. Mas não pôde levar à frente a tarefa renovadora que empreendera, a despeito dos louros conquistados. Havia perdido, como disse um comentarista, a sua "alma", que foi também a do maior ator trágico do teatro ídiche moderno, na avaliação do dr. A. Mukdôni, principal crítico deste período.

O ARTEF

Antecipando ou não a nova cultura da imagem numa sociedade de massas, não há dúvida de que o teatro foi um dos agenciadores mais congeniais e representativos da presença cultural do ídiche no espaço americano. É o que se evidencia quando se considera, além da amplitude que assumiu aí o tablado profissional, em sua forma mais convencional ou mais "artística", o movimento dos clubes dramáticos e da cena experimental no grande leque de propostas e objetivos em que se desenvolveu. Dentre as iniciativas marcantes dessa atividade, o Artef, sigla do Árbeter Teater Farband (Liga do Teatro Operário), tem um lugar à parte e seu aporte ultrapassou a rua judaica, havendo repercutido no trabalho do Group Theater de H. Clurman e de outros conjuntos teatrais engajados na arte de militância "social" e de esquerda nos Estados Unidos.

Ao contrário de boa parte de tentativas congêneres, mesmo quando marcadas por alguma posição de princípio, sionista e/ou socialista, e não apenas por desígnios estéticos, o Artef distinguiu-se desde logo por sua clara definição ideológica e política. Produto da "corrente proletária" da cultura judio-americana, surgiu em 1925 como estúdio dramático sob a égide do *Freiheit*, diário comunista de Nova York.

Tratava-se de superar a crise de identidade que pusera em xeque a existência do Folks Farband far Iídisch Kunst Teater (Liga Popular Pró-Teatro de Arte

5. As citações deste parágrafo e do anterior provêm do estudo de David S. Lifson sobre o teatro na América, acima mencionado.

Ídiche), uma organização que se formara a fim de dar apoio ao IKT de Morris Schwartz e promover na cena judaica um repertório artisticamente representativo. Nela se congregavam diferentes tendências que se desentenderam, em virtude da dificuldade de concretizar um dos objetivos da Liga, ou seja, a formação de um teatro popular ídiche. Este fato conduziu a ala dita da "direita" a querer dissolver a instituição. Mas a "esquerda" se lhe opôs, com o apoio dos comunistas, dos clubes da juventude e dos agrupamentos operários. Num encontro realizado em dezembro de 1925, com a participação de duas mil pessoas, entre as quais havia escritores, intelectuais, ativistas e representantes de cem mil trabalhadores, ratificou-se a fundação de um teatro proletário e resolveu-se mudar o nome da entidade para Árbeter Teater Farband.

Pôr em prática a decisão formal de criar um teatro dessa natureza não era encargo muito simples. Por força do compromisso ideológico-político declaradamente assumido em termos programáticos, de suas implicações estético-estilísticas e artístico-organizacionais, uma série de questões se colocaram imediatamente na mesa de trabalho. Tinham os mentores da iniciativa uma visão concreta do que devia ser um teatro operário? De sua expressão formal, de seu repertório e de seu substrato de ideias? Dispunham, afora a postura político-cultural, de um projeto preciso de construção e condução de um conjunto dramático dito "proletário"? "Não", responde um dos mais destacados dirigentes, professores e teóricos do Artef, N. Buchvald.

> Havia nas palavras e nas discussões a respeito do teatro proletário um grande número de formulações gerais e havia uma tendência de empurrar e adiar através das formulações gerais as perguntas imperativas: O que é teatro proletário? O que deve ele representar? Como deve ele representar? Como irá ele funcionar sob o lado organizacional? Que relação terá ele do ponto de vista organizacional e financeiro com o seu auditório, com os trabalhadores organizados? Como irá ele desenvolver ou mobilizar o seu coletivo de intérpretes? Será um teatro de atores profissionais ou de voluntários amadores, não remunerados?[6]

As respostas a tais questões passaram por um processo demorado de simpósios, discussões e contestações. Mas ainda assim alguns traços marcantes do futuro perfil foram logo delineados. Por exemplo, descartou-se a ideia de recrutar um elenco profissional e optou-se por promover um conjunto próprio, um *ensemble* de "atores proletários, de artistas revolucionários". Com isto se lançou também,

6. Nathaniel Buchwald, *Teater*, Nova York: Farlag-Komitet Teater, 1943, p. 418.

▪ *Rudolf Schildkraut, Boris Thomaschevski, Ludwig Satz e Regina Zuckerberg em* The Three Little Businessmen *(Os Três Pequenos Negociantes), 1924.*

opina Buchvald, a pedra de toque do futuro estilo do Artef. Se, neste aspecto, a revolta contra o realismo predominava de início, acabou sobrepondo-se a tal tendência, vista a seguir como passível de resvalar para um "perigoso formalismo", a tese de que um palco da classe operária não podia atrelar-se a um só estilo, excluindo qualquer outro. O argumento era que o conteúdo e não a forma devia servir-lhe de marca distintiva. Cumpria, pois, condicionar o desenho cênico ao material dado e à natureza da peça, sem quaisquer noções ou moldes prévios. Evidentemente, não era possível antever então que o Artef haveria de filtrar um padrão estilístico e uma feição artística próprios. Mas foi o que ocorreu. Se não se filiou ao construtivismo ou ao expressionismo e nem sequer ao espetáculo de massas, como lhe era proposto, a exemplo sobretudo do teatro de vanguarda soviético, tampouco os rejeitou de todo. Até certo ponto, num espírito que lembra o de Vakhtângov – de quem aliás um dos principais diretores do Artef, Benno Schneider, foi aluno no Habima de Moscou – colheu neles elementos que, sem desconsiderar os ensinamentos de Stanislávski, vieram a ser integrados num tipo de teatralização peculiar, graças a um trabalho incessante não só de aprendizado e aperfeiçoamento nas técnicas e nas disciplinas dramáticas, como de busca de expressão cênica adequada. De outra parte, se a princípio se falava em dramatizar as lutas da classe trabalhadora, em servir às reivindicações do movimento operário e espelhar a vida e os embates das

▪ *Uma cena de* Der Iídischer G[u]eneral *(O General Judeu), de Abraham Blum.*

massas proletárias, acabou por prevalecer a ideia de que tão somente a luta de classes e a solidariedade de classe deveriam servir de fio de orientação ideológica. Isso permitiu que se estabelecesse o critério segundo o qual o teatro dos trabalhadores não devia reservar-se a um repertório exclusivamente proletário. Assim, um espectro mais amplo de peças pôde ser levado ao palco do Artef, tendo em vista, quer sob o ângulo do coletivo interpretante quer do público de espectadores, além de uma significação humana e judaica, a gratificação artística da obra encenada.

O Artef encetou o seu trabalho a partir do estúdio dramático do *Freiheit*. Este núcleo inicial, recrutado entre jovens trabalhadores, era dirigido por Iânkev Méstel e Avrom Teitelboim. Compunham-no dezenove estudantes, aos quais se somaram, nos dois primeiros anos da nova fase, outros sete e cinco respectivamente, com a média de idade entre dezoito e vinte anos. Estudavam quatro horas por noite, cinco dias da semana, em programas por temporada e, para manter o estúdio, contribuíam com 25 dólares de taxa e 5 dólares mensais (mais tarde, 10). Recebiam lições de dicção, recitação, canto, dança, plástica. Além dos diferentes elementos da técnica do ator e da arte da interpretação, dos recursos de maquilagem e da expressão vocal e corporal, aprendiam história do teatro, literatura dramática, dramaturgia e crítica. O currículo reservava particular atenção à língua e à produção literária ídiche, mas incluía também tópicos importantes da cultura americana e europeia. Num balanço efetuado por ocasião do décimo aniversário do Artef, Méstel assinalou que, nos seis "estúdios" realizados no interregno, 120 alunos haviam participado dos cursos e 29 deles passaram a pertencer ao coletivo permanente, afora outros que desempenhavam com frequência papéis menores. No entanto, em face dos objetivos sociais e ideológicos da instituição, não deixa de ser significativo constatar que, se no início das atividades do Artef a maioria de seus estudantes era de operários, todos falantes do ídiche, por volta de 1937, o inglês já predominava e os *white-collars* formavam a maioria.

Em fins de 1928, após três anos de esforços, o estúdio apresentou seu primeiro trabalho teatral, *Baim Toier* (Junto ao Portal), de B. Schteiman, com direção de I. Méstel, cenografia de M. Zolotarof e danças de Sofia Berenson. O sucesso do espetáculo foi bastante limitado. Muitos fatores contribuíram para isso. Não só os alunos-atores ainda se sentiam algo intimidados, como o texto desse poema dramático, com seus acentos apocalípticos e sugestões messiânicas, estava longe do que se poderia esperar de um teatro "proletário e revolucionário". Tal é a avaliação posterior, dir-se-ia "realista-socialista", que pretende também atribuir a frustração das expectativas ao caráter teatralista da encenação, desenvolvida com base numa "cenografia construída, com muitos planos e sem, Deus nos livre!, qualquer pintura"; e marcada por sua ênfase na "movimentação de grupo ritmizada e na declamação, em gestos e entonação rigorosamente medidos e rebuscados". Mas, ainda assim, Buchvald considera que a representação serviu de estímulo tanto para os alunos quanto para o Artef. Pois, a seu ver, os jovens atores mostraram que se haviam qualificado para o desempenho dramático e tinham constituído um *ensemble* disciplinado, capaz de atuar com conhecimento e unidade. "Com um coletivo assim podia-se empreender trabalho teatral sério", afirma Buchvald, remetendo o seu juízo à crítica da época.

De qualquer modo, esta montagem é o ponto de partida de uma produção cênica que tem um lugar próprio no teatro nova-iorquino dos anos 1930, quando as encenações do Artef são acompanhadas com vivo interesse não só pelo setor "progressista" da cultura ídiche nos Estados Unidos, como também pelos grupos mais avançados do movimento teatral americano. Ao todo, até o ano em que praticamente se desfez, 1939-1940, o coletivo do Artef levou 22 obras dramáticas de maior extensão e 46 textos de um ato, espetáculos de dança, de diversão de massas e de outros gêneros. Neste repertório, a palma não coube às representações da vida operária judio-americana nem do ambiente social nos Estados Unidos. Embora não fossem outras as abordagens de *Professor do East Side*, de O. Dimov, e de *Clinton Street*, de S. Ornitz, duas peças aplaudidas pela crítica em 1939, as quatro primeiras da mesma linha haviam fracassado em temporadas anteriores. Por contraditório que tenha resultado em face de seus objetivos programáticos, o Artef marcou sua presença artística e alcançou seus maiores sucessos com obras pouco vincadas pela consciência de classe, abrindo-se em tela pictórica das feições coletivas, embora incidindo criticamente sobre aspectos e problemas da vida judaica na Europa Oriental. O tratamento ideológico não impediu que o resgate evocativo, majorado pela própria qualidade plástica, musical e dramática das composições cênicas, atuasse sobre o público do Artef, constituído ainda na maior parte de emigrantes judeus vindos do Leste europeu, como poderoso estimulante de seus aplausos às encenações de *Aristocratas* e *200.000*, de Scholem Aleikhem e de *Recrutas*, uma reelaboração por L. Reznick da comédia ilustrada *O Primeiro Recruta Judeu* de I. Áksenfeld. De outro lado, numa faixa mais estrita do compromisso de ideias, o Artef encontrou um espaço propício para as suas sínteses estilísticas em peças que tematizavam o herói revolucionário, tais como: *Hirsch Lekert* (uma figura emblemática do movimento socialista judeu, condenado à forca, em 1902, por um tribunal militar tsarista) dramatizado por A. Kuschnírov; *Cadeias*, de Lêivick; *Iégor Bulichév* e *Dostigáiev*, de Górki. Contudo, a linha do *agitprop* apareceria com mais nitidez não só nas já referidas exposições dramáticas de contextos sociais da atualidade (*O Estrépito das Máquinas*, de M. Tchernev; *Quadril, Pança e Queixo*, de um romance de S. Ornitz; *A Terceira Parada*, de Ch. Walker e P. Peters; e *Seca*, de H. Flanagan), isto é, os textos elaborados em conjunto com os escritores do *Proletpen* (Pena Proletária) em atendimento às exigências partidárias, como particularmente nos esquetes e nas teatralizações dos espetáculos de variedades.

Até 1939, a maior parcela desse trabalho, sobretudo as montagens de peças mais longas, com a cenografia de M. Zolotarof, teve a direção de Benno Schneider, um encenador cujas raízes estavam, como já se apontou, no teatro russo e no Habima hebraico. Em sua época, foi visto como um dos mais competentes e sérios diretores de Nova York, ainda que suas tentativas fora do Artef não tenham sido bem-sucedidas. Mas no *ensemble* judeu demonstrou flexibilidade de estilo capaz de encontrar a nota específica para cada montagem, criatividade que o habilitou a desenvolver uma expressão própria, que foi em larga medida a do Artef. Escreve Buchvald:

> O essencial de seu labor criativo era realizado por Benno Schneider nos ensaios, quando os atores estavam sentados à volta de uma mesa e liam seus papéis. Brilhante como era a elaboração do *cênico* , o trabalho com os intérpretes para extrair a expressão emocional autêntica constituía o aspecto mais importante de seu método de direção. Aqui o encenador do Artef não era apenas um montador de peças, mas um professor, um educador e um formador de atores. Ele ensinou aos intérpretes do Artef a dificílima e

> complicada técnica de suscitar de dentro de si sentimentos verdadeiros, de controlar e moldar tais sentimentos segundo uma criação consciente. Nesse sentido, em cada peça, cada papel era um estudo, e os intérpretes do Artef tornavam-se a cada peça mais maduros e introduziam mais verdade humana em suas criações. Se o elenco do Artef se distinguia em algo de outros grupos, era na sinceridade da expressão[7].

Vê-se que Schneider operava com "a justificação interna da personagem", preconizada por Vakhtângov, no tratamento do processo criativo do ator e da plasmação do papel. Para o mestre armênio, era este o primeiro passo metodológico no seu caminho de uma síntese dramático-cênica entre emoção e forma. O segundo consistia na seleção do mais intensivo e expressivo do ator para a moldagem da figura-máscara significativa. E seu discípulo judeu segue-lhe as pegadas neste particular. Por isso mesmo, para se dar conta de suas concepções e de sua prática, não basta ressaltar os seus procedimentos stanislavskianos na construção da persona e do jogo interpretativo. De fato, ao expurgo da estereotipia e do convencionalismo teatrais e à busca da representação autêntica somava-se uma operação plástico-rítmica de definições formais. Era o lado que muitos críticos atribuíam a um detalhismo excessivo e traidor da realidade e de sua mensagem. Mas, na perspectiva do *régisseur* ídiche, como na de seu mestre em Moscou, era exatamente o inverso: o encontro da forma sintética expressiva tornava possível a leitura crítica e a indução ideológica do espetáculo. Isto, porém, não significa que Benno Schnaider fosse apenas um epígono. O produto final de suas montagens, e sobretudo daquelas que melhor o representam, trazia, como revela a documentação, uma imagística cênica que, de um lado, atenuava os traços expressionistas e a carga grotesca e, de outro, intensificava a expressividade da figuração realista sem desnaturá-la. Era uma estilização original, por certo, da atuação individual ou dos grupos nas composições cênicas, que se constituiu numa espécie de marca do Artef e de seu principal diretor. Ela nascia não de uma imitação passiva de um mestre, porém da interação, ao longo de muitos anos de trabalho, entre um coletivo ideologizado, empenhado em criar no palco, com toda a representatividade dramática, a projeção de seus objetivos sociopolíticos, e um artista formado por uma tendência e no encalço de uma realização estética. Foi no âmbito desta intercorrência que o Artef resolveu o seu dilema estilístico, criando um estilo próprio entre os limites das duas linhas estéticas agudamente contrapostas no processo teatral de seu tempo e no limite do debate do teatro proletário e militante após a Revolução Russa.

7. Ibidem, p. 434-435.

9

A LITERATURA ÍDICHE NA UNIÃO SOVIÉTICA À SOMBRA DO STALINISMO

A criação literária ídiche na União Soviética processou-se em condições muito específicas. Antes da Revolução de Outubro, a Rússia já era cenário de uma longa e florescente tradição literária ídiche. Não só o Império Tsarista compreendia alguns dos principais centros em que ocorria a atividade cultural dos judeus em língua hebraica e no chamado jargão, a língua popular, como foi em seus limites geográficos que se deu a produção artística dos pais fundadores e da geração de sucessores da primeira grande época das letras em ídiche. Mendele Mokher Sforim, Scholem Aleikhem e I.L. Peretz trabalharam, se não num âmbito sociocultural idêntico – pois entre a Ucrânia, a Rússia Branca e a Polônia havia diferenças de várias ordens – pelo menos no quadro de uma unidade política e comunicacional que o domínio imperial russo assegurava. Isto proporcionava ao surto da literatura ídiche por eles encabeçado um espaço unificado de recepção e atuação e uma relação unitiva de identidade judaica, que seriam posteriormente fragmentados, com as secessões que o império veio a sofrer, não obstante o fato de permanecer a vinculação que fazia do judeu um povo polilocalizado com uma expressiva minoria nacional no Leste europeu. Ainda assim, é preciso dizer que uma parcela significativa desta população judaica e de suas forças intelectuais continuou vivendo na URSS e participando, às vezes como vítima dos violentos confrontos armados que lá se verificavam então, do processo político, social e cultural de transformação da sociedade-contexto. Com o advento do novo regime, o meio judeu também foi tomado pelo espírito da renovação revolucionária e pela tendência geral de apagar em tudo o passado e de recomeçar tudo da estaca zero, sem mais. Em muitos aspectos, a tentativa vingou inicialmente. Os povos e os grupos nacionais libertos do guante tsarista contavam com o apoio do Estado Soviético, então politicamente interessado em expandir todas as potencialidades etnoculturais.

Essa época caracterizou-se, nas letras ídiches, pela celebração não só da ruína do antigo estado de coisas na vida judaica – sobretudo o da sociedade

A *Pale* (Cercado), área de residência judaica na Rússia, 1835-1917.

A Pale. *Os judeus russos foram confinados a essa região por leis de 1795 e 1835, onde por volta de 1897 havia mais de 5 milhões deles.*

Cidades que, embora situadas dentro dos limites da Pale, eram proibidas aos judeus sem uma licença especial de residência.

Cidades fora dos limites da Pale com habitantes judeus.(Dados de 1897) do *schtetl* – como da edificação soviética de uma nova ordem e de um novo homem, de que o judeu seria partícipe. Poetas e prosadores, nos termos de uma severa linha revolucionária e proletária, mesmo quando atraídos pela linguagem da vanguarda estética, consignam uma significativa contribuição à arte literária ídiche e soviética com obras sobre os judeus na Guerra Civil e no Exército Vermelho, nas colônias agrícolas da Crimeia e na produtivização proletária. Não obstante, perdura o sentimento de pertinência ao mundo judeu em geral e de inserção no tecido internacional da elaboração cultural e artística do ídiche. A revista *Schtrom* (Caudal), por exemplo, publicada em Moscou de 1922 a 1924, declarava-se "um mensário de arte e literatura [...] com contribuições dos melhores escritores ídiches de Moscou, Kiev, Varsóvia, Berlim e Nova York [...]". Seu objetivo era "unir os elementos criativos judaicos que estão hoje forjando os valores estéticos de nossa época".

Ao fim de 1924 começam a soprar novos ventos. Cresce o controle partidário. A "psicologia pequeno-burguesa" é objeto de cerrada campanha. Ocorre também uma depuração linguística: eliminam-se do ídiche soviético locuções tradicionais, "expressões burguesas", hebraísmos vinculados ao ritual religioso, aos signos festivos e às práticas comerciais. Alegava-se – como fez N. Schtif, em *Di Iídische Schprakh* (A Língua Ídiche) – tratar-se de elementos enxertados progressivamente na língua popular pelos dirigentes econômicos, políticos e religiosos, a fim de instrumentar o seu domínio sobre a vida comunitária, que se reduziam agora a formalismos clericais e aristocrático-burgueses, cujo conteúdo se desfazia nas novas condições históricas, com o ascenso do proletariado ao poder, e no processo geral de desarcaização e modernização dos idiomas na sociedade industrial e socialista soviética. Com o mesmo fundamento, isto é, o das diferenças estruturais instauradas pela Revolução e o da consequente transmutação ideológica de valores que deviam permanecer tão incontaminados quanto possível para que pudessem exercer o seu papel revolucionário dentro e fora da URSS, impedindo inclusive perigosos contrabandos filosóficos e políticos, procuram-se cortar os contatos com os demais focos literários e culturais do ídiche no exterior. Neste insulamento gradativo, que assumirá moldes e divisas distintas, prepara-se o terreno para o famoso lema, "Socialista no Conteúdo e Nacional na Forma", sob o qual o stalinismo tentará sepultar a criação ídiche e judaica, uma das florações nacionais que aparentemente se pretendia resguardar de contradições e fomentar sua particularidade no seio de uma ordem igualitária e multiétnica.

Não há dúvida, porém, de que, em conjunto e por seus melhores ramos, a literatura ídiche na União Soviética efetua, durante duas décadas, um enorme esforço com o fito de reestruturar-se e corresponder ao novo quadro de existência e a seus requisitos, mesmo quando a tarefa implica pesados sacrifícios pessoais e artísticos. Um exemplo frisante é Dovid Bérg[u]elson (1884-1952).

Antes da Primeira Guerra Mundial, em *Arum Vokzal* (Em Torno da Estação de Trem), *Ôpgang* (Descenso) e, principalmente, em *Nokh Alemen* (Depois de Tudo, 1913), uma das grandes realizações da ficção ídiche, retratou, nas pegadas de Tchékhov e Knut Hamsum, com impregnação impressionista e simbolista e técnicas literárias requintadas, como o monólogo interior, o estilo indireto livre, a fragmentação dialógica e descritiva a serviço da sugestão e da reticência semântica, o ambiente da burguesia judaica e de sua decadência, bem como o trágico ridículo de uma *intelligentsia* que vegeta e agoniza impotente para mudar algo na vida de seu povo. Paradoxalmente, no entanto, e talvez significativamente, pelo menos à luz das aspirações mais íntimas e do caminho ulterior do próprio autor, uma de suas personagens mais representativas dessa fase, Mírele Hurvitz, a heroína moderna de *Nokh Alemen*, embora encarne mais do que qualquer outra figura berg[u]elsoniana aquela situação de *huisclos* socioexistencial, tornando-se quase um símbolo de seu impasse e negatividade, não deixa de ser também, ao mesmo tempo, uma das expressões literárias mais vivas da mulher judia revoltada e em luta por sua libertação.

Compreende-se, pois, por este viés, que, ao eclodir a Revolução, o autor de *Nokh Alemen* não se tenha oposto a ela, muito ao contrário. De outro lado, do ponto de vista estético, não pareceu então a Bérg[u]elson que devesse, por esta razão, engajar-se. Como membro do chamado Grupo de Kiev, reunião de poetas e escritores de língua ídiche, defendeu a autonomia literária e o direito de subsistência de uma arte apolítica, contra a politização irrestrita da produção artística, pregada pelos militantes da Ievsektsia[1], como o crítico M. Lítvakov, porta-voz do partido.

Por causa destes choques e de outras dificuldades, Bérg[u]elson saiu do país. Viveu doze anos na Alemanha e nos Estados Unidos, principalmente, tendo escrito em Berlim *Midas ha-Din* (Justiça Estrita), um romance onde faz o ajuste de contas com o seu esteticismo anterior e enfrenta os temas políticos e históricos contemporâneos com um novo ímpeto messiânico, o de um messianismo revolucionário tinto de expressionismo alemão. Ainda na capital germânica, esteve à frente do mensário *In Schpan* (No Passo), em cujas colunas afirma que a literatura ídiche não pode separar-se das massas trabalhadoras judaicas, devendo acompanhá-las e envolver-se em seu combate.

Assim, não é de admirar que, ao regressar à União Soviética, em 1933, ele se empenhasse em exprimir, com a devida aura ideológica, a "nova vida" dos judeus russos. São quadros da psicologia social da classe esmagada, a dos inúteis e exploradores, e do emergente elemento produtivo e renovador, o proletário judeu-soviético.

1. Nome dado às seções judaicas do departamento de propaganda do Partido Comunista russo, entre 1918 e 1930.

Em 1934, uma visita à então recém-criada Região Autônoma Judaica, com o ídiche como língua oficial, leva-o à pintura entusiasmada do ser judaico naquele rincão, terra idílica em que o *luftmensch* do *schtetl* europeu-oriental, o Menákhem Mendl de Scholem Aleikhem, perde a sua inconsistência e se transforma, reconstruindo-se a si próprio, em *birobidjâner*, cidadão de Birobidjan. Todavia, a principal produção de Bérg[u]elson neste período são os dois volumes de uma trilogia inacabada, *Baim Dniéper* (Junto ao Dniéper, [1ª parte, *Penek*, 1932; 2ª parte, *Iung[u]e Iorn* (Anos de Juventude), 1940]), autêntico *Bildungsroman* de um revolucionário judeu, um bolchevique em perspectiva (a do terceiro volume), mas também um vívido painel do mundo do *schtetl*, de suas relações de classe e dos padrões culturais nele vigentes, assim como das forças que o moviam rumo ao desaparecimento e impeliam o seu povo para centros maiores, lançando-o no *maelström* socioeconômico e político de nosso tempo, desde o fim do século XIX. Obra carregada de componentes autobiográficos, *Baim Dniéper* é, por certo, não só a principal criação narrativa de Bérg[u]elson, como a realização de maior envergadura surgida no âmbito literário ídiche-soviético.

Durante a guerra, Bérg[u]elson tomou parte ativa na formação do Comitê Antifascista Judaico de Moscou (1941) e foi um dos redatores da revista *Einheit* (Unidade) que começou então a ser publicada na União Soviética como parte do esforço de mobilização intelectual dos judeus. Nela, nos termos do realismo socialista, estampou numerosos relatos onde tematizava a luta contra o nazismo e dava largas ao espírito do *Heimland* (Terra Pátria), isto é, do patriotismo russo, da resistência judaica e dos sacrifícios dos cidadãos soviéticos de todas as origens em prol da causa comum. À produção ficcional daqueles anos, coligida em *Naie Dertzêilung[u]en* (Novos Relatos), somam-se duas peças: *Mir Viln Lebn* (Nós Queremos Viver) e *Printz Reuveni* (Príncipe Reuveni). Em ambas, o poder de vida do povo judeu é ligado ao seu poder de combater por ela, mas na segunda, sobretudo, onde se evoca a campanha messiânica de David Reuveni e de Schlomo Molkho (o marrano português Diogo Pires), no século XVI, o fio condutor desta relação, que na verdade procura conjugar judaísmo e comunismo, é entretecido no próprio cerne da história judaica, através de uma de suas ideias-força mais características e mais reoperadas em seu contexto, o messianismo, que assume agora a configuração heroica de uma espécie de bolchevique místico, o príncipe Reuveni. Mas justamente aí repontava perigosamente o nacionalismo "judeu", aos olhos de Stálin... E Bérg[u]elson, preso em 1949 e enviado a um campo de concentração, foi executado pelo pecado de "judaizar" em 1952.

Outro nome que já estava firmado antes da Revolução de Outubro e que também pôs grande empenho em integrar-se no processo literário soviético dentro das diretrizes que os comunistas tentavam lhe imprimir foi Der Níster

(O Oculto), pseudônimo de Pinkhas-Pínie Kahanóvitch (1894-1950). O seu caso até veio a ser, sob certo ponto de vista, mais dramático, pois tinha de desfazer-se de um simbolismo que procedia não apenas de fonte artística e secular, porém mergulhava suas raízes fundo na tradição cabalística e hassídica do judaísmo. Na fase anterior ao primeiro conflito mundial, fez-se notar, desde a estreia em 1907, por suas narrativas carregadas de anelos místicos e de buscas pietistas. Indo além de I.L. Peretz e das exemplaridades éticas da alma popular e da devoção espiritual, adentra-se mais subjetivamente nesta esfera, num envolvimento íntimo da escritura literária com a vivência mística, e extrai de seu interior histórias que parecem urdir, de cintilações simbólicas, secretas, chagallianas, um imaginário de ocultações. São desta natureza os relatos reunidos em *G[u]edanken un Motiven* (Pensamentos e Motivos), seu primeiro livro, *Ékher fun der Erd* (Acima da Terra, 1910) e a coletânea de *Máisselekh in Ferzn* (Historietas em Versos, 1918) para crianças, gênero ao qual contribuiu também com uma magistral tradução ídiche dos contos de Andersen.

Como Bérg[u]elson, Der Níster fez parte do Grupo de Kiev e também se expatriou por algum tempo, indo para Berlim, por sentir-se voz destoante na intolerante coreografia ideológica e política orquestrada para a criação literária pelos corifeus da tirania da linha partidária e do unanimismo. Na Alemanha, publica *G[u]edakht* (algo como Suposto, Imaginado), uma série de relatos inspirados no manancial hassídico de histórias e, em especial, na arte do incomparável rabi Nákhman de Brátzlav, um mestre do gênero e da espiritualidade pietista no século XVIII. Como um autêntico discípulo deste *tzadik*-narrador, retomou Der Níster a sua tradição narrativa, refazendo-a com os refinados recursos da poeticidade simbolista. Mas a carga experiencial de sua criação não estava no Ocidente. Do mundo do judeu da Europa Oriental e de suas elaborações da vivência religiosa nutria-se o imaginário de "O Oculto". Não é acaso, pois, que não se tenha aclimatado na Alexanderplatz berlinense e, apesar de sua densidade expressionista, haja sentido necessidade de realimentar-se no seu *habitat* judeu-russo, por mais deslocado e sufocado que ali fosse estar.

Em 1926, Der Níster retornou à União Soviética, domiciliando-se em Kharkov. Fiel a si mesmo, tampouco agora atrelou-se ao carro da agitação e da propaganda, tão caro à Ievsektsia. Não que fosse oponente ideológico ou político da ordem revolucionária. De modo algum. Mas não conseguia acompanhar os seus *slogans* e resoluções, no plano temático e estilístico. Pelo menos levou algum tempo para que pudesse assimilar de maneira orgânica os elementos da estética realista que mais tarde iriam pautar importante parcela de sua obra nos moldes épicos de um *roman-fleuve*. Entrementes, teve de viver em relativa reclusão e penúria, sem o amplo apoio material dispensado aos escritores que pareciam corresponder às demandas do partido.

Não obstante, em 1929, ano em que começou a tomar corpo uma postura mais rígida na orientação da literatura ídiche da URSS, logrou publicar um volume, *Fun Maine G[u]ite* (De Meus Bens), onde deixa à solta o seu gosto pelo fantástico repleto de mistério e magia a verterem de seus arcanos uma corrente de simbolismos, numa escritura cifrada de negações. Uma de suas personagens é um louco num asilo de alienados, outra, um antigo nobre que se sacrifica a seus ursos. Trata-se sempre de seres marginais ou arruinados, de situações catastróficas, que falam da angústia de estados de coisa sinistramente ameaçadores na sua incompreensibilidade.

A reação crítica dos paladinos do "realismo proletário" não se fez esperar e Der Níster, acusado, entre outras faltas, de "reacionário", viu-se privado inclusive do estipêndio de escritor. Seja por esta razão, seja por ter se decidido a sair do alegórico e do simbólico, para medir suas forças em outras formas da criação literária, o fato é que os anos 1930 o viram palmilhar um novo caminho. O esforço seria dos mais árduos, como ele próprio chegou a prenunciá-lo, numa de suas últimas narrativas da fase puramente simbolista, a novela *Sob o Claustro*, onde põe em confronto, com tintas fantasmagóricas e inspiração hoffmanniana, o eremita, no retiro de sua torre de marfim, em meio a seus iguais, a seus mestres, a seus livros e suas tradições, e a implacável Lili (alusão a Lilit, a diaba judaica da luxúria), a amazona de circo a exibir sua frivolidade sensual para seduzir a massa de espectadores. Estes dois mundos são aproximados por artes de um mágico, que tenta o eremita e fá-lo abandonar o seu esplêndido isolamento, para entrar no circo e apaixonar-se por Lili. Mas ele fracassa na sua relação com ela e com as miragens do sensível, terminando na lama, onde fica estendido, sob o claustro e fora do circo, depois de haver confessado a culpa por ter deixado a torre e cedido à tentação de envolver-se com a arena das exibições circenses. Der Níster parece representar-se aí no angustioso torniquete de seus dilemas espirituais, existenciais, estéticos e ideológicos. Outro testemunho de quão dilacerante foi para ele este seu processo de conversão realista encontra-se numa carta que dirigiu ao irmão, em 1934: "Eu, como você bem sabe, sempre fui um simbolista. Mudar do simbolismo ao realismo para alguém como eu, que trabalhou tenazmente para aperfeiçoar seu método e maneira de escrever, é muito difícil. Não é uma questão de técnica. É preciso ter nascido para isso. Significa virar a alma da gente, de dentro para fora." Todavia, a transmutação acabou operando-se de algum modo e a primeira expressão da nova moldagem surgiu nas páginas de *Hoiptschtet* (Capitais, 1934), uma série de pinturas relativamente empenhadas na transcrição de realidades soviéticas, ou seja, as transformações sofridas pelas cidades de Kharkov, Moscou e Leningrado, com a revolução socialista. Um prefácio dos editores declara: "Este livro é o primeiro, por enquanto, a tentar nas letras ídiches dar uma forma ao trabalho de anotar a reconstrução socialista em nosso país."

Mas a efetiva e surpreendente revelação do novo estro de Der Níster ocorreria em 1939, com a publicação, em Moscou, do primeiro volume da *Mischpókhe Máschber* (A Família Máschber). Trata-se da obra de maior fôlego épico e de espectro social mais largo na produção de seu autor. O cenário é o da cidade de Berdítchev, nos anos de 1870, época em que era importante centro ucraniano. Em três círculos concêntricos – o do mercado, com sua atividade econômica; o residencial, foco da vida religiosa e cultural da comunidade judaica; e o suburbano, universo da pobreza, do crime, da prostituição e da atuação revolucionária – retrata um semblante vivo e variegado da sociedade judaica de então e de suas expressões típicas, com particular destaque para as figuras hassídicas e a qualidade popular de seu misticismo. O tédio dos ricos, os sofrimentos dos pobres e a fé profunda e simples dos *brátzlaver hassidim* (seguidores do ensinamento do rabi Nákhman de Brátzlav) incorporam-se numa galeria de personagens desenhadas com grande vigor sugestivo e calor empático, pulsantes de vida, mesmo se imersos no seu pietismo e nas sombras de suas provações místicas. Para justificar este enfoque tão suspeito aos olhos do "realismo socialista", "O Oculto" antepôs ao texto da narrativa uma introdução onde pretende haver composto no que seguia um romance histórico, procurando reviver os judeus de outrora, com seus costumes, seus *mores* e seu *éthos*, mas também com a dinâmica de classe de sua pobreza, de sua religião dos pobres e de suas tentativas de escapar ao guante da miséria, coisa que só com sua ulterior metamorfose em operários poderiam realizar. A leitura proposta por este encaminhamento da obra era que, ao buscar na fé religiosa a redenção social, os representantes mais puros da espiritualidade daquele mundo, precisamente em sua forma beata, já se faziam portadores do ideal, ainda mitificado, de uma inevitável e justa revolução na ordem da sociedade. Assim, projetando sobre o relato, pelo modo de enquadrá-lo, uma perspectiva que o historicizava, num nível, como registro dialético de uma forma de vida e de uma época desvanecidas, o autor não deixava de salvaguardar, e mesmo atualizar, em outro nível, através do jogo da polissemia estética e existencial, o seu peculiar investimento simbólico na tradição mística do judaísmo, com remessas trágicas à dilemática dostoievskiana, no terreno não apenas moral e religioso, mas também político e ideológico. Não foi por isso, sem dúvida, que o segundo volume de *A Família Máschber* teve a sua publicação vetada na União Soviética. Na realidade, partilhava do destino de toda a produção literária em língua ídiche, sobre a qual se abatia então a acha stalinista. Felizmente Der Níster conseguiu fazer chegar o texto aos Estados Unidos, onde o livro apareceu em 1948, dedicado à filha do autor, que fora uma das vítimas do cerco alemão a Leningrado. Aliás, a guerra e o Holocausto judaico já haviam mobilizado a pena do escritor que os focalizou em narrativas como "O Avô e o Neto", expressões da dignidade e do espírito de resistência do povo judeu. Esta produção, toda ela em estilo realista, e os seus escritos entusiásticos sobre a qualidade de vida judaica em Birobidjan não parecem ter dissipado as suspeitas que de há muito pesavam sobre a sua pessoa e o seu trabalho criativo...

Em 1949, Der Níster foi preso e pouco depois, em 1950, morreu no hospital da prisão. Não se lhe perdoou o fato de ter, em sua arte, permanecido intrinsecamente judeu.

Os dois mestres da prosa ídiche-soviética, Bérg[u]elson e Der Níster, devem ser associados no Grupo de Kiev a três outros nomes, um trio de poetas líricos. Algo mais moços, Leib Kvitko, Dovid Höfschtein e Peretz Márkisch começaram a destacar-se na arena literária durante a Revolução e o comunismo de guerra, entre 1917 e 1921. Sob o impacto dos sangrentos pogroms que vitimaram os judeus da Ucrânia, na esteira da guerra civil e sobretudo da sanha dos exércitos "brancos" de Deníkin e Petliúra, eles também saíram da Rússia e foram para a Alemanha e Polônia, voltando, em meados dos anos 1920, para Kiev. A seguir, na capital ucraniana, em Kharkov e em Moscou desenvolveram atividades literárias, culturais e educacionais na esfera do ídiche e escreveram versos sobre as realizações da ordem soviética na paz e celebraram seus feitos na guerra. Eram comunistas convictos que seguiam ao pé da letra a orientação do partido, inclusive no que tangia ao culto da personalidade. Sua produção encerrava as devidas oferendas ao princípio da genialidade infalível do "guia". O fervor ideológico e o patriótico também não foram, porém, suficientes, aos olhos de seu ídolo, para limpá-los do pecado de serem judeus e escreverem em ídiche. Presos em 1948, por ocasião dos expurgos ordenados por Stálin, vieram a ser executados em 1952.

Leib Kvitko (1890-1952) foi um dos mais populares autores de poesia para crianças na União Soviética. Órfão muito cedo, teve de prover a própria subsistência desde os dez anos de idade. Errando de cidade em cidade, trabalhou como alfaiate, tintureiro, sapateiro e estivador. Começou a escrever na meninice, mas nada publicou até 1918, quando se ligou ao Grupo de Kiev e seus versos apareceram no almanaque *Eigns* (Próprio), editado por Dovid Bérg[u]elson. Contudo, uma influência marcante na poesia de Kvitko, em seu primeiro livro, *Trit* (Passos), foi a de Der Níster, sendo sensível uma atração pelo obscuro e pelo recôndito, o que não impediu o jovem poeta de colocar tudo isso sob a perspectiva de um mundo velho, sem alegria e sem canto a submergir debaixo da onda de liberdade e vitalidade, de mocidade e renovação que se espraiava. Já no segundo livro, do mesmo ano, de 1919, *Roiter Schtrom* (O Caudal Vermelho), exalta a Juventude Vermelha, cheio de entusiasmo pela Revolução. Muda de tom nos dois anos subsequentes, que são os do terror dos "brancos" e do morticínio dos *ischuvim* ucranianos. Num poema desta época, ele diz:

> A morte russa
> é morte de todas as mortes.

A dor russa
é dor de todas as dores.

Uma ferida do mundo está supurando?
A quantas anda seu coração agora?
Pergunte a uma pobre criança,
pergunte a uma criancinha judia.

[*Russlêndischer Toit* (A Morte Russa), 1919]

Grin Groz (Relva Verde) e *1919* são duas coletâneas de 1922. Na primeira, fixa os sofrimentos do povo e, num dos poemas, suscita a figura de Jesus a errar pelo cenário das matanças, com dor e vergonha pelo que foi feito em seu nome a outros judeus como ele. Ambas as obras vêm a público em Berlim, para onde o autor se dirige, depois de Kovno, em 1921. Vive algum tempo em Hamburgo, no meio dos doqueiros, que servirão de pano de fundo para seu romance *Riogrander Fel* (Peles do Rio Grande), publicado já na União Soviética, aonde retornou em 1925. Trata-se de um relato sem grande originalidade, no qual um herói revolucionário, segundo um modelo que começa a ser introduzido, leva a cabo suas façanhas, na Alemanha, nos mares do Oriente, na China, pela causa do proletariado, quase com o mesmo grau de eficiência dos *supermen* das histórias em quadrinhos. Não era neste gênero que residia sua mestria, mas nas poesias e relatos para crianças. Lúdicas, rítmicas, impregnadas de sabor popular e de emoção, suas estrofes atraíam o público infantil e adolescente. Enformavam não só criações do autor, como numerosas traduções. O seu êxito neste campo foi tal que a produção de Kvitko ultrapassou logo as fronteiras do ídiche. Transposto para as numerosas línguas e dialetos falados na URSS, tornou-se conhecido por milhões de crianças do país e sua "Carta a Voroschílov" entrou nos livros de textos escolares, em russo e em outros idiomas. Em 1937, publicaram-se as *G[u]eklíbene Verk* (Obras Escolhidas) de Leib Kvitko, dedicadas a Stálin, que, num canto de ninar de uma criança à sua mãe, era revestido de poderes e conhecimentos quase divinos. Em 1939, foi condecorado com a Ordem da Bandeira Vermelha. No último volume de composições suas, *G[u]ezang fun Main G[u]emiet* (Cântico de Meu Estado de Ânimo, 1947), reunindo os versos escritos após o ataque nazista à Rússia, em 1941, dá largas à sua fúria contra a barbárie germânica e enaltece o espírito de heroísmo e autossacrifício dos combatentes soviéticos e dos lutadores judeus. Entretanto, um ano depois desta patriótica coletânea, o poeta era preso sob acusações inventadas pela polícia secreta, sendo fuzilado, com outros trinta poetas e romancistas de língua ídiche, em 12 de agosto de 1952. Dois anos mais tarde, reabilitaram-no como vítima inocente de uma trama fabricada pelos agentes de Stálin e saudaram a sua memória como a de um criador cuja arte unia os povos da União Soviética.

Dovid Hófschtein (1889-1952), ucraniano também, recebeu uma educação tradicional judaica, mas igualmente secular russa. Começou escrevendo em ídiche, hebraico, russo e ucraniano, mas depois da Revolução só se exprimiu em *mameloschn*. O simbolismo e, mais tarde, o expressionismo modulam em certa medida a arte poética de Hófschtein. O modo elegíaco e saudoso, que soa "Quando à noite o inverno cobre as terras russas / Que vento de solidão imensa sopra sobre a vida!...", não desaparece totalmente, porém a partir dos anos 1920 abre-se também um largo espaço nesta poesia para uma lírica menos ensimesmada, mais franqueada aos novos ritmos e novos temas: "Cidade! / De muito longe me chamaste com teus trançados de ferro" ("Cidade"); ou "Já transbordam em meu peito / os presságios ardentes / de tua grandiosa vinda, / ó, tu, fraternidade!"("Fraternidade"). A estreia de Hófschtein deu-se na imprensa em 1917 e no livro em 1919, com *Bai Vegn* (Beira de Estradas), seguindo-se, no ano imediato, *Roite Blutn* (Sangues Rubros). A Revolução arrebata-o e ele aceita, com êxtase, a nova realidade socialista. Daí nasce a sua popularidade, que é a do triunvirato (Hófschtein, Kvitko e Márkisch) da jovem poesia ídiche em Kiev. Além de desenvolver em rápida sucessão de obras a sua produção criativa, Hófschtein passa a desempenhar então papel de destaque no campo cultural judaico, na capital da Ucrânia e em Moscou. Impedido de matricular-se na Universidade de Kiev em 1907, uma década depois era professor-conferencista em instituição superior moscovita. Participou da formação da revista *Schtrom* e interessou-se pela poesia proletária, mas se opôs a Lítvakov e defendeu a autonomia literária. Tradição e modernidade conjugam-se em seus versos, como na pintura de Chagall que irá, aliás, ilustrar *Trôier* (Luto, 1922), conjunto de poemas em que Hófschtein verte a sua dor e a sua ira pelos pogroms das hordas contrarrevolucionárias naquelas terras empapadas de sangue judeu desde os tempos do *hetman* cossaco Bogdan Chmelnítzki.

Durante gerações, nota o poeta, as praças de mercados ucranianos ecoaram as canções de bêbados e as botas de bandidos a investir contra o judeu, e a sombra desta vergonha ainda se alonga sobre os caminhos da Ucrânia. E não só lá, como se veria em breve, sob a lógica de ferro da ideologia e das razões de Estado stalinistas... Já em 1924, julgando estar no pleno exercício da liberdade recém-conquistada, protesta contra o banimento do hebraico e a perseguição aos escritores hebreus, mas descobre, surpreso, que também estava sob suspeita pela liberdade tomada. O caso teve grande repercussão e Hófschtein deixou a União Soviética em 1923. Foi viver em Leipzig e em Berlim, dirigindo-se depois para a Palestina. Aí escreveu bastante em ídiche e em hebraico. Datam desta época duas composições suas, em ídiche, para o teatro: o poema dramático *Schaul: Der Létzter*

Mêilekh fun Isroel (Saul: O Último Rei de Israel, 1924), onde põe em cena o primeiro monarca judeu e suas relações com o povo, que é o efetivo herói da peça, e o drama expressionista *Meschíakhs Tzaitn* (Tempos de Messias, 1926). Todavia, motivos pessoais e fortes vínculos com a terra de origem levam-no de volta a Kiev em 1926. Faz a sua autocrítica e renega os termos de seu protesto anterior. Aceita a retratação, torna a lecionar, editar, escrever e traduzir no contexto soviético, atua de maneira muito intensa na Associação dos Escritores Proletários da Ucrânia, entra na comissão de redação da revista *Prolit*, fundada em 1927, escreve muito sobre o caminho da nova literatura soviética e investe contra as tendências prevalentes antes, sobretudo contra a corrente simbolista e Der Níster. Retraçando o curso de vida que o conduzira de uma educação religiosa tradicional ao marxismo militante, salienta, no prefácio de seus *Líder* (Canções, 1935), o caráter labiríntico desse percurso. A saída, porém, teria sido por ele encontrada, encerrando-se os desvios e questionamentos, na participação consciente na luta por um mundo melhor. Mas, no seu poetar, a "Estrada Real" constituiu-se, ao longo dos anos, numa sequência de versos celebrando as realizações soviéticas em todos os terrenos, do trator ao quebra-gelo. Stálin, como não poderia deixar de ser, recebeu dele o seu tributo de gratidão. A foice e o martelo tornaram-se objeto de culto. E Birobidjan converteu-se na terra prometida do proletariado judaico de todo o mundo, oferecendo a generosa sombra de suas florestas, ao invés dos sáfaros desertos palestinenses, ao florescimento do gênio do povo judeu. Mas essa abundante produção parece ter, em boa parte, estiolado o tom idílico e até o vigor de seus poemas dos primeiros anos de criação. É possível captar outrossim, por entre hosanas às conquistas e triunfos do regime, tons baixos de angústia e tristeza, ressonâncias sufocadas nos escaninhos das realidades vividas, soltando-se das coleiras e acometendo o espírito com as mordidas caninas da consciência, de que fala o poeta em "G[u]evissn" (Consciência):

Consciência!
Eu sei:
Dizem
que tu és um cão –
um cão,
um cão que se soltou da corrente.
Estou sempre pronto
a banhar meu olhar
no flutuante fervor
do verde fundo de teus olhos.
Estou pronto para te ver:
Estás enraivecido

por tão longo tinir de anilhos,
enfurecido
por milhares de contras,
que brigam para passar
na larga goela
da direita,
da esquerda

Eu te amo, consciência!
Já demasiado seguro,
demasiado servil e satisfeito,
é o passo
da marcha calculada e honesta.

E nunca faz mal
para o tornozelo
agarrá-lo
com repentinos dentes afiados.

E como um cão
que se soltou das correntes
a seus mil uis uivantes
dar um bramido feroz uma vez:
– *Não!*

São versos em que surde o debater-se daquilo que está reprimido e cujo rastro também pode ser assinalado em outras criações do poeta. Nelas surpreendem-se alusões à desintegração da vida judaica e de seus valores, e até profecias apocalípticas sobre um dilúvio de piche e enxofre castigando o mundo todo. De qualquer modo, não se poderia enxergar nestes relampejos de questionamento e refluxo um repúdio ao fulcro de ideias em que Hófschtein apoiou grande parte de seu trabalho criativo. O fato foi, aliás, reconhecido pelas autoridades soviéticas que o condecoraram em 1939, quando o poeta completou cinquenta anos. E nesta linha atuou também durante a guerra, desempenhando papel importante na formação do Comitê Antifascista de Moscou e engajando a sua poesia em versos de combate às hordas hitleristas. Em sua produção, reafirmou reiteradamente a pertinência "aos queridos lugares caseiros" da terra de onde "os insolentes malditos assassinos" quiseram expulsá-lo ("Bai Main Féntzer", [Junto à Minha Janela]). Sustentava, com a convicção de um crente[2], que "agora

2. Em seu poema "Russland" (Rússia), proclama ao final: "[...] Bendita seja a hora, / quando vi o mundo pela segunda vez, à luz de Lênin, ao fulgor de Stálin, / e quando a uma nova crença / tu, ó meu país, também a mim elevaste, / como a milhões de filhos teus".

nosso Púschkin luta com as serpentes [...] em todos os países, assim como em Israel – o país mais jovem – onde seu amor luta agora pelos amigos" ("Junto à Minha Janela") e, eufórico com o horizonte que se lhe afigura rasgar-se ao fim da guerra, saúda junto à sua janela cheia de luz "o nosso mundo" e, ainda, dois anos mais tarde, julga encontrar-se à "soleira do futuro" cuja proximidade sente por toda a parte, como um fruto de campos infinitos, "onde amadurece agora o nosso amor". Pouco depois, Dovid Hófschtein foi preso com outros intelectuais judeus de Kiev, sendo levado para Moscou e depois para a Sibéria. Não partilhou do destino de seus companheiros, o fuzilamento, porque, não resistindo à brutalidade da prisão e das torturas, enlouqueceu. Internado num asilo, ali morreu, por volta de 1952. Algum tempo após, veio a ser reabilitado e suas obras escolhidas, publicadas em ídiche em 1948, apareceram em tradução russa, dez anos mais tarde.

Peretz Márkisch (1895-1952) talvez seja a figura mais conhecida e, até certo ponto, a mais representativa do trio poético de Kiev. Era dos três o mais jovem e, com o seu belo perfil de Byron, com o seu temperamento inflamado e com o seu idealismo revolucionário tinto de messianismo judeu, traçou à sua volta um halo romântico de juventude, poesia, contestação e revolução. Na literatura ídiche, a geração de Márkisch viu nele, no seu vanguardismo ideológico e artístico daqueles anos, a imagem encarnada de suas aspirações mais entranhadas.

Nascido na Volínia, educou-se nas escolas do ensino judeu tradicional. Aos onze anos tornou-se cantor de um coral de sinagoga. Trabalhou a seguir em vários misteres e tentou ingressar na universidade. Conscrito na Primeira Guerra Mundial, foi ferido em combate. Em Kiev, no início da Revolução, travou amizade com Kvitko, Hófschtein e outros escritores judeus. Como eles, aclamou a nova ordem social que se instaurava. Tal é o espírito que assinala o seu volume de estreia individual, *Schveln* (Limiares, 1919). Anteriormente já havia publicado composições suas na imprensa e participara da antologia do Grupo de Kiev, *Eigns*. Entre 1919 e 1922 seus versos jorram em caudal e sucedem-se oito coletâneas de sua autoria. Aí, a personalidade impetuosa de Márkisch se faz poesia que é julgada de início rude, embora candente, mas que, no universo de ressonância do ídiche, vai-se definindo como a voz que "a plenos pulmões" exalta o presente heroico e excitante que revoluciona a vida e se ergue contra as forças do passado e da reação que querem afogá-la em sangue. Deste ciclo, "Die Kupe" (O Monte, 1921) – dedicado aos "trucidados no 'monte' em Horodovitch, / a cidade junto ao Dniéper, / – *Kádisch*!" – é certamente o conjunto mais expressivo, tendo sido o seu fôlego elegíaco comparado ao de Bialik em "A Cidade da Matança". No entanto, o próprio Márkisch recusa, num contexto mais amplo, a vinculação de seu estro com o do vate hebreu, cujas fontes de inspiração, voltadas para Jerusalém, estariam no velho mundo agonizante da *iídischkeit* ("judaicidade", mas conforme o emprego, conotando o ídiche e sua cultura) do *schtetl* e no culto de um tradicionaiismo perempto. Diferenciando entre "tradição" e "herança", reinvidica para o imaginário poético da jovem geração ídiche tão somente a segunda destas vertentes, na medida em que só ela poderá vir a integrar-se como elemento válido de uma existência judaica vulcanicamente transformada em seus fundamentos. E justamente em "Die Kupe", poema vazado em materiais do *Kádisch*, do ritual do Iom Kipur, da *Bíblia* e de Ezequiel, a tessitura sacral e solene dos fios da tradição cria, numa remessa do mito de morte para uma epopeia inaugural de ressurreição, um canto segundo e paralelo que rejeita, por semiose do ambivalente, a tradição. Neste processo intertextual que parodia, ao tematizar o repertório do tradicional, o monte de vítimas do pogrom, esta pilha de cadáveres sofre verdadeira metamorfose poética e, crescendo como lava de uma erupção, a massa transmuta-se numa montanha de fogo, "que cospe sobre o Sinai da tradição e seus Dez Mandamentos", no dizer de Régine Robin. As promissões de "leite e mel" tornam-se sangue e fel:

> Não! Não lambas, sebo celeste, minhas barbas viscosas,
> de minhas bocas filtram finos regatos de piche,
> Ó, pardo fermento de sangue e serragem.
> Não! Não toques no vômito sobre a negra coxa da terra.
>
> Vai-te! Estou fedendo, rãs se arrastam sobre mim!
> Procuras aqui papai e mamãe? Procuras um amigo?
> Estão aqui! Estão aqui! Mas um cheiro fétido se desprende deles!
> Vai-te! Eles se despiolham desajeitados com mãos feito latão retorcido.
>
> É um monte de roupa suja – de baixo até em cima.
> Toma! O que te aprouver, vento maluco, esgadanha-o e leva!
> Defronte está a igreja qual um furão junto ao monte de galinhas
> [estranguladas.
>
> Ó, coxa negra! Ó sangue de fogo! Às danças, às danças – camisas
> [para cima!
>
> Estenderam-nos aqui a cidade inteira – um monte – todos, todos
>
> [11 deTischrei de 5681[3]]

Mas, ao mesmo tempo, a febre da existência e a entrega do eu à embriaguez do momento vivido também encontram verbo em sua poesia de então e são por

3. 23 de setembro de 1920, um dia após o Iom Kipur.

ela exaltadas com não menos intensidade: "Eu não quero saber quando vem a noite, / eu não quero saber que horas são agora, / eu não quero saber que idade eu tenho"[4]. A este ânimo elevado à ebulição não falta, porém, romântico como é, a contrapartida do descenso na meditação melancólica sobre a fugacidade do instante presente e o caráter insondável de sua relação com a eternidade:

> Para o meu vaguear ao léu e à toa o dia ainda me é curto
> e para o meu espojar-me de leito em leito – a noite ainda me é
> [pouca;
> o que é a luminosidade do mundo diante da sede de um olho,
> e diante dos incêndios de meu coração, que barreira é a escuridão
> [do mundo?
>
> O caminho é muito curto para mim – diante de meu não saber
> [para onde vou
> e diante de minha selvagem obstinação, sonolento e preguiçoso
> [é o vento;
> o que é o mundo em face de meu conduzir-me eu sozinho ao
> [altar do sacrifício,
> a eternidade o que é em face de meu agonizante agora?...
>
> Para o meu não precisar de nada – pouco me é tudo, que só eu
> [posso ver,
> toda a secura da terra não basta para o meu calcanhar
> o que é então um corpo de moça diante do meu flamejar e desejar,
> o que é meu flamejar e desejar – diante do meu vaguear ao léu
> [e à toa?

Em 1921, Peretz Márkisch seguiu para Varsóvia e ligou-se a um grupo de jovens expressionistas compostos por Mélekh Rávitch, Uri Tzvi Grinberg, I.I. Singer, entre outros[5]. A irreverência de linguagem, a contestação aos valores consagrados, a rebeldia contra o *establishment* estético, cultural e político se fizeram notar desde logo nas manifestações deste "bando", como o pensador e crítico Hilel Zêitlin os apodou, no violento ataque que lhes dirigiu pelas páginas do diário varsoviano *Moment*. O grupo, encabeçado pelo poeta ucraniano, aceitou de bom grado a denominação e, sob tal bandeira, agitou o bem-comportado meio literário ídiche polonês. *Khaliastra* (O Bando) serviu de título aos dois

4. Citado por Régine Robin, *L'Amour du yiddish: écriture juive et sentiment de la langue (1830-1930)*, Paris: Sorbier, 1984, p. 113.
5. Sobre este grupo, ver infra, p. 339-345.

"almanaques" de escritos dos "novos", um coeditado por Márkisch e I.I. Singer, em Varsóvia, e outro, com Ôizer Warschávski, em Paris, ilustrado por Marc Chagall. Recebido triunfalmente no meio da esquerda intelectual judaica em Londres, em Berlim e em Paris, o ídolo do vanguardismo ídiche levou as suas criações com uma aura maiakovskiana a auditórios sempre lotados, que não lhe regateavam aplausos, fascinados pela simpatia do semblante e pela força da dicção do poeta. Mesmo em Jerusalém, fez ouvir o seu entusiasmo nunca arrefecido com os feitos da Revolução comunista e seus efeitos na vida e na cultura do povo judeu. Na produção literária, por exemplo, a jovem poesia ídiche de Kiev se lhe afigurava como a própria encarnação galvânica dessa transformação e da superioridade por ela gerada nas suas obras, diante de outros centros fora da União Soviética, em que se desenvolvia a atividade criativa da literatura judaica e da ídiche, em particular. Assim, de volta à Rússia, em 1926, nada tinha do que se retratar. Mantivera-se fiel aos ideais da Revolução social e estava ansioso por assumir seu posto na construção da sociedade socialista. Acolhido na capital da Ucrânia e em Moscou como o arauto da juventude revolucionária, compôs em *Main Dor* (Minha Geração, 1927) um verdadeiro hino à aurora rubra da libertação a espraiar-se, desde a Rússia, sobre o resto do mundo, e seu cântico, para o Primeiro de Maio, do ano seguinte, era um chamado retumbante aos proletários de todos os países. Mas ainda assim logo se viu às voltas com as rígidas interpretações ideológicas e políticas da Ievsektsia e de Lítvakov. Criticado publicamente por contribuir para publicações "inimigas", teve de reconhecer este "erro". Seu primeiro texto romanesco, *Dor Ois, Dor Ein* (Geração Vai, Geração Vem, 1929), uma narração em dois volumes do processo libertador na Ucrânia multiétnica, focalizado sob o prisma judaico, recebeu a censura de tender a uma apologia nacional, com personagens comprometidas por limitações desta ordem, na medida em que os heróis eram "quase todos judeus". Márkisch replicou que ninguém parecia objetar a "um romance russo [...] com revolucionários russos exclusivamente".

O tema do heroísmo da jovem geração de proletários judeus também é central em outra composição deste autor, do mesmo ano: a longa epopeia em trinta cantos, *Tzvei Bríder* (Dois Irmãos, 1929), a qual se viu do mesmo modo acoimada, não por seu caráter desigual e suas falhas qualitativas, mas sobretudo por apresentar traços sionistas, servindo "à ideologia reacionária da burguesia judaica". Embora o seu temperamento fogoso continuasse a se fazer sentir, ainda infrene muitas vezes, em tudo o que escreveu nos anos 1930, mesclando o patético e o heroico no louvor à nova ordem social e na rejeição ao modo tradicional da vida judaica, a sua temática não deixou de responder às demandas do partido, no tocante à arte soviética. Com seu largo alento, intenso e expansivo, abordou, na cidade, na luta e no amor, a industrialização, a coletivização, os aspectos da vida russa e judaica envolvidos direta ou indiretamente na construção socialista. Seu segundo romance, *Eins Oif Eins* (Um Sobre Um, 1934), apresenta um pedreiro judeu que, após trinta anos de labuta sem sentido nos Estados Unidos, retorna ao país dos trabalhadores "a fim de assentar tijolos para o socialismo". É preciso dizer, no entanto, tratar-se de uma criação que consegue, para além de seu viés, harmonizar o individual e o coletivo em quadros novelescos sugestivos, que, inclusive, suscitaram uma adaptação do texto para o cinema. Não foi esta a única obra de Márkisch que conquistou ampla popularidade e obteve divulgação em outros idiomas da URSS, contribuindo certamente para que o autor se tornasse o único entre os escritores de língua ídiche a receber o cobiçado Prêmio Lênin, em 1939. Os *Poeme Vegn Stálin* (Poemas Sobre Stálin, 1940), uma ode àquele a quem todas as pessoas estendem as mãos agradecidas, àquele que cobriu a Rússia de luz e a revestiu de uma armadura de aço, tornando-a a principal fortaleza da humanidade e do pensamento humano, enfatiza, em forma grandiloquente e às vezes pouco feliz, não apenas um eventual sentimento de gratidão do poeta, mas também a admiração pelos feitos e propósitos do regime, levada ao clímax entusiástico de um culto irracional à personalidade votiva de Stálin.

Na verdade, Peretz Márkisch chegou a uma expressão mais amadurecida de sua escritura poética durante as terríveis provações da Segunda Guerra Mundial, quando a sensibilidade lírica e a percepção intelectual aprofundadas deram forma plena e intensa a seu pesar pelo sofrimento judaico e a seu ânimo de combatente pela causa soviética. *Far Folk un Heimland* (Para o Povo e a Terra Natal, 1943) evoca as cidades devastadas e sua gente torturada em estrofes e imagens que falam do coração do povo em sua hora mais sombria e arrastam a alma do leitor para a vivência restituída desta angústia e desta dor. *Milkhóme* (Guerra, 1948) é um longo poema épico, de 162 cantos e vinte mil versos, em que ressalta, ao lado do comunista dedicado à sua militância, o judeu dilacerado pelo inferno do Holocausto. Num ápice dramático, o poeta faz com que Gur-Arie, o único sobrevivente de uma comunidade chacinada, dialogue com Jesus, na cabana de um camponês, e, numa sucessão de perguntas de um judeu crucificado a outro, questione a sua doutrina da não resistência. Mas tampouco Márkisch pôde esboçar qualquer reação, quando, não obstante seus reconhecidos serviços à causa do proletariado e ao regime soviético, a polícia secreta o prendeu em 1948, com os demais escritores ídiches. Executado como seus companheiros, em 1952, por crime de nacionalismo judeu, sua reabilitação ocorreu cinco anos mais tarde. Uma coletânea de seus textos poéticos, vertidos para o russo por 42 tradutores, apareceu então na União Soviética. Em ídiche, nada mais se imprimiu aí deste autor. Seu poema incompleto, *Ierúsche* (Herança), veio a público em Buenos Aires, em 1959, e seu *épos* sobre a resistência judaica na Polônia, *Trit fun Doires*

(Passos das Gerações), também saiu somente em tradução russa, em 1966. Esta novela está repleta de louvores ao sistema político e ao regime soviético. O que pode parecer ironia do destino traduz talvez a verdade última do caminho de Peretz Márkisch. Ou, para colocá-lo nos termos em que B. Lavrêniev, autor do estudo introdutório à seleção vertida para o russo em 1957, encerrou a sua análise da carreira do escritor judeu-ucraniano: "Márkisch estava no auge de seu poderoso talento e certamente teria criado novas e nobres obras, mas sua vida foi ceifada no meio. Caiu vítima de inimigos, inocentemente conspurcado. Os inimigos da pátria destruíram fisicamente o grande bardo, mas não puderam matar o seu cantar." E não resta dúvida de que, sob qualquer ponto de vista que se examine o papel e a contribuição artística de Peretz Márkisch, sua voz não pode ser calada no contexto da poesia ídiche, dentro e fora da URSS. Como nenhuma outra, enquanto criação literária personalizada, foi a linguagem poética de vivências e aspirações da juventude revolucionária no mundo judeu entre as duas guerras, moldando na imagem de seu poeta uma verdadeira efígie emblemática e trágica de seus ideais, de seus erros e de suas lutas.

Além de Kiev, a literatura ídiche na URSS teve outro foco em Minsk, capital da Rússia Branca. Aí, com a Revolução de Outubro, surgiram vozes de críticos que se puseram a denunciar desvios políticos e ideológicos nas letras judio-soviéticas, considerando-as sob o prisma do realismo comunista e da linha do partido. Com a fundação do *Schtern* (Estrela), em 1925, estas vozes adquiriram maior repercussão e seu papel se tornou mais significativo. Em suas páginas, ditavam regras à produção proletária em ídiche ensaístas como Ber Orschânski (1883-1945), que encabeçava a seção ídiche do Instituto para a Cultura da Rússia Branca; Iasche Brônschtein (1906-1937), que pontificava como professor de literatura ídiche até ser liquidado como inimigo do povo, e Hatzkl Dúnietz, que na qualidade de redator do jornal diário em ídiche, *Oktíaber*, era o porta-voz autorizado das posições do partido, tanto em matéria política quanto literária, até ser preso em 1935 e executado pouco depois como trotskista. Em 1929, juntou-se ao grupo o destacado pesquisador em literatura ídiche, Max Erik (1898-1937), que granjeara renome na Polônia por seus estudos *Vegn Alt-Iídischn Roman un Novele: Fertsnter-Zekhtsnter Iorhúndert* (Sobre o Romance e a Novela no Ídiche Antigo: Séculos XIV a XVI, 1926) e *Di G[u]eschíkhte fun der Iídischer Literatur fun di Elste Tzaitn biz de Haskole Tkufe* (História da Literatura Ídiche: Dos Primeiros Tempos Até a Época da Hascalá, 1928) e que, vindo a estabelecer-se na União Soviética, ali produziu trabalhos como *Di Iídische Literatur in XIX Iorhúndert* (A Literatura Ídiche no Século XIX, 1935, 1º volume, em coautoria com Aizik Rosenzweig) e *Di Komédies fun der Berliner Ufklerung* (As Comédias da Ilustração Berlinense, 1933), até ser preso e exilado para a Sibéria, em 1936, onde morreu no ano seguinte.

Pouco antes de Max Erik, em 1928, fixara-se em Minsk o poeta, romancista e dramaturgo Moische Kúlbak (1896-1940). Sua obra, uma das mais relevantes da geração do entre guerras, pode ser dividida em duas fases: a primeira, desenvolve-se em Kovno, Berlim e Vilna, trazendo a marca do simbolismo e sobretudo do expressionismo alemão, e a segunda, em Minsk, procura absorver as diretrizes estéticas do realismo socialista. Embora começasse a escrever versos hebreus antes de 1914, passou logo para o ídiche e seu primeiro livro de poemas, *Schirim* (Cantos) data de 1920, quando era professor de uma escola ídiche em Kovno. Em remoldagem simbolista de elementos da tradição, seu trabalho deste período encontra uma expressão característica no poema "Lamed-Vov", cujo herói, um limpador de chaminés chamado Schmuel Itze, representa o judeu eternamente errante, sempre recoberto da fuligem deste mundo, labutando na escura estreiteza da materialidade terrena e da dor, quando tudo nele é anseio de luz, santidade e transcendência. Em 1920, Kúlbak foi para Berlim e lá ficou até 1923, passando grandes dificuldades de subsistência. O expressionismo alemão estava em seu zênite e o poeta ídiche encontrou nele um forte elemento de polarização para as suas tendências estilísticas e para a sua visão de mundo. *Iaakov Frank* (1923), um drama sobre a personalidade antinomiana deste pseudomessias do século XVIII, *Moschíakh ben Efroim* (Messias Filho de Efraim, 1924) e *Môntag* (Segunda-Feira, 1926), duas narrativas romanescas, são as criações que nascem sucessivamente deste encontro. Abrindo-se para o mundo e para a modernidade precisamente através dos arcanos simbólicos e lendários da tradição, o escritor leva à tela literária, em ambos os relatos, universos ficcionais onde, entre a esfera da vida real e a esfera metafísica do além, vagam diferentes encarnações de *lâmed-vóvnikes* (v. abaixo), e onde o ser humano, procurando escapar de si próprio e de seu próprio eu, quer fazer-se um com o pássaro da floresta, a vaca do prado e o limo da terra. Paráfrase-romance, sobre o Messias que deve preceder o Messias, *Moschíakh ben Efroim* tira a sua temática da lenda dos Trinta e Seis Justos (*lamed vov tzadíkim*), que estão espalhados entre os homens em cada geração e que por sua existência justificam a existência do mundo, sendo também o penhor de sua redenção, sem que, em sua infinita simplicidade e pobreza, eles se deem conta do fardo que lhes incumbe. O protagonista da história, um moleiro, é um desses seres de eleição. Vivendo na inteireza de sua condição humana a experiência da solidão, do sofrimento, da alienação, do martírio e da morte de um homem entre homens, coloca, a despeito da roupagem tradicional e popular, uma via que vai além da mística, mesmo heterodoxa, para penetrar no plano da vivência sagrada do humano como ética da salvação individual e coletiva. Outra versão da mesma temática, em contexto menos atemporal, porém com o mesmo "odor de trevas" e a mesma força de imagens, ainda que numa tensão bem maior, dado o choque entre tradição e Revolução, é o que se apresenta em *Môntag*.

A irrupção do cataclismo transformador numa sonolenta "cidadezinha" judia na Rússia põe frente a frente realidades e valores tomados em perspectiva social objetiva e em personagens representativas. São duas visões de mundo: uma, a que aceita serenamente a ordem tradicional, na paz de um Schabat eterno e de um organicismo cósmico em que o indivíduo busca fundir-se e santificar-se por opção própria, e a outra, a da violência da massa indiferenciada na crua necessidade do cotidiano a investir cegamente contra esta ordem, urrando a sua miséria e o seu desamparo – ambas alçadas ao papel de mitologias efetivas do tradicional-legendário, de um lado, e do revolucionário, de outro, e no entanto, ambas não menos encarnadas nas mesmas figurações ficcionais que operam nos outros planos desta obra de criação. É uma dialética artística que deixa transparecer, num nível, uma forte influência de Mendele Mokher Sforim, o implacável anatomista literário das condições de existência judaica, mas que, no outro, dá a perceber, sem meias-tintas, o não menos intenso impacto da componente expressionista, engrossando e ampliando a crítica social mendeliana, levando-a a esgares que ficam entre o grotesco e o fantástico. A respeito desta escritura, cabe invocar um comentário de Schmuel Níg[u]er, um dos maiores críticos da literatura ídiche moderna, a propósito de um poema de Kúlbak, "Búnie e Bárie no Caminho": "Ele não destrói as realidades diárias, nem sequer as cobre com um véu mágico; ele no-las dá em sua inteira crueza, em sua fresca nudez [...] mas de repente vemos nos reflexos da água o céu, as estrelas e mundos ainda mais distantes". Talvez em busca desses longes no aqui-agora através de uma operação místico-materialista e certamente instigado pelo ardor idealista de "servir a Revolução", o escritor decidiu em 1928 deixar Vilna e ir para a União Soviética. Na capital da Rússia Branca, onde passou a residir, ligou-se ao grupo de poetas sob a liderança de Izi Khárik. Neste ambiente, procurou afinar o seu trabalho criativo aos ditames que deveriam guiar a produção artística no labor da edificação soviética e que constituíam o principal fundamento da proposta literária do Grupo de Minsk. Nos dois volumes dos *Zelmeniâner* (1º, 1931; 2º, 1935), a sua realização em prosa de maior alento narrativo, a pintura realista adquire relevo estilístico. Focalizando uma família judaica que há gerações vegeta no mesmo *habitat* decadente e que somente com a Revolução toma consciência de quão apodrecidos estão os cimentos estruturais de sua vida material e cultural, Kúlbak descreve, com humor, e não com sarcasmo, num halo de empatia que lembra os clássicos da literatura ídiche, a velha geração, mesmo em seus conflitos com os filhos revolucionários. A relutância e as dificuldades de adaptação em face dos novos tempos, a força dos hábitos antiquados e a oposição ao progresso são vistos, até pelos jovens bolcheviques, com certa benevolência irônica que acabou sendo censurada em si e por comprometer o conjunto, impedindo que o material configurado se organizasse sem complacência "em bases proletárias".

A dura crítica que era cobrada do autor não constituía, apesar de tudo, algo estranho à sua linguagem, como se pôde constatar em *Môntag* e como se verificaria no seu longo poema, carregado de sátira grotesca que já se anuncia no próprio título, *Disner Childe Harold* (Childe Harold de Disna, 1933), contraposição entre o nome de um meta-herói romântico e o de uma provinciana cidadezinha da Bielorrússia. Composto em homenagem a Byron, mas com perceptível influência do poeta de *Alemanha: Um Conto de Inverno*, isto é, Heine, trata-se de uma pintura crítica do mundo europeu burguês, tendo a capital alemã como foco emblemático de uma óptica expressionista:

> Europa, viva! Vomitados pelo mar
> sobre a Kurfürstendamm os mercadores de Moscou,
> o ouro, os livros de cheque, os milionários
> e o Childe Harold de Disna.
> Glória a esta hora em que ele se tomou de ânimo
> ao mesmo tempo que todos os outros!
> Ó país!, onde canta o fluxo elétrico,
> a champanha nas veias e nos fios;
> cada operário é aqui um marxista,
> e todo lojista um discípulo de Kant.
>
> Noites de Berlim. Os bailes cintilam.
> Um *jazz-band* em redor do homem do cachimbo.
> Noites de Berlim nos cafés-concertos,
> há, amigo, algo de mais cultural?
> Gênios a granel no mercado de sobras,
> trêmulas bochechas e crânios cônicos,
> fraques negros, cabeças cosmetizadas,
> nucas e pescoços prósperos e pregueados.
> Cada um, obeso, é como uma credencial
> de onde se espalha a embriaguez-sinfonia,
> e o jazz ulula em voz de colônia
> nos fogos negros e sincopados das danças.

Assim, em quadros à la Grosz e em descrições à la Döblin corre a feroz denúncia de uma época de especulação, decomposição e ódio, numa Alemanha desvairada, onde "cada trabalhador é um marxista e todo lojista é um discípulo de Kant" e onde "Berlim se dissolve nos gritos". Aí, "a poesia morta é fedor, é a agonia dos furores do passado. Só a morte é doçura", e é aí que "perambula o expressionismo de pernas vermelhas e Dada, com as calças abaixadas". Com este horizonte

Cinzentos ficam os céus distantes
e cinzentos ficamos nós mesmos,
nós, os derradeiros lobos cujos uivos
sobem dos escombros de um sistema.

Em 1936, Kúlbak escreveu um drama, *Boitre, o Bandido*, peça representada com muito sucesso em Moscou e em outras cidades russas e, em 1937, uma comédia, *Benjamin Mag[u]idov*, sobre um operário judeu de esquerda que, durante a ocupação polonesa de territórios russos, desenvolve atividades de resistência. O texto estava sendo levado na capital soviética, com boa repercussão crítica, quando o escritor foi detido por "desvio ideológico", ficando interditados na URSS os seus livros e peças. Condenado a um campo de trabalho na Sibéria, lá morreu em 1940. Dezesseis anos mais tarde reabilitaram-no...

Izi Khárik (1898-1937) constituiu uma das melhores revelações poéticas da Revolução de Outubro. Filho de um sapateiro, começou a trabalhar aos doze anos. 1917 abriu-lhe novos horizontes. Abraçou com fervor a causa revolucionária e serviu voluntariamente por dois anos no Exército Vermelho. O novo estado de coisas permitiu-lhe estudar literatura em Moscou e, ao regressar a Minsk, foi chamado a integrar o comitê executivo do Partido Comunista da Rússia Branca e do Comissariado do Povo para a Educação, ao mesmo tempo em que desenvolvia grande atividade intelectual e artística. Voz lírica das mais dotadas, começou a publicar suas composições em 1920. O cancioneiro popular ídiche e a poesia social de Avrom Raisen, com seu verso emocionado ante as provações do trabalhador judeu e com o encanto singelo e musical de suas cantigas de protesto e conscientização, ressoam na dicção e no estilo de Khárik. Suas estrofes falam dos padecimentos e das angústias do proletário, glorificam a Revolução que o libertou da opressão de classe, criticam as formas peremptas do *schtetl*, agitam em favor da reconstrução socialista e do rejuvenescimento das formas da vida judaica.

Naie Erd (*Terra Nova*, 1925) é o conjunto que inclui um de seus poemas mais conhecidos: "Mínsker Blotes" (Os Lamaçais de Minsk), onde apresenta um quadro do antigo modo de existência e de sua destruição para permitir a emergência do novo. Em *Broit* (Pão, 1926), denuncia:

Em ruelas vazias e cansadas
os meus passos colocam-se ainda mais firmes
Hoje, uma cidadezinha cheia de judeus
gritou-me: – Antissemita!
Todos eles, com trapos no corpo e rugas no rosto.
apontaram para mim com suas mãos:

– Este aí, nós o conhecemos.
a ele e a seus pais,
mas ele se tornou um estranho para nós

Não fica unicamente na poesia de combate o sentido que assume em Khárik a temática do *schtetl* e de seu anacronismo, pois o envolvimento lírico acaba revestindo-os de ambivalência, como em "Agosto":

Agosto. Eu vim à cidadezinha.
Frescor de agosto, diáfano e azul,
ao anoitecer se esfuma uma sorridente tristeza
e de manhã a cidadezinha se levanta em rocio.

Etéreo e ligeiro é o céu na névoa estival,
do alto desce quentura e luz,
o ar cheira a maçãs claras e vinhosas
e o coração também fica vinhoso e denso

Não faz muito, eu te censurei e amaldiçoei,
e agora tu jazes, cidadezinha, silenciada
Eu erro na fumaça da florada e dos frutos
e agosto se estende aqui diáfano e fresco.

Káilekhdike Vokhn (Semanas Redondas, 1932) gira em torno da luta pela industrialização soviética. No poema narrativo *Oif a Fremder Khássene* (Num Casamento Alheio, 1936), retrata o avô, um *badkhan*, um festeiro profissional que passou a vida animando festas e casamentos onde não era conviva, com a alegria das improvisações e das rimas criadas pela necessidade de ganhar o pão. À volta desta figura típica daquele mundo tradicional judeu, Khárik entrama na composição elementos de folclore e deixa filtrar, mesmo, uma sugestão nostálgica na evocação dos antigos modos de existência judaicos. Editor do mensário *Der Schtern* e coeditor das coletâneas *Soviétisch Vaissrussland* (Rússia Branca Soviética, 1935) e *Ruf* (Chamado, 1935), era sem dúvida uma personalidade exponencial do Grupo de Minsk e da literatura ídiche na URSS. Sua fidelidade e sinceridade políticas haviam passado por numerosas comprovações e pareciam resistir a toda suspeita. Ainda assim, começou a ser acusado de falta de zelo ideológico e de envolvimento numa suposta conspiração sionista. Preso pela polícia secreta, em 1937, por crime de trotskismo, foi torturado e, depois da imprescindível "confissão", liquidado. Como era a praxe stalinista nesses casos, teve as obras removidas das bibliotecas e proibidas à reedição, até que, reabilitado cerca de vinte anos mais tarde, o verbete "Izi Khárik" voltou a figurar nas enciclopédias soviéticas e uma republicação de seus poemas apareceu, em 1958, em tradução russa.

Apesar da importância das capitais da Ucrânia e da Rússia Branca, centros de nacionalidades soviéticas que abrigavam em seus territórios compactas minorias judaicas, Moscou não deixou de ser, também no terreno da criação literária ídiche, o principal nervo político-ideológico e, em grau crescente até o expurgo do fim dos anos 1940, de qualificação e irradiação artísticas e culturais. Aí se localizava, a partir de 1918, o principal órgão dos comunistas judeus que advogavam a expressão ídiche, na cultura e nas letras das massas judaicas, a revista *Émes* (Verdade). O seu redator, Moische Lítvakov (1875-1938), vindo de Kiev para Moscou em 1921, tornou-se desde 1922 a voz autorizada da linha partidária bolchevique. Colocando-se contra as práticas religiosas e as aspirações nacionais, *soi-disant* nacionalistas, empreendeu uma campanha sem tréguas para erradicar a petrificação tradicionalista e o chauvinismo sionista. Embora se reportasse em seus artigos, reunidos, por exemplo, em *In Umru* (Na Inquietude, 1918, 1926), à herança cultural judaica e à tutela, para a produção proletária, de Morris Rosenfeld, Scholem Aleikhem e I.L. Peretz, insistia na tese de que, do passado e da criação ídiche em outros países, a nova literatura judio-soviética só devia acolher o que condissesse com as metas e os valores das massas trabalhadoras, em seu processo revolucionário de transformação social. Nestas condições, não se poderia, a seu ver, pensar em outro centro hegemônico para a moderna arte literária ídiche, exceto aquele que estava na vanguarda da ordem socialista no mundo, a União Soviética. Tal é o ponto de vista sustentado num de seus ensaios, "Herança e Hegemonia", onde declara taxativamente:

> Quando a literatura ídiche no exterior trilhar o caminho para Moscou e alcançar seus momentosos resultados, nós nos rejubilaremos com isso e, se estiver à altura, não disputaremos com ela por hegemonia. Mas até então a hegemonia pertence a nós, a Moscou.

Apesar destas assertivas e de sua indiscutível militância comunista em todos os campos, Lítvakov viu-se igualmente sob o fogo de acusações ideológicas, imputando-se aos seus escritos um velado nacionalismo e separatismo judaicos. Se conseguiu sustentar-se até 1937, prosseguindo na sua campanha anticlerical e mantendo a sua posição no *Émes*, não escapou ao expurgo daquele ano. Encarcerado como inimigo do povo, morreu poucas semanas depois.

Caído em desgraça o velho pontífice da linha proletária, ascendeu a estrela de Ítzik Féfer (1900-1952). Sua personalidade dominou a cena literária ídiche-soviética, graças à sua ortodoxia comunista, à sua virulência polêmica e à sua força lírica. Nascido em Kiev, ainda menino foi aprendiz de tipógrafo. Em 1918 ingressou nas fileiras bolcheviques e lutou no Exército Vermelho contra as tropas de Deníkin. Sua estreia ocorreu em 1920 e logo passou a publicar livros de poesia e ensaística. *Schpener* (Estilhaços, 1922) apareceu com um prefácio de Dovid Hófschtein, que afirma: "Neste volume há motivos que nunca surgiram anteriormente na poesia ídiche." Apesar de muito moço, Féfer projetou-se com rapidez no círculo de Kiev. Agressivo, radical em sua militância política, fustigou as tendências esteticistas da arte pela arte e as "fugas" simbolistas, exigindo de seus colegas uma abordagem firme e clara da realidade soviética e seus problemas. Numa linguagem rica e idiomática, marcada pela musicalidade e pelo ritmo, deu vazão a seu temperamento lírico e até sentimental. Mas nenhum eco nostálgico do passado vibra em seus versos:

Eu nunca estive perdido
em minha curta e sorridente vida.
Ri em mim o meu coração quando me lembro
de que levo o nome de um famoso rabi.

Em honra do santo rabi Ítzikl de Skvira
quis meu avô que me dessem o nome,
para que eu rezasse e cantasse hinos sabáticos
e me ocupasse de filactérios e xales sagrados.

Para que eu fosse o homem mais rico da cidadezinha
e minha mulher a melhor dona de casa.
Assim dias e noites correram corriqueiros
e anos passaram-se prosaicos.

Aí o sol abençoou meu corpo com o bronze
e com lutas e canções escorre minha vida.
E em mim tudo ri e arqueja quando me lembro
de que de um famoso rabi levo o nome.

[Eu Nunca Estive Perdido]

Não se preocupava com os particularismos judaicos, pois a marcha para o socialismo tornava desnecessárias tais especificidades separatistas e conjugava russos e judeus na tarefa comum. A guerra civil, os combates de que tomou parte, os pogroms e a fome motivaram algumas de suas mais belas estrofes. Nelas, o acento não recai na brutalidade ou ferocidade dos acontecimentos. Sempre encontra um modo de infundir nestes poemas a palpitação viva das emoções sentidas pelo poeta diante dos fatos invocados e o transporte entusiástico da alegria que se eleva das ruínas. Féfer tinha uma pena fecunda. *Vegn Zikh un*

Azoine Vi Ikh (Sobre Mim e Outros Como Eu, 1924), *G[u]efúnene Funkn* (Faíscas Encontradas, 1928), *G[u]evétn* (Aposta, 1930), entre outros livros, são parte desta produção poética que não estancará nos anos subsequentes, tanto com obras novas quanto com seleções e coletâneas de composições. Ao mesmo tempo, não cessa o seu trabalho de crítico, do qual resultam estudos como *Die Oifgabes fun Iídischer Proletárischer Literatur in Rekonstruktivn Period* (As Tarefas da Literatura Proletária Ídiche no Período da Reconstrução, 1932), *Die Iídische Literatur in Kapitalístische Lender* (A Literatura Ídiche nos Países Capitalistas, 1933). Neste último, em particular, desenvolve todo o vigor de sua linguagem de polemista, transformando Bialik num agente provocador, I.I. Singer (o irmão de I. Bashevis Singer) num pornógrafo rabínico, Lêivick (o autor de *O Golem*) num macaqueador romântico que deseja voltar à era dos orangotangos e o historiador Dubnov num clerical chauvinista. Scholem Asch, Jitlóvski, Leschtschinski, Max Weinreich tampouco foram poupados, convertendo-se em médicos que tentavam salvar a burguesia moribunda, mas que não poderiam deter a marcha ascendente da Revolução. Três anos antes, num poema endereçado a seu companheiro de lides poéticas, Aaron Kuschnírov, exigira: "Devemos expulsar com afiados poemas políticos o murmúrio lírico [...] nós construímos poesias, como se constrói uma casa, como o partido constrói as suas teses!" Ainda assim, cabe dizer com Níg[u]er que "o lirismo de Féfer é tão natural e tão suave que até mesmo os mais ruidosos passos do Exército Vermelho são nele silenciados, tornam-se passos humanos *comuns*". Mesmo o seu hino de glória a "Stálin" ou a sua "Birobidjaner Marsch" (A Marcha de Birobidjan), composições marcadas por um espírito de louvação e gratidão, não poderiam ser acusados de trair totalmente esse estro:

> Digo Stálin – penso fulgor,
> penso eterno ser feliz
> penso nunca mais saber,
> jamais o que é a dor.
> [...]
>
> [Stálin]

Assim, durante a guerra, quando suas preocupações judaicas se acentuaram, sua devoção a Stálin e à União Soviética não empalideceu. E nas criações como "Ikh Bin a Iíd" (Eu Sou um Judeu), uma dramática reafirmação de pertinência que se tornou conhecida internacionalmente, aquele culto continuou a exprimir-se com intensidade. De fato, o tenente-coronel do Exército Vermelho e líder do Comitê Antifascista Judaico, mesmo que informado das manifestações antissemitas de autoridades soviéticas e da operação de expurgo contra a *intelligentsia* judaica que vinha sendo articulada pela polícia secreta por ordem do Politburo e de seu secretário-geral, estava convencido de que não era daí que provinham *Die Schotns fun Várschever Gueto* (As Sombras do Gueto de Varsóvia, 1945) e de que ainda teria "sob as rubras bandeiras prazeres sem fim". Contudo, nem os serviços que prestou ao Comissariado do Povo Para Assuntos Internos (NKVD), nem suas renovadas críticas ao sionismo, nem mesmo suas reiteradas demonstrações de repúdio ao capitalismo e de fidelidade à ordem comunista impediram que este poeta ídiche, que "bebeu da taça mágica de Stálin", fosse um dos primeiros a ser preso em 1948, por "nacionalismo judeu". Executado quatro anos depois, com vários de seus amigos, teve a memória reparada subsequentemente, quando se publicou também uma seleta de seus versos, em ídiche.

Ao lado de Ítzik Féfer, muitos outros escritores distinguiram-se nas letras ídiches em Moscou. Dois nomes requerem ainda especial atenção, os de Kuschnírov e Halkin.

Aaron Kuschnírov (1890-1949), ucraniano como Féfer e, como ele, engajado na Revolução, pela qual lutou como soldado, estreou também no âmbito do Grupo de Kiev, com o livro de poesias *Vent* (Paredes, 1921), prefaciado por Hófschtein:

> Nós,
> sólidos e duros, nós, os muros,
> condenados a escutar e a calar,
> milhares,
> milhares de anos permanecemos submissos,
> escutando, compreendendo,
> sufocando dentro de nós em silêncio
> o rumor das gerações.
>
> Mas agora nunca mais,
> nunca mais ficaremos mudos;
> ouviremos
> a escalada,
> a pisada,
> a rajada,
> dos passos pesados, dos passos espessos
> dos passos de aço.
> Vem um colosso, um poderoso,
> e tudo o que, ontem ainda,
> reinava como a rocha

ou o granito
de joelhos cai diante dele,
tremendo de pânico;
nos dá uma fala,
nos cola e nos cobre
de cartazes a rodo, de painéis e de folhas,
e com elas
como enormes goelas
iremos gritar
ouvindo a trovoada dos passos.

Além de versos de feitio clássico, mas infiltrados de vibrações imagistas e expressionistas, como *Broiz* (Efervescência, 1923), escreveu histórias para crianças, *Kinder Fun Ein Folk* (Filhos de um Só Povo, 1928) e peças, uma das quais dramatizou o atentado contra Hirsch Lekert (na obra homônima, 1929) e dos trabalhadores judeus do Bund contra o governador tsarista de Vilna, na primeira década do século XX – texto que se tornou *pièce de résistence* no repertório *agitprop* dos grupos dramáticos de esquerda no mundo inteiro e que teve notável versão cênica no Artef americano. Kuschnírov, em seu poema "Missiva a Ítzik Féfer", de 1930, saudava o poeta como companheiro de armas e colocava-se sob a bandeira do realismo socialista, denunciando os desvios românticos e simbolistas na criação literária judio-soviética. Proclamou então:

> O poema não vale mais do que zero, a não ser que esteja inteiramente preenchido: cheio de pólvora por dentro e coberto de aço por fora [...] Nós não precisamos agora de ourives, precisamos de metalistas! Precisamos arrear os nossos poemas com ordinários dias de semana, precisamos trotar ao ritmo de nossa grande época!

Aos cinquenta anos alistou-se para combater os alemães e foi duas vezes condecorado por bravura. O expurgo de 1948 não o atingiu diretamente, pelo menos não chegou a ser encarcerado. Pois, incumbido pelas instâncias partidárias, fiel militante que era, para em ato público acusar os seus companheiros e amigos escritores caídos em desgraça, ficou postado diante da audiência, incapaz de articular uma palavra, com o semblante contorcido. Kuschnírov não se refez do abalo, morrendo seis meses mais tarde.

Schmuel Halkin (1897-1960), como intelectual e poeta, estava, por assim dizer, de antemão condenado à suspeição. Não apenas porque fosse um espírito elegíaco, sensível às experiências e eventos do cotidiano como ensejos de captação poética das emoções e conflitos da interioridade. Mas principalmente porque, nascido numa família hassídica, educado na tradição religiosa e na cultura laica do judaísmo, tendo iniciado a sua criação em poesia por composições hebraicas, nunca pôde renunciar às suas raízes. Vacilando entre a pintura e a literatura, decidiu-se por esta última, encorajado por Peretz Márkisch e Dovid Hófschtein, assim como também optou, entre a Rússia e Israel, pela pátria socialista, apesar dos anseios sionistas, de que falam suas estrofes hebraicas de "Schir ha-Halutzá" (Canto da Pioneira) e da proscrição do hebraico na URSS. Um poema que adquiriu importância histórica por ter sublimado nos dilemas de Halkin os de grande parte da poesia ídiche-soviética é "Russland" (Rússia, 1920):

> Rússia! Não fosse minha fé tão forte em ti,
> eu argumentaria agora de outro modo.
> Eu diria talvez: Tu nos enganaste,
> tu nos ofuscaste, a nós jovens ciganos.
>
> Caro é para nós cada golpe de tua mão
> e dolorosamente difícil é suportá-lo –
> e, por maior que seja agora a desgraça e a vergonha,
> viemos à tua presença queixar-nos:
>
> Para onde tuas águas nos imploram ir agora?
> Para onde, para que terras?
> Bem-aventuradas ruas da Rússia,
> em vós haveremos de nos findar.
>
> Até hoje não foi de vosso destino
> ver-nos expirar sob bárbara herança,
> e agora – marcharemos ao passo
> e morreremos de vossos beijos.

Criticado por seu nacionalismo judeu, por sua angústia existencial e por seus pecados estéticos, Halkin teve de penitenciar-se. Prometeu mesmo dar à literatura soviética uma obra "digna da época". Na verdade, procurou nos anos subsequentes evitar temas controvertidos, dedicando o seu talento poético a traduções para o ídiche de textos de Shakespeare, Longfellow, Púschkin e outros. Mas o seu vínculo com o povo judeu permaneceu forte, como se tornou visível em seu poema dramático "Schulâmis" (Sulamita, 1940), baseado na peça homônima de Goldfaden, e no drama em versos *Bar Kokhba* (1941). Impregnado como estava das fontes do judaísmo, ele, que vai buscar as raízes de sua lírica em Iehudá Halevi e em Ibn Gabirol, não poderia deixar de acentuar, numa obra histórica, como a que fala do herói do último levante contra Roma, Bar

Kokhba, os anelos de liberdade nacional judaica, embora não oculte também os conflitos de classe e os problemas sociais, nos termos marxistas de suas convicções ideológicas. Com o ataque nazista à Rússia, a sensibilidade de Halkin sentiu-se mobilizada e, com a maior emoção e angústia, derramou-se contra o inimigo comum numa sucessão de poemas que exprimiram o doloroso transe do sacrifício, a esperança da libertação e a certeza do castigo. Escreveu também um poema dramático sobre o levante do Gueto de Varsóvia, que o Teatro Ídiche de Estado, em Moscou, pretendia levar à cena, quando foi fechado, pouco depois do assassinato em Minsk de seu diretor, o notável ator judeu Schlôime Míkhoels (1890-1948), atraído a uma cilada e assassinado por agentes da polícia secreta russa. No mesmo ano, logo após a liquidação do Comitê Antifascista Judaico, prenderam Schmuel Halkin com os demais membros das principais instituições literárias, artísticas e culturais judaicas. Desterrado para a Sibéria, adoeceu gravemente, passando um ano e meio num hospital-prisão, até 1955, quando o libertaram por causa de seu estado de saúde. Em 1958 ocorreu a sua reabilitação, acompanhada, como nos outros casos, de uma edição de seus versos vertidos para o russo. Dois anos depois, o poeta morreu e sua cidade natal, Rogatchov, na Rússia Branca, o homenageou, dando o seu nome a uma rua e, no mesmo ano, em 1960, publicou-se em Moscou uma antologia de seus textos de poesia, em ídiche.

Como se vê, apesar das feições individuais de cada um dos escritores acima focalizados, e pode-se acrescentar sem temor aqueles que não foram aqui mencionados, e são muitos, todos eles têm em comum o fato de haverem jungido o seu caminho ao da Revolução de Outubro. E todos o fizeram por convicção ideológica e política, com entusiasmo efetivo e com empenho real. Estavam dispostos a pagar o preço de sua opção e o pagaram num sem-número de casos. Pois todos os sacrifícios e frustrações valiam a pena, a seus olhos, uma vez que julgavam estar contribuindo para a construção de uma nova ordem social e humana, onde não só o proletário, mas também o judeu seria resgatado. Com esta expectativa, produziram poesia, romance, teatro, crítica, publicaram revistas e jornais, criaram instituições de ensino e de pesquisa, polemizaram com todas as correntes de ideias e movimentos políticos, tendências nas letras e nas artes, que se lhes opunham de algum modo na vida judaica em geral, emprestaram todo o *élan* de seu idealismo e o poder de sua criatividade ao projeto da territorialização em Birobidjan, numa região autônoma judio-soviética e, como cidadãos da URSS, participaram de todas as vicissitudes históricas do país.

Nada disso, porém, foi suficiente para extirpar o cancro de mil nomes, mas de um só nome de fato, *antissemitismo*, que dominava, com a sua diabolização da vítima escolhida, a mente do mais alto dirigente soviético, com a cumplicidade e a complacência ou a resignação de um enorme aparelho partidário, dito revolucionário e comunista. É verdade que o cutelo que se abateu sobre as cabeças dos escritores judeus envolvia questões e teve consequências que iam e vão muito além da literatura e da cultura ídiches na União Soviética. Em todo caso, no que tange a uma e à outra, após o terrível golpe que o stalinismo lhes desfechou, nada mais conseguiu refazê-las. As poucas tentativas ulteriores de reanimá-las esbarraram em obstáculos de toda ordem, embora tenha sido permitido a reedição em ídiche dos "clássicos" e, como vimos, de alguns dos expurgados, bem como a publicação de um periódico literário, dirigido pelo poeta e publicista Aron Verg[u]élis, *Soviétisch Heimland* (Pátria Soviética), em cujas páginas despontaram um certo número de contistas, poetas e ensaístas que abordaram temas judeus em ídiche.

Convém notar, ao termo deste capítulo, que suas linhas centrais e o grosso de suas informações procedem dos anos 1970. Ainda assim, é claro que a abordagem cingiu-se aos principais expoentes de um universo literário e intelectual extremamente rico e complexo, mesmo nos anos de seu ocaso. Entretanto, nem os novos dados surgidos com a massa crescente e surpreendente de documentos que se vêm tornando disponíveis principalmente a partir da Perestroika, nem as mudanças que esta provocou na vida judaica da URSS e as incríveis mutações ocorridas na sociedade russa com o esfacelamento da ordem soviética e a instauração da Comunidade dos Estados Independentes (CEI) alteram, infelizmente, o quadro esboçado e suas conclusões.

Com efeito, trata-se de uma perspectiva que encontra corroboração em alguns indicadores, como o fato de que a revista literária ídiche, de Verg[u]élis, impressa de início em 25 mil exemplares em 1961, tirava apenas 7 mil em 1979; de que entre os anos de 1970 e 1980 surgiram na União Soviética somente edições esporádicas de obras originais em ídiche e traduções para o russo, em número insignificante em comparação aos períodos anteriores e à população judaica. Aliás, observe-se de passagem que esta comunidade se transformou, de uma maioria de falantes do ídiche, numa pouco representativa minoria de usuários do referido idioma. E o fenômeno não se deveu apenas ao impacto da cultura russa dominante. De maior peso foi, no caso, a liquidação da rede de escolas judaicas (iniciada em 1934) e dos meios de difusão e produção cultural em ídiche como jornais, revistas e livros, rádio, teatro etc. (rematada por Stálin em 1948-1950). Em conjunto, as consequências deste golpe foram de tal natureza que, em relação a outras nacionalidades ou etnias soviéticas pouco apreciadas e até perseguidas pelo sistema, os *ievrei*, pode-se dizer, sofreram uma perda bem mais acentuada de vitalidade e especificidade cultural, mesmo tendo em conta a irreparável sangria do Holocausto. Os esforços que estão sendo realizados a fim de revitalizar a sua identificação judaica não têm, como tinham em outros tempos, o ídiche como seu veículo central, não obstante uma certa retomada de seu uso, principalmente por ressurgentes agrupamentos religiosos e a indubitável intensificação do interesse acadêmico por sua rica herança.

▪ *Teatro Judeu de Estado, Moscou. Cenas de* Noite no Mercado Velho, *de I.L. Peretz. Direção: A. Granóvski, 1925. Cenografia e indumentária: R. Falk. Na foto: Míkhoels e Získind.*

UMA CENA SOVIÉTICA: O TEATRO ÍDICHE DE ESTADO

Como todos os demais campos da atividade cultural e artística judaicas, o teatro também foi sacudido pelo impacto da Revolução. Como que desperto de sua existência marginal e, quando muito, convencional a que a discriminação, a perseguição e a opressão o condenavam e na qual as tentativas de inovação estavam destinadas a atolar na precariedade da infraestrutura, agitou-se febrilmente. Um sopro renovador varreu suas pranchas, povoando-as de novos grupos, amadores e profissionais, e insuflando-lhes um novo espírito. Fervilhante e inventivo, pronto a todas as ousadias do político e do estético, do social e do ideológico, marcou presença mesmo no quadro de um período quase sem-par na história moderna das artes cênicas, como foi o movimento teatral soviético dos anos 1920.

Dois focos concentraram o que essa eclosão da teatralidade judaica produziu então de mais original e significativo: o Habima hebreu e o Goset ídiche. Um e outro são indubitavelmente partes do mesmo processo. Surgidos quase ao mesmo tempo, desenvolvendo-se na mesma cidade, Moscou, respondendo às mesmas necessidades grupais, constituem, precisamente na diferença de suas polarizações linguísticas, doutrinárias e estilísticas, a dialética das oposições e opções coletivas na linguagem do teatro. Embora não se trate aqui de analisá-los no jogo desta relação, é preciso ressaltar que, na perspectiva histórica, eles se apresentam com toda a força de sua complementaridade estética. Nacionalismo sionista e internacionalismo comunista, misticismo messiânico e racionalismo revolucionário, drama poético e farsa crítica são algumas das dicotomias que operam a diversidade de suas produções no palco.

O Iídischer Melukhe Teater (IMT, Teatro Ídiche [=Judeu] de Estado), Goset, na abreviatura russa pela qual se tornou conhecido, começou a estruturar-se a partir de um estúdio dramático ídiche formado em Petrogrado, em 1919, por iniciativa da seção judaica do comissariado para assuntos de educação, que confiou a tarefa a Alekséi Mikháilovitch Granóvski (1890-1937).

Era um nome emergente na vida teatral. Nascido em Moscou, educado em Riga, cidade impregnada pela cultura alemã, estudou artes cênicas em São Petersburgo e foi aluno de Max Reinhardt, na Alemanha. Com a Revolução, veio para a antiga capital imperial onde, apesar das difíceis condições daquele tempo, havia intenso trabalho criativo. O teatro efervescia. Uma das propostas, dentre muitas outras, pretendia desenvolver um teatro da tragédia. Com a participação de Górki e de sua mulher, a atriz Maria F. Andrêieva, de Chaliápin e I. Iúriev, seu principal mentor, o grupo desejava levar às massas um repertório trágico, instrumento de catarse da burguesia e de exaltação do heroísmo proletário. Granóvski fez parte do projeto e dirigiu, em seus termos, mas sobretudo nos da escala reinhardtiana do grande espetáculo para multidões, *Édipo Rei* e *Macbeth*. Coube-lhe também conduzir a interpretação de Chaliápin nas óperas *Fausto* e *Sadko*.

Se estes trabalhos já mostravam um *régisseur* talentoso e familiarizado tanto com a tradição quanto com a invenção do melhor teatro europeu e russo, nada o distinguia particularmente em termos da cultura judaica e de sua arte dramática. A vinculação, ao menos o seu aprofundamento, teceu-se em função do esforço para desenvolver o novo estúdio. Granóvski não dominava sequer o ídiche, tendo de aprendê-lo para desempenhar-se de sua missão. Mas, além de colaboradores com boa formação judaica, recrutou um grupo de moços, todos na casa dos vinte anos, interessados na iniciativa. Míkhoels, então estudante de Direito e sonhando com o palco desde muito cedo, foi uma dessas aquisições. Falante do ídiche, conhecedor dos costumes e da religião e envolvido com a cultura de seu povo, incumbiu-lhe logo desempenhar um papel de relevo no agenciamento judaico do projeto. Porém, no início, o que ocupava acima de tudo a atenção do inteligente, culto e dotado aprendiz de ator e de seus companheiros de elenco era a ampla e exaustiva preparação a que Granóvski os submetia, para capacitá-los à realização cênica, tal como ele a concebia em geral. Pois, a seu ver, o ator antes de representar um judeu, isto é, de saber como estilizar este caráter particular, devia saber como representar um ser humano. Com este objetivo, procurou firmar os seus alunos do estúdio no que havia, na época, de mais avançado na técnica da incorporação dramática no palco. Tal aproximação implicava e acionava, por certo, todo ideário estético do professor. E as ideias de Granóvski sobre a arte do teatro, àquela altura, não estavam longe das de Taírov, Meierhold ou Vakhtângov, para citar apenas a vanguarda teatralista soviética. Como eles, buscava as formas de uma nova linguagem cênica que, por pontuação estética e, com a Revolução, também política, deveria ser igualmente imagem e linguagem de um novo homem e uma nova sociedade ou, pelo menos, da luta para criá-los. Cenismo, futurismo, cubofuturismo, expressionismo, construtivismo, engajamento social, teatro político, *agitprop*, centralização diretorial, montagem circense, performance cabaretística, síntese imagístico-musical eram, para ele, alguns dos ingredientes de um teatro total que devia, portanto, contar com comediantes aptos a totalizá-lo, isto é, a exercê-lo com absoluto domínio de seus meios.

O jovem diretor revelou pulso de organizador e didata. Ao cabo de três meses de intenso preparo, montou um primeiro espetáculo. O programa apresentado a 23 de janeiro de 1919 compreendia *Os Cegos* de Maurice Maeterlinck e *O Pecador* de Scholem Asch. Mesmo levando em conta a presença deste último, pode causar estranheza que Granóvski haja escolhido uma obra do dramaturgo belga para a estreia de uma trupe judia em língua ídiche. Tanto estilística quanto culturalmente, a peça parece pertencer a um contexto bem diverso e não ter muito a ver com a promoção de um repertório característico. É verdade que na linha do estúdio nem tudo estava muito nítido àquela altura. Havia, por exemplo, ambiguidade, se não contradição, entre o propósito de formar um teatro judeu e a tese de que este devia evitar todo particularismo nacional e que sua problemática era idêntica à do teatro mundial; ou entre o engajamento revolucionário e a pregação de que o seu internacionalismo devia ser o da ribalta judia vista como um "templo da clara beleza, da criação jubilosa, o templo no qual a prece é pronunciada em língua judaica" (Granóvski). Tais inconsistências seriam em breve superadas, sendo o ideal místico-estético do "teatro-templo"[1] e sua dionisíaca religiosidade internacionalista sacrificados no altar de uma combativa teatralidade, de assumida identidade sociocultural judaico-ídiche, a serviço da crítica de classe e da causa comunista. Mas, se isto só veio com o desenvolvimento do trabalho, tampouco caberia dizer que o espetáculo inaugural se propunha ser uma manifestação de simbolismo programático *tout court*. Apesar de sua declarada relação com essa corrente, o encenador, ao selecionar *Os Cegos*, um texto onde palavra, forma e ação quase se imobilizam em densidade poética, visava acima de tudo a fins pedagógicos. Tratava-se, para ele, precisamente, de experimentar com uma obra não judaica os três pilares de sua concepção teatral:

1. Em primeira instância, este santuário dramático foi erigido pelo esteticismo simbolista, nas elaborações de sua poética para a arte do teatro. A sugestão já pode ser vislumbrada em Mallarmé e deriva, mais diretamente, da visão do trágico em Nietzsche. Mas sua sagração na Rússia congregou também devoções de tolstoianos e até de marxistas que ungiram o seu espaço de celebração artística com os óleos de uma sublime missão ética e social… No coro desta "religião do teatro" estiveram não só Stanislávski e Sulerjítzki ou a "esquerda" simbolista (entre eles, Tchúlkov e Meierhold), assim como Górki e Lunachártski, para citar alguns, e a Revolução, com os fervores que despertou entre velhos e jovens crentes, trouxe-lhe novos entusiastas. De modo que o ideário de Granóvski e de seus recrutas-neófitos teatrais não constitui, como poderia afigurar-se, uma exceção ou aberração no contexto da arte soviética de então. Aliás, uma outra versão judaica deste mesmo espírito tem registro no Habima e nas concepções que presidiram a sua formação, para não mencionar a réplica materialista e bolchevique deste missionarismo dramático que é detectável até no movimento do *agitprop*.

"homem – as massas (e a relação entre elas); volume – luz, cor; fala – movimento, som"[2]. Nesta tripla perspectiva, os atores foram treinados a entender o silêncio e a captar o início de um som de modo a semantizar a imobilidade física e carregar na palavra o movimento, pois "a arte de falar é essencialmente a arte do silêncio; a palavra é uma ponte entre duas ações [...] o movimento no palco é do mesmo modo uma ponte entre dois momentos estáticos"[3]. Além do preparo geral na arte do ator, Granóvski tinha em mente um segundo objetivo, que era o de depurar o ídiche, teatralizando-o, e apurar a sua tonalização característica, musicalizando-o. Em outros termos, o diretor começava a desenvolver os elementos de uma integração dramático-cênica judaica de fala, movimento, que, acrescidos de música e cenário e submetidos aos princípios do ritmo, forneceriam o desenho e a dinâmica de uma entidade teatral viva e cadenciada.

Seis meses depois da estreia, em julho de 1919, o estúdio realiza a segunda récita, com *Amnon e Tamar*, de Scholem Asch, e um texto de Míkhoels, *O Construtor*. Pouco se sabe a respeito do texto desta peça, que parece ter sido a única incursão de seu autor no terreno da dramaturgia. Era de cunho simbolista, como se depreende, se não do título, pelo menos das designações de três personagens: o Espírito do Passado, representado pelo próprio Míkhoels, o Presente, por Granóvski, e o Futuro, por madame Granóvskaia. Demonstração de um esforço programático e estilístico continuados, o espetáculo não ia além do terreno da experimentação, não trazendo ainda vislumbre da procurada singularização artística. O próprio encenador não a entrevia em seu horizonte e se indagava: "O que será de nosso teatro? A que deuses servirá ele? Não podemos responder à pergunta. Não conhecemos os nossos deuses... Nós os procuramos... Procurar... Eis o nosso programa"[4].

Tampouco *Uriel Acosta* colocaria o estúdio na trilha desejada. A peça de Karl Gútzkov não constituía maior novidade no repertório teatral judeu e russo. Afora Stanislávski, que lhe dera uma interpretação marcante, em 1896, ainda na fase de amador, ela fora periodicamente reapresentada, sobretudo no palco ídiche. Agora, tratava-se de mostrá-la com o poder de impacto de que o teatro moderno poderia dotá-la. No entanto, o oposto é que veio à cena – faz-nos crer a reação da época. Entregue a dois colaboradores de Granóvski, Ungern e Schternberg, a nova montagem viu-se sob pesado fogo crítico, sendo considerada elementar, claudicante em seu texto maltransposto para o ídiche e oferecendo uma visão contestável do herói daquele drama do livre pensamento e da luta

2. A. Bakshy, apud L. Adler, Alexander Granovsky and the Jewish State Theatre of Moscow, *The Drama Review*, v. 24, n. 3, set. 1980.
3. A. Deutsch, apud ibidem.
4. A. Efros, apud Béatrice Picon-Vallin, *Le Théâtre juif soviétique pendant les années vingt*, Lausanne: La Cité/L'Âge d'Homme, 1973.

pela liberdade, que estaria sendo reduzido a uma passividade simbolista. Era o primeiro revés efetivo do grupo. (Mesmo assim, o trabalho trouxe frutos valiosos no curso do tempo, pois três anos mais tarde Granóvski levaria uma outra variante, reelaborada por ele e interpretada por Míkhoels, que conquistaria um lugar definitivo no repertório do Goset.)

A terrível situação em que se viu mergulhado o país no inverno de 1919-1920 obrigou o estúdio a interromper os espetáculos daquela temporada. Mas isso não impediu que prosseguissem os ensaios das peças de Váiter (*Antes do Amanhecer*), Andrêiev (*Vida de Homem*) e Scholem Aleikhem (*Os Agentes*), escolhidas para a temporada seguinte. Nem Petrogrado assistiria a esta estreia, nem o programa subiria à cena.

Não obstante, o trabalho de Granóvski e de seu elenco começava a repercutir, despertando o interesse de alguns críticos. Um deles, A. Efros, que havia criado uma pequena escola de arte dramática judaica em Moscou, teve a ideia de unir forças com o estúdio a fim de estabelecer um teatro ídiche na nova capital do Estado soviético. A proposta foi aceita e, com as bênçãos do comissariado para estes assuntos, os dois grupos fundiram-se em novembro de 1920, convertendo-se no Teatro de Câmara Judeu de Estado (Gosekt), denominação mais tarde mudada para Goset (Teatro Judeu de Estado).

Desde logo a liderança artística e a capacidade organizacional de Granóvski se impuseram. Numa pequena sala de noventa lugares, em janeiro de 1921, a trupe apresentou a sua primeira criação: *Mázeltov* (Boa Sorte, ou Parabéns), um espetáculo composto de três peças de um ato, *Os Agentes*, *É Mentira* e *Mázeltov*, de Scholem Aleikhem. Tanto quanto o autor e os textos, tornou-se significativo e inaugural nesta representação o visual cenográfico, uma projeção chagalliana da imagística do *schtetl* configurando uma visão de mundo num estilo de arte e pautando ritmos de uma interpretação cênica.

Na sala e no palco, o pincel de Marc Chagall entregou-se a um rito de figuração invocatória, ao ritmo da energia plástica liberada pela vanguarda e pela Revolução. *Purim-schpilers* (*performers* do festa de Purim), *badkhónim* (festeiros), *klézmerim* (músicos), *hassidim* (discípulos de um rabi hassídico), *kasrílevkers* (habitantes da Kasrílevke scholem-aleikhemiana), saltimbancos e acrobatas circenses pulavam, cabriolavam, dançavam e levitavam sobre os tortos telhados e as tortuosas vielas nos painéis que introduziam o espectador na paisagem humana de uma estilizada teatralidade judaica e preparavam-no para as réplicas animadas que iria ver nas ações do palco.

A promessa representada na primeira tela, onde Chagall surge nos braços de Efros que o oferece a Granóvski, em meio aos membros do coletivo, parece haver-se efetivado na *mise-en-scène*. A visão do pintor esteve presente em tudo, da cenografia aos figurinos e à maquilagem dos atores, e envolveu em sua carnavalizada dinâmica o próprio ritmo da interpretação e do espetáculo. O seu entusiasmo hassídico-dionisíaco por este trabalho, onde se relacionou como em nenhum outro com o fazer teatral, transparece num zelo tão infrene como o do incidente relatado por Míkhoels:

> No dia da *première*, Chagall veio ao meu camarim. Ele dispôs as suas tintas e começou a trabalhar. Dividiu o meu rosto em duas metades, colorindo uma de verde e outra de amarelo; afinal de contas nós temos a expressão ídiche "ele parecia verde e amarelo" (quer dizer, adoentado e incomodado). Chagall ergueu minha sobrancelha direita dois centímetros mais alto do que a esquerda. Estendeu os vincos em torno de meu nariz e de minha boca ao meu rosto todo [...] para enfatizar e ressaltar a situação trágica da personagem [...] De repente, o dedo de Chagall ficou pendurado no ar diante de minha face, incerto. Algo o perturbara. Pôs o dedo no meu olho, retirou o dedo e recuou alguns passos, contemplou o meu rosto e disse tristemente: – Ach, Schlôime, Schlôime, se você não tivesse um olho direito, quanta coisa eu poderia fazer.

Ou, como reza uma outra versão: "Se eu pudesse arrancar teu olho direito, que máscara eu poderia te fazer!"

Esta máscara e seu grotesco tragicômico na realidade foram criados pelo artista e ela se imprimiu no semblante do Melukhe Teater e na arte de seu encenador. Há pois alguma verdade no que Chagall disse certo dia: "Se Granóvski é a mãe do Goset, então eu sou o pai." O êxito de *Mázeltov* foi o de uma primeira caracterização de um estilo cênico que iria buscar no plástico a substância de seu gesto dramático. Outros pintores-cenógrafos, como Altman, Rabinóvitch, Falk, dariam continuidade a este traçado da expressividade, que reprojetava a imageria do tradicional no imaginário da vanguarda expressionista-construtivista. Eles combinavam os recursos da estilização artística europeia com uma tipificação mímica de uma galeria representativa do repertório judeu processado por seu teatro. Mas, de outra parte, sintetizava-se aí, pela precipitação alquímica do folclore, da gestualidade, dos idiomatismos, da oralidade ídiche, não só algo da natureza e da mentalidade do universo judeu do *schtetl*, como, pela concentração da crítica social e ideológica, um certo discurso, polêmico, político, a seu respeito. Iconizados, os arcaísmos da condição e da vida judaicas eram lançados, num jogo onírico-farsesco, à arena do teatro revolucionário a fim de contraproduzirem dialeticamente, com o fantástico de sua mascarada grotesca, as figuras cênicas do novo, isto é, de uma arte militante do povo judeu renovado num contexto proletário e socialista.

O tríptico scholem-aleikhemiano fez jus ao título, *Mázeltov*, em vários planos. Além de colocar Granóvski e sua direção na trilha de uma definição artística e de uma linguagem própria, revelou a veia cômica de dois atores que formariam a chave interpretativa deste estilo, Míkhoels e Biniúmen Získin. O sucesso da peça também trouxe à companhia maiores subsídios para as suas atividades e instalações mais amplas, ou seja, um teatro de quinhentos lugares, que foi decorado com as telas de Chagall.

Duas outras montagens, *Antes do Amanhecer*, de Váiter, e *Deus da Vingança*, de Scholem Asch, foram exibidas na temporada de 1921. Em ambas, a encenação ter-se-ia orientado para uma forma "tragigrotesca", designação que também remete ao eixo principal das pesquisas do Goset na época, agora pela via do drama. Sem dúvida, a escolha dos dois textos ocorrera ainda em Petrogrado, na perspectiva estética do estúdio, porém a sua realização em Moscou incorporou-se aos esforços de explorar mais amplamente o veio estilístico detectado. Apropriar-se da outra face da máscara dramática e integrá-la na unidade de um teatro total era a contrapartida formal de um repertório capaz de resgatar criticamente a especificidade, a problemática e os mecanismos coletivos. Mas, seja por um vezo ainda demasiado simbolista, seja por uma inadequação entre a linguagem textual e a proposta teatral, seja pela impropriedade dramática de uma das peças, como sugere Béatrice Picon-Vallin, o fato é que estas encenações fracassaram. Para a trupe, no entanto, o trabalho desenvolvido no plano da atuação, maquilagem, indumentária e cenário, a fim de trazer à tona o "grotesco oculto" e de levar ao nível que madame Granóvski, em seu depoimento, chamou de "alta tragédia", foi bastante profícuo. *Deus da Vingança*, em particular, trouxe aperfeiçoamentos na técnica do desempenho e nos efeitos cênicos que, ao ver de alguns críticos, se fariam sentir na maturidade do Goset.

Assim, o envolvimento de Granóvski e de seu teatro com a esfera do judaico era cada vez maior e mais profundo. Porém, para avaliar os interesses e os caminhos de um e de outro, vale lembrar que aquele preciso momento vai assinalar a representação, em tradução alemã de Rita Rait, perante o congresso da Internacional Comunista, no Circo Estatal de Moscou, de *O Mistério-Bufo*, de Vladímir Maiakóvski, pelo diretor do Iídischer Melukhe Teater, com a participação de muitos de seus atores, entre os quais Míkhoels e madame Granóvskaia, e a cenografia de N. Altman, com a colaboração de F. Revdel, e a música de I. Sakhnóvski. Isto aconteceu em junho de 1921, um mês depois de Meierhold haver apresentado, em remontagem, a sua nova e antológica versão da mesma peça, estreada por ele em 1918.

À distância, isto poderia ter o sabor de um atrevimento, se não se considerar que, àquela altura, o *régisseur* do Goset era colocado entre os grandes criadores do "novo espírito do teatro russo", o quinto nome, ao lado de Stanislávski,

Meierhold, Taírov, Vakhtângov, como o abaliza Huntly Carter, em seu célebre livro[5]. De fato, não faltou inventividade nesta *mise-en-scène* que ocupa um lugar à parte, mesmo se confrontada à meierholdiana, não só por trazer um texto modificado pelo poeta, que introduziu um novo prólogo e um epílogo endereçados aos arautos da "Comuna Universal", bem como um diálogo a mais no segundo ato entre o menchevique e os Impuros.

Pelas descrições subsistentes, três aspectos chamam a atenção no tratamento dispensado ao espetáculo e talvez tenham sido eles que incitaram Granóvski a empreendê-lo: a fusão de gêneros (bufo-tragédia); o jogo de massas (350 atores dos quais 14 com papéis falados representavam os membros do proletariado e da burguesia); a dinâmica circense (movimento incessante de feira popular, animação de teatro de revista e estardalhaço de cartaz e comício, ao som de fanfarra, com acrobacias de trapézio sob um jato de luz vermelha e a dança feérica dos refletores).

Distribuídos em três planos, terra, inferno e paraíso, ocupados por plataformas, cubos e cones e interligados por escadas, tais elementos compunham, neste cenário construtivista, uma girândola de imagens ao ritmo de uma movimentação incessante de grupos antagônicos, cujo vaivém obedecia a uma lei de ação e reação, numa ocupação ininterrupta do espaço cênico. O efeito era como se uma máquina teatral maiakovskiana encenasse o *Mistério-Bufo* à luz dos "150.000.000" e da "v Internacional" juntos.

Eis como Ripellino apresenta a função:

> No início, arlequins vermelhos com tochas moviam-se pela pista ao som das fanfarras. Cada um dos "puros" era acompanhado por uma multidão de compatriotas. Os diabos vestiam trajes negros de veludo e os "impuros", os habituais macacões azuis.

E levando à cena o testemunho da própria Rita Rait, o critico italiano prossegue:

> Em lugar de uma só Mulher histérica apareciam duas. Esvoaçavam de lados opostos da arena com roupas ajustadas, uma de azul, a outra de rosa. Atrás de cada uma saltava um pretinho-groom, com um monte de elegantes caixas de papelão listradas, que pareciam saídas das prateleiras de uma loja parisiense...
>
> O espetáculo desenvolvia-se num mar de luzes multicores, que inundavam a arena ora do azul das ondas do mar, ora de escarlates chamas infernais...

5. *The New Spirit in the Russian Theater*, Londres: Brentano, 1929.

> A ação culminava na marcha vitoriosa dos "impuros" e numa parada de todos os participantes, ao som da Internacional, ecoada pela plateia poliglota.

Contudo, havia quem destoasse no coro dos aplausos:

> No terceiro dia – diz a amiga de Maiakóvski –, o espetáculo foi desmontado. Os chefes do circo decidiram que os cavalos tinham ficado parados tempo demais.[6]

O próprio poeta pôs os cavalos a correr por mais tempo, uma vez que nos fala em cem récitas. *Wishfull thinking* de autor ou lapso de lembrança?...

Na filtragem histórico-crítica desta produção de Granóvski, ganhou destaque a referência à alacridade de sua retórica cênica e à relativa brevidade de sua carreira pública. A sugestão é de algo despropositado ou demagógico que observações, como a de Lily Brick – "De qualquer modo, não se entendia nada" – tenderiam a confirmar. Todavia, não é a sensação que nos causa o próprio autor da peça, cujo temperamento crítico certamente não perderia o ensejo nem teria papas na língua, mesmo não sabendo alemão, se a sua reação fosse de desaprovação.

De toda maneira, representação inovadora ou exibição espalhafatosa, não há como negar o impacto que o trabalho desenvolvido no *Mistério-Bufo* exerceu no Goset e na decantação de sua arte, já que foi, reconhecidamente, o "trampolim" para as montagens de *Koldúnie* (A Feiticeira), de Abraão Goldfaden, e de 200.000, de Scholem Aleikhem – dois espetáculos que inauguram a maturidade estilística do *ensemble* dirigido por Granóvski. Como que unindo uma imagística chagalliana a uma verbalização maiakovskiana, pelo crivo da *commedia dell'arte* e do *Purim-Schpil*, instala, no discurso dramático ídiche-judaico, formas cênicas inéditas de uma moderna teatralidade, veloz na ação, polêmica na linguagem, universal no alcance de sua entranhada especificidade cultural.

Enquadrar uma opereta como a de Goldfaden, de feitio tradicional, sem maiores compromissos doutrinários, salvo uma lúdica crítica de costumes, num tablado de militância comunista e de cenismo diretorial era um projeto que tinha de se haver em primeira instância com a letra da peça. Granóvski, contemporaneamente a Meierhold e avançando pelas trilhas de Craig e de Reinhardt, interveio cirurgicamente no texto. Pô-lo em cartaz, numa montagem "segundo Goldfaden", significou cortar, alterar ou adicionar à vontade. Do original, por inteiro só foi mantido o enredo, cuja ingenuidade se prestava à maravilha para a operação inseminadora do novo espírito no velho *schtetl*. Porém, foi somente

6. Angelo Maria Rippelino, *Maiakóvski e o Teatro de Vanguarda*, São Paulo: Perspectiva, 1971, p. 102-103.

no palco que a mágica da metamorfose da *Koldúnie* (de Goldfaden) em *A Feiticeira* (de Granóvski) se operou efetivamente, materializando, a olhos vistos e pasmos, os prodígios cênicos de seus passes. Numa apresentação ginástica e acrobática de exercitada e destra corporeidade circense-teatral, os comediantes lançavam-se com incrível agilidade pelas escadas e plataformas da cenarização construtivista dos telhados da cidadezinha e de sua praça do mercado. A ação se desenrolava aí, na feira popular, como aliás já previa o original. Mas o encenador, aproveitando a deixa, o agitado ir e vir da multidão, converteu-a no epicentro de uma inusitada movimentação coral destinada a sublinhar o coletivo, como linha de força, e a sobrepô-lo ao individual, contraposto criticamente à massa, ao seu vigor e alegria de viver e criar o novo, sob a forma de uma galeria de caracteres mecânicos e grotescos, que desfilavam, com nomes goldfadenianos, a paródia e a sátira ao modo de vida antigo, à religião e à tradição do *schtetl*. Nem mesmo a figura de Hotzmakh (Míkhoels), o imbatível bufarinheiro-herói que desfaz as intrigas de *Koldúnie* e salva a mocinha das garras da velha bruxa (Získin), escapava incólume. Derrisória e a um só tempo funérea, tudo nesta celebração burlesca da morte do antigo, nas crenças tidas como superstições, nas mentalidades vistas como retrógradas, era sacrificado ao conflito de ideias, que substituía o conflito dramático entre as personagens e no interior delas. Mas por isso mesmo o plástico e o musical tomavam relevo, compondo, como disse Efros, uma verdadeira "sinfonia da teatralidade judaica", que se tornou o primeiro "clássico" do Goset.

O sucesso foi enorme. *A Feiticeira* galvanizou as plateias. Sentiam-se, como os atores, embriagadas com o poder de contestação e de revolução que eram ali atualizados, numa lúdica representação da história. Porém, mais do que a energia revolucionária de um clima de *agitprop*, o que eletrizava era a força do próprio espetáculo. Pois, como observa Nahma Sandrow, "a perfeita síntese das intenções intelectuais de Granóvski com o seu estilo criativo tornaram *A Feiticeira* e os principais projetos subsequentes mais do que simples declarações políticas ou jogos juvenis, elevava-os à condição de arte"[7].

À *Koldúnie*, na temporada de 1922, seguiram-se, em 1923, *O Carnaval das Máscaras Judaicas*, uma composição cênica de Granóvski, com *décors* de Rabítchev e Stepánov, e *200.000*, baseada na peça de Scholem Aleikhem, *Dos Groisse G[u]evins* (A Sorte Grande). Se, das duas realizações, a primeira não se inscreveu na história do conjunto ídiche-moscovita por nenhum aspecto artístico que mereça particular atenção, exceto o próprio título, que parece epigrafar a linha de pesquisa e os alvos visados então pelo diretor do Goset e seu elenco, o mesmo não ocorre com a segunda, que se constituiu numa concretização significativa desta proposta de teatro.

7. *Vagabond Stars: A World History of Yiddish Theater*, Nova York: Harper and Row, 1977.

Com música de Leib Púlver e cenários de Rabítchev e Stepánov, a peça sofreu uma "livre" reescritura, sendo apresentada em quatro atos e cinco cenas. Tirando partido das reviravoltas da fortuna que dão a um pobre alfaiate, Schímele Soróker (Míkhoels), o grande prêmio da loteria e as pretensões sociais da riqueza, para fazê-lo perder o dinheiro nas mãos de trapaceiros e reduzi-lo de novo à sua humilde condição, o encenador procurou plasmar imagens nítidas das relações de classe na sociedade judaica, da oposição entre burgueses e trabalhadores, do poder do dinheiro e de seu caráter atentatório à dignidade humana. A polarização social era traduzida inclusive para a psicologia dos comportamentos: nos pobres, disposição feliz e alegre; nos ricos, pretensiosa e enfastiada. Mais ainda, pelo contraste, duas éticas se desenhavam: dos desapossados e dos possuidores.

Mas, nesta apresentação, o recorte marxista no argumento scholem-aleikhemiano não estava convocando para um *meeting* teatral e sim para uma representação de arte. Assim, os encargos estéticos requeriam muito mais do que as técnicas do *slogan*, do cartaz berrante, do esboço rápido de figuras e de situações frouxamente tramadas. Granóvski não as baniu de todo de seu arsenal encenante, porém submeteu os seus aportes a um processo de estilização funcionalista, condensado por um jogo de recursos que iam das máscaras tipificantes e dos padrões prefixados de comportamento das personagens aos desempenhos altamente individualizados, como o de Míkhoels em Schímele Soróker.

Anos mais tarde, o grande ator pretendeu que, ao proceder à *mise-en-scène* de 200.000, a companhia desenvolvera uma nova abordagem do trabalho criativo, "o método cênico de análise social", calcado na dialética de bem definidos sentimentos e paixões de classe e utilizando as ações personalizadas no indivíduo para desencadear multiplicada intervenção das massas. Isso teria permitido, através da urdidura das oposições conjugadas, oferecer um espetáculo muito dinâmico, com os diferentes ritmos e tonalidades, associados aos diferentes motivos, propulsionando-lhe o fluxo numa sucessão de quadros. Como consequência, impor-se-ia, no plano da realização pelo grupo, a metodologia do trabalho coletivo, na medida em que a própria natureza da concepção obrigava a praticar, entre comediantes, cenaristas, músicos, uma coordenação absoluta entre os operadores da criação.

É sensível a dobra ideológica que está aí inserida como articulador da práxis teatral do Goset e é difícil precisar o efetivo papel metodológico que lhe coube exercer na montagem da peça de Scholem Aleikhem. Mas os registros do espetáculo não deixam dúvida de que uma orquestração quase perfeita de actantes foi de fato conseguida por Granóvski. Era uma condição indispensável para levar a cabo o complexo projeto cênico, tendo a música por pivô. Pois o seu habitual papel subsidiário, de acompanhamento ou acentuação, viu-se substituído aqui por uma função dramática central, constitutiva da ação. Sob a forma de ritmos folclóricos gerados pela vida do povo, competiu-lhe ordenar e coordenar os movimentos personificados, sua gestualidade, e integrá-los na representação grupal. Note-se que o encenador fez este uso da música no teatro, não para suscitar uma expressão romântica ou subjetivante do individual-psicológico e do coletivo-nacional, mas para instrumentar uma exposição racional de um e de outro, segundo a lógica interna da interpretação crítico-ideológica como regra da construção do argumento e da cena. Não é o espírito da associação operística, nem mesmo wagneriana, apesar do aproveitamento técnico do *leitmotiv* e do envolvimento artístico com a *Gesamtkunstwerk*, mas a razão calculadora de uma "psico-engenharia" construtivo-expressionista que inspira o *régisseur* desta coribântica celebração, cuja fúria cômica é assim descrita num jornal alemão:

> Com a subitaneidade de um raio uma transição do lento para o furioso.
>
> Mas as pausas são esquisitas. Os enfoques em *close*. As interrupções. Os intermédios.
>
> Não só cantando; mas quando param – como na *Aída*, quando o coro de súbito se detém, seguindo-se um maravilhoso silêncio; aqui a gente experimenta isso com frequência.
>
> Nenhum instante de relax. Não aqui. Animação cubística... Eles falam não só com as mãos, mas com seus cabelos, suas plantas dos pés, suas panturrilhas, seus dedos dos pés.
>
> Você acha que alguém está andando e ele já está deitado no chão. Você acha que alguém está esperando e ele já fugiu.
>
> Rostos e corpos. Um ritmo maravilhoso em tudo. Às vezes, títeres bizarros. Às vezes, portadores de êxtase.
>
> A figura-gueto e a maneira-gueto aparecem de forma concentrada – a ponto de quase intimidar o burguês ocidental.
>
> Os aleijados, com barrigas inchadas [...] figuras do exílio; vem então a judiaria rica de uma cidadezinha oriental; com barbas pretas e chapéus altos, todos parecidos. O casamenteiro de faiscante vivacidade. O violinista na festa de Purim; um jeito de salgueiro pendente.
>
> Todas essas criaturas estão embaixo, em cima, no plano. Em rampas, em pranchas vertiginosas, distantes, bem alto.
>
> Elas andam, elas pairam e gritam e sobem e escorregam e se sentam e se torcem como enguias, batem umas nas outras [...] e no fim arrumam um casamento.

> Granóvski é um malabarista; guiado apenas por considerações do palco[8].

Com esta peça, seguida em 1924 por *G[u]et* (Divórcio), de Scholem Aleikhem, e pela colagem parodística *Di Drai Píntelekh Iíd* (As Três Pintas de Judeu), o Goset atingiu um grau de conjugação no trabalho de equipe e domínio virtuosístico dos meios que levou um crítico da época, Pavel Markov, a lhe atribuir "dentre todos os teatros de Moscou [...] a maior expressividade na organização rítmica de movimento, fala e gesto". A ajustada máquina teatral preparada por Granóvski estava, pois, em pleno funcionamento e, em 1925, com a montagem do poema dramático de I.L. Peretz, *Noite no Mercado Velho*, ela pôde mostrar a sua notável eficácia artística. O rendimento espetacular de um corpo de atores altamente treinados e entrosados, potenciando com destreza quase mágica a composição cênica, traduziu-se então numa das mais contundentes representações daquele ciclo, por assim dizer, de revisão acusatória do "passado judeu" e de sua "execução" revolucionária, no palco "implacável" desse Teatro Ídiche de Estado, e sob o seu gesto indigitado.

"Granóvski já havia montado uma tragédia, *Uriel Acosta*, e, embora a maior parte de sua obra cênica fosse composta de comédias e operetas, ele irá encontrar mais uma vez a inspiração trágica encenando um drama simbolista de Peretz, que o autor aliás não destinava à cena...", escreve Béatrice Picon-Vallin em seu estudo[9], tornando sua a afirmação de Granóvski, no programa russo do espetáculo: "O texto da *Noite* não foi escrito para o teatro, é mesmo uma obra que se situa fora do teatro."[10] Não se sabe de onde veio tanta certeza, uma vez que "até a sua morte (oito anos antes desta montagem), Peretz ansiou ver a sua obra no palco", lê-se numa recente e bem documentada história do teatro ídiche[11]. Também é fato conhecido que, além de se ter dedicado à literatura dramática e produzido várias peças, o autor nutria especial interesse pela arte cênica e pelo movimento teatral ídiche, para cuja elevação de nível artístico ele escrevera a sua dramaturgia. Mas, não bastassem tais elementos, poder-se-ia aduzir, em contraposição, o próprio texto de *Noite no Mercado Velho*. Com efeito, por que haveria o escritor de abrir o seu poema de quatro atos, com um prelúdio a cargo de um Diretor, um Contrarregra (com o caderno do cenário na mão), um Leitor, um Poeta, um Errante, e fechá-lo com um epílogo onde aparecem, com exceção da figura onírico-simbólica do Errante, as mesmas

8. W. Kerr, numa crítica publicada em abril de 1928, no *Berliner Tageblatt*, por ocasião da visita da trupe à capital alemã.
9. Béatrice Picon-Vallin, op. cit.,p. 107.
10. Ibidem.
11. Ibidem, p. 234.

personagens, com as mesmas funções dramáticas, ou seja: introduzir e encerrar o teatro no teatro?

No entanto, não é necessário grande esforço para compreender por que esta clara destinação cênica não é levada na devida conta pelo encenador do Goset. A questão não se restringe ao fato, como ele alega, de se tratar de uma escritura poética, frouxamente tramada, ao menos nos padrões de dramatização convencional, pois até Max Reinhardt, um dos expoentes da *mise-en-scène* europeia de então e mestre de Granóvski, sentira-se tentado a encená-la, considerando-a "raro espécime de peça simbolista-universalista", em outros termos, de vocação francamente teatral. Mas de que teatro?

Na verdade, o que Granóvski pretendeu colocar é que somente sua leitura, transformando aquilo que o autor subtitulara "sonho de uma noite febril" num "carnaval trágico"[12], poderia dar *status* teatral à peça. Ora, tal operação implicava, de um lado, desvincular o mundo projetado do delírio onírico do poeta ("– Quer dizer, que eu vi um de seus sonhos e é este que se vai representar. *Junta as coisas do* Errante. *Cortina.* – Segue-se *Primeiro Ato*"), como consta do texto peretziano, e apresentá-lo como visão direta de uma forma de vida essencialmente desnaturada, e por isso carnavalizada, isto é, de uma realidade objetiva de mortos-vivos; e, em consequência, de outro lado, o abandono do prólogo e do epílogo e o reordenamento da ação, em quatro atos. Granóvski o fez, dividindo a peça em duas partes, Mercado e Cemitério, com quinze cenas na primeira e dezesseis na segunda, numa sequência de cenários como "tomadas" de cinema, e concentrando o seu curso dramático em torno do *badkhan* (desdobrado em dois "festeiros", um lírico e outro dramático) e da massa, que adquiriam uma feição de personagem. O simbolismo poético daquele teatro no teatro convertia-se, sob a máscara mesma de um mistério tragigrotesco, no realismo crítico de um teatro político.

Visão radicalmente negativa de uma sociedade e de uma tradição que, encaradas exclusivamente sob o prisma das relações de interesse entre religião e dinheiro, se esquematizavam, despoetizando os simbolismos espectrais do drama peretziano, a alegoria cênica deste ajuste de contas dogmático se constituiu, não obstante, num espetáculo de impressionante vitalidade artística. Neste particular, houve pouca discrepância de opiniões. O desacordo da Ievsektsia (Seção Judaica) e dos que seguiam ortodoxamente a sua linha era de outra natureza. Censuravam a falta da menor alusão à saída que o processo revolucionário teria dado à situação histórica dramatizada – redução monocromática da verdadeira dialética da história e invalidação de um misticismo religioso por outra

12. "A bem dizer, não se pode considerar *Noite no Mercado Velho* como uma peça, com suas trezentas linhas de texto, ausência de tema central e constante mudança de cenas não ligadas entre si: é, antes, uma espécie de carnaval trágico." Ibidem.

mística, não menos irreal, a da negatividade. Críticos, como Lítvakov, julgavam que o Goset carregara nas tintas, apresentando um painel da vida judaica por demais torvo, com figuras excessivamente mutiladas, e cobravam, em nome do público soviético, uma presença mais explícita da positividade na função teatral. Restringi-la à aurora de um novo dia e às zombadas do *badkhan* era positivamente dar razão a quem, como Markov, elogiava a audácia da proposta, mas a considerava venenosa. Porém mesmo Lítvakov não alimentava dúvida de que "tudo de quanto o Iídischer Melukhe Teater fez questão em suas apresentações anteriores é levado nesta montagem a um ápice, a um rigor e a uma concisão monumentais". De fato, como diz Picon-Vallin, "este espetáculo é verdadeiramente a obra-prima de Granóvski, pois é aí que ele consegue a mais precisa concordância entre discurso, movimento e música. Tudo quanto foi elaborado nas encenações precedentes se alça aqui à sua perfeição limite de sobriedade e de concentração"[13].

Ao contrário do que prometia o programa do espetáculo, *Noite no Mercado Velho* não encerrou a incursão do Goset pelo universo do *schtetl* e de sua tipologia teatral. Nem seria fácil fazê-lo. Granóvski afinara de tal modo seus instrumentos de expressão deste repertório e harmonizara-os de forma tão peculiar que os transformara não só numa linguagem de interpretação como num estilo original. É certo, todavia, que diziam respeito àquele mundo específico representado naquelas peças. Substituí-lo não seria apenas uma questão de linha política, disposição psíquica ou postura artística. Importava mudar muito, se não tudo, daquilo que fora conquistado e incorporado em termos teatrais e estéticos. Ainda que o elenco e o seu diretor se distinguissem justamente pelo talento, versatilidade e atualidade dos interesses, engajar-se noutro projeto e renunciar à pesquisa vanguardista, cedendo às pressões sectárias, seria abandonar um trabalho em progresso, que estava obtendo reconhecimento artístico e de público.

Compreende-se, pois, que o Melukhe Teater retornasse a Goldfaden, mostrando em 1926 *O Décimo Mandamento*, numa adaptação feita por Dobrúchin, que introduziu flagrantes modernos no velho texto, a fim de compor e salientar mais agudamente a sátira e a denúncia, que visavam desde o antigo modo de vida até a burguesia judaica e o sionismo. Mas, assinale-se aqui, não só a retomada do alegre jogo parodístico com o musical goldfadeniano em registro reinhardtiano, isto é, a majoração da mistura de gêneros, canções e bailados por massas corais, movimentos de multidão e multicoloridos efeitos de luz, como em *Koldúnie*, mas também a sua intensificação polêmica, por contraste espalhafatoso e chocante, com os recursos do teatro de variedades, do café-concerto e das habilidades circenses. Eram os elementos de que o Excentrismo, em sua

13. Ibidem, p. 111.

campanha de revolução futurista-popular ("americanização") da arena teatral, fazia pregão e que encontravam rendimento certo na "opereta-panfleto" pretendida pelo Goset nesta exibição de suas "artes" em cena de tablado.

Se o *Décimo Mandamento* representava o tipo de peça que estava inteiramente na lógica do repertório e das formas cênicas desenvolvidas pelo teatro de Granóvski, foi sucedido por duas montagens que não tinham esta pertinência e traduziam sobretudo o esforço de abrir a programação do grupo ídiche aos temas contemporâneos. Uma, 137 *Casas de Crianças*, de A. Véviorke, tentava retematizar em contexto judio-soviético a denúncia gogoliana da impostura, mas o espetáculo estreado em abril de 1926 redundou em completo fracasso. A outra, uma leitura Granóvskiana de *Monsieur Le Trouhadec saisi par la débauche* (O Senhor Le Trouhadec Tomado pela Devassidão) de Jules Romains, trazia ao palco aspectos da vida moderna e, levada em ídiche com o título de *Trouhadec* (janeiro de 1927), fez jus a um lugar próprio nas realizações da companhia. Com música e canções de Leib Púlver e cenários de Altman, a peça converteu-se numa ritmada "opereta excêntrica", que mobilizava no *music-hall* e num visual hiperbólico os operadores de seu grotesco carregado de crítica social.

Mas a montagem para a qual convergiria a maturidade técnica e formal da companhia de comediantes do IMT, sob a direção de Granóvski, seria *Viagens de Benjamin III*, do romance de Mendele Mokher Sforim. Mais uma vez, em princípio, tinha-se a teatralização radical de uma obra referencial da literatura ídiche e agora tanto mais quanto o original nem sequer era um texto dramatúrgico e, sim, romanesco. Que a reescritura foi drástica, nem é preciso reiterar. O material narrativo sofreu aquele gênero de compressão verbal e estrutural que o reduzia, por assim dizer, à condição de um conjunto de "cenários". Embora distantes das esquematizações sumárias a serem preenchidas dramaticamente apenas pelo livre jogo da improvisação, como acontecia na *commedia dell'arte*, estes enquadramentos das viageiras tribulações de Benjamin e Sênderl implicavam a intervenção assumida do teatral e demandavam sua "ação" máxima em termos da corporeidade ("fisicalização") interpretativa dos atores e de invenção representativa da *mise-en-scène*. Entretanto, a celebração dos ritos metamórficos e teatrocêntricos ao gosto do "cenismo" Granóvskiano não iria propiciar aqui, de novo, os deuses satíricos do Goset, com a entrega paródica do "tradicional", sua vítima preferida, à "joco-gozosa" devoração carnavalizada do "velho".

De fato, o espetáculo marcou presença não só porque reforçava a relação do repertório com uma expressão, digamos, "nacional", na medida em que incorporava uma obra do "avô" da literatura ídiche moderna e um de seus "clássicos", ao lado de Scholem Aleikhem e I.L. Peretz, ambos já encenados pelo Goset. Um outro aspecto foi não menos ponderável. É o que se registrou na caracterização da peça como "epopeia em três atos". Era a promessa não só de uma narrativa qualquer como de um relato de algum modo heroico. Aí estava algo que não podia deixar de surpreender num palco como aquele que porfiava em pintar o *luftmentsch* como o típico judeu da "cidadezinha" e o seu modo de existência como o domínio da ignorância, do parasitismo e da alienação, sem o menor espaço para uma figura inteira, sob algum ângulo. Tudo em branco e preto, no traçado grotesco de uma ironia vitriólica e impiedosa, mesmo em seus momentos lúdicos de trauteante burlesco. Tripúdio cênico de um carnaval, ele só tinha lugar para a máscara e nunca para a personagem. E menos ainda para o herói.

No entanto, foi esta a feição que Benjamin acabou assumindo, na interpretação de Míkhoels, coadjuvada pelo trabalho de Získin no papel de Sênderl. Não que o teatro de Granóvski houvesse renunciado ao grafismo de suas representações tipológicas e estilizações cênicas, imperativos de seu estilo. Assim, no desenho dos dois quixotescos aventureiros de Mendele lançados nas pobres façanhas do homem do *schtetl* em seu mundo medíocre e provinciano, os caracteres de ambos eram exteriorizados plasticamente pelas linhas verticais de um e pelas horizontais do outro, numa clara consignação visual prévia do sentido e da função dos agentes principais da ação em curso. Mas, desta vez, a encenação não quis deter o olhar do espectador apenas na superfície de rápidos esboços e perfis. Como que em busca de uma dimensão que até então, salvo nos pendores simbolistas de primeira hora, pouco lhe interessara no seu modo de construir as *dramatis personae* e os significados dramáticos de seus procedimentos, impeliu a atuação para o mundo interior dos dois imaginativos viajores. Tornou-se possível, destarte, pelo aprofundamento psicológico de suas máscaras, rebater sobre o primeiro plano, sintético e satírico, um segundo, analítico, emotivo e épico, que deu especialmente à figura de Benjamin o feitio de um herói tragicômico.

O desempenho de Míkhoels, uma feliz incorporação de cálculo racional e expressão emocional, foi a chave desta personificação em que a palpitação do sublime da condição humana, seu voo poético e sua busca do ideal se fazem sentir na insignificância ridícula e feia de uma existência judaica parasitária e improdutiva. O resultado veio a ser um chaplinesco Benjamin, um lírico e esfarrapado sonhador do gueto, um pássaro de asas cortadas, que caminha porque não pode voar, para usar a imagem com que o próprio Míkhoels descreveu o seu papel.

A crítica ficou admirada. Era uma novidade que, sob certo aspecto, contrastava com o padrão circense e cabaretístico firmado pelo Goset. Falou-se em "jogo sentimental" e em "epopeia comovedora", como se a projeção heroica da personagem não pudesse nascer justamente da cisão e da energia diferencial entre sua pequena estatura externa (cômica) e sua imensa vitalidade interna (trágica na sua impotência), da dialética da complementaridade dos perfis e das proezas de Benjamim e Sênderl, tais como traduzidos estilisticamente na atuação e na cenografia pelo jogo das oposições conflitantes. Na verdade, ainda que no limiar de uma reviravolta no seu percurso, o Teatro Judeu de Estado apenas chegava, com esta realização, ao seu pleno amadurecimento artístico.

Viagens de Benjamin III, com adaptação e canções de I. Dobrúchin, música de L. Púlver, cenários e figurinos de R. Falk, teve a sua *première* em abril de 1927. O êxito do espetáculo foi extraordinário e, enquanto o Goset existiu, a peça constou de seu repertório. De fato, neste "poema" lírico-filosófico, com o seu típico humor judaico do "riso entre lágrimas", a arte do teatro ídiche moderno havia alcançado uma de suas realizações exemplares. Por outro lado, pelo menos numa visada em retrospecto, parecia constituir também, em seu contexto particular, um primeiro fruto significativo do processo de transformação de valores e práticas a que estava sendo submetida a cena soviética dos anos 1920 e dos novos rumos estético-ideológicos. Assim, no acento que imprimiu à relação Granóvski-Míkhoels, pôde-se ver uma importante sinalização da tendência para reinstalar a primazia do ator em detrimento do diretor e, com ela, a da palavra falada. Nesta perspectiva, estima Picon-Vallin, o IMT "volta ao indivíduo, abandonando o mundo [...] e parece confessar o malogro do judeu na Revolução, bem como a permanência do problema judeu [...] Os judeus abordam, como parece testemunhar este espetáculo, a fase do lento retorno à sua condição passada que, aliás, jamais cessou de estar em seu espírito"[14].

No plano da consciência imediata, porém, a questão se revestiu de outras formas, tanto para a direção quanto para o coletivo. A problematização do devir artístico da trupe podia implicar uma crise, mas não de volta ao passado, que continuava a ser recusado, e sim de avanço para um futuro, que era o ideal sancionado. O pressuposto não era que se encerrava, com o abandono da ironia e a negação contra toda a herança cultural, o período revolucionário do Goset, mas, ao contrário, que ele prosseguia e tomava novo alento, o exigido pela sociedade soviética em construção.

A força de convicção e militância desta projeção não pôde neutralizar perfeitamente o impacto de realidades e práticas que, sob a capa das contingências da luta socialista, a stalinização estava instaurando na vida cultural e artística. O dirigismo, a censura, o controle partidário do coletivo teatral na escolha das peças e nas diretrizes da encenação, em suma, a crescente falta de liberdade de criação, e não o alegado apoliticismo e formalismo ou, sequer, a resistência a uma nova dramaturgia (Bérg[u]elson, Peretz Márkisch e outros) e o apego aos temas esgotados de um mundo desfeito no passado são os fatores que levarão Granóvski a sentir o terreno fugir-lhe sob os pés. Percebeu que não havia mais clima para a sua arte, como expressão de valores universais e, menos ainda,

14. Ibidem, p. 151.

de uma especificidade judaica, mesmo porque o antissemitismo, ainda disfarçado, voltava a ameaçá-la. Parece até simbólico que sua última apresentação na Rússia, com o IMT, tenha sido "a opereta excêntrica" *Der Luftmentsch* (O Homem-Ar, 1928), uma montagem de textos de Scholem Aleikhem que, retomando o temário tradicional, retrata a condição desarraigada do judeu.

Aproveitando a excursão à Europa empreendida pelo elenco ídiche de Moscou, em abril de 1928, Granóvski desligou-se do Goset. E ele o fez justamente num momento em que seu teatro conquistava o reconhecimento da crítica e das plateias de alguns dos grandes centros do Ocidente. Alemanha, França, Bélgica e Áustria viram no estilo que desenvolvera e nos atores que educara uma realização original da arte dramática judaica, soviética e moderna.

No entanto, sua obra recebeu pouca atenção ou foi mesmo relegada a segundo plano inclusive por críticos, como Ripellino e Rudnítzki, a quem os estudos contemporâneos sobre a cena russa dos anos 1920 tanto devem. A grande exceção é a análise de Picon-Vallin de 1973, que, embora ainda marcada por um certo viés ideológico, lançou uma luz de resgate sobre o trabalho do diretor do Goset e sua contribuição inovadora. Sob este enfoque, é possível concluir que exatamente no espaço peculiar de seu palco e do gesto ídiche-judaico, Granóvski foi um dos interlocutores da modernidade teatral soviética, tendo levado a uma síntese própria a biomecânica meierholdiana e o espírito da *commedia dell'arte*, e tendo realizado, no dizer de L. Adler, "o tão buscado ideal dos anos 20 – a 'performance popular' em que a emoção era amalgamada com a forma; em que os elementos de música, fala, movimento e gesto eram parte de uma estrutura rítmica unificada"[15].

Fixando-se em Berlim, num meio teatral que lhe era familiar desde a mocidade e onde fizera seu aprendizado, o encenador logo teve acesso à ribalta alemã. No mesmo ano, colaborou com Toller no Lessingtheater, trabalhou a seguir na Piscatorbühne, com Gustav Hartung no Am Schiffbauerdamm e, como diretor, no Deutsches Theater de Reinhardt, em 1930. Nesta época, foi convidado pelo elenco do teatro hebraico Habima, que se encontrava então em Berlim, a montar a peça de Gútzkov, *Uriel Acosta*. Segundo os relatos, o espetáculo foi de grande beleza plástica e coreográfica, ainda que a interpretação tenha deixado a desejar, pois os primeiros papéis, nesta companhia regida então por princípios coletivistas, eram atribuídos em rodízio e Granóvski tivera de aceitar,

15. Lois Adler, op. cit.

para a figura principal, um ator que não lhe parecia adequado. De todo modo, o trabalho de conjunto e a qualidade da *mise-en-scène* se fizeram notar. Além da atividade teatral, o cinema também atraiu o interesse deste diretor. Já na Rússia, rodara *Iídische Glikn* (Venturas Judaicas, 1925) ou *Menákhem Mendl*. Na Alemanha, filmou *Das Lied von Leben* (A Canção da Vida, 1931) e *Die Köffer des Herrn O.F.* (A Mala do Senhor O.F., 1931); na França, para onde se transferiu em 1933, produziu *As Aventuras do Rei Pausolo* (1933), *Noites Moscovitas* (1934) e *Taras Bulba* (1936), os dois últimos com o grande ator francês Harry Bauer. Quando faleceu em 1937, o seu nome estava proscrito na União Soviética e sequer aparecia nas peças por ele dirigidas, que continuavam em cartaz no Goset.

No IMT, a decisão de voltar para Moscou correspondeu naturalmente aos sentimentos do *ensemble*. Mas a perda sofrida abalava-o em seus fundamentos. Desde a sua formação, durante mais de dez anos, fora dirigido somente por Granóvski. Sob a sua liderança é que se plasmara a identidade artística daquele teatro, seu estilo e técnica, seu repertório e visão de mundo. Compreende-se, pois, que o Goset estivesse desorientado e, para reencontrar-se, tivesse tido de percorrer um árduo caminho, semeado de riscos, nas condições da época e sobretudo para um grupo judeu.

Sob a condução de Míkhoels, o Iídischer Melukhe Teater ingressou em sua nova etapa. Basicamente realistas, pelo menos de início, peças de autores soviéticos de língua ídiche, como I. Dobrúchin (*O Julgamento*, 1929), D. Bérg[u]elson (*O Surdo*, 1930), P. Márkisch (*A Terra*, 1931) e M. Daniel (*Os Quatro Dias*, 1931), foram encenadas por Rádlov, Kaverin, ambos em colaboração com Míkhoels, que continuou atuando como principal intérprete, ao lado de Získin. Mas nem eles, atores da melhor qualidade, lograram salvar alguns dos espetáculos que tiveram de apresentar nesta linha, como aconteceu com *Midas ha-Din* (Justiça Estrita), adaptação do notável romance de Bérg[u]elson, e *O Especialista*, de Dobrúchin.

Houve críticos que atribuíram tais malogros ao tipo de teatro, sintético, excêntrico e cabaretístico, que os comediantes do Goset estavam acostumados a fazer e para o qual tinham sido treinados por Granóvski. Mas não deixavam de ter razão aqueles que, por seu turno, imputaram o fato à falta de efetiva força dramática dos textos, que não ofereceriam aos intérpretes a oportunidade de criações convincentes, mesmo porque artistas como Míkhoels e Získin, entre outros, já haviam demonstrado sobejamente a sua versatilidade. Que isto era verdade, ainda que uma parcela da questão correspondesse à mudança de orientação então em curso, seria visto a partir de 1934, quando o grupo se abriu para obras estrangeiras, como *Os Trinta Milhões de Gladiator*, de Labiche – que é apresentada em ídiche como *O Milionário, o Dentista e o Pobre* e é encenada pelo diretor francês Léon Moussinac, em 1934 – e o *Rei Lear*, de Shakespeare.

Assinada por S. Rádlov, esta última realização, assegura-nos Konstantin Rudnítzki, teria sido

> [...] um choque para a Moscou teatral, e difícil de explicar. Pois não só a magnífica atuação de Míkhoels [rei Lear] e Získin [o Bobo] extasiava e não só a forma original descoberta pelo artista [cenógrafo] A. Tíschler encantava, mas a direção era extremamente empolgante. Isso constituía algo deveras surpreendente [...] naquela época, nos anos 1930, ninguém julgaria [o diretor citado] capaz de causar surpresa ou espanto: fazia muito tempo que alguma obra sua se distinguira pela originalidade. Só agora, meio século depois, encontrou-se uma explicação para um enigma de há muito subsistente. Descobriu-se que a interpretação diretorial da peça foi criada em suas linhas básicas originais pelo maravilhoso diretor ucraniano Les Kurbas, um dos mais atrevidos inovadores teatrais dos anos 1920. Rádlov apenas completara e "assinara" a última obra de Kurbas[16].

De todo modo, quem conduziu a montagem soube aproveitar o jogo virtuosístico de teatralidade em que o elenco se adestrara na fase Granóvskiana para potencializar a arte da vivência trágica personificada. A força assim infundida ao drama shakespeariano trouxe ao Goset como conjunto e aos seus principais atores, individualmente, um triunfo memorável, tanto na União Soviética, quanto na Europa, por onde o grupo excursionou então. Gordon Craig, por exemplo, escreveu: "Desde o tempo de meu mestre, o grande Irving, não me lembro de um desempenho que me haja comovido tão profundamente quanto o de Míkhoels representando o rei Lear."

Shakespeare foi sucedido, no palco do Goset, por uma peça de Moische Kúlbak. *Boitre, o Bandido*, trazia à baila uma espécie de vingador judeu das injustiças de classe no tirânico reinado do tsar Nicolau I e, com sua montagem, o IMT tentava mostrar, disse Míkhoels numa entrevista, "o peso da miséria e do ódio das massas judaicas por seus opressores". Mas a matilha crítica não se deu por convencida, mesmo porque a temporada era de caça. Açulada sem dúvida

16. K. Rudnítzki, *Russian and Soviet Theater*: 1905-1932, Nova York: Harry N. Abrams, 1988, p. 107-108.

pela palavra de ordem do realismo socialista, lançada por Jdanov e Górki (1934), farejou em Míkhoels e Získin, no cenógrafo Tíschler, no autor do texto e na trupe como um todo pecados de formalismo, expressionismo, nacionalismo e pessimismo, expressos num repertório retrógrado, medieval, que deturpava e aleijava a figura do judeu, alheando-o à cultura proletária e socialista.

O furioso ladrar dos mastins indicava que a presa começava a ser encurralada e nem *Boitre, o Bandido*, ou outro herói-bandido de virtualidades revolucionárias judaicas poderiam livrá-la. O judeu, como grupo nacional e como identidade cultural, tornava-se inaceitável à sanha ideológica e política stalinista. Diabolizado como um princípio dissolvente e dissidente que, sob o nome de trotskismo, formalismo, vanguardismo, conspirava com o capitalismo e traía com todos os inimigos de classe o Estado soviético e o processo de instauração da ordem comunista, conduzidos pelo "guia genial". Por isso precisava ser, não exterminado fisicamente, porém "desenquistado" e excisado de suas particularidades chauvinistas e malsãs. Em 1935, exceto em Birobidjan, foi liquidada toda a rede escolar ídiche. Era um primeiro passo, pois a atividade na cultura e a produção de arte em ídiche prosseguiram, ainda que sob estrito controle partidário.

Na verdade, o que se foi delineando ao longo de mais de um decênio e se consumou em 1948 teve um desenvolvimento sinuoso em que não faltaram reversões aparentes, ditadas por razões de política interna ou externa e sobretudo pela guerra. Mas hoje é perceptível uma continuidade de propósitos a alimentar um projeto antissemita. Assim, não deve causar espanto que precisamente então o Goset fosse estimulado a apresentar textos judeus que lembrassem os Macabeus e Bar Kokhba. Tratava-se do mesmo apelo que levaria Eisenstein a *Alexandre Névski* em 1938 e que, "buscando temperar o aço" para o iminente confronto, foi o fermento de um *revival* nacionalista na criação literária e artística russas. A resposta de Míkhoels e sua companhia deu-se com duas obras de Goldfaden, *Schulâmis* (1937) e *Bar Kokhba* (1938). Baseadas em temas bíblicos e episódios da história judaica, ambas faziam gala de intenso romantismo siônico, uma com uma visão idílica e outra com uma pintura heroica da vida na antiguidade hebreia. De outra parte, era uma oportunidade de retomar um gênero no qual o Melukhe Teater primara e que lhe dera um lugar próprio no mundo teatral. Mais uma vez, graças ao caráter operístico das duas peças, com movimentação de massa ou de batalha, policromia cenográfica, sincronização coral e gestualização balética, pôde embevecer o público espectador com o exímio jogo cênico de seus comediantes e deslumbrá-lo com uma feérica montagem de espetáculo. Mas haveria de pagar caro por esta atrevida e reivindicadora exibição "judaica".

Percebendo logo que havia avançado o sinal, apressou-se a bater prudentemente em retirada e voltar ao cardápio prescrito. Para celebrar os vinte anos da conquista do poder pelo proletariado russo, o Goset preparou, em 1937, *Di Mischpókhe Ovadis* (A Família Ovadis), texto de Peretz Márkisch, que, nas palavras de Míkhoels, haveria de "revelar uma nova galeria de gente forte, heróis, que pela primeira vez [...] farão uma peça da maneira como uma peça deve ser", quer dizer, um retrato positivo da participação judaica na construção do "socialismo" na URSS. Nessa linha, focalizando o cenário atual da vida judio-soviética, encenou, nas temporadas subsequentes, *Dônia*, de L. Reznick, *Aarão Friedman*, de S. Halkin, *As Estepes Estão Ardendo*, de A. Véviorke. No fim de 1939, a trupe moscovita tornou a arrancar os aplausos de seus espectadores, agora numa abordagem pronunciadamente realista, com a adaptação da obra de Scholem Aleikhem, *Tévie der Mílkhiker* (Tévye, o Leiteiro), personagem que propiciou a Míkhoels a criação de um de seus maiores papéis no teatro ídiche.

É uma cintilação num apagar de luzes. Entre o pouco expressivo e o malogrado, começam a alongar-se as sombras da ribalta para a plateia do Goset, que, apesar de patéticos esforços em contrário, com alguns êxitos de permeio, vai mergulhando no ocaso. Teatro judeu, comprometido com a vanguarda estética dos anos 1920, já não tem amanhã. A estrela vermelha, que infundiu um novo brilho às pálidas "estrelas errantes"[17] do palco ídiche, mal consegue encobrir o poder das trevas. Tévye incorpora, quase simbolicamente, no seu drama, o drama da língua, da cultura e da arte da vida judaica na União Soviética.

O mundo em que o Goset tinha sua razão de ser, o da liberdade e da criação revolucionárias, estava em grande parte perdido, como estavam liquidadas ou reduzidas a silêncio muitas das vozes para as quais fazia sentido e que, de um ou de outro modo, compunham com ele o seu fórum de interlocução, como Mandelschtam, Bábel, Meierhold e tantos outros. Ainda assim, continuou a bater-se, sob a liderança de Míkhoels, para preservar as conquistas da renovação estética da cena, nos termos de Granóvski e Meierhold, defendendo a cultura corpóreo-plástica do ator, o "subtexto" gestual, o pensamento vivo que haure sua energia nas imagens da realidade e no recontro de seus opostos e do contraditório. Seu interesse pelas pesquisas da forma, embora entre na clandestinidade, não decai e se manifesta no vigor de sua luta contra todos os tipos de estereotipia, esclerose, mumificação e fossilização da expressão teatral. Ao mesmo tempo, procura não perder de vista os valores e a peculiaridade dos grupos nacionais, a tal ponto que, em 1941, quando o Goset é evacuado para Taschkent, põe a sua experiência a serviço do teatro Khamza, usbeque. De outra parte, também aí, numa atmosfera cultural totalmente alheia, sem o seu público, não interrompe a atividade criativa e o Iídischer Melukhe Teater encena *Olho*

17. *Blóndjende Schtern* (Estrelas Errantes), título de um romance de Scholem Aleikhem sobre a vida dos atores e das pequenas trupes judaicas que erravam pelas cidades e cidadezinhas da Europa Oriental.

por Olho, de Peretz Márkisch, sobre a ação dos guerrilheiros judeus na resistência à ocupação alemã. Não se restringiu, porém, ao plano artístico o papel de Míkhoels no combate ao nazismo, pois foi um dos principais integrantes do Comitê Antifascista Judaico de Moscou e, na qualidade de seu presidente, viajou para a América, com Ítzik Féfer, a fim de obter o apoio político da comunidade judio-americana e mobilizar a sua ajuda material.

Tão logo terminou a guerra, o Goset voltou a Moscou, retomando o ritmo do trabalho artístico. Dentre as novas montagens então planejadas, constava o texto de Bérg[u]elson, *Príncipe Reuveni*, sobre a tentativa pseudomessiânica de libertação do povo judeu ocorrida no século XVI. Com o mesmo espírito de afirmação judaica, mas transpondo-o para um gênero de espetáculo que tinha uma afinidade eletiva com o grupo, com as raízes de sua mestria e de sua linguagem, Míkhoels montou *Frêilakhs* (Alegro), em 1945. Ao anunciar esta produção, declarou:

> Nossa tarefa é mostrar que não se pode destruir um povo. Não importa o quanto possamos sangrar, prosseguiremos como povo e continuaremos a celebrar casamentos e a trazer filhos ao mundo. Nossa resposta será uma representação que terá o nome de *Frêilakhs* e que mostrará um casamento judeu. Um casamento é o laço da vida e a geração de filhos, o começo de uma nova vida.

Assim, reavivando a gaia bufonaria e a animação carnavalizada de inspiração Granóvskiana e folclórica, pôs em cena o ritual religioso e a alegre comemoração de um matrimônio tradicional judaico, com festeiros, músicos, danças e uma animada multidão de convidados. Mas tampouco aí esquecia a contraparte da exaltação jubilosa, ou seja, o lado doloroso e sombrio da existência humana, cenicamente desdobrado pela ação de dois *badkhónim*, um duplo do outro. Era o jogo da vida e da morte, numa desafiante defesa de um *éthos* ameaçado, que se constituiu no último sucesso do Iídischer Melukhe Teater de Moscou. Porém, diante do projeto antissemita em execução, essa afirmação de nada adiantou, como foram vãs as desesperadas representações do valor dos combatentes judeus, em *O Levante do Gueto*, de Peretz Márkisch, *O Sol Não se Põe*, de Ítzik Féfer, *Véspera de Feriado*, de Moische Bróderson, e *As Florestas Fazem Barulho*, de Grigorii Linkov e Aleksei Brat, a última encenação de Schlôime Míkhoels.

No inverno de 1948, Míkhoels e o crítico judeu Golúbov-Potápov foram chamados a Minsk para assistir a uma montagem local de ópera e considerar sua indicação para o Prêmio Stálin. Todo mundo sentia que Míkhoels corria perigo. Os atores judeus de Minsk revezavam-se pelos corredores do hotel, na esperança de protegê-lo. Aparentemente, Míkhoels recebeu um telefonema em seu quarto, de alguém que dizia ser seu velho amigo e que o convidava a um encontro em algum lugar. Se houve de fato um amigo assim, ninguém jamais soube. Mas na manhã seguinte o cadáver ensanguentado de Míkhoels, juntamente com o de Golúbov, foi encontrado perto do hotel. Estavam cobertos de neve. No funeral ninguém pôde aproximar-se o suficiente para olhar os corpos, mas murmurava-se que as unhas das mãos do ator revelavam sinais de que fora torturado antes de morrer.

Por um breve espaço de tempo Získin assumiu o lugar de Míkhoels como diretor e dirigente do grupo. Stálin determinou que o teatro não mais se intitulasse "de Estado" e cancelou os subsídios. Os atores deixaram de receber seus salários. Era impossível montar novas produções. Os judeus de Moscou conseguiram reunir uma pequena soma de dinheiro, bastante para algumas apresentações. Alguns dos organizadores da coleta foram para a Sibéria...

Em 1949, o último jornal ídiche da Rússia, *Einikait*, deixou de ser impresso. O Comitê Antifascista Judaico foi dissolvido. As portas do Iídischer Melukhe Teater foram trancadas, cenógrafos de outros teatros moscovitas vieram e repartiram entre si os cenários e os costumes.

Em 1950, B. Získin estava num hospital para ser operado. A polícia o tirou do leito e o deteve, carregando-o numa padiola, em sono profundo, dopado por medicamentos. Em 12 de agosto de 1952, o antigo *badkhan* amador e grande parceiro cômico de Míkhoels, a quem Chagall chamara de "tesouro de expressividade", foi fuzilado em companhia da maior parte dos escritores ídiches ainda vivos na União Soviética[18].

Caíra o pano sobre o Goset.

18. N. Sandrow, op. cit., p. 249-250.

10

A POLÔNIA ENTRE AS DUAS GUERRAS

UMA EXPLOSÃO CULTURAL DO ÍDICHE

No período compreendido entre as duas guerras, a criação intelectual e artística judaica teve, na Polônia, um de seus principais focos. O ídiche, em particular, distinguiu-se por uma vigorosa florescência literária, ramificada por quase todos os gêneros e em obras expressivas, que foi cortada em pleno viço pela chacina hitlerista. De um modo geral, sob o impacto das condições sociopolíticas e das correntes ideológicas que agitavam o cenário europeu e judaico, foi uma produção dominada, mesmo em suas buscas estéticas e em suas pesquisas formais, pela ideia de compromisso social com as massas e de resgate político de seus direitos, ao menos nos anos 1920. A seguir, na década imediatamente anterior à conflagração de 1939, ante as nuvens que se acumulavam na Polônia dos coronéis, na Hungria de Horthy, na Romênia dos guardas de ferro e na Alemanha das milícias pardas, onde a fobia antissemita assumia proporções sinistras, esta literatura pôs-se em guarda e, sem renunciar a seus envolvimentos em termos de ideologia e de arte, teve como fulcro significativo de seu discurso a resistência do judeu – indivíduo e coletividade – às ameaças de sufocação espiritual e extermínio físico.

VARSÓVIA

Não obstante, esta também foi uma fase em que as tendências modernistas e suas bandeiras de contestação irromperam, juntamente com uma nova geração, no processo literário ídiche na Europa Oriental. Em 1922, *Di Khaliastra* (O Bando) saiu à rua e, com a irreverência típica do vanguardismo, começou a pôr em xeque todos os valores consagrados da literatura ídiche, cuja maioridade estética se estabelecera com base no código culto e nos modelos de escritura europeus e onde os ideais da espiritualidade e os padrões do bom gosto artístico haviam reinado quase incontestes até então.

- *Passarela do gueto em Lodz. Quando o gueto do Lodz foi estabelecido, a linha de bonde não pôde ser desviada para contorná-lo. Três passarelas foram construídas. Judeus só podiam transitar pelas passarelas que dividiam o gueto. Lodz, Polônia, 1941.*

Não se tratava de um grupo como o do In Zikh, com uma proposta precisa do ponto de vista dos objetivos poéticos, elaborada em seus fundamentos filosóficos e definida em seus parâmetros críticos. Menos intelectualizadas, sua contestação dos padrões antiquados e sua reivindicação renovadora não assumem a forma de sofisticados e bem-ordenados discursos metapoéticos. Os rapazes de Varsóvia fazem ecoar sua declaração, ou, melhor, seu grito de presença, sobretudo como poesia-manifesto. Assim, proclamam pela voz de Peretz Márkisch, no primeiro número da revista do "Bando":

> Sobre a parede pedregosa da eternidade está cravada e sangra a eletrocabeça, cabeça de ferro, cabeça de fios de ferro desfeitos deste século vinte forjado no fogo.
>
> Terrificantes, seus gritos de dor se assemelham ao imenso clamor de queda das avalanches desprendendo-se das montanhas para cair no abismo.
>
> Selvagens, suas palavras e seus ecos que se agarram aos ares e se petrificam, carnes ensanguentadas sobre os lençóis das neves.
>
> Nos fios de nossas sobrancelhas estão suspensas rubras iluminações. Às nossas janelas, cruéis asilos, as noites se lamentam, com seus sinos arrancados, como ciganas estéreis que tenham roubado crianças.

Às portas de nossas cidades em ruínas ouvem-se martelar e tamborilar os milhões de passos das divisões mortas, rebeldes, surgindo dos quilômetros de campos de batalha com negros corvos nos berços vazios das lágrimas, e eles nos mandam cantar seu canto de insurreição.
– Então nós cantamos!

Nossa medida não é em absoluto a beleza, porém o horror, o revirar para dentro de nós mesmos tem igual necessidade e idêntico resultado, lógico e ilógico, que a humana evolução sofredora e desenfreada, que cada guerra e revolução, e nossos nervos foram escavados como trincheiras.

Os pensamentos e as sensações em nosso ser jorraram, antagonistas como as criaturas do caos babeliano ou os guerreiros cegos de milhares de campos opostos.

Nós lançamos um raide aéreo sobre os himalaias de nosso cérebro e ele foi arrasado.

Nós expedimos então para lá centenas de outros.

A cultura humana se exerce em milhares de experimentos terríveis no mundo exterior, mas no interior o espírito conhece experiências mais numerosas e mais perigosas, na própria natureza do trágico enigma humano.

Nós fizemos explodir a torre de 248 andares[1] dos verdes valeamentos, nós a mergulhamos na cratera Etna da alma humana e incrustamo-la no céu de nossos olhos:
– inquietude –

Sobre nossos corações nenhuma impressão de tinta ardeu e só estalaram os ziguezagues dos relâmpagos.

É assim que nós vamos dispersos, um por um e em conjunto, em bandos, em coortes anárquicas e em federações.

Nós desdobramos nossos crânios abarrotados e nós escalamos a montanha do cérebro, quais peregrinos cegos, a enlouquecer por este nascer do sol lá dentro que não é talvez senão um poente interior.

1. Número de partes componentes do corpo humano, segundo a anatomia tradicional judaica.

> E aí nós contemplamos novos continentes e nós prosseguimos no interior de um mundo ainda invisível e irrealizado.
>
> E nossos barcos são engolidos pelo furacão e pelo abismo.
>
> Nós havíamos orientado os olhos como os telescópios dos observatórios, nós os apontamos para dentro e nós nos impregnamos da música de nosso sistema planetário, e nós vagabundeamos pelas vias-lácteas nevadas de nosso céu interior.
>
> E aí o que balbuciamos nós?
>
> Pavorosos, os gritos de dor das avalanches despencantes que se perdem nos precipícios
> carnes ensanguentadas da demência sobre os lençóis da neve acordes retalhados da demência
> como golpeados pela loucura na terrível marcha da humana solidão.
>
> Tal é a língua do caos babeliano na torre explodida de nosso cérebro.
> Tal é o nosso canto
> e nós o cantamos.

É o clamor de uma juventude que testemunhou os horrores da guerra, com seu cortejo de destruição e morte. A esta projeção dilacerante une-se outra, não menos angustiosa, a da alienação do homem na megalópole moderna. Assombrado, o mundo parece abismar-se na negatividade: falência de crenças e de valores, desestruturação do sentido das coisas, sentimento de abandono e solidão.

Mas, para a Khaliastra, que está longe de um dadaísmo radical, há uma contrapartida de luz crepitante neste horizonte de sombras. Ela nasce não só do eu profundo, que é visto, pelos jovens rebeldes, como a fonte oculta da potência criadora do artista da nova geração e da expressão liberada de sua nova arte. Mais intenso, porém, que o halo do resgate da interioridade individual é o brilho da redenção coletiva da humanidade. Gerado nas entranhas do caos e das ruínas, o fogo do apocalipse ilumina as alturas utópicas da Revolução.

Esta visão não é, por certo, programática. Não deixa, porém, de ser indicativo o fato de que desde logo se encontrem nas páginas deste "almanaque" de combate vanguardista jovens poetas, prosadores e artistas plásticos, não só da Polônia, como dos Estados Unidos e da União Soviética, numa demonstração pelo menos estética, se não política, de um estado de espírito e de uma aspiração comum no tocante a uma modernidade judaica. Efetivamente, como

- *Seleção de judeus na plataforma de Auschwitz. Polônia, primavera de 1944 (no alto).*
- *Chegada de judeus húngaros a Auschwitz, Polônia, primavera de 1944. Mais de 437.000 judeus húngaros foram deportados para Auschwitz entre 14 de maio e 8 de julho de 1944 (embaixo).*

relata Rachel Erter[2], uma vez ecoado o brado de Peretz Márkisch: "Rapazes! Nós vamos publicar uma revista – uma revista de hoje; não, de amanhã; não, de depois de amanhã!", aos três mosqueteiros fundadores, Uri Tzvi Grinberg (1894-1981), Peretz Márkisch[3], Mélekh Rávitch (1893-1976), que eram na realidade quatro com I.I. Singer (1893-1944), como convinha a uma bela aventura romântica, juntaram-se, entre muitos outros, Chagall, Opatóschu, Lêivick, Leyeles, Hófschtein e Bróderson.

Bem menos mobilizador apresenta-se o segundo número de *Khaliastra*, que só veio a público dois anos depois (1924), em Paris. Seu índice de matérias concentra-se nos nomes de Peretz Márkisch, Ôizer Warschávski, Marc Chagall e Paolo Buzzi, "um poeta e prosador italiano muito conhecido, na primeira linha do movimento futurista... adepto do 'verso livre' na Itália", esclarece a nota de redação que acompanha os textos traduzidos. De todo modo, apesar de assinalar relações, os versos incluídos não oferecem maior novidade, justificando-se fundamentalmente por sua prosódia livre e audaciosa e por sua imagística violenta e mórbida, que pontua atrações temáticas dos poetas do "bando": corrupção-sanidade, alienação, clausura e morte. Este registro alto, tanto no repertório quanto na retórica, também retine em *Albatroz*, a revista que Uri Tzvi Grinberg editou em Berlim e que deu prosseguimento à ação perturbadora da *Khaliastra*. Já na "Proclamação" seguida pelo "Manifesto aos Inimigos da Nova Escritura", lê-se: "Toda uma geração tem a garganta ensanguentada, tem o espírito em fúria." Convulsão, tormenta, revolução soam em cada sentença, anunciando uma nova era do "homem-mundo" e do reinado messiânico da máquina.

Marcadamente expressionistas, mas trazendo também registros do futurismo italiano e do cubofuturismo russo, os "pés-rapados" exigiam que a criação poética ídiche despisse as roupas domingueiras e sabáticas:

> [...]
> Nós somos um bando de vagabundos sem fé e sem lei
> aos ventos jogamos nossas togas
> e sobre nossas frontes explode
> o signo de Caim-Abel está enterrado
> e o mundo despencando pela encosta
> está mortificado e cheio de terror.
>
> Sim, sim, é verdade que nós somos uns bandalhos
> e nós não queremos carregar o globo

2. Khaliastra et la modernité européene, *Khaliastra, "La bande", Revue littéraire*, Varsóvia/Paris: Lachenal & Ritter, 1989.
3. Sobre este poeta, ver supra, p. 292.

sobre as nossas costas já extenuadas.
Tirai vossas roupas de sábado e domingo!
E, se as mulheres nos veem nus, que importa,
depois que todas beijaram todos os nossos membros.

– proclama acintosamente Uri Tzvi Grinberg em "O Mundo na Encosta"... da *Khaliastra*. Pouco antes, os "sofrimentos do mundo" expostos cruamente em purulentas chagas sociais levavam Peretz Márkisch a indagar à viva voz:

Eh, mulheres com pintas de tifo manchadas
com ancinhos de dedos sobre outonais cabeças doridas
– Multiplicaram-se? Frutificaram? Quantas vezes cada?
Em prostíbulos? No assoalho?
No estábulo? Nas estações de trem?
Em bueiros, como cadelas? Quantas vezes cada?
Eis que vem um trem feito um caixão
para dentro da terra.
Já para o telhado! Levantem as pernas como chaminés![4]

Convertida, pois, em "livre rapariga da rua", esta produção passou a "cuspir sobre a estética". "Anti" na estética e na lírica, quis entrar pelos olhos das brutais realidades humanas e sociais que o cataclismo bélico e a barbárie da "civilização" revelaram à juventude. Mas foi precisamente por este lado que a vanguarda ídiche acabou por confluir com a corrente naturalista que, ainda antes de 1914, começara a tirar a roupa das convenções e conveniências burguesas com o objetivo de transformar a literatura em instrumento de desmistificação da sociedade e panfleto de protesto social.

Foi I.M. Váissenberg (1881-1938) que desvendou subitamente, em meio à beatífica congregação hassídica de Peretz e da então idílica comunidade-*schtetl* de Asch, uma outra *Cidadezinha* (*Dos Schtetl*, 1906), fervilhante e revoltada, *a pólis* do *grober iung*, o "grosso" e ignorantão. Aos murros e pontapés, este brutamontes romântico-naturalista (ainda que o seu criador pouco soubesse de uma e de outra coisa), como em *A Tate Mit Bonim* (Um Pai Com Filhos), mistura de trabalhador e desclassificado, com instinto de animal e alma de criança, abateu-se sobre a requintada tipologia literária reinante no início do século, protestando, em seu rude palavreado e modos de campônio, contra as elucubrações da *intelligentsia* rebuscada e exaltando, *Dor Oilekh, Dor Bo* (Geração Vai, Geração Vem, 1904), a energia primitiva das camadas mais simples e

4. Poema sem título, 1920.

populares do mundo judeu da Europa Oriental – os *proste* (rústicos) açougueiros e carregadores, carroceiros e trabalhadores braçais.

A explosão desta "gentalha" no palco literário encontrou logo eco na "Rua Kola" de Asch, nos *Schklover Iídn* (Judeus de Schklov) de Zálman Schneour (1887-1959), no *Romance de um Ladrão de Cavalos* de Opatóschu e, sob o clima de contestação social e artística do após Primeira Guerra Mundial, em vários romancistas jovens influenciados não só pelo "bando" expressionista, como diretamente por Váissenberg. Sem perder o seu feitio fortemente localizado, isto é, judio-polonês, ucraniano etc., em detrimento de uma representação generalizadora do provinciano ou leste-europeu, por exemplo, mas purgando-o do pitoresco fácil no colorido e no sotaque, bem como da idealização indiscriminada, acrítica, de seu primitivismo instintivo e de seus músculos éticos, reforçando-o do ponto de vista "documental" com elementos da modernidade na técnica narrativa e na linguagem, estes novos autores devem ser incluídos, como o romance do Nordeste brasileiro, na corrente do regionalismo reivindicatório, de que foram o braço ídiche. Um deles, Ôizer Warschávski (1898-1944), ganhou renome com *Schmuglers* (Contrabandistas, 1920), em que focaliza, através da decadência do *schtetl*, setores do *lumpenproletariat* e do submundo em sua luta pela sobrevivência. O romance marcou época e fez escola pela transcrição fonética da gíria e pelo desenho semigrotesco das figuras dessa meia ralé, que não é todavia inteiramente despida de dignidade e de uma ordem de valores específica. Na mesma linha, porém com maior abertura na objetiva temática e estilização mais elaborada, *Farplônterte Vegn oder Zvischn di Khurves fun Iídischn Lebn* (Caminhos Emaranhados ou Entre as Ruínas da Vida Judaica, 1931) e *Zumpf* (Pântano), de Schímen Horôntschik, já colocam o anti-herói consciente no plano das ideias e da moral. O traço panfletário, que a zoada do "bando" lhe imprime, desaparece nas produções ulteriores do mesmo autor: *In G[u]eroisch fun Maschinen* (No Barulho das Máquinas, 1930) e *Dos Hoiz Oifn Barg* (A Casa Sobre a Montanha, 1931), onde o aprofundamento psicológico e o acabamento artístico das personagens são acompanhados de uma inserção histórico-social mais pertinente. Cabe relacionar ainda à tendência a produção de Físchel Bimko (1890-1946). Como narrador, estreou em 1912 com a publicação do relato *Aveire* (Transgressão) e, como dramaturgo, dois anos depois, em 1914, com a encenação da peça *Oifn Breg fun Vaisel* (À Margem do Vístula). Mas foi em *Ganóvim* (Ladrões, 1921), focalização dramática dos espaços "marginais" da vida social judaica na Polônia, que o forte realismo de Bimko causou maior impacto. Anos mais tarde, nos Estados Unidos, para onde emigrara, também teve destaque, no teatro ídiche, seu quadro sobre o *East Side* judio-nova-iorquino (1938).

Não foi apenas nestes três autores, ou em vários outros de orientação análoga, que se manifestou a repulsa ao código alto do discurso literário e a atração pela expressividade crua que caracterizaram boa parte da geração. Mesmo os que estavam longe de todo enaltecimento programático da "ralé" e de suas más-criações dialetais os adotaram nesta fase, retendo influências suas posteriormente, pois neles calava não apenas uma voga artística, mas o surdo clamor de um mundo que se esvaíra numa carnificina atroz, absurda, e que agora jazia sem crença nem valores, cética ou cinicamente entregue a seu próprio vazio e desencontro.

A nota de desespero já soara, aliás, de uma forma mais sutil em Iôine Rosenfeld (1880-1944). Órfão muito cedo, sua infância e adolescência foram de penúria e sofrimento. Durante dez anos trabalhou como carpinteiro. Estimulado por I.L. Peretz, a quem submetera alguns esboços, começou a escrever ficção com regularidade, estreando na imprensa em 1904. Seus relatos, bem como sua primeira narrativa longa, *In der Schtil* (Na Quietude, 1912), fixavam a atmosfera asfixiante de negra miséria e opressão em que viviam os estratos judeus proletários e proletarizados. Mas sua obra de contista e novelista desenvolveu-se principalmente sob o signo da psicologia patológica e de uma angústia que a tudo invade. O terror, a loucura, os maus presságios, o poder destruidor das obsessões eróticas assediam as suas figuras, condenando-as a uma irrevogável e intransponível solidão. Como em *Concorrentes*, uma de suas narrativas mais célebres, o contexto significativo e valorativo do meio quase desaparece e a criatura fica a sós com seus fantasmas e sua impotência. Rosenfeld chegou ao limiar da angústia existencial de nosso tempo.

O pessimismo, uma espécie de pressentimento sombrio e um grito de horror trágico, de vibração expressionista sobre um fundo racional, mas contido em tenso realismo, marcam inclusive o talento épico de maior fôlego na literatura ídiche na Polônia entre as duas conflagrações. I.I. Singer é bem um romancista de seu tempo, embora seu temário se abra largamente no tempo e abranja vários tempos da vida judaica. Neste espaço ficcional, uma emboscada do destino está sempre à espreita da empreitada humana. Decadência e ruína, abandono e solidão são o desfecho de suas construções mais ambiciosas, sejam elas as de *Iosche Kalb* (1932), na sua busca de penitência através dos meios pietistas do hassidismo, sejam as dos *Bríder Aschkenázi* (Irmãos Aschkenázi, 1936), na sua saga de fundadores de um império industrial... sobre a areia, ou as de *Khaver Nákhman* (Camarada Nákhman, 1938), na sua luta revolucionária por uma causa... que o trai, ou ainda as da *Família Karnóvski* (1943), em sua descida, de geração em geração, para o mundo ensandecido sobre o qual vai-se estendendo a sombra de Hitler. O espectro trágico de nossa época é uma presença obsessiva que assombra a obra de Singer, e não apenas em suas narrativas de maior alento. Seus numerosos relatos curtos também abrigam o frêmito dramático que esta presença inspira. Talvez por isso mesmo tenha conseguido reformular alguns de seus principais textos romanescos em dramas tão eficazes no palco e que alcançaram tanto êxito, como foi o caso de *Iosche Kalb* e *Irmãos Aschkenázi*.

- *Combatentes judeus aprisionados no levante do gueto de Varsóvia, de 19 de abril a 16 de maio de 1943 (no alto).*

Em I. Bashevis Singer, autor de *Família Moskat* (1950), um amplo painel ficcional de três gerações de vida judio-polonesa, mas sobretudo nos relatos como *Sotn in Gorei* (Satã em Gorai, 1935) e *G[u]ímpel, o Tolo*, o mesmo elemento da perplexidade e descrença leva, não ao trágico, mas ao grotesco. A vida e os valores do mundo tradicional e devoto são vistos sob o prisma patológico e anormal. Ficam endemoninhados. Possuídos, tomados de furor, põem-se a rodopiar, com trejeitos e esgares, num sabá de sortilégios e de feitiços, expondo as paixões e as dúvidas que os atormentam. Na intricada tessitura do sentimento religioso, Bashevis Singer projeta uma luz oblíqua de visão moderna e estranhadora, dividindo-o e tornando-o grotesco por esta "revelação" que o esvazia e o recompõe amarga e ceticamente.

Mas nem tudo é fel na criação literária ídiche na Polônia. Embora depois da Hecatombe se tenha tornado o poeta de *Nischtó* (Não Há) e de *Treblinka*, Zúsman Segalóvitch (1884-1949) fora anteriormente um autor muito popular não só por seus versos como por seus romances de tom poético e sentimental, com elementos de exotismo impregnados de natureza e campo. *Romántische Iorn* (Anos Românticos, 1923), uma trilogia autobiográfica, e *Di Bríder Nézar* (Os Irmãos Nézar, 1929) são narrativas suas que tiveram grande número de leitores em ídiche e foram inclusive traduzidas para o polonês. Escritas com uma arte requintada e nuançada por subtons decadentes, a propensão lírica une-se às vezes, em Segalóvitch, a um espírito de resistência judaica e algumas de suas obras, como *Êibik Ainzam* (Eternamente Só, 1925) e *Dos Anarkístische Meidl* (A Jovem Anarquista, 1926), ainda mantêm seus encantos para o leitor de hoje.

Poeta, contista, dramaturgo e ensaísta, Álter Katzisne (1885-1941) começou sua produção literária sob a aura da *folkstimlikhait* – o *éthos* popular – do relato peretziano, da *anima* místico-ética do simbolismo russo e da poesia polonesa moderna. Ligado a An-Ski, cuidou da edição póstuma de suas obras completas, dando inclusive remate a *Tog un Nakht* (Dia e Noite), um texto dramático que iria figurar com destaque no repertório do teatro ídiche e que o autor de *O Dibuk* deixara incompleto. Katzisne escreveu baladas populares, histórias mesclando elementos realistas e místicos, *Arabeskn* (1922), além de uma narrativa romanesca, *Schtarke un Schvakhe* (Fortes e Fracos, em dois volumes, publicação póstuma de 1954) e dramas históricos: *Dúkus* (O Duque, 1926), sobre um semilendário fidalgo de Vilna converso ao judaísmo; *Herodes* (1926); *Dem Iídns Opera* (A Ópera do Judeu, 1937), sobre a vida do dramaturgo cristão-novo brasileiro Antônio José da Silva, cujo *leitmotiv* aparece nos versos que fecham esta ópera:

> Pois da fúria e do sangue há de se erguer
> uma geração sadia e liberta,
> e o homem então entenderá por si
> o que não se pode e o que se pode...

Ioschúa Perl (1888-1943), morto pelos nazistas, foi como narrador uma das melhores forças da nova prosa. Se bem que inspirado por Asch e pelos enquadramentos coletivizantes de seu tempo, chegou em sua ficção a uma escritura muito pessoal. Poeta das vicissitudes do cotidiano, em seus romances e novelas, como *Iídn fun a Gantz Ior* (Judeus do Ano Inteiro [ou do Dia a dia], 1935) e *Di Gôldene Pave* (O Pavão de Ouro), o lirismo do universo íntimo se sobrepõe à épica dos choques e das contradições sociais.

Efraim Kaganóvski (1893-1958) trouxe, para a nova escritura novelística ídiche, matizes do impressionismo franco-vienense e procedimentos colhidos em Maupassant, Tchékhov e Schnitzler. Filho de gente muito pobre e criado em ambiente da mais negra miséria judio-varsoviana, a arte de seus relatos no entanto é feita de requintes de sensibilidade em toques de pintor. Manchas de cor e traços fugazes compõem seu paisagismo miniaturesco da Varsóvia judia. Extremamente pessoal, não se filiou a quaisquer linhas de compromisso coletivo na literatura, embora fosse um ativo defensor de ideias progressistas. *Mêidlakh* (Moças) é uma de suas primeiras coletâneas de histórias e põe em relevo a importância do tema erótico na obra deste autor. Publicados na maior parte em jornais ídiches, seus contos foram reunidos em livros como *Tírn-Fênster* (Portas--Janelas, 1921), *Laib un Lebn* (Corpo e Vida, 1928) e *Figurn* (Figuras, 1937).

Merecem menção ainda: M. Burschtin (1897-1945), pelos anseios coletivos de realização e produtivização que externou em *Goirl* (Destino, 1936) e em *Bai di Taikhn fun Mazóvie* (Junto aos Rios da Mazóvia, 1937), painéis romanescos de amplas dimensões, num estilo que orquestra verdadeiros concertos verbais; e Leib Ráschkin (1904-morto pelos alemães), cujo *roman-fleuve*, *Di Mentschn fun Goldbojitz* (A Gente de Goldbojitz), representa uma prospecção sócio-antropológica num organismo então cheio de vida e efervescência: o judaísmo polonês dos anos de 1930, em sua luta interna e externa para sobreviver.

Em conjunto com as várias modalidades de relatos de ficção, a elaboração ídiche no cantão judio-polonês apresentou também, no mesmo período, rica e variada messe poética e dramatúrgica. Aliás, grande parte dos autores contribuía para os três gêneros, como já se fez ver.

De particular vulto é o trabalho na poesia. O sopro renovador não se extinguiu aí, após a Khaliastra. Mais ou menos radical, absorvido numa gama muito ampla de tendências ou preferências individuais e/ou grupais, é um labor cujo alento e cuja pulsação podem ser detectados e pertencem aos fatores que introduzem uma diferença na arte e na obra dos poetas.

Ítzkhak Katzenélson. Uma encarnação destacada do bilinguismo ídiche-hebraico da criação literária judaica na Polônia foi Ítzkhak Katznélson (1886 – morto em Auschwitz em 1944). Seu nome pertence às duas literaturas. Começou a escrever muito jovem, em ambos os idiomas, e ganhou notoriedade com suas obras dramáticas, entre as quais o poema *Ha-Navi* (O Profeta, 1922) teve particular relevo. Em Lodz, onde viveu até a deflagração da Segunda Guerra Mundial, dirigiu um ginásio secular hebraico-polonês e participou ativamente da vida política judaica e do movimento literário e teatral em ídiche (Iung Iídisch) e hebraico. Sua poesia, de cunho emotivo e popular, foi muito lida e musicada; suas peças, comédias e dramas, figuraram no repertório das melhores companhias de teatro judeu e os textos baseados nas passagens bíblicas e históricas da trajetória judaica foram e continuaram sendo apresentados nos espetáculos escolares e de teatro infantil em Israel e fora. "Líder fun Kelt" (Canções do Frio), "Líder fun Húng[u]er" (Canções da Fome) e "Klole Líder" (Canções de Maldição) pertencem ao ciclo das composições em ídiche que enfeixam as vivências no gueto varsoviano.

> Vem, querida, vamos para a rua, morrer
> nas ruas sobre as calçadas duras,
> leva os nossos filhos, tão pálidos.
> Leva o mais velho, leva também o do meio,
> o terceiro – ele é ainda muito novo.
> Ele conseguirá, porém, como um judeu adulto,
> morrer de fome no meio da rua.
>
> [Canções da Fome, 28 de maio de 1941]

Mas Katznélson imortalizou-se com "Dos Lid fun Oisg[u]éarg[u]etn Iídischn Folk" (O Canto do Assassinado Povo Judeu). Escrita em ídiche e encontrada ao pé de uma árvore, no campo de concentração de Vitel, na França, onde o autor fora internado depois de escapar do Gueto de Varsóvia, é esta uma das páginas mais patéticas da literatura do Holocausto. Poema-testemunho, poema-grito, poema-visão, o absurdo trágico do destino coletivo desata em seus versos o clamor *in extremis* de um profeta bíblico:

> Clamai da areia, debaixo de cada pedra,
> clamai do pó, de todas as labaredas,
> de todas as fumaças!
> É vosso sangue seiva, medula de vossos ossos,
> é vossa carne e vida – gritai bem alto, para que vos ouçam!
> Das entranhas das feras nas florestas e dos peixes dos rios,
> gritai – que vos devoraram!

Gritai dos fornos cremáticos! Vosso clamor quero ouvir,
vossa voz, vosso gemido de dor...
Gritai, ó assassinado povo judeu! Gritai, gritai, bem alto![5]

Uri Tzvi Grinberg. Dentre os poetas que surgiram na dupla via linguística do fazer literário judeu e do seu processamento no contexto polonês dos anos vinte, Uri Tzvi Grinberg destaca-se como um dos mais vigorosos e polêmicos. Não é o que prenunciava seu início ídiche ou hebraico com um estilo lírico e delicado, uma sensibilidade terna a descrever meigas paisagens (*Érg[u]etz Oif Félder* [Algures nos Campos], 1915). Mas conscrito do exército austro-húngaro, enviado ao *front* sérvio, de onde desertou em 1917, e tendo testemunhado uma cruel sucessão de pogroms polacos contra indefesas congregações de judeus, sua visão do homem e do mundo carrega-se nas tintas. Tanto mais quanto sua revolta começa a ser energizada pelo vanguardismo artístico. Sob o impacto da corrente expressionista, o sentimento da presença do sagrado, que persiste ainda em muitos poemas religiosos de *In Tzaitn Roisch* (No Rumor dos Tempos, 1919) e de *Farnákhtngold* (Ouro de Crepúsculos, 1921), inverte-se, num primeiro assomo de negativismo radical, na onipresença diabólica. Na verdade, a espalhafatosa rebeldia artística que tem em Uri Tzvi Grinberg um de seus líderes não é para ele – como aliás para os outros cabeças do movimento – apenas uma simples questão de contestação ao convencionalismo reinante na arte judaica ou de implantação de formas modernistas de expressão estética. "Mãe, viemos de uma terra sem amor / de uma terra onde Deus está ausente", são os versos que abrem o seu poema na *Khaliastra*, a cuja razão de ser poderiam aliás servir de epígrafe, assim como à da *Albatroz*. É um *leitmotiv* também visível nas duas composições que o poeta publicou em 1921: *Krig Oif der Erd* (Guerra Sobre a Terra) e *Mefisto*. Em ambos, a carga expressionista e seu arrebatamento retórico, inflado às vezes de grandiloquência a título de atrevimento e sinceridade autoexpressiva, correspondem – por sobre a licença modernista para as estripulias da "rapaziada" – a uma busca e, mais ainda, a uma necessidade de encontrar um efetivo fundamento, na vida e na arte, para a condição individual e coletiva do ser judeu e ser homem, por antinômico e abismal que fosse.

[...]
Flameja, cérebro,
flameja,
ferve, sangue,
ó frenesi.

5. Tradução de Ester Feldman e Geir Campos. *Quatro Mil Anos de Poesia*, São Paulo: Perspectiva, 1969.

Ouro em peças... Bravo por teu canto prima-dona,
Mundus vult decipi ergo decipiatur[6].
Garçom! Traga depressa um vinho espumante, a champanha tem
[a virtude de ser um perfume do nirvana,
e eu vejo as faces repugnantes dos dias comuns,
novos e tais como eu quero vê-los numa visão futurista.

Triste de tédio o neon, tristes os músicos,
triste o grande Pã pois sua floresta é eternamente verde,
triste a rainha Vênus, pois a seus pés se estende
o Amor em camisa azul que treme como um luar.

Tédio, tédio, poemas d'água, xaropes e sentimentos,
rimas, primas, amor, tambor, coração, aflição, que sei eu mais,
filha, mantilha, madre, padre, pecador, falseador e cão saqueador:
até o fastio todas as preces, as lágrimas tremulantes,
o guincho das homílias sobre a sorte e a fatalidade
Salve mundo novo, uma vez mais a gênese.
Marcha um novo poeta-Mefisto, cor de bílis,
que de seu frenesi traz em feixe os primeiros botões,
e a orquestra toca à maravilha, uma primavera no coração do inverno
e o poeta canta em seguida: *mundus vult decipi*.

Este impulso e esta demanda irão compor-se na força profética que, em *Málkhus fun Tzelem* (No Reino da Cruz, 1922) e, mais tarde, em *Sefer ha-Kitrug ve-ha-Emuná* (Livro da Denúncia e da Fé, 1936, em ídiche), converterá a poesia de Uri Tzvi Grinberg – com o pessimismo de um Jeremias e a indignação de um Isaías – num impressionante grito de advertência sobre a iminência da hecatombe.

Uma floresta negra tão densa cresce aqui na planície,
vales tão fundos de agonia e terror na Europa.
As árvores têm sombrias-selvagens, sombrias-selvagens cabeças
[doridas.
Dos ramos pendem os mortos com suas feridas ainda sangrantes.
(Todos os cadáveres celestes têm rostos argênteos
e luas derramam óleo tão áureo sobre as mentes –)
Quando lá se grita de dor, a voz é uma pedra caída dentro d'água
e a prece feita pelos corpos são lágrimas vertidas no abismo.

Eu sou a coruja, a ave do lamento, da floresta do tormento na Europa.
Nos vales da aflição e do pavor de cegas meias-noites debaixo de cruzes.

6. Em latim no texto: "O mundo quer ser enganado, enganêmo-lo então"...

Eu ergueria um lamento fraterno ao povo árabe da Ásia:
Venham conduzir-nos ao deserto, tão pobres como somos!
Mas as minhas ovelhas têm medo pois a meia-lua deita-se
como uma foice na minha garganta –.
Lamento-me, pois, assim à toa, de pavor coração-do-mundo na Europa
e com pescoços estendidos jaz a ovelhinha na terra da dor –.
Cospe o seu sangue sobre as cruzes ferida-do-mundo na Europa –.
(Sacudam, velhos, sacudam, moços, com as cabeças aguadas na
[floresta da aflição.)

Dois mil anos aqui no abismo sob as árvore queima um silêncio.
Um tal veneno que se encontra e se concentra no abismo – e eu não sei
qual é a questão: dois mil anos dura a sangria, perdura o silêncio
e nenhuma boca cuspiu ainda de seu palato o peçonhento cuspe.
E nos livros estão escritos todos *os mortos pelas mãos dos gentios*,
mas a *resposta* não está lá, *a nossa* resposta pelos mortos.

Tão grande já é a floresta da aflição e as árvores têm cabeças doridas
sombrias-selvagens;
que terror quando a lua vem dar uma espiada!
Quando lá se grita de dor, a voz é uma pedra caída dentro d'água
e o sangrar dos corpos é como orvalho no mar oceano –.

Grande Europa! Reino da Cruz!

O processo pelo qual a inspiração do poeta vai se crispando e a sua voz, em tons whitmanianos, vai se alteando epicamente, acentua-se principalmente depois que, em 1924, ele emigra para a Palestina e passa a escrever somente em hebraico, na busca de uma "décima musa", liberta da arte greco-apolínea e, "Anacreonte Sobre o Polo da Melancolia", entregue à embriaguez extática, à contemplação profetícia de um pioneirismo messiânico em Israel. Seguem-se os anos em que, na linha de seu manifesto de 1928, "Contra os Noventa e Nove" "cidadãos-escritores" de uma "Literatura dos Talentos", "melancólicos estetas espirrando com o aroma dos lilases ao crepúsculo", seu ativismo ultranacionalista e seu profetismo expressionista saem em "missão nacional", empenhados numa poesia "dos Destinos", que pretende incorporar à fala da tribo "uma resposta saída do sangue", um brado nascido do "princípio dinâmico de Israel". Na verdade, as vicissitudes da grei se fazem um *cri de coeur* do poeta que conclama o seu povo a retornar do Ocidente, onde nada mais lhe resta a fazer e só ameaças funestas o espreitam. O martírio do judaísmo europeu arranca de Grinberg um clamor elegíaco que é dos mais poderosos da poesia hebraica moderna. O sublime e o patético dominam sua impostação em obras como *Rekhovot ha-Naar* (Ruas do Rio, 1951). Posteriormente reverteu a si mesmo e as suas origens puramente líricas, mas com um vigor e poder de renovação que surpreendem e o colocam, mais uma vez, entre as forças mais autênticas e expressivas da criação poética judaica deste século.

Mélekh Rávitch. Não obstante a diversidade de seus escritos, que abrangem ensaios filosóficos, estudos críticos, relatos autobiográficos e cadernos de viagem, Mélekh Rávitch teve na poesia o seu veículo congenial. As estrofes melancólicas, sentimentais, cheias de pesar pelo mundo e de amor pela humanidade, de *Oif der Schvel* (No Limiar, 1912) foram o umbral de uma viagem poética que, estendendo-se pelas plagas do Ocidente e do Oriente, percorreu uma dezena e meia de volumes de versos e inscreveu no itinerário da modernidade ídiche as estações de uma aventura lírica de extensão planetária, companheira de outros viajores da busca modernista, como a "transiberiana" de um Blaise Cendrars, por exemplo.

A veia de Mélekh Rávitch começa a ganhar pulso quando, nas barracas do exército austro-húngaro, entre 1916 e 1918, ele compõe seu ciclo sobre *Spinoza*, tributo ao amor à liberdade do homem e à paixão pela verdade encarnados no filósofo solitário. Em Viena, a contemplação elevada da espiritualidade cede, crispa-se, no poeta, sob o sopro da revolta expressionista. Franz Werfel, Elsa Lasker-Schüler, Albert Ehrenstein, além de Uriel Birnbaum (1894-1956), são leituras e vinculações que o incitam ao corpo-a-corpo com a condição humana em *Nákete Líder* (Canções Nuas, 1921). Do mesmo ano é "Dos G[u]ezang tzum Méntschlekhn Kerper" (O Canto ao Corpo Humano):

[...]
E com minhas mãos ainda intactas
escreverei esta noite, a noite inteira,
o canto do corpo humano
enquanto são os olhos os guias das mãos [...]
Pois eu vejo a vida em sua nudez [...]
É cedo agora
e a noite torna-se clara.
Cada dia não passa de um raio branco na noite eterna que se
[estende sobre o mundo
e que se estende sobre o homem
e aquele que rasteja pela noite da eternidade não procura senão Deus.
Agora, senhor Imperador,
cérebro congelado,
eu estou em tua casa.
Claro diante de ti distende-se sobre o branco papel
escrito com a caneta afiada da poética
molhada na tinta de minha noite eterna

o manifesto
das 247 repúblicas anarquistas livres e unidas,
o manifesto suprapanteísta
da última forma da anarquia...
E em cada uma existe uma lei
que de antemão constrói o mundo
o qual ruiria sem um todo e cada um
como sem ti
Imperador
na residência dos astros!
Eu te derrubo de teu trono
e te transmito ao mesmo tempo alegremente
os atributos dos direitos iguais
como as 248 repúblicas[7] unidas
entre as quais eu também te incluo
a partir de hoje!
E eu proclamo
a igualdade na anarquia
das 248 repúblicas
divididas pela má sorte
e em Deus reunidas!
E eu as nomeio pelo nome selvagem
do homem!
Eu,
Tu!
Agora podemos realmente
procurar de parte do mundo
Deus.

Abandono da rima e da métrica regulares, verso branco e discurso monológico, poética da confissão e da exaltação, eu-consciência visionário e missionário já se apresentam aqui assimilados pelo poeta e transfundidos em sua linguagem. Mas a novidade transcendia os limites da obra individual. De fato, em sua conclamação à livre e nua expressão do homem em sua corporeidade, pelo destronamento do império da mente e pela instauração da república de cada parte do corpo humano, explodia um grito frenético, bárbaro, jamais ouvido antes em ídiche na arte da palavra culta, o de uma poesia polarizada no jogo pulsional e instintivo entre o amor e a morte, que pretendia comunicar-se "nervo a nervo, coração a coração, sexo a sexo, tristeza a tristeza, riso a riso [...]", arrancando das entranhas do elementar

7. Ver supra, p. 341, nota 1.

"água e fogo, terra e ouro, palavra e sangue". Com este desatamento, digamos dionisíaco, da pauta temática e poética do "novo homem" no contexto judaico, Rávitch trazia à cena literária ídiche a reivindicação expressionista.

Intenso e espalhafatoso, mas de curta duração, o movimento da Khaliastra teve seu auge em 1922. Iniciado no ano anterior, quando Rávitch se transferiu para Varsóvia e juntou forças com Márkisch e Uri Tzvi Grinberg, seu ideário dito revolucionário era na realidade uma combinação anárquica de pregações políticas e artísticas dos vários "ismos" da vanguarda radical. Na baixa-mar, desfez-se o triunvirato e cada um dos cabecilhas seguiu por caminho próprio: comunismo (Márkisch), ultranacionalismo sionista (Grinberg) e humanismo judaico cidadão do mundo (Rávitch).

"Dos G[u]ezang Tzum Méntschlekhn Kerper", há pouco referido, "G[u]ezang Tzu der Zun" (Canto ao Sol), "Dos G[u]ezang fun Has un Libe Tzum Ídischn Folk" (O Canto de Ódio e Amor ao Povo Judeu) e "Éfntlekher Míschpet Ibern Toit" (Julgamento Proibido Sobre a Morte) são quatro poemas que caracterizam o auge das buscas expressionistas em Mélekh Rávitch na década de vinte e cuja reunião no livro *Di Fir Zaitn fun Main Velt* (Os Quatro Cantos de Meu Mundo, 1929) assinalou o fim do ciclo. A seguir, numa clave mais sóbria e numa dicção governada pela clareza de expressão, suas poesias e baladas põem-se a cruzar visões e experiências em *Kontinentn un Okeanen* (Continentes e Oceanos, 1937). O Extremo Oriente (1930-1936), a Austrália (1936-1937) e o continente americano são os percursos de sua inquietação. Mesmo depois de fixar-se no Canadá em 1941, novos horizontes, como Israel, não deixaram de tentar sua busca das terras dos homens e das vistas de sua imaginação. Mas a atração pelos "sete mundos e pelo sete mares" é, em Mélekh Rávitch, um interesse que vai muito além da antropologia do exótico ou dos exercícios da fuga existencial. O apelo das lutas sociais e políticas dos povos colonizados, uma das grandes causas de nosso século, moveu a sua peregrinação pelo mundo do "outro" e seu anseio de compreendê-lo, tanto quanto a Malraux e tantos outros caçadores da igualdade e da justiça entre os homens.

Montes de Sumatra, campos de batavos,
brumosos pântanos dos trópicos,
pelas trilhas de gado foram eles ajuntados
torrões de carne feitos de ex-homens.
A meio caminho de Medan a Belawan,
sob o azul do firmamento um cercado de palmeiras,
o sol pode entrar pelo alto e a morte subir por baixo,
mas não é nada, apenas um campo de mil leprosos...

[Amor e Morte entre os Leprosos de Sumatra]

A pele amarela e enrugada, finamente esticada sobre seus esqueletos
[de viés,
duas fileiras de indochineses se estendem sobre leitos de madeira.

As mãos sobre o rosto, seus dedos são grades de ossos da prisão
[das almas;
eles fumam ópio, morrem aqui, despertam ali, por remotos sonhos
[se evadem…

[Buda numa Casa de Ópio de Saigon]

Uma aurora extenuada desliza em Xangai
onde em longas fileiras dormitam os jinriquixás,
passam a noite de boca vazia remoendo em sonho
as pálidas nuvens do Oeste e o céu azul do Leste.

Aqui eu sou Buda, assim eu repouso e assim eu ando,
um prego enferruja em meu pé, a fome enferruja em meu ventre…

[Um Jinriquixá Morre ao Amanhecer em Xangai]

Na doçura dos longes vales, das ferozes montanhas,
no coração de uma planície deserta,
ergue-se, bloco quadrado, maciço, piramidal,
o memorial de um outro mundo.

Lá em cima a cabeça apavorada de uma serpente de pedra arrancada
[da rocha,
e de seus olhos quadrados o sol de há muito
devorou as cores, desatou o pânico,
sua grande mandíbula de pedra, sua mandíbula morta, o dente do
[Tempo
roeu – e seu talho terrível de há muito desapareceu.

[Sobre a Pirâmide Solar de Teotihuacan]

Seu ontem,
cem mil anos.
Seu ontem,
a noite
da pré-história.
Eles não mais esperam, faz muito,

seu amanhã
no deserto de seu declínio...

[Balada do Declínio dos Aborígines]

Neste *travelogue* o contraponto da esperança é dado numa celebração whitmaniana de Nova York, em cujo crisol de culturas, línguas e etnias o poeta entrevê construírem-se, à altura de seus arranha-céus, as feições de uma nova humanidade. Semblante da utopia, reúne traços não só da "face humana" expressionista e do internacionalismo político de esquerda, como do messianismo judaico. Numa filtragem moderna, em que ensinamentos de Spinoza e Marx se associavam à pregação dos profetas, seu espírito já latejava nos cânticos do cidadão do mundo, mas a ideia de que a redenção humana seria produto da ação de um povo, seus portadores, é uma reflexão nascida do quase extermínio e do miraculoso renascimento do ser coletivo judaico.

Depois dos ensaios sobre o pensamento judeu no século XX (1949), Mélekh Rávitch publicou uma seleção de sua obra poética *Líder fun Maine Líder* (Canções de Minhas Canções, 1954) e dois volumes de relatos autobiográficos, *Dos Maisse Bukh fun Main Lebn* (O Livro de Histórias de Minha Vida, 1962 e 1964). Nestes trabalhos, assim como nos três tomos de *Main Léksikon* (Meu Léxico, 1945, 1947 e 1958), realiza uma pintura impressionista e pessoal da vida literária e das figuras de escritores de sua geração. Pelo muito que viu e participou, ele que foi secretário em Varsóvia até 1930 do Iídischer Schraiber Farain (Associação dos Escritores Judeus), tais escritos são fontes preciosas para a história da literatura ídiche e do movimento intelectual judeu do período. Mas é nos versos do poeta que se encontra o registro mais fundo das grandes ondas que o moveram, como artista judeu e homem do século XX.

Aaron Zêitlin. Na época da guerra do Vietnã e da Nova Esquerda nos Estados Unidos, Joan Baez empolgava o público estudantil e intelectual com um rico e apurado repertório de baladas e canções. E um de seus grandes sucessos, gravado inclusive em disco, foi "Donna Donna". Repetia-se, na versão inglesa, o êxito alcançado pelo original ídiche que, musicado para o teatro, ingressara inclusive no cancioneiro popular. Isto não se devia unicamente à musica de Scholem Secunda. A letra era de Aaron Zêitlin (1898-1973).

Amigo de Rávitch e de Uri Tzvi Grinberg, muito ligado à rapaziada do "Bando", era, no entanto, poeta marcado pela *anima* religiosa que lhe foi transmitida por seu pai, Hilel Zêitlin, um pensador neo-ortodoxo e místico e um paladino de um *revival* do judaísmo como religião e de sua observância. Mas na poesia de Aaron Zêitlin a profunda radicação no espírito da tradição e da Cabala não exclui o questionamento filosófico e uma pulsação estética moderna, como nestes versos de "Text" (Texto), que parecem efetuar uma releitura judaica do mito platônico da caverna, cifrado em uma essência-texto e na aparência-nomeação:

> Nós todos –
> pedra, gente, lascas de vidro ao sol,
> latas de conserva, gatos e árvores –
> somos ilustração de um texto.
>
> Nalgum lugar não precisam de nós.
> Lá é lido o texto somente –
> as imagens caem como partes mortas.
> Quando venta a morte na profunda relva
> e remove do ocidente todas as imagens
> que as nuvens ergueram – então
> vem a noite e lê as estrelas.

Não menos rigorosa e sóbria é a expressão do poeta quando trabalha o mito. Este é, aliás, nas formas que assumiu entre os judeus, uma das esferas que mais atraíram Zêitlin. Nos embates entre a afirmação e a negação de Deus, entre o bem e o mal que fiam a dialética da consciência religiosa e a investem na vivência lírica, épica ou dramática do santo e do pecador, do crente e do incréu, uma hoste de *dibukim* e *schêidim* (demônios), fantasmas e espíritos, anjos e arcanjos, povoa-lhe o imaginário ficcional e contribui para tipificar, em versão judaica, suas problematizações. Assim tematizadas em poemas, baladas ou peças, tais representações do espírito da religiosidade do judeu são postas em tela às vezes com fortes laivos de humor, como em "Iídische Schêidim" (Demônios Judeus) ou "Schmuel Rosch Mediná", mas na maior parte com intensidade agônica. Entretanto, no fim, "a falsidade se torna manifesta apenas como a sombra da verdade e a morte revela-se como mera fronteira entre a vida aqui e no além. Mesmo após Maidanek e o cruel fim de sua família, Zêitlin proclama sua confiança no Deus de seus pais, um Deus que destrói e recria".[8] Pois

> Ser judeu significa correr eternamente para Deus,
> mesmo quando se é um fugitivo seu;
> significa esperar ouvir a cada dia
> (mesmo quando se é ateu)
> o chamado da trompa do Messias.
>
> Ser judeu significa não poder escapar de Deus,

8. Sol Liptzin, *The Maturing of Yiddish Literature*, Nova York: Jonathan David, 1970, p. 173.

mesmo quando se deseja;
não poder parar de rezar
mesmo depois de todas as rezas
mesmo depois de todos os "mesmos".

[Zain a Iíd (Ser Judeu)]

À vontade tanto em ídiche quanto em hebraico, Zêitlin produziu para as duas literaturas. Seu primeiro livro de versos foi *Schotns Oif Schnei* (Sombras na Neve), seguindo-se, no mesmo ano de 1922, um longo poema épico *Metatron*, nome do primeiro servidor do Trono de Glória e príncipe da coorte angelical, na angelologia mística judaica. Em 1929 escreve *Iaakov Frank*, peça onde dramatiza a busca de Deus, por dois caminhos contrapostos, o da heterodoxia pseudomessiânica de Sabatai Tzvi, que conduz o seu seguidor Iaakov Frank à antinomia da procura sem encontro, e a da ortodoxia pietista de Israel Baal Schem Tov, que leva o fundador do movimento hassídico ao encontro de sua busca devocional e mística. Zêitlin, porém, não se reservou unicamente aos tópicos da tradição. Também de 1929 é o seu drama *Brenner*, sobre o estigmático e dostoievskiano "santo secular" que se tornou, por sua vida, pensamento e obra, um dos heróis espirituais da juventude "halutziana" e um dos inspiradores literários da nova literatura hebraica na Terra Prometida. O tema da luta sionista volta à sua pena em *Brênendike Erd* (Terra Ardente, 1937), texto que leva ao palco dramático o Caso Nili (nome dado ao grupo de espionagem contra os turcos, organizado pela família Aaronson, na Primeira Guerra Mundial, com o objetivo de ganhar a Palestina para o povo judeu). *In Kêinems Land* (Na Terra de Ninguém, 1938) enfoca o sadismo militarista germânico cujas barbáries descreve com antevisão premonitória. Convidado por Morris Schwartz para a estreia da peça em Nova York, Aaron Zêitlin foi ali surpreendido em 1939 pela deflagração da guerra. Isto o salvou. Permaneceu nos Estados Unidos até o fim de seus dias, colaborando na imprensa judia e ensinando literatura judaica. Sua produção em ídiche e em hebraico continuou a ser publicada em periódicos e em livro. Após os *G[u]ezámlte Líder* (Poemas Reunidos), editados em dois volumes (1947-1957), os *Líder fun Khurbn un Líder fun Gloibn* (Poemas da Destruição e Poemas da Fé, I, 1967) e os *Vaitérdike Líder fun Khurbn un Líder fun Gloibn* (Ulteriores Poemas da Destruição e Poemas da Fé, II, 1970) enfeixam o conjunto de sua obra poética, que poderia ter como epígrafe estas "Seis Linhas":

Eu sei que ninguém precisa de mim neste mundo,
de mim, esmoleiro de palavras no cemitério judeu.
Quem precisa de um poema – e ainda mais em ídiche?

Mas só o desesperançado na terra é belo,
e divino só é o efêmero
e só a humildade é rebelde.

[Zeks Schúres (Seis Linhas)]

Kádia Molodóvski. Embora fosse alcunhado de "língua das mulheres" e vinculado, em muitos de seus traços linguísticos, à sensibilidade feminina, até mesmo numa suposta propensão ao derramamento lírico, só no século XX o ídiche pôde ecoar, na poesia, significativas vozes de mulher. Dentre elas, uma das mais dotadas foi a de Kádia Molodóvski (1894-1975). Seu labor de poeta principia a carreira pública em Kiev, nas páginas da revista *Eigns*, e desenvolve-se em Varsóvia, com *Khéschvendike Teg* (Dias Outonais, 1927), *Dzike Gas* (Rua Dzike, 1933) e *Freidke* (1935). Em 1935, devido a suas atividades políticas no meio operário, é obrigada a sair da Polônia e, depois de errar por vários países da Europa, vai para Nova York, onde edita, em 1937, *In Land fun Main G[u]ebein* (No País de Meus Ossos), volume em que efetua a recolha poética deste percurso feito de árduas experiências emocionais e intelectuais. Seu trabalho como pedagoga e sua sensibilidade pelo mundo da criança, que lhe haviam inspirado canções e relatos cujos versos ficaram conhecidos em todas as escolas ídiches e até hoje presentes nas salas de aula hebraicas, assumiu também a forma de um poema dramático, *Ale Féntzter Tzu der Zun* (Todas as Janelas Para o Sol, 1938), que gira em torno de um herói infantil, de seus companheiros de folguedos e de seus universos de imaginação. Kádia Molodóvski fez a sua primeira tentativa com a linguagem do romance em *Fun Lublin biz Niu York* (De Lublin a Nova York, 1942), em que procura narrar, pelo diário de um refugiado judeu, as vicissitudes de um processo de inserção na vida americana e os choques de adaptação. A crítica não acolheu bem a obra e a escritora só voltou ao gênero 25 anos mais tarde, com uma narrativa também relacionada com a sorte do imigrante judeu, só que desta vez em Israel, no ambiente do *kibutz*, tendo como horizonte a construção coletiva da nação, *Baim Toier* (À Porta, 1967). Mas foi na poesia e sobretudo nas criações coletadas em *Der Mélekh Dovid Iz Alein G[u]eblibn* (O Rei Davi Ficou Só, 1946) que Kádia Molodóvski reage à trágica brutalidade do Holocausto. Em "Deus da Misericórdia", ela diz:

Deus da Misericórdia,
escolhe outro povo,
elege.
Nós estamos cansados de morrer e sermos mortos,
já não temos mais preces,

escolhe outro povo,
elege,
não temos mais sangue
para sermos vítima.
Um deserto se tornou nossa casa
e a terra nos é avara em sepulturas.
Não há mais Lamentações para nós,
não há mais canto de pesar
nos velhos livros santos.

Deus da Misericórdia,
santifica outro país,
um outro monte.
Nós já cobrimos de cinza sacrossanta,
todos os campos e cada pedra.
Com velhos,
com jovens,
e recém-nascidos nós pagamos
cada letra dos teus Dez Mandamentos.
Deus da Misericórdia,
ergue tua sobrancelha de fogo;
e contempla os povos do mundo –
dá-lhes as profecias e os Dias Terríveis.
Em cada língua se murmura a tua palavra –
ensina-lhes os atos
e os caminhos da provação.

Deus da Misericórdia,
dá-nos as roupas simples
de pastores ante suas ovelhas
do ferreiro com seu martelo
da lavadeira e do esfolador
e de algo ainda mais grosseiro.
E concede-nos uma graça:
Deus da Misericórdia,
retira-nos a glória da genialidade.

O impacto da catástrofe também se estende a outros acordes deste livro de "Bai-nákhtike G[u]est" (Visitantes Noturnos) que rondam o poeta clamando pelo resgate de seu mundo perdido e lhe inspiram uma lírica de evocações espectrais. Por destruição e por irrealização, o sofrimento e a frustração tecem aqui uma escritura de perda de fundamento e sentido da existência e das coisas. Não se trata, pois, exclusivamente das "sobras de vida" do sobrevivente – tema que sobreleva na literatura ídiche após o Holocausto e que a converte numa espécie de "sobrevida" de si mesma – porém da vida simplesmente e, mais ainda, da vivência alienada da condição humana e do artista na sociedade contemporânea, onde o espírito e a visão criadora vergam com asas de chumbo, sem poder levantar voo "No Estábulo da Vida":

> Meu pobre Pégaso vai a pé.
> Eu como ele – ambos já esquecemos como voar.
> O mundo é muito pequeno,
> o mar está secando.
> Eu encilhei o pequeno cavalo bravo no estábulo da vida.
> Agora nos arrastamos ambos passo a passo.
>
> Quem abateu suas asas?
> Quem roeu a ponta de minha pena?
> O sol se põe, as vidraças brilham sangrentas.
> Eis que se acaba o sol. Eis que se acaba minha vista.
>
> Vamos, linhas, disponham-se, levantem-se.
> Vocês são minha guarda e também meus comandantes.
> Não consigo transpor a cerca de teias de aranha e de pó
> e meu campo se torna cada vez mais escuro, mais estreito.
> De que serve jactar-se, de que serve?
> De que serve amassar história após história?
> Pégaso, não fique muito perto do monte de feno.
> Você pode, Deus o livre, tornar-se um burro de dragonas.

A poesia de Kádia Molodóvski recobra ânimo com a fundação do Estado judeu, reencontrando aí renovada motivação para o seu canto. Estabelecendo-se em Israel, celebrou jubilosamente o ressurgimento nacional, milagre operado pelo povo com o seu trabalho, que de restos dispersos e ossos cremados criou o corpo vivente de uma nova Sion, pois *In Ieruschalaim Kumen Malókhim* (Anjos Vêm a Jerusalém, 1952). Nestes versos da nação e do homem reconstruindo-se e reconsagrando-se, a cada pedra erigida e em cada semente brotada, a poesia ídiche parece reencontrar, na voz de Kádia Molodóvski, a linguagem da participação entusiástica e o discurso da exaltação coletiva.

Identificar-se com Israel não significava evidentemente integrar-se na literatura israelense. A escritora pertencia a outro contexto literário. Nos Estados Unidos, onde voltou a fixar-se, publicou, em 1957, duas coletâneas de prosa: *Oif di Vegn fun Tzion* (Nos Caminhos de Sion), histórias dos que, no decurso da história, tentaram voltar à Terra Prometida; e *A Schtub Mit Zibn Féntzter* (Uma Casa Com Sete Janelas), relatos da vida judaica na Europa Oriental, na América e em Israel. Mas a sua produção mais representativa desta fase aparece em 1965, nas poesias de *Likht fun Dornboim* (Luz Do Espinheiro). A arte de Kádia Molodóvski elabora aí a expressão de sua maturidade. Verbo terso e intenso, articulando a sua ininterrupta pregnância sugestiva e imaginativa por condensação de sentimento e concisão de enunciado, ele se pauta estilisticamente por uma justa medida pessoal que dá a espontaneidade de uma fala a seus versos e à sua reflexão:

> Minhas canções se tornam mais leves,
> e eu só sou de chumbo.
> Minhas canções se tornam pombas
> e eu só me torno terra.
>
> O vento nas vidraças
> e eu esqueceria
> que me torno terra.
>
> Minhas canções verdejam com a primavera,
> mas eu congelo na neve.
> Minhas canções veem o sol vindouro,
> mas eu permaneço nas trevas.
>
> O vento nas vidraças
> e eu esqueceria
> que permaneço nas trevas.
> Meus cantos se tornam mais claros, espirituais,
> me foge o raio de luz.
> Meus cantos guerreiros prosseguem seus duelos
> e eu vencida, caio por terra.
>
> O vento nas vidraças
> e eu me esqueceria
> que vencida eu cai.
>
> [Melodia]

É impossível deter-se aqui em todos aqueles que tomaram parte saliente na faina literária de uma comunidade que, em 1926, contava nada menos que vinte jornais diários, cerca de sessenta semanários e quinzenários e trinta publicações mensais, numerosas editoras, instituições educacionais e acadêmicas, das quais o Yivo de Vilna se notabilizou por sua contribuição científica e pelo papel que exerceu no processo cultural ídiche[9]. Foi um movimento intelectual e artístico de tamanha vitalidade que absorveu as mais variadas influências, traduziu quase toda a literatura europeia moderna e transformou tudo isso em alimento próprio para os mais diversos programas estéticos e tendências filosóficas dos numerosos grupos e facções que sucessiva ou concomitantemente o constituíram e dinamizaram. Havia os escritores socialistas do Bund, os "proletários" comunistas, os religiosos de esquerda, os da extrema-direita clerical e ortodoxa,

9. Não seria exagero afirmar que o cimento para a edificação do Yivo, sigla pela qual se tornou conhecido o Yídischer Visnsháftlekher Institut, veio sobretudo das correntes inspiradas, de algum modo, pelo chamado "nacionalismo da Galut", isto é, populistas, socialistas do Bund e progressistas partidários do ídiche e centrados no seu universo. Os historiadores, sociólogos, linguistas e pesquisadores que o fundaram em Berlim, em 1925, norteavam-se pela ideia de que os judeus eram um povo de caráter mundial, um *veltfolk*. Como tal, cumpria conhecer em seu largo espectro o fenômeno de sua existência grupal e de sua identidade, com todos os recursos da moderna investigação nas ciências do homem e de suas linguagens, saber que precisava servir de instrumento para enriquecer a vida do povo. Esta missão devia estar a cargo de um órgão com estrutura, meios e projetos adequados, uma instituição multidisciplinar e supralocal. Ao criá-la, a conferência decidiu estabelecer a sede da instituição em Vilna e filiais em Berlim, em Varsóvia e em Nova York. O Yivo desenvolveu também atividades na Argentina, na Áustria, no Brasil, no Chile, na Estônia, na França, na Letônia, na Inglaterra, na Romênia e na Palestina. Depois que os nazistas ocuparam Vilna, a direção central foi transferida para o agrupamento nova-iorquino. Desde o início, como era de seu programa, o Instituto procurou coletar e preservar materiais e documentos que depusessem sobre os modos de vida dos judeus; resgatar as produções significativas e o folclore, e estudar cientificamente os mais variados aspectos e problemas judaicos. Suas publicações apareciam em ídiche, com resumos em inglês, alemão e polonês. Em suas instalações em Vilna, o Yivo conseguira reunir uma biblioteca especializada com mais de cem mil volumes e um fundo da mesma ordem em termos de manuscritos e itens de arquivo, que incluíam coleções teatrais, fotografias, cartas de personalidades e de autores famosos, bem como artigos e diferentes escritos ligados ao viver e à história do povo judeu. Felizmente só pequena parte deste acervo sofreu danos ou se perdeu no Holocausto. Quase todo o material foi transportado pelos nazistas para a Alemanha e, recuperado após a guerra, encontra-se em Nova York, no Yivo, que também recebeu recentemente a parcela deste fundo que havia permanecido na União Soviética. Nos Estados Unidos, sob a orientação de Max Weinreich, membro fundador da instituição e um de seus diretores científicos na Europa, o Yivo prosseguiu em suas atividades, ainda que com menor envergadura e intensidade. O número de seus pesquisadores sofreu naturalmente um decréscimo, não obstante o fato de os jovens *scholars* e ativistas culturais americanos lhe terem insuflado, em anos recentes, algum fôlego novo e um certo reavivamento de sua ação. Mas, ainda assim, é visível a falta do substrato e do contexto de que dispunha na Europa Oriental. Apesar disto, prossegue prestando grandes serviços à investigação e publicação ídiches, não apenas em solo americano, como atesta a magnífica série *Musterverk fun der Iídischer Literatur* (Obras Exemplares da Literatura Ídiche) editada na Argentina, ao longo dos anos 1960 e 1970, sob a sua égide, por Schmuel Rojânski. Seja como for, o Yivo continua a fazer jus, como instituição científica judaica, ao patrocínio espiritual que as figuras de Einstein, Freud e Dubnov lhe emprestaram como membros de seu Conselho de Honra.

▪ *Um grupo de guerrilheiros judeus de Vilna. Bluma Markowitz (terceira da esquerda para a direita) foi morta em um bombardeio poucos dias depois desta foto (embaixo).*

os centristas liberais, os de todos os matizes do sionismo, Di Khaliastra, Iung Iídisch e Iung Vilna (Jovem Vilna)...

VILNA

Além do núcleo varsoviano, outros centros de vitalidade cultural judaica sobressaíram-se na Polônia entre as duas guerras. Um deles foi Lodz, cidade têxtil, com predominância de operários e industriais judeus, que somou à efervescência política e ideológica uma fermentação artística consignada pelo círculo de jovens autores ídiches agrupados em volta da revista *Iung Iídisch*, à cuja testa estavam o poeta e dramaturgo Moische Bróderson (1890-1956) e o pintor Jankel Adler (1895-1949). Porém o foco mais importante foi, sem dúvida, Vilna, que então era parte da república polonesa. A "Jerusalém da Lituânia", como ficou conhecida, desde o início do século XVII constituíra-se num centro de radiação espiritual e de estudos judaicos tradicionais. E sua relevância cultural não decresceu com os novos tempos. Muito ao contrário. A Hascalá e a cultura moderna deram-lhe redobrado realce intelectual, literário e artístico.

▪ *Execução de três guerrilheiros em Minsk. Entre eles, uma mulher judia, Mascha Bruskina, que contrabandeava documentos falsos para um campo de prisioneiros de guerra soviético. Minsk, URSS, 26 de outubro de 1941.*

A qualidade de seu ensino laico, por exemplo, veio a ser tão proverbial quanto haviam sido as lições de seus seminários rabínicos. Ter estudado no *vilner g[u]imnasie* era alta recomendação cultural, equivalendo a uma prestigiosa titulação universitária. Na verdade, para o mundo do ídiche, nos antigos e novos domínios de sua Diáspora, esta cidade se tornou um ponto de confluência de tradição e modernidade do judaísmo asquenazita, uma espécie de capital de seu saber (razão pela qual, aliás, costumava explicar M. Weinreich, os fundadores do Yivo elegeram, como sede do instituto, não a rica e metropolitana Varsóvia, mas a provinciana e modesta Vilna).

A energia cultural de Vilna manifestou-se também nas letras. De há muito a produção local era uma constante no terreno do hebraico e do ídiche. Neste, em especial, o período entre as duas guerras assistiu a um contínuo e pujante surto criativo que, entre uma larga variedade de obras e autores, encontrou uma feição peculiar num grupo literário que se formou, na década de 1930. Moische Kúlbak, então professor do ginásio da cidade, teve um papel seminal na gestação do Iung Vilna, um conjunto de escritores que logo se imporia como um dos mais promissores da nova geração. Como tantos outros, no âmbito europeu e no contexto judaico de então, serviu mais a encontros e discussões do que a filiações e definições. Aspirações e talentos de jovens em busca de realização puderam cruzar aí, no confronto e publicação de seus trabalhos, mas também de suas posições na arte, na política e na vida, o convergente e o divergente no sentimento comum que os unia. Vivência de uma época e de uma geração mergulhada numa crise histórica, aguilhoava no Iung Vilna, como denominador comum, uma dupla preocupação: a nacional, em função de uma ligação umbilical com o povo judeu e a sua etnicidade ídiche-hebraica no pensamento e na literatura; e a social, sob o impacto dos problemas e das propostas plasmantes do cenário contemporâneo. Primeiro grupo de escritores educados, na maioria, numa cultura judaica moderna, combinou veemente esquerdismo político e padrões literários avançados com impregnações expressionistas e até surrealistas. Em publicação anual homônima, cujos três números apareceram de 1934 a 1936, concentrou-se a estreia destes jovens que pretendiam "marchar para dentro da literatura ídiche". O Iung Vilna exprimia-se marcadamente pela poesia e dele fizeram parte, entre outros: Elkhonen Vogler [Rojânski] (1907-1969), Schmerke Kaczergínski (1908-1954), Lêiser Volf [Mekler] (1910-1943), Haim Grade (1910-1982), Avrom Sútzkever (1913) e Hirsch Glick (1922-1944), o autor do famoso hino dos *partisans* judeus, "Zog Nischt Keinmol..." (Não Digas Nunca...). A celebração de experiências e sentimentos vividos no plano da história e da sociedade não é, como se poderia pensar à primeira vista, a expressão única e mais rematada das preferências e características literárias deste grupo, nem lhe avassala a pauta lírica. A antífona individual, no dilaceramento e na angústia da relação isolada no fluxo existencial, intervém igualmente e não é menos audível no concerto de seus poetas. Assim, escreve Elkhonen Vogler:

> Estou pendurado. Sobre mim a luz é de cera
> e a tarde queima nos candelabros da terra.
> Minha corda foi um campo de cânhamo
> minha forca azul, uma ameixeira.
>
> Estou pendurado. Debaixo de mim meu cavalo louco, o rio,
> a minhas mãos amareladas está preso por suas margens,
> quando ele se lançar contra vocês, meu corpo
> já será o caminho para um mundo novo.
>
> Estou pendurado. A noite estoura meus olhos – corvo
> que constrói seu ninho em minha poeira gris.
> Onde está meu cão – o dia? Não está aqui,
> mas sobre meu corpo uivará, com a língua vermelha.
>
> Ficarei pendurado até que o dia, meu cão,
> ladre entre os campos meu livro de preces.

Ele se vestirá de nuvens – meus sombrios filactérios –
Troante e terrível rezará meus poemas.

E meu amigo o vento correrá arquejando
perguntar à primavera, perguntar às minhas filhas,
onde está ele, onde está ele, dizei-me quem viu
Vogler, Vogler, meu amigo silencioso?...

Ficarei pendurado até o nascer do dia,
Quando se coroam de ouro os salgueiros anões,
os cordeiros negros dirão *Kádisch* por mim
e as cabras brancas sobre mim chorarão.

– diz ele em seu "Poema do Suicida", tecendo a vivência da solidão e do estar à margem entre os homens e do reintegrativo desfazer-se na natureza, de que somente o signo poético pode render testemunho. *A Bletl in Vind* (Uma Folha ao Vento, 1935) é o primeiro deles. *Friling Oifn Trakt* (Primavera na Estrada, 1954) reuniu os versos deste "errante" (*vogler*), cujo itinerário o levou de Vilna a Alma-Ata (1941) e do Cazaquistão a Moscou, Lodz e Paris (1949).

Saudado por Peretz Márkisch como um Heine ídiche, Lêiser Volf tinha realmente neste poeta judeu-alemão um de seus modelos e em Avrom Raisen seu patrono. Como este, faz poesia social embebida em emoção empática e, como aquele, dá-lhe o poder de fogo da ironia e da sátira. Melancolia sentimental e agudeza crítica falam das afinidades românticas de sua produção. Mas pelo espírito deste vilner, que era leitor de poesia alemã, russa e americana e sentia-se atraído pelo pensamento rebelde de Spinoza e Nietzsche, filtram-se sobretudo as inquietações e os envolvimentos da modernidade. Nas publicações do Iung Vilna e do Iung Vald (Jovem Floresta, grupo que Volf encabeçou em 1939), sua escritura depurada e pesquisada colocava-o entre os expoentes da nova geração. Autor também de peças, de relatos de ficção científica e fantástica, sua arte manifestou-se preferencialmente em poesia. Numa linguagem contida, mas franqueada à projeção transreal e ao lance fantástico, transpôs no plano temático e formal os limites do estritamente judaico. Neste aspecto, "Isto é Paris", uma composição de 1936, torna-se ilustrativa:

Sabeis vós o que é isto?
Hugo sobre uma crista
e sobre a alta torre
um ventre nu e pesado,
no jardim sobre um banco
um casal esbelto e branco,

há pouco sentados, eles se beijam,
seus sapatos estão furados,
sabeis vós o que é isto?
Minha senhora, isto é Paris.

Embaixo jaz o povo
corcovado junto ao Sena,
e ao longe, sobre o mar,
o *gentleman* polido,
a noite num café,
o cofre do capitalista
a alegria no cabaré
e a morte, sim, meu senhor.

Sabeis o que é isto?
Os cidadãos franceses
pescando na vara,
uma mãe ultrajada
o homem está no Parlamento
e a filha na casa dele
por alguns francos alugada
o filho é radical
estuda Lassalle
sabeis o que é isto?
Sim, meu senhor, isto é Paris.

Embaixo jaz o povo,
para ele não há esperança
e o pessegueiro floresce
na província Provença,
nos mercados apodrecem
as mulheres, as laranjas,
as obras clarividentes
de um universo perdido
e o dinheiro, o dinheiro não está
senão no Banco de França.

Sabeis o que é isto?
Paraíso de cores
o artista na rua
o sol na garagem, e a poesia – fria
brilhando sobre o asfalto.

As ruelas estreitas
e os povos – sem-número.
Sabeis o que é isto?
É meu coração, é Paris.
Embaixo jaz o povo,
pisado, deslumbrado,
enlaçado e embalado.
É noite. O desejo
paga o amor em segredo
e o garçom
exige que lhe façam um adiantamento.
Enquanto o trabalho
levanta no metrô
a bandeira da flama,
soa a derradeira hora,
minha senhora.

Schvártze Perl (Pérolas Negras, 1939), *Lírik un Sátire* (Lírica e Sátira, 1940) e a *raccolta* editada por Lêivick (1950), além de *Evig[u]inga*, opúsculo de estreia (1936), formam a obra poética de Lêiser Volf, que morreu aos trinta e três anos no Uzbequistão.

Hirsch Glick, o poeta cujo nome se tornou sinônimo do movimento de resistência judaica, nasceu em Vilna, em 1922. Filho de família muito pobre, educou-se numa escola religiosa, mas, ainda adolescente, teve que abandonar os estudos regulares e trabalhar. Desde cedo mostrou propensão para a poesia. Discípulo de Lêiser Volf, fez parte do grupo e da revista *Iung Vald*. Neste círculo de jovens escritores, logo se destacou como um dos mais promissores. Politicamente, formava nas fileiras da esquerda sionista, no Ha-Schomer ha-Tzair (O Jovem Guardião).

Com a ocupação hitlerista, foi enviado às turfeiras próximas de Vilna, onde permaneceu até 1943, quando os alemães liquidaram o campo de trabalho por suspeita de cooperação com os *partisans*, sendo Glick recambiado para a cidade. Neste período, produziu uma série de poemas, entre os quais, "Der Poier" (O Camponês), "Bloe Tzêikhens" (Signos Azuis), "Tzu Vilne" (Para Vilna), além de "Zog Nischt Keinmol..." (Não Digas Nunca...), mais tarde reunidos na edição póstuma de seus *Líder un Poemen* (Canções e Poemas, 1953). Da mesma época também data "Di Balade fun Broinem Teater":

Crianças deportadas, antes de morrerem na câmara de gás. Auschwitz, Polônia, primavera de 1944.

A Balada do Teatro Pardo
(Espetáculo no Cárcere de Lukichk)

Ilumina o tablado, Pai Shakespeare!
Para a nova Europa, uma nova arte erudita.
E aguça – ó mundo – o teu ouvido surdo e escuta esta balada.

Começamos a transmitir a audição...
Sem cenários nem cartazes,
atrás de muros, atrás de grades,
primeiro ato de nosso drama:
Uma dama branca como neve
abraçada por um negro cavalheiro
comanda o público que respira opresso:

Achtung!

Atenção, fileiras de mortos!
Sem murmúrios, nem clamores,

que se apresente o mais jovem dos defuntos.
E que ele cante o hino do Horst Wessel
e que o público faça o juramento:
de tudo aquilo que irá ver e logo ouvir
até o galo em seu canto vai calar!

Achtung!

Alerta, fileiras de mortos!
Quem será o mais jovem dos defuntos?
Quem vai cantar o Horst Wessel?
Mil olhos rebrilhando.
Surgem das celas, lá do fundo,
sete defuntos,
com *talêissim* e mortalhas,
e param junto à parede
uma vela acesa em cada mão...
O público se entreolha,
e impelidos pela febre,
todos os olhos retornam para a dama:
olhar de pai, olhar de mãe,
mil corações pulsando.
Cada qual buscando a menina dos olhos dela.
E ela balança a corda esperando.
Quem for atingido por seu olhar agudo
nunca mais retorna.
Balança-se

esperando

a corda.
A lua dependura-se nas grades:
faces macilentas, rostos cor de mate.
E tateia com seus dedos pálidos
alguém que da massa se aparta.
É uma loira criatura,
de cujos olhos azuis
pendem gotas de orvalho.
Uma mãe judia tê-la-ia amamentado?
A lua tateia com seus dedos pálidos
e do sombrio aglomerado elege a mulher.
Eis que percebe o luar um ventre intumescido.
Avistam-no também a dama e o cavalheiro. Um tumulto nas fileiras,

a mulher se revolve em dores.
Mas a dama, não se perturbando,
golpeia na parede clamando por parteiros:
"Um comunista está nascendo!
E ele cantará o Horst Wessel
e será o primeiro dos defuntos!"
Ressoam sete vozes entoando:
"Alemanha, Alemanha acima de tudo".
Trajes de mortos esvoaçando…
Cai o pano do teatro.

No entreato,
saltaram num só ato
os miolos da cabeça e do ventre as entranhas.
Para satisfazer uma necessidade humana,
o público pagava
com joias e com ouro
e moeda estrangeira.
A vida corria ao preço de um níquel:
e um gole d'água
custa um anel de casamento.
O guarda tem um aparelho
que de fezes faz pão à saciedade:
é o balde com detritos.
E duas servas ele empregou
que os renovam sem cessar.
Os judeus têm joias e têm roupas
e o guarda conduz o negócio,
com lápis e caderno.

Um toque.
A lua de novo introduziu uma língua prateada
na cela mais escura.
Rostos cor de mate, faces macilentas,
com eletricidade nos joelhos,
mil olhos faiscando.
Segundo ato de nosso drama.
Agora a dama não atua.
Ao lado surge o diretor de cena
na pessoa do negro cavalheiro.

Sobre a negra flâmula do cenário
estendem-se paisagens verdejantes,
as montanhas são bosques no horizonte,
e de perto ouve-se um ruído.
Do estábulo aparecem pássaros,
circulando alto sobre o vale
onde cresce uma jovem cidade.
Como sob firmes passos de soldado
balança a ponte esverdeada
para frente, para trás, para frente, para trás...
Os ruídos tornam-se zumbidos,
tanques banham-se em flores.
Algo vem e está em devir.
Das lágrimas brota alegria.

Mil olhos faiscando,
com eletricidade nos joelhos,
todos os lábios, todos os peitos,
todos os membros, desejando, desejando,
exclamar num só brado: hurra! hurra!

Cra... Cra... Cra...
Fere de repente o grito de um corvo.
Ergue-se a negra flâmula
desfraldada na mão do diretor –
o negro cavalheiro acende as luzes:
– Depressa, dai a mortalha!
Avermelhai o mundo, em toda a sua esfera.
Morte aos judeus!, grita ele e rosna...
Antes que Timochenko venha!
Lençol negro esvoaçando...
Cai o pano do teatro.

Ó mundo ensurdecido, dormes um sono tão pesado!
Ó testemunhas caladas, ó paredes de Lukichk!
No cinzento amanhecer os caminhões aguardavam,
caminhões cobertos com cinzentos encerados.

Premiada no Gueto de Vilna, “A Balada...” venceu um concurso instituído pela Liga dos Escritores e Artistas, ao qual Hirsch Glick concorreu sob o pseudônimo de Turfman. O poema, composto em 1943, apresenta a sinistra encenação a que eram submetidos os judeus na prisão de Lukichk antes de serem conduzidos ao campo da morte em Ponar. O texto só foi descoberto em Vilna, após a libertação da cidade, pelo poeta e comandante guerrilheiro Aba Kóvner, sendo impresso pela primeira vez em Israel por Avrom Sútzkever, na revista *Di Gôldene Keit*.

Hirsch Glick foi membro ativo do movimento de resistência judaica em sua cidade natal. Em 1943, quando os alemães começaram a liquidar o Gueto de Vilna, o poeta caiu nas mãos da Gestapo que o despachou para um campo de concentração na Estônia. Ao tentar fugir, em 1944, como relata A. Sútzkever, Hirsch Glick foi assassinado pelos nazistas. Mas o seu chamado poético continuou a soar mais forte do que nunca.

O jovem poeta do Gueto de Vilna tornou-se o bardo da saga de um povo. Espontaneamente adotado por judeus de todo o mundo como o hino de sua dor e sua disposição de luta, as estrofes de "Zog Nischt Keinmol..." foram vertidas para o inglês, o francês, o russo, o espanhol, o romeno, o holandês, entre outras línguas. A. Schlonski, uma das vozes mais pujantes da renovação modernista e da reformulação israelense do verso hebreu, fez a tradução hebraica. Em português, existem duas versões: uma realizada por Benno Milnitzky, em 1946, e outra, posterior, que se deve a Paula Beiguelman.

Prematuramente ceifada, a lírica de Hirsch Glick, após as primícias do pré-guerra, ficou caracterizada pelo que germinou sob "plúmbeos céus" e foi forjado no gueto combatente. O estertor dos trucidados e a prece por seu martírio compõem-se na vibração da revolta que se arma e freme à espreita da besta homicida. O verso do poeta não grita de angústia sufocada, mas de cólera incontida. Seu clamor é o dos guerrilheiros das florestas e dos resistentes dos guetos. Em seu cântico ressoa a certeza de que chegará "a hora ansiada".

Dentre os que lograram salvar-se do desastre, e não foram muitos, três adquiriram particular relevo no pós-guerra, inclusive por sua atuação no Gueto de Vilna e na resistência judaica, e dedicaram a sua pena à tarefa de inscrever o martírio e as lutas do povo na memória poética e ficcional da literatura ídiche. Kaczergínski, que morreu prematuramente num desastre de aviação na Argentina em 1952, onde se fixara em 1950, deu-lhe, em verso, prosa e drama, o registro de seu testemunho. *Ikh Bin G[u]even a Partizan* (1952), traduzido no Brasil e editado, com desenhos de Lasar Segall, sob o título de *Memórias de um Partisan na Rússia*, contém passagens como estas:

> A morte de Vítenberg foi a última advertência ao gueto: estejam preparados, estejam preparados para morrer!
>
> Mas a vida chama: Sofreste tanta penúria, perdeste todos os entes queridos, sê tu ao menos a única testemunha; sê tu o herdeiro! Só algumas semanas deves resistir e depois, viver, viver. Só

> então poderás vingar-te. Lembra-te – prossegue a vida chamando – os mortos não podem tomar vingança.
>
> A população do gueto começou a mover-se febrilmente: Para a floresta, para a floresta! Saiamos daqui! Se morrermos nos bosques, ao menos será uma morte digna no campo de batalha. Aos bosques, aos bosques! – era o cotidiano clamor dos judeus[10].

Mas, além do *Khurbn Vilne* (Vilna Destruída, 1947) e de coletar o que restara da produção dos guetos e dos campos de concentração, *Líder fun di G[u]etos un Lág[u]ern* (1948), o escritor pouco pôde fazer. Coube aos dois outros converter em obra criativa a terrível experiência pela qual haviam passado e seu trágico legado.

Haim Grade, um dos últimos rebentos das *ieschíves* lituanas, sofreu a influência dos mussaritas, um movimento religioso que atribuía especial importância aos elementos éticos e ascéticos do judaísmo. Em *Mussárnikes*, poema épico composto em 1939, tem-se uma viva caracterização desta corrente, de seu ideal de pureza espiritual e de sua busca de perfeição moral, bem como do ambiente das *ieschíves* em que, sob a forma de práticas educacionais, seus ensinamentos eram propagados. Na figura de um estudante de um destes seminários talmúdicos, Haim Vilner, um jovem emaciado no exercício da devota edificação, e de seus dilemas em face do chamado dos sentidos e da natureza, o autor faz uma primeira *mise au point* de sua experiência e de sua relação com o *mussar*, optando por renunciar à sua ascese pietista. Porém, mesmo depois de se libertar dos filactérios e do xale religioso e de se pôr a celebrar inebriadamente a vida e o amor, sempre andou às voltas com um moralismo que vinha do fundo de sua formação de erudito tradicional e estava constantemente a contestar a sua mundanidade atual. Após a guerra, quando se torna o fino narrador e estilista do *Schulhoif* (O Pátio da Sinagoga, 1958) e do romance em dois volumes *Tzémakh Atlas* (1967-1968), o tema retorna, inclusive como relato em prosa. Em *Main Krig mit Hersch Rasseiner* (Minha Querela Com Hersch Rasseiner), a controvérsia entre o autor e seu antigo condiscípulo na *ieschivá*, ou seja, de certo modo, ele mesmo, se transfere para o plano da possibilidade de uma fé em Deus e nos valores tradicionais do judaísmo, depois que no mundo, onde deveria reinar a Sua ordem e a Sua justiça, milhões de inocentes foram cruel e absurdamente exterminados. A polêmica se desenvolve com raro calor dialético e a figura do crente sai dignificada, embora não dirima as dúvidas de seu incrédulo contestador, que no entanto não deixa de admirá-la e encontrar nela uma das razões de seu próprio ser como judeu, ainda que na laicidade. Esta mesma relação com um mundo que não é mais

10. Rio de Janeiro: Biblos, 1962.

o seu reaparece nos poemas de *Der Mames Tzvue* (O Testamento de Minha Mãe, 1949) e na maior obra em prosa de Haim Grade, *Main Mames Schabóssim* (Os Sábados de Minha Mãe, 1955). Do foco retrospectivo da memória ressurgem as figuras, invocadas com uma arte admirável na sua delicadeza, de um universo tocado pela graça e beatitude, que trama, na interioridade cerrada e singular das almas, os fios singelos e piedosos de sua santa miséria para a maior glória de Deus. Mas esta enlevada conjuração, com todo o seu poder de encantamento, não deixa de ter algo de fantasmagórico. Ela brilha sobre o fundo negro do terror e da morte. Mais do que na ficção narrativa, na produção poética de Haim Grade, a vivência do horror e os espectros de seus escombros são um aguilhão cravado em seu estro, "Na Noite e no Vento":

> Na noite, na chuva e no vento,
> em todos os caminhos errantes
> nos parques, nas gares, nas salas
> folhas que o outono arranca e varre,
> vagando de trem em trem
> invejando aqueles que não precisam
> por duas gotas d'água rogar,
> e Deus já está a seus pés.
> Mas nós, manada de espessa pelagem,
> animais da fome e da raiva,
> em renques lutamos por água
> com nossos punhos e nossos soluços,
> nós queremos estilhaçar os céus
> com o nosso longo grito tenebroso.
> Como um alfanje nosso olho luz,
> para escavar nosso enxugadouro
> para procurar um caminho, errantes
> na noite, na chuva e no vento.
> Lobos famintos, quase carcaças,
> nós filhos e filhas da Polônia,
> barbudos como pântanos ervosos,
> espantados, bárbaros, bois
> escapando à carnagem, aviltados
> nós fugimos da Lituânia.
> Cães sem pátria em suas pupilas,
> a Ucrânia se dobra e vacila,
> as comunidades se lamentam
> que ontem, gralhas dementes,

de suas moradas fomos expulsos.
Sobre elas a morte passou
a tromba também as afogou.
O Niemen cuspiu suas pedras,
o Don não embala mais quem erra:
de Minsk a Samara a gélida
se alonga nossa negra nuvem.
Vilna acolhe Jitomir,
ambas morrem de gemer,
uma sobre a outra estranhos restos
sobre as neves da Sibéria.
De Jmerinsk, Poltava, Briansk
nós corremos – lava abrasante,
as barreiras, nós as quebramos,
o céu se inflará do veneno
de nossos corpos e de nossas feridas
que clamam e gritam para o azul.
Na noite choram os comboios,
quem reclamará, qual voz,
que seja do sangue paga a divida,
quem, pelo sofrimento que se joga
como lixo aos passos dos errantes
na noite, na chuva e no vento?

A obra de Avrom Sútzkever, considerada por muitos como a mais significativa do estro ídiche do após-guerra, é de outro caráter. De formação menos tradicional que a de Grade, tendo passado a infância em meio à natureza siberiana e recebido o influxo dos clássicos do verso russo, sua têmpera de criador guarda a força e o ritmo que estes elementos lhe imprimiram:

Sol poente sobre gelados caminhos azuis.
Doces cores de sonolência em meu ânimo.
Do vale, cintila uma casinha defronte
recoberta com a neve do sol poente.
Bosques encantados balançam-se nas vidraças.
Trenós mágicos tilintam em círculo.
Sobre o minúsculo sótão arrulam pombas,
arraiam meu rosto. Debaixo do gelo,
estríado de cristais faiscantes
palpita o Irtisch em meia verdade.

Sob cúpulas silenciadas
floresce um mundo – uma criança de sete anos.

[1936 – publicado em *Sibír*, 1953]

Esta entrega sinestésica do poeta é logo perturbada. Sua poesia desenvolve-se, em essência, sob o signo do apocalipse hitleriano, a cuja véspera ela se iniciou. Mas Sútzkever, que foi um dos chefes da resistência judaica, um guerrilheiro que recebeu a condecoração de herói da União Soviética, não se limita a sofrer e chorar com o sofrimento e a dor de sua gente. Em estrofes como *As Chapas de Chumbo da Tipografia Rom* (1943) procura impedir que os suplícios dobrem a cerviz do povo. Busca a potência de combate no sublime e simbólico do martírio coletivo, a verdade nacional que deve animar a resistência de cada um, a qual não pode resumir-se apenas no impulso de salvação individual:

Nós, como dedos esticados através de grades
para agarrar o luminoso ar da liberdade –
nos estendíamos pela noite para levar as chapas,
as chapas de chumbo da tipografia Rom.
Nós, sonhadores, devemos tornar-nos soldados
e fundir em projéteis o espírito do chumbo.

Mas, principalmente em *G[u]ehêimschtot* (Cidade Secreta, 1948), a epopeia dos redutos estabelecidos nas redes de esgoto, depois de vencida a resistência dos guetos (no caso, o de Vilna), Sútzkever compôs um poema que arrebata, em sua musicalidade sinfônica, pela força autêntica de sua inspiração e, ainda mais, por sua alucinante dramaticidade. Nas 259 estrofes desta composição, eleva-se

> [...] um canto ao ser humano capacitado para conservar sua condição de ser espiritual e solidário numa situação extrema e num meio infra-humano. Ali, à beira das águas servidas, dez pessoas – alusão ao quorum judeu mínimo (*minián*) para rezar em comunidade – organizam uma vida "normal"... Essa "cloacópolis" de palácios aquáticos mostra a cada passo o contraste entre o sublime e o imundo. Os canais borbulham como órgãos e as pessoas disputam o pão aos ratos. De uma das saídas trazem lado a lado uma bomba e livros sacros resgatados da sinagoga do Gaon de Vilna. Através de um bueiro filtram-se os raios da lua e alguns dos refugiados dançam e pulam abençoando a lua como enfeitiçados. Uma batata que brota é sinal de primavera; uma aranha tecendo a sua teia simboliza a vida. A tremenda força transmitida por este poema

> levou Scholem Asch a dizer depois de lê-lo, que, vendo o livro sobre a mesa, sentia medo porque "tão pequeno como é há um leão agachado entre suas páginas"[11].

Depois dos Processos de Nuremberg, aos quais foi chamado como testemunha, o poeta se fixou em Israel, onde fundou *Di Gôldene Keit* (A Corrente de Ouro, 1949), até hoje a mais importante revista literária em ídiche do após-guerra, e onde prosseguiu na elaboração de sua obra poética. Exímio manipulador da língua, coloca-a, em seus versos intimistas, a serviço de um lirismo sensual e de uma visão surreal, que lembra às vezes, por seu imaginário, técnica e erotismo, o pincel chagalliano, ao qual dedica, por exemplo, este "Jardim Chagalliano":

> Atrás do portal, nos dezoito quilates do rosado
> vem se banhar tua noiva.
> Ela mergulha trêmula em tua paleta, ao mesmo tempo
> que de azuis perfumes balsâmicos
> tua imaginação se torna jardim. Ó noite dos rouxinóis!
> Beijam-se as cores. Teu pincel ele mesmo
> é um homúnculo
> na Via Láctea da tela
> a cabeça ao reverso
> e a ele se oferecem secretas carnações,
> tépidos pomos, frutos femininos,
> suas cores liberam o bem que o jardim
> esconde sob seus véus de bruma.

Sua geografia poética, embora centrada nos bosques lituanos, vai desde as planícies siberianas até os desertos do Sinai, como se verifica em *Di Festung* (A Fortaleza [do Gueto de Vilna], 1945), *Líder fun Vilner Gueto* (Canções do Gueto de Vilna, 1946), *Sibír* (Sibéria, 1953), *In Mídber Sinai* (No Deserto do Sinai, 1956), *Oásis* (1960), *Gáistig[u]e Erd* (Terra Espiritual, 1961). Mas a viagem criativa de Avrom Sútzkever, retraçada em parte nos *G[u]ezámlte Líder* (Poemas Reunidos, dois volumes: 1934-1947, 1947-1962), é de longo curso. *Firkântike Oisies un Mofsim* (Letras e Milagres Quadrangulares, 1968), *Tzáitike Pêinemer* (Semblantes Temporâneos, 1970), *Fidlroiz* (Rosa-Violino, 1974), *Alte un Naie Ksaviádn* (Velhos e Novos Manuscritos, 1982) são outras tantas etapas de seu itinerário pelos espaços de vida e tempos de vivência que balizam sua obra. Em 1977, o poeta publicou uma coletânea de *Líders fun Togbukh* (Poemas do

11. Tradução de Eliahu Toker. *Poesia, Avrom Sútzkever*, Buenos Aires: Pardes, 1983.

Meu Diário), uma espécie de registro de percurso lírico, que prosseguiu nos anos 1980. Uma entrada de 1974 faz a seguinte reflexão:

> Quem vai ficar, o que vai ficar? Um vento vai ficar,
> vai ficar a cegueira do cego que se vai,
> vai ficar um resto de mar; um colar de espuma,
> uma névoa enganchada numa árvore.
> Quem vai ficar, o que vai ficar? Vai ficar uma sílaba,
> para de novo germinar no Gênese de sua criação.
> Vai ficar uma rosa-violino em honra de si mesma,
> sete ervas dentre as ervas vão entendê-la.
> Mais do que todas as estrelas do norte até aqui,
> vai ficar a estrela que caiu em pura lágrima.
> Sempre vai ficar também uma gota de vinho em sua jarra.
> Quem vai ficar?
> Deus vai ficar. Isto não te basta?

O tom fica mais amargo no ano seguinte (1975):

> De dia um enterro, de noite um concerto,
> e chegar quer aqui quer aí é do destino.
> É do destino um balancim sobre a nuca:
> dois baldes cheios de ventura e desventura.
> Se um deles pendesse vazio, é possível
> que o outro jamais ficasse cheio.
>
> O sal não sentiria o seu próprio gosto
> e por sete pitadas de sal ele pagaria um tesouro.
> E a luz ficaria em rugas enferma
> se uma sombra não fosse a sua bebida.

Em ambas as composições é, pois, perceptível a veia melancólica de uma meditação sobre a existência humana e seu sentido, na perspectiva do tempo escoado. Mas, como se ouve em outros cantos do mesmo conjunto e em poemas ulteriores, Sútzkever não rendeu ao peso dos anos o seu sentimento da natureza, nem a sua sensibilidade para a experiência vivida no coletivo e no individual. A sua inspiração reteve a densidade lírica de imagem e dicção, de linguagem e invenção, que lhe havia ditado versos como "Paisagem do Fim da Noite":

> A lua cavalga um camelo de granito corcunda.
> Ouve:
> Frêmitos percorrem a terra

como nuvens.
Um clarão de cornos violetas
mergulha no mar, iluminando
a curvatura de uma onda.
Mas a lua desconfiada olha
como um velho coveiro que vê um recém-nascido.

Estas qualidades reaparecem com todo o seu vigor num poema em que, mais uma vez, une de maneira inusitada e magistral os dois eixos principais de seu estro, a natureza e o Holocausto. Trata-se de um assentamento de 1981 em seu diário poético[12]:

Recebi uma carta de minha cidade natal na Lituânia
de alguém cuja graça juvenil ainda tem poder em algum lugar.
Ela incluiu o seu carinho e o seu tormento:
Um talo de grama de Ponar.
O talo com uma névoa bruxuleante, moribunda,
acendeu letra após letra as faces das letras.
E sobre os rostos das letras em cinzas murmurante:
O talo de grama de Ponar.
O talo é agora meu mundo, minha casinha de brinquedo
onde crianças tocam violino numa fila chamejante.
Elas tocam violino e o maestro é lendário:
O talo de grama de Ponar.
Deste talo de grama não vou mais me separar.
Minha terra saudosa dará para ambos um lugar.
E então levarei uma dádiva ao Senhor:
O talo de grama de Ponar[13].

Do Khaliastra ao Iung Vilna e deste aos sobreviventes e à produção do pós-guerra, o discurso literário ídiche sofreu transformações fundamentais, na prosa e na poesia. Poder-se-ia dizer que, no conjunto, ele deixa definitivamente para trás a província do gueto, embora lhe seja inerente uma vinculação judaica. Mas esta se lhe apresenta altamente conflituosa e problematizada, requerendo novo tratamento formal e linguístico para representá-la na complexidade de suas

12. *Di Gôldene Keit*, n. 105, 1981.
13. Um local aprazível, a dez quilômetros de Vilna, onde os nazistas fuzilaram milhares de judeus do gueto e os enterraram em enormes valas coletivas.

- *Os deportados chegavam a Auschwitz e Birkenau julgando que seriam transferidos para outro lugar; era natural, pois, que trouxessem utensílios domésticos, imediatamente confiscados pelos guardas da SS. Aqui, escovas de dente.*

relações. Perde-se a possibilidade de essencializá-la, salvo na sua dinamicidade fenomênica. Com isso a figuração do judeu encontra dificuldade para exprimir a sua especificidade, a não ser despindo-se dela para revelar a sua condição humana, tal como exposta na voragem devoradora da historicidade coletiva e na negatividade da solidão kafkiana, se não absurda, pelo menos paradoxal. Ainda que o romance conte e reconte a experiência coletiva, tende a fazê-lo pela relativização e subjetivação no grupo, na classe ou na situação, deseroificando-a e levando-a ao abismo ou ao limbo da indeterminação de sentido. O mesmo efeito dilacera a poesia que viu seu contexto converter-se em fumaça e poeira de crematório, nada lhe restando a tematizar e celebrar, entre o homem e a natureza, exceto um e outro na sua solidão ou os fantasmas e os cadáveres na vivência monstruosa do Holocausto – inclusive em sua forma heroica e sublime – algo que só pode ser visualizado na pele lírica de seus demiurgos e nas simbioses estilísticas e formais da poética da modernidade.

POLÔNIA, UM PALCO DO TEATRO ÍDICHE

No intervalo de vinte anos entre as duas conflagrações mundiais, o teatro judeu e particularmente o ídiche tiveram, sem dúvida, na Polônia um centro dos mais ativos, na representação do repertório consagrado ou nos espetáculos de puro entretenimento, e dos mais marcantes na busca e na experimentação artísticas. Além dos conjuntos e dos intérpretes que devem ser inscritos neste espaço com os mais variados gêneros de exibição dita teatral, dos elencos de amadores (*dramkraizn*, círculos dramáticos) que proliferaram em grande número de cidadezinhas e cidades de concentração judaica na república polonesa, pelo menos três grupos desenvolveram uma atuação que lhes demarcou um lugar à parte nesta movimentação cultural e na sua produção cênica.

VILNER TRUPE

Na Diáspora ídiche-asquenazita, o nome da Vilner Trupe (Trupe de Vilna) adquiriu uma aura quase lendária, constituindo-se numa espécie de referência paradigmática do novo teatro judeu dos anos 1920. Só o Habima e o Goset chegaram a se lhe ombrear em prestígio, o que correspondia, por certo, à efetiva importância e contribuição artísticas dos três grupos.

O interessante é que os membros da trupe se colocaram nesta eminência teatral em condições bem mais irregulares e sem contar com nenhum dos apoios estatais que, bem ou mal, deram alguma estabilidade e regularidade ao desenvolvimento das duas outras companhias surgidas no contexto soviético. Com exceção do período de formação e de um curto lapso de tempo na fase varsoviana, o histórico da trupe de Vilna é inteiramente recortado por uma sucessão de crises, cisões e deslocamentos. Ainda assim, neste quadro de inquietações – que parece espelhar as do próprio público deste teatro, num singular jogo entre microssociedade e macrossociedade – houve lugar para que se delineasse um talhe interpretativo no trabalho dos atores e se plasmasse uma qualidade de representação que, se não chegaram a definir formalmente um estilo teatral, impuseram como juízos de valor artístico a designação de vilner e a menção a espetáculos como *O Dibuk*. Porém, de par com seus inegáveis méritos na arte da cena, confirmados inclusive pela crítica não judaica, há no nimbo que se teceu ao redor do grupo de Vilna um investimento simbólico. Neste teatro, a comunidade de espectadores e, em particular, o meio intelectual ídiche viam a expressão do potencial criativo de sua cultura, a explosão da *iídischkait* na modernidade.

Vilna encontrava-se sob ocupação alemã, durante a Primeira Guerra Mundial, quando um pequeno grupo de amadores da arte teatral e alguns atores profissionais do palco judeu e russo conceberam a ideia de formar na cidade um teatro ídiche permanente, aproveitando uma certa abertura que as autoridades ocupantes demonstravam em relação às atividades culturais judaicas. Obtida a necessária licença (algo que seria impossível sob domínio tsarista), o elenco organizou-se em moldes cooperativos. Competia a um "órgão dirigente", escolhido em assembleia geral, conduzir o conjunto. Compuseram a primeira diretoria Matisiahu Koválski (ator ídiche), Leib Kádison (pintor), Haim Schneir (amador), Azro (Aleksander Orliuk, amador) e Mordekhai Mazo (professor). Farain fun Iídische Dramátische Artistn in Vilne unter der Laitung fun M. Koválski (Associação de Artistas Dramáticos Judeus, sob a direção de M. Koválski), cuja sigla era FADA, foi a denominação inicial do grupo que se colocou ostensivamente sob a tutela de um profissional a fim de evitar a pecha de amadorismo e manifestar o seu objetivo – uma companhia estável, de repertório.

Neste sentido, resolveu-se praticar um teatro de *ensemble*, de base diretorial, submetido a uma estrita disciplina, a uma escolha cuidadosa dos textos e tendo o dialeto lituano do ídiche como pronúncia unificadora. As representações começaram a 18 de fevereiro de 1916, com *Der Landsman* (O Conterrâneo), uma comédia de Scholem Asch, em encenação de Leib Kádison (1881-1947). "Fui escolhido como *régisseur* – escreve ele em suas memórias – porque, além de minha prática de encenador durante dez anos na Sociedade Dramática de Kovno, eu possuía certos conhecimentos cênicos e certa cultura teatral por haver trabalhado bastante tempo em diversos teatros russos e poloneses, com conhecidos diretores, na qualidade de pintor."[1]

Kádison e seus atores ainda levaram, nesta primeira temporada, *A Farvórfn Vinkl* (Um Recanto Perdido), de Peretz Hírschbein; *A Mischpókhe* (Uma Família), de H.D. Nomberg; *Got Fun Nekóme* (Deus da Vingança), de Asch; *Iankl der Schmid* (Iankl, o Ferreiro), de Dovid Pínski; *Dos Vilner Baalebeissl*

1. Apud Zálmen Zilbercwaig, *Léksikon fun Iídischn Teater*, v. IV, Nova York: Farlag Elisheva, 1931, p. 3124-3125.

▪ Sabatai Tzvi, *J. Zulavski. Bucareste, 1924.*

(O Burguesinho [ou Filhinho de Papai] de Vilna), de Mark Arnschtein; *Ikhus* (Prosápia), de Asch; *Di Muter* (A Mãe), de Pínski; *Di Glikn* (As Venturas), uma comédia de M. Rívesman; *Mitn Schtrom* (Com a Corrente), de Asch; *Gliks-Farg[u]éssene* (Esquecidos da Sorte), de Pínski; *Der Gánev* (O Gatuno), de Mirbeau; *Dos Êibike Lid* (A Eterna Canção), de Mark Arnschtein; *Di Raikhe Irusche* (A Rica Herança), uma peça musical de Manuschévitch; uma dramatização do relato de Scholem Aleikhem, *G[u]imnásie* (Ginásio), e outra de I.L. Peretz, *A Din Toire Mitn Vind* (Uma Demanda Com o Vento), *Got, Mentsch un Taivl* (Deus, o Homem e o Diabo), *Der Umbakánter* (O Desconhecido), *Di Schvue* (O Juramento), *Kroitzer Sonate* (A Sonata a Kreutzer), de Jacob Gordin; várias peças de um ato e teatralizações de narrativas, além de *Der Dorfs Iung* (O Moço de Aldeia), nome inventado por Kádison a fim de obter, numa segunda tentativa, a licença da censura alemã para a apresentação do drama de Kobrin, *Iankl Boile*, que se tornou um dos grandes sucessos do jovem elenco.

Olhando-se com a visão de hoje, a relação causa perplexidade. Mas a verdade é que, embora reforçada por militares alemães (à procura de distração e atraídos pelo soar afim do ídiche), a plateia daquela cidade provinciana era pequena, obrigando à troca incessante da peça em cartaz, procedimento aliás generalizado no teatro da época, em que pese ao prejuízo para a qualidade e a profundidade da representação.

De todo modo, as performances do novo elenco foram muito bem recebidas pelo público local e a administração germânica de Vilna cedeu-lhe o teatro da municipalidade. A trupe ídiche, já em novembro de 1916, passou a levar aí seu repertório que teve o acréscimo, na mesma temporada, de obras de Peretz Hírschbein (*Di Puste Kretschme* [A Estalagem Desolada]), de Chírikov (*Di Iídn* [Os Judeus]), de Christiansen (*Dali*), de Scholem Aleikhem (*Mentschn* [Gente]) e de Schnitzler (*Uma Manhã Após o Casamento de Anatol*) – as duas últimas no início de 1917, por ocasião do primeiro aniversário da companhia.

A popularidade do grupo cresceu com rapidez e logo vieram propostas para apresentações em outras cidades. As excursões, a repercussão no ambiente da *intelligentsia* judia e até na imprensa da Alemanha – onde apareceram comentários entusiásticos de Hermann Struck, Arnold Zweig, Hans Gosler e Herbert Ollenburg – e sobretudo a forte recomendação de Éster Rokhl Kaminska, que numa de suas *tournées* pela província pudera assistir a espetáculos do conjunto, resultaram em 1917 no convite para o Teatro Eliseu de Varsóvia. A estreia deu-se com o principal trunfo artístico dos vilner naquele momento, *Iankl Boile*. "*Mázel Tov* (parabéns), judeus! *Mázel Tov*, temos um teatro!", proclamou em sua resenha, no dia seguinte, o romancista ídiche Iânkev Díneson; e um diário do Bund lhe fez coro: "Temos um teatro judeu de arte!"

A crítica e as plateias não pouparam aplausos ao trabalho da companhia que, aceitando a sugestão de H.D. Nomberg, adotou então o nome de Vilner Trupe. Foi também nesta ocasião que o diretor Dovid Herman (1876-1937) ingressou no *ensemble*, montando um texto de Peretz Hírschbein, *Di Nevêile* (A Carcaça).

De Varsóvia, o elenco leva o seu repertório para várias outras localidades. Em Lodz, onde se demora mais tempo, empreende inclusive duas novas peças, *O Poder das Trevas*, de Tolstói, direção de L. Kádison, e *Os Dias de Nossa Vida*, de Andrêiev, direção de A. Azro e L. Kádison.

Neste ínterim, começa a desatar-se a vinculação dos vilner com o seu centro de origem. Desde o princípio, este não lhes oferecia uma base material e institucional de alguma solidez. Em que conte um ou outro apoio, para fazer teatro e viver dele dependiam essencialmente da renda da bilheteria. Eram, portanto, forçados a ir procurá-la, como qualquer conjunto profissional na época. Porém, de peso não menor do que a instabilidade estrutural e as incertezas da vida itinerante, para um *ensemble* cuja proposta tinha em vista um moderno palco de arte, foram as difíceis condições daquele convulso pós-guerra no Leste europeu e, especialmente, as desavenças internas. Como resultado, alguns membros do conjunto se desligaram e voltaram para Vilna, tentando criar aí um "teatro de Estado", durante a ocupação soviética da cidade, enquanto o grosso do elenco se dirigiu de novo para Varsóvia.

Sob a insígnia de Vilner Trupe, o trabalho do grupo desenvolve-se na capital polonesa por cerca de três anos. Embora prossiga a movimentação de integrantes que entram e saem deste "coletivo" cooperativado, é então que o *ensemble* realiza notável expansão de seu repertório e cria uma de suas expressões cênicas mais significativas.

O Cocheiro Henschel, de Hauptmann (direção de Mikhal Veichert); *O Pai*, de Strindberg; *Tio Vânia*, de Tchékhov; *No Fundo*, de Máximo Górki; *Tkias Kaf* (O Contrato), de Hírschbein; *Libelei*, de Schnitzler; *Der Schtúmer* (O Mudo), de Vaiter; *Na Cidade*, de Iúschkevitch; *Sono Hibernal*, de Max Dreier, e *Ganóvim* (Gatunos), de Bimko, foram as peças montadas neste período, além de *Tog un Nakht* (Dia e Noite), de An-Ski e Katzisne, e *O Dibuk*.

Foi negado a An-Ski ver realizado um de seus mais acalentados desejos: assistir à representação de *O Dibuk*. As cortinas do teatro abriram-se para esta peça na data em que se celebrava a cerimônia do *schlôischim* ("trinta" dias) da morte do autor, 9 de dezembro de 1920. Interpretado pela Vilner Trupe, tendo nos principais papéis Míriam Orleska (Lea), Eliahu Schtein (Hanã), Avrom Morévski (rabi Azriel), Iossef Bulow (Henakh), M. Koválski (reb Sender), N. Nachbusch (O Mensageiro), L. Kádison (rav Sansão), com a direção de Dovid Herman, o espetáculo do Teatro Eliseu constituiu-se em enorme êxito. Em centenas de reapresentações para os espectadores judeus, laicos e religiosos, que lotavam as récitas (assistidas também por intelectuais e artistas poloneses), tornou-se um marco da maturidade teatral do elenco e do próprio teatro ídiche.

> Ainda que tenha passado um quarto de século desde que vi o espetáculo [...], parece-me agora como se fosse ontem, tão profundamente ele se gravou em minha memória. Cada cena, cada movimento, todos os tons de voz daqueles então desconhecidos atores ainda soam em meus ouvidos e ainda vejo vividamente toda a atuação. O Teatro Eliseu era [...] longo e estreito, com bancos rústicos, e dava a impressão de uma caserna russa. Sentei-me num banco duro. Ficou escuro como breu. Diante de mim vi um *tales* [xale ritual] embebido de lágrimas. Na espessa escuridão vislumbrei um alto e jovem *hassid*, com um livro de preces e uma vela. Parecia muito distante, lá onde nada chega a um fim. Quando uma segunda cortina se levantou na casa de orações, ouvi sons entrecortados, lacerados, e uma melodia imprecisa: notas que gemem; um extático comungar com Deus: notas arrancadas a gerações e gerações, lenta, muito lentamente. Eles cantam lentamente e se balançam com rapidez nervosa. Isso durou muito tempo, até que pronunciaram a primeira palavra. Era como uma grande *ouverture*, mas sem orquestra. E devo admitir que nenhuma orquestra no mundo e nenhum compositor poderiam introduzir alguém

> na atmosfera mística hassídica melhor do que os movimentos e as notas dilaceradas daqueles judeus [...] Eu não os chamo atores, não porque não os considere atores, mas porque eram mais do que atores [...] Eu não me sentia como se estivesse sentado num teatro, mas diante de algo que eu nunca vira ou ouvira antes, nem poderia ver depois. Durante todo o espetáculo percorria-me um agradável tremor. Meus pensamentos despiram-se do cotidiano [isto é, do não sabático], esqueci de tudo e de todos [...] A dança, a dança da morte – nunca hei de esquecê-la em toda a minha vida. Uma criatura, que não era bastante nítida para se ter certeza se era mulher ou homem, mas uma espécie de figura, deslizava, torcia-se, girava num ritmo estranho, irregular,

rememorou, por volta de 1945, o compositor e homem de teatro Joseph Rumschinsky (1881-1956), que assistiu a *O Dibuk* pela Vilner Trupe em Varsóvia[2].

A obra surpreendia o público. Não pelos costumes, tradições, crenças, histórias, tipologia humana, formas de pensar e signos representativos, com os quais estava bem familiarizado, inclusive em termos de uma realidade próxima, de onde muitos mal acabavam de emergir. Tampouco cabia atribuir o estranho fascínio daquele quadro que punha a plateia a levitar "entre dois mundos" às verdades do além descortinadas por seus simbolismos. Era essencialmente como poesia dramática que *O Dibuk* exercia seu mágico poder de encantamento. A tragédia do amor irrealizado desenvolve-se na peça de An-Ski sob a forma de um mistério religioso. Com exceção de um único e breve momento, não ocorre nenhum diálogo direto entre os dois jovens que se amam. Seu relacionamento, no plano da vida real, sempre aparece mediado, seja temporalmente (ele ocorreu no passado), seja ontologicamente (ele é delegado a um "duplo" comum a ambos: Leadibuk e Hanãdibuk). Isto por certo rarefaz a corporeidade material e objetivamente erótica da paixão protagonizada, ao contrário do que ocorre no clássico casal de amantes, Romeu e Julieta. O que nestas personagens de Shakespeare é atualizado com plenitude carnal e natural, com total presentidade física do sentimento em paroxismo vital, aqui, em *O Dibuk*, se apresenta em quase ausência, evocação e nostalgia, tornando-se por esta carência descarnado, espectral, remetido a um latejamento preponderantemente emotivo em paroxismo espiritual. Assim sendo, o motor energético da ação central, isto é, a atração amorosa e a relação interativa que ela desencadeia, está mais num *dortsein* (ser ou estar-lá) do que num *dasein* (ser ou estar-aqui), em essência no efeito dramático de um "lá-além" exorcismado como um "aqui-agora". Ora, este

2. Apud Nahma Sandrow, *Vagabond Stars*, Nova York: Harper and Row, 1977, p. 219.

processamento não pode ser feito sem prejuízos para a ordem natural "deste mundo" e sua lógica causal, falhas que, para o desenvolvimento da trama e sua possibilidade de recepção, são supridas, aos saltos, por metáforas poéticas, signos taumatúrgicos e nomes cabalísticos operados ritualmente, nos quais se polariza, aliás, toda a atmosfera místico-religiosa e o próprio *éthos* do *schtetl* hassídico "entre dois mundos". Tal é a ação da "inação" que coloca teatralmente o drama todo no domínio do mistério. Foi o que a *mise-en-scène* explorou a fundo. É certo que não renunciou a uma transcrição realista do universo proposto, com suas referências socioculturais e suas evidentes remessas crítico-políticas. Mas, por um toque expressionista, acentuando linhas de força em determinadas figuras (Lea, Hanã, Mensageiro, rabi Azriel, os pobres), cenas (festa e dança nupciais, ida ao cemitério, esconjuração, julgamento, morte) e relações (Lea-dibuk, rabi Azriel-dibuk, Sender-Nissim), apôs-lhe uma máscara simbolista. Construíram--na lirismo e grotesco, pureza e pecado, beatitude e furor, devoção e êxtase, em pantomima ritual, dança orgiástica, fala coral e ação de massa, a contrapontear neste espetáculo da Vilner Trupe, numa conjugação de desempenhos individuais e coletivos como poucas vezes se vira até então num palco judeu e ídiche. Por significativa que tenha sido esta montagem e sobretudo a qualidade das interpretações[3], o trabalho não chegava a um grau de síntese de linguagem, unidade estilística e perfeição de acabamento que a versão hebraica da mesma peça alcançaria com o Habima, na encenação de Vakhtângov. As razões são muitas e seu exame exigiria uma longa análise comparativa; mas, sem excluir fatores contextuais e estruturais, de peso, cumpre ter em conta o aspecto que é apontado por um importante testemunho crítico. Com efeito, em suas *Teater Zikhrôines fun a Schtúrmische Tzait* (Memórias Teatrais de uma Época Tempestuosa), Zigmunt Túrkov, que se iniciou na arte teatral com Dovid Herman, atuou em seu elenco por uma temporada e assistiu à peça de An-Ski na montagem dos vilner, observou sobre os métodos e o estilo do encenador ídiche de *O Dibuk*:

> Herman era um déspota em seu trabalho. Seus ensaios não tinham caráter analítico; não costumava discutir as peças com seus colaboradores ou caracterizar suas personagens. Em compensação, tinha por hábito trabalhar cada papel em separado, com todos os detalhes, nuances de voz, ritmo e pausas. Sua forma de expressão

3. Em *Di Iberg[u]erissene Tkufe* (A Era Interrompida), p. 327, a propósito do ator Schtein, Túrkov escreve: "Eu o conheci durante o triunfo varsoviano da Vilner Trupe em *O Dibuk*. Ele interpretava Hanã ao lado de Míriam Orleska como Lea, na magistral encenação de Dovid Herman. Uma representação assim de dois amantes terrenos e não terrenos jamais tive ocasião de ver novamente no teatro ídiche. Foi um "cântico dos cânticos" que Dovid Herman sonhou e os dois artistas entoaram. Mesmo o primoroso desempenho de Avrom Morévski – seu *tzadik* de Miropol (rabi Azriel) – não enfraquecia a impressão das cenas que eles faziam."

> predileta era a pausa. Ela acabava muitas vezes falando de maneira mais convincente do que a linguagem das palavras. A pausa representava o fundamento sobre o qual ele edificava a representação. Herman, o *régisseur*, ouvia e sentia, mas não via. Por isso, suas encenações eram estáticas, baseadas em atmosfera, tom e pausa. Faltava-lhes ação, envergadura, asas, uma autêntica mesa de ensaios, que não estivesse limitada pelas quatro paredes e não se concentrasse em torno da mesa do mestre. Sua obra-prima de encenador, *O Dibuk* de An-Ski, que realizou já como diretor profissional junto à Vilner Trupe, foi de fato um exemplo de semelhante "mesa de ensaio", cuja arte somente ele, Dovid Herman, podia trazer ao palco. Daí por que causavam tão profundo efeito neste espetáculo o primeiro ato – na casa de estudos – e o último – na casa do rabi. Em troca, o segundo, que não se desenvolve entre as quatro paredes de um aposento, mas no amplo pátio de uma casa de rico e requer dinamismo, movimentação, reagrupamento em quadros sucessivos de multidão popular, apresentava-se despido de cor, desajeitado. Porque faltavam a Herman asas e proficiência técnica. Sua inépcia na ação cênica não era menos característica do que sua maestria na criação de atmosfera.[4]

É verdade que nem por isso, durante muitos anos, a opinião pública e o olhar de especialista viram no espetáculo algo menos do que uma extraordinária realização dramática, consagrando-o com um reconhecimento que se fez mito e se transmitiu quase acriticamente à história teatral judaica. O mesmo efeito reflete-se no rótulo de "realismo profundo" que tem servido para caracterizar o enfoque de Herman e seus atores nesta montagem de *O Dibuk* e que é também estendido à arte da Vilner Trupe.

Embora a cada temporada, ano após ano, novas peças viessem engrossar o repertório da companhia e ainda que a qualidade de seu desempenho não perdesse em nível, nada do que ela apresentou depois da obra de An-Ski logrou uma repercussão similar, nem se pode dizer que a tenha ultrapassado no plano estético-teatral, pelo menos em termos de uma inovação ou cristalização cênico-estilística de conjunto e assinalada no processo artístico do teatro ídiche, como seria o caso, por exemplo, da carreira do Goset. De todo modo, os vilner não descansaram sobre os louros conquistados, nem poderiam talvez fazê-lo, nas condições em que atuavam como elenco profissional. De 1921 a 1923, em Varsóvia, em Lodz e nas visitas a outras cidades polonesas, deram em estreia *Amnon e*

4. *Teater Zikhrôines fun a Schtúrmische Tzait*, p. 42-43.

Tamar e *Der Zíndiker* (O Pecador) de Asch, *Es iz Schver Tzu Zain a Iíd* (Difícil Ser Judeu) de Scholem Aleikhem, *Uriel Acosta* de Gútzkov, *Schmates* (Trapos) de Lêivick e *Karikaturn* (Caricaturas) de Katznélson. Em 1923, após uma excursão pela Galícia, foram para Viena onde se exibiram durante seis meses. De volta à Polônia, ocorreu nova cisão no grupo e uma parte resolveu tentar a sorte na vizinha Romênia. Neste país, que abrigava numerosa coletividade de falantes do ídiche, seus espetáculos foram apresentados não só na capital, Bucareste, como em Czernovitz e nos vários centros de vida judaica, em sucessivas temporadas, com obras do repertório e novas encenações (*Motke, o Ladrão*, de Scholem Asch; *Dos Groisse G[u]evins* [A Sorte Grande], de Scholem Aleikhem; *O Avarento e George Dandin*, de Molière; *Dovid ha-Mélekh un Zaine Vaiber* [O Rei David e Suas Esposas], de D. Pínski; *Der Dúkus* [O Duque], de A. Katzisne; *O Casamento*, de Gógol; *O Mais Importante*, de Evrêinov; *Sabatai Tzvi*, de Asch; *O Pensamento*, de Andrêiev; *O Detetive*, de R. Voinétzki). É claro que, mais uma vez, na outra face da moeda, a crônica da trupe (ou da parcela que assumiu o seu nome) foi escrita por discórdias internas, reformulações da equipe, entradas e saídas de atores. Uma destas crise levou o grupo a voltar para a Polônia, em 1927.

Em Lvov (Lemberg) primeiro e mais tarde em Varsóvia, a "restaurada" Vilner Trupe teve em Míriam Orleska sua principal atriz e em Dovid Herman e M. Veichert os seus mais frequentes *metteurs en scène*. Nestes anos, até o fim da década de 1930 – quando se reduz a alguns membros que atuam em Varsóvia – leva à cena *Judite e Holofernes*, de Nestroy; *Periférie*, de F. Langer; *Juízes*, de Wyspiânski; *Di Váiberische Kníplekh* (As Economias Femininas), uma velha comédia ídiche; *Desejo Sob os Olmos*, de Eugene O'Neill; *Bainakht Oifn Altn Mark* (Noite no Mercado Velho), de Peretz; *A Quadratura do Círculo*, de V. Katáiev; *Shylock*, de Shakespeare; *Iídnschtaat* (Estado Judeu), com um prólogo de A. Zêitlin; *Hérschele Ostropólier*, de M. Lifschitz; *O Golem*, de Lêivick.

A insígnia da trupe não foi utilizada unicamente pelo grupo que permaneceu na Polônia. O processo que se iniciou em 1919, com a saída de Azro, Iossef Bulow, Avrom Teitelboim e outros, resultou ao fim na formação de um segundo elenco que se apresentava como tal. E não deixavam de fazer jus à reivindicação, pois se relacionavam ao primeiro não só pela origem e por um constante rodízio de integrantes, como pelo perfil do repertório e pelo teatro que praticavam. Assim, quando chegaram a Nova York, em 1924, vindos de Berlim, Hamburgo, Leipzig, Amsterdam, Paris e Londres, levavam realmente para o palco ídiche na América a representação da Vilner Trupe e sua arte.

Nos Estados Unidos, por onde o conjunto recém-arribado pôs-se a excursionar pouco depois da estreia nova-iorquina, em janeiro de 1924, o nome da Vilner Trupe continuou em cartaz, com antigas e novas peças, até o início dos anos 1930, pelo menos. É então que Bulow, voltando de uma breve visita à Polônia, se propõe reorganizá-la, mais uma vez, e encena no Teatro Íntimo do Bronx, *Perifêrie*, de Langer, *Dúkus*, de Katzisne, e mais cinco peças. A tentativa mal resistiu à temporada de 1929-1930. Quatro anos mais tarde, o mesmo Bulow formou um outro elenco, mas não o referiu à Vilner Trupe, cuja carreira era, já de há muito, a de uma identidade antes nominal do que grupal, inclusive na América.

No conjunto, a Vilner Trupe distinguiu-se não só por ter utilizado textos provenientes em sua maior parte da dramaturgia ídiche – sobretudo a produção pós-peretziana: Pínski, Asch, Hírschbein, Bimko, Katzisne e outros – russa e ocidental. Rompendo com as técnicas rotineiras do velho teatro judeu, adotou o teatro do diretor e do *ensemble*, de orientação stanislavskiana, mas não se lhes ateve dogmaticamente, incorporando a eles recursos e estilemas que lhe vinham das correntes modernistas e da teatralidade de vanguarda. Com isso, criou um tipo de virtuosismo de encenação e interpretação, um *modus operandi* que alguns críticos qualificaram imprecisamente de "estilo vilner" e que, de uma ou de outra maneira, tornou-se um fator importante e deu uma sensível contribuição ao empenho renovador da prática e da estética da cena ídiche. H. Schneir, Mark Arnschtein e M. Veichert, um aluno de Max Reinhardt, que dirigiu *Kídusch ha-Schem* (A Santificação do Nome), de Asch, são alguns dos encenadores, afora Kádison e Herman, que trabalharam com os elencos e montaram seus melhores espetáculos. Cerca de cem atores e atrizes representaram nas três principais vertentes da Vilner Trupe, em aproximadamente cem peças, entre as quais, mais de trinta, de autores não judeus. Como vimos, o próprio êxito acabou provocando sucessivamente a desintegração do grupo original, pois os seus principais integrantes foram abandonando-o ao longo do tempo, formando outros tantos "autênticos vilner".

O VIKT

O Várschever Iídischer Kunst Teater (Teatro Judeu de Arte de Varsóvia) ou Vikt é o nome assumido, em 1924, por um conjunto de atores estruturado por Zígmunt Túrkov, com o propósito de levar ao público ídiche um tipo de repertório e de representação marcados não só pelos critérios da "artisticidade" e da "europeização" do então assim chamado "teatro melhor" (*béssern teater*), como por uma opção ideológica de esquerda. Era um desdobramento do trabalho que, desde o seu retorno da União Soviética em 1920, o jovem encenador e comediante vinha realizando no Teatro Central da capital polonesa, com um elenco encabeçado por Éster Rokhl Kaminska, sua sogra, e Ida Kaminska, sua esposa.

Em relação aos espetáculos apresentados no contexto inicial, o registro crítico e o próprio Túrkov dão destaque a *O Avarento*, de Molière, *O Inspetor Geral*, de Gógol, *Mótke Gánev* (Motke, o Ladrão), de Scholem Asch, e sobretudo a *Os*

Sete Enforcados, uma adaptação do texto de Andrêiev que ficou um ano em cartaz. Na etapa do Vikt, que incorpora em seu repertório as montagens anteriores, salientam-se: *Sérkele*, de Salomão Éting[u]er, *Der Priziv* (O Recrutamento), de Mendele Mokher Sforim – peças levadas pela primeira vez no palco profissional ídiche –, *L'Amour médicin*, de Molière, *Sabatai Tzvi*, de Zulavski, *O Sineiro de Notre-Dame*, adaptação do romance de Victor Hugo, *Kisé Rabones*, de Álter Aizenschloss, *Dos Groisse G[u]evins* (A Sorte Grande), de Scholem Aleikhem, *Di Tzvei Kúni Lémels* (Os Dois Kúni Lémels, em adaptação) de A. Goldfaden.

Como indicam os dois conjuntos de peças, não houve entre os correspondentes momentos teatrais do mesmo grupo diferenças agudas, nem rupturas programáticas. Em seus vários aspectos, o processo que levou de um ao outro foi o de uma evolução interna, como, aliás, o caracteriza o seu condutor: "O Teatro Central converteu-se gradativamente num colorido coletivo de atores, composto de novas e velhas forças, de que se cristalizou em curto espaço de tempo o *ensemble* harmônico do primeiro Vikt"[5]. E, como que dando por antecipação os fatores que haveriam de operar a transformação, Túrkov prossegue:

> Como membro do conselho artístico do coletivo [do Teatro Central] empenhei-me em introduzir certas reformas, quer na seleção do repertório, quer na maneira de elaborá-lo. A experiência que eu trouxera do teatro russo, foi para mim, neste caso, extremamente útil. Pela primeira vez na história do teatro profissional judeu, o elenco deu-se ao trabalho, antes de passar aos ensaios de palco, de discutir a peça e as personagens, prática que, com o tempo, com o advento dos diretores modernos, se converteu na assim chamada conversa analítica de mesa.
>
> Novo também era no teatro judeu [profissional] o caderno de direção, com que eu costumava vir aos ensaios. Até então o trabalho do diretor, ou, melhor dizendo, do primeiro ator, consistia em indicações sobre aonde ir e onde ficar, deixando para si o centro do palco. Quanto a uma análise interpretativa de um papel, à relação entre uma personagem e outra, a uma atuação harmônica de conjunto que viesse exprimir para as pessoas a ideia central da peça – nenhuma palavra[6].

Calcada basicamente no realismo do Teatro de Arte de Moscou, quanto ao estilo da *mise-en-scène*, e na abordagem stanislavskiana do trabalho do ator, esta linha de pensamento que nortearia todo o labor teatral de Túrkov, como se pôde

5. Zígmunt Túrkov, *Di Iberg[u]eríssene Tkufe*, Buenos Aires: Tzentral-Farband fun Pôilische Iídn in Arg[u]entine, 1961, p. 34.
6. Ibidem, p. 34-35.

comprovar inclusive em sua atuação no Brasil, deu às representações do Vikt um elevado quilate artístico, apreciado pela *intelligentsia* e pelo público mais cultivado. Mas o grupo não dispunha de teatro próprio e, quando foi desalojado do Teatro Central de Varsóvia, passou a excursionar por toda a Polônia, apresentando-se nos centros maiores, com forte presença judaica, mas também, com impressionante frequência, "nas comunidades disseminadas em pequenas cidades às margens do rio Vístula, que corta o país de norte a sul, e onde os judeus, dizia-se, 'viviam de peixe e de teatro', tal era a paixão por espetáculos teatrais"[7].

O Vikt girou em torno de uma família, pode-se dizer, na medida em que dele fizeram parte, como atores, ao lado de Z. Túrkov e Ida Kaminska, Jonas e às vezes Ítzhok Túrkov, ambos irmãos de Zígmunt, bem como a cunhada, Diana Blumenfeld, e a matriarca do grupo, Éster Rokhl Kaminska, cujo estado de saúde já a afastava quase totalmente das lides do palco. Afora estes, a trupe contou ainda com intérpretes como Adam Domb, Ítzkhak Aizik Samberg, Moische Lipman, Dovid Léderman e vários outros. Iossef Kaminski compunha as músicas e Zígmunt Túrkov encarregava-se dos costumes e da cenografia, terreno em que marcou presença pela criatividade e adequação ao caráter itinerante do conjunto.

O Vikt não se movimentou apenas no espaço cultural judaico dos pequenos e grandes *ischuvim* poloneses, ucranianos, lituanos e letões. Em mais de uma visita, suas montagens foram vistas também pelos espectadores ídiches de Berlim, Viena, Bruxelas e Paris. Por outro lado, devido à própria natureza de sua proposta, tal como expressa no seu nome, representar de forma regular ou permanente num teatro varsoviano capaz de lhe servir de base foi um objetivo perseguido pela trupe em meio de suas andanças. De fato, a sucessão de *tournées* deveu-se tanto aos habituais ditames da vida e da economia das companhias, quanto à impossibilidade de obter uma casa de espetáculos na capital polonesa. Aí se encontravam, indubitavelmente, o ambiente cultural e o tipo de público para os quais o programa e o espírito do Vikt eram dirigidos e faziam sentido. Assim, ao surgir uma oportunidade de arrendar o Teatro Kaminski – uma propriedade dos herdeiros de Éster Rokhl, da qual pequena quota pertencia a Ida e Zígmunt – o ensejo pareceu imperdível, apesar dos riscos e custos envolvidos. Além de reformar e reaparelhar o teatro, houve necessidade de ampliar o elenco e o seu regime de trabalho, que deixou de ser o de um *ensemble* cooperativado para tornar-se um conjunto contratado. Duas peças foram escolhidas para as encenações de estreia na temporada 192671927: *O Décimo Mandamento*, de A. Goldfaden, e *Os Lobos*, de Romain Rolland. A *première* deu-se com a obra do pai do teatro ídiche moderno. Do anúncio do espetáculo, publicado na imprensa, constava:

7. Fausto Fuser; J. Guinsburg, A "Turma da Polônia" na Renovação Teatral Brasileira: Presenças e Ausências, em Armando Sérgio da Silva (org.), *J. Guinsburg: Diálogos Sobre Teatro*, São Paulo: Edusp, 1992, p. 85.

> Terça-feira, 19 de outubro [de 1926], realiza-se / a solene abertura / do Várschever Iídischer Kunst Teater (Vikt) / sob a direção de Ida Kaminska e Zígmunt Túrkov / para o jubileu do cinquentenário do teatro judeu será levada / uma peça de Goldfaden em 3 atos (7 quadros) com prólogo / O DÉCIMO MANDAMENTO / "*Não Cobiçarás*" / encenação e direção: Zígmunt Túrkov; intermédios: Moische Bróderson; ilustração musical: Iossef Kaminski; cenários e costumes: Iossef Jlivniak; intermédios coreográficos: M. Ambrozschévitch / o *ensemble* artístico compõe-se (por ordem alfabética [em ídiche]) de: / atrizes: Sonia Altboim, Fride Lúrie-Schpigel, Natalie Lipman, Clara Segalóvitch, Ida Kaminska, Hana Kelen, Éster Rapel, Roize Schoschana; / atores: Havl Bugzan, Ítzkhak Gundberg, Adam Domb, Zálman Hírschfeld, Zígmunt Túrkov, Moische Lipman, Dovid Léderman, Iânkev Mandelblit, Meier Melman, Pêissakh Kérman e outros / *maitre de ballet*: M. Abraschevitch; contrarregra: B. Épschtein; ponto: M. Zandberg; cabeleiras: G. Rotschein; costumes: M. Likhtenberg; adereços: M. Aizenberg; efeitos de luz: Stan. Suvalov; maquinista-chefe: L. Altschúler / diretor-gerente: Avr. Hélpern; administrador: M. Maksímov; administrador financeiro: Arnold Ginzburg; secretário do Vikt: M. Melman[8].

Os elementos enumerados no anúncio falam por si do caráter espetacular e profissional da montagem. Era ela também que, na previsão dos entendidos, reunia os ingredientes mais adequados para agradar a massa dos espectadores. Mas não foi o que se deu. Das duas realizações iniciais, a segunda teve maior êxito, embora a primeira, corrigida em seus defeitos mais graves, não se constituísse propriamente num fracasso. *Não Cobiçarás*, no julgamento do próprio Túrkov, ressentiu-se de excesso e sobrecarga:

> Verificou-se que certas alusões satírico-políticas que nos ensaios pareciam muito atrevidas no recontro com o público não obtiveram a devida ressonância e atuaram como um lastro excessivo que apresentava o ritmo e o desenvolvimento da ação
>
> O segundo momento que eu havia negligenciado nesta montagem foi a solução cenográfica. Ocorreu que a construção monumental concebida pelo artista Jlivniak dava uma impressão na maquete e absolutamente outra ao ser transposta para o palco. Era demasiado

8. Inserção nos *Literárische Bléter* (Folhas Literárias) de Varsóvia, transcrita por Túrkov em seu livro *Di Iberg[u]eríssene Tkufe*, p. 197.

> maciça, por demais elaborada para a ligeireza e ludicidade com que a ação estava planejada. Era possível usá-la quer para uma representação de Shakespeare ou como fundo abstrato para um drama moderno que exigisse ao mesmo tempo alguns planos de atuação. Parece que meu olho não era ainda bastante experiente para orientar-se a tempo sobre o efeito em cena de uma maquete sobrecarregada. Tive menos dificuldade quando se tratou de transpor para o palco o vestíbulo do átrio municipal de Vilna – lá eu tinha o modelo em tamanho natural. É verdade, quando começaram a construir no palco o cenário de *Não Cobiçarás*, eu me dei conta do engano, mas já era muito tarde para retroceder.[9]

Continua o memorialista algumas páginas adiante:

> Voltemos, porém, à segunda estreia, a de *Os Lobos*. Na leitura da peça perante o *ensemble*, alguns atores me advertiram que eu não devia montar a peça porque "seria malogro certo". Por sorte, como já disse, havíamos organizado este teatro não em bases "coletivas" e não éramos obrigados a levar em conta a opinião de nossos colaboradores. É verdade que semelhantes observações "amistosas" não nos acrescentavam ânimo. Mas tampouco nos impediam de prosseguir com o nosso plano de trabalho preestabelecido.
>
> Um dos principais argumentos contra a obra foi: "Como é que o público vai receber uma peça sem mulheres?" Um segundo motivo: "*Os Lobos* foram representados há pouco tempo com sucesso enorme no teatro polonês, como podemos competir com ele?" A principal razão, porém, foi, como acontece amiúde no teatro, que os atores não sentiam, não entreviam [na peça] os papéis a eles apropriados, o estranho *milieu* em que precisavam vivificar suas figuras cênicas

9. A propósito desta questão, Túrkov lembra, na sequência de seu texto, um episódio de seu trabalho no teatro brasileiro: "Um caso parecido, mas em sentido inverso, me aconteceu 25 anos mais tarde na minha montagem de *Terras do Sem Fim* de Jorge Amado, com Os Comediantes, no Rio de Janeiro. A maquete do cenário – preparada pelo brilhante cenógrafo brasileiro Tomás Santa Rosa – estava projetada para o amplo palco do Teatro Municipal. A ação em vários planos para o grande número de quadros e cenas de massa fora concebida e preparada durante os ensaios, de acordo com a perspectiva correspondente que só era possível criar num palco de largas dimensões. Porém, pouco tempo antes da estreia, Os Comediantes perderam a possibilidade de apresentar-se com a referida peça no Teatro Municipal por causa da inconveniência política de Jorge Amado aos olhos dos então edis da cidade. Vimo-nos forçados a encená-la na pequena sala do Ginástico, com seu palco em miniatura. Compreende-se que toda a atmosfera da representação sofreu com semelhante condensação forçada, porque faltava a espaçosidade das *Terras do Sem Fim* – o elemento principal da obra de Amado [...]". Ibidem, p. 198-199.

> A *première* de *Os Lobos* foi acolhida com extraordinário entusiasmo. O arrebatamento, seja do público, seja dos críticos, foi tão grande que, ao contrário dos hábitos reinantes, estes últimos *nos* ofereceram um banquete. A crítica, a ídiche tanto quanto a polonesa, elogiou a uma só voz a qualidade da representação, reconhecendo-a como um dos maiores acontecimentos teatrais dos recentes anos.[10]

Afora *O Décimo Mandamento* e *Os Lobos*, o Vikt também levou então à cena do Kaminski *In Goldn Land* (No Eldorado), de Iânkev Pat, *Der Ôitzer* (O Tesouro), de Dovid Pínski, *Os Irmãos Karamázov*, de Dostoiévski, bem como reapresentou *Sérkele* e várias peças do repertório. Era uma programação bastante ampla que suscitou interesse e atraiu bom número de espectadores. Nem por isso pôde o Vikt manter-se em sua nova casa de espetáculos. As receitas não foram suficientes para fazer face aos pesados encargos que se haviam somado às despesas normais da companhia – o alto custo das obras de restauro do teatro e das ambiciosas produções empreendidas para a sua inauguração, além de dívidas decorrentes de prejuízos sofridos em excursões anteriores. A consequência foi que, já na temporada de 1927/1928, o Vikt estava novamente sem o tão almejado tablado próprio em Varsóvia e, o que era pior, quase sem condições materiais de prosseguir, até como grupo itinerante. O malogro do projeto de fixação comprometia a existência mesma da *troupe*.

Para impedir o colapso daquele teatro de arte, amigos e apreciadores quiseram promover uma campanha de venda de mil ingressos por dia, durante a temporada, em Varsóvia. Mas o movimento não vingou, como também foram baldados os esforços do próprio Vikt. Uma *tournée* pela Romênia não trouxe nenhum alívio. Em que pese à acolhida favorável dos auditórios ídiches em Bucareste, em Czernovitz e no interior do país, incluindo-se a Bessarábia, o grande proveito desta viagem foi, nas palavras de Túrkov, "conhecer um novo país, um judaísmo interessante e... aumentar nossas dívidas"[11]. Mas

> em Varsóvia não tínhamos o que fazer. Todas as casas teatrais estavam ocupadas com "mercadoria vendável", *kitsch* melodramático e operetas baratas [...].
>
> A província estava menos desmoralizada, mais seletiva do que a grande cidade. Lá de fato cresceu a demanda por conferencistas, aumentou o número de exposições de artistas judeus e intensificou-se o interesse por um teatro artístico. Em muitas

10. Ibidem, p. 205.
11. Ibidem, p. 244.

> cidades foi virtualmente afugentado o *schund*. Foram criados comitês teatrais, seções do Yivo, círculos dramáticos – uma espécie de contraofensiva ante a crise espiritual da capital[12].

Esta fase do Vikt encerra-se com um novo giro pela província, em que Zígmunt Túrkov e Ida Kaminska apresentaram ao seu público não só espetáculos do repertório da companhia, como duas novas montagens: *Amol Iz G[u]even a Mélekh* (Era uma Vez um Rei...), de Ida Kaminska, e *Desejo Sob os Olmos*, de Eugene O'Neill, "que devia constituir a primeira peça no Vikt do grande escritor americano e a primeira tragédia moderna no palco ídiche"[13], escreve Túrkov, como que apontando para o sentido renovador de seu trabalho no movimento teatral judeu da época, não somente no contexto polonês.

Na verdade, para o seu idealizador, o Vikt não foi apenas a proposta representativa de um certo período de sua carreira de criador cênico. É lícito pensar que, a despeito de mudanças e desenvolvimentos num ou noutro aspecto, nele se tenha condensado o essencial de seu modo de conceber e de fazer teatro, um teatro de arte orgânico à cultura ídiche. Tanto assim que nos anos seguintes não abandonou a ideia de reavivá-lo e não deixou de efetivá-lo quando julgou ser o momento azado, em 1939. Atribuía-lhe mesmo uma verdadeira missão social e nacional. Veja-se o que Túrkov declara no manifesto que dirigiu então ao público judeu-polonês, a propósito do novo Vikt:

> A coletividade judaica nunca teve tanta necessidade de um teatro ídiche sério, como agora.
>
> Num tempo de depressão geral e de dependência, quando vivemos a braços com um hoje pesaroso e um amanhã enevoado, é dever sagrado de todo indivíduo consciente e pensante encorajar a "rua" judaica e nutri-la com o alimento espiritual que as massas judaicas precisam tão imperativamente em sua luta pela existência.
>
> Agora mais do que nunca devemos mover o combate contra o *schund*, que se arraigou profundamente em todas as áreas de nossa cultura e especialmente no teatro. O *schund* encontrou o seu freguês próprio na pequena-burguesia e na burguesia intelectual, sobre os quais ele atua como um narcótico, atrofiando-lhes tanto o gosto quanto o poder espiritual de resistência.
>
> O teatro deve dar alegria, otimismo, elevação e fé no amanhã.
>
> O teatro deve apresentar uma palavra que fortaleça a consciência nacional, cimente os agrupamentos sociais num poder

12. Ibidem, p. 248.
13. Ibidem, p. 249.

> cooperativo, que seja capaz de enfrentar a fera que ameaça nossa existência.
>
> Devemos agora nos apresentar com mostras exemplares do lado positivo da vida, criação e história judaica.
>
> Devemos com o exemplo de nosso passado distante demonstrar que somos um povo que muito antes do nascimento de Cristo pregávamos amor ao homem, amor ao trabalho, apego à terra, da qual fomos com o tempo expulsos e afastados e à qual temos não menos direito do que aqueles que nos acusam de sermos um povo de parasitas urbanos e agiotas. Esforçamo-nos por transpor todos estes momentos para *Sulamita*, que vamos agora ensaiar.
>
> Mostraremos uma peça do teatro judeu que contém esplêndidas mostras de elevada ética humana; uma peça de teatro que possui o mais forte elemento da antiga tragédia grega e shakespeariana: *fatum*, o dedo de Deus, que pune impiedosamente por pecados cometidos, mas tem ao mesmo tempo o elemento da ética judaica: perdão para o arrependido – algo a que a mentalidade grega antiga ou a shakespeariana não chega a atingir.

E reafirmando o caráter imperativo daquela escolha e o efeito positivo do tratamento cênico previsto, o manifesto advoga:

> Em condições que proíbam despertar protestos e agitação, que venha uma melodia em vez da depressão e do desespero.
>
> A possibilidade de jogo multilateral de atores, de soluções cenográficas originais, de ricas combinações de luz, de coloridos quadros grupais, de música melódica e popular que arrebate, ensine, tranquilize e refresque o espectador e torne festivo o trabalho dos atores[14].

De Goldfaden ainda, o Vikt programou também a montagem de *Bar Kokhba*, uma opereta igualmente tecida com material do passado judeu. As duas peças têm vibração "nacional" e "siônica", sendo que uma, por tematizar o último levante contra o domínio romano, está mais diretamente envolvida com a crônica histórica, ao passo que na outra, *Sulamita*, prevalece uma poetização idílica de motivos bíblicos. Reencenadas com muito êxito por Míkhoels no Melukhe Teater soviético, ambas ganharam renovado destaque teatral na ribalta ídiche daqueles anos tão carregados de sombrios prenúncios e tão necessitados de alimento para

14. Apud Nahma Sandrow, op. cit., p. 335-336; Zígmunt Túrkov, op. cit., p. 445-446.

a autoconfiança do povo, como a fina sensibilidade de Túrkov observara. No repertório preparado por ele para os espetáculos do Vikt também constavam *Onkl Moses*, de Scholem Asch, *Blóndjende Schterns* (Estrelas Errantes), de Scholem Aleikhem, além de um musical calcado nos assim chamados Bróder Zíng[u]er (Cantores de Brody), ou seja, nos cançonetistas populares que se apresentavam e constituíram a origem histórica, pré-goldfadeniana, do teatro judeu moderno.

Uma excursão a Lemberg e Cracóvia antecede a estreia no Nowosci, um dos melhores teatros da Polônia. De estilo gracioso, sua decoração, acústica e iluminação, bem como instalações e comodidades passaram por um recondicionamento especial a fim de abrigarem condignamente o novo Vikt. Entre os atores a expectativa era tanto maior quanto o afluxo de espectadores junto à bilheteria acenava com o triunfo. A inauguração, com a estreia de *Sulamita*, dá-se a 10 de setembro de 1939!

A catástrofe desaba sobre o novo Vikt e o seu auspicioso projeto de ação teatral, que vão juntar-se aos escombros da vida judio-polonesa nas memórias de um diretor de cena. Túrkov escreve:

> Eis que vem a mobilização. Continuamos a representar. A cidade parece uma chaleira fervente. Civis de ontem surgem agora em uniformes militares. O governo conclama à ordem e à resistência. Continuamos a representar. Milhares de pessoas procuram meios e vias de fuga para o estrangeiro. Os trens estão superlotados. Mas a fila diante do teatro para a aquisição de entradas para a nossa *Sulamita* ainda é longa.
>
> Já somos o último teatro a representar em Varsóvia. Os demais estão fechados. Já atuamos com alguns músicos apenas, pois os mais jovens estão mobilizados. Todos os dias partem para "algum lugar" coristas, atores... Mas continuamos a representar.
>
> Até que... a representação é interrompida. Uma das primeiras bombas sobre Varsóvia cai dentro de nosso teatro. Ele é convertido num monte de ruínas.[15]

IUNG TEATER

Mas o grupo que efetivamente empunhou a bandeira do experimentalismo vanguardista e da linguagem modernista no movimento teatral ídiche na Polônia foi o Iung Teater (Teatro Jovem) de Varsóvia. Seu surgimento

15. Zígmunt Túrkov, op. cit., p. 454-455.

está ligado ao trabalho do dr. Mikhal Veichert (1890-1967). Formado em Direito e em Letras nas universidades de Viena e de Berlim, tendo frequentado, em ambas as cidades, cursos regulares de teatro e, na capital alemã, as aulas de Reinhardt, este encenador, autor, crítico e professor distinguiu-se na geração teatral ídiche que começou a substituir o antigo artista cênico sem qualquer preparo prévio. Era consequência das transformações culturais e de padrões artísticos mais exigentes. Mas a escola de arte dramática especificamente judaica, fundada por Veichert em 1922 e reativada por ele em 1929 como estúdio da Liga Cultural de Varsóvia, propunha-se também, como programa precípuo inspirado nas correntes artísticas do teatro europeu e polonês, buscar novas formas cênicas para o palco ídiche.

A *Morte de Danton*, de Georg Büchner, constituía por si, sobretudo naquela quadra da vida judio-polonesa, uma declaração de princípios ideológicos, em política e em estética. O expressionismo alemão resgatara o potencial inovador e revolucionário da linguagem e das ideias do autor de *Woyzeck* e suas peças tinham agora um lugar reservado no repertório do teatro dito "avançado". É nesta perspectiva provavelmente que se deve considerar a escolha dos estudantes de Veichert, em sua primeira apresentação profissional, em 1929. É verdade que nem Avrom Morévski, nem Ítzkhak Aizik Samberg, que causaram forte impressão nos papéis de Danton e Robespierre respectivamente, eram novatos. Ambos figuravam na messe de intérpretes de grande qualidade que haviam emergido nos espetáculos da Vilner Trupe. Mas, se os dois desempenhos foram de molde a convencer a crítica, o mesmo não aconteceu com as outras figuras encarnadas pelos jovens atores. A reserva registrada é que pareciam perdidos em meio à multidão de coadjuvantes, uma centena, daquela *mise-en-scène*, de um lado, puxada para a barroca espetaculosidade reinhardtiana e, de outro, contida por um dispositivo cenográfico construtivista e abstrato, num jogo contraditório e pouco convincente de elementos.

O empenho, porém, de levar ao espectador ídiche o trabalho de uma nova geração de realizadores, com estudos regulares e interesses nas pesquisas de teatro, não esmoreceu. Ao se formarem, dois anos mais tarde, os alunos de Veichert fizeram o seguinte pregão de seu surgimento na cena da capital polonesa:

> O Iung Teater é o coletivo de atores formados pelo estúdio de teatro ídiche. Todos passaram por uma educação teatral sistemática, um curso de três anos que incluiu estudos práticos e teóricos de teatro. Agora o grupo se apresenta pela primeira vez perante o público de Varsóvia.
>
> O Iung Teater quer antes de tudo reproduzir as criações dramáticas modernas, ídiches e europeias; a vida de hoje com seu

> ritmo único, com suas ideias e impulsos, há de encontrar um eco vivo nas montagens do Iung Teater.
>
> O Iung Teater dá o seu primeiro passo publicamente sem ajuda de fora, impelido por seu próprio impulso e por sua profunda dedicação ao teatro, acreditando nos poderes criativos daquela parcela das massas judaicas para quem o teatro não é apenas um entretenimento, mas antes um meio na batalha para a libertação social e humana[16].

Boston, uma dramatização do caso Saco-Vanzetti, é o espetáculo de estreia, em 1933. Inovação e engajamento caminhavam aí juntos. Buscando transpor tanto quanto possível o convencionalismo da ação teatral e a linha divisória entre palco e plateia, de modo a envolver de pronto o espectador no problema em cena e a levá-lo a posicionar-se diretamente na discussão, Veichert montou a peça num espaço de pequenas dimensões, sem palco nem cortina ou disposições tradicionais da sala teatral, desenvolvendo o trabalho de seus atores em diferentes áreas de desempenho distribuídas no meio do público e convertidas em palco dramático à luz de refletores operados sincronicamente na sequência das 44 cenas em que se dividia a representação. A tentativa era, sem dúvida, a de articular uma linguagem cênica que, sem ser o que hoje seria chamado brechtiana, lembra de alguma maneira a do Arena em São Paulo e passava pelas ideias de Brecht-Piscatore, sobretudo, pelo teatro do *agitprop* russo e alemão, do Artef e de outros grupos de vanguarda estética com proposta política de esquerda.

O experimento despertou forte interesse e, representado mais de duzentas vezes só em Varsóvia, criou para o Iung Teater e seu projeto um espaço reconhecido no movimento teatral judio-polonês. Assim, até 1936, sob a mesma bandeira programática de pesquisa artística e engajamento social, o grupo pôs em cena espetáculos como:

Trupe Tanentzap, uma peça de Veichert, onde o autor-encenador, entrelaçando três dos cinco atos da comédia de Goldfaden, *Os Dois Kúni Lémels*, procurava recriar os padrões teatrais dos pequenos conjuntos de comediantes judeus que mambembavam pelas "cidadezinhas" da Europa Oriental. No recinto do vestíbulo com oito colunas, para onde acabava de transferir-se, o Iung Teater montou, num ambiente de celeiro, sobre barris e tábuas, uma espécie de palco improvisado, com florida cortina de chita vistosa, lanternas de carroça pendentes dos pilares e bancos de madeira para dar assento a uma rústica plateia. Este cenário, ou, antes, sugestão cenográfica de uns poucos elementos sinalizadores, referia evidentemente os locais onde se davam as funções desse

16. Apud Nahma Sandrow, op. cit., p. 318-319.

gênero popular de teatro, cujo repertório, modo de representar, tipo de vida e natureza de público Veichert pôs em cena sob a forma de teatro no teatro. Assim, entre modalidade artística (o mambembe ídiche), tipicidade regional (a Galícia judaica) e intencionalidade crítico-ideológica (o desenho do grupo judeu e da sociedade contextual) armava-se um jogo especular do teatral com o social, onde emergiam como heróis coletivos os artistas e o público, isto é, as massas judaicas, sua cultura, criatividade e linguagem peculiar ídiche, em oposição à burguesia e ao clericalismo ortodoxo. O espetáculo – após uma confusão provocada por um *hassid* e um ricaço no meio do suposto público – desembocava num discurso de *agitprop* do diretor da Trupe Tanentsap, que fazia profissão de fé na cultura popular ídiche e no futuro do povo, e terminava significativamente a sua alocução, por ordem policial...

Krássin, uma peça-reportagem sobre a façanha de um barco quebra-gelo soviético cujo trabalho de salvamento de uma expedição polar italiana atraíra na época a atenção internacional. A ação foi construída, pelo Iung Teater, não somente no âmbito cênico do interior e exterior de um navio, mas também em "blocos de gelo" dispostos no auditório, permitindo encenar uma rápida sucessão de quadros cambiantes e imprimir grande dinamismo à narrativa dramática.

Napoleons Ôitzers (Os Tesouros de Napoleão), uma versão dos *Goldgréber* (Cavadores de Ouro), de Scholem Aleikhem, dirigida, como pesquisa cênica e expressão estilística, para a linguagem do grotesco; *Mississípi*, uma dramatização do processo dos negros de Scottosboro e da questão racial nos Estados Unidos, que levou o Iung Teater a outra *mise-en-scène* experimental e de engajamento político, para a qual o público também era desta vez convocado, pois se tratava de mobilizar sua participação ativa no palco-tribuna da representação teatral; fragmentos de *Woyzeck* de Büchner, em tradução do poeta Ítzik Manger, como parte de uma linha de teatro que, impedida de abordar no contexto atual e polonês os temas da alienação e da opressão, empenhava-se em pinçá-los por via analógica e metafórica; *Viagens de Benjamin* III, de Mendele Mokher Sforim, a partir da elaboração feita pelo Goset moscovita, mas com um arranjo espacial inteiramente diverso – em vez da cena ou de áreas de jogo cênico rodeadas de espectadores, a plateia foi situada no centro e a ação a envolveu por três lados.

O Iung Teater encontrou particular ressonância entre a intelectualidade jovem e os setores mais avançados do proletariado judeu de Varsóvia, seja por causa do lugar que concedia a fatos de atualidade e a questões candentes naqueles anos, seja por causa da ousadia estética de sua orientação, que fez da pesquisa a ferramenta principal de trabalho criativo. Descentralizando as áreas de jogo teatral, varrendo-as da tralha cenográfica e colocando o ator a produzir a representação dramática, sem maior apoio do aparelho tradicional de artifícios cênicos, apenas com a verdade de seu desempenho ao rés do público, Veichert e seu elenco puseram a ênfase de seu teatro, visivelmente "pobre", no rigor e na qualidade da interpretação. Daí lhes adveio uma reputação artística que ultrapassou o cenário judeu. Suas apresentações, sempre em ídiche, eram assistidas com muita frequência por intelectuais e artistas poloneses, sendo indicadas a alunos das escolas de arte dramática e a visitantes de Varsóvia como espetáculos a serem vistos.

Isso não impediu que em 1936 o Iung Teater fosse proibido de atuar por ordem da polícia, na véspera de uma estreia em Vilna com a Trupe Tanentsap. A acusação era a de que se tratava de um grupo comunista. Baldados foram os esforços de revogar a determinação e de mascarar o *ensemble* sob a denominação de Palco Jovem. Em 1937, a companhia, sob título de O Novo Teatro, refugiou-se em Vilna, onde recebeu do Bund, que comemorava então quarenta anos de existência, um prêmio pelo nível artístico e social de sua produção teatral. E o mais paradoxal é que, em função deste reconhecimento, o ministério da Educação da Polônia contemplou o conjunto com uma soma em dinheiro. Mas o destino do Iung Teater, expressão palpitante das buscas de renovação no movimento teatral judeu, estava selado. O grupo não pôde mais apresentar-se.

KLEINKUNST

Dentre as modalidades de espetáculo exibidas pela cena judaica na república polonesa, de 1920 a 1939, cumpre lembrar as realizações da assim chamada *kleinkunst*, designação de uma arte em forma pequena, miniaturizada, e não apenas menor e ligeira. Embora não obedecesse a padrões permanentes de composição, situando-se naquele gênero cênico que, em formas e espaços diversos, do formalmente teatral ao desconectadamente performático, avassalara na Europa e nas Américas as plateias populares justamente por suas montagens de atrações e desfile de variedades, tinha na revista musical e satírica uma de suas concretizações mais características. Como tal, não constituía nenhuma novidade na ribalta do teatro ídiche moderno que a apresentava, em termos próprios, desde os tempos de Goldfaden. Mas agora, em suas versões mais recentes, à renovação da linguagem, que acentuava a mistura do cabaré e *music-hall* ocidentais à tradição jogralesca do festeiro asquenazita e a do café-concerto vaudevilesco dos Bróder Zíng[u]er, agregava-se um direcionamento mais preciso e definido do instrumental crítico no debate de ideias e posições em política, arte, moral e costumes. Assim, em seus "números", isto é, esquetes, improvisações, mímicas, canções e *charges*, a verve, a malícia, a paródia, o senso do momento e da natureza humana, temperos e ingredientes indispensáveis nesse fazimento teatral, eram postos a serviço de uma semântica complexa, sofisticada, infundindo-lhe uma eficácia comunicativa que atraía o espectador diferenciado e, sobretudo, intelectualizado. A revista da *kleinkunst* encenava o seu espírito.

As primeiras tentativas do gênero, como a que teve lugar em Lodz, podem ser assinaladas antes mesmo da Primeira Guerra Mundial. Mas é em 1925 que surge em Varsóvia um novo estilo de linguagem na revista teatral judaica, o *Azazel*.

Sob a égide do bode expiatório bíblico, o *show* cabaretístico ídiche mostrou notável inventividade, carreando para o jogo burlesco o gênio peculiar do humor judeu, que teve aí uma arena privilegiada para o múltiplo exercício de seu "riso entre lágrimas" – desde as projeções satíricas e farsescas nos *cartoons* dramáticos do pequeno e grande mundo judaico e humano, até as aplicações grotescas e paródicas nas miniaturas cênicas dos motivos, tipos, relatos e canções populares, não menos do que dos textos de origem literária como os de Mendele, Scholem Aleikhem, Peretz, Álter Katzisne, I. Mânger, M. Bróderson, entre outros. Numa sala, nos altos do clube dos escritores, artistas plásticos, poetas, dramaturgos, músicos, cançonetistas, atores profissionais e amadores, encenadores (como Dovid Herman, Veichert) promoviam um sortido repertório de monólogos, diálogos, dramatizações e cenas, ao pregão de um mestre de cerimônias que anunciava também os nomes dos espectadores presentes a cada noite. *Azazel* teve nas suas plateias *habitués* como H.D. Nomberg e Peretz Márkisch, escritores e comediantes poloneses, além da inteligência ídiche.

A montanha onde a arca encalhou e Noé soltou toda a bicharada deu o nome a outro grupo de arteiros praticantes judeus da *kleinkunst*, na Polônia. Terá sido talvez o mais espirituoso, criativo e engraçado dos que então e nesse contexto a cultivaram em diversas formas. O Ararat formou-se em Lodz e teve em Moische Bróderson seu principal animador. Piadas e trocadilhos recheavam de humor e paródia, ironia e brejeirice suas rimas, canções e esquetes. Realizado por gente jovem e talentosa, este teatro teve a singularidade de que, por um lado, no tocante a seus cenógrafos, autores e administradores, valeu-se exclusivamente de profissionais e pessoas do *métier*, mas, por outro, com respeito aos intérpretes, lançou mão, em boa parte, sobretudo no início, de jovens amadores e estreantes, sem nome artístico e prontos a trabalhar por muito pouco ou de graça. Foi assim que Bróderson recrutou Schímen Dzigan e, mais tarde, Isroel Schumakher, dois atores cujos dons histriônicos, revelados e lapidados no Ararat, ministrariam ao espectador ídiche – na Polônia antes da guerra tanto quanto em Israel, na Europa e nas Américas do após-guerra – expressões impagáveis de sua arte de miniaturistas do humor judeu.

11

ROMÊNIA

Os versos das dramatizações e canções de um bardo popular, o membro do Bróder Zíng[u]er Velvl Zbarjer[1], e as primeiras textualizações teatrais de Goldfaden[2] assinalam em 1876, escreve Sol Liptzin[3], o ingresso literário do ídiche no palco romeno. No período anterior à Primeira Guerra Mundial, particularmente sob o estímulo da Conferência de Czernovitz e no quadro de um idichismo crescente, surge na cidade de Jassy a primeira revista de literatura ídiche do país, *Likht* (Luz). Em suas páginas é que começou a destacar-se o trabalho de Iaakov Groper (1890-1968) como poeta e o de Iaakov Botochânski (1892-1964) como crítico literário, ensaísta e, sobretudo, teatrólogo (*Létzte* [Últimos], 1915). Groper, tido na época como a voz mais inspirada da poesia ídiche-romena, publicaria seus versos em periódicos judaicos locais e estrangeiros e em diversas antologias, vindo a coletá-los somente em 1934, no livro *In Schotn fun a Schtein* (À Sombra de uma Pedra); e Botochânski, que em 1923 emigrou para a Argentina e se tornou editor do diário israelita *Die Presse*, escreveria peças como *Reb Ber Lióver* (1926) e *Hérschele Ostropólier* (1927), textos ficcionais (*Mir Viln Lebn* [Nós Queremos Viver], 1942; e *Die Kénig[u]in fun Dorem Amérike* [A Rainha da América do Sul], 1962), ensaística (*Pschat* [Literalmente], 1952) e memorialística (*Di Lebens G[u]eschíkhte fun a Iídischn Jurnalist* [A História de Vida de um Jornalista Judeu], 1948, 3 volumes).

Contudo, foi após a Primeira Guerra Mundial que a literatura e o teatro ídiche conheceram na Romênia o seu momento de maior viço. Com a incorporação da Bessarábia, Bucovina e Transilvânia, o país passou a contar com numeroso grupo populacional falante do ídiche, que deu amplo *background* às atividades culturais judaicas neste idioma e, em suas letras, ao surto literário anteriormente encetado, trazendo à tona um contingente talentoso de escritores. A este número pertenceu o poeta e diretor de teatro Jacob Stérnberg (1890-1973), cuja *Schtot in Profil*

1. Sobre os Bróder Zíng[u]er", ver supra, p. 115.
2. Ver supra, p. 117.
3. Ver *The Maturing of Yiddish Literature*, Nova York: Jonathan David, p. 226-227.

(Cidade em Perfil, 1935) trouxe reconhecimento crítico a uma escritura poética que ia da plangência simbolista ao grotesco expressionista. Igual origem teve o nome do ensaísta Schlomo Bickel (1896-1969), um dos melhores intérpretes da cultura e da literatura judaica na Romênia, quer em ensaios coligidos em *In Zikh un Arum Zikh* (Em Si e Em Redor de Si, 1936), quer em livros como *A Schtot mit Iídn* (Uma Cidade de Judeus, 1943) e *Schraiber fun Main Dor* (Escritores de Minha Geração, 1958-1965), bem como num romance histórico sobre os judeus da Bucovina, *Mischpókhe Artschik* (Família Artschik, 1967). Mas a representação maior desta eclosão das letras romeno-ídiches esteve a cargo de dois poetas que viriam constituir capítulos por si da criação literária ídiche, não só na Romênia.

Um deles, o bessarabiano Eliezer Steinbarg (1880-1932), dedicou a sua arte de poeta à composição fabulística. Publicada unicamente em revistas e jornais, esta produção só veio a ser reunida em *Meschólim* (Fábulas), livro que apareceu alguns meses após a morte do autor em 1932. O público leitor ídiche recebeu com vivo interesse a obra impressa, à qual se juntou em 1936 a série de *Máisselekh* (Historietas) para crianças. Em hebraico, estas coletâneas e um volume suplementar de *Meschólim* (Tel Aviv, 1956) tiveram também larga circulação e, para além da esfera judaica, vertidas para várias línguas europeias – romeno, húngaro, alemão, francês, polonês e inglês – alcançaram repercussão internacional.

A visível preocupação literária a valer-se da invenção poética da linguagem para a observação sensível e inusitada dos objetos da reflexão filosofante, a obra de Steinbarg associa outra constante que lhe é peculiar: o propósito não só pedagógico, comum ao gênero, mas especificamente educativo. Educador que foi durante toda a vida, tendo exercido o magistério não só em sua cidade natal, Lipcani, como em Czernovitz e, num interregno brasileiro de dois anos (1928-1930), no Rio de Janeiro, onde fundou e dirigiu a escola israelita Scholem Aleikhem (hoje Eliezer Steinbarg), procedeu a uma renovação do repertório tradicional judaico e criou um fabulário moderno que exprime, em ídiche, a experiência humana de nosso tempo e de seu espírito.

Steinbarg, em seu repertório, funde uma larga variedade de elementos de extração quer popular quer culta. La Fontaine e Krílov, os relatos do *Talmud* e a literatura fabular do *maschal* hebreu e do *moschl* ídiche inspiram-no do mesmo modo que as vozes de diversas tradições folclorísticas, além da judaica em particular. Com esta última fonte a sua relação é sem dúvida orgânica, como apontam reelaborações temáticas e, o que talvez seja literariamente mais significativo, o gosto pela forma dialógica e pela disputa entre os caracteres fabulantes, numa retomada profana e moderna da disposição dialética dos operadores talmúdicos. Mas nem por isso se deve ligar à mesma raiz a preferência pelos objetos inanimados, ao invés de animais ou plantas, para a figuração das *personae*. Trata-se de uma propensão que parece atender, no plano imagístico

NUMAR GRATUIT

Joi 9 Iulie 1931

Redacția și Administrația la TEATRUL NOU Cal. Văcărești Nr. 34

CRONICA TEATRALA

Apare sub auspiciile direcțiunei I. Sternberg și A. Samuelly-Sandu — Secretar, A. Schönfeld

Presa Capitalei despre artistul IOSIF BULOW în CHIBIȚUL

Dimineața 30 Iunie

Teatrele de vară

BULOW

PAUL ZARIFOPOL

CHIBIȚUL Actul III

Arta lui Bulow

DOCTORUL YGREC

Adevărul 1 Iulie

FALSĂ CRONICA DRAMATICA

BULOW SAU DĂ-MI UN MĂR...

de I. ADERCA

I. Bulow în Chibițul

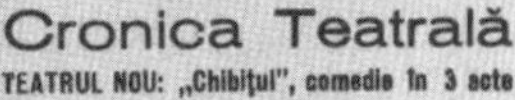

Cronica Teatrală

TEATRUL NOU: „Chibițul", comedie în 3 acte de Rabinsohn

A. MUNTE

Dimineața 26 Iunie 1931

▪ *Boletim teatral anunciando a temporada romena de Iossef Bulow, Luba Kádison e companhia. Bucareste, 1931.*

▪ *Iossef Bulow e Luba Kádison na revista musical* O Arco-Íris. *Nova York*, 1930.

e no seu poder de projeção metafórica, a uma busca de maior transcendência para a meditação fabulada pelo poeta. Coisa ou ser vivo, sua expressão na galeria deste fabulista é marcada sobretudo pelo sofrimento. Não que lhe falte humor, mas o seu propósito está além do jogo meramente jocoso e da ludicidade puramente brincalhona ou da crua denúncia e flagelação satíricas, na medida em que o recurso cômico é um articulador, quase sempre, de uma ironia trágica com vistas a um destaque dramático, como aflora em "A Rata e a Rosa":

> Uma rata
> fora de sua toca
> vê uma rosa desabrochada
> cheira as pétalas
> e logo se safa.
> Ó puf!, grita:
> Que medo azul
> uma rata vermelha
> que não tem cauda!

Como diria Pirandello, assim é porque assim lhe parece. As ilusões da visão, o estranhamento do mundo e a alienação da realidade são aqui pontuações dramatizantes para a crítica da condição humana na sua contingência ou, como Steinbarg intenta em muitas outras fábulas, para o indiciamento da ordem de coisas reinantes e das estruturas a elas inerentes, que considera perversas e injustas.

Ressalte-se, porém, que a força desta reflexão emana sobretudo de uma inventividade poética que se faz na carnadura da língua. Steinbarg é um mestre do ídiche. Dispõe dele, em seus vários códigos, nos estratos alto e baixo, na elocução culta e na fala popular, com uma liberdade que não vacila em face do neologismo, de hebraísmos ou aramaísmos da literatura rabínica e de inusitadas montagens sígnicas em que significantes extravocabulares são incumbidos de incubar, numa delicada produção de semiose poética, significados tópicos e funcionais ao efeito composicional visado. E um virtuosismo de construção que expande notavelmente o poder de expressão da arte do fabulista, ao mesmo tempo em que a remete constantemente à sua tipicidade, à fonte de sua linguagem e de seu espírito, o ídiche.

Melhor, porém, do que esta conclusão, talvez seja a que o próprio poeta pode oferecer sobre suas criações e o sentido que é possível atribuir-lhes. Deixemos, pois, que a sua efabulação acerca "Da Verdade e da Mentira" nos fale, do alto, ou, melhor, de dentro de sua sabedoria, sobre seu fabulário:

> "Mentira, mentira!"
> É em coro que gritam
> num tom severo
> todos esses cacos de vidro
> pendurados no colo de um lampadário
> como um colar de contas de luz.
> "Chega, Mestre lampadário, de ofuscar e enganar os nossos olhos.
> É preciso enfim que cada um saiba: a luz
> não tem cabeça nem cauda,
> nem a lâmpada, nem seu irmão
> queimador celeste em forma de esfera.
> A lua e os vadios que lhe fazem esteira,
> cumpre-lhes, meus filhos, cuspir-lhes no rosto:
> eles são, perdoem-me, rematados mentirosos
> cujo jogo não passa de trapaça,
> chamariz ofuscante de cores
> e engodo de coloridos.
> E vocês, basbaques, deixam-se levar
> estupidamente pela ponta do nariz.

O quê? Vocês não acreditam? Falar pouco importa:
Olhem, eu lhes peço, vocês mesmos não veem
jamais senão o estado derradeiro
da espécie a que vocês dão
o nome de luz, então abram os olhos:
É verde, vermelho e azul.
– É verdade! É verdade!, diz a turba num grito,
só um simplório de espirito
pode pretender agora
que a luz e não um chamariz se difunde
da lâmpada até os nossos olhos.
Quem poderia doravante crer nisso um só instante?
Então todos inclinam a cabeça
com gratidão e respeito
pelos dizedores da verdade – mas não por muito tempo,
pois logo foi preciso admitir,
dolorosamente reconhecer
que a falsa luz era afinal
necessária a cada um:
enquanto se acreditava na mentira-luz
todo mundo e cada qual
via muito bem;
por toda parte era um prazer para os olhos,
estava claro em cada lugar,
e agora todos e cada um só viam fogo!

É fora de dúvida que, dentre os autores que se projetaram no centro judio-romeno, Ítzik Manger (1901-1969) é o nome que teve maior repercussão, tanto mais quanto sua vida errante o tornou um verdadeiro partícipe internacional das letras ídiches, uma espécie de ilustração da tese – defendida por alguns de seus mais eminentes críticos e escritores – de que esta literatura era efetivamente "mundial", uma *veltliteratur*. No entanto, o principal veio de inspiração do poeta nascido em Czernovitz se localizava na tradição popular do judaísmo bessarabiano e no velho ídiche. O pai, um alfaiate que viera da Galícia, ensinou-lhe não só o seu ofício como lhe transmitiu o gosto pelo folclore e pela poesia, embora Manger haja-se abeberado também em fonte culta, mormente alemã, na medida em que fez estudos regulares num ginásio de sua cidade natal e a educação na Czernovitz austro-húngara era calcada no currículo germanístico (mesmo sob o posterior domínio romeno sua ação persistiu, como o grande poeta judeu de língua alemã Paul Celan veio a testemunhar).

Não é, pois, de admirar que em Manger soem ecos de Burger e do Sturm und Drang, de Goethe e de Schiller, do classicismo e do romantismo alemães e, marcadamente, de Heine. Deles derivam algumas das notas que pautam suas baladas, um gênero cuja presença na poesia ídiche moderna ficou associada ao autor de "Note Manger der Schnaideriung un di Scheine Gráfine fun Duptze" (Note Manger, o Moço Alfaiate e a Bela Condessa de Duptze) e teve em sua criação uma das vozes mais inspiradas:

> Era uma vez uma história,
> uma história triste e linda,
> e foi comigo mesmo
> que de fato ela aconteceu.
>
> Um alemãozinho com um chicotinho
> postou-se junto à minha cama,
> estalou o chicotinho,
> curvou-se fundo e falou:
>
> – A bela condessa de Duptze
> espera esta noite por ti,
> desde que sonhou contigo
> nunca mais voltou a rir.
>
> – A bela condessa de Duptze?
> Atrela, alemãozinho, o vento!
> O alemãozinho estala o chicotinho,
> "Eia!", e voamos à toda.
>
> Eia!, por campos e bosques.
> Eia!, por rios e prados.
> Eia!, por ruas e praças.
> Eia!, por vales e montes.
>
> Eis que reluz o palácio de prata,
> um grande sonho de prata,
> o alemãozinho estala o chicotinho,
> o cavalo de vento voa com os bofes de fora.
>
> Eis que o alemãozinho abre um portão,
> eis que o alemãozinho abre uma porta:
> – Mais depressa, seu alemão do chicote
> conduze-me e leva-me até ela.

Eis a formosa condessa,
ela vem ao meu encontro e ri;
um aceno ao alemãozinho
e o alemãozinho se curva: – Boa noite!

A bela condessa de Duptze
me segura pelas mãos,
e de repente, Deus do céu,
ela fica branca como a parede.

– O quê, tu és apenas um alfaiate?!
(Ela mal consegue ficar em pé.)
– Deus está convosco, condessa! –
sorrio eu tola e docemente.

Ela me aponta um dedo em riste e amarga:
– E tu queres ser o meu tesouro?!
Um fio de linha pende de minha manga
e a agulha prateia em minha lapela.

Eu enrubesço: – Formosa condessa
Ela choraminga: – Não digas uma só palavra!!
E como que escaldada
dá um pulo de seu lugar.

– Fora! – e como seta de um arco,
com o chapéu na mão,
ponho-me a correr, a correr,
fujo deste dito país.

E agora à noite junto à banca de trabalho
penso com lágrimas no olhar:
por causa de uma agulha e linha
perdi neste lance minha felicidade.

Inclino a cabeça em pranto
desanimado e cansado;
e vós, caros companheiros alfaiates,
ajudai-me ao menos a cantar esta canção!

Era uma vez uma história,
uma história triste e linda,

e foi comigo mesmo
que de fato ela aconteceu[4].

Tida por Goethe como épica, lírica e dramática a um só tempo, por se tratar de uma forma primigênia na qual os elementos não estariam ainda separados e à qual corresponderia também um conteúdo primordial de natureza bastante misteriosa sem ser mística, a balada serviu à perfeição ao envolvimento romântico de Manger, ditando-lhe estrofes como as de "Einzam" (Só):

Ninguém sabe o que eu digo,
ninguém sabe o que eu quero –
sete ratinhos e uma rata
estão dormindo no assoalho.

Sete ratinhos e uma rata
fazem, penso, oito –
eu ponho o chapéu
e digo: Boa noite.

Eu ponho o chapéu
e vou andando.
Mas para onde a esta hora
eu sozinho?

Uma tasca no mercado
pisca para mim: "Seu bobo!
Eu tenho um barril de vinho
um barril de ouro!"

Abro bem depressa
e despenco porta adentro.
Ora viva todo mundo,
seja lá quem for que seja!

Ninguém sabe o que eu digo,
ninguém sabe o que eu quero –
dois bêbados e uma garrafa
estão dormindo no assoalho.

Dois bêbados e uma garrafa
fazem, penso, três.

4. Ítzik Manger, *Oisg[u]eklíbene Schríftn* (Escritos Escolhidos), p. 204-206.

Devo ser o quarto
na jogada? Não, eu.

Eu ponho o chapéu
e vou andando.
Mas para onde a esta hora
eu sozinho?

Mas a balada não foi o único tipo de composição em que o poeta ídiche se fez notar, pois versou com igual inspiração o *lied* e o soneto. Nos três modos, o estro desse Villon, Nerval e Verlaine da poesia ídiche – como vários de seus intérpretes o qualificam – coa-se nos veios de um lirismo fortemente estriado, como não é menos próprio do espírito do romantismo, por rasgos de ironia existencial e de crítica social. É uma combinação bem conhecida na alquimia poética moderna, de Baudelaire a Brecht – linha de afinidades, se não de fontes eletivas, que pode ser invocada a propósito do humor boêmio-anárquico e da estilização grotesca, que imprimem um feitio tão singular à obra de Manger e a levam ao diálogo de sua contemporaneidade.

Trata-se, no entanto, de uma interlocução que não encobriu em Manger a voz judaica e, mais exatamente, ídiche-asquenazita. Em tudo e por tudo, "o mais culto de nossos poetas"[5] está longe de uma arte descaracterizada, desetnizada ou sequer desregionalizada. Não é uma questão apenas da língua praticada ou das tradições retomadas, nem de filiações literárias. Na indiscutível modernidade de sua dicção e de seus procedimentos lírico-épicos, o popular reinventa-se como linguagem, conjugando a simplicidade da canção e dos bardos ídiches com sofisticadas estruturas estróficas e grande perícia técnica. É o que torna tão original o resgate poético que aí se empreende não só do cancioneiro folclórico e da história bíblica, como do repertório tabernário e café-cantante dos Bróder Zíng[u]er, de Goldfaden e do teatro de revista ídiche.

Popularesco, idiomático, descontraído, dir-se-ia *nonchalant*, no fluxo verbal e na disposição composicional, Manger parece tecer os seus textos ao acaso e ocasionalmente. Mas é o efeito de uma superfície espelhada pela força idiossincrática de seu talento e pela maestria de seu estilo. Nela podem refletir-se o soneto-balada "Bróder Zíng[u]er":

Eu saltei para a carroça dos Bróder Zíng[u]er
e com eles viajei um pedaço de caminho,

5. I. Hofer, Dos Píntele Lid (jogo de palavras intraduzível, algo como A Pinta da Canção), *Di Gôldene Keit*, n. 40; e Ítzik Manger, *Oisg[u]eklíbene Veric*, Buenos Aires: Ateneo Literário en el Yivo, 1970.

por cidades e aldeias, por anos cantantes
de errância, de abandono e de fome.

Para dizer a verdade, para mim foi mais fácil
a vida com estes primeiros alegres atores judeus.
Para os campos cantam pássaros, os grilos – para o centeio
e para os judeus cantamos nós – os Bróder Zíng[u]er.

Em estalagens judias, em tavernas junto às estradas,
nos outonos, quando nos taipais tamborila a chuva,
nós paramos, para cantar e dizer.

Sentados junto a longas mesas de madeira, rústicos judeus ouvem,
e eis que suspiram preocupados, e eis que riem até as lágrimas.
Lá fora, sob a chuva, por nós espera a carroça[6].

e o soneto-meditação "Mide Landschaft" (Paisagem Cansada):

Apaga a luz, deixa a paisagem dormir!
A canção do berço agoniza em berço estranho.
A linda princesa com seu anel "felicidade",
da história maravilhosa, de há muito fugiu.

Um errante, que não encontrou mais a sua casa,
apaga as lágrimas de seus passos cansados.
E descalço, como está, caminha de volta para trás.
Dorme a paisagem. Deixa a paisagem dormir.

Pss...ela dorme sem sonhos e sem estrelas,
mal e mal se pode ouvir seu alento.
Tudo nela está exaurido e exausto.

Três coveiros com pás em suas mãos
esperam pacientes junto ao monumento de Hamlet
por ela, por mim e por minha canção[7].

Manger iniciou-se nas lides literárias em 1921 publicando poemas na revista *Kultur* de Eliezer Steinbarg e na imprensa ídiche da Romênia. Mas sua primeira coletânea em livro só veio à luz em 1929: *Schtern Oifn Dakh* (Estrelas Sobre o Telhado), obra que apareceu somente depois de o autor ter se mudado para

6. Ítzik Manger, Sonetn far main Brúder Note (Sonetos Para o Meu Irmão Note), originalmente parte da coletânea *Volks Íbern Dakh, Oisg[u]eklíbene Schriftn*, p. 193.
7. Ibidem, p. 194.

Varsóvia e que atraiu a atenção de leitores e críticos dos grandes centros das letras ídiches para a arte do jovem poeta. Não há dúvida de que o peculiar no estilo de sua poesia, o trovar de um menestrel dedilhando em pauta culta as cordas do gênio popular, contribuiu desde logo para suscitar tal interesse. Outro fator foi também a celebração que Manger, na trilha do "Baal Schem" ("Sagrado é o universo e três vezes belo..."), fazia da vida e de um mundo de luz e alegria:

Ilusão, minha irmã, não me abandones.
Acende mais intensa tua lanterna azul
e dize: As estrelas, que azulam, são estrelas
E tudo no mundo é bom e belo.

As mãos, que se torcem na escuridão
diante de portas enfermas e paredes surdas –
dize: É uma ofuscação assim, que ofusca,
e há alegria na lágrima, na mais tênue.

Os olhos que ardem na tristeza e na desolação –
dize: Um espectro os inventou
e os pendurou no pescoço da noite.
Em cada olho há uma faísca de amor.

Dize: Todos os caminhos da direita e da esquerda,
a um fim luminoso hão de levar.
A dor – não é dor, o pranto – não é pranto,
e a esfinge, que espreita, não é esfinge.

Ilusão, mãe de Dom Quixote,
conduze-me ao encontro de tua dor e alegria,
porque todos os teus caminhos são confiáveis e silenciosos,
e mais que tudo próximos de Deus.

Colorido e belo é o teu véu, que ofusca
o mundo com asas luminosas.
E luminoso também é o rio nos campos,
que florescem confiáveis em tuas mãos.

Luminoso e belo é o mendigo, que toca
com dedos confiáveis ao anoitecer
e transforma a rua numa casa das preces,
quando sobre a sua vida esvoaça a tua imagem.

Ilusão, minha irmã, não me abandones,
acende intensa tua lanterna azul

dize: as estrelas, que azulam, são estrelas,
tudo no mundo é bom e belo.

[Ilúzie Schvéster (Ilusão, Minha Irmã)][8]

A mesma disposição anima *Lantern in Vint* (Lanterna no Vento, 1933). Ao sopro de sua vitalidade, a natureza se humaniza, a nuvem, o vento, os pássaros e a chuva adquirem voz e/ou feições personificadas, tornam-se interlocutores do eu na meditação poética. Mas é nos *Khúmesch Líder* (Canções do Pentateuco, 1935) e nos *Meg[u]ile Líder* (Canções do Rolo [de Ester e da festa de Purim], 1936) que Manger atinge uma forma de expressão inovadora em termos da transcrição de episódios da *Escritura* na poesia judaica. A operação se dá sobretudo no âmbito do tom, do tipo de tratamento dispensado às figuras bíblicas e da idiomatização ídiche, isto é, da idichização do *épos* e do discurso, que são totalmente transvertidos ao ritmo, sintaxe, vocabulário e imaginário da língua corrente e de seu intimismo coloquial. Ao contrário do que ocorre em geral, a aura mítica não é reforçada, porém habilmente esburacada, de modo a retirar do relicário sagrado e do nimbo lendário as heroificadas personagens da *Bíblia*, aproximando-as, e não distanciando-as, do *habitat* e da cultura popular do judeu asquenazita da Europa Oriental, mas especialmente do regionalismo bessarabiano. Sentimentos e motivos de seu viver no quotidiano, a psicologização lírica e às vezes a fusão panteística, na senda hassídica, são a escada de Jacó invertida pela qual o céu baixa à terra.

Assim, Adão, o primeiro homem, está deitado na grama e cospe para a nuvem no alto e a nuvem pede-lhe suplicante: – Adãozinho, meu bem, para com isso! Adão lhe mostra a língua: [*ódem harischn ligt in groz / un schpait tzum volkn aroif. / Bet zikh der volkn takhnunimdik: / "Adamschi kroin, her-oif!" / Schtelt im odem arois di tzung...*][9]. Abraão, ao saudar os três anjos, torna-se *reb* (senhor) Abraão, um bom judeu do *schtetl*, pitando o seu cachimbo, de solidéu na cabeça, e quando conversa com Sara, sua consorte, recheia a fala com giros de linguagem e epigramas coloquiais típicos da conversação ídiche. No mesmo estilo, a matriarca diz ao marido: – Abrãozinho, quando teremos um filho? Nós dois já somos gente velha. Entre gente que se preza uma mulher na minha idade já está pela décima oitava vez na hora [de dar à luz]. Abraão, nosso Pai, sorri e cala, e pita a fumaça de seu cachimbo: – Tenha fé, minha mulher. Quando o Altíssimo quer, até uma vassoura também dá tiro. (– *Avreiml, ven veln mir hobn a kind? / Mir zainen beide schoin alte lait. / Bai laitn a froi in di iorn vi ikh / iz schoin dos akhtzeíe mol oif de tzait. / Avrahm avinu schmeikhlt*

8. Schtern Oifn Dakh, *Oisg[u]eklíbene Schriftn*, p. 98.
9. Ítzkik Manger, *Khúmesch Líder*, Have Brengt Odem dem Epl (Eva Traz a Maçã Para Adão), p. 221.

un schvaigt / un pipket fun zain liulke roikh: / – Betokhen, main vaib. Az den eiberschter vil, / schist afilu a bezem oikh...)[10].

Em "Agar Deixa a Casa de Abraão":

> O azul amanhece na janela
> o galo cantou três vezes,
> fora rinchou o cavalinho
> pronto para o longo caminho.
>
> Agar ali está, desfeita pelo choro
> com a criança nos braços
> e seus olhos vagueiam
> pela última vez sobre as paredes.
>
> O cocheiro lá fora barganha
> com Abraão pelo preço:
> – Bota, senhor Abraão, mais uma de seis,
> pois são dois que vão [...][11]

O acúmulo de anacronismos confundindo o fundo bíblico e o passado recente para dar azo a um sutil descolamento de ambos e a uma dupla reverberação irônico-crítica também é o recurso poético em que se baseia o jogo significativo nos *Meg[u]ile Líder*. Só que neste caso a tradição farsesca do *Purim-Schpil*, ligada à comemoração do feito de Ester, já de per si tende a abrir o relato escritural a transcrições joco-dramáticas e ao "outro canto" parodístico. Manger estava, pois, à vontade para reescrevê-lo numa versão lírico-teatral cantada e representada pelo elenco convencional de *dramatis personae* e segundo o texto tradicional da *Meg[u]ilá*, mas também por figuras e episódios de sua invenção, como o aprendiz de alfaiate Fastrigassa, rival do rei Assuero, com quem disputa o amor de Ester e a quem tenta matar, pagando com a própria vida a tentativa de alterar a ordem soberana desta história. Mas que sua tragicômica peripécia valera a pena confirmá-lo-ia o seu sucesso nos palcos israelenses e americanos, trinta anos depois de literariamente empreendida... Ela trazia de volta como letra e reavivava como performance algo do espírito consagrado da celebração e da mascarada de Purim, ao mesmo tempo em que o desconsagrava, pondo em xeque a sua efabulação, pela interferência perturbadora das vicissitudes das graças e desgraças de Fastrigassa: "Fastrigassa, o alfaiate-aprendiz, ronda as janelas: 'Lembra, Ester querida, você disse que eu sou para você o mais belo?'" (*Fastrigassa der schnaideriung / dreit zikh unter di féntzter: / G[u]edenkst, ésterl, du host g[u]ezogt, / az ikh bin bai dir der schênster?*)[12]; "O rei

10. Ibidem, Avrom un Sure (Abraão e Sara), p. 223.
11. Ibidem, Agar Farlozt Avroms Hoiz, p. 236.
12. Idem, *Meg[u]íle Lider*, Di Eleg[u]ie fun Fastrigassa (A Elegia de Fastrigassa), p. 244.

dorme, mas a rainha não consegue adormecer; ela olha as sombras sobre a parede, os olhos cheios de lágrimas. Ela pensa em Fastrigassa agora, o oficial-alfaiate, o pálido, que a ama de verdade e não pode até ela chegar..." (*Der kenig schloft, nor di kênig[u]in / ken nit antschlofn vern; / zi kukt di schotns oif der vant, / di oign fui mit trern. / Zi trakht fun Fastrigassa atzind, / der schnaider g[u]ezeln, dem blâikhen, / vos hot zi oif emes lib / un ken tzu ir nicht grâikhn...*); "Ela chora, mas de que adianta o choro, de que adiantam os tormentos? Ela é a rainha e só por meio dela o milagre de Purim há de vir..." (*zi veint, nor vos helft dos g[u]evein, / vos helfn di ale iessurim? / zi is di malke un nor dukh ir / vet kumen der ness fun Púrim...*)[13]

A relação de Manger com a linguagem dramática e, em especial, com a do teatro popular ídiche, tal como este se apresentou na arte de seus primeiros intérpretes e autores, também se deu a conhecer nas adaptações que realizou das peças de Abraão Goldfaden. Em *Di Kischufmákherin* (A Feiticeira, 1936), *Hotzmakh-schpil* (A Peça de Hotzmakh, 1947) e *Goldfadens Kholem* (O Sonho de Goldfaden), suas brilhantes reelaborações e adições parecem saídas da verve, melodia, ritmo e imagística originais, e o tornam por excelência o autor goldfadeniano para um teatro e um público pós-goldfadenianos.

Fora do texto cênico, uma coletânea de relatos, *Nôente G[u]eschtáltn* (Figuras Próximas, 1938), é outro testemunho eloquente, agora em forma de sugestiva silhuetagem de ficção narrativa, de quão viva foi a impressão deixada pelo teatro de Goldfaden e de seus antecessores no universo literário de Ítzik Manger. É verdade também que há aí uma contrapartida a ser levada em conta e que fica mais perceptível justamente nesta galeria de retratos, na medida em que, sob traços e reações em destaque, podem se entrever propensões, sentimentos e feições congeniais ao autor e característicos de sua obra poética.

O peso dessa presença se exerce em toda a prosa de nosso poeta e é de crer que, na pura criação novelística, seja um importante fator nas definições estilísticas de sua escritura, pelo menos como elas se apresentam na mais expressiva narrativa ficcional de Manger, ou seja: *Di Vúnderlekhe Lebns Baschráibung[u]en fun Schmuel Aba Abervo* (As Maravilhosas Descrições da Vida de Samuel Aba Abervo), uma planejada trilogia, cuja primeira parte, *Dos Bukh fun Gan Éidn* (O Livro do Paraíso), foi publicada em Varsóvia, pouco antes da eclosão da catástrofe. Aí, num prefácio escrito em Paris em janeiro de 1939, comenta o autor:

> É para mim próprio algo estranho anteceder meu livro mais alegre com esse preâmbulo triste.
>
> E talvez deva ser assim, à beira do abismo o riso torna-se mais descarado.

13. Ibidem, Éster ha-Malke Ken Nit Schlofn (A Rainha Ester Não Consegue Dormir), p. 246.

> Expatriado de minha terra natal, a Romênia, afastado de minha querida comunidade judaico-polonesa, pendendo sem um passaporte, sem um visto entre as fronteiras, curvo-me nessa pose grotesca perante o prezado público e apresento-lhe o meu Schmuel Aba Abervo, com sua esquisita descrição de vida.
>
> Há também neste livro desbragadamente alegre muito de minhas mais íntimas vivências, muito de minha própria vida, sofrimento e do que amei.
>
> Dedico este livro a mim mesmo. [...][14].

Com efeito, imaginativo, picante, gracioso, este relato das aventuras pré-natais de um antigo anjo e agora recém-nascido é contado por seu picaresco herói na primeira pessoa do singular, ao sabor de um fantasioso imaginário onírico-lúdico e um subjetivante fluxo de emoções sensíveis. Mas não termina aí a visada da narração, que se propõe em outro nível, por majoração simbólica dos actantes do processo narrativo e de seu contraponto lírico-épico, reprojetar-se como tragicomédia grotesca e sátira de duplo corte, um a golpear as idealizações judaicas do Éden e o outro, as crassas realidades terrenas da existência judaica no *schtetl* leste-europeu.

Com a sanha nazista em seus calcanhares, Manger deixou Paris em 1940 e foi para Londres, onde morou até 1951, quando se mudou para Nova York. Em 1967, dois anos antes de vir a falecer, fixa-se em Israel. A decisão de fazê-lo já havia sido tomada bem antes, como revela um poema composto em 1958, que aparece como fecho aos versos escritos durante e após a guerra e incluídos, em edição ulterior, em *Volkns Íbern Dakh* (Nuvens sobre o Telhado, 1942). De clara inspiração siônica, lembrando Iehudá Halevi, cujos cantares de retorno parecem soar em surdina, "Durante Anos me Espojei..." não é, no entanto, a meditação de um devoto peregrino medieval diante de seu relicário, mas de um poeta judeu moderno sobre o sentido de sua opção:

> Durante anos me espojei em terra alheia,
> agora vou me espojar em minha casa.
> Com um par de sapatos, uma camisa sobre o corpo
> e na mão o cajado. Como posso ficar sem ele?
>
> Não quero beijar o teu pó como todo grande poeta,
> embora meu coração esteja cheio de canto e de pranto.
> Como assim o teu pó? Eu sou o teu pó.
> E quem beija, digam-me, a si próprio.

14. Op. cit., p. 110.

Permanecerei pasmo diante do Kineret azul,
vestido em minhas roupas da miséria,
como um príncipe andante que achou o seu azul
e o azul é o seu sonho desde sempre.

Não vou beijar o teu azul, mas, assim sem mais,
como silenciosa prece, vou ali permanecer
Como assim beijar o teu azul? Eu sou o teu azul,
e quem vai beijar, digam-me, a si próprio?

Permanecerei pensativo diante de teu deserto imenso
e vou ouvir as gerações de antigos passos de camelos
que embalam suas corcovas sobre a areia.

Sabedoria e mercadoria, e o velho canto errante,
que tremula sobre as areias em brasa ardente,
desfalece, recorda-se e jamais quer findar.

Não vou beijar a tua areia, não e mil vezes não.
Como assim beijar a tua areia? Eu sou a tua areia.
E quem beija, digam-me, a si próprio?[15]

A jornada poética de Ítzik Manger teve o seu último marco em *Schtern in Schtoib* (Estrelas no Pó, 1967). Comparado ao da coletânea de estreia, *Estrelas Sobre o Telhado*, o título deste livro torna-se deveras sintomático. Os luzeiros que cintilavam outrora sobre a *pólis* do poeta estavam agora caídos no pó e nas cinzas, entre os escombros e os espectros daquele mundo. Aí sepulta também jazia a "língua assassinada", que só podia oferecer atualmente à poesia e ao trovar de Manger os verbos de seu trespasse. Ainda que, precisamente aí, nessa respiga do ocaso, brilhassem como nunca a força criativa e a têmpera literária do artista inspirado e amadurecido, o seu chão era o de ontem e a sua fonte, a da memória. Daí resultou uma lírica da solidão, da tristeza e do exílio num eu quase inteiramente ensimesmado, sem a contraparte na outra face caracterizadora da musa romântica de Manger, a boêmia, paródica, burlesca, histriônica.

É bem verdade que na obra do bardo bessarabiano o elemento epicizante, mesmo quando aparece em forma sequenciada de narrativa poética, isto é, de balada, não ultrapassa de muito o plano lírico, como testemunha, por exemplo, a maneira como decanta e transcria a canção e o relato de gerações de cantadores e contadores da tradição popular nas terras de Aschkenaz. Por mais

15. Ítzkik Manger, *Volkn Íbern Dakh*, Khob Zikh Iorn G[u]evólg[u]ert, p. 216.

que dê abrigo aí, em conjunto com os enredos e feitos da invenção ficcional e da mitificação lendária, às representações da vida coletiva, ao repertório das elaborações e padrões identificadores de seu modo de ser espiritual e material, este selo só emerge enquanto tal em função do eu poético, de um eu poético extremamente personalizado em suas vivências, sonhos e anseios, isto é, como expressão de seu estado d'alma e de seu clima emocional particulares.

Diz o poeta:

> Eu sou o caminho para o oeste,
> a fulgência do sol poente,
> a flauta negra do pastor,
> o eco do crepúsculo lasso e dolente.
>
> Meu amigo, não me persigas
> pois meus passos marcam o meu trespasse,
> não prendas tua jovem esperança
> ao brilho demasiado azul de meus prantos.
>
> Pois minha beleza não é senão um punhal
> para talhar ao vivo nos corações
> e minha dor – dois lábios azuis
> na borda de um frasco de licor.
>
> Minha nostalgia é um cigano
> na estepe selvagem e negra,
> uma mãe morta, de corpo branco,
> no limiar ensombrecido do anoitecer.
>
> Meu amigo, não me persigas
> pois meus passos marcam meu trespasse,
> não prendas tua jovem esperança
> ao brilho demasiado azul de meus prantos.
>
> Minha alegria semelha ao arco-íris
> no ouro do sol que fulge
> e que se apagará sem dúvida
> desde que uma mão o tiver colhido.
>
> Meu destino – viajante feroz
> tem uma corda em sua mão
> não para o inimigo na sua trilha
> mas, sim, para a sua própria ventura.

Meu amigo não me persigas
pois meus passos marcam o meu trespasse,
não prenda a tua jovem esperança
ao brilho demasiado azul de meus prantos.

[Eu Sou o Caminho para o Oeste.]

12

OUTROS CENTROS

Se o mapa do ídiche já era extenso em suas fases mais antigas, na medida em que Aschkenaz se desdobrara através da Europa Central e Oriental, no período moderno sua geografia passou a compreender, além de suas novas extensões ao Ocidente europeu, as das Américas, de Israel, da África do Sul e da Austrália. Em vários destes segmentos de vida judaica, a atividade cultural e literária idichista desenvolvida nos primeiros trinta anos do século XX foi de molde a convertê-los em focos apreciáveis de criação artística. A este título, algumas menções tornam-se obrigatórias no presente contexto.

FRANÇA

A França também foi um centro de produção literária em ídiche. Nos anos que mediaram as duas guerras, Paris, sobretudo, sediou o trabalho de um significativo número de escritores e intelectuais judeus vindos da Europa Oriental. Na maioria, eram membros das gerações mais jovens, embora nomes já consagrados, como Scholem Asch e Zálman Schneour, também tenham lá vivido e atuado neste período. Dos escritores que não puderam ou não quiseram deixar o país até a ocupação nazista, e é o caso dos romancistas Ôizer Warchávski[1], Chlava Kogan (1900-1942), do poeta M. Djalóvski (1900-1943), entre muitos outros, apenas alguns poucos conseguiram escapar ao terror alemão. Benjamin Schlévin pertenceu a este rol. Trata-se de um narrador que, após a Libertação, criou uma importante obra de ficção, *Der Muranover Raion* (O Distrito de Muranov), onde aborda aspectos do movimento comunista na Polônia, a vida, os sacrifícios e as frustrações daqueles que lutaram em suas fileiras e sonharam com o advento de um modo de vida conforme a seus ideais...

1. Sobre Warchávski, ver supra, p. 346.

▪ *A braçadeira amarela (1941-1945). Este retalho quadrado e amarelo com a palavra "judeu" impressa em letras pretas era de uso obrigatório por todos os judeus em todos os países ocupados pela Alemanha nazista, a fim de permitir a sua imediata identificação. O conceito proveio do "signo" da vergonha imposto aos judeus nos países cristãos a partir da Idade Média.*

No todo, a expressão ídiche, na França, que em 1937 pudera abrigar o Primeiro Congresso Mundial de Cultura Judaica [ídiche] e o centro diretivo do Yídischer Kultur Farband (ou Ykuf), então organizado para congregar o idichismo internacional, não se recuperou inteiramente do golpe sofrido sob o domínio de Vichy e de Hitler. Ainda assim, Paris continuou em relevo no mapa literário da língua asquenazita, mesmo porque passou a incluir a produção de alguns dos escritores sobreviventes do Leste europeu, que acabaram se fixando na França, como ocorreu com o poeta Elkhonen Vogler[2] e com o romancista Mêndel Man[3]. Tais autores, a cuja contribuição se soma a do ensaísta e dramaturgo Henri (Haim) Sloves (n. 1905)[4], publicaram obras que se fizeram notar na literatura ídiche do após-Holocausto.

Mais recentemente, nos dois últimos decênios, registrou-se na França um interesse crescente pelo legado cultural e literário do ídiche. Sob seu incitamento, Rachel Erter, Régine Robin, Charles Dobzynski e Léon Poliakov, por exemplo, desenvolveram um rico conjunto de estudos críticos, históricos, traduções de verso e prosa, mas eles o fizeram e o fazem, naturalmente, em francês...

AMÉRICA DO SUL – ARGENTINA, BRASIL

ARGENTINA. O processo emigratório, que conduziu os judeus da Europa Oriental aos quatro cantos do mundo, levou para a América do Sul também uma de suas grandes correntes. A partir dos fins do século XIX, a Argentina, nomeadamente, começou a receber levas sucessivas de emigrantes judeus, sobretudo asquenazitas, que ali constituíram uma das maiores comunidades da Diáspora judaica. O ídiche, por certo, acompanhou esta massa de seus falantes e já em 1891 se iniciava a produção literária nesta língua, com Mordekhai Álperson (1860-1947), autor de contos (*Dertzêilung[u]en fun Feld* [Narrativas do Campo], 1943), romances (*Oif Arg[u]entiner Erd* [Sobre Terra Argentina], 1931), dramas (*Galut*, 1929; *Di Kinder fun der Pampa* [Os Filhos do Pampa], 1930; *Di Arendators fun Kultur* [Os Arrendatários da Cultura], 1933; *Ruth*, 1934), além de uma importante obra memorialistíca; *Drêissik Ior in Arg[u]entine: Memuarn fun a Iídischn Kolonist* (Trinta Anos na Argentina: Memórias de um Colono Judeu, 1923).

2. A produção deste poeta foi apresentada, supra, p. 370-371.
3. Mais acerca deste romancista, ver infra, p. 464.
4. *Homens Mapole* (A Derrocada de Haman, escrita durante a guerra e impressa em 1949); *Barukh fun Amsterdam* (1956), *Di Milkhóme fun Got* (A Guerra de Deus, 1962) são algumas das peças que vieram enriquecer o repertório do teatro ídiche, sendo internacionalmente representadas por elencos judaicos.

É domingo, Tischa be-Av, dia 23 de agosto de 1891. O navio alemão Tioka trouxe a mim e mais trezentos emigrantes, de Hamburgo para Buenos Aires, após 32 dias no mar.

Antes que o vapor se aproximasse do ancoradouro, quando avistamos ao longe a cidade envolta nas sombras das palmeiras, um grande júbilo nos dominou. As mães erguiam seus filhos para o alto, declarando-lhes com alegria:

– Vejam, crianças! Lá está o paraíso, a bela terra verdejante, que o bondoso barão Hirsch nos comprou.

– Agricultores, colonos, vamos nos tornar. Judeus livres, vamos ser. Acabaram-se os pogroms! Acabou-se Ignatiev com seus iníquos decretos! – clamavam os expulsos judeus aldeões

narra o memorialista[5].

Mas, ao contrário do que pode sugerir a impressão do primeiro encontro com o "novo mundo" e as expressões de gratidão para com a filantrópica mão que o abriu aos tangidos filhos de Israel, seu livro não é um canto de louvor: "está escrito com fúria, seus protagonistas não são os idealizados *gauchos judios* porém imigrantes de carne e osso, colonos desgarrados na dura luta com um solo, com um país e com uma estrutura nada piedosa"[6] e, à sua luz cortante, chega-se mesmo, na crítica judio-argentina de hoje, a divisar em Álperson um verdadeiro "anti-Gerchunoff"[7].

O percurso da literatura ídiche-argentina, ao longo do século XX, pode ser dividido, *grosso modo*, para fins expositivos e tendo-se por base a periodização tripartida proposta primeiro por Schmuel Rojânski[8] e adotada por I. Botochânski[9], em quatro épocas: uma, de Álperson até 1919; a outra, cujo limite estaria no fim dos anos 1920; a terceira, estendendo-se até a época imediatamente posterior à Segunda Guerra Mundial; e a quarta, o período ulterior, que teria o seu intervalo de rarefação em 1970-1980, com o declínio do uso e do cultivo do ídiche.

Além dos motivos ligados à terra de origem, à emigração e suas vicissitudes, bem como ao mundo judeu em geral, as letras ídiches incluíram em seu repertório na Argentina um tema específico, o da colônia agrícola e da vida rural

5. Na abertura do segundo capítulo da obra supracitada, p. 27-28. A referência no texto de Álperson é ao conde Nikolai Ignatiev, ministro do Interior tsarista, que decretou em 1881 a expulsão dos judeus das aldeias russas e a proibição de viverem nelas.
6. Eliahu Toker, texto apresentado ao IV Encuentro de Escritores Judios Latinoamericanos, Buenos Aires, 1992.
7. Ibidem
8. Dos Iídische G[u]edrúkte Vort un Teater in Arg[u]entine ("A Palavra Impressa e o Teatro Ídiche na Argentina"), em H. Trívaks (ed.), *Iuvl-Bukh Lekoved Di Iídische Tzáitung* (Livro de Jubileu em Honra do Diário Israelita), Buenos Aires, 1940.
9. Iídische Literatur in Arg[u]entine ("Literatura Ídiche na Argentina"), *Alg[u]emeine Entziklopédie in Iídisch* (Enciclopédia Geral em Ídiche). Ver Iídn-H, p. 275.

dos judeus nos pampas, ao lado dos enquadramentos urbanos do viver judaico e de seus retratos sociais portenhos. As duas vertentes temáticas peculiares são naturalmente parte, de um lado, do processo literário da chamada "argentinização", sobretudo em sua aproximação inicial[10] e, de outro, da *sotzialbaschtélung*, a "encomenda social" dos anos 1920 e 1930[11]. Em ambas, prevaleceu a pena realista, às vezes carregada de tintas idílicas e romantizadas, no primeiro caso, ou fortemente panfletárias e politizadas, no segundo, o que não impediu a confrontante manifestação de tendências artísticas e doutrinárias de outro jaez, como as de caráter simbolista, decadentista e esteticista, com impregnações religiosas, místicas e nacionalistas.

Em conjunto, nos primeiros cinquenta anos da moderna presença judio-asquenazita na Argentina, quer dizer, no período em que naquele país mais se falou e se escreveu em ídiche, foram editados cerca de quatrocentos títulos nesta língua, dos quais uma centena de livros de poesia e outra centena de ficção, podendo-se contar, em 1944, acima de noventa autores locais, com obras que, por vezes, obtiveram consagração na comunidade internacional dos leitores do ídiche, como foi o caso do narrador Berl Grinberg[12] e do poeta Kehos Klíguer[13], salienta Eliahu Toker, em seu ensaio sobre "Los Silencios de la Literatura Argentina en Idish".

Dentre os escritores que, na ficção em prosa, na poesia e na crítica, deram textualidade ao novo espaço da criação literária ídiche, poder-se-ia citar: o romancista e dramaturgo Aarão Bródski (1878-1925), os contistas Barukh Bendérski (1880-1953), Israel Helfman (1886-1935) e Noakh Vital (1889-1961), os poetas Moische Pinchévski (1894-1955) e Aba Klíguer (1893-?) e o crítico Pínie Katz (1880-1958), todos eles ligados à primeira fase; na segunda, Leib Málakh (1894-1936), que

10. Vale lembrar que uma das obras mais representativas desse impulso surgiu em espanhol, e não em ídiche. Trata-se de *Los Gauchos Judios*, de Alberto Gerchunoff, livro publicado em 1910 e tido como um marco da simbiose judio-argentina. Entre os estudos dedicados aos diferentes ângulos e desdobramentos do fenômeno é de particular interesse a análise histórico-crítica de Leonardo Senkman, em *La Identidad Judia en la Literatura Argentina*.

11. A maioria dos textos dos autores empenhados em atendê-la, entre as duas guerras mundiais, foi recolhida por Pínie Katz, Iaakov Botochânski, Salomón Suskovitch, Volf Bresler e Avraham Mítelberg, em *Antológ[u]ie fun der Iídischer Literatur in Arg[u]entine* (Antologia da Literatura Ídiche na Argentina), Buenos Aires, 1944, e editada como parte das comemorações do 25º aniversário do diário ídiche *Di Presse*.

12. *Di Êibike Vokh* (A Eterna Semana) e *Mórgnvint* (Vento da Manhã) são duas reuniões de seus contos, que figuram também em várias coletâneas e foram traduzidos para outros idiomas.

13. Começou a imprimir seus versos em meados dos anos de 1920 nas revistas literárias da Polônia, tendo emigrado em 1936 para Argentina, onde escreveu a maior parte de sua obra poética. Publicada no seu país de adoção e no estrangeiro, compreende, em forma de livro, cerca de dez volumes, entre os quais: *G[u]ezang Oif der Erd* (Cantar Sobre a Terra, 1941), *Schtoib Oif Ale Vegn* (Poeira em Todos os Caminhos, 1943), *Di Velt Farbet Mikh Schtarbn* (O Mundo Convida-me a Morrer, 1950), *Ikh un der Iam* (Eu e o Mar, 1958), *Di Bórvese Vokh* (A Semana Descalça, 1972).

escreveu um romance sobre um motivo brasileiro, *Don Domingos Kraitzveg* (A Cruzada de D. Domingos, 1930), e o drama *Ibergus* (Regeneração), calcado na paisagem social e humana do Rio de Janeiro da época[14]; Moische Dovid Guíser (1893-1952), um dos mais destacados da poesia ídiche na Argentina; o crítico I. Botochânski (1892-1964)[15] e o historiador e crítico da literatura ídiche Schmuel Rojânski ou, em castelhano, Samuel Rollansky (1902-1995); no terceiro período sobrelevam os nomes de Iânkev Flapan (1897-1936), Nákhman Milerítzki (1900-), Iossef Rabinóvitch (1903-1978) e Berl Grinberg (1906-1961), na prosa narrativa, enquanto na poesia se salientam Moische Koifman (1908-2002), Ítzkhak Ianasóvitch (1909-1989) e, na crítica, G. Sapójnikov (1907-1983). A eles se somou, numa espécie de segundo momento ou aspecto da mesma etapa, uma plêiade de escritores que, à diferença da tendência preponderante até então na criação literária ídiche-argentina, continuou bastante voltada para o seu mundo de origem, como foi o caso, na narração, de Golde Gutman-Krímer (1906-1983), de Z. Vassertzug (1904-), ou, no verso lírico, de Tzalel Blitz (pseudônimo de Schmuel Kogan, 1909-1986) e de Kehos Klíguer (1904-1985). Além de soar como um "novo tom", de algum modo esta produção veio fazer a ponte com o acento temático do após-guerra, o do mundo destruído pelo Holocausto, que se tornou objeto de um grande número de obras escritas na Argentina e para as quais contribuíram especialmente autores que tinham sobrevivido ao cataclismo nazista e haviam emigrado para o país platino. Neste rol figuram, entre muitos outros, Schmerke Kaczergínski[16], Avram Zak (1861-1980), I. Aschendorf (1909-1956).

A título de conclusão, cabe ressaltar que a literatura ídiche na Argentina não se limitou a ser uma planta de estufa ou uma coleção de *souvenirs* na mala do imigrante. Desde logo, deitou fortes raízes locais e produziu obras identificadas, na sua diversidade artística e na variedade ideológica, com a experiência vivida e o ambiente em que ela ocorreu, tornando-se uma vigorosa expressão da capacidade de aclimatação da língua ídiche, mas principalmente do *élan* criativo de seus cultores e de sua cultura, judaica e já argentina. Segundo Pínie Katz, deste poder de gerar o novo em função do novo e de suas condições dependeria e nele residiria a força de subsistência do que foi chamado pelos mentores do In Zikh americano (os poetas Glantz-Leyeles e Glátschtein) de *iídischland*, a "terra do ídiche" e de suas letras[17].

14. Nachman Falbel, A Correspondência de Leib Málach com Baruch Schúlman, *Estudos Sobre a Comunidade Judaica no Brasil*, São Paulo: Federação Israelita do Estado de São Paulo, 1984, p. 166.
15. Sobre Botoschânski, ver supra, p. 411.
16. Sobre Kaczergínski, ver supra, p. 378.
17. Pínie Katz, Der Arg(u)entínischer Tzvaig fun der Iídischer Literatur (O Ramo Argentino da Literatura Ídiche), *Iídische Literatur in Arg[u]entine*.

Salón "Kadima" Moisés Ville

GRAN ESPECTACULO

por los eminentes artistas

José Buloff - Liuba Kadison

secundados por el actor HERMAN LASTER

Domingo 29

a las 21.45 horas

Unica Función

נאר איין פארשטעלונג

אין סאלאן "קדימה"

יוסף בולאָוו - ליובא קאַדיסאָן

צוזאמען מיט דעם באקאנטן שוישפילער הערמאן לאסטער

זונטיק דעם 29־טן דעצעמבער 1935

פראגראם:

1) דער נסיון - פון דוד פינסקי

2) די מכשפה - (קאמעדיע) - פון א. משעבאוו

3) סצענעס פון גרינע פעלדער פון פרץ הירשביין

צום סוף קאנצערט אפטיילונג

געדענקט איינמאל אין משך פון יארן קענט איר דא באוואונדערן אזעלכע קינסטלער. נוצט אויס די געלעגנהייט!

Precios de las localidades: Platea: filas 1 al 5 $ 2.—; 6 al 14 $ 1.50; restantes $ 1.— Palcos bajos $ 8.— - Palcos altos $ 5.— - Tertulia $ 0.80

בילעטן צו באקומען בא אברהם יערלין.

דרוק ״שיינין און מיללער״ מאזעסוויל

▪ *Cartaz anunciando uma apresentação de Iossef Bulow e Luba Kádison. Moisesville, Argentina, 1935.*

▪ *Cadeias, de H. Lêivick, Teatro* IFT. *Buenos Aires,* 1939.

Como em outros grandes centros de imigração asquenazita leste-europeia, também em solo argentino o teatro se tornou, ao lado da imprensa, um fator vital no processo de manutenção idiomática e realimentação cultural judaico-ídiche. A crônica histórica assinala, já em 1889, a tentativa de levar espetáculos de uma *daitsch-iídische trupe* ("uma trupe ídiche-alemã"), mas a estreia teria terminado numa batalha campal, ou teatral, entre espectadores judeus e alemães por desentendimento linguístico sobre a natureza da fala que estava sendo empregada e sua germanicidade...

As representações em ídiche começaram efetivamente em 1901, ano em que Bernardo Vaisman organizou em Buenos Aires um elenco e montou várias peças de Abraão Goldfaden. Desde então, a atividade teatral ídiche desenvolveu-se, incessante, nos tablados do Prata. Aí se apresentaram os melhores intérpretes da ribalta judaica da Europa e dos Estados Unidos. De 1906 a 1923, a venda de ingressos a domicílio foi o modo encontrado para levar a tais récitas um público pagante. Esta prática começou a desaparecer, não somente com a recusa de artistas visitantes de grande nomeada a se submeterem a um expediente a seu ver humilhante, mas sobretudo com o aumento da frequentação teatral por força da imigração maciça de judeus da Europa Oriental. Concorreu também para a mudança de hábito e para a ampliação das plateias a diligência de dois empresários: Adolfo Mide, graças a cuja atuação os espectadores do teatro ídiche na Argentina puderam assistir aos desempenhos de Ítzkhak Aizik Samberg, Avrom Morévski, Ítzkhak Daitsch, Iossef Bulow e Leib Kádison; e Isaac Nuger, o qual trouxe I. Méstel, Iânkev Ben Ami, Tzílie Adler, Zígmunt Túrkov, Berta G[u]érsten, Samuel Goldenburg, além de Moli Picon e muitas dezenas de atores e cantores dos popularíssimos teatros de revista e operetas. O repertório variava da comédia musical ao melodrama e ao drama literário, conforme as execuções e peças preferidas ou consagradas dos artistas visitantes e seus parceiros. Os espetáculos eram dados de início apenas em "salões", com ou sem dispositivos técnicos apropriados, passando mais tarde a realizar-se em teatros propriamente ditos e, num deles, as funções em ídiche se fizeram permanentes, entre 1923 e 1943.

Este era naturalmente um teatro "importado", não só em relação ao projeto de radicação e "naturalização" da produção cultural ídiche no contexto argentino. Mas, pondo-se de lado outros aspectos da questão, mesmo em termos estritamente operativos, suas programações giravam, em grande parte, em torno de artistas de renome vindos de fora, isto é, contratados ou em *tournées* para a temporada, muito embora o trabalho deles se apoiasse quase sempre em larga coadjuvação local. Era o chamado "sistema de astros". Com a deflagração da guerra em 1939 e, em forma mais pronunciada, após a entrada americana no conflito, tornou-se difícil manter a "importação" regular de tais intérpretes e sua linha de espetáculos entrou em crise na Argentina, deixando ao deus-dará cerca de setenta atores e atrizes que formavam a base portenha desse teatro ídiche. Tanto mais quanto as tentativas de prosseguir na atividade cênica com forças próprias defrontaram-se com a falta de recursos materiais e de local para levar as peças. Até então, a cena profissional fora financiada por empresários, que agora não se mostravam propensos a correr os riscos, pois, se os contratos dos intérpretes se tornavam menos dispendiosos, o mesmo não ocorria com os custos de produção e, mais ainda, com os aluguéis dos teatros.

Em 1942, um grupo de atores conseguiu superar tais óbices e apresentar--se por toda uma temporada com um repertório de operetas. Um novo passo no sentido dessa "argentinização" foi dado com a encenação das peças de Sch. Freilech, com que se abriu o pano para o dramaturgo ídiche local. Vale assinalar também que, pelo mesmo processo, alguns intérpretes puderam revelar seus dotes de diretor, como é o caso de Zálman Hírschfeld e Dovid Licht.

Entretanto, por numerosas e amplas que tenham sido as realizações da ribalta profissional ídiche na Argentina, as do teatro amador se lhes equiparam e em vários aspectos as ultrapassam, principalmente do ponto de vista da qualidade do repertório e, em alguns casos, da continuidade. Na sucessão de grupos filodramáticos, na capital e na província, o Artístische Vínkele (O

Cantinho Artístico), organizado, em 1924, em moldes apartidários, foi o primeiro a vir ao encontro dos reclamos de intelectuais, escritores e de parcelas sensíveis do público que aspiravam a uma cena ídiche de melhor quilate literário e artístico. Se a iniciativa não pôde resistir às divergências ideológicas e políticas e aos conflitos de posições nas artes em geral e no teatro em particular (cultivo de puros valores estéticos, militância participante, por exemplo) que acabaram eclodindo em seu seio e inviabilizando o seu funcionamento, por outro lado, deu origem a diferentes grupos e círculos dramáticos como Muse, Fraihait (Liberdade) e Vanguarda, onde um bom número de jovens imigrantes judeus, de extração ídiche, se pôs a fazer e estudar teatro com vistas a um repertório dramático de arte.

Iung Arg[u]entine (Jovem Argentina) é como se denominou a tentativa de reunificar mais uma vez os amadores apartidários e formar com eles um estúdio que, no transcorrer do preparo das peças, pudesse propiciar-lhes maior conhecimento e treinamento para o trabalho teatral, capacitando-os a imprimir o desejado nível ao palco ídiche do Prata. Entre seus fundadores estavam jornalistas e escritores como Leib Málakh e I. Botochânski, mas o principal dirigente, professor e encenador do estúdio foi Leo Hálpern. Os espetáculos montados sob a sua direção eram belos exemplos, avaliava a crítica da época, do padrão artístico que um empenho desta ordem poderia estabelecer no teatro judeu, de base local. Tais méritos não impediram que o Iung Arg[u]entine tivesse vida curta...

Um empreendimento do mesmo período e do mesmo tipo, mas em direção oposta, isto é, de posicionamento abertamente político-partidário, surgiu com a formação do Idramst (Estúdio Dramático Ídiche). Naqueles anos de intensos confrontos de tendência, a reação não se fez esperar e os defensores do exclusivo compromisso estético na ribalta, juntamente com o sindicato de atores profissionais judeus, fundaram uma escola de teatro que recebeu o nome de um intérprete e cantor então recém-falecido, Ítzkhak Daitsch[18]. Após uma calorosa acolhida inicial, os alunos rarearam e, ao cabo de um ano de atuação, a escola acabou por fundir-se com o Idramst, que àquela altura já amenizara sua coloração mais radical.

18. Nasceu em 1894, na Ucrânia. Dotado de bela voz de tenor, começou a sua atividade de intérprete na opereta ídiche, mas dedicou-se também desde logo ao repertório não musical. Formou em 1920 o primeiro conjunto estável de teatro literário ídiche de Viena. Foi à Argentina pela primeira vez em 1925 e voltou em 1931, fixando-se no país, onde passou a apresentar um repertório de caráter operístico e de base folclorística, em cujo quadro tentou inclusive "argentinizar" a comédia musical ídiche. Ítzkhak Daitsch morreu, durante uma excursão ao Brasil, na cidade de São Paulo, em 1934, informa Schmuel Rojânski, em "Iídisch Vort un Teater" (A Palavra e o Teatro Ídiche), trabalho reproduzido em *Iúvel-Bukh le-Kúved di Iídische Tzáitung* (Livro de Jubileu em Honra do Diário Israelita, Buenos Aires, 1940).

Nas duas fases que o caracterizaram, o estúdio levou ao palco uma variedade de peças, sob diferentes diretores. Segundo "Undzer Iídisch Teater Vezn" (O Caráter de Nosso Teatro Ídiche)[19], merecem menção o trabalho do escritor e homem de teatro Iânkev Flapan, na primeira etapa, e notadamente o do casal Dvoire Rozenblum e Nokhem Mélnik, na seguinte.

> Graças aos interessantes e bonitos espetáculos que realizaram com forças em essência ainda amadoras, emergiu a ideia de transformar o estúdio num teatro popular e, dispondo de ponderável corpo de associados, os seus dirigentes contavam com uma base suficiente para converter o Idramst num teatro popular de caráter societário ou Iídischer Folks Teater designado por suas iniciais, IFT. E foi assim que o IFT se tornou um fato e, com a chegada do talentoso encenador Dovid Licht, os antigos alunos do Artístiche Vínkele, Muze, Vanguarda, Klub in Tzenter (Clube no Centro), Iung Arg[u]entine, Escola Ítzkhak Daitsch e Idramst, obtiveram a recompensa de seus esforços, ganhando reconhecimento como verdadeiros atores de um teatro mais elevado[20].

Contrapartida portenha do Iung Teater de Varsóvia e do Artef de Nova York, a proposta do IFT foi, como aqueles, inspirada pelo desejo de pôr em cena, no espaço de uma originalidade cultural judaica e ídiche, um teatro de avançados padrões estéticos e de visão progressista do mundo, podendo-se dizer que se manteve empenhado nestes objetivos durante toda a sua evolução ulterior, não obstante as mudanças de orientação artística, para não mencionar as das condições de contexto. Na verdade, em sua ação, unindo o ensinamento de I.L. Peretz, "O teatro é escola para adultos", e o de Romain Rolland, "O teatro deve compartilhar do pão do povo, de suas inquietudes, de suas esperanças e de suas lutas", o IFT fez do trabalho teatral uma prática deliberada não só de arte, como de educação e política, mas sem renunciar, nos vários momentos de sua trajetória e de suas preferências ideológico-estilísticas, à busca da artisticidade, senão da forma, na linguagem dramático-cênica.

As atividades do IFT iniciam-se em 1932. A peça de estreia (1933) é *Di Nég[u]er* (Os Negros), de Guerschon Aibinder, com a direção de I. Flapan, que também encena, nos dois anos seguintes, *Koiln* (Carvão), de Galéchnikov e Paparigópulo, e *Schrai Khine* (Ruge China), de A. Tretíakov. É nítida, pois, nestas primeiras montagens, a opção pelo engajamento de esquerda, filiação que se exprime

19. *Ior-Bukh fun Iídisch Ischuv in Arg[u]entine* (Anuário da Comunidade Judaica na Argentina), Buenos Aires, 1945.
20. Ibidem.

seja nos temas abordados, todos eles destaques da ordem do dia social e política do movimento "progressista" de então, seja nas formas cênicas adotadas, todas elas calcadas numa linha panfletária com elementos de *agitprop*. Peretz, Scholem Aleikhem, Berger, Hinkelmann, Zuckmayer, Kúlbak, Lêivick são alguns dos autores das 28 peças que foram integradas no repertório do IFT até 1941, quando o conjunto colocou em cena *Beethoven Sonate*, de M. Kulisch, e *Judith*, de Hebbel. Com estes dois espetáculos, o teatro do IFT chegou a um estilo mais definido e "deu provas da maturidade acumulada" em quase dez anos de trabalho, rematando o seu primeiro período de desenvolvimento, no dizer de um de seus membros[21].

Na década seguinte, contando com um elenco mais estável e entrosado, o IFT firma um semblante artístico próprio e um espaço particular no âmbito teatral judio-argentino e no movimento portenho de "teatro independente". Ao todo, apresenta então 26 peças. Dirigidas por Dovid Licht (1904-1975), em sua maioria, trazem o timbre cênico de um realismo estilizado de amplo espectro, que vai de Scholem Aleikhem e Máximo Górki a Arthur Miller e Brecht, passando por Steinbeck, O'Neill e Priestley, mas também por Shakespeare, Evrêinov, Arbúzov e Leonid Leonov. O destaque continua sendo o da crítica à ordem vigente na sociedade dominante e do compromisso com sua transformação estrutural. De outra parte, embora representadas sempre em tradução ídiche, essas peças da literatura internacional são parte de um repertório centrado na criação dramática ídiche e que põe em cena, nesta fase do IFT, Goldfaden, Peretz, Halkin, Bérg[u]elson e Haim Sloves. Aí se refletem evidentemente as preocupações daqueles anos de luta antifascista, de guerra total e de holocausto judaico. Assinala-se também o aparecimento da dramaturgia hebraica e da problemática palestinense nas encenações do IFT, com os textos de I. Móssinson e Iossef Levi.

Entre 1953 e 1962, e a partir de 1955 em edifício próprio, especialmente construído para sediar as atividades culturais e teatrais do IFT, a trupe realizou cerca de 25 novos espetáculos. A Brecht, Miller, Karl Gútzkov, J. Romain, Zola, Katáiev, Goodrich e Hackett, Scholem Aleikhem, Tchékhov somaram-se autores argentinos e sul-americanos, inclusive dois brasileiros, Maria Clara Machado (*Pluft, o Fantasminha*) e Gianfrancesco Guarnieri (*Eles Não Usam Black-Tie*). Neste período, o IFT realiza algumas de suas melhores apresentações com *Mãe Coragem* (direção de Alberto D'Aversa), *As Feiticeiras de Salém* e *O Diário de Anne Frank*, que marca também a introdução do idioma castelhano no palco deste conjunto ídiche[22].

21. Grischa Weltman, "En Que Consiste la Idea del IFT", *30 Ior IFT*.
22. Ver *30 Ior IFT*.

Em 1992, o Iídischer Folks Teater celebrou o sexagésimo aniversário de fundação. Se nos primeiros trinta anos de sua existência a fidelidade deste teatro aos propósitos iniciais, principalmente no que tange ao idichismo cultural e artístico, parece *grosso modo* intocada e até conduzida a uma plena realização, os trinta anos ulteriores dão lugar a sensíveis mudanças. Com a gradual rarefação da massa de falantes do ídiche, isto é, das duas gerações de imigrantes asquenazitas em função das quais o IFT fora constituído e para as quais poderia exercer os papéis que originalmente se propusera, não só a língua das novas gerações nascidas na Argentina passou a predominar, como o repertório mudou de feição. Ainda que não tenha renunciado à opção "progressista", acentuou-se em seu bojo o temário argentino, mesmo na vertente judaica, e o enfoque universalista em castelhano eclipsou o universo poente do *iídischland*. Há que considerar também os efeitos dos anos de terror, repressão e antissemitismo fascistizante, sobretudo num teatro como o do IFT, judaico e de esquerda. O impacto foi muito pesado em termos institucionais, afora um doloroso tributo pessoal pago por muitos de seus membros: "Não há quem não tenha ausências próximas ou distantes a chorar e o medo, escondido ou aberto, nos lança numa depressão da qual ainda não saímos..."[23]

A braços com a questão da identidade cultural e do cerceamento ideológico-político, o IFT passou nesse período por uma crise de suma gravidade que se refletiu também, como era inevitável, no plano organizacional e financeiro. Assim, o número de seus associados, que era de cerca de cinco mil em 1967, sofreu drástica redução, o seu elenco permanente foi extinto e a sala principal de espetáculos teve que ser desativada. Mas nem por isso a instituição pereceu. A escola de teatro e um núcleo de exibições fílmicas, entre outras coisas, fizeram parte de um programa de diversificação que procurou manter em atividade o organismo societário. Mas foi num pequeno recinto de apresentações cênicas denominado Sala 2 que o IFT deu continuidade à sua relação com o palco ao vivo. Peças de Alberto Addelach (*Jó*), Ricardo Halac (*Segundo Tiempo*), Clifford Odets (*Esperando el Zurdo*), Osvaldo Dragun (*Historias con Carcel*), Bertolt Brecht (*Lux in Tenebris*), Dario Fo (*No se Paga*), Arnold Wekser (*Cartas de Amor en Papel Azul*), Mario Benedetti (*La Tregua*), Scholem Aleikhem (*Un Cuento de Chelem*) e Shakespeare (*Ricardo II*), ao lado de uma trintena de textos principalmente argentinos foram aí encenados de 1983 a 1992.

O diretor e dramaturgo Isaac Nachman deu à sua reflexão sobre a trajetória do IFT e sua perspectiva para o futuro a designação de "Dos Lenguas, un Solo Idioma: el del Teatro". Talvez mais do que um título sintetizador, tratou-se de uma divisa para mobilizar um esforço coletivo de recuperação e reativação dessa sociedade teatral, mas, como ele próprio escreveu, para que isso ocorresse, haveria que

23. Emanuel Levin, Ayer, Hoy y Mañana", *Teatro IFT*, 1987.

repotenciá-lo em sua fonte, dever-se-ia criar para o Iídischer Folks Teater, nascido do ideal de um "teatro popular ídiche", um "novo sonho, uma razão de existir..."[24]

BRASIL. No Brasil também aportaram, entre os emigrantes israelitas vindos diretamente da Europa Oriental ou em alguns casos da Argentina, escritores, artistas e intelectuais judeus de expressão ídiche. Na quase totalidade, eram jovens que não haviam firmado ou manifestado os seus pendores no contexto de origem, não sendo pois figuras conhecidas local ou internacionalmente. Em se tratando de uma comunidade de pequenas proporções, uma vez que a corrente principal da emigração asquenazita para estas plagas se dirigia ao Prata, as possibilidades de desenvolver atividades literárias e seu âmbito imediato de recepção também foram relativamente restritas. Não obstante, desde 1916, quando em Porto Alegre apareceu o primeiro periódico em língua ídiche neste país, *Di Mentschheit* (A Humanidade), sucederam-se órgãos de imprensa e diferentes publicações que, em suas páginas e em conjunto com as demais matérias de interesse de seus leitores, estamparam a produção das letras ídiches em terras do Brasil, numa escala nada desprezível ou, pelo menos, bem superior à conjeturada até há pouco, devido à falta de pesquisas sistemáticas sobre este segmento da vida cultural. De fato, os trabalhos pioneiros de Nachman Falbel sobre Jacob Náchbin e Leib Málakh, bem como seus estudos (individuais e no quadro do Arquivo Histórico Judaico de São Paulo) e de outros pesquisadores universitários, na capital paulista[25], no Rio de Janeiro, em Porto Alegre e Recife, têm proporcionado novos subsídios e vêm ampliando a visão do porte em que se deu a presença do ídiche como idioma da cultura, da literatura e das artes geradas pelo imigrante, sobretudo em sua primeira fase de radicação, quando subsistia a sua condição de usuário do *mameloschn* na comunicação em casa e em parte substancial de seu viver associativo e cultural.

De todo modo, depois que Schabetai Karakuschânski e Schímon Lândau publicaram, com o título de *Tziun* (Signo) e o subtítulo de *ha-Sefer ha-Rischon bi-Brazília* (O Primeiro Livro [Judaico] no Brasil, Rio de Janeiro, 1925), uma crestomatia de poesia e prosa escritas em ídiche no Brasil e vertidas para o hebraico pelos antologistas, e que Adolfo Kichinóvski reuniu, em *Naie Hêimen* (Novos Lares [Pátrias], Nilópolis-RJ, 1932)[26], suas narrativas e cenas da vida

24. *Teatro* IFT, 1932-1992.
25. No curso de pós-graduação em Estudos Judaicos da Universidade de São Paulo, parte do programa de formação acadêmica em hebraico e ídiche, dirigido por Rifka Berezin, várias pesquisas de mestrado estão voltadas para este campo.
26. Este autor e sua obra foram pertinentemente estudados por Nachman Falbel em trabalho histórico-literário publicado pela revista *Schalom*, n. 275, set. 1989, sob o título de "O Mascate Adolfo".

dos imigrantes e de sua ocupação inicial mais característica, a *klientele*, a venda de porta em porta à prestação, mais de trinta autores marcaram a presença da criação literária ídiche neste país[27].

Trata-se de um conjunto bastante respeitável, mesmo em termos numéricos. Mas seu agrupamento e análise por critérios de tendência e de poder de permanência coletiva ou individual ainda estão por ser feitos em profundidade, embora escritores e obras tenham sido objeto de registro fatual e discussão crítica, em vários momentos, no Brasil e no exterior. Neste sentido, dois estudos merecem particular atenção. Eles aparecem no contexto de duas coleções que são, por sua vez, as mais ilustrativas do gênero brasileiro de literatura ídiche: *Nossa Contribuição: Primeira Coletânea Ídiche no Brasil, Redigida por um Colegiado, Editada pelo Círculo de Escritores Ídiches no Rio de Janeiro*[28], e *Brasiliana*[29].

Da primeira – que se compõe de quatro seções ("Narrativas", "Canções e Poemas", "Ensaios" e "Em Memória Abençoada") e reúne a participação de quinze autores – consta o trabalho sobre "Dinamicidade Social e Estaticidade Literária (Uma Vista de Conjunto e um Balanço da Criação Literária Ídiche no Brasil)"[30], de Meir Kucinski. Para o melhor entendimento de seu modo de ver, convém ter em mente que ninguém como este crítico severo, e por vezes implacável, encarnou com maior inteireza, em nosso meio, a figura e os padrões do moderno intelectual e escritor ídiche do Leste europeu, tal como ele se desenhou entre as duas guerras. Assim, como se estivesse discutindo no Schraiber Farain (Associação dos Escritores) de Varsóvia ou aí escrevendo nas *Literárische Bléter* (Folhas Literárias), a sua medida é máxima, também no caso brasileiro. Não faz concessões, não relativiza. Como sugere o título de seu texto, a abordagem é sociológica e pode-se detectar nela, como aliás na maior parte do criticismo judeu e ídiche da época, ressonâncias marxistas. A tese se apresenta desde logo: "As criações literárias ídiches são pouco mais ou menos atrasadas em relação à vida expansiva, tempestuosa e nervo-dinâmica de judeus de todo tipo – quer na qualidade de indivíduos quer na de massas compactas – em nosso país."[31] A contradição lhe parece tanto mais significativa quanto o articulista não alimenta a menor dúvida (nem sequer as discute)

27. 32 autores e suas respectivas obras são enumerados pelo professor Falbel no levantamento que realizou em seus arquivos e gentilmente cedeu para este apanhado da atividade literária ídiche no Brasil. Ver também E. Lipiner, Iídn in Brazil, *Alg[u]emeine Entziklopédie in Iídisch*.Ver Iídn-H, p. 394.
28. *Unzer Baitrog: Érschter Iídischer Zúmlbukh in Brazil, Redaktirt Durkh a Kolég[u]ium, Aroisg[u]eg[u]ébn funem Iídischn Schraiber-Kraiz in Rio de Janeiro*, Rio de Janeiro, 1956.
29. *Braziliânisch*, uma antologia da literatura ídiche no Brasil, sob a redação de Schmuel Rojânski, Buenos Aires, 1973.
30. Meir Kucinski, Sotziale Dinâmischkait un Literárische Statischkait (an Iberblik un Sakhakel fun Iídischn Literárischn Schafn in Brazil), em *Unzer Batroig...*, p. 152-162.
31. Ibidem, p. 153.

- Maharam de Rotenburgo, *de H. Lêivick, direção de Z. Túrkov; na foto, o duque: David Berman;* Dramkraiz *(Círculo Dramático) da Biblioteca Scholem Aleikhem do Rio de Janeiro, 1949.*

sobre as possibilidades de realizar aqui, em ídiche, uma produção ficcional de larga envergadura épica. O material para a saga romanesca e o espírito heroico acham-se, a seu ver, presentes na fantástica aventura da imigração e da ascensão econômica e social do imigrante. Faltam todavia os I.I. Singer [o autor de *Irmãos Aschkenázi*], com o seu fôlego narrativo, capazes de ir além da tacanha romantização, da santificação comparativa, da "vida lá e antigamente em face do prosaico aqui e hoje" e da *pedlerai nébakh* [intraduzível; ao pé da letra: "coitadice mascateira"] em que os escritores locais de língua ídiche, cozinhando suas frustrações socioeconômicas e sua revolta ante as limitações culturais e literárias do ambiente, teriam enclausurado tematicamente a sua literatura.

▪ O Julgamento, *de Sulamita Bat-Dori, direção de Z. Túrkov;* Dramkraiz *da Biblioteca Scholem Aleikhem do Rio de Janeiro, 1948.*

▪ *Cartaz anunciando uma produção de* Campos Verdes *de P. Hírschbein. Iossef Bulow e Luba Kádison, no Cassino Antártica, São Paulo, 1939.*

Kucinski considera que, dos *Novos Lares*, de Adolfo Kichinóvski, em 1932, até *Krochnik-Rio*, de Rosa Palatnik, em 1955, e *No Começo*, de Hersch Schwartz, em 1956, nada havia mudado em essência, mesmo quando se ousou, com "tremor de iniciante introduzir um terceiro motivo: 'mulatas'"[32]. Sua aparição sob a pena ídiche no país envolvia decerto a do universo contextual brasileiro, não judeu. Mas em si, como enfoque da cor e das suas extensões raciais e sociais, o tratamento ficcional a elas dispensado pelas narrações de I. Gevertz, I. Singer, Clara Steinberg, Rosa Palatnik (citados nominalmente), se afigura ao crítico

32. Ibidem, p. 155-156.

como extremamente anedótico, superficial, revelando, mais uma vez, segundo os seus paradigmas, carências que não se poderiam encontrar, por exemplo, nos relatos de um Opatóschu sobre a vida dos negros americanos. Restrições análogas sofre a épica do ambulante, parodisticamente apelidada de *pedlariada* ("mascateada") e vista como uma apologética da "coitadice". O interessante é que, depois de haver firmado em bases sobretudo de conteúdo os seus juízos de valor, Kucinski diz: "para o artista não impotente não existem pretextos, ele tira substância da rocha, do deserto"[33]. Seja como for, não há como negar que se tem aqui, ao contrário das estereotipadas resenhas de generalidades e curiosidades biográficas, uma das poucas tentativas de ir mais fundo e com parâmetros mais objetivos e rigorosos na análise da produção das letras ídiches no Brasil.

Mais extensa, e certamente mais ambiciosa, na medida em que pretende oferecer uma visão de conjunto, a segunda coletânea, a de Rojânski, é uma seleta organizada em cinco partes, "Entre as Montanhas e o Atlântico", "Terá o Fogo se Tornado Meu Lar...", "O Que És? Onde Estás?", "Não Deixo o Meu Ídiche Esquecido", "Na Tempestade Com Vagas Como Paredes". Nelas, distribuem-se dezessete autores representados em 38 textos de relatos e poesias, e três "para a caracterização do Brasil e de sua comunidade judaica". E tanto quanto para o propósito da seção assim epigrafada, a indicação talvez traduza o nexo da antologia toda. Mais do que um florilégio da qualificação estética da produção ídiche-brasileira e da arte poética de seus produtores, aparece aqui uma espécie de panorâmica do contato, relação e reação do imigrante judeu e de documentário da vida judaica e de suas lutas em seu novo meio ou, como se lê em Rojânski, enquanto testemunhas "dos processos de *vir-a-ser, ser* e *deixar-de-ser*"[34]. No escorço introdutório, "Temperatura Leste-Europeia no Exotismo do Brasil"[35], o organizador dedica dois terços de sua análise, de doze páginas, a questões como: as raízes cristãs-novas do judaísmo no Brasil, que seria a herança comum aqui encontrada pelo escritor ídiche e a razão de sua sensibilidade a este apelo histórico como *leitmotiv* literário; o impacto do encanto sensual do país e de seus contrastes colossais, das singulares relações culturais e sociais entre brancos, negros e mulatos, sobre o imaginário e o repertório do escritor-imigrante ídiche; a imprensa em língua ídiche, o espaço que ela reservou ao português, não só em função das novas gerações, mas também do leitor sefaradita, cuja identificação judaica e manifestação escrita seriam assim atendidas. Tudo isso deve convergir (se é que o faz...) para a última parte, que traz o curioso subtítulo de "Excursões Literárias em Defesa da Vida Popular Judaica

33. Ibidem, p. 159.
34. *Braziliânisch*, p. 11.
35. Ibidem, Mizrakh Airopêische Temperatur in Brazils Ekzótik, p. 9-20.

entre Temperamentos Excitados"[36] e que se inicia com a seguinte (e sem dúvida discutível) formulação geral:

> Na beletrística judio-brasileira, é muito acentuada a propensão para pintar situações exóticas, segredos de vida íntima, para manifestar a judaicidade e protestar contra as arbitrariedades morais e políticas. No ensolarado Brasil não é nenhuma proeza ser arrastado para a excitação sexual. Floresta natural e homem de cor, primitivo, encontram-se face a face com arranha-céus e pessoas ultramodernas da civilização americana[37].

A seguir, Rojânski abandona o plano de conjunto e passa para uma abordagem mais individualizada dos autores. Isento da rigidez das categorizações críticas de Kucinski, mas também da riqueza pontual e quiçá do conhecimento que o analista brasileiro tinha dos escritores e das obras em pauta, guardadas as diferenças no tempo e no universo literário enfocado, o crítico argentino passeia perfunctoriamente por alguns nomes. Dos narradores, dedica alguma atenção a Kichinóvski e Kucinski, cujos relatos traduziriam "a coragem de enfrentar o judeu pecador na sociedade" e o "tragicismo dos envergonhados", e a Rosa Palatnik, que "escreve com cores amarelas" e cujo "ídiche é amassado em localismos poloneses e em ditos da intimidade provinciana polonesa antiga". Leib Málakh, como precursor do romance ídiche no Brasil, e Elias Lipiner, por suas pinturas de vultos do mundo judeu-português, também são arrolados. Na poesia, examina mais de perto e considera de um modo mais preciso, do ponto de vista literário, as contribuições de Pínie Palatnik, a quem caracteriza como um poeta experimentador das "formas modernas do poema e da linguagem patética refinada, filosofante e que se indaga do sentido da dor do indivíduo e dos sofrimentos do povo"[38], e Moische Lokietsch, "ele gosta do mar, das montanhas, do esporte, da cidade do Rio", como diz o crítico H.M. Kózvan, e seus poemas "são por si uma antologia de um judeu brasileiro, de sua saudável vinculação com o país onde vive..."[39] Para Rojânski, são eles "os dois verdadeiros poetas que se salientaram no meio brasileiro"[40]. Mais do que isso, este guia pelas letras ídiches na terra do sal e do sol não nos dá, exceto, como reza a sua conclusão, que, no caso, "é uma história de um estar junto – sozinho"[41].

36. Ibidem, Literárische Ekskúrsies in Schutz fun Iídischn Fólkslebn Tzvischn Tzereitzte Temperament, p. 17.
37. Ibidem.
38. Ibidem, p. 19.
39. Ibidem, p. 20.
40. Ibidem, p. 19.
41. Ibidem, p. 20.

Por significativos que sejam os dois balanços críticos, o conjunto de autores a que se referem não esgota a realização literária ídiche nas paragens do Brasil. Na verdade, por seus escritos em prosa e em versos, sobre temas judeus e brasileiros, publicados na maior parte como colaboração de imprensa a partir dos anos 1920 e só mais tarde reunidos em forma de livro (quando o foram), poder-se-ia nomear: Jacob Náchbin, com poesias publicadas na imprensa, como "Der Man fun der Erd: A Kapítel fun der Poeme *Gvarani*" (O Homem da Terra: Um Capítulo do Poema *Guarani*, 1924)[42], e "Tzikl Líder" (Poemas do Ciclo, 1924); Baruch Schúlman, destacado ativista comunitário e cultural, cujos textos narrativos e ensaísticos apareceram esparsamente, mas figuram nas principais recolhas da escritura ídiche no Brasil; Pínie Palatnik, que compôs grande número de poemas selecionados, em conjunto com seus ensaios, nos *Oisg[u]eklíbene Schriftn* (Escritos Escolhidos, Buenos Aires-Rio de Janeiro) e editados após a sua morte em 1974; Leibusch Singer, com *Akordn in der Schtil* (Acordes no Silêncio, *raccolta* póstuma de contos e poemas, São Paulo, 1939); I. Mischkis, com a coletânea *Fun Iídischn Folklor Ôitzer* (Do Tesouro de Folclore Judeu, São Paulo, 1942); A.M. Liberman, cujas poesias e narrativas compõem o livro *Iung Brazil* (Jovem Brasil, Nova York, 1947); Rosa Palatnik, contista que reuniu seus relatos em *Kraschnik-Rio* (Rio de Janeiro, 1953), *Baim G[u]eroisch fun Atlântik* (Junto ao Rumor do Atlântico, Rio de Janeiro, 1957), *Drêitzen Dertzêilung[u]en* (Treze Narrativas, Rio de Janeiro, 1961), *G[u]eklíbene Dertzêilung[u]en* (Relatos Escolhidos, Rio de Janeiro 1966); Hersch Schwartz, com as histórias agrupadas em *Der Ônheib* (O Começo, Rio de Janeiro, 1954) e em *Heim Gringôldene* (Lar Verde-Dourado, Rio de Janeiro, 1960); Malka Apelboim, com *Naie un Alte Heim* (Novo e Velho Lar, Rio de Janeiro, 1955); Clara Steinberg, com *Oif Braziliánischen Boden* (Em Solo Brasileiro, contos, Rio de Janeiro, 1957); Iossef Landa, com *Líkhtig[u]e Kaiorn* (Alvoradas Luminosas, poesias, Rio de Janeiro, 1959); Simão Rodel, com numerosas composições poéticas impressas em periódicos; H. Brânski, com os relatos de *Di Tzurikúmende Khválie* (A Onda Retornante, Rio de Janeiro, 1959); Marcos Jacobovitch, com o romance *Tzurik* (Volta, Porto Alegre-Buenos Aires, 1959); Meir Kucinski, com seus contos de *Nússakh Brazil* (Estilo Brasil, Tel Aviv, 1963) e *Di Palme Benkt Tzu der Sosne* (A Palmeira Tem Saudade do Pinheiro, coletânea póstuma, Tel Aviv, 1985); Schabetai Karakuschânski, com o romance *Der Turist* (O Turista, Rio de Janeiro, 1964) e versos como "Mir Kumen" (Nós Vimos); Ítzkhak Raizman, com *Lebens in Schturm* (Vidas na Tempestade, romance, Tel Aviv, 1965); Ítzkhak Borenstein, com *Varsche fun Nekhtn* (Varsóvia de Ontem, narrativas, São Paulo, 1967); Moische Lokietsch, que coligiu seus versos em *Goirl fun a Kraiz* (Destino de um Círculo, Nova York,

42. Nachman Falbel, *Jacob Náchbin*, p. 33 (fac-símile do texto ídiche do poema) e p. 65.

1969) e *Mit Schtiln Kol* (Com Silenciosa Voz, Tel Aviv, 1975); Iossef Sandacz, com poemas e ensaios publicados em jornais e revistas do Brasil, Argentina e Estados Unidos; Ítzkhak Guterman, contista de *Di Mame Iz Nischt Khoserdêie* (Mamãe Não Está Maluca, Tel Aviv, 1981); Haim Rapaport, com os relatos de *In di Labirintn fun Goirl* (Nos Labirintos do Destino, Tel Aviv, 1983).

No ensaio, na crítica literária, nos estudos de história, caberia registrar, dentre outros, os nomes de Jacob Náchbin, com *Der Létzter fun di Groisse Zakutos* (O Último dos Grandes Zacutos, Paris, 1929); Eduardo Horowitz, cuja destacada atuação na vida comunitária e no movimento sionista brasileiros se exprimiu também na publicística e em trabalhos como "Iídn in Brazil: An Eignártig[u] er Ischuv" (Judeus no Brasil: Uma Comunidade Singular), incluído em *Nossa Contribuição...*, Menasche Hálpern, também poeta, com os ensaios autobiográficos *Oisn Altn Brunem* (Da Velha Cisterna, Rio de Janeiro, 1934), *Parmetn* (Pergaminhos, São Paulo, 1952); Baruch Bariach, *Der Iídischer Literatur, Zait Ihr Anschtelung biz Scholem Aleikhem* (A Literatura Ídiche, Desde a Sua Formação até Scholem Aleikhem, Curitiba, 1942); M. Kucinski, com sua narrativa ensaística sobre o popular herói judeu da força física, Zische Breitbard, *Der G[u]ibor* (O Forçudo, Nova York, 1947, Prêmio Tzukunft); Ítzkhak Raizman, com *G[u]eschíkhte fun Iídn in Brazil* (História dos Judeus no Brasil, 1935) e *A Fertl Iorhúndert Iídische Presse in Brazil* (Um Quarto de Século de Imprensa Judaica no Brasil, Nova York, 1948); Tobias Fenster, com *G[u]eklíbene Schriftn* (Escritos Seletos, Rio de Janeiro, 1956); Leon Schmeltzinger, com *Fartzêikhente Schmússen* (Conversas Anotadas, Rio de Janeiro, 1967); Konrad Charmatz, com *Koschmarn* (Pesadelos, São Paulo, 1975); Nelson Vainer, Salomão Steinberg, Menákhem Kopelman, Salomão Zeitel, I. Gochnarg, com trabalhos que vieram à luz em diferentes publicações; e Elias Lipiner, com *Bai di Taikhn fun Portugal* (Junto aos Rios de Portugal, Buenos Aires, 1949, tradução e estudo das *Consolações e Tribulações de Israel*, de Samuel Usque), *Ideolog[u]ie fun Iídischn Alef-Beis* (Ideologia do Alfabeto Judaico, Buenos Aires, 1967) e *Tzvischn Marranentum un Schmod* (Entre Marranidade e Conversão, Tel Aviv, 1978), entre outras obras de historiador, ensaísta, poeta e narrador.

A prosa e a poesia ídiches no Brasil não só inscreveram as experiências de seus falantes e autores em alguns tópicos particulares, como os do colono agrícola em terras gaúchas e do *klienteltchik*, o "russo da prestação", nos meios urbanos do país, mas também levaram para o ídiche, em tradução, textos da literatura brasileira, como os de Machado de Assis e de Jorge Amado. De outra parte, as relações com suas matrizes mantiveram-se e as tendências que lhes eram inerentes ou estavam na ordem do dia, nos vários momentos correspondentes, como seus vetores de processamento sociocultural e estético-literário independente também se fizeram sentir aqui, em todos os planos. Um exemplo disso é a ação dos grupos de intelectuais e escritores que, de um modo institucional ou privado, retomaram e desenvolveram no Brasil percepções e opções centrais no encaminhamento da pauta da modernidade nas letras ídiches. É em sua perspectiva que se pode entender um trabalho como o empreendido por Gízela Skílnik e as suas traduções, para o ídiche, de composições de Nelly Sachs, *Eli un Drei Tzíklen Líder* (Eli e Três Ciclos de Poesias)[43], e da famosa peça de Samuel Beckett, *Esperando Godot* (Dos Vartn Oif Godot, 1980)[44].

Observa-se uma atividade similar no teatro. Desde a década de 1920, mas principalmente nos anos 1930 e 1940, o público de imigrantes asquenazitas pôde assistir às peças levadas não só por esporádicos conjuntos de atores profissionais fixados no Brasil ou pelas constantes *tournées* de artistas e companhias da Argentina, Estados Unidos e Europa. Na verdade, tão ou mais importante neste aspecto foi a contribuição dos elencos filodramáticos que, no Rio de Janeiro, em São Paulo, no Recife, em Salvador, em Curitiba e em Porto Alegre, encenaram numerosos textos do repertório teatral ídiche. Tais espetáculos apresentavam-se, em alguns casos, com padrões de proficiência cênica e qualificação artística que, ao lado dos dotes individuais, denotavam longo trabalho metódico de *ensemble*, indo muito além dos níveis amadorísticos mais rústicos. Foi o que se viu mormente em *Dos Groisse G[u]evins* (A Sorte Grande), de Scholem Aleikhem, *Bar Kokhba*, de Schmuel Halkin, *Kídusch ha-Schem* (O Sacrifício pelo Nome), de Scholem Asch, *Di Vant* (A Parede), de Zúsman Segalóvitch, *Avrom Goldfaden*, de Z. Túrkov, *Der Maharam fun Rotenburg*, de H. Lêivick, *Di Puste Kretschme* (A Estalagem Abandonada), de Peretz Hírschbein, para citar algumas das peças levadas neste período pelo *dramkreiz* (círculo dramático) da Biblioteca Scholem Aleichem do Rio de Janeiro, sob a direção de Zígmunt Túrkov[45]; e cujo paralelo em São Paulo foram *Goldfadens Kholem* (O Sonho de Goldfaden), de Ítzik Manger, e *Dos Groisse G[u]evins* (A Sorte Grande), de Scholem Aleikhem, duas montagens que marcaram o trabalho realizado, em 1949, pelo encenador Jacob Rotbaum, com o *dramkraiz* do Centro Cultura e Progresso[46].

Os trabalhos do encenador do Vikt com o elenco filodramático carioca podem ser inscritos entre as melhores realizações teatrais de Túrkov no Brasil. Ainda está por ser efetuado o levantamento acurado destas encenações e o estudo de seu lugar no quadro geral da carreira cênica de seu diretor, de um lado, e, de outro, na evolução artística do grupo de amadores em que elas ocorreram, muito embora

43. Tel Aviv: I.L. Peretz, 1974.
44. Com prefácio sobre "Gízela Skílnik", de Ítzkhak Guterman, Tel Aviv: I.L. Peretz, 1980.
45. Ver Boletim – Publicação Jubilar Para o 40° Aniversário da Biblioteca Scholem Aleichem, Rio de Janeiro, 1955.
46. Convidado pela Casa do Povo para a inauguração de seu teatro, o mesmo diretor voltou ao Brasil em 1962, montando a peça de Scholem Aleikhem, *Sender Blank*, com o grupo dramático da citada instituição.

a presença dos atores e *régisseurs* poloneses, inclusive de Túrkov, no movimento da renovação teatral brasileira, tenha sido histórica e criticamente tratado, em seu plano mais amplo, por Fausto Fuser em sua tese de doutorado[47] e no artigo, sobre o mesmo tema, que escrevemos em parceria[48]. Mas o que aflora à lembrança de quem pôde assistir a algumas daquelas representações e do que o material fotográfico subsistente ainda consegue revelar é menos o aparato visual do que o trabalho de ator. Neste particular, o *metteur en scène* da Biblioteca Scholem Aleikhem foi modelar, assim como no seu tratamento do texto, a cujas virtudes poéticas, em termos da palavra escrita, dedicava grande respeito artístico. Isso não significa evidentemente que não tivesse na devida conta a composição plástica e a dramaticidade visual da imagem em cena, tal como na época ditavam a funcionalidade cenográfica e as formas do "moderno". Entretanto, da impressão que seus ensaios deixaram ao autor destas linhas, que chegou a ver alguns na antiga sede da Biblioteca e ainda se lembra da figura alta, de feições aquilinas, olhar intenso mas atento, metido num macacão do tipo *prozodiejda* de *agitprop*, é de que sua construção da peça se articulava basicamente na interiorização vivencial da ação pelo intérprete de conformidade com os sentidos e as relações contidos no texto e na sua projeção das personagens. Este procedimento também veio à tona na sua atuação no teatro brasileiro, como se pode depreender do ensaio que escrevi com Maria Thereza Vargas a respeito de Cacilda Becker[49]. Se em Túrkov o primado era da estética stanislavskiana, em Rotbaum podia-se sentir uma tentação meierholdiana. Gostava de plasmar de fora para dentro. As ações coletivas, as festas, o colorido e o feérico das luzes, assim como a caracterização da *persona* como máscara e um toque de grotesco poético constituíam o seu estilo de diretor e foi o que lhe permitiu, talvez em menos tempo do que Túrkov, levar seus amadores paulistas a figurações eficazes, se não artísticas, do ponto de vista da economia do espetáculo. Não que se alienasse do dado psicológico e da referência literária, mas ele se dava grande liberdade em relação a ambos, pois em suas encenações o foco principal e o seu paradigma estavam na teatralidade da montagem. Evidencia-se, pois, que ambos os encenadores trouxeram para os seus comediantes, ainda que amadores, orientações e técnicas das mais avançadas na arte do teatro de então e, por terem sabido transformá-las em verdade artística no corpo de seus intérpretes, deram ao público da cena ídiche no Brasil espetáculos que na época despertaram o interesse inclusive da crítica brasileira.

47. A "*Turma da Polônia*" *Teatral Brasileira ou Ziembinski: O Criador da Consciência Teatral Brasileira?*, São Paulo: ECA-USP, 1987
48. Ver Fuser; J. Guinsburg, A "Turma da Polônia" na Renovação Teatral Brasileira: Presenças e Ausências, em Armando Sérgio da Silva (org.), *J. Guinsburg: Diálogo Sobre o Teatro*, São Paulo: Edusp, 1992. A propósito do Vikt, ver supra, p. 396-404.
49. Cacilda: A Face e a Máscara, em Nanci Fernandes; Maria Thereza Vargas, *Uma Atriz: Cacilda Becker*, São Paulo: Perspectiva, 1984, p. 205-301.

13

A LITERATURA ÍDICHE EM ISRAEL

Em conjunto com o movimento de retorno à Terra Prometida, desencadeado no século XIX e convertido em mola central do sionismo político, o hebraico foi se tornando novamente a língua de uso diário na vida da comunidade judio-palestinense, embora não faltasse quem, mesmo nas correntes declaradamente sionistas, se batesse pela permanência do ídiche. Mas nem a fala popular das massas asquenazitas nem algumas propostas em favor do alemão, por exemplo, puderam calar o ideal milenar que movia não apenas homens como Eliezer ben Iehúda, a quem o renascimento moderno do idioma bíblico tanto deve, mas o próprio espírito vital da campanha pela reconstrução da nacionalidade de Israel em seu solo de origem. Fogo sagrado num altar votivo, cultivado pelos Hovevei Tzion (Amantes de Sion), por Ahad Haam, Sókolov, Ussíschkin, Weitzman e outros expoentes do judaísmo da Europa Oriental, defendido pelos princípais ideólogos do pioneirismo coletivista, como I.L. Gordon, e por intelectuais do Ocidente, como Buber, a tendência hebraísta ganhou força crescente no *ischuv* da Palestina (pelo número de locutores e pela produção cultural) e prevaleceu a partir da Primeira Guerra Mundial e da terceira *aliá* (onda imigratória), fato que recebeu consagração institucional com o estabelecimento do Estado de Israel. É verdade que, embora fosse considerado a "língua da *Galut*", da Diáspora, e exilado para uma condição passiva na consciência linguística do povo, o ídiche continuou a circular entre israelenses de extração asquenazita e de raízes leste-europeias, e sobretudo, de um modo ativo e deliberado, entre os grupos de judeus ultraortodoxos, também de ascendência asquenazita, que se recusavam e recusam a empregar na comunicação corriqueira e profana o "idioma sagrado". Assim, e se se tem em conta o papel histórico do universo falante do ídiche no ressurgimento nacional judaico, não é de admirar que o peso linguístico e cultural da fala asquenazita seja tão grande no hebraico moderno. Mas, cabe salientar, não se trata apenas de uma memória idiomática constantemente reavivada por seus rastros no vocabulário, nas locuções e construções correntes da fala hebraico-israelense, ou por sua relação com a cultura que a constituiu, mas também de uma produção atual sob a forma de espetáculos de teatro, edições de livros e periódicos que, apesar do desaparecimento das gerações "jargonófonas", se exprime ainda em ídiche. Ao que é mister acrescentar uma pauta cada vez mais volumosa de estudos críticos e pesquisas acadêmicas que, em Israel, vêm reavaliando a língua e a literatura, assim como redesenhando as faces empanadas ou ocultas do homem e da civilização de Aschkenaz.

De início, quanto à sua presença específica, é mister lembrar que a literatura ídiche moderna desembarcou na Terra Santa juntamente com a hebraica, visto que o bilinguismo nas letras era apanágio de quase todos os intelectuais e escritores asquenazitas do "retorno" judaico a Sion. Na Diáspora ou mesmo em solo palestinense, num ou noutro momento de suas vidas e carreiras, na ensaística, na poesia e na ficção, para não mencionar o jornalismo, quase todos se exprimiram na língua do povo ou das "massas". Haim Nákhman Bialik, Schmuel Iossef Agnon, Ítzkhak Dov Bérkovitz, Iaakov Fichman, Mosché Stávski, Uri Tzvi Grinberg não foram exceções.

Mas a criatividade ídiche em Israel recebeu particular impulso, após a Segunda Guerra Mundial e a independência do país, com a chegada e a fixação permanente ou transitória de um bom número de autores desta língua, dos quais alguns já eram veteranos das lides literárias enquanto outros apenas se iniciavam no seu exercício. Um fator não menos estimulante foi a fundação, em 1949, sob os auspícios da Histadrut (Confederação Geral dos Trabalhadores de Israel), da revista *Di Gôldene Keit* (A Corrente de Ouro), redigida de começo por A. Sútzkever e também por A. Levinson (1888-1955) que, ao falecer, teve como sucessor Eliezer Pines. Se a importância deste então mensário e hoje reduzido a quatro números anuais, que reuniu, e ainda reúne, a colaboração dos nomes mais representativos das letras judaicas contemporâneas, ultrapassa de muito a referência local, ocorrendo o mesmo com vários outros órgãos literários ídiche-israelenses surgidos posteriormente[1], não resta dúvida de que o fato se deveu não só ao amparo oficial e à vinculação institucional obtidos, como às condições específicas que, no contexto de um Estado judeu, passaram a cercar o processo literário ídiche, onde estava, senão em casa, pelo menos em família, ainda que fosse no novo regaço o parente pobre…

Mas antes que surgisse a *mediná* (Estado), o retorno judaico à Terra Prometida e as formas de vida geradas em seu bojo, principalmente as do pioneirismo halutziano e do *kibutz*, já haviam inspirado certo número de poetas de língua

1. Como *Iung Isroel* (Jovem Israel), editado por Moische Iúngman, Haifa, 1954-1958; *Bai Zikh* (Em Casa), editado por I. Ianosóvitch, em Tel Aviv, 1972; *Ieruschaláimer Almanack* (Almanaque Jerosolimita), editado por I. Kerler, em 1973.

ídiche. O primeiro deles foi I. Papiérnikov (1897-1993), que numa dezena de coletâneas – como *In Zúnikn Land* (No País Ensolarado, 1927), *Dos Land fun Tzveitn Breischis* (O País da Segunda Gênese, reunião de vários livros anteriores, 1954), *Fun Main Schir ha-Schirim* (De Meu Cântico dos Cânticos, 1955), *In Nai Likht* (Em Nova Luz, 1987), *Boim un Vald* (Árvore e Floresta, 1988) – versou motivos *halutzianos* e proletários do sionismo socialista:

> No sangue e no fogo construímos nossas casas,
> no sangue e no fogo – assentamos tijolos e passos
> sobre os quais crescemos e nos erguemos no azul dos céus
> que se estendem, em chamas, sobre os telhados, as torres e as cabeças.
> No sangue e no fogo marchamos contra tudo,
> no sangue e no fogo – para levar o arado ao campo
> e lançar, como pontes, estradas pavimentadas que se espalham,
> e sentir na realização – o eixo do mundo.
>
> [No Sangue e no Fogo]

Um sentimento de outra natureza, que transfigura no mundo israelense, na celebração do trabalho e da terra redescoberta, os fios da tradição judaica e as centelhas de um prístino fervor religioso, é o que anima muitos dos versos de Arie Schamri (1907-1978)[2]. Em sua contemplação poética, desvela-se nos inefáveis segredos e mistérios do corriqueiro e do cotidiano à luz da presentidade inocente e pura o ciclo da natureza e da existência humana, como em "Tardio Verão":

> Não te apresses, solidão,
> embora o verão se eternize.
> A luz brilhou como âmbar
> e o verde se extingue sobre os campos,
> só a romã não é tardia,
> só as melancias estão maduras,
> e nos olhos ainda podes descobrir
> um reflexo de ternura.
>
> A tenda permanece aberta
> e as maçãs esperam
> saborosas e frescas

2. *In Toirn fun Teg* (Na Porta dos Dias, 1947), *In Vókhiken Likht* (À Luz do Quotidiano, 1953), *A Schtern in Feld* (Uma Estrela no Campo, 1957), *Der lung[u]ernmanfun Dijon* (O Moço de Dijon, 1969), *Di Funken fun Tikun* (As Centelhas da Redenção, 1970) constituem alguns dos títulos sob os quais Arie Schamri coletou sua produção.

ocultas na sombra.
Lá embaixo nos canteiros perfumados
ungidos de orvalho,
reina a rainha do jardim.
Ela está ali inteiramente só
as folhas lhe murmuram
o devaneio das árvores.

Está só
e ninguém vai ter com ela,
nem os cavaleiros heroicos,
nem os nobres senhores,
tu somente, ceifeiro extenuado,
que atravessou os campos,
moído como o grão batido.
Tu somente e aquele que te escolta
no olhar do coração,
só tu poderás tomar-lhe um beijo
e tu levarás a claridade do verão
até o outono, com ela, em tua tenda...
Não te apresses, solidão.

Iaakov Fridman (1910-1972)[3], por sua vez, numa linguagem que santifica cada palavra e a consagra, qual prece hassídica, à união extática entre criatura e Criador, pede em "A Prece de um Pastor":

> Deus, sê bondoso comigo, eu não peço muito: quero apenas sentir teu amor repousando sobre meu teto.
> E no limiar de minha casa, quando eu abro a porta, deixe que o sol e a chuva falem de ti.
> E deixe que uma fonte e um campo e um rebanho de gado me digam "bom dia" todo dia.
> Quando vou em minha veste de linho com minha flauta de madeira rumo ao Jordão.

Mas o poeta também sabe que uma graça desta ordem é hoje impossível, pois

3. A obra poética de I. Fridman, publicada em três volumes em 1970, reúne, entre outros, livros como *Adam* (1939), *Schábes* (Sábado, 1939), *Pástekher in Isroel* (Pastores em Israel, 1953), *Di Leg[u]énde fun Noakh Grin* (A Legenda de Noé Grin, 1958), *Nefilim* (gigantes antediluvianos, 1963), *Líbschafi* (Amor, 1967).

Deus não fala mais
como nos dias do Pentateuco,
não brilha mais em nuvens de fogo
sobre nosso telhado.
Adão e Eva desapareceram
da desvelada presença de Deus, na profundeza do jardim,
e nós – corremos à sua procura
na escuridão de um cerrado botão de flor.

Descalços passos de anjos
não beijam mais nossa soleira
como nos dias de nossos avós.
Só a nossa saudade chora
por suas asas azuis,
que flutuam como luas afogadas,
sobre todos os rios do mundo.

À meia-noite achegamos nossos ouvidos à relva adormecida,
à folha de uma árvore, à pele dos jovens frutos:
procuramos o silêncio fragrante de Deus e tentamos interpretá-lo
com a sombra da canção antiga.

Os nossos avós ouviram a palavra de Deus,
e nós compomos poemas ocultos
para velar a nossa nua nostalgia pelo alento de Deus,
que é mais silencioso que o das estrelas
sobre os lagos adormecidos dos dias hibernais.

[Deus Não Fala Mais...]

Não obstante, remetendo-se à eticidade da vivência devota de seus ascendentes hassídicos, Fridman responde afirmativamente à pergunta:

Onde mora o justo?
Não perguntes.
Em nenhuma e em toda parte.
Onde quer que chore uma criança,
onde quer que um velho suplique.

Onde há milagre e maravilha?
Não perguntes.
Em nada e em tudo junto.

Onde quer que o ouro do coração
se atire sozinho ao fogo.

Vai, procura-te, tu mesmo.
Tua luz
acende e a mantém até o amanhecer.
Segura os dez dedos sobre o fogo
e amanhã tudo encontrarás

[Onde Mora o Justo?]

Pode-se dizer que, embora de breve duração, Iung Isroel (Jovem Israel) consubstanciou, por sua simples formação no início da década de 1950, algo de inteiramente novo no processo da literatura ídiche na "nova pátria". Pois aqui se tratava não apenas de escritores isolados ou colaborando individualmente numa publicação, porém de um grupo literário, que aparecia e intervinha sob um nome coletivo. Rivka Bassman, Iossl Birschtein, Avrom Rintzler, Moische Iúngman, A. Karpinóvitch, Schlomo Varzoger, M. Gurin, Mordekhai Lifschitz, Tzvi Aizenman e H. Benjamin são alguns dos poetas e narradores que o integraram. Bastante diversificadas do ponto de vista do tratamento formal e das vinculações artísticas, suas criações são evidentemente marcadas pelas experiências do Holocausto e da inserção em Israel, que no entanto podem traduzir-se, sobretudo na poesia, em obras inteiramente voltadas para o plano existencial das vivências pessoais.

Assim, Rivka Bassman (1925)[4], sobrevivente do Gueto de Vilna e dos campos de concentração, escreve:

Purifica os teus passos
no silêncio de minha prece.
E leva-me contigo
que o distante crepúsculo não tarda...
Como se fora um ídolo de barro
derramo em vão o meu lamento.
Vem! caminhemos,
até que a areia cubra os nossos passos.

[Na Purificação]

4. De sua obra impressa em livros, constam *Toibn Baim Brunem* (Pombas Junto ao Poço, 1959), *Bléter fun Vegn* (Folhas de Caminhos, 1967), *Líkhtike Schteiner* (Pedras Luminosas, 1972), *Tzeschótene Kreln* (Miçangas Espalhadas, 1982), *Onrirn di Tzait* (Tocar no Tempo, 1988) e *Di Schtílkait Brent* (O Silêncio Queima, 1992).

- *O navio de refugiados Exodus no porto de Haifa. Israel, 18 de julho de 1947 (no alto).*

- *Um grupo característico de jovens pioneiros da segunda* aliá *(onda migratória), de antes da Primeira Guerra Mundial. Os membros do Ha-Schomer (Os Guardiães), organização de defesa, portavam rifles e alguns usavam o keffieh beduíno na cabeça. Vários líderes do futuro Estado de Israel figuram entre os que vieram com a segunda* aliá.

▪ *Colonos judeus trabalhando com toras de madeira em Birobidjan.*

Ou então:

> Um deserto verdejante
> é impossível?
> Eu sou um deserto a verdejar,
> minha aridez floresce,
> minhas estrelas extintas
> me iluminam pelo olhar.
> Entre as areias
> eu vejo traços
> dispersos...
> Quem pois os descobrirá?
> Permitam-me perguntar ainda:
> Será que um deserto
> pode verdejar?
>
> [Um Deserto Verdejante]

Mas o novo lirismo ídiche que se filtrou do chão israelense mostrou-se em captações singulares nos poemas de Moische Iúngman (1922-1982)[5], como:

> Dá-me novos olhos todo dia
> para ver o rubro no rubro,
> a flor na flor.
> Dá-me novos olhos todo dia
> para ver o homem sair de seu gris
> e também tornar-se uma flor.
> Por todos os espinhos onde vou,
> com todas as corcovas que trago –
> dá-me novos olhos todo dia.
>
> [Prece]

Na prosa, com destaque para a atualidade israelense e a temática da destruição do judaísmo europeu, a arte do relato ídiche deu a público uma farta messe de contos e narrativas mais extensas. Ioel Mastboim (1884-1957) levou seu romantismo impressionista de *Maritas Glik* (A Sorte de Maritas, 1923), *Fun Roitn Lebn* (Da Vida Vermelha, 1921, sobre a juventude revolucionária de 1905) e *Nókhemkes Vanderung[u]en* (As Andanças de Nókhemke, 1925), para os relatos em que põe em tela ficcional sua experiência palestinense, dentre os quais se destaca o primeiro livro de uma projetada trilogia que não pôde completar, *Der Koiakh fun Erd* (O Poder da Terra, 1952). Em Israel, onde aportou em 1951, depois de ter sobrevivido às provações do gueto de Lodz e dos campos de concentração de Auschwitz e de Terezin, I. Schpieg[u]el (1906) deu prosseguimento à sua faina literária iniciada com *Málkhus G[u]eto* (O Reino do Gueto, 1945), *Schtern Ibern G[u]eto* (Estrelas Sobre o Gueto, 1947), e produziu uma sucessão de contos, poemas e novelas publicados em livros como *Likht fun Opgrunt* (Luz do Abismo, 1952), *Vint un Vortzlen* (Vento e Raízes, 1955), *Di Brik* (A Ponte, 1963), *Himlen Nokhn Schturm* (Céus Após a Tormenta, 1984) e *Eigns un fun Noente Kvaln* (Meu Próprio e de Fonte Próxima, 1987) – obras em que o espanto ante o terror e o absurdo da inominável tragédia, bem como a não menos surpreendente renitência do humano, *malgré tout*, no fundo extremo de sua desumanização criaram algumas das páginas talvez mais pungentes da ficção narrativa sobre o Holocausto. Samuel Ísban (1905-1995), ficcionista ídiche de grande versatilidade, pôs-se a escrever em Israel sobre a velha comunidade local, *Tzvischn Hundert Toirn* (Entre Cem Portas),

5. Dentre as várias coletâneas de suas composições, figuram *Hinerplet* (Letargia, 1947), *In Schotn fun Moiled* (Na Sombra da Lua Nova, 1954), *Vaisse Toirn* (Portais Brancos, 1964), *Regn Boign Zukópns* (Arco-Íris à Cabeceira, 1973), *In Land fun Eliahu ha-Navi* (Na Terra do Profeta Elias, 1977).

e a época dos Amantes de Sion, *Família Karp*, assim como sobre o trabalho dos pioneiros, *Oif Ruschtovânies* (Sobre Andaimes), mas foi na América, onde passou a viver, que sua escritura atingiu notável potência criativa, desdobrando-se em relatos sobre a imigração ilegal na Palestina (*Umlegale Iídn Schpaltn Iâmen* [Judeus Ilegais Cindem Mares]), sobre episódios da história judaica e a vida nova-iorquina (*Schtot fun Tzorn* [Cidade da Ira]). Mêndel Man (1916-1975), que, após uma mocidade de lutas e guerrilhas contra os alemães, transpôs as suas vivências e o seu testemunho para romances – traduzidos em muitas línguas – como *Bai di Toirn fun Moskve* (Às Portas de Moscou, 1956), *Bai dem Vaissel* (Junto ao Vistula, 1959), *Dos Faln fun Berlin* (A Queda de Berlim, 1960), é também em *Dos Farlósene Dorf* (A Aldeia Abandonada) e nos contos de *Dos Hoiz in di Derner* (A Casa nos Espinhos), uma das expressões mais originais da prosa narrativa ídiche em sua ambientação na nova pátria. Leib Rochman (1918), que registrou os perigosos anos de 1943 e 1944 em seu diário *Un in Dain Blut Zolstu Lebn* (E Vive em Teu Sangue, 1949), aborda em Israel, no romance *Mit Blinde Trit Iber der Erd* (Com Passos Cegos Sobre a Terra, 1969), a caminhada judaica através da Europa antes de chegar à Terra Prometida. Por fim, não se pode deixar de citar Ka-Tzetnik (nome literário, derivado de *Konzentration Zenter*, de Iekhiel Dinur, 1917), com seus lancinantes documentários ficcionais – *Dos Hoiz fun di Lialkes* (A Casa das Bonecas) é um deles – sobre as inconcebíveis monstruosidades da sanha nazista.

Iossl Birschtein (1920) merece um comentário à parte, e não apenas por ser um dos mais dotados narradores neste contexto das letras ídiches, mas também por ter alcançado igual reconhecimento no terreno do relato hebraico-israelense. *In Schmole Tratuarn* (Em Calçadas Estreitas, 1959), *Der Zâmler* (O Coletor, 1985) e *A Ponim in di Volkns* (Um Rosto nas Nuvens, 1989) pertencem às duas literaturas, sem que se possa considerar uma delas efetivamente como a língua original dos textos. Trata-se de um fenômeno que também envolve outros autores ídiches em Israel, principalmente os poetas, que têm apresentado muitas de suas criações em edições bilíngues, mas na maioria fica patente a radicação idiomática inicial da escritura e o caráter de tradução de sua contrapartida na outra língua. Não é este o caso de Birschtein, embora em essência sua obra brote mais do discurso ídiche do que do subjacente universo de realidades. Com efeito, preocupado com o rico legado do judaísmo europeu, em sua profundidade e tragédia, e o modo pelo qual se deve preservá-lo como elemento operante no processo da atualidade, o escritor empenha-se numa verdadeira luta temática com a existência judaica após o Holocausto, na medida em que, para ele, o resgate em seu contexto daquele mundo desaparecido, de suas formas de ser e seus valores, é um projeto que só pode ser levado a cabo por meio da narração, da rememoração, da associação e da imaginação, numa dialética da criatividade viva e integrada do presente com o passado, seja em ídiche seja em hebraico.

Foi sem dúvida com pés ligeiros, aliás ligeiríssimos, que este apanhado perpassou o labor literário do ídiche em seu transplante israelense. Por sumária que seja a vista alcançada, evidencia-se desde logo que, se o impulso produtivo ainda deveu muito à energia armazenada em seus núcleos de origem, isto é, no mundo leste-europeu do judaísmo asquenazita, o novo foco não deixou de exercer um extraordinário efeito estimulante e não apenas de choque, o que talvez explique por que, apesar de tudo, Israel não só se elevou, como continua sendo atualmente o mais ativo e mais importante centro de criação ídiche.

14

UM ÚLTIMO ELO?

ISAAC BASHEVIS SINGER

Dois ficcionistas judeus contemporâneos, além de Scholem Asch, conseguiram ultrapassar as fronteiras idiomáticas em que sua obra se desenvolveu e alcançar o público internacional: Schmuel Iossef Agnon e Isaac Bashevis Singer, os dois laureados com o Nobel de Literatura. Um, como que o grande marco inicial da arte literária hebraico-israelense de nosso tempo e o outro, como que o grande marco terminal da arte literária ídiche na modernidade. Ambos, organicamente ligados ao universo linguístico e cultural do judeu asquenazita da Europa Oriental, nas múltiplas inter-relações que este estabeleceu com o ídiche e o hebraico, com a tradição judaica, com o surto renovador de sua secularidade histórica e com a cultura europeia. Ambos, expressando em produções significativas, universalmente comunicantes em sua especificidade, sobretudo a face atual do judeu, nas inquietações e transformações mais profundas de sua existência coletiva.

Entretanto, e seja qual for o peso daquilo que os diferencia e os torna inconfundíveis em termos de personalidade e estilo, de temário e ideias conducentes, quão diversa tem sido a sorte destes dois expoentes do estro narrativo judaico do século XX no que diz respeito à difusão de seus textos, particularmente no âmbito não judeu. Agnon, objeto de traduções para numerosos idiomas e em especial para a língua inglesa, na verdade não logrou transpor amplamente o território algo provincial do hebraico e de Israel. Bashevis Singer, embora sendo um escritor inequivocamente ídiche, isto é, de uma língua cuja massa vital de falantes foi em grande parte reduzida às cinzas dos crematórios nazistas, tornou-se uma espécie de filho natural, um interessante sincretismo cultural, das letras e dos leitores americanos. A tal ponto que sua imagem e sua fama de narrador, construídas principalmente por um contínuo sucesso junto ao público dos Estados Unidos e de fala inglesa, passaram a ser quase não as de um autor judeu-ídiche, mas as de um americano judeu.

Esta adoção talvez tenha a ver com o fato de seus livros encontrarem tão larga acolhida junto aos editores brasileiros. É quase palpável o impacto do canal mercadológico estadunidense para a propagação em nosso meio dos escritos de Bashevis Singer, o que não empana em nada, é claro, o valor neles contido e o papel da receptividade do leitor brasileiro na sua apreciação.

No Brasil, apareceram *Satã em Gorai*[1], uma pintura novelística, não tanto da vida quanto da atmosfera do *schtetl* judaico na Polônia após as matanças cossacas do século XVII e sob o impacto do movimento pseudomessiânico de Sabatai Tzvi; *O Mágico de Lublin*, a história picante e picaresca de Iascha Mazur, o acrobata e mágico cujos números no cotidiano de sua existência não são menos prodigiosos do que no picadeiro de sua arte; *O Escravo*, onde é retomado o tema do século XVII judio-polonês sob a forma de um amor entre o israelita Jacob e a cristã Wanda; *O Penitente*, uma incursão na psicologia e no imaginário da religiosidade judaica; *O Solar* e *A Família Moskat*, um complexo painel do mundo judeu na Polônia desde meados do século XIX até a sua destruição pelo nazismo – dentre os romances e as novelas deste autor. Das coletâneas de contos, vale assinalar: *Breve Sexta-Feira*; *Do Diário de Alguém Que Não Nasceu*; *Um Amigo de Kafka*; *O Spinoza da Rua do Mercado*; *A Imagem e Outras Histórias*; *Amor e Exílio*; *A Morte de Matusalém e Outras Histórias*; *O Leite da Leoa*; *Inimigos, uma História de Amor*; *Yentl*; *Obsessões e Outras Histórias* e *Uma Noite no Brasil e Outras Histórias*. Além disso, foram traduzidos para o vernáculo, em revistas (*Comentário*, *Aonde Vamos*, *Revista* USP etc.), suplementos literários e antologias, vários dos principais relatos curtos deste mestre contemporâneo do gênero. É o caso de "O Judeu da Babilônia", narrativa que, por seu tratamento inusitado, endemoninhado, chamou pela primeira vez a atenção da crítica judaica para o seu autor, no fim da década de 1920, e que, incluída em *Joias do Conto Ídiche* (1948), assinala em língua portuguesa o primeiro registro da presença textual do escritor.

Como se verifica, a escritura ficcional do autor de "G[u]ímpel, o Tolo" pode ser agrupada em dois conjuntos – um, o dos romances e o dos relatos autobiográficos de longo fôlego, e o outro, o dos contos e daquilo que está entre a *novel* americana e a nossa novela. É aí, justamente nas formas concisas e sintéticas da composição contística ou novelística, que a obra de Bashevis Singer atinge, quero crer, os seus momentos mais ricos e mais expressivos.

Na épica romanesca, este narrador, por certo não menos marcado por um estilo direto e preciso que mobiliza para os seus fins a riqueza lexical do ídiche e suas facilidades flexionais, se pôs a serviço de uma escritura realista, a quem serve muito bem, compondo vastos quadros históricos e sociais, sagas com numerosa galeria de personagens a retratar a vida judaica na Polônia e, não com menos acuidade, a polonesa-cristã, especialmente a partir da segunda metade

1. Trad. bras., 2. ed., São Paulo: Perspectiva, 1992.

- *A "Solução Final" não foi apenas assassinato sistemático, mas saque sistemático. Antes de serem mandados para as câmaras de gás, os judeus tinham todos os seus pertences confiscados. Essa pilhagem em massa rendeu montanhas de roupa. Auschwitz/Birkenau e Maidanek juntos geraram perto de trezentos mil pares de calçados, que foram distribuídos entre os colonos alemães na Polônia e entre os integrantes de outros campos de concentração.*

- *Na foto, sapatos confiscados de prisioneiros em Maidanek; ao alto, no quadro: prisioneiros classificando sapatos tomados de judeus. Auschwitz, Polônia, 1944.*

do século XIX. Mas ele paga um preço pela extensão. O que ganha em caracterização de conjunto perde em agudeza, intensidade e força de impacto, pelo menos comparativamente, e é levado a uma espécie de diluição de algumas de suas principais qualidades poéticas. Estas, por outro lado, adquirem uma presença impositiva e manifestam o seu vigor expressivo sobretudo nos racontos mais curtos e concentrados onde os demônios do estranhamento grotesco e fantástico, da incisão expressionista, do mascaramento carnavalizado falam com um *rictus* kafkiano e até borgiano, por diferente que seja o seu desenho específico, e inscrevem o contista ídiche no gênio moderno da narrativa super--realista ou transrealista.

O peculiar, porém, em Bashevis Singer é que seus contos não se valem, para alcançar tais efeitos, de recursos de choque vanguardeiro. À primeira vista, nem a construção, nem a linguagem destes relatos visa surpreender com o seu caráter incomum. Ao contrário, a voz narradora, que é sempre externa ao microcosmo textual, lembra antes a de um contador tradicional de histórias a narrar, não como um criador literário tentando fazer ressoar a originalidade de sua arte individual e dirigindo-se a um ouvido eventual numa massa pouco identificável, mas como o porta-voz de um grupo particularizado em sua feição sociocultural, que transmite por seu intermédio, numa enunciação quase impessoal, o *épos* e o *lore* de vivências coletivas, constituídos por um repertório de vicissitudes, experiências e projeções conhecidas na maior parte pelo ouvinte. Só que, neste caso, as histórias, embora expostas de uma forma direta e aparentemente calcadas na mimese do real ou do imaginário popular da tradição, sofrem um tratamento pelo qual traços, imagens, recortes e efabulações são concentrados, simplificados, fundidos e sintetizados. A consequência é uma espécie de descolamento em face de sua implantação e referência de origem, o que abre entre o dizer e o dito um hiato, um vazio, como se uma fina lâmina as tivesse cortado de suas raízes. Assim, ficam como que pendentes no ar, remetendo-se, por reação reflexa e autoirônica, apenas a si mesmas, e convertendo-se em fantasmas do que foram em sua fonte ou pareciam ser, à primeira vista, na transcrição de Bashevis Singer. O travestimento se revela como tal, não apenas enquanto aparência ficcional, mas enquanto essência real de um mundo, graças ao escrever que tematiza a si próprio como disfarce e negação nadificante.

Não é de admirar, pois, que no rastilho dessas compressões sintéticas, pelas quais é implodido o mundo narrado, possa explodir também um efeito narrativo de grande poder universalizante que abre passagem para o leitor contemporâneo, levando-o para dentro das vielas tortuosas dos guetos e das ruelas do *schtetl*, a cidadezinha judaica da Europa Oriental. E o que é que ele vê ali?

Num primeiro olhar, o chão e a lama do *schtetl*, a "cidadezinha"-gueto da Europa Oriental, habitada em boa parte, se não no todo, por judeus e caracterizada por normas e práticas tipicamente judaicas. Laschnik, Laskev, Bilgoray, Zamosc, Kraschnik, Bekhev, Yampol etc. são nomes de agrupamentos urbanos, maiores ou menores, que pertencem efetivamente à geografia e toponímia judio-polonesa. Do mesmo modo, Yentel, Ânschel, Iôine, Rischa, Schosche, Táibele ecoam a onomástica da gente que lá viveu. Também suas ocupações, alfaiate, lenhador, rabino, bedel (*schames*), professor (*melámed*), erudito (*talmid-khókhem*) inscrevem-se no rol das atividades que aquela sociedade desenvolvia para subsistir materialmente e manter suas instituições específicas (*kehilá*, comunidade; *ieschíve*, seminário talmúdico; irmandade funerária etc.), bem como os demais elementos de seu caráter cultural e religioso. Igualmente os problemas que afloram pelas entrelinhas dos relatos, como os de miséria, crendice, atraso, discriminação e opressão sociais, podem ser legitimamente atribuídos àquele contexto; e ainda os sonhos messiânicos de redenção coletiva, a predisposição de vê-los concretizados no primeiro chamado de um salvador autoconsagrado, em não importa qual narração miraculosa sobre qualquer taumaturgo autoproclamado, são os que lhe obsedaram o espírito. Tudo isso é signo pertinente de um mundo que existiu nesses termos. Nada, em tais caracterizações, no que elas sugerem do quadro de referência e dos referentes, é mera fantasia do autor.

No entanto, o diabo está à solta no *schtetl* de Bashevis Singer... Seu povo perdeu a *eidelkait*, a "delicadeza", a finura espiritual que I.L. Peretz e tantos outros em sua esteira, na literatura ídiche e hebraica, decantaram extasiados como quem achou uma pérola num monturo. Sua virtude, pedra filosofal e condão que transmutaram radiosamente a representação literária de uma forma de vida tida por superada e degradada pelos escritores da antecedente Ilustração judaica, deixou de iluminar com lírica condescendência e enlevo populista os semblantes daquele ambiente. Ainda que se possa reconhecer em cada rosto de personagem uma feição ou um tipo familiar, esta primeira "aparência" logo revela, desdobrando-se, uma outra face, igual, mas diferente, um negativo do positivo, um "duplo" da primeira, o seu "lado de lá", inteiramente desconhecido ou apenas entrevisto nas aparições anteriores.

Das vielas da "cidadezinha", dos cantos escuros das casinholas, de encantos à primeira vista tão chagallianos, emergem, ao toque de um estranhamento fantástico, as figuras de seus habitantes tradicionais nas páginas de todo um ciclo de visão do *schtetl*, santos e pecadores, místicos e bruxas, mas também de estranhos coabitantes, uma multidão de *dibukim* e íncubos insuspeitados no cotidiano daquela existência, segundo as versões romantizadoras de seus celebrantes. As faces ocultas do homem do *schtetl*, de seus desejos insatisfeitos, impulsos inconfessados e desvios reprimidos saltam à superfície narrativa. Um mundo de rígida translucidez moral e religiosa desfaz-se em sombras, desvelando os espectros de sua libido e as obsessões de sua mentalidade, no nível dos indivíduos e de suas vivências. Mais do que isso, numa transcendência que é imediata e concomitante à leitura, no nível do judeu moderno e de sua problemática, pois é em sua óptica que I. Bashevis Singer mira o judeu tradicional. É uma análise espectral reflexiva que projeta suas luzes com particular intensidade para a atualidade e tira as histórias da esfera do mero narrar, embora o prazer e a vocação de fazê-lo estejam presentes em cada linha, convertendo-as numa reflexão ficcional sobre inúmeros aspectos da condição judaica.

É o caso, por exemplo, da magistral narrativa "G[u]ímpel Tam" (G[u]ímpel, o Tolo), que abre a coletânea do mesmo nome. Na verdade, muito mais do que apalermada a personagem é ingênua e é em função desta ingenuidade e simplicidade que se precipitam todos os infortúnios que a assaltam. Porém o relato em primeira pessoa, por psicológica e estruturalmente bem articulado que seja, não pode ser entendido apenas no plano do eu. Algumas remessas parecem conduzir com evidência ao âmbito do "nós". G[u]ímpel, como já foi dito, não é um bobo, são os outros que o fazem de bobo e o forçam a assumir e a desempenhar tal papel. Ele tem consciência do fato, mas não pode desvencilhar-se de seu guante, devido à ordem de valores em que foi plasmado e que aprendeu a respeitar como a verdade e o cimento de seu ser. Esta ordem é monolítica e está fundada e selada pela *Torá* e pela Ética dos Pais (*Pirkei Avot*). G[u]ímpel aceita, portanto, passiva e simplesmente como algo advindo do Céu aquilo que o grupo e os outros lhe impõem. Como o judeu tradicional, que tem nele um desenho em grotesco, a personagem vai se alienando gradativamente por decreto da outridade, chegando a reconhecer como própria a máscara com que a revestiram.

No segundo relato da mesma *raccolta*, "O Fidalgo de Cracóvia", a perspectiva se inverte. O escritor trabalha como voz narrativa e não como eu-narrrador explícito para desfiar os sucessos de que foi palco uma cidade e sua comunidade, que são satanizadas e corrompidas pelas tentações da facilidade, da fartura e dir-se-ia até, em termos de hoje, do consumo. Bashevis Singer mostra, com implacável ferocidade satírica, que reduz tudo à deformação caricata, como o vulcanismo dos desejos e a busca de satisfação dos instintos campeiam naqueles que, na história anterior, haviam constituído G[u]ímpel em simplório e que são nada mais e nada menos do que a própria santa comunidade dos piedosos, honrados e bem-pensantes guardiães dos preceitos da Lei, na esfera do próprio judaísmo.

Com esta veia diabólica vai o autor de história em história, decompondo e triturando as certezas milenarmente assentadas no judeu e no homem, até colocar-se com o seu ceticismo crítico dentro do espírito e das ações dos diabos e diabinhos que inventa, a ponto de ele sentir-se em casa, e o leitor com ele, quando se põe a revelar algumas passagens do "Diário de Alguém Que Não Nasceu". Mais uma vez os mortais são meros fantasmas, marionetes das projeções que fazem de si próprios e de suas idealizações.

Em "Breve Sexta-Feira", Alkhonon, o ajudante de *melámed*, é o demônio dos apetites, dos temores e da viuvez de Táibele. No baixo está o alto e no alto está o baixo, é a gangorra endiabrada que a vingança do marido "baixinho" sobrecarrega absurdamente, desequilibrando o próprio juízo da mulher. A paixão pelo carnal, em Rischa, liberta nela a sede de sangue do Moloch sadomasoquista, até que deixa de ter forma humana para ectoplasmar o antiespírito, o lobisomem do *schtetl*. Símele é tomada de tal modo pelo "espírito" de sua fantasia e de seu desvalimento que se torna outra pessoa em seu próprio corpo, vivendo-a até que a morte a integre definitivamente em seu duplo, Éster Kreindel. Roise Genendel não consegue livrar-se da fixação obsessiva que a frustração sexual de seu casamento criou entre ela e Itche Nókhum, seu ex-marido. Yentl, que não é ela mesma mas outrem, sai em busca de si própria no travestimento masculino, encontrando nele apenas a sua feminilidade, sem poder voltar a si.

Mas as classes e espécies de *schêidim* são tão numerosas quanto as esferas em que o homem vive e atua. Fora do *schtetl* não menos do que dentro, sob a capa da tradição tanto quanto da modernidade, introduzem-se, sob mil formas, não apenas como as "trevas" do irracional mas como o "além" mais fundo da criatura humana. Se é possível exorcismá-los no domínio da patologia psicossexual e dos desajustamentos psicossociais, pois secularizaram-se, na trilha do progresso, e passaram a agir através das "causas naturais", nem por isso abandonaram os velhos tratos da consciência ética e devota, ainda que agora a questionem a uma luz mais ampla, judaica ou não, de caráter filosófico, existencial e literário. Zeidlus, conduzido pelo pecado do orgulho e da vaidade individual à abjuração de seu mundo, reencontra através do inferno a certeza de uma ordem divina. A encarnação terrena de Iakhid e Iekhidá, da pura individualidade masculina e feminina, é o desdobramento metafísico no espectro da carnalidade mortal. "Sozinho" com suas necessidades, o eu-homem não entende o processo confuso e desordenado de sua realização, e o pior dos riscos que corre, em meio às ilusões que alimenta, é o de defrontar-se com a crua realidade, que é mais uma "aparência" do Oculto. "O Último Demônio", desfeito o universo tradicional que o alimentava, encontra refúgio num "livro de histórias ídiches" e terá do que se nutrir "enquanto restar um único volume. Enquanto as traças não destruírem a última página...", mesmo que ela não seja mais a do velho *Maisse Bukh* (Livro de Histórias), que tanto contribuiu para povoar toda sorte de infernos...

É claro que não se pode reduzir a veia inventiva de Bashevis Singer ao receituário de invocações espectrais de um livro das bruxas. Pois uma narrativa como "Debaixo da Faca", com suas figuras de *déclassés* e seu cenário de *bas-fond* judio-polonês, evidencia um raro poder de caracterização objetiva e inclemente de condições ambientais e tensões emocionais, surpreendendo pela lógica dramática não menos do que pela exposição realista, de forte acento naturalista.

Esta outra dimensão destaca-se, aliás, como o *modus faciendi* prevalente na produção de nosso autor, principalmente nos romances. Aí, mesmo em criações como *Satã em Gorai*, o embasamento é solidamente realista. É verdade que, se se encara a questão do "fantástico" nos termos de Tódorov, cumpre distingui-lo do "maravilhoso" ou do "estranho", sendo um gênero de ficção onde se exprime "a hesitação experimentada por um ser que só conhece as leis naturais, em face de um acontecimento aparentemente sobrenatural", ou seja, onde a relação entre o real e o imaginário desenvolve todo o seu jogo de ambiguidades. Por si mesmo, tal fato já demanda de quem se lhe entrega uma capacidade de explorar simultaneamente ambos os domínios, uma espécie de ambidestria literária. Isso, por certo, não importa em nenhuma predeterminação específica, quer de escolas, quer de componentes, uma vez que as possibilidades de combinação são múltiplas, dependendo da personalidade artística de cada escritor. Mas não há dúvida de que, de um modo geral, o "super" tem de ligar-se ao "real", numa corrente entre dois polos, para conseguir-se o efeito desejado, e de que Bashevis Singer, com suas raízes naturalistas e expressionistas, é mestre na arte de uni-los ou de desenvolvê-los em separado. Assim como está apto a criar no nível do simplesmente "maravilhoso", a exemplo do que fez nesse exercício de feitiçaria universal que é "Cunegunde", do mesmo modo encontra-se à vontade no rés do chão prosaico das realidades humanas.

Nestas condições, compreende-se por que a simples leitura "fantástica" de suas histórias é suficiente para dar a medida do ficcionista, mas não esgotante. Efetivamente, como não poderia deixar de ser, ele permeia seus textos com uma pletora de alusões e significações que podem escapar ao leitor desavisado – sem grande risco, é certo, para a fruição do restante. Assim, em "Éster Kreindel, a Segunda", a menção ao reparo cético "de um certo dr. Etinger" só adquire nexo quando se sabe que se trata do dr. Salomão Éting[u]er (1803-1856), um dos expoentes do racionalismo ilustrado na Europa Oriental e satirista notório das "superstições" do judeu da "cidadezinha"-gueto. Ocorre algo semelhante se não se leva em conta, ao fim de "O Último Demônio", que se efetua aí uma reinterpretação parodística do significado cabalístico das letras do alfabeto hebraico. Pode-se alegar neste caso e em muitos outros, de natureza análoga, que a transposição de um *médium* linguístico-cultural para outro acarreta inevitavelmente um certo grau de perda semântica, sem que todavia a simples leitura seja afetada no fundamental. Mas a questão se torna mais complicada quando Bashevis Singer põe os seus "diabinhos" não só a dar alfinetadas aqui e ali, porém a revirar padrões firmemente estabelecidos e, como tais, respeitados, sobretudo na literatura ídiche, cujos simbolismos, motivos, tendências e autores são submetidos a um estranho espelhamento ficcional. Surgem então, às vezes, inversões de perspectiva, que projetam verdadeiros pastiches da visão

▪ *Cena do filme de Paul Wegener* Ger Golem: Wie er in die Welt Kam *(O Golem: Como Ele Veio ao Mundo)*, 1920.

consagrada, provocando mudança ponderável, se não total, de sentido. Estilhaçado ironicamente, este reverbera, na forma do fantástico, com sua desfiguração absurda, significados polêmicos. Uma boa ilustração disso é o conto que fornece o título da coletânea em exame: "Breve Sexta-Feira".

Os elementos deste relato e seu desenvolvimento não discordam, no essencial, afora a inflexão erótica, do que se tornou "clássico" nas letras judaicas como expressão ficcional do tema. Em tudo, quase até o fim, parece que se está caminhando em meio a uma paisagem conhecida, com figuras familiares. Mas, justamente nas últimas páginas da narração, as coisas viram de ponta-cabeça, numa espécie de imagem contrafeita e paródia. Com o amantíssimo casal, quem aparentemente cai em torpor e morre asfixiado na infecundidade de seu idílio sabático é o próprio motivo do *schtetl* e sua "kitschizada" representação paradisíaca.

Aqui, fecha-se sobre si mesma, pelo menos como projeção direta, não somente uma temática, porém toda uma literatura – a de um mundo que foi pintado e descrito pelos principais ficcionistas do ídiche e do hebraico, nos últimos 150 anos, constituindo-se num dos temas-força do conjunto desta produção. Pois, mesmo considerando-se o largo espectro de variações e o longo processo de evolução que o enfoque do *schtetl* sofreu, sob o impacto de tendências estético-literárias e condições sociopolíticas aceleradamente mutantes, há algo de absolutamente *sui generis* na versão que Bashevis Singer lhe dá. Nem a cáustica sátira "ilustrada" de um Mendele, o "avô" da literatura ídiche, nem as rudes denúncias naturalistas a exibir misérias e "instintos" brutais, nem a produção ficcional dos sucessivos "engajamentos" ideológicos, políticos e artísticos suscitaram um desenho tão espectral do judeu do *schtetl* e de seu modo de vida. Neste quadro fantasmagórico, o esgar não é apenas crítico, mas apocalíptico. Como que num "juízo final" de um universo, de suas figurações e metamorfoses, ele é levado, pelo pastiche e pela paródia das imagens consagradas na visão romântica, realista e naturalista, pela "carnavalização" de seus harmônicos, a uma espécie de síntese invertida de retrato dos "retratos". O álbum de família povoa-se de figuras disformes, grotescas, de uma revisão que chega a ser uma antivisão, onde o típico se faz universal.

No conjunto, poder-se-ia dizer que este livro, assim como outras coletâneas de contos do mesmo escritor, parece sugerir que a salvação do homem não depende de uma graça ou lei reinantes no universo. Haja ou não Deus, observa Irving Howe, em *World of Our Fathers* (O Mundo de Nossos Pais), dificilmente caberia considerá-lo como providencial nesta visão. Nem mesmo o antinomismo sabataísta ou frankista, isto é, inspirado pelos pseudomessias Sabatai Tzvi e Iaakov Frank, que se pretendeu detectar aí, num autor tão assaltado por imagens que aparentemente aludem à redenção pelo pecado extremo, poderia dar conta do desgarramento *qohelético* que percorre a *Weltanschauung* do contista. No cálculo do destino que Bashevis Singer faz, o mundo é apenas um lugar de pouso e o que acontece no seu interior, inclusive dentro do enclave formado pelos judeus, não é de significação duradoura. Denso, substancial e atrativo, como tudo isso parece apresentar-se nesta ficção, o universo não passa no fim de contas de engodo e aparência, uma sombra de amplas possibilidades, um reino do aleatório e da alienação.

Contudo, a vida coletiva judaica permanece pulsante e atuante em Bashevis Singer, seja rompendo com os ditames da lei religiosa tradicional a ponto de abandonar a esperança messiânica, seja avançando por sobre estes escombros até as dúvidas da sensibilidade moderna. E esta não envolve apenas a figura do judeu do *schtetl*. Na verdade, é preciso assinalar que o espaço criativo do autor de "Um Dia de Felicidade" compreende igualmente o urbano judio-polonês de cidades como Varsóvia e o do judio-americano de um sem-número de relatos do Novo Mundo.

Nestas outras paisagens, todavia, o demonógrafo da "cidadezinha" não se transplanta inteiramente, digamos, não se deixa assimilar de todo e não abandona os espectros de suas obsessões. Encara-os talvez com um sorriso mais irônico, porém acaba cedendo às suas artes. Porque das certezas de seus passados e das incertezas de seus futuros irrompe sempre a mão torta de um incubo à paisana, de paletó e gravata ou de saia e blusa, que põe tudo de pernas para o ar, ainda que o próprio criador, o grande prestidigitador de suas aparições, não o sinta tão à vontade no novo ambiente e julgue mesmo que o seu concepto pode muito bem estar sendo sufocado na poluição metropolitana, tal como se exprime em "Conselho":

> Tive a sensação de que sob as ruínas estavam sepultados demônios – duendes e diabretes que se tinham feito contrabandear para os Estados Unidos à época da grande imigração e que haviam expirado devido ao barulho de Nova York e à falta de judaicidade ali [...].

De todo modo, eles continuaram a assombrar o seu repertório cosmopolitano e talvez sejam até responsáveis, no mínimo como uma das fontes excitadoras de seu demiurgo literário, pela vitalidade com que continuou a apresentá-los e às criaturas sujeitas às suas seduções no contexto de sua língua. Pois aí o escritor se manteve em uníssono com o seu cenário de origem. Tudo o que o separou de suas raízes, incluindo a emigração, não o distanciou de sua matriz espiritual. Ao contrário. Bashevis Singer viveu sua língua-mãe/pátria com plenitude, tendo sido o grande, embora, talvez, o último mestre-inventor do ídiche. Ele o plasmou em ressonância com a fala do povo e a criação do poeta, fazendo-o pulsar na exposição fidedigna dos modos de vida de uma sociedade e de sua historicidade, ao mesmo tempo em que o manipulou em contrafações orgânicas que nasciam de dentro e cuja semântica apocalíptica, do juízo final, do dilaceramento e do holocausto do judeu do *schtetl* e do universo judaico da Europa Oriental, prosseguiu plantada no solo de suas vivências.

Homem do século XX, tendo em seu horizonte vital e espiritual o espetáculo de duas guerras cataclísmicas e a insensatez absoluta a justificar cientificamente o aniquilamento de povos, de culturas e da própria natureza, Bashevis Singer foi por certo um escritor às voltas com as dúvidas e as perplexidades de nosso tempo. O que ele se perguntou foi, na verdade, aquilo que Kafka, Borges, Agnon e tantos outros perguntaram na ficção moderna, cada um na sua língua e a seu modo: Qual o sentido do homem e de sua existência? O problema, que é tão velho como a reflexão humana e já atormentava Jó, tornou-se particularmente sensível e concreto para a consciência de hoje, num mundo onde, mais do que nunca, tudo parece estar não apenas em fluxo, mas em convulsão permanente. É esta dimensão trágica, na sua realidade aguilhoante a torturar na facticidade do cotidiano a mente e o corpo da criatura humana, que emerge obsessiva e fantasmalmente e que projeta as sombras aterrorizantes de seus contrassensos, os desvarios do indivíduo e da sociedade, em alguns dos mais expressivos escritores de nosso tempo. Em seu rol cabe incluir Bashevis Singer e os demônios que sua obra invoca, desnuda e questiona no território ficcional do ídiche, sob a roupagem típica do *schtetl* judeu.

E as profundezas do tóhu va-vóhu, *do "caos" infinito, abriram suas entranhas e rolaram trevas sobre trevas, e o mundo povoou-se de sombras...* (Sefer ha-Schamaim ve-ha-Art-zot), *registrou em seu diário de bordo o velho cosmonauta do* Ein Sof (*Sem Fim*) *depois de explorar com sua imota nave cabalística os insondáveis in-fólios do Roteiro para o Eviterno. Ao que mentes de terráqueos, faltos de luz, estreitos de ciência, para os quais o Oculto é um livro selado, acrescentaram, na sua necessidade de dividir e classificar para discernir nele a mais tênue réstia do que está fora estando dentro:* "[...] *de sombras, de demônios de todos os gêneros e todos os graus, das coortes superiores de Baal-Zebu até os enxames de trasgos infinitesimais*" (do "*Livro de Azazel*", *manuscrito anônimo de época incerta*).

Foi o que me ocorreu como possível pós-epígrafe às ficções de Isaac Bashevis Singer.

Se cabe ao fim de nosso percurso alguma conclusão, é a de que poucos idiomas e culturas poderiam comparar-se ao ídiche quanto à capacidade de resistir às mais diversas condições e florescer nos mais estranhos *habitats*. Mais do que qualquer outra coisa, prova-o a sua história no século XX, que é uma crônica cruel de perseguições, emigração, matança física e sufocação intelectual. Ainda assim, ele tem conseguido subsistir. Mas, expulso de suas bases territoriais e de sua comunidade etnolinguística, amputado em suas funções comunicativas e culturais, reduzido talvez a um papel antes evocativo que efetivamente criativo, à saudade de algo que *já foi*, o ídiche, o *mameloschn* dos judeus de Aschkenaz, em sua aventura histórica, coloca à análise objetiva de suas possibilidades uma pergunta obrigatória: Até quando?

GLOSSÁRIO

Este glossário relaciona algumas palavras que apareceram mais de uma vez no texto.

Asquenazita: habitante de Aschkenaz, da Alemanha e regiões adjacentes.

Badkhan (plural *badkhanim*; da raiz aramaica *badakh* = alegrar): animador de festas; formando plural em ídiche *badkhónim*.

Balebatim (plural de *balebos* em ídiche e de *baal ha-bait* em hebraico): proprietário de casas, burgueses.

Batlan: indolente, mandrião; o termo designa uma figura da paisagem sociorreligiosa do mundo asquenazita: o indivíduo que se dedica apenas aos estudos e à oração, vivendo da caridade comunitária, desligado da vida prática.

Beiguel: rosca.

Besmedresch: forma ídiche do hebraico *beit-ha-midrasch* (casa de estudos).

Daitsch: alemão, judeu ocidentalizado.

Daitschmerisch (de *daitsch* = alemão): algaravia ídiche-alemã; expressão carregada em seu sufixo de uma inflexão trocista e pejorativa.

Dibuk (plural *dibukim*): almas errantes; almas penadas; demônios.

Freilekhs: toada alegre.

Goi (plural *góim*): povo, nação, pagão, gentio, não judeu.

Glupsk: uma das várias designações coletivas de Mendele para os agrupamentos judaicos leste-europeus.

G[u]ekontzitent: "formado" ou doutor.

Halutz (plural *halutzim*): pioneiro(s); daí o adjetivo halutziano.

Hascalá: Ilustração judaica.

Hassid (plural *hassidim*): beato, devoto, discípulo de um rabi ou mestre do hassidismo.

Hassidismo asquenazita: corrente do pietismo medieval judaico, na Alemanha.

Hazan: chantre de sinagoga.

Heder (hebraico): escola primária. A forma ídiche é *heider*, com o plural *hadórim*.

Ídene (feminino de **íd**): judia, usado às vezes com uma conotação irônica ou levemente pejorativa.

Ieschivá (plural *ieschivot*, em hebraico): seminário talmúdico, rabínico. A forma ídiche é *ieschíve* com o plural *ieschíves*.

Ieschíve-bokher, (plural *ieschíve-bokhírim*, em ídiche): literalmente, "rapazes da *ieschivá*", discípulos dos seminários rabínicos.

Ievrei (russo): judeus.

Ievsektsia: nome dado às seções judaicas do departamento de propaganda do Partido Comunista russo, entre 1918 e 1930.

Iídisch-taitsch: termo em que o primeiro elemento significa "ídiche, judeu" é o segundo sugere, no jogo entre o som "t" e "d" de *daitsch*, o sentido de "alemão", mas significa ao mesmo tempo "tradução, explicação, interpretação".

Iídische mame (plural *iídische mames*): mãe(s) judia(s).

Idschkeit: a essência de ser do judaísmo da Europa Oriental, o "modo de ser" judaico.

Ischuv: comunidade.

Ivri-taitsch: hebreu-alemão.

Judengasse: rua dos judeus.

Kádisch: prece que o filho mais velho ou parente mais próximo de sexo masculino recita durante um ano em memória do falecido.

Kasrílevke e **Iehúpetz:** nomes ficcionais da cidadezinha e da grande cidade judio-russa, nas obras de Scholem Aleikhem.

Kasrílevker(s): habitante(s) da Kasrílevke scholem-aleikhemiana.

Kehíle (plural *kehíles*; em hebraico: *kehilá, kehilot*): organização comunal judaica.
Kibutz (plural kibutzim): colônia agrícola ou agroindustrial organizada em moldes socialistas em Israel.
Laschón-kódesch (em ídiche, *lóschn-kôidesch*): língua sagrada.
Leitz: histrião; isto é, a arte do comediante e do mimo, do palhaço e do malabarista, do cançonetista; o significado hebraico da palavra é "escarnecedor".
Lítvak(es): judeu(s) lituano(s).
Lôifer: corredor, mensageiro.
Luftmentsch: "homem que vive no e do ar".
Lustikmakher: alegrador, animador.
Maisse Bukh: livro de histórias.
Mameloschn: língua materna.
Marschalik: mestre-de-cerimônias; um tipo de superintendente de herdades, divertimentos, procissões, bodas ou cerimônias.
Maschal (*móschl*): uma fábula ou alegoria.
Maskil (plural *maskilim*): ilustrados, partidários da Hascalá.
Melámed: mestre-escola; professor de primeiras letras.
Meschorer: corista, auxiliar do *hazan*.
Midrasch (plural *midraschim*): interpretações parabólicas da Escritura.
Mischná: lição, repetição. Nome da primeira parte do *Talmud*.
Misnág[u]ed: adversário do hassidismo.
Mítzve, mítzves (forma ídiche de *mitzvá, mitzvot*): deveres, boas ações.
Mume: tia.
Mussar: ética, moral.
Mussar Seifer: livro de moralidades.
Narodniki (russo): partidários da Narodnaia Volia (Vontade do Povo) ou da corrente populista.
Nimschal: lição extraída da fábula, moral da história.
Olé (hebraico, plural *olim*): "O(s) que sobe(m)" para Jerusalém, nome dado aos antigos peregrinos ao Sagrado Templo e aos emigrantes modernos que se dirigem a Israel.
Paiatz: palhaço.
Pale: literalmente, "o cercado". Denominação do conjunto de distritos em que os judeus gozavam de permissão de residência no tempo do império tsarista.
Parnússe: negócio, mister, ganha pão.
Patriotn: fãs.
Peies: longos cachos laterais de cabelo, característicos dos judeus ortodoxos, a partir de uma interpretação muito estrita da *Torá*, que proíbe raspar os pelos laterais do rosto (*Vaiqrá/Levítico* 19,27).
Pilpul: casuística talmúdica.
Pinkassim: livros de registros.
Pogrom (russo): movimento de violência contra os judeus.
Purim: Festa que comemora o feito de Ester, pelo qual os judeus teriam sido salvos da
perseguição movida contra eles por Haman, ministro do rei persa Assuero (Xerxes).
Purim-Schpil: peça de Purim.
Schábes (forma ídiche de *schabat*): sábado.
Schalesides: "três refeições" sabáticas.
Scheid (plural *schêidim*): demônio(s).
Schekhiná: espírito divino.
Schlemil: coitado, caipora, errado...
Schlisl: chave, território de um rabi hassídico.
Schpil: peça.
Schpilman: menestrel.
Schtetl: cidadezinha.
Schtibl (plural *schtiblekh*): casinhola, oratório, capelinha de adeptos.
Schund: o teatro barato; peças baratas, de efeitos fáceis.
Sidur: livro do ritual hebraico.
Taitsch: interpretação.
Tales: xale ritual.
Talmid-khakhám (hebraico): versado, letrado, erudito em conhecimentos religiosos judaicos. A forma em ídiche é *tálmid-khókhem*, formando plural *talmídim-khakhúmim*.
Tkhínes: súplicas.
Tzadik (plural *tzadikim*): justo, mestre e rabi hassídico.
Tzimes: uma espécie de compota de cenoura.

ÍNDICE REMISSIVO

137 *Casas de Crianças*, de Avrom Véviorke 328.
150.000.000, de Vladímir Maiakóvski 320
200.000, de Scholem Aleikhem 275, 321, 322, 323.
1863, de Iossef Opatóschu 220, 239, 240.
1919, de Leib Kvitko 288.

Aarão Friedman, de Schmuel Halkin 335.
Abelardo e Heloísa, de H. Lêivick 231.
Abend-Blatt, Das 201.
Abramóvitch, Scholem Iaakov. *Ver* Mendele Mokher Sforim.
Abramóvitz, Bina 264.
"À Cabeceira do Moribundo", de I.L. Peretz 110.
Adam, de Iaakov Fridman 458.
Addelach, Alberto 443.
Adler, Iaakov ou Jacob 126, 136, 198, 199, 201, 265, 267.
Adler, Jankel 368.
Adler, Lois 331.
Adler, Sam 136.
Adler, Stela 264.
Adler, Tzílie 263, 265, 266, 269, 439.
Agentes, Os, de Scholem Aleikhem 317.
Agnon, Schmuel Iossef 184, 456, 467, 478.
"A Gute Nakht, Velt" (Boa Noite, Mundo), de Iânkev Glátschtein 253.
Ahad Haam 104, 149, 455.
Ahavat Tzion (Amor a Sion), de Avraham Mapu 124.
Aibinder, Guerschon 441.
Aichel, Ítzkhak 61.
Aizenberg, M. 399.
Aizenman, Tzvi 460.
Aizenschloss, Álter 397.
Aizland, Reuven 208, 213, 217.
Aiznban G[u]eschíkhtes (Histórias de Trem de Ferro), de Scholem Aleikhem 80.
Akeide, Di (O Sacrifício), de H. Lêivick 231.
Akeides-Ítzkhok (O Sacrifício de Isaac) 36.
Akhaschvêrosch-Schpil (Peça de Assuero) 21, 36.
Akimóvitch, Semion 175, 176. *Ver também* An-Ski, Sch.
Akordn in der Schtil (Acordes no Silêncio), de Leibusch Singer 450.
Áksenfeld, Isroel 64, 65, 68, 69, 70, 275.
Albatroz 246, 344, 353.
Ale Féntzter Tzu der Zun (Todas as Janelas Para o Sol), de Kádia Molodóvski 363.
Alexandre II da Rússia 77, 101, 123.
Alexandre III da Rússia 102, 123.
Alojamento Clandestino, de Sch. An-Ski 184.
Álperson, Mordekhai 433, 434.
Altboim, Sonia 399.
"Álter Tate, Der" (O Velho Pai) 120.
Alte un Naie Ksaviádn (Velhos e Novos Manuscritos), de Avrom Sútzkever 383.
Altman, Natan 186, 318, 319, 328.
Altschúler, L. 399.
Altschúler, Moisés 26.
Alt un Nai Kasrílevke (Nova e Velha Kasrílevke), de Scholem Aleikhem 80.
Amado, Jorge 168, 400, 451.
Ambrozschévitch, M. 399.
Amigo de Kafka, Um, de Isaac Bashevis Singer 468.
Amnon e Tamar, de Scholem Asch 316, 394.
Amol Iz G[u]even a Mélekh (Era uma Vez um Rei...), de Ida Kaminska 402.
Amor de Mãe, de Moische Hurvitz 199.
Amor e Exílio, de Isaac Bashevis Singer 468.
Anarkístische Meidl, Dos (A Jovem Anarquista), de Zúsman Segalóvitch 350.
Andersen, Hans Christian 284.
Andrêieva, Maria F. 314.
Andrêiev, Leonid 317, 390, 395, 397.
An-Ski, Sch. 82, 98, 142, 173, 174, 175, 176, 177, 178, 179, 180, 183, 184, 186, 187, 264, 350, 391, 392, 393, 394. *Ver* Akimóvitch, Semion.
Antes do Amanhecer, de Aizik Váiter 317, 319.
"Antiquíssima Assassina Noite", de Ana Margólin 227.
Apelboim, Malka 450.
Apóstolo, O, de Scholem Asch 161, 167.
Arabeskn, de Álter Katzisne 350.
Ararat, grupo 409.
Árbaiter Fraint (Amigo do Trabalhador), de David Edelstadt 192.
Árbaiter Ring (Círculo Operário) 259, 261.
Árbeiter Zeitung, Die 200.
Árbeter Teater Farband. *Ver* Artef.
Arbúzov, Aleksei N. 442.
Arena, Teatro de; grupo 406.
Arendators fun Kultur, Di (Os Arrendatários da Cultura), de Mordekhai Álperson 433.
Aristocratas, de Scholem Aleikhem 275.
Arnold Levenberg, de Dovid Pínski 159.
Arnschtein, Mark 389, 396.
Arquivo Histórico Judaico de São Paulo 444.
Artaud, Antonin 187.
Artef, teatro 234, 270, 271, 272, 273, 274, 275, 276, 307, 406, 441.
Artístische Vínkele (O Cantinho Artístico), teatro 439.
Arum di Hurves (Em Torno das Ruínas), de Iossef Opatóschu 241.
Arum Vokzal (Em Torno da Estação de Trem), de Dovid Bérg[u]elson 282.
Aschendorf, Isroel 436.
Ascher Lemlin, de Aaron Glantz-Leyeles 248.
Asch, Scholem 98, 149, 150, 151, 154, 155, 157, 159, 160, 161, 162, 163, 165, 166, 167, 168, 169, 170, 171, 220, 234, 261, 264, 269, 305, 315, 316, 319, 345, 346, 351, 383, 388, 389, 395, 396, 404, 431, 452, 467.
Aslan, Odette 184.
Asmodeu, O, de Sch. An-Ski 178.
Associação da Caixa Econômica Federal de São Paulo (grupo amador) 187.
Assuero (Xerxes), rei da Pérsia 21, 36, 424.
Atkinson, Brook 261.
Augier, Émile 201.
Autoemancipação, de Leon Pínsker 104, 142.
Aveire (Transgressão), de Físchel Bimko 346.
Aventuras do Rei Pausolo, de Pierre Louÿs 332.
"Avischag", de Iânkev Glátschtein 252.
Avô, de Sch. An-Ski 184.
Azro (Aleksander Orliuk) 388, 390, 395.

Baalei Assufot (Mestres das Assembleias), de rabi Eliahu ben Iaakov Lattes de Carcassona 31.

Baal Schem Tov, Israel (Mestre do Bom Nome) 45, 46, 56, 64, 111, 139, 362.
Bábel, Isaac 102, 335.
Baez, Joan 360.
Bai dem Vaissel (Junto ao Vístula), de Mêndel Man 464.
Bai di Taikhn fun Mazóvie (Junto aos Rios da Mazóviá), de Mikhael Burschtin 351.
Bai di Taikhn fun Portugal (Junto aos Rios de Portugal), de Elias Lipiner 451.
Bai di Toirn fun Moskve (Às Portas de Moscou), de Mêndel Man 464.
"Bai Main Féntzter" (Junto à Minha Janela), de Dovid Hófschtein 291.
Baim Dniéper (Junto ao Dnieper), de Dovid Bérg[u]elson 283.
Baim G[u]eroisch fun Atlântik (Junto ao Rumor do Atlântico), de Rosa Palatnik 450.
Baim Rand (À Beira), de Nokhum Borukh Mínkov 226.
Baim Toier (À Porta), de Kádia Molodóvsk 274, 363.
Baim Toier (Junto ao Portal), de B. Schteiman 274, 363.
"Bainákhtike G[u]est" (Visitantes Noturnos), de Kádia Molodóvski 364.
Bainakht Oifn Altn Mark (Noite no Mercado Velho), de I.L. Peretz, 134, 395.
Bai Vegn (Beira de Estradas), de Dovid Hófschtein 289.
Bai Zikh (Em Casa) 456.
Bakúnin, Mikhail 192.
"Balade fun Broinem Teater, Di" (A Balada do Teatro Pardo), de Hirsch Glick 373.
Baladn, de Mâni Leib 211.
Bariach, Baruch 451.
Bar Kokhba 244, 308-309, 334.
Bar Kokhba, de Abraão Goldfaden 124, 127, 128, 129, 130, 131, 136, 308, 334, 403.
Bar Kokhba, de Iossef Opatóschu 220, 242, 243.
Bar Kokhba, de Schmuel Halkin 452.
Baschraibung fun der Farenderung oder Oifrur in Frankraikh (Descrição da Transformação ou Revolução na França), de Abraão Schpaiers 60.
Bashevis Singer, Isaac 10, 26, 98, 160, 188, 234, 235, 305, 350, 466, 467, 468, 470, 471, 472, 473, 474, 476, 477, 478.
Bassman, Rivka 460.
"Batlan Louco, O", de I.L. Peretz 112.
Baty, Gaston 186, 187.
Baudelaire, Charles 155, 215, 217, 420.
Bauer, Harry 332.
Bechman, Abrão 180.
Beck, Evelyn Torton 199.
Becker, Cacilda 453.
Beethoven Sonate, de M. Kulisch 442.
Beiguelman, Paula 378.
Bellow, Saul 235.
Ben Ami, de Abraão Goldfaden 125, 127.
Ben Ami, Iânkev 163, 263, 264, 266, 269, 270, 439.
Benavente, Jacinto 264.
Bendérski, Barukh 435.
Benedetti, Mario 443.
Beniamin, H. *Ver* Harshav, Benjamin.
Benjamin Mag[u]idov, de Moische Kúlbak 301.
Berditchévski, Mikha Iossef 58.
Berenson, Sofia 274.
Berenstein, Ignatz 82.
Berezin, Rivka 444.
Bergschtáig[u]ers (Escaladores de Montanhas), de Dovid Pínski 159.
Bérg[u]elson, Dovid 98, 281, 282, 283, 284, 287, 330, 332, 336, 442.
Bérkovitz, Ítzkhak Dov 456.
Berl Bróder (Berinho de Brody) 77, 115.
Bessaraber Iídn (Judeus da Bessarábia), de Aizik Rabói 218.
Bialik, Haim Nákhman 162, 163, 183, 186, 198, 219, 292, 305, 456.
Bibliotek fun Iídischn Filolog, Di (A Biblioteca do Filólogo Ídiche), de Ber Bórokhov 148.
Bickel, Schlomo 412.
Bielínski, Vissarion G. 176.
Bílder fun a Provintz Raize (Quadros de uma Viagem à Província), de I.L. Peretz 81.
Bimko, Físchel 264, 346, 391, 396.
Birnbaum, Natan 149, 150.
Birnbaum, Uriel 356.
"Birobidjaner Marsch" (A Marcha de Birobidjan), de Ítzik Féfer 305.
Birschtein, Iossl 460, 464.
Bismarck, Otto, príncipe 101.
Biur (Explicação), de Moisés Mendelssohn 59.
Bléter fun Vegn (Folhas de Caminhos), de Rivka Bassman 460.
Bletl in Vind, A (Uma Folha ao Vento), Elkhonen Vogler 371.
Bliach, Ian 106.
Blitz, Iekutiel 60.
"Bloe Tzêikhens" (Signos Azuis), de Hirsch Glick 373.
Blok, Aleksandr 217.
Blóndjende Schtern (Estrelas Errantes), de Scholem Aleikhem 80, 335.
Bloomgarden, Iehoásch Schlôime 202.
Blumenfeld, Diana 398.
Blumen Kette, Di (O Ramalhete), de Morris Rosenfeld 197.
Boim un Vald (Árvore e Floresta), de Iossef Papiérnikov 457.
Boitre, o Bandido, de Moische Kúlbak 301, 333, 334.
"Bôntzie Schvaig" (Bôntzie, o Silencioso), de I.L. Peretz 81.
Borenstein, Ítzkhak 450.
Bórokhov, Ber 104, 145, 146, 147, 148, 233.
Bórvese Vokh, Di (A Semana Descalça), de Kehos Klíguer 435.
Botochânski, Iaakov 411, 434, 435, 436, 440.
Bovl (Babilônia), de Peretz Hírschbein 163.
Bovo (*Bove*) *Bukh*, de Elihau ha-Bakhur (ou Elias Levita Aschkenázi) 19, 20, 242.
Bovschóver, Iossef 191, 194.
Brahm, Otto 269.
Brainin, Reuven 233.
Brandschpigl (Espelho Ardente), de Moisés Altschúler 26.
Brânski, H. 450.
Brasiliana 445.
Brat, Aleksei 336.
Brecht, Bertolt 406, 420, 442, 443.
Brênendike Erd (Terra Ardente), de Aaron Zêitlin 362.
Brenner, de Aaron Zêitlin 362.
Bresler, V. 435.
Breve Sexta-Feira, de Isaac Bashevis Singer 468, 473, 476.
Brick, Lily 321.
Bríder Aschkenázi (Irmãos Aschkenázi), de Israel Ioschúa Singer 347.
Bríder Nézar, Dí (Os Irmãos Nézar), de Zúsman Segalóvitch 350.
Brik, Di (A Ponte), de I. Schpieg[u]el 463.
Briússov, Valerii 217.
Bróderson, Moische 264, 336, 344, 368, 399, 409.
Bróder Zíng[u]er (Cantores de Brody) 77, 404, 408, 411, 420, 421.
Bródski, Aarão 435.
Broit (Pão), de Izi Khárik 301.
Broiz (Efervescência), de Aaron Kuschnírov 307.
Brônschtein, Iasche 297.
Buber, Martin 43, 111, 455.
Buch der Lieder, de Heinrich Heine 155.
Büchner, Georg 405, 407.
Buchvald, N. 264, 271, 272, 274, 275.
Buch von Bern, Das 20.
Bugzan, Havl 399.
Bukh fun Gan Eidn, Dos (O Livro do Paraíso), de Ítzik Manger 425.
Bulow, Iossef 264, 391, 395, 396, 413, 414, 437, 439, 447.
Bund (Liga Geral dos Trabalhadores Judeus da Lituânia, Polônia e Rússia), partido 104, 141, 143, 146, 150, 151, 158, 178, 228, 259, 307, 367, 390, 408.
Burschtin, Mikhael 351.
Buzzi, Paolo 344.
Byron, George 292, 300.

"Cabalistas, Os", de I.L. Peretz 112.
Calderón de la Barca, Pedro 199.
Canção do Vale, A, de Scholem Asch 167.
"Cântico dos Cânticos", de Scholem Aleikhem 98.
Carlos V, imperador 248.
Carnaval das Máscaras Judaicas, O, de Alekséi Mikháilovitch Granóvski 322.
Cartas ao Velho e Novo Judaísmo, de Simon Márcovitch Dubnov 141.
Cartas de Amor en Papel Azul, de Arnold Wekser 443.

Carter, Huntly 320.
"Casada", de I.L. Peretz 112.
Cassirer, Ernst 46.
Cegos, Os, de Maurice Maeterlinck 315.
Celan, Paul 416.
Cem Negros, bandos dos 101.
Cervantes, Miguel de 91, 99.
Chagall, Marc 289, 295, 317, 318, 319, 337, 344.
Chaikin, Joseph 187.
Chaliápin, Fiódor (cantor) 314.
Chapas de Chumbo da Tipografia Rom, As, de Avrom Sútzkever 382.
Charmatz, Konrad 451.
Chírikov, Evgenii 390.
Chmelnítzki, Bogdan 33, 289.
Christiansen, Sigurd 390.
Cigana, A, de Moische Hurvitz 199.
Circo Estatal de Moscou 319.
Clemente VII, papa 248.
Cocheiro Henschel, O, de Gerhart Hauptmann 391.
Concorrentes, de Iône Rosenfeld 347.
Conferência Para a Língua Ídiche de Czernovitz 8, 145, 411.
Construtor, O, de Schlôime Míkhoels 316.
Contos Hassídicos, de I.L. Peretz. *Ver Hassidisch* (Contos Hassídicos), de I.L. Peretz.
Contos Populares, de I. L. Peretz. *Ver Folkstímlekhe G(u)eschíkhtes* (Contos Populares), de I. L. Peretz
"Conversa Entre Dois Espíritos, A" 24.
Copérnico, Nicolau 212.
Coração Judeu, O, de Iossef Lateiner, 199.
Craig, Edward Gordon 321, 333.
Credos, de Iânkev Glátschtein 252.
Croce, Benedetto 246.
Cuento de Chelem, Un, de Scholem Aleikhem 443.

Daitsch, Ítzkhak 439, 440, 441.
Dali, de Sigurd Christiansen, 390.
Daniel Deronda, de George Eliot 125.
Daniel, Mordekhai 332.
Darwin, Charles 212.
"Da Verdade e da Mentira", de Eliezer Steinbarg 415.
D'Aversa, Alberto 442.
Décima Terceira Tribo, A, de Arthur Koestler 4.
Décimo Mandamento, O, de Abraão Goldfaden 327, 401.
Dehmel, Richard 217.
Déktukh, Der (A Toalha de Mesa), de Abraão Baer Gottlober 70.
Der Níster (Pinkhas-Pínie Kahanóvitch) 283, 284, 285, 286, 287, 290.
Dertzêilung(u)en fun Feld (Narrativas do Campo), de Mordekhai Álperson 433.
Dertzêilung(u)en (Relatos), de Dovid Pínski 159.
Desejo Sob os Olmos, de Eugene O'Neill 395.
Destruição da Polônia, Galícia e Bucovina, de Sch. An-Ski, 184.
"Deus da Misericórdia", de Kádia Molodóvski 363.
Deutsche Freie Bühne, teatro 269.
Deutsches Theater 331.
Diário de Anne Frank, O 442.
Dias de Nossa Vida, Os, de Leonid Andrêiev 390.
Dibuk, O, de Sch. An-Ski 47, 142, 173, 174, 180, 181, 184, 186, 188, 264, 350, 388, 391, 392, 393, 394.
Dick, Aizik Meier 63, 70, 78, 79.
Dickens, Charles 91, 99.
Diderot, Denis 66.
Dietrich de Bern 20.
Dimov, Ossip 264, 269, 274.
Díneson, Iânkev 78, 106, 390.
Din Toire Mitn Vind, A (Uma Demanda Com o Vento), de I.L. Peretz 389.
Dinur, Yekhiel. *Ver* Ka-Tzetnik.
Disner Childe Harold (Childe Harold de Disna), de Moische Kúlbak 300.
Djalóvski, M. 431.
Dobrúchin, Iekhezkel 327, 330, 332.
Dobzynski, Charles 433.
Do Diário de Alguém Que Não Nasceu (Gimpel the Fool and Other Stories), de Isaac Bashevis Singer 468.
Domb, Adam 398, 399.
Don Domingos Kraitzveg (A Cruzada de D. Domingos), de Leib Málakh 436.
Dônia, de Lipe Reznick 335.
Dor Oilekh, Dor Bo (Geração Vai, Geração Vem), de Ítzkhak Meir Váissenberg 345.
Dor Ois, Dor Ein (Geração Que Sai, Geração Que Entra), de Peretz Márkisch 295.
Dorfs Iung, Der (O Moço de Aldeia). *Ver Iankl Boile*, de Leon Kobrin.
Dos Naie Iídische Kunst Teater 270.
Dostigáiev, de Máximo Górki 275.
Dostoiévski, Fiódor 58, 175, 255, 256, 261, 401.
Dovid ha-Mélekh un Zaine Vaiber (Rei David e Suas Esposas), de Dovid Pínski 395.
Dragun, Osvaldo 443.
Drai Píntelekh Iíd, Di (As Três Pintas de Judeu) 325.
Dr. Almasado, de Abraão Goldfaden 124.
Dreier, Max 391.
Drêissik Ior in Arg(u)entine: Memuarn fun a Iídischn Kolonist (Trinta Anos na Argentina: Memórias de um Colono Judeu), de Mordekhai Álperson 433.
Drêitzen Dertzêilung(u)en (Treze Narrativas), de Rosa Palatnik 450.
Dropkin, Celia 226.
Drummont, Édouard-Adolphe 101.
Dubínski, Iaakovka 115.
Dubnov, Simon Márcovitch 45, 59, 104, 139, 140, 141, 143, 241, 305, 367.
Dúkus (O Duque), de Álter Katzisne 350, 395, 396.
Dumas Filho, Alexandre 201.
Dúnietz, Hatzkl 297.
Dzigan, Schímen 409.
Dzike Gas (Rua Dzike), de Kádia Molodóvski 363.

East River, de Scholem Asch 161.
East Side Gueto (O Gueto do East Side), de Leon Kobrin 201.
Edelstadt, David 191, 192, 193.
Éfker Velt, Di (O Mundo Dissoluto), de Ítzkhak Ber Levinson 63, 64.
"Éfntlekher Míschpet Ibern Toit" (Julgamento Público Sobre a Morte), de Mélekh Rávitch 358.
Efros, A. 317, 322.
Ehrenstein, Albert 356.
Êibik Ainzam (Eternamente Só), de Zúsman Segalóvitch 350.
Êibike Lid, Dos (A Eterna Canção), de Mark Arnschtein 389.
Êibiker Iíd, Der (O Judeu Eterno), de Dovid Pínski 159.
Êibike Vokh, Di (A Eterna Semana), de Berl Grinberg 435.
Eichendorff, Joseph von 213.
Eigns (Próprio), de Leib Kvitko 287, 292, 363, 463.
Eigns un fun Noente Kvaln (Meu Próprio e de Fonte Próxima), de I. Schpieg(u)el 463.
Êig(u)ene Erd (Terra Própria), de Aizik Rabói 218.
Einheit (Unidade), revista 283.
Eins Oif Eins (Um Sobre Um), de Peretz Márkisch 296.
Einstein, Albert 367.
"Einzam" (Só), de Ítzik Manger 419.
Ékher fun der Erd (Acima da Terra), de Der Níster 284.
Eles Não Usam Black-Tie, de Gianfrancesco Guarnieri 442.
Eliot, George 125.
Eliot, T.S. 246.
Elischa ben Abuia, de Jacob Gordin 200, 267.
Em Nova Terra, de Sch. An-Ski 177.
Émes (Verdade), revista 303.
Engel, Joel 181, 186.
Engels, Friedrich 177.
Englische Komödianten (Comediantes Ingleses) 34.
"Entre Duas Montanhas", de I.L. Peretz 46, 110.
Épschtein, B. 399.
Erd, Di (A Terra), de Peretz Hírschbein 162.
"Erev Iom Kipur, Dem" (A Véspera do Dia da Expiação) 120.
Érg(u)etz Oif Félder (Algures nos Campos), de Uri Tzvi Grinberg 353.
"Érg(u)etz Vait" (Em Algum Lugar Bem Longe), de H. Lêivick 228.
Erik, Max 15, 26, 61, 297, 298.
Érschter Iídischer Rekrut, Der (O Primeiro Recruta Judeu), de Isroel Áksenfeld 64.
Erter, Rachel 344, 433.
Escravo, O, de Isaac Bashevis Singer 468.
Escritos Reunidos de Sch. An-Ski 184.
Es Iz Górnischt G(u)eschen (Não Aconteceu Nada), de Zischa Lândau 213.

Es iz Schver Tzu Zain a Iíd (É Difícil Ser Judeu), de Scholem Aleikhem 80, 395.
Especialista, O, de Iekhezkel Dobrúchin 332.
"Espelho, O", de Berl Lápin 220.
Esperando el Zurdo, de Clifford Odets 443.
Estepes Estão Ardendo, As, de Avrom Véviorke 335.
Éster (Míriam Frumkin) 150.
Estrépito das Máquinas, O, de M. Tchernev 275.
Estudo Sobre a Literatura Popular, de Sch. An-Ski 178.
Étingu[u]er, Salomão 66, 68, 69, 70, 121, 397, 474.
Euchel, Ítzkhak 60, 61, 66.
Eurípides 199.
Evalenko, A.M. 149.
Evig[u]inga, de Lêiser Volf 373.
Evrêinov, Nikolai 395, 442.

Fabius Lind, de Aaron Glantz-Leyeles 225, 249.
Falbel, Nachman 444, 445.
Falk, R. 312, 318, 330.
Faln fun Berlin, Dos (A Queda de Berlim), de Mêndel Man 464.
Família Karnóvski, de Israel Ioschúa Singer 347.
Família Karp, de Samuel Ísban 464.
Família Moskat, de Isaac Bashevis Singer 350, 468.
Família Tzvi, de Dovid Pínski 159.
Fanátiker oder di Tzvei Kúni Lémels, Der (O Fanático ou os Dois Kúni Lémels), de Abraão Goldfaden 121.
Farain fun Iídische Dramátische Artistn in Vilne unter der Laitung fun M. Koválski (Fada) 388. *Ver* Vilner Trupe.
Far Folk un Heimland (Para o Povo e a Terra Natal), de Peretz Márkisch 296.
Farlôirener Gan Éidn, Der (O Paraíso Perdido), de Leon Kobrin 201.
Farlósene Dorf, Dos (A Aldeia Abandonada), de Mêndel Man 464.
Farnákhtngold (Ouro de Crepúsculos), de Uri Tzvi Grinberg 353.
Farn Mabl (Antes do Dilúvio), de Scholem Asch 161.
Farplônterte Vegn oder Zvischn di Khurves fun Iídischn Lebn (Caminhos Emaranhados ou Entre as Ruínas da Vida Judaica), de Schímen Horôntschik 346.
Farschlófene Mentschn (Homens Adormecidos), de Moische Nadir 224.
Farschlófn a Velt Untergang (O Homem Que Passou Dormindo o Fim do Mundo), de Moische Nadir 222.
Fartzêikhente Schmússen (Conversas Anotadas), de Leon Schmeltzinger 451.
Farvórfn Vinkl, A (Um Recanto Perdido), de Peretz Hírschbein 163, 388.
Féfer, Ítzik 303, 304, 305, 306, 336.
Feiticeiras de Salém, As, de Arthur Miller 442.
Fenster, Tobias 451.
Fertl Iorhúndert Iídische Presse in Brazil, A (Um Quarto de Século de Imprensa Judaica no Brasil), de Ítzhak Raizman 451.
Festung, Di (A Fortaleza), de Avrom Sútzkever 383.
Féter fun Amérike, Der (O Tio da América), de Salomão Étingu[u]er 66.
Feuchtwanger, Lion 261.
Fichman, Iaakov 456.
Fidlroiz (Rosa-Violino), de Avrom Sútzkever 383.
Figurn (Figuras), de Efraim Kaganóvski 351.
Firkântike Oisies un Mofsim (Letras e Milagres Quadrangulares), de Avrom Sútzkever 383.
Fir Zaitn fun Main Velt, Di (Os Quatro Cantos de Meu Mundo), de Mélekh Rávitch 358.
Físchke der Krumer (Físchke, o Manco), de Mendele Mokher Sforim 76.
Flanagan, H. 275.
Flapan, Iânkev 436, 441.
Flíg[u]elman (Homem com Asas), de Hersch Dovid Nomberg, 160.
Florestas Fazem Barulho, As, de Aleksei Brat e Grigorii Linkov 336.
Fo, Dario 443.
Folksbine 259, 261.
Folks Farband far Iídisch Kunst Teater (Liga Popular Pró-Teatro de Arte Ídiche) 270.
Folkstímlekhe G[u]eschíkhtes (Contos Populares), de I.L. Peretz 81, 82, 106, 110.
Forvertz (Avante) 153, 194, 262.
Fraie Árbaiter Schtime, Di (A Voz Operária Livre), de David Edelstadt 192.
Fraie Ferzn (Versos Livres), de Iânkev Glátschtein 225, 252.
Fraihait (Liberdade), grupo 214, 221, 440.
Frank, Iaakov 139, 362, 476.
Freid fun Iídischn Vort, Di (A Alegria da Palavra Ídiche), de Iânkev Glátschtein 257.
Freidke, de Kádia Molodóvski 363.
Freilech, Sch. 439.
Frêilekhe Iung[u]elait, Di (A Alegre Rapaziada), de Salomão Étingu[u]er 66.
Fremder, Der (O Estranho), de Mâni Leib 211.
Freud, Sigmund 246, 367.
Fridman, Iaakov 458, 459.
Friedman, Shraga 187.
Friling Oifn Trakt (Primavera na Estrada), de Elkhonen Vogler 371.
Frimorgn (Manhã), de I.L. Peretz 135.
Frug, Schímen Schmuel 77.
Funem Iárid (De Volta da Feira), de Scholem Aleikhem 91.
Fun Lublin biz Niu York (De Lublin a Nova York), de Kádia Molodóvski 363.
Fun Maine G[u]ite (De Meus Bens), de Der Níster 285.
Fun Main Gantzer Mi (De Toda a Minha Faina), de Iânkev Glátschtein 225.
Fun Main Schir ha-Schirim (De Meu Cântico dos Cânticos), de Iossef Papiérnikov 457.
Fun Main Zúmer (De Meu Verão), de Reuven Aizland 213.
Fun Roitn Lebn (Da Vida Vermelha), de Ioel Mastboim 463.
Fuser, Fausto 453.

Gabri un Zaine Váiber (Gabri e Suas Mulheres), de Dovid Pínski, 159.
Gáistig[u]e Erd (Terra Espiritual), de Avrom Sútzkever 383.
Galéchnikov 441.
Galut, de Mordekhai Álperson 433.
Gánev, Der (O Gatuno), de Octave Mirbeau 389.
Ganóvim (Gatunos), de Físchel Bimko 346, 391.
Garden Theatre 266.
Gauchos Judios, Los, de Alberto Gerchunoff 435.
Gdôiles fun Rabi Volf me-Tscharniostra (Grandezas do Rabi Volf de Tscharniostra) 63.
George, Stefan 217.
Gerchunoff, Alberto 434, 435.
Gershwin, George 187.
Gevertz, I. 447.
Ginzburg, Arnold 399.
Glantz-Leyeles, Aaron 225, 226, 228, 246, 248, 250, 436.
Glátschtein, Iânkev 225, 226, 229, 249, 250, 251, 252, 253, 254, 256, 257, 258, 436.
Glick, Hirsch 370, 373, 377, 378.
Glikn, Di (As Venturas), de Mordekhai Rívesman 389.
Gliks-Farg[u]éssene (Esquecidos da Sorte), de Dovid Pínski 389.
Glocke, Di (O Sino), de Morris Rosenfeld 197.
Glückel de Hameln 27, 242.
Gochnarg, I. 451.
Goethe, Johan Wolfgang von 165, 417, 419.
Gógol, Nikolai V. 75, 91, 264, 395, 396.
Goirl (Destino), de Mikhael Burschtin 351.
Goirl fun a Kraiz (Destino de um Círculo), de Moische Lokietsch 450.
Goldenburg, Samuel 439.
Gôldene Íng[u]ele, Dos (O Menino de Ouro), de David Ignatoff 210.
Gôldene Keit, Di (A Corrente de Ouro), de I.L. Peretz 134.
Gôldene Keit, Di, revista 15, 159, 235, 241, 251, 378, 383, 385, 420, 456.
Gôldene Pave, Di (O Pavão de Ouro), de Ioschúa Perl 351.
Gôldene Pave, Di (O Pavão de Ouro), de Moische Leib Hálpern 216.
Goldfaden, Abraão 69, 76, 77, 117, 118, 119, 120, 121, 122, 123, 124, 125, 126, 127, 129, 135, 136, 137, 198, 199, 261, 264, 308, 321, 322, 327, 334, 397, 398, 399, 403, 406, 408, 411, 420, 425, 438, 442, 452.
Gold, Michael 235.
Goldstein, Sokher 120.
Golem, Der (O Golem), de H. Lêivick 229.
"Goles March" (Marcha da Galut), de Morris Rosenfeld 197.
Golúbov-Potápov, Vladímir 337.

Goodrich, Frances 442.
Gordin, Jacob 136, 137, 149, 162, 199, 200, 201, 261, 264, 267, 389.
Gordon, I.L. 455.
Gordon, Mikhel 77.
Górki, Máximo 80, 107, 199, 264, 275, 314, 315, 334, 391, 442.
Goset (Teatro Judeu de Estado) 313, 317, 318, 319, 321, 322, 323, 325, 326, 327, 328, 329, 330, 331, 332, 333, 334, 335, 336, 337, 387, 394, 407.
Gosler, Hans 390.
Got fun Nekóme (Deus da Vingança), de Scholem Asch 161, 162.
Got, Mentsch un Taivl (Deus, o Homem e o Diabo), de Jacob Gordin 389.
Gotter, Friedrich Wilheim 61.
Gottlober, Abraão Baer 70, 121.
Gourfinkel, Nina 187.
Graça Mello, Octávio Alves de 187.
Grade, Haim 235, 370, 379, 380, 381.
Graetz, Heinrich 45, 139, 140, 142, 241.
Grandpa Timothy McGee, de Haim Rosenblatt 207.
Granóvskaia, madame 316, 319.
Granóvski, Alekséi Mikháilovitch 133, 134, 312, 313, 314, 315, 316, 317, 318, 319, 320, 321, 322, 323, 325, 326, 327, 328, 329, 330, 331, 332, 335.
Grinberg, Berl 435, 436.
Grinberg, Uri Tzvi 294, 344, 345, 353, 354, 355, 358, 360, 456.
Grine Félder (Campos Verdes), de Peretz Hírschbein 163, 269.
Grin Groz (Relva Verde), de Leib Kvitko 288.
Gródner, Israel ("Srolik Papirosnik") 117, 118, 119, 120.
Groisse G(u)evins, Dos (A Sorte Grande), de Scholem Aleikhem 80, 91, 133, 322, 395, 397, 452.
Groper, Iaakov 411.
Group Theater (de H. Clurman) 270.
Grupo de Kiev 282, 284, 287, 292, 306.
Grupo de Minsk 299, 302.
Grupo de Vilna 163.
Guarnieri, Gianfrancesco 442.
G(u)ebrókhene Hértzer oder Liebe un Flikht (Corações Partidos ou Amor e Dever), de Zálman Líbin 202.
G(u)edakht (Suposto), de Der Níster 284.
G(u)edanken un Motiven (Pensamentos e Motivos), de Der Níster 284.
G(u)edénk Líder (Canções da Lembrança), de Iânkev Glátschtein 225.
G(u)efúnene Funkn (Faíscas Encontradas), de Ítzik Féfer 305.
G(u)ehêimschtot (Cidade Secreta), de Avrom Sútzkever 382.
G(u)eklíbene Dertzêilung(u)en (Relatos Escolhidos), de Rosa Palatnik 450.
G(u)eklíbene Schriftn (Escritos Seletos), de Tobias Fenster 451.
G(u)eklíbene Verk (Obras Escolhidas), de Leib Kvitko 288.
G(u)enárte Velt, Di (O Mundo Enganoso), anônimo 62.
Guerra Prossegue, A, de Scholem Asch 167.
G(u)érsten, Berta 439.
G(u)eschíkhte fun der Iídischer Literatur fun di Elste Tzaitn biz de Haskole Tkufe, Di (História da Literatura Ídiche dos Primeiros Tempos até a Época da Hascalá), de Max Erik 297.
G(u)eschíkhte fun Hassidism (História do Hassidismo), de Simon Márcovitch Dubnov 45.
G(u)eschíkhte fun Iídn in Brazil (História dos Judeus no Brasil), de Ítzhak Raizman 451.
G(u)et (Divórcio), de Scholem Aleikhem 325.
Gueto Dramen (Dramas do Gueto), de Leon Kobrin 201.
G(u)eúle Komédie: Der Golem Kholmt (A Comédia da Salvação: O Golem Sonha), de H. Lêivick 230.
G(u)evétn (Aposta), de Ítzik Féfer 305.
"G(u)evissn" (Consciência), de Dovid Hófschtein 290.
G(u)ezámlte Líder (Poemas Reunidos), de Aaron Zêitlin 362.
G(u)ezámlte Líder (Poemas Reunidos), de Avrom Sútzkever 383.
G(u)ezámlte Schriftn (Escritos Reunidos), de Haim Jitlóvski 145.
"G(u)ezang fun Has un Libe Tzum Iídischn Folk, Dos" (O Canto de Ódio e Amor ao Povo Judeu), de Mélekh Rávitch 358.
G(u)ezang fun Main G(u)emiet (Cântico de Meu Estado de Ânimo), de Leib Kvitko 288.
G(u)ezang Oif der Erd (Cantar Sobre a Terra), de Kehos Klíguer 435.
"G(u)ezang Tzu der Zun" (Canto ao Sol), de Mélekh Rávitch 358.
"G(u)ezang Tzum Méntschlekhn Kerper, Dos" (O Canto ao Corpo Humano), de Mélekh Rávitch 358.
"G(u)ezind Zalbeakht, Dos" (Uma Família de Oito), de Avrom Raisen 155.
Guia dos Perplexos, de Maimônides 105.
G(u)ibor, Der (O Forçudo), de Meir Kucinski 451.
Guild Theater 159.
G(u)imnásie (Ginásio), de Scholem Aleikhem 389.
G(u)ímpel, o Tolo, de Isaac Bashevis Singer 468.
Guíser, Moische Dovid 436.
Gundberg, Ítzhak 399.
Gurin, M. 460.
Guterman, Itzkhak 451.
Gutman-Krímer, Golde 436.

Ha-Avot ve-ha-Banim (Pais e Filhos), de Mendele Mokher Sforim 75.
Ha-Bakhur, Elihau (ou Elias Levita Aschkenázi), 20.
Habima, grupo teatral do 159, 183, 186, 187, 229, 259, 272, 275, 313, 315, 331, 387, 393.
Hackett, Albert 442.
Ha-Hassid, Iehudá 24, 26.
Haim Léderers Tzurikum (A Volta de Haim Léderer), de Scholem Asch 161.
Haint (Hoje) 153.
Hakhnassát Kalá (O Dote da Noiva), de Schmuel Iossef Agnon 185.
Halac, Ricardo 443.
Halevi, Iehudá 308, 426.
Halkin, Schmuel 49, 306, 307, 308, 309, 335, 442, 452.
Hálpern, Leo 440.
Hálpern, Levi. *Ver* Lêivick, H.
Hálpern, Menasche 451.
Hálpern, Moische Leib 150, 214, 215, 216, 221, 228, 451.
Ha-Meassef (O Colhedor) 60.
Ha-Melitz (O Intérprete) 75.
Hamsun, Knut 107.
Ha-Navi (O Profeta), de Ítzkhak Katznélson 352.
Harschav, Barbara 252.
Harschav, Benjamin 252.
Hartman, Lev 176.
Hartung, Gustav 331.
Hascalá, movimento 8, 12, 15, 45, 47, 48, 49, 50, 52, 54, 55, 58, 60, 62, 66, 68, 75, 77, 78, 101, 102, 103, 105, 139, 141, 166, 173, 178, 240, 297, 368.
Ha-Schomer ha-Tzair (O Jovem Guardião) 373.
Hassidisch (Contos Hassídicos), de I.L. Peretz 80, 82, 106, 110.
Hat'ot Neurim (Pecados da Juventude), de Moshe Leib Lilienblum 175.
Hauptmann, Gerhart 199, 261, 269, 391.
Haupt- und Staatsaktion, teatro 34.
Hebbel, Friedrich 442.
Heim Gringôldene (Lar Verde-Dourado), de Hersch Schwartz 450.
Heine, Heinrich 39, 50, 80, 107, 155, 194, 198, 213, 300, 371, 417.
Helfman, Israel 435.
Hélpern, Avrom 399.
Hendel, Elkhanan 26.
"Herança e Hegemonia", de Moische Lítvakov 303.
Herman, Dovid 163, 186, 259, 390, 391, 393, 394, 395, 396, 409.
Herodes, de Álter Katzisne 350.
Hérschele Ostropólier, de Iaakov Botochânski 411.
Hérschele Ostropólier, de M. Lifschitz 395.
Hertzen, Aleksandr L. 176.
Hess, Moisés 103, 145.
Hibat Tzion (Amor a Sion), movimento 79, 125, 142, 146, 149.
Hildebrandslied (A Canção de Hildebrando) 20.
Hillel, Iacov 187.
Himlen Nokhn Schturm (Céus Após a Tormenta), de I. Schpieg(u)el 463.
Hinerplet (Letargia), de Moische Iúngman 463.
Hintern Schloss (Atrás do Ferrolho), de H. Lêivick 228.
Hírschbein, Peretz 133, 155, 162, 163, 234, 261, 263, 264, 266, 269, 388, 390, 391, 396, 447, 452.
Hírschbein Trupe, teatro 162, 163, 266.
Hírschfeld, Zálman 399, 439.
Hirsch Lekert, de Aaron Kuschnírov 275.

Hirsch Lekert, de H. Lêivick 231.
Histadrut (Confederação Geral dos Trabalhadores de Israel), 456.
História de uma Família, A, de Sch. An-Ski 177.
Historias con Carcel, de Osvaldo Dragun 443.
Hitler, Adolf 141, 347, 433.
Hofmannsthal, Hugo von 217.
Hófschtein, Dovid 287, 289, 291, 292, 304, 306, 308, 344.
Hoiptschtet (Capitais), de Der Níster 285.
Hois fun Noakh Edon, Dos (A Casa de Noé Edon), de Dovid Pínski 159.
Hoizfraint (Amigo do Lar), de Mordekhai Spector 82.
Hoiz fun di Lialkes, Dos (A Casa das Bonecas), de Ka-Tzetnik 464.
Hoiz in di Derner, Dos (A Casa nos Espinhos), de Mêndel Man 464.
Hoiz Oifn Barg, Dos (A Casa Sobre a Montanha), de Schímen Horôntschik 346.
Holanda, Aurélio Buarque de 81.
Horôntschik, Schímen 346.
Horowitz, Eduardo 451.
Horthy, Nicolas, almirante 339.
Hovevei Tzion (Amantes de Sion) 143, 455.
Howe, Irving 476.
Hugo, Victor 371, 397.
Hurvitz, Mirele 282.
Hurvitz, Moische 198, 199.

Iaakov Frank, de Aaron Zêitlin 362.
Iaakov Frank, de Moische Kúlbak 298.
Ianasóvitch, Ítzkhak 436.
Iânkev Glátschtein, de Iânkev Glátschtein 225, 251.
Iankl Boile oder der Natur Mentsch (Iankl Boile ou o Homem Primitivo), de Leon Kobrin 201, 268. 389, 390.
Iankl der Schmid (Iankl, o Ferreiro), de Dovid Pínski 159, 388.
Iberg(u)eríssene Tkufe, Di (A Era Interrompida), de Zígmunt Túrkov 393, 397, 399.
Ibergus (Regeneração), de Leib Málakh 436.
Ibn Gabirol, Salomão 308.
Ibsen, Henrik 107, 199, 264, 269.
Ideolog(u)ie fun Iídischn Alef-Beis (Ideologia do Alfabeto Judaico), de Elias Lipiner 451.
Idramst (Estúdio Dramático Ídiche) 440, 441.
Iégor Bulichév, de Máximo Górki 275.
Iehúda, Eliezer ben 455.
Ieruschaláimer Almanack (Almanaque Jerosolimita) 456.
Ierúsche (Herança), de Peretz Márkisch 296.
Ievsektsia 282, 284, 295, 326.
Ignatoff, David 209, 210, 217, 221.
Iíd fun Lublin, A (Um Judeu de Lublin), de Iânkev Glátschtein 225, 257.
Iídische Folksbibliotek (Biblioteca Popular Judaica), de Scholem Aleikhem 89.
Iídische Glikn (Venturas Judaicas) 332.
Iídische Literatur in Kapitalístische Lender, Die (A Literatura Ídiche nos Países Capitalistas), de Ítzik Féfer 305.
Iídische Literatur in XIX *Iorhúndert, Di* (A Literatura Ídiche no Século XIX), de Max Erik 297.
"Iídische Literatur un di Lezerin, Di" (A Literatura Ídiche e a Leitora"), de Schmuel Níg(u)er 19.
Iídische Neschómes (Corações Judeus), de A. Lítvin 116.
Iídischer Árbaiter (O Trabalhador Judeu) 143.
Iídischer Cowboy, Der (O Cowboy Judeu), de Aizik Rabói 218.
Iídischer Folks Teater (IFT) 438, 441, 442, 443, 444.
Iídischer Kempfer (Combatente Judeu) 226, 251.
Iídischer Kenig Lir, Der (O Rei Lear Judeu), de Jacob Gordin 199.
Iídischer Kunst Teater (IKT, Teatro Ídiche [ou Judeu] de Arte) 261, 262, 263, 264, 265, 266, 271, 396, 399.
Iídischer Literatur, Zait Ihr Anschtelung Biz Scholem Aleikhem, Der (A Literatura Ídiche, Desde a Sua Formação Até Scholem Aleikhem), de Baruch Bariach 451.
Iídischer Melukhe Teater (IMT, Teatro Ídiche [=Judeu] de Estado). *Ver* Goset.
Iídischer Muzjik, Der (O Camponês Judeu), de Mordekhai Spector 79.
Iídischer Schraiber Farain (Associação dos Escritores Judeus) 360, 445.
"Iídische Schêidim" (Demônios Judeus), de Aaron Zêitlin 361.
Iídische Schprakh, Di (A Língua Ídiche), de Nokhem Schtif 281.
Iídische un Slávische Motivn (Motivos Judeus e Eslavos), de Mâni Leib 211.
Iídischtaitschn (Interpretações do Ídiche), de Iânkev Glátschtein 252.
Iídn, Di (Os Judeus), de Evgenii Chírikov 390.
Iídn fun a Gantz Ior (Judeus do Ano Inteiro [ou do Dia a Dia]), de Ioschúa Perl 351.
"Iídn in Brazil: An Eignártig(u)er Ischuv" (Judeus no Brasil: Uma Comunidade Singular), de Eduardo Horowitz 451.
Iídnschtaat (Estado Judeu) 395.
Iídns Opera, Dem (A Ópera do Judeu), de Álter Katzisne 350.
Iíd Oifn Iam, A (Um Judeu ao Mar), de Aaron Glantz-Leyeles 249.
"Iíd tzu Iídn, A" (Um Judeu Para Judeus), de Haim Jitlóvski 143.
Ikar, Iossef ben 24.
"Ikh Bin a Iíd" (Eu Sou um Judeu), de Ítzik Féfer 305.
Ikh Bin G(u)even a Partizan, de Schmerke Kaczergínski 378.
Ikh un der Iam (Eu e o Mar), de Kehos Klíguer 435.
Ikhus (Prosápia), de Scholem Asch 389.
Iler, Moisés 62.
Imagem e Outras Histórias, A, de Isaac Bashevis Singer 468.
Imigrantn (Imigrantes), de Leon Kobrin 201.
In a Vínterdike Nakht (Numa Noite de Inverno), de Mâni Leib 211.
"In der Émes" (Na Verdade), de David Edelstadt 192.
In der Schtil (Na Quietude), de Iôine Rosenfeld 347.
In der Toite Schtot (Na Cidade Morta), de Lamed Schapiro 234.
In di Labirintn fun Goirl (Nos Labirintos do Destino), de Haim Rapaport 451.
In di Teg fun Iov (Nos Dias de Jó), de H. Lêivick 232.
In Goldn Land (No Eldorado), de Iânkev Pat 401.
In G(u)eroisch fun Maschinen (No Barulho das Máquinas), de Schímen Horôntschik 346.
In Ieruschalaim Kumen Malókhim (Anjos Vêm a Jerusalém), de Kádia Molodóvski 365.
Inimigos, uma História de Amor, de Isaac Bashevis Singer 468.
"In Kampf" (Na Luta), de David Edelstadt 192.
In Kêinems Land (Na Terra de Ninguém), de Aaron Zêitlin 362.
In Land fun Eliahu ha-Navi (Na Terra do Profeta Elias), de Moische Iúngman 463.
In Land fun Main G(u)ebein (No País de Meus Ossos), de Kádia Molodóvski 363.
In Mídber Sinai (No Deserto do Sinai), de Avrom Sútzkever 383.
In Nai Likht (Em Nova Luz), de Iossef Papiérnikov, 457.
In Pôilische Vélder (Nas Florestas Polonesas), de Iossef Opatóschu 220, 239.
In Polisch Oif der Keit (Agrilhoado na Antecâmara da Sinagoga), de I.L. Peretz 134.
In Schenstn Tog fun Harbst (No Mais Belo Dia do Outono), de Haim Rosenblatt 207.
In Schmole Tratuarn (Em Calçadas Estreitas), de Iossl Birschtein 464.
In Schotn fun a Schtein (À Sombra de uma Pedra), de Iaakov Groper 411.
In Schotn fun Doires (À Sombra de Gerações), de Peretz Hírschbein 163.
In Schotn fun Moiled (Na Sombra da Lua Nova), de Moische Iúngman 463.
Intelectual, O, de Peretz Hírschbein 162.
Internacional Comunista, congresso da 319.
In Treblinka Bin Ikh Nit G(u)even (Em Treblinka Eu Não Estive), de H. Lêivick 231.
In Tzaitn Roisch (No Rumor dos Tempos), de Uri Tzvi Grinberg 353.
In Umru (Na Inquietude), de Moische Lítvakov 303.
In Zikh, grupo 225, 226, 227, 228, 234, 244, 245, 246, 247, 250, 251, 253, 340, 412, 436.
Inzikh, Jurnal far Introspektiver Dikhtung (Em Si, Revista de Poesia Introspectiva) 225.
In Zikh un Arum Zikh (Em Si e em Redor de Si), de Schlomo Bickel 412.
In Zúnikn Land (No País Ensolarado), de Iossef Papiérnikov 457.

Ióntev Blétlekh (Folhas Festivas), de I.L. Peretz 81.
Iosche Kalb, de Israel Ioschúa Singer 264, 347.
Ióssele Solovei, de Scholem Aleikhem 80.
Irmãos Karamázov, Os, de Fiódor Dostoiévski 401.
Irving Place Theater 263.
Ísban, Samuel 463.
Isroel der Álter (Israel, o Velho), de Iaakov Tzvi Sobel 191.
Issôime, Die (A Órfã), de Jacob Gordin 200.
Itzíes Mitzraim (O Êxodo do Egito) 36.
Iúdene, Farschídene G[u]edíkhte und Teater in Prost Ídisch fun Avrom Goldfaden [der Mekháber fun dem Iúdele], Di (A Judia, Diversas Poesias e Teatro em Ídiche Vulgar de Abraão Goldfaden [o Autor de O Judeu]) 121.
Iung Arg[u]entine (Jovem Argentina) 440, 441.
Iung Brazil (Jovem Brasil), de A.M. Liberman 450.
Iung Harbst (Jovem Outono), de Aaron Glantz-Leyeles 225, 248.
Iung Iídisch 352, 368.
Iung Isroel (Jovem Israel) 460.
Iúngman, Moische 460, 463.
Iung Teater (Teatro Jovem) de Varsóvia 404, 405, 406, 407, 408, 441.
Iung[u]e Iorn (Anos de Juventude), de Dovid Bérg[u]elson 283.
Iung[u]e Iorn (Anos de Juventude), de Israel Yaakov Schwartz 219.
Iung[u]e (Jovens), grupo 207, 208, 209, 211, 214, 215, 216, 217, 220, 221, 225, 227, 228, 229, 234, 239, 245, 246.
Iung Vald (Jovem Floresta), grupo 371, 373.
Iung Vilna (Jovem Vilna) 368, 369, 370, 371, 385.
Iúriev, I. 314.
Iúschkevitch, Semion S. 391.

Jacobovitch, Marcos 450.
Jamois, Marguerite 186.
"Jardim Chagalliano", de Avrom Sútzkever 383.
Jitlóvski, Haim 104, 142, 143, 145, 149, 151, 177, 233, 305.
Jlivniak, Iossef 399.
Jó, de Alberto Adelach 443.
Joias do Conto Ídiche, J. Guinzburg; Sime Rinski (orgs.) 51, 468.
Judá, o Galileu, de Moische Hurvitz 199.
"Judeu da Babilônia, O", de Isaac Bashevis Singer 468.
Judeu Eterno, O, de Iossef Lateiner 199.
Judite e Holofernes, de Johann Nestroy 395.
Judith, de Friedrich Hebbel 442.
Juízes, de Stanislaw Wyspiânski 395.
Julgamento, O, de Iekhezkel Dobrúchin 332.
"Juramento, O", de Sch. An-Ski, 178.

Kaczergínski, Schmerke 370, 378, 436.
Kadima (Avante), associação estudantil 149.
Kádison, Leib 259, 388, 389, 390, 391, 396, 414, 439, 447.
Kádison, Luba 174, 413, 437.
Kafka, Franz 113, 199, 478.
Kaganóvski, Efraim 351.
Kahanóvitch, Pinkhas-Pínie. *Ver* Der Níster (Pinkhas-Pínie Kahanóvitch).
Káilekhdike Vokhn (Semanas Redondas), de Izi Khárik 302.
Kaminska, Éster Rokhl 390, 396, 398.
Kaminska, Ida 69, 134, 137, 396, 398, 399, 402.
Kaminski, Avrom Ítzkhok 137.
Kaminski, Iossef 398,399.
Kant, Immanuel 300.
Kaprizne Kale oder Kabtzensohn et Húng[u]erman, Di (A Noiva Caprichosa ou Filho de Pobretão e Morto de Fome), de Abraão Goldfaden 123.
Karakuschânski, Schabetai 444, 450.
Karikaturn (Caricaturas), de Ítzkhak Katznélson 395.
Karpinóvitch, Avraham 460.
Katáiev, Valentin 395, 442.
Ka-Tzetnik (pseudônimo de Iekhiel Dinur) 464.
Katzisne, Álter 184, 264, 350, 391, 395, 396, 409.
Katznélson, Ítzkhak 352, 395.
Katz, Pínie 435, 436.
Kaufmann, David 28.
Kaufmann, Yehezkel 179.
Kaverin, Benjamin 332.
Keitn (Cadeias), de H. Lêivick 231.
Keitn fun Moschíakh, Di (As Cadeias do Messias), de H. Lêivick 229.
Kelen, Hana 399.
Kénig[u]in fun Dorem Amérike, Die (Rainha da América do Sul), de Iaakov Botochânski 411.
Kentucky, de Israel Yaakov Schwartz 219.
Kerênski, Aleksandr F. 175, 184.
Kérman, Pêissakh 399.
Kerr, W. 325.
Késsler, David 126, 136, 198, 265, 268.
Khaliastra (O Bando), revista e grupo 246, 294, 339, 342, 344, 345, 351, 353, 358, 368, 385.
Khamza, teatro 335.
Khárik, Izi 299, 301, 302.
Khássene in Fernvald, Di (O Casamento em Fernwald), de H Lêivick 232.
Khaver Nákhman (Camarada Nákhman), de Israel Ioschúa Singer 347.
Khazanóvitch, Leon 150.
Khéschvendike Teg (Dias Outonais), de Kádia Molodóvski 363.
"Khob Zikh Iorn G[u]evólg[u]ert" (Durante Anos Me Espojei...), de Ítzik Manger 426-427.
Khúmesch Líder (Canções do Pentateuco), de Ítzik Manger 423.
Khurbn Beis Tzádik (Ruína da Casa do Justo), de I.L. Peretz 134.
Khurbn Vilne (A Destruição de Vilna), de Schmerke Kaczergínski 379.
Kichinóvski, Adolfo 444, 447, 449.
Kídusch ha-Schem (A Santificação do Nome ou o Martírio da Fé), de Scholem Asch 167, 168, 171, 264, 396, 452.
Kinder fun der Pampa, Di (Os Filhos do Pampa), de Mordekhai Álperson 433.
Kinder fun Ein Folk (Filhos de um Só Povo), de Aaron Kuschnírov 307.
Kinderlíder (Canções Infantis), de Mâni Leib 211.
Kischufmákherin fun Kastilie, Di (A Feiticeira de Castela), de Scholem Asch 161.
Klatsche, Di (A Égua), de Mendele Mokher Sforim 76.
Kleine Mêntschele, Dos (O Homenzinho Pequenino), de Mendele Mokher Sforim 75, 76.
Klíguer, Aba 435.
Klíguer, Kehos 435, 436.
"Klole Líder" (Canções de Maldição), de Ítzkhak Katznélson 352.
Klub in Tzenter (Clube no Centro) 441.
Kobrin, Leon 136, 201, 202, 264, 389.
Koestler, Arthur 4.
Kóffer des Herrn O.F., Die (A Mala do Senhor O.F.) 332.
Kofke, Avrom 117.
Kogan, Chlava 431.
Kogan, Schmuel. *Ver* Tzalel Blitz.
Koiakh fun Erd, Der (O Poder da Terra), de Ioel Mastboim 463.
Koiakh Vos Boit, Der (A Força Que Constrói), de Dovid Pínski 159.
Koifman, Moische 436.
Koiln (Carvão), de Galéchnikov e Paparigópulo 441.
Koiln (Carvão), de Scholem Asch 162.
Koldúnie, ou *Kischufmákherin, Di* (A Feiticeira), de Abraão Goldfaden 122, 321, 322, 327.
Kol Mevasser (Voz do Arauto) 75, 78.
Komédies fun der Berliner Ufklerung, Di (As Comédias da Ilustração Berlinense), de Max Erik 297.
Kontinentn un Okeanen (Continentes e Oceanos), de Mélekh Rávitch 358.
Kopelman, Menakhem 451.
Kopszynsky 131.
Korn, Rokhl 235.
Korolenko, Vladímir 146, 177.
Koschmarn (Pesadelos), de Konrad Charmatz 451.
Kowálski, Matisiahu 388, 391.
Kóvner, Aba 378.
Kózvan, H.M. 449.
Kraschnik-Rio, de Rosa Palatnik 450.
Krássin, peça-reportagem 407.
Kredos, de Iânkev Glátschtein 225.
Kréppel, Jonas 151.
Krig Oif der Erd (Guerra Sobre a Terra), de Uri Tzvi Grinberg 353.
Krílov, Ivan A. 412.
Kroitzer Sonate, Di (A Sonata a Kreutzer), de Jacob Gordin, 200, 389.
"Kupe, Die" (O Monte), de Peretz Márkisch 200.
Kropótkin, Piotr, príncipe 192.

Kucinski, Meir 445, 447, 448, 449, 450, 451.
Kúlbak, Moische 298, 299, 301, 333, 369, 442.
Kulisch, M. 442.
Kunst Teater. *Ver* Iídischer Kunst Teater.
"Kupe, Die" (O Monte), de Peretz Márkisch 292, 293.
Kurbas, Les 333.
Kurtz, Aron 226.
Kuschnírov, Aaron 275, 305, 306, 307.
Kvitko, Leib 287, 288, 289, 292.
Kvóres Nakht, A (Uma Noite no Cemitério), de I.L. Peretz 135.

Labiche, Eugène 333.
Labirint, de Aaron Glantz-Leyeles 225, 248.
La Fontaine, Jean de 412.
Laib un Lebn (Corpo e Vida), de Efraim Kaganóvski 351.
Laikhtsin un Fremelei (Leviandade e Carolice), de A. Wolfsohn 60, 61.
"Lamed Vov", de Moische Kúlbak 298.
Landa, Iossef 450.
Lândau, Schímon 444.
Lândau, Zischa 212, 213.
Land fun Tzveitn Breischis, Dos (O País da Segunda Gênese), de Iossef Papiérnikov 457.
Landsman, Der (O Conterrâneo), de Scholem Asch 162, 388.
Langer, Frantisek 395, 396.
Lange, Sven 269.
Lantern in Vint (Lanterna no Vento), de Ítzik Manger 423.
Lápin, Berl 217, 220.
Lasker-Schüler, Elsa 356.
Lateiner, Iossef 198, 199.
Lavrêniev, B. 297.
Lávrov, Petr 142, 177.
Lebens G[u]eschíkhte fun a Iídischn Jurnalist, Di (A História de Vida de um Jornalista Judeu), de Iaakov Botochânski 411.
Lebens in Schturm (Vidas na Tempestade), de Ítzkhak Raizman 450.
Lebn far a Lebn, A (Vida Por Vida), de Peretz Hírschbein 163.
Lebn Mitl (Meio de Vida), de Moisés Iler 62.
Léderman, Dovid 398, 399.
Lefin, Mêndel 62, 63.
Leg[u]énde fun Noakh Grin, Di (A Legenda de Noé Grin), de Iaakov Fridman 458.
Leib, Mâni (Brahínski) 13, 210, 211, 213.
Leite da Leoa, O, de Isaac Bashevis Singer 468.
Lêivick, H. (pseudônimo de Levi Hálpern) 221, 227, 228, 229, 230, 231, 232, 233, 264, 275, 305, 344, 373, 395, 438, 442, 446, 452.
Leonov, Leonid 442.
Leopardi, Giacomo 155.
Leschtschinski, Iaakov 305.
Lessing, Gotthold Ephraim 48, 66.
Lessingtheater 331.
Létzter fun di Groisse Zakutos, Der (O Último dos Grandes Zacutos), de Jacob Náchbin 451.
Létzter Oifschtand, Der (O Último Levante), de Iossef Opatóschu 220, 242.
Létzte (Últimos), de Iaakov Botochânski 411.
Levante do Gueto, O, de Peretz Márkisch 336.
Levi, Iossef 442.
Levi Ítzkhak de Berdítchev 43, 44, 56.
Levinsohn, I.L. 70.
Levinson, A. 456.
Levinson, Ítzkhak Ber 63.
Lev Tov (Bom Coração), de rabi Ítzkhak ben Eliakim 26.
Lewis, Bernard 226.
Libelei, de Arthur Schnitzler 391.
Liberman, A.M. 450.
Líbin, Zálman 136, 201, 202, 263.
Licht, Dovid 439, 441, 442.
Líder Bukh (Livro de Canções), de Morris Rosenfeld 197.
Líder (Canções), de Dovid Hófschtein 290.
Líder (Canções), de H. Lêivick 228.
Líder (Canções), de Nokhum Borukh Mínkov 226.
Líder fun Gan Éidn (Canções do Éden), de H. Lêivick 231.
Líder fun di G[u]etos un Lág[u]ern, de Schmerke Kaczergínski 379.
"Líder fun Húng[u]er" (Canções da Fome), de Ítzkhak Katznélson 352.
"Líder fun Kelt" (Canções do Frio), de Ítzkhak Katznélson 352.
Líder fun Khurbn un Líder fun Gloibn (Poemas da Destruição e Poemas da Fé), de Aaron Zêitlin 362.
Líder fun Maine Líder (Canções de Minhas Canções), de Mélekh Rávitch 360.
Líder fun Vilner Gueto (Canções do Gueto de Vilna), de Avrom Sútzkever 383.
Líder fun Zischa Lândau (Os Poemas de Zischa Lândau), de Zischa Lândau 213.
Líders fun Togbukh (Poemas do Meu Diário), de Avrom Sútzkever 383.
Líder Tzum Êibikn (Canções ao Eterno), de H. Lêivick 232.
Líder un Baladn (Canções e Baladas), de Mâni Leib 211.
Líder un G[u]edánken (Canções e Reflexões), de Schímen Schmuel Frug 77.
Líder un Poemen (Canções e Poemas), de Hirsch Glick 373.
"Lid fun a Greber, Dos" (A Canção de um Mineiro), de Berl Bróder 115.
"Lid fun Alef-Beis, Dos" (A Canção do Abecê), de Mark Varschávski 78.
"Lid fun a Vekhter, Dos" (A Canção de um Guarda), de Berl Bróder 115.
"Lid fun Matzêiveschleg[u]er, Dos" (A Canção dos Flageladores de Pedras Tumulares) 118.
"Lid fun Oisg[u]éarg[u]etn Iídischn Folk, Dos" (O Canto do Assassinado Povo Judeu), de Ítzkhak Katznélson 352.
Lied von Leben, Das (A Canção da Vida) 332.
Liessin, Abraão 191, 194, 197, 202.
Lifschitz, I. 32.
Lifschitz, I.M. 75.
Lifschitz, Mordekhai 395, 460.
Lifson, David S. 265, 270.
Liga Cultural de Varsóvia 405.
Liga dos Escritores e Artistas 377.
Likhtenberg, M. 399.
Likht fun Dornboim (Luz do Espinheiro), de Kádia Molodóvski 366.
Likht fun Opgrunt (Luz do Abismo), de I. Schpieg[u]el 463.
Líkhtig[u]e Kaiorn (Alvoradas Luminosas), de Iossef Landa, 450.
Líkhtike Schteiner (Pedras Luminosas), de Rivka Bassman 460.
Likht (Luz), revista 411.
Lilienblum, Moshe Leib 149, 175.
Liliencron, Detlev von 217.
Linétzki, Ítzkhak Ioel 78, 119, 121.
Linkov, Grigorii 336.
Lipiner, Elias 445, 449, 451.
Lipman, Moische 398, 399.
Lipman, Natalie 399.
Lipmann, Iom Tov 26.
Liptzin, Sol 210, 411.
Lírik un Sátire (Lírica e Sátira), de Lêiser Volf 373.
Literárische Bléter (Folhas Literárias) 399, 445.
Lítvakov, Moische 282, 289, 295, 303, 327.
Lítvin, A. (pseudônimo de Schmuel Hurvitz) 116.
Lítvisch Schtetl, A (Uma Cidadezinha Lituana), de Leon Kobrin 201.
Lokietsch, Moische 449, 450.
Lôndoner Silhueten (Silhuetas Londrinas), de Morris Vintchévski 194.
Longfellow, Henry Wadsworth 308.
Lope de Vega, Félix 125, 264.
Lovenberg, W. 269.
Ludwig, Reuven 226, 264, 272.
Lunachártski, Anatoli 315.
Lúrie-Schpigel, Fride 399.
Lutero, Martinho 206, 248.
Lux in Tenebris, de Bertolt Brecht 443.

Maasei Tzadikim (Histórias dos Justos) 56.
Machado de Assis 99, 451.
Machado, Maria Clara 442.
Mãe Coragem, de Bertolt Brecht 442.
Mágico de Lublin, O, de Isaac Bashevis Singer 468.
Mag[u]id (Pregador) de Mesritsch 56.
Maharam fun Rotenburg (Maharam de Rotenburgo), de H. Lêivick 232, 452.
Maiakóvski, Vladímir 319, 321.
"Mai Ko Maschma Lon der Regn" (O Que Vem a Dizer a Chuva), de Avrom Raisen 157.

Maimônides (Mosche ben Maimon) 24, 105.
Maimon, Salomon 50.
Main Dor (Minha Geração), de Peretz Márkisch 295.
Maine Hent Hobn Fargóssn dos Dózike Blut (Minhas Mãos Derramaram Este Sangue), de Moische Nadir 224.
"Main Êinikl Dor" (Minha Geração Neta), de Iânkev Glátschtein 257.
"Main Íng[u]ele" (Meu Menininho), de Morris Rosenfeld 195.
Main Krig Mit Hersch Rasseiner (Minha Querela com Hersch Rasseiner), de Haim Grade 379.
Main Léksikon (Meu Léxico), de Mélekh Rávitch 360.
Main Mames Schabóssim (Os Sábados de Minha Mãe), de Haim Grade 380.
"Main Tzavoe" (Meu Testamento), de David Edelstadt 192.
Maisse Bukh fun Main Lebn, Dos (O Livro de Histórias de Minha Vida), de Mélekh Rávitch 360.
Maisse Bukh (Livro de Histórias) 24, 26, 360, 473.
Máisselekh (Historietas), de Eliezer Steinbarg 412.
Máisselekh in Ferzn (Historietas em Versos), de Der Níster 284.
Máisselekh Mit a Moral (Historietas Com uma Moral), de Moische Nadir 224.
Máisses far Iídische Kinder (Histórias Para Crianças Judias), de Scholem Aleikem 80.
Maksímov, M. 399.
Málakh, Leib 435, 440, 444, 449.
Malamud, Bernard 235.
Mâlkhus fun Tzelem (No Reino da Cruz), de Uri Tzvi Grinberg 354.
Málkhus G[u]eto (O Reino do Gueto), de I. Schpieg[u]el 463.
Mallarmé, Stéphane 315.
Malraux, André 358.
Mame Iz Nischt Khoserdêie, Di (Mamãe Não Está Maluca), de Ítzkhak Guterman 451.
Mames Tzvue, Der (O Testamento de Minha Mãe), de Haim Grade 380.
Mamon: Deus da Riqueza, de Iossef Lateiner 199.
Mandelblit, Iânkev 399.
Mandelschtam, Ossip 102, 335.
"Man fun der Erd: A Kapítel fun der Poeme Gvarani, Der" (O Homem da Terra: Um Capítulo do Poema Guarani), de Jacob Náchbin 450.
Man fun Natzéret (O Homem de Nazaré ou O Nazareno), Scholem Asch 161.
Manger, Ítzik 235, 407, 416, 417, 419, 420, 421, 422, 423, 424, 425, 426, 427, 452.
Manhã Após o Casamento de Anatol, Uma, de Arthur Schnitzler 390.
Man, Mêndel 433, 464.
Manuschévitch 389.
Mapu, Avraham 85, 124.
Marcuse, Moisés 62.
Margólin, Ana (pseudônimo de Rosa Lebensboim) 226, 227.
Margulies, Berl 115. *Ver* Berl Bróder.
Maria, de Scholem Asch 161, 167.
Maritas Glik (A Sorte de Maritas), de Ioel Mastboim 463.
Márkisch, Peretz 287, 289, 292, 294, 295, 296, 297, 308, 330, 332, 335, 336, 340, 344, 345, 358, 371, 409.
Markov, Pavel 325, 327.
Marx, Karl 143, 146, 177, 360.
Massoes Beniúmin ha-Schlischí (Aventuras de Benjamin III), de Mendele Mokher Sforim 76.
Mastboim, Ioel 463.
Maupassant, Guy de 99, 351.
Mazo, Mordekhai 388.
Mefisto, de Uri Tzvi Grinberg 353.
Megalé Temirin (Revelador de Segredos), de Iossef Perl 62, 63.
Meg[u]ile Líder (Canções do Rolo), de Ítzik Manger 423, 424.
Mêidlakh (Moças), de Efraim Kaganóvski 351.
Meierhold, Vsévolod E. 314, 315, 319, 320, 321, 335.
Meireles, Cecília 156.
Meitlis, Jacob 24.
Mekhíres Iossef ou Iossef-Schpil (A Venda de José) 36.
Mélekh Dovid Iz Alein G[u]eblibn, Der (O Rei Davi Ficou Só), de Kádia Molodóvski 363.
Melman, Meier 399.
Mélnik, Nokhem 441.
Melukhe Teater. *Ver* Goset.
Menákhem Mendl, de Scholem Aleikhem 80, 89, 93, 109, 110, 133, 283, 332.
Mendele Mokher Sforim 74, 75, 107, 120, 279, 299, 328, 397, 407.
Mendelssohn, Moisés 8, 48, 59, 60, 63.
"Mensageiro, O", de I.L. Peretz 110.
Mentschheit, Di (A Humanidade) 444.
Mentschn fun Goldbojitz, Di (A Gente de Goldbojitz), de Leib Ráschkin 351.
Mentschn (Gente), de Scholem Aleikhem, 390.
"Mercado do Mundo, O", de Avrom Raisen 156.
Meschíakhs Tzaitn (Tempos de Messias), de Abraão Goldfaden, 125.
Meschíakhs Tzaitn (Tempos de Messias), de Dovid Hófschtein 290.
Meschíakhs Tzaitn (Tempos de Messias), de Scholem Asch 162.
Meschólim (Fábulas), de Eliezer Steinbarg 412.
Méstel, Iânkev 273, 274, 439.
Metamorfose da Alma, de Ítzkhak Erter 51.
Metatron, de Aaron Zêitlin 362.
Mickiewicz, Adam 105.
Midas ha-Din (Justiça Estrita), de Dovid Bérg[u]elson 332.
Mide, Adolfo 439.
"Mide Landschaft" (Paisagem Cansada), de Ítzik Manger 421.
Mieses, Matisiahu 150, 151.
Míkhoels, Schlôime 134, 309, 312, 314, 316, 317, 318, 319, 322, 323, 329, 330, 332, 333, 334, 335, 336, 337, 403.
Milerítzki, Nákhman 436.
Milionário ou Mendigo, de Moische Hurvitz 199.
Milkhóme (Guerra), de Peretz Márkisch, 296.
Miller, Arthur 442.
Milnitzky, Benno 378.
Milton, John 219.
Mine, de Leon Kobrin 201.
"Minhas Alegrias e Tristezas", de Glückel de Hameln 28.
Mínkov, Nokhum Borukh 23, 159, 225, 226.
"Mínsker Blotes" (Os Lamaçais de Minsk), de Izi Khárik 301.
Mirbeau, Octave 389.
Mírele Efros, de Jacob Gordin 137, 199.
Míriam, de Peretz Hírschbein 162.
"Mir Kumen" (Nós Vimos), de Schabetai Karakuschânski, 450.
Miron, Dan 61.
Mir Viln Lebn (Nós Queremos Viver), de Dovid Bérg[u]elson 283.
Mir Viln Lebn (Nós Queremos Viver), de Iaakov Botochânski 411.
Mischkis, Ítzkhak 450.
Mischná 12, 243.
Mischpókhe, A (Uma Família), de Hersch Dovid Nomberg 388.
Mischpókhe Ovadis, Di (A Família Ovadis), de Peretz Márkisch 335.
Mississípi 407.
"Missiva a Itzik Féfer", de Aaron Kuschnírov 307.
Mistério-Bufo, O, de Vladímir Maiakóvski 319, 320, 321.
Mit Blinde Trit Iber der Erd (Com Passos Cegos Sobre a Terra) de Leib Rochman 464.
Mítelberg, Avraham 435.
Mitn Schtrom (Com a Corrente), de Scholem Asch 162, 389.
Mit Schtiln Kol (Com Silenciosa Voz), de Moische Lokietsch 451.
Mogulesko, Sigmund 126, 198.
Moische Rabeinus Leibn un Toit (Vida e Morte de Moisés, Nosso Mestre) 36.
Moisés, de Scholem Asch 161, 167.
Molière (Jean Baptiste Poquelin) 62, 66, 122, 125, 264, 395, 396, 397.
Molkho, Schlomo. *Ver* Pires, Diogo.
Molodóvski, Kádia 234, 363, 365, 366.
"Monisch", de I.L. Peretz 105, 106.
Monsieur Le Trouhadec saisi par la débauche (O Senhor Le Trouhadec Tomado Pela Devassidão), de Jules Romains 328.
Môntag (Segunda-Feira), de Moische Kúlbak 298, 300.
Monte Cristo, de Moische Hurvitz 199.
Morévski, Avrom 391, 393, 405, 439.
Mórgnvint (Vento da Manhã), de Berl Grinberg 435.

Mórg[u]en Jurnal (Jornal da Manhã) 153, 251.
Morte de Danton, A, de Georg Büchner 405.
Morte de Matusalém e Outras Histórias, A, de Isaac Bashevis Singer 468.
Moschíakh ben Efroim (Messias Filho de Efraim), de Moische Kúlbak 298.
Moscou, de Scholem Asch 161.
Móssinson, I. 442.
Most, Johann 192.
Mótke Gánev (Motke, o Ladrão), de Scholem Asch 396.
Motl Peissi dem Khazns (Motl Peissi, Filho do Cantor), de Scholem Aleikhem 80.
Moussinac, Léon 333.
Mr. Goldenbarg, de Aizik Rabói 218.
Mukdôni, Alexander 234, 270.
Mume Sossie, Di (A Tia Sossie), de Abraão Goldfaden 121.
Mundo e Palavra, de Aaron Glantz-Leyeles 226.
"Mundo na Encosta, O", de Uri Tzvi Grinberg 345.
Muranover Raion, Der (O Distrito de Muranov), de Benjamin Schlévin 431.
Museu Estatal de Etnografia dos Povos da URSS, de Leningrado 180.
Museu Etnográfico Judaico 180.
Mussárnikes, de Haim Grade 379.
Musterverk fun der Iídischer Literatur (Obras Exemplares da Literatura Ídiche), de Schmuel Rojânski 367.
Muter, Di (A Mãe), de Dovid Pínski 159, 389.
Muter, Di (A Mãe), de Scholem Asch 161.
Myers, Bruce 187.

Náchbin, Jacob 444, 450, 451.
Nachbusch, Noakh 391.
Nachman, Isaac 443.
Na Cidade, de Semion S. Iúschkevitch 391.
Nadir, Moische 157, 158, 220, 221, 224, 264.
Naie Dertzêilung[u]en (Novos Relatos), de Dovid Bérg[u]elson 283.
Naie Erd (Terra Nova), de Izi Khárik 301.
Naie Hêimen (Novos Lares), de Adolfo Kichinóvski 444.
Naie Lebn, Dos (A Vida Nova) 145.
Naie un Alte Heim (Novo e Velho Lar), de Malka Apelboim 450.
Nákete Líder (Canções Nuas), de Mélekh Rávitch 356.
"Na Noite e no Vento", de Haim Grade 380.
Na Nova Torrente, de Sch. An-Ski 178.
"Não Penses Que...", de I.L. Peretz 106.
Napoleons Oitzers (Os Tesouros de Napoleão) 407.
Narodnaia Volia (Vontade do Povo), movimento político 123, 142, 176.
Na Taverna, de Sch. An-Ski 177.
Nefilim, de Iaakov Fridman 458.
Nég[u]er, Di (Os Negros), de Guerschon Aibinder 441.
Neighborhood Playhouse 186, 259, 269.
Nekrássov, Nikolai A. 155, 198.
Nerval, Gérard de 420.
Ness in Gueto (Milagre no Gueto), de H. Lêivick 232.
Nestroy, Johann 395.
Neto do Rabi, O, de Hersch Dovid Nomberg 160.
Nevêile, Di (A Carcaça), de Peretz Hírschbein 390.
Nicolau I, da Rússia 64, 192, 333.
Nietzsche, Friedrich 58, 246, 315, 371.
Níg[u]er, Schmuel 19, 56, 97, 161, 229, 234, 235, 246, 247, 299, 305.
Nischtó (Não Há), de Zúsman Segalóvitch 350.
"Niu Iork", de Aaron Glantz-Leyeles 249.
No Começo, de Hersch Schwartz 447.
"No Cortiço", de I.L. Peretz 110.
Nôente G[u]eschtáltn (Figuras Próximas), de Ítzik Manger 425.
"No Estábulo da Vida", de Kádia Molodóvski 365.
No Fundo, de Máximo Górki 391.
Noite no Brasil e Outras Histórias, Uma, de Isaac Bashevis Singer 468.
Noites Moscovitas 332.
Nokh Alemen (Depois de Tudo), de Dovid Bérg[u]elson 282.
Nókhemkes Vanderung[u]en (As Andanças de Nókhemke), de Ioel Mastboim 463.
Nomberg, Hersch Dovid 149, 151, 154, 159, 160, 162, 388, 390, 409.
No Pátio Senhoril, de Sch. An-Ski 177.
"No Salgado Mar das Lágrimas Humanas", de Sch. An-Ski 178.
No se Paga, de Dario Fo 443.
Nossa Contribuição: Primeira Coletânea Ídiche no Brasil, Redigida por um Colegiado, Editada pelo Círculo de Escritores Ídiches no Rio de Janeiro 445.
"Note Manger der Schnaideriung un di Scheine Gráfine fun Duptze" (Note Manger, o Moço Alfaiate e a Bela Condessa de Duptze), de Ítzik Manger 417.
Novo Teatro de Arte Ídiche 266.
Noy, Dov 179.
Numa Ieschivá Polonesa, de Hersch Dovid Nomberg 160.
Nússakh Brazil (Estilo Brasil), de Meir Kucinski 450.

Oásis, de Avrom Sútzkever 383.
Obsessões e Outras Histórias, de Isaac Bashevis Singer 468.
"Odesser Vaibl, Dos" (A Mulherzinha de Odessa) 120.
Oif a Fremder Khássene (Num Casamento Alheio), de Izi Khárik 302.
Oif Arg[u]entiner Erd (Sobre Terra Argentina), de Mordekhai Álperson 433.
Oif Braziliánischen Boden (Em Solo Brasileiro), de Clara Steinberg 450.
Oif der Schvel (No Limiar), de Mélekh Rávitch 356.
Oif di Vegn fun Tzion (Nos Caminhos de Sion), de Kádia Molodóvski 365.
"Oif di Vegn Sibírer" (Nos Caminhos Siberianos), de H. Lêivick, 228.
Oifgaben fun der Iídischer Filológ[u]ie, Di (As Tarefas da Filologia Ídiche), de Ber Bórokhov 148.
Oifgabes fun Iídischer Proletárischer Literatur in Rekonstruktivn Period, Die (As Tarefas da Literatura Proletária Ídiche no Período da Reconstrução), de Ítzik Féfer 305.
Oif Iener Zait Taikh (Do Outro Lado do Rio), de Peretz Hírschbein 162.
"Oifleiz" (Dissolução), de Iânkev Glátschtein 252.
Oifn Breg fun Vaisel (À Margem do Vístula), de Físchel Bimko 346.
"Oifn Buzem fun Iam" (No Seio do Mar), de Morris Rosenfeld 195.
Oifn Schaidveg (Na Encruzilhada), de Peretz Hírschbein 162.
Oif Roite Félder (Sobre Rubros Campos), de Peretz Hírschbein 163.
Oif Ruschtovânies (Sobre Andaimes), de Samuel Ísban 464.
Oif Vaite Vegn (Em Caminhos Distantes), de David Ignatoff 210.
Oisn Altn Brunem (Da Velha Cisterna), de Menasche Hálpern 451.
Ôitzer, Der (O Tesouro), de Dovid Pínski 159, 401.
Ôitzer oder Di G[u]enárte Velt, Der (O Tesouro ou O Mundo Falaz), de Isroel Áksenfeld 64.
Oldendorf, Menákhem 21.
Olho por Olho, de Peretz Márkisch 335.
"Olhos Baixos", de I.L. Peretz 110.
Ollenburg, Herbert 390.
O'Neill, Eugene 261, 442.
"Onheib" (Começo), de Iankev Glátschtein 256.
Ônheib, Der (O Começo), de Hersch Schwartz 450.
Onrirn di Tzait (Tocar no Tempo), de Rivka Bassman 460.
Opatóschu, Iossef 98, 212, 217, 219, 220, 234, 235, 237, 238, 239, 240, 241, 242, 243, 344, 346, 448.
Ôpgang (Descenso), de Dovid Bérg[u]elson 282.
Ore di Bord (Ore, o Barbudo), de Leon Kobrin 201.
Organização Sionista Mundial 146.
Orleska, Míriam 391, 393, 395.
Ornitz, Samuel 274, 275.
Orschânski, Ber 297.
Outubro Teatral, movimento artístico 135.
Ovelhas, de Sch. An-Ski 177.

Pai e Filho, de Sch. An-Ski 178, 184.
Pai, O, de August Strindberg 391.
Palatnik, Pínie 449, 450.
Palatnik, Rosa 447, 449, 450.
Palco Jovem, teatro 408.
Palme Benkt Tzu der Sosne, Di (A Palmeira Tem Saudade do Pinheiro), de Meir Kucinski 450.
Paparigópulo, B. 441.
Papiérnikov, Iossef, 457.
Paris un Viene, de Elihau ha-Bakhur 21.
Parmetn (Pergaminhos), de Menasche Hálpern 451.
Pass fun Iam, Der (A Costa do Mar), de Aizik Rabói 218.

Pástekher in Isroel (Pastores em Israel), de Iaakov Fridman 458.
Pasternak, Boris 102.
Pat, Iânkev 401.
"Paz Doméstica", de I.L. Peretz, 110, 112.
Penek, de Dovid Bérg[u]elson 283.
Penitente, O, de Isaac Bashevis Singer 468.
Pensamentos Sobre o Destino Histórico dos Judeus, de Haim Jitlóvski 104, 142.
Perejitaie (O Vivido), de Sch. An-Ski 179.
Peretz, I.L. (Ítzkhak Leibusch) 16, 44, 46, 58, 78, 80, 81, 82, 93, 97, 98, 99, 100, 104, 105, 106, 107, 110, 111, 112, 113, 134, 135, 137, 149, 150, 151, 153, 154, 158, 160, 162, 163, 166, 169, 177, 206, 208, 217, 261, 263, 264, 279, 284, 303, 312, 325, 328, 345, 347, 389, 395, 409, 441, 442, 452, 471.
Periférie, de Frantisek Langer 395, 396.
Perl, Ioschúa 351.
Perl, Iossef 62, 63.
Pérola de Varsóvia, A, de Iossef Lateiner 199.
Peters, Paul 275.
Picon, Moli 439.
Picon-Vallin, Béatrice 319, 325, 327, 330, 331.
Pinchévski, Moische 435.
Pines, Eliezer 456.
Pínsker, Leon 104, 142, 149.
Pínski, Dovid 98, 149, 154, 158, 159, 162, 234, 261, 269, 388, 389, 395, 396, 401.
Pioneiros da Poesia Ídiche na América, Os, de N.B. Mínkov 226.
Pioneiros, de Sch. An-Ski 178.
Pirandello, Luigi 133, 415.
Pires, Diogo (Schlomo Molkho) 248, 283.
Piscatorbühne, teatro 331.
Píssarev, Dmitri J. 175, 176.
Platen, August (Graf von) 213.
Pluft, o Fantasminha, de Maria Clara Machado 442.
Poalei Tzion (Trabalhadores de Sion), partido político 104, 146, 147, 148, 150, 151, 159.
Poder das Trevas, O, de Lev Tolstói 390.
Poe, Edgard Allan 198, 207, 248.
"Poema do Suicida", de Elkhonen Vogler 371.
Poeme Vegn Stálin (Poemas Sobre Stálin), de Peretz Márkisch 296.
"Poier, Der" (O Camponês), de Hirsch Glick 373.
Pôilische Iungl, Dos (O Rapaz Polonês), de Ítzkhak Ioel Linétzki 78.
Polak, Iaakov ben Abraão 24.
Poliakov, Léon 433.
Ponim in di Volkns, A (Um Rosto nas Nuvens), de Iossl Birschtein 464.
Povo e o Livro, O, de Sch. An-Ski 178.
Povo e o Rei, O, de Sch. An-Ski 178.
Povo Eterno, de Peretz Smolênskin 104.
"Prece de um Pastor, A", de Iaakov Fridman 458.
Priestley, John Boynton 442.
Prilútzky, Noakh 150.
Primeiro Congresso Mundial de Cultura Judaica [Ídiche] 433.
Printz Reuveni (Príncipe Reuveni), de Dovid Bérg[u]elson 283.
Priziv, Der (O Recrutamento), de Mendele Mokher Sforim 397.
"Prodígios no Mar", de I.L. Peretz 110.
Profeta, O, de Scholem Asch 161, 167.
Programa Etnográfico Judaico 180.
Provincetown Players, teatro 159.
Pschat (Literalmente), de Iaakov Botochânski 411.
Púlver, Leib 323, 328, 330.
Pundikta Retivta (A Estalagem), de Iossef Opatóschu 220.
Purim-Schpil (Peça de Purim) 21, 32, 33, 34, 35, 36, 61, 115, 321, 424.
Púschkin, Aleksandr S. 155, 175, 198, 261, 292, 308.
Puste Kretschme, Di (A Estalagem Desolada), de Peretz Hírschbein 163, 266, 390, 452.

Quadratura do Círculo, A, de Valentin Katáiev 395.
Quadril, Pança e Queixo, de Samuel Ornitz 275.
Quatro Dias, Os, de Mordekhai Daniel 332.

Rabi Akiva 103, 243, 244.
Rabi Akiva, de Iossef Opatóschu 220, 242.
Rabi Akiva un Bar Kokhba, de Dovid Pínski 159.
Rabi Eliahu ben Iaakov Lattes 31.
Rabi e Seu Filho, O, de Hersch Dovid Nomberg, 160.
Rabi Iaakov ben Ítzkhak Aschkenázi 26.
Rabi Ioschúa ben Iossef 161.
Rabi Israel. *Ver* Baal Schem Tov e Bescht.
Rabi Ítzikl de Skvira 304.
Rabi Ítzkhak ben Eliakim 26.
Rabi Jonas G[u]erondi ha-Hassid 26.
Rabi Mendl, mestre de Kotzk 240.
Rabi Nákhman de Brátzlav 56, 57, 64, 284, 286.
Rabi Natan de Nemírov 57.
Rabinóvitch, Iossef 436.
Rabinóvitch, Scholem. *Ver* Scholem Aleikhem.
Rabinóvitch, Z. 146.
Rabítchev, I. 322, 323.
Rabói, Aizik 217, 218, 219.
Raça, de Iossef Opatóschu 239.
Rádlov, S. 332, 333.
Raikhe Irusche, Di (A Rica Herança), de Manuschévitch 389.
"Raio de Luz, O", de I.L. Peretz 81, 112.
Raisen, Avrom 149, 154, 155, 157, 158, 159, 162, 207, 301, 371.
Raisen, Zálman 61.
Rait, Rita 319, 320.
Raizman, Ítzkhak 450, 451.
Rapaport, Haim 451.
Rapel, Éster 399.
Rappoport, Schlôime Zainvl. *Ver* An-Ski, Sch.
Raschi (rabi Salomão ben Isaac) 24, 173.
Ráschkin, Leib 351.
"Rata e a Rosa, A", de Eliezer Steinbarg 414.
Rávitch, Mélekh 235, 294, 344, 356, 358, 360.
Razúmni, Michael 259.
Reb Ber Lióver, de Iaakov Botochânski 411.
Reb Hénokh oder Vos Tut me Damit? (O Sr. Hénokh ou o Que Fazer Com Isso?), de Ítzkhak Euchel 60.
"Reb Iossl", de I.L. Peretz 106.
Recrutas, de L. Reznick 275.
Região Autônoma Judaica 283.
Regn Boign Zukópns (Arco-Íris à Cabeceira), de Moische Iúngman 463.
Reinhardt, Max 134, 159, 162, 269, 314, 321, 326, 331, 396, 405.
"Reino Judeu, O", de Lamed Schapiro 247.
Reiss, Ítzkhak. *Ver* Moische Nadir.
Rekhovot ha-Naar (Ruas do Rio), de Uri Tzvi Grinberg 356.
"Relato dos Sete Mendigos", de Rabi Nákhman de Brátzlav 58.
"Rendl, Dos" (O Ducado), de Abraão Goldfaden 118.
Resnick, Salomão 97.
Reuveni, David 248, 283.
Revdel, F. 319.
Revolução de Fevereiro de 1917 175.
Reznick, Lipe 275, 335.
Ricardo II, de Wiliam Shakespeare 443.
Rilke, Rainer Maria 217.
Rimbaud, Arthur 217.
Ringelheim, Helène 105.
Rintzler, Avrom 460.
Riogrander Fel (Peles do Rio Grande), de Leib Kvitko 288.
Ripellino, Angelo Maria 320, 331.
Rívesman, Mordekhai 389.
Robespierre, Maximilien 405.
Robin, Régine 237, 293, 433.
Rocco, Ludovico 187.
Rochman, Leib 464.
Rodel, Simão 450.
Roite Blutn (Sangues Rubros), de Dovid Hófschtein 289.
Roiter Schtrom (O Caudal Vermelho), de Leib Kvitko 287.
Rojânski, Schmuel 28, 367, 370, 434, 436, 440, 445, 448, 449.
Rolland, Romain 264, 398, 441.
Rôlnick, Iossef 207.
Romain, Jules 442.
Roman fun a Ferd Gánev, A (Um Romance de um Ladrão de Cavalos), de Iossef Opatóschu 219, 237.
Romántische Iorn (Anos Românticos), de Zúsman Segalóvitch 350.
Rónai, Paulo 81.
Rondós und Ândere Líder (Rondós e Outros Poemas), de Aaron Glantz-Leyeles 249.
Rosenblatt, Haim 206, 207.

Rosenfeld, Iôine 155, 234, 347.
Rosenfeld, Morris 191, 194, 195, 197, 207, 303.
Rotbaum, Jacob 259, 452, 453.
Roth, Joseph 235.
Rotschein, G. 399.
Rousseau, Jean Baptiste 52.
Rozenblum, Dvoire 441.
"Rua Kola", de Scholem Asch 346.
Rudnítzki, Konstantin 331, 333.
Ruf (Chamado) 302.
Rumschinsky, Joseph 392.
"Russlêndischer Toit" (A Morte Russa), de Leib Kvitko 288.
"Russland" (Rússia), de Dovid Hófschtein 291.
"Russland" (Rússia), de Schmuel Halkin 308.
Ruth, de Mordekhai Álperson 433.

Sabatai Tzvi 139, 159, 242, 362, 389, 468, 476.
Sachs, Nelly 452.
Safo, de Jacob Gordin 199.
Sakhnóvski, I. 319.
Samberg, Ítzkhak Aizik 398, 405, 439.
Sandacz, Iossef 451.
Sandrow, Nahma 322.
Santa Rosa, Tomás 400.
São Petersburgo, de Scholem Asch 161.
Sapójnikov, Gerschon 436.
Sartre, Jean-Paul 48.
Saskatchewan, de Haim Rosenblatt 207.
Satz, Ludwig 264, 272.
Scala de Milão, teatro 187.
Schábes (Sábado), de Iaakov Fridman 458.
Schábse Tzvi (Sabatai Tzvi), de Scholem Asch 162, 395.
Schábse Tzvi un Sore (Sabatai Tzvi e Sara), de Dovid Pínski 159.
Schaikévitch, Nakhum Meier. *Ver* Schomer.
Schamri, Arie 457.
Schapiro, Lamed 234, 247.
Schátzki, Iânkev 34, 61.
Schaul: Der Létzter Mêilekh fun Isroel (Saul: O Último Rei de Israel), de Dovid Hófschtein 289.
Schéker ha-Khêin (A Falsidade da Beleza), de Sara bas Tovim 24.
Scheller-Mikháilov, A.K. 175.
Schildkraut, Rudolf 162, 270, 272.
Schiller, Johann Friedrich 199, 237, 263, 417.
"Schir ha-Halutzá" (Canto da Pioneira), de Schmuel Halkin 308.
Schirim (Cantos), de Moische Kúlbak 298.
"Schivas Tzion", de Eliakum Zunser 77.
Schivkhei ha-Bescht (Louvores ao Bescht, ao Baal Schem Tov) 55, 62.
Schkhíte, Di (A Matança), de Jacob Gordin 200.
Schklover Iídn (Judeus de Schklov), de Zálman Schneour 346.
"Schlésser" (Castelos), de Aaron Glantz-Leyeles 249.
Schlévin, Benjamin 431.
Schlôime ha-Mélekhs Míschpet (O Julgamento do Rei Salomão) 36.
Schlôime ha-Nog[u]ed, de Scholem Asch 167.
Schlôime Reb Haims (Salomão, Filho do Sr. Haim), de Mendele Mokher Sforim 76.
Schlôische Schaárim (Os Três Portais), de Sara bas Tovim 24.
Schlomo Molkho, de Aaron Glantz-Leyeles 248.
Schloss, Der (O Castelo), de Mâni Leib 211.
Schmates (Farrapos), de H. Leivick 231, 395.
Schmeltzinger, Leon 451.
Schmendrik, de Abraão Goldfaden 121, 122, 126, 136.
Schmeruk, Khone 4, 15.
"Schmuel Rosch Mediná", de Aaron Zêitlin 361.
Schmuglers (Contrabandistas), de Ôizer Warschávski 346.
Schnaider, Benno 259, 276.
Schneir, Haim 388, 396.
Schneour, Zálman 346, 431.
Schnitzler, Arthur 261, 269, 351, 390, 391.
Scholem Aleikhem 63, 78, 79, 80, 83, 85, 86, 87, 89, 90, 91, 92, 93, 95, 97, 98, 99, 107, 108, 109, 110, 132, 133, 137, 139, 153, 158, 162, 260, 261, 264, 269, 275, 279, 283, 303, 317, 321, 322, 323, 325, 328, 331, 335, 389, 390, 395, 397, 404, 407, 409, 412, 442, 443, 446, 447, 451, 452, 453.
Schomer 78, 79, 199.
Schotns fun Várschever Gueto, Die (As Sombras do Gueto de Varsóvia), de Ítzik Féfer 306.
Schotns Oif Schnei (Sombras na Neve), de Aaron Zêitlin 362.
Schpaiers, Abraão 60.
Schpener (Estilhaços), de Ítzik Féfer 304.
Schpieg[u]el, I. 463.
Schpil fun Toib Ieklain un Mit Zainem Vaib Kendlain un Mit Zainen Tzvei Zindlekh Fain, Ein (Uma Peça do Surdo Ieklain e Com Sua Mulher Kendlain e Com Seus Belos Filhotes), de Aizik Valikh 21.
Schraiber fun Main Dor (Escritores de Minha Geração), de Schlomo Bickel 412.
Schraiblerer oder Brivschteler (Mestre de Redação ou Provedor de Cartas) 62.
Schrai Khine (Ruge China), de A. Tretíakov 441.
Schriftn (Escritos), de Iossef Opatóschu 208, 237.
Schtarke un Schvakhe (Fortes e Fracos), de Álter Katzisne 350.
Schteiman, B. 274.
Schtein, Eliahu 391, 393.
Schternberg, D. 316.
Schtern, Der 302.
Schtern Ibern G[u]eto (Estrelas Sobre o Gueto), de I. Schpieg[u]el 463.
Schtern in Schtoib (Estrelas no Pó), de Ítzik Manger 427.
Schtern Oifn Dakh (Estrelas Sobre o Telhado), de Ítzik Manger 421, 423, 427.
Schterntíkhl oder Schábes Hanuke in Mezjibizj, Dos (O Lenço de Cabeça ou o Sábado de Hanuká em Mezjibizj), de Isroel Áksenfeld 64.
Schtetl, Dos (A Cidadezinha), de Scholem Asch 160, 166, 345.
Schtif, Nokhem 61, 281.
Schtílkait Brent, Di (O Silêncio Queima), de Rivka Bassman 460.
Schtoib Oif Ale Vegn (Poeira em Todos os Caminhos), de Kehos Klíguer 435.
Schtot fun Tzorn (Cidade da Ira), de Samuel Ísban 464.
Schtot in Profil (Cidade em Perfil), de Jacob Sternberg 411.
Schtot Mit Iídn, A (Uma Cidade de Judeus), de Schlomo Bickel 412.
Schtrálndike Iídn (Judeus Cintilantes), de Iânkev Glátschtein 225, 254.
Schtrom, Der (A Torrente) 246.
Schtub Mit Zibn Féntzter, A (Uma Casa Com Sete Janelas), de Kádia Molodóvski 366.
Schtúmer, Der (O Mudo), de Aizik Váiter 391.
Schtúmer Moschíakh, Der (O Messias Mudo), de Dovid Pínski 159.
Schulâmis (Sulamita), de Abraão Goldfaden 124, 334.
Schulhoif, Der (O Pátio da Sinagoga), de Haim Grade 379.
Schúlman, Baruch 450.
Schumakher, Isroel 409.
Schumiátcher, Esther 226.
Schvártze Perl (Pérolas Negras), de Lêiser Volf 373.
Schvártzer Ing[u]ermôntschik, Der (O Mocinho Moreno), de Iânkev Díneson 78.
Schveln (Limiares), de Peretz Márkisch 292.
Schvésters (Irmãs), de I.L. Peretz 135.
Schvue, Di (O Juramento), de Jacob Gordin 195, 389.
Schwartz, Hersch 447, 450.
Schwartz, Israel Iaakov 217, 219.
Schwartz, Morris ou Maurice 133, 163, 186, 202, 231, 234, 260, 261, 262, 263, 264, 265, 271, 362.
Scribe, Eugéne 66.
Sdom (Sodoma), de H. Lêivick 231.
Seca, de H. Flanagan 275.
Secunda, Scholem 360.
Sefer ha-Gan (Livro do Jardim), de um original do século xv 26.
Sefer ha-Irá (Livro do Respeito), do Rabi Jonas G[u]erondi ha-Hassid 26.
Sefer ha-Kitrug ve-ha-Emuná (Livro da Denúncia e da Fé), de Uri Tzvi Grinberg 354.
Sefer Midot (Livro dos Princípios), de Iom Tov Lipmann 26.
Segalóvitch, Clara 399.
Segalóvitch, Zúsman 350, 452.
Segundo Tiempo, de Ricardo Halac 443.
Seifer Refúes (Livro dos Remédios), de Moisés Marcuse 62.

Seincman, Eduardo 187.
Sender Blank, de Scholem Aleikhem 80, 452.
Senkman, Leonardo 435.
Sérkele oder Die Iórtzait nokh a Bruder (Sérkele ou O Aniversário da Morte de um Irmão), de Salomão Éting[u]er 66.
Shakespeare, William 99, 125, 128, 264, 308, 333, 374, 392, 395, 400, 442, 443.
Shaw, Bernard 264.
Shelley, Percy Bysshe 155, 194.
Shop, de H. Lêivick 231.
Sibír (Sibéria), de Avrom Sútzkever 382, 383.
Silva, Antônio José da 350.
"Simetria", de Aaron Glantz-Leyeles 249.
Simkhat ha-Néfesch (Alegrias da Alma), de Elkhanan Hendel 26.
Sinclair, Upton 261.
Singer, Israel Ioschúa 234, 264, 294, 295, 305, 344, 347, 446, 447.
Singer, Leibusch 450.
Sirkin, M.N. 145, 183.
Skílnik, Gízela 452.
Slonimski, Haim 69.
Sloves, Henri (Haim) 433, 442.
Smolênskin, Peretz 48, 104, 149.
Sobel, Iaakov Tzvi 191.
"Sobre o Outro Lado da Ponte", de Iossef Opatóschu 237.
Sociedade Dramática de Kovno, teatro 388.
"Sokhe, Die" (O Arado), de Eliakum Zunser, 77.
Sókolov, Nahum 104, 455.
Solar, O, de Isaac Bashevis Singer 468.
Sol Não se Põe, O, de Ítzik Féfer 336.
Sologub, Fiódor K. 213, 217.
Soloviev, Vladímir 58.
Sonetn, de Mâni Leib 211.
Sonim (Inimigos), de Leon Kobrin 201.
Sono Hibernal, de Max Dreier 391.
Sotn in Gorei (Satã em Gorai), de Isaac Bashevis Singer 350, 468, 474.
Soviétisch Heimland (Pátria Soviética) 310.
Soviétisch Vaissrussland (Rússia Branca Soviética) 302.
Spector, Mordekhai 79, 82.
Spinoza, Barukh 360, 371.
Spinoza da Rua do Mercado, O, de Isaac Bashevis Singer 468.
Spinoza, de Mélekh Rávitch 356.
Spivakovski-Fischson, trupe 136.
"Stálin", de Ítzik Féfer 305.
Stálin, Josef 248, 283, 287, 288, 289, 290, 291, 296, 305, 306, 311, 337.
Stanislávski (Konstantin Sergueievitch Alexeiev) 183, 185, 186, 272, 315, 316, 319.
Stávski, Mosché 456.
Steinbarg, Eliezer 412, 415, 421.
Steinbeck, John 442.
Steinberg, Clara 447, 450.
Steinberg, Iehuda 58.
Steinberg, Salomão 451.
Stempêniu, de Scholem Aleikhem 80.
Stepánov, A. 322, 323.
Stérnberg, Jacob 411.
Stodólsky, Jacob 226.
Storm, Theodor 217.
Strikóver Rébetzn, Di (A Mulher do Rabino de Strikov), de Zischa Lândau 213.
Strindberg, August 199, 261, 264, 391.
Struck, Hermann 390.
Sulerjítzki, Leopold A. 185, 315.
"Surdo, O", de Dovid Bérg[u]elson 98.
Suskovitch, Salomón 435.
Sútzkever, Avrom 248, 370, 378, 381, 382, 383, 384, 456.
Suvalov, Stan. 399.
"Svetschop, Der" (O "Sweatshop") de Morris Rosenfeld 195.

"Tabákmakher, Der" (O Preparador de Tabaco) 120.
Taírov, Aleksandr Jakovlévitch 314, 320.
Takse, Di (A Taxa), de Mendele Mokher Sforim 76.
Taras Bulba, de Nikolai Gógol 332.
Tate Mit Bonim, A (Um Pai Com Filhos), de Ítzkhak Meir Váissenberg 345.
Tatns Schotn, Dem (A Sombra de Meu Pai), de Iânkev Glátschtein 225, 255.
Tchékhov, Anton P. 80, 107, 264, 282, 351, 391, 442.
Tchernev, M. 275.
Tchernitchévski, Nikolai G. 142, 176.
Tchérnov, Victor 175.
Teater Zikhrôines fun a Schtúrmische Tzait (Memórias Teatrais de uma Época Tempestuosa), de Zígmunt Túrkov 393.
Teatro Central de Varsóvia 398.
Teatro de Arte de Moscou 183, 259, 266, 397.
Teatro de Câmara Judeu de Estado (Gosekt). *Ver* Goset.
Teatro Eliseu de Varsóvia 186, 390.
Teatro Ídiche de Arte, de Nova York 163, 186, 261, 262, 264.
Teatro Íntimo do Bronx 396.
Teatro Israelita de Comédia do Rio de Janeiro 187.
Teatro Judeu de Estado da Rússia Branca 135.
Teatro Kaminski 398, 401.
Teitelboim, Avrom 273, 395.
Tempos Difíceis, de Scholem Asch 166.
Terceira Parada, A, de Charles Walker e Paul Peters 275.
Teschuát Israel (Salvação de Israel) 142.
Tévie der Mílkhiker (Tévye, o Leiteiro), de Scholem Aleikhem 80, 260, 335.
"Text" (Texto), de Aaron Zêitlin 361.
Théâtre Montparnasse 186.
Tílim Iíd, Der (O Judeu dos Salmos), de Scholem Asch 161, 264.
Tio Moisés, de Scholem Asch 162, 167.
Tio Vânia, de Anton Tchékhov 391.
Tírn-Fênster (Portas-Janelas), de Efraim Kaganóvski 351.
"Tirtl-Toibn" (Turtu-Rolas), de Iânkev Glátschtein 251.
Tíschler, Aleksandr 333, 334.
Tito, Flávio Vespasiano, imperador romano 243.
Tkhínes (Súplicas), de Sara bas Tovim 24.
Tkias Kaf (O Contrato), de Peretz Hírschbein 162, 391.
Tog in Regensburg, A (Um Dia em Regensburgo), de Iossef Opatóschu 220.
Tog un Nakht (Dia e Noite), de Sch. An-Ski e Álter Katzisne 350, 391.
Toibn Baim Brunem (Pombas no Poço), de Rivka Bassman 460.
Toit Urteil (Sentença de Morte), de Scholem Asch 161.
Toker, Eliahu 434, 435.
Toller, Ernst 264, 331.
Tolstói, Lev 99, 199, 200, 269, 390.
Tomaschévski, Bóris 198, 266.
Tovim, Sara bas 24.
Treblinka, de Zúsman Segalóvitch 350.
Tregua, La, de Mario Benedetti 443.
"Trérn Milioner, Der" (O Milionário das Lágrimas), de Morris Rosenfeld 195.
"Três Costureiras, As", de I.L. Peretz 106.
Tretíakov, A. 441.
Trit fun Doires (Passos das Gerações), de Peretz Márkisch 296.
Trit (Passos), de Leib Kvitko 287.
Trôier (Luto), de Dovid Hófschtein 289.
Trojânski, Józef 131.
Trótski, Leon 248.
Trupe Tanentzap, de Mikhal Veichert 406.
Turguiêniev, Ivan S. 75.
Turist, Der (O Turista), de Schabetai Karakuschânski 450.
Túrkov, Ítzhok 398.
Túrkov, Jonas 398.
Túrkov, Zigmunt 393, 396, 397, 398, 399, 400, 401, 402, 404, 439, 446, 447, 452, 453.
"'Turma da Polônia' na Renovação Teatral Brasileira, A: Presenças e Ausências", de Fausto Fuser e J. Guinsburg 398, 453.
Twain, Mark 91.
Tzáitike Pênemer (Semblantes Temporâneos), de Avrom Sútzkever 383.
Tzalel Blitz (pseudônimo de Schmel Kogan) 436.
Tzelm, Der (A Cruz), de Lamed Schapiro 234.
Tzémakh Atlas, de Haim Grade 379.
Tzémakh, Nákhman 259, 379.
Tzenerene ou Tzeno U-Reno (Saia e Veja), de rabi Iakov ben Ítzkhak Aschkenázi 26, 206.
Tzeschótene Kreln (Miçangas Espalhadas), de Rivka Bassman 460.
Tzezait und Tzeschpreit (Dispersos e Espalhados), de Scholem Aleikhem 80.
"Tzi Ken der Keimbridjer Manuskript Schtitzn di Schpilman Teorie in der Iídischer Literatur", de Khone Schmruk 15.
"Tzikl Líder" (Poemas do Ciclo), de Jacob Náchbin 450.

Tzínberg, Israel 59.
Tziun: Ha-Sefer ha-Rishon bi-Brazília (Signo: O Primeiro Livro [Judaico] no Brasil), de Schabetai Karakuschânski e Schimon Lândau 444.
Tzum Fus fun Barg (Ao Pé da Montanha), de Aaron Glantz-Leyeles 225, 250.
Tzurikúmende Khválie, Di (A Onda Retornante), de H. Brânski 450.
Tzurik (Volta), de Marcos Jacobovitch 450.
"Tzu Vilne" (Para Vilna), de Hirsch Glick 373.
Tzvei Bríder (Dois Irmãos), de Peretz Márkisch 295.
Tzvei Kúni Lémels, Di (Os Dois Kúni Lémels), de Abraão Goldfaden 122, 397, 406.
Tzvei Schkhêines (Duas Vizinhas), de Abraão Goldfaden 121.
Tzvei Schvéster (Duas Irmãs), de Leon Kobrin 201.
Tzvischn Hundert Toirn (Entre Cem Portas), de Samuel Ísban 463.
Tzvischn Marranentum un Schmod (Entre Marranidade e Conversão), de Elias Lipiner 451.

Uhland, Ludwig 213.
Umbakánter, Der (O Desconhecido), de Jacob Gordin 389.
Umlegale Iídn Schpaltn Iâmen (Judeus Ilegais Cindem Mares), de Samuel Ísban 464.
Ungern, R. 316.
Un in Dain Blut Zolstu Lebn (E Vive em Teu Sangue), de Leib Rochman 464.
Uriel Acosta, de Karl Gútzkov 316, 325, 331, 395.
Usque, Samuel 451.
Ussíschkin, Avraham 104, 455.

Váiberische Kníplekh, Di (As Economias Femininas) 395.
Vainer, Nelson 451.
Vaisman, Bernardo 438.
Váissenberg, Ítzkhak Meir 155, 345, 346.
Vaissenfraind, Muni (Paul Muni) 264.
Vaisse Toirn (Portais Brancos), de Moische Iúngman 463.
Vaissman, Reuven 117.
Váiter, Aizik 317, 319.
Vaitérdike Líder fun Khurbn un Líder fun Gloibn (Ulteriores Poemas da Destruição e Poemas da Fé), de Aaron Zêitlin 362.
Vakhtângov, Eugeni B. 181, 183, 186, 272, 276, 314, 320, 393.
Valikh, Aizik 21.
Vanguarda, teatro 440, 441.
Vardi, David 186.
Vargas, Maria Thereza 453.
Varsche fun Nekhtn (Varsóvia de Ontem), de Ítzkhak Borenstein 450.
Várschever Iídischer Kunst Teater-Vikt (Teatro Judeu de Arte de Varsóvia) 396, 397, 398, 399, 401, 402, 403, 404, 452.
Varsóvia, de Scholem Asch 161.

Varzoger, Schlomo 460.
Vassertzug, Zálman 436.
Vegn Alt-Iídischn Roman un Novele: Fertsnter-Zekhtsnter Iorhúndert (Sobre o Romance e a Novela no Ídiche Antigo: Séculos XIV a XVI), de Max Erik 297.
Vegn Zikh un Azoine Vi Ikh (Sobre Mim e Outros Como Eu), de Ítzik Féfer 304.
Veichert, Mikhal 391, 395, 396, 405, 406, 407, 408, 409.
Velt Farbet Mikh Schtarbn, Di (O Mundo Convida-me a Morrer), de Kehos Klíguer 435.
Velt G(u)eschíkhte fun Iídischn Folk (História Mundial do Povo Judeu), de Simon Márcovitch Dubnov 141.
Ven Iasch Is G(u)efurn (Quando Iasch Partiu), de Iânkev Glátschtein 253.
Ven Iasch Is G(u)ekomen (Quando Iasch Voltou), de Iânkev Glátschtein 253.
Vent (Paredes), de Aaron Kuschnírov 306.
Ven Vegn Tzeg(u)eien Zikh (Quando os Caminhos Divergem), de Dovid Pínski 159.
Verg(u)élis, Aron 310.
Verlaine, Paul 217, 420.
Véspera de Feriado, de Moische Bróderson 336.
Véviorke, Avrom 328, 335.
Viagens de Benjamin III, As, de Mendele Mokher Sforim 108, 328, 330, 407.
Vida de Homem, de Leonid Andrêiev 317.
Vikoakh Tzvíschn Iêitzer Hóre un Iêitzer Tov (Disputa entre a Má e a Boa Inclinação), de Menakhem Oldendorf 21.
Vilde Land, Dos (A Terra Selvagem), de Aizik Rabói 218.
Vílder Mentsch, Der (O Homem Selvagem), de Jacob Gordin 200.
Vilde Roizn (Rosas Bravas), de Moische Nadir 221.
Vilde Vertervald (Selvas de Palavras), de Moische Nadir 224.
Villiers, André 187.
Villon, François 116, 420.
Vilner Baalebeissl, Dos (O Burguesinho [ou Filhinho de Papai] de Vilna), de Mark Arnschtein 388.
Vilner Trupe 182, 183, 186, 259, 387, 390, 391, 392, 393, 394, 395, 396, 405.
Vintchévski, Morris 191, 192, 194, 195.
"v Internacional", de Vladímir Maiakóvski 320.
Vintschfíng(u)erl, Dos (O Anel Mágico), de Mendele Mokher Sforim 76.
Vint un Vortzlen (Vento e Raízes), de I. Schpieg(u)el 463.
Vital, Noakh 435.
"Vítima do Capital, Uma", de Iossef Bovschóver 194.
Vogler, Elkhonen [Rojânski] 370, 371, 433.
Voinétzki, R. 395.
"Volf, Der" (O Lobo), de H. Lêivick 231.
Volf, Lêiser [Mekler] 63, 231, 370, 371, 373.
Volkns Ibern Dakh (Nuvens Sobre o Telhado), de Ítzik Manger 426.

Vúnder Íber Vúnder (Maravilhas Sobre Maravilhas), de Mâni Leib 211.
Vúnderlekhe Lebns Baschráibung(u)en fun Schmuel Aba Abervo, Di (As Maravilhosas Descrições da Vida de Samuel Aba Abervo), de Ítzik Manger 425.
Vúnder Maisses fun Altn Prag (Histórias Maravilhosas de Praga Antiga), de David Ignatoff 210.

Wagner, Felipe 187.
Walker, Charles 275.
Warscháyski, Mark 77.
Warscháyski, Ôizer 295, 344, 346.
Waszynsky, Michel 187.
Weinreich, Max 3, 9, 305, 367, 369.
Weinreich, Uriel 9.
Weitzman, Chaim 455.
Wekser, Arnold 443.
Werfel, Franz 356.
White, Michael 187.
Whitman, Walt 194, 198, 219.
Wigalois, de Wirnt von Grafenberg 20.
Wilde, Oscar 207.
Wirnt von Grafenberg 20.
Wolfsohn, A. 60, 61, 62, 66.
World of Our Fathers (O Mundo de Nossos Pais), de Irving Howe 476.
Wyspiânski, Stanislaw 395.

Yentl, de Isaac Bashevis Singer 468.
Yídischer Kultur Farband (Ykuf) 433.
Yídischer Visnsháftlekher Institut (Yivo) de Vilna 9, 28, 151, 367, 369, 402.

Zak, Avram 436.
Zâmler, Der (O Coletor), de Iossl Bírschtein 464.
Zandberg, M. 399.
Zbarjer, Velvl 77, 116, 119, 411.
Zederbaum, Alexandre 75.
Zeitel, Salomão 451.
Zêitlin, Aaron 234, 264, 360, 361, 362, 395.
Zêitlin, Hilel 58, 294, 360.
"Zeks Schúres", de Aaron Zêitlin 363.
Zelmeniâner, de Moische Kúlbak 299.
Zikhróines (Memórias), de Glückel de Hameln 28.
Zíndiker, Der (O Pecador), de Asch 315, 395.
Získin, Biniúmen 319, 322, 329, 332, 333, 334, 337.
"Zog Nischt Keinmol..." (Não Digas Nunca...), de Hirsch Glick 370, 378.
Zola, Émile 100, 442.
Zolotarof, M. 274, 275.
Zulavski, Jerzy 389, 397.
Zumpf (Pântano), de Schímen Horôntschik 346.
Zunser, Eliakum 77, 119.
Zweig, Arnold 390.
Zylbercwaig, Zálmen 117.

Este livro foi impresso em São Bernardo do Campo,
nas oficinas da Paym Gráfica e Editora,
para a Editora Perspectiva